# Proteção de Dados Pessoais

## na Investigação Criminal e no Processo Penal

## garantismo, eficiência e *standards* de validade

## UM NOVO SELO PARA NOVOS TEMPOS

A tecnologia está presente no dia a dia de todos e suas repercussões no exercício das profissões ficam cada vez mais evidentes. No campo do Direito esta percepção, que já vinha ganhando espaço cada vez maior, foi ampliada pela terrível Pandemia da Covid-19 e pela imediata necessidade de que todos se adaptassem com rapidez ao ambiente digital para continuidade de suas atuações. Mesmo que se trate de um cenário permeado de incertezas, as normas aqui e no exterior vêm tentando acompanhar as transformações provocadas por essa virada tecnológica, regulamentando temas relevantes como, por exemplo, o acesso à internet, a ética da inteligência artificial, a justiça 4.0, a proteção de dados e o *stalking*.

A Editora Juspodivm, sempre atenta às necessidades de seus leitores e ciente da dificuldade de sistematização de temas ligados à inovação, vem nos últimos anos estimulando autores a abordarem questões como Inteligência Artificial, *Blockchain*, *Cyberbulling*, Criptomoedas, Proteção de Dados, Teletrabalho, entre outros, desenvolvendo, assim, um respeitável catálogo dedicado ao Direito Digital, discutindo questões jurídicas envolvendo a era digital.

Para atuar com excelência e ampliar sua participação na área com publicações relevantes, a Juspodivm criou o **Conselho de Direito Digital, Transformação e Novas Tecnologias**, composto por grandes autores envolvidos direta e indiretamente nas discussões relacionadas a essa transformação digital. O conselho tem o papel de amparar a editora em decisões de publicação na área. Compete a ele avaliar autores e temas, bem como propor novos conteúdos.

Bruno Calabrich

# Proteção de Dados Pessoais

## na Investigação Criminal e no Processo Penal

## garantismo, eficiência e *standards* de validade

2ª edição
Revista e atualizada

2025

EDITORA JusPODIVM
www.editorajuspodivm.com.br

EDITORA
*Jus*PODIVM
www.editorajuspodivm.com.br

Rua Canuto Saraiva, 131 – Mooca – CEP: 03113-010 – São Paulo – São Paulo
Tel: (11) 3582.5757
• Contato: https://www.editorajuspodivm.com.br/central-de-relacionamento



**Diagramação:** Equipe *Jus*PODIVM

**Capa:** Ana Caquetti

C142p Calabrich, Bruno Freire de Carvalho
Proteção de Dados Pessoais na Investigação Criminal e no Processo Penal: Garantismo, Eficiência e *Standards* de Validade / Bruno Freire de Carvalho Calabrich – 2.ed., rev. e atual. - São Paulo: Editora JusPodivm, 2025.

408 p.

ISBN: 978-85-442-6249-8.

1. Direito Processual Penal. I. Calabrich, Bruno Freire de Carvalho. II. Título.

CDD 341.43

Bibliotecária responsável:
Ana Carolina Ribeiro Mois – CRB7 – RJ 007348/0

*Para Denise, Caio e Lucas, meus amores,*
*e para meu papai e minha mamãe, Jorge e Lia,*
*a quem sempre deverei tudo.*

"Se a ideia de algumas dessas aplicações fez surgir um sorriso em seu rosto, isso não o prejudicará, meu caro *****, assim como não prejudicará o princípio da inspeção. Sua franqueza o impedirá de condenar a invenção de um novo e grande instrumento de governo apenas pelo fato de que alguns dos propósitos aos quais é possível aplicá-lo podem parecer inúteis, ou mesquinhos, ou danosos, ou ridículos. Sua grande excelência está na grande força que é capaz de dar a qualquer instituição que se possa considerar apropriado aplicá-lo. Se quaisquer aplicações perversas forem, jamais, feitas dele, elas deverão ser creditadas, neste caso, como em outros, àqueles que as fizerem. Facas, não importa quão afiadas, são coisas muito úteis e, para a maioria dos propósitos, quanto mais afiadas mais úteis. Não tenho qualquer temor, entretanto, de que você deseje proibir seu uso, porque elas foram, algumas vezes, utilizadas por escolares para causar algum tumulto ou por assassinos para cortar gargantas."

Jeremy Bentham, O Panóptico ou a casa de inspeção.

"L'agitation et la chasse est proprement de nostre gibier: nous ne sommes pas excusables de la conduire mal et impertinemment; de faillir à la prise, c'est autre chose. Car nous sommes nais à quester la verité; il appartient de la posseder à une plus grande puissance."

Michel de Montaigne, Essais, Livro III, capítulo 8.

"Colocaram no computador alemão a frase: 'O Brasil é um país muito grande'. Fizeram o computador traduzir pro alemão, ele traduziu: 'Brazil ist ein gross Vaterland'. Depois fizeram o computador traduzir de novo pro português. Ele traduziu: 'O Brasil é meu pai grosso'. É por isso que eu digo: dentro em breve os computadores vão substituir completamente o homem."

Millôr Fernandes, Millor Definitivo: A Bíblia do Caos.

# AGRADECIMENTOS

Agradeço aos seguintes pesquisadores, profissionais e amigos pelo estímulo e pelas reflexões, críticas e informações compartilhadas ao longo dos últimos anos: Pablo Coutinho Barreto, Vladimir Aras, Douglas Fischer, Samuel Sales Fonteles, Rodrigo Chemin, Daniel Azevedo Lôbo, Roberto Freitas Filho, Marcio Luiz Coelho de Freitas, Luís Fernando Belém Peres, Hercules Alexandre da Costa Benício, Maurício Ferreira Brito, Alessandra Silveira e Luiza Cristina Fonseca Frischeisen.

Agradeço aos professores Ana de Oliveira Frazão Vieira de Mello, Américo Bedê Freire Júnior, Anamara Osório Silva e Joana Rita Covêlo de Abreu, integrantes das bancas de qualificação e de defesa da tese de doutorado na qual se baseia este livro, e ao professor Alexandre Kehrig Veronese Aguiar, meu orientador no Programa de Pós-Graduação em Direito da UnB, pelo rigor acadêmico e pelas sugestões, fundamentais para o desenvolvimento de minha pesquisa e para o aprimoramento do texto que ora se oferece ao leitor.

Registro meus agradecimentos também aos colegas do Ministério Público Federal, em especial a Bianca Rodrigues Benigno da Costa e Lívia Carvalho Conrado e aos membros do Núcleo de Ações Penais Originárias da Procuradoria Regional da República da 1ª Região Raquel Branquinho Pimenta Mamede Nascimento, Marcelo Antônio Ceará Serra Azul, Pedro Antônio de Oliveira Machado, Lauro Pinto Cardoso Neto e Wellington Luís de Sousa Bonfim, pelo apoio aos estudos que permitiram esta publicação.

# APRESENTAÇÃO

A economia mundial tem a região do Ocidente do Atlântico Norte como um dos grandes polos de intercâmbio. Os países que compõem o NAFTA (Acordo de Livre Comércio da América do Norte, na sigla em inglês) e que baseiam a União Europeia (UE) possuem trocas volumosas. Se isso ocorre com bens e serviços tradicionais, o mesmo cálculo também se aplica àqueles relacionados ao mundo digital. Logo, haveria um interesse econômico evidente em manter o livre fluxo de dados – inclusive pessoais – entre esses países. Contudo, no caso C-362-14, conhecido como Schrems I, o Tribunal de Justiça da UE (TJUE) declarou inválido o Acordo do Porto Seguro, firmado entre os Estados Unidos da América e a UE[1-2]. Uma fundamentação importante do acórdão era a falta de um quadro amplo por meio do qual os cidadãos e residentes da UE pudessem se proteger em casos de coleta ou tratamento de dados pessoais em desconformidade com a Carta de Direitos Fundamentais da UE e a antiga Diretiva 95/46/CE. Depois, novo entendimento foi firmado, criando o Escudo da Privacidade. Mais uma vez, o TJUE acordou, no caso C-311/18, nomeado Schrems II, que o entendimento entre as partes ainda não era suficientemente protetivo, em termos bem similares

1. UNIÃO EUROPEIA. Tribunal de Justiça. Acórdão do Tribunal de Justiça (Grande Secção) de 6 de outubro de 2015 – Maximillian Schrems contra Data Protection Commissioner – Pedido de decisão prejudicial apresentado pela High Court (Irlanda). Luxemburgo: Curia, 2015. Disponível em: https://curia.europa.eu/juris/liste.jsf?num=C-362/14. Acesso em: 7 abr. 2024.
2. UNIÃO EUROPEIA. Comissão Europeia. Texto consolidado: decisão da Comissão de 26 de julho de 2000 nos termos da Directiva 95/46/CE do Parlamento Europeu e do Conselho e relativa ao nível de proteção assegurado pelos princípios de "porto seguro" e pelas respectivas questões mais frequentes (FAQ) emitidos pelo Department of Commerce dos Estados Unidos da América [notificada com o número C(2000) 2441] (2000/520/CE). Bruxelas: 25 ago. 2000. Disponível em: http://data.europa.eu/eli/dec/2000/520/2000-08-25. Acesso em: 7 abr. 2024.

ao acordo anterior[3-4]. Atualmente, há um terceiro acordo em vigor[5]. Cabe notar que cada acordo impunha aos EUA a necessidade de realizar adaptações administrativas para lidar com o tema.

Qual é o ponto central das preocupações, na UE? Note que uma empresa dos EUA não poderia negar o acesso de dados de cidadãos de outros países, retidos em servidores em sua jurisdição, para tratamentos por agências de investigação. Caso os dados pessoais estivessem fora dos EUA, seria necessário que o fluxo viesse por meio de algum mecanismo de cooperação, seja um acordo – como os mencionados –, seja por meio de tratados bilaterais ou multilaterais, seja por inovações, como aquelas trazidas pelo CLOUD Act. Ainda, mesmo que os dados pessoais pudessem ser transferidos, no entender do TJUE sobre os dois acordos anulados, não haveria meios efetivos dos cidadãos ou residentes da UE para se insurgirem, nos EUA, contra eventuais desvios. Essas questões normalmente são relacionadas com a luta global contra o terrorismo, contra a lavagem de dinheiro e na investigação e persecução de outros crimes, transnacionais ou não.

Qual a lição que fica para o Brasil e para a América Latina? É necessário participar das convenções internacionais (tratados multilaterais) para a investigação e persecução aos crimes que são cometidos com o uso da Internet ou que a ameaçam, como a Convenção de Budapeste[6]. Também é necessário que a proteção de dados pessoais englobe o vazio jurídico que ficou expresso na Lei nº 13.709/2018 (Lei Geral de Proteção de Dados

3. UNIÃO EUROPEIA. Tribunal de Justiça. Acórdão do Tribunal de Justiça (Grande Secção) de 16 de julho de 2020 – Data Protection Commissioner contra Facebook Ireland Ltd e Maximillian Schrems – Pedido de decisão prejudicial apresentado pela High Court (Irlanda). Disponível em: https://curia.europa.eu/juris/liste.jsf?num=C-311/18. Acesso em: 7 abr. 2024.

4. UNIÃO EUROPEIA. Comissão Europeia. Decisão de Execução (UE) 2016/1250 da Comissão, de 12 de julho de 2016, relativa ao nível de proteção assegurado pelo Escudo de Proteção da Privacidade UE-EUA, com fundamento na Diretiva 95/46/CE do Parlamento Europeu e do Conselho [notificada com o número C(2016) 4176]. Bruxelas: Jornal Oficial da UE, 1 ago. 2016. Disponível em: http://data.europa.eu/eli/dec_impl/2016/1250/oj. Acesso em: 7 abr. 2024.

5. UNIÃO EUROPEIA. Comissão Europeia. Decisão de Execução (UE) 2023/1795 da Comissão de 10 de julho de 2023 nos termos do Regulamento (UE) 2016/679 do Parlamento Europeu e do Conselho sobre a adequação do nível de proteção dos dados pessoais no âmbito Quadro de Privacidade de Dados UE-EUA [notificada com o número C(2023) 4745]. Bruxelas: Jornal Oficial da UE, 20 set. 2023. Disponível em: http://data.europa.eu/eli/dec_impl/2023/1795/oj. Acesso em: 7 abr. 2024.

6. BRASIL. Presidência da República. Decreto nº 11.491, de 12 de abril de 2023: promulga a Convenção sobre o Crime Cibernético, firmada pela República Federativa do Brasil, em Budapeste, em 23 de novembro de 2001. Brasília: Diário Oficial da União, 13 abr. 2023. Disponível em: https://www.planalto.gov.br/ccivil_03/_Ato2023-2026/2023/Decreto/D11491.htm. Acesso em: 7 abr. 2024.

Pessoais, LGPD)[7]. O preenchimento desse vácuo é mais relevante ainda quando se tem em vista o inciso LXXIX do art. 5º da Constituição da República Federativa do Brasil, que foi inserido pelo poder constituinte derivado pela Emenda Constitucional nº 115/2022[8]. Essa inserção permite a aplicação de um direito fundamental à proteção de dados pessoais, sem discriminação de áreas específicas, em tese. O resultado é que o Brasil não possui detalhes sobre a aplicabilidade desse direito, em razão da ausência de lei(s) específica(s) sobre tratamentos de dados pessoais para a segurança pública, para a defesa nacional, para a segurança do Estado ou para as atividades de investigação e de repressão de infrações penais, nos termos do art. 4º, inciso III, alíneas "a", "b", "c" e "d" da LGPD.

A publicação que o leitor encontra em mãos nasceu da inquietação de uma pesquisa de doutorado sobre esse assunto. Ao longo dela, o Brasil acedeu à Convenção de Budapeste, bem como foi criado um anteprojeto de lei para regulação da proteção de dados pessoais nas investigações e processos criminais[9]. Todavia, apesar desses passos, ainda haverá muito o que fazer. Antes de qualquer ação, é necessário compreender o problema. O que o autor nos oferece é uma análise muito atual e abrangente do assunto.

Dada a ausência de um marco jurídico claro, foi necessário, para o autor, estudar o significado da proteção de dados pessoais, a partir da LGPD e da jurisprudência do Supremo Tribunal Federal (STF). Os julgados tratam de casos, com repercussão geral, ou não, que analisaram situações nas quais houve o tratamento de dados pessoais para finalidades de investigação criminal e persecução penal. Dentre esses casos, vale destacar a Ação Direta de Constitucionalidade nº 51/DF[10]. Esse acórdão possui, no voto do seu Relator,

7. BRASIL. Lei nº 13.709, de 14 de agosto de 2018: Lei Geral de Proteção de Dados Pessoais. Brasília, Diário Oficial da União, 15 ago. 2018. Disponível em: https://www.planalto.gov.br/ccivil_03/_ato2015-2018/2018/lei/l13709.htm. Acesso em: 7 abr. 2024.

8. BRASIL. Senado Federal. Emenda Constitucional nº 115, de 10 de fevereiro de 2022: altera a Constituição Federal para incluir a proteção de dados pessoais entre os direitos e garantias fundamentais e para fixar a competência privativa da União para legislar sobre proteção e tratamento de dados pessoais. Brasília: Diário Oficial da União, 11 fev. 2022. Disponível em: https://legis.senado.leg.br/norma/35485358/publicacao/35485850. Acesso em: 7 abr. 2024.

9. BRASIL. Câmara dos Deputados. Anteprojeto de Lei de Proteção de Dados para segurança pública e persecução penal. Brasília: Poder360, 2020. Disponível em: https://static.poder360.com.br/2020/11/DADOS-Anteprojeto-comissao-protecao-dados-seguranca-persecucao-FINAL.pdf. Acesso em: 7 abr. 2024.

10. BRASIL. Supremo Tribunal Federal. Ação Direta de Constitucionalidade nº 51/DF, Relator Ministro Gilmar Mendes. Brasília, Diário Oficial da Justiça, 28 abr. 2023. Disponível em: https://portal.stf.jus.br/processos/detalhe.asp?incidente=5320379. Acesso em: 7 abr. 2024.

Ministro Gilmar Mendes, uma citação de um texto de opinião, produzido por mim e pelo autor[11]. No momento da escrita, anterior ao julgamento, nós já víamos o problema e estávamos refletindo, juntos, sobre esses dilemas. Essa reflexão se aprofundou com a produção de um texto maior, sobre criminalidade, segurança cibernética e cooperação internacional[12]. É claro que esses textos – escritos por mim e pelo autor da presente tese – não se confundem com o ineditismo do atual trabalho. Nesse trabalho, além de uma sistematização abrangente de análise, o autor nos brinda com dois capítulos cruciais sobre o assunto. O capítulo 3, sobre o tema da reserva de jurisdição, é muito importante para se discutir o que vai requerer supervisão judicial em termos de retenção, coleta e tratamento de dados pessoais. Depois, como uma derivação lógica, o autor produziu o capítulo 4, no qual ele constrói padrões para validação dos tratamentos de dados pessoais na área das investigações criminais e persecuções penais, em vista de um vácuo legal.

Assim, ao juntar esses dois temas – proteção de dados pessoais com direito penal e processual penal –, o autor fornece uma imperativa e relevante contribuição à literatura jurídica brasileira. Isso ocorre em razão da constitucionalização do direito fundamental à proteção de dados pessoais, mas também pelo fato de que limites jurídicos dotarão a sociedade de mais segurança jurídica. Está claro, atualmente, que o mundo depende e opera por meio das redes, fenômeno que se tornou ubíquo e só vai se radicalizar no futuro. A digitalização em larga escala, seja aquela incipiente do passado, seja a atual e ampla, nunca ocorreu sem que os crimes, os delitos e as demais violações estivessem presentes. Se o mundo migra para as redes, os malfeitos também para lá se direcionarão. Na tese, ao delimitar vários padrões para os investigadores e para os julgadores, o autor busca contribuir, doutrinariamente, em prol de prestigiar o difícil equilíbrio entre o direito

11. VERONESE, Alexandre; CALABRICH, Bruno. Crimes na internet e o Brasil no cenário de cooperação jurídica internacional: a Convenção de Budapeste e o Cloud Act dos Estados Unidos. **JOTA**, São Paulo, 24 abr. 2021. Disponível em: https://www.jota.info/opiniao-e-analise/colunas/judiciario-e-sociedade/crimes-na-internet-e-o-brasil-no-cenario-de-cooperacao-juridica-internacional-24042021. Acesso em: 7 abr. 2024.

12. VERONESE, Alexandre; CALABRICH, Bruno. Cybercrime in Brazil after the Covid-19 global crisis: an assessment of the policies concerning international cooperation for investigations and prosecutions. In: VENTRE, Daniel Ventre (org.), LOUISEAU, Hugo (org.). **Cybercrime during the SARS-CoV-2 Pandemic (2019-2022)**. Londres / Hoboken, NJ; ISTE / Wiley, 2023. p. 109-148; VERONESE, Alexandre; CALABRICH, Bruno . Cybercriminalité au Brésil : évaluation des politiques post-Covid de coopération internationale en matière d?enquêtes et de poursuites. In: VENTRE, Daniel Ventre (org.), LOUISEAU, Hugo (org.). **Évolutions du cybercrime durant la pandémie de Covid-19**. Londres: ISTE Ésitions, 2023. p. 129-168.

da sociedade – de receber proteção das agências estatais da área criminal e penal – e do Estado – de assegurar os direitos fundamentais do devido processo legal, da ampla defesa e da proteção de dados pessoais. O autor conclui que, no caso da omissão legislativa, caberá ao intérprete judicial fazer o controle garantista no tema. Essa tarefa vem sendo realizada. Não obstante, é muito importante que haja coerência na compatibilização desses dois subsistemas jurídicos. A leitura da pesquisa produzida pelo autor é necessária para todos aqueles que laboram nessas duas áreas – direito e processo penal e proteção de dados pessoais.

**Alexandre Veronese**

Professor Associado de Teoria Social e do Direito da Universidade de Brasília (Faculdade de Direito). Pesquisador Associado do Centro de Direito, Economia, Tecnologia e Políticas da Comunicações da Universidade de Brasília e do Centro de Excelência Jean Monnet em Cidadania Digital e Sustentabilidade Tecnológica da Universidade do Minho (Portugal).

# PREFÁCIO

Recebi, com júbilo e honrado pela oportunidade, o convite de Bruno Calabrich para prefaciar seu livro *Proteção de Dados Pessoais na Investigação Criminal e no Processo Penal: garantismo, eficiência e* standards *de validade*. O endereçamento do convite, creio, e sua aceitação, estou certo, deveu-se a termos ambos a mesma origem institucional e, em boa medida, uma percepção comum sobre os objetivos e a razão de ser do processo penal.

Efetivamente, antes de ser magistrado, dediquei-me durante 26 anos ao Ministério Público, esta grandiosa e relevante instituição a que pertence o Doutor Bruno Freire de Carvalho Calabrich.

E, assim como o autor desta obra, também vejo o processo penal como um importante instrumento de salvaguarda das liberdades públicas e dos direitos e garantias individuais do investigado ou réu, mas, também, e de modo não menos importante, como um meio civilizado e bem estruturado de permitir ao Estado, na representação dos interesses da coletividade, investigar, processar e punir os responsáveis por práticas ilícitas definidas em lei como criminosas.

Tenho dito, em manifestações orais e escritas, que existe, no Brasil, um visível *déficit de execução* do sistema de justiça criminal. Nem temos sido capazes de proteger os bens jurídicos mais caros à comunidade (vida, integridade física, liberdade sexual, saúde pública, patrimônio, meio ambiente etc.), nem de punir, de modo justo e proporcional, as violações às normas penais primárias, como igualmente não tem sido raro constatar que o Estado brasileiro ainda está longe de preservar, satisfatoriamente, as liberdades públicas e os direitos individuais das pessoas, especialmente as envolvidas em conflitos penais.

E o livro que ora prefacio tem essa preocupação permanente em todas as suas páginas, é dizer, a de encontrar um ponto de equilíbrio entre os interesses opostos que subjazem à temática do tratamento dos dados pessoais de acusados de crimes em geral. Veja-se, como prova dessa assertiva, o subtítulo: garantismo, eficiência e standards de validade.

Sim, nessa relação entre o Estado e o indivíduo, nas suas relações intersubjetivas, as funções punitivas devem andar *pari passu* às funções de garantia, o que demanda, portanto, um equilíbrio entre o interesse estatal de punir, de modo eficiente, autores de crimes quaisquer, e em conformidade com as leis do país, e o interesse do acusado (mas que também é interesse do Estado) de proteger sua liberdade.

Sempre se faz oportuna a lição de Roxin, para quem, em um Estado de Direito,

> la regulación de esa situación de conflito no es determinada a través de la antítesis Estado-ciudadano; el Estado mismo está obligado por ambos fines - aseguramiento del orden a través de la persecución penal y protección de la esfera de libertad del ciudadano. (ROXIN, Claus. Derecho Procesal Penal. Buenos Aires: Editores del Puerto, 2000, p. 258)

E, numa perspectiva minimalista (ou, como preferimos, de estrita necessidade), as proibições e as penas têm, por fim, assegurar "o máximo de bem-estar possível dos não desviantes e o mínimo mal-estar necessário dos desviantes", como sustentado pelo maior expoente do garantismo penal, Luigi Ferrajoli (*Direito e razão. Teoria do garantismo penal.* São Paulo: Revista dos Tribunais, 2002, p. 271), muitas vezes citado, em uma perspectiva mais ampla do que usualmente se lhe dão certos intérpretes de sua obra.

Daí a importância - bem compreendida por Bruno Calabrich - de se cultivar um Ministério Público consciente de seus deveres funcionais e, também, constitucionais, ao se apresentar como parte acusadora na relação processual, pautado, todavia, por critérios de objetividade, a lhe impor verdadeiro compromisso com a verdade e com a justiça das decisões que busca alcançar por meio do processo penal.

Com essas premissas bem assentadas, o autor explora, com maestria, originalidade e técnica, um tema ainda em construção e que se projeta no cenário mundial, no qual as agências estatais de persecução penal deverão se especializar, de sorte a que se promova, na investigação e no processo, uma qualidade epistêmica da prova compatível com os avanços tecnológicos do que nós entendemos como "era digital".

Um dos tópicos mais presentes e de fundamental importância no trabalho de doutoramento do autor, perante a Universidade de Brasília, é a análise empreendida, em diversos pontos, sobre a reserva de jurisdição, esse "filtro limitador da atividade do Estado" na proteção legítima e necessária dos interesses do sujeito passivo da investigação criminal e do processo. Sem embargo, como bem demonstrado por Bruno Calabrich, nem sempre se poderá opor essa cláusula constitucional ao direito estatal de obter dados que podem e devem ser protegidos, *a priori*, também por outros agentes estatais, nomeadamente pelo Ministério Público.

Como a proteção de dados pessoais tem sido compreendida pelos Tribunais, particularmente pelos incumbidos de interpretar as leis federais e a Constituição da República, o Superior Tribunal de Justiça e o Supremo Tribunal Federal, respectivamente? Quais são os standards probatórios e de validade para o tratamento de dados no processo penal? Em que situações concretas se permitem o acesso e a utilização de dados pessoais como prova no processo penal, mesmo sem prévia autorização judicial? Que normativas, nacionais e internacionais, regulam o tema em apreço? Diante da falta de uma legislação específica no Brasil para o tratamento de dados pessoais na persecução penal – e ante as apontadas falhas que proposta de lei nesse sentido apresenta –, quais as perspectivas para que se possa ter, em nosso sistema, normatização capaz de assegurar tanto os interesses estatais e sociais de responsável e efetiva punição de condutas criminosas, quanto os interesses e direitos individuais de quem se vê na qualidade de sujeito passivo da atividade persecutória e punitiva do Estado?

Essas são algumas das diversas perguntas que a atenta leitura do livro ora prefaciado suscita, e que encontra indicativos seguros de respostas amparadas no bom direito e na boa razão, vis-à-vis à fecunda pesquisa acadêmica, fortemente influenciada pela notória experiência profissional, do Doutor Bruno Calabrich.

Que o livro contribua para o aperfeiçoamento técnico de nossa justiça!

Brasília, outono de 2024.

**ROGERIO SCHIETTI CRUZ**

Doutor e Mestre em Direito Processual pela USP.

Professor dos cursos de graduação e pós-graduação da UniNove e do IDP.

Ministro do Superior Tribunal de Justiça.

# SUMÁRIO

# INTRODUÇÃO

## A proteção de dados pessoais e a persecução penal num mundo digital

Uma pegada na areia da praia é um dado pessoal. Enquanto esse registro continuar na areia, enquanto houver uma pessoa que possa testemunhar esse registro e um engenho humano para captá-lo, haverá ali, na moldura feita entre grãos de silício, dados pessoais. Se alguém filmar ou fotografar essa moldura, ter-se-á um tratamento de dados pessoais – sensíveis inclusive, eis que biométricos. Se um satélite fizer do espaço o registro dessa pegada, de modo automatizado ou obedecendo a um comando específico que tenha partido de um ser humano, também haverá tratamento de dados pessoais. Mas quando uma onda apagar essa pegada, sem que sua imagem tenha sido fixada em nenhum suporte físico ou eletrônico, não haverá mais, ao menos não ali, um dado pessoal que possa ser captado e tratado. E, não havendo outros registros daquela fôrma de um pé na areia da praia, se tratamento de dados pessoais por algum momento houve, aquela onda o terá encerrado.

Os registros relacionados à existência de uma pessoa podem ter as mais variadas formas, de uma mão decalcada numa caverna a um modelo digital de seu corpo em três dimensões criado por um *scanner* de alta precisão.

Figuras históricas da arte ou da política, de maior ou menor vulto, contaram com registros contemporâneos ou replicados ao longo do tempo, inclusive de modo oral, para perpetuar suas vidas e características. Entretanto, como escreve Yuval Harari, "a história é o que algumas poucas pessoas fizeram enquanto todas as outras estavam arando campos e carregando baldes de água"[1]. Ainda que personagens anônimos também possam legar a

1. HARARI, Yuval Noah. **Sapiens**. Porto Alegre: L&PM. Edição do Kindle, posição 1884.

arqueólogos e historiadores dados importantes para seus campos de pesquisa, raros são os carregadores de balde e aradores de campos que tiveram registros de sua passagem na Terra preservados de modo a que pudessem ser percebidos por gerações vindouras. Assim, dentre os estimados 117 bilhões de seres humanos que já existiram[2], são proporcionalmente poucos aqueles que, no passado, mereceram tais registros. Isso mudou radicalmente com o avanço da tecnologia e, especialmente nos últimos anos, com o processo de digitalização da vida.

Antes, as formas mais permanentes de se registrar a existência de uma pessoa eram documentos escritos em pedra ou papel, em estátuas ou afrescos, em moedas cunhadas com faces de imperadores ou em trabalhosas telas encomendadas de grandes artistas – em artefatos "sólidos", portanto. Hoje, as tecnologias digitais permitem capturar imagens, sons, volumes e ideias em quantidade virtualmente ilimitada e de modo instantâneo, tornando tais registros parte do dia a dia das pessoas, tão abundantes quanto (aparentemente) banais. Os cerca de 7 bilhões de pessoas que habitam o planeta terão suas vidas mais documentadas que todos os demais seres que os antecederam, somados. Em 2013, observou-se que 90% de todos os dados da humanidade haviam sido gerados nos dois anos precedentes[3], e nada leva a crer que esse crescimento exponencial tenha diminuído desde então[4].

O uso da internet torna-se a cada dia uma ferramenta essencial à participação dos indivíduos na vida em comunidade, da prática dos atos mais

2. HAUB, Carl; KANEDA, Toshiko. **How Many People Have Ever Lived on Earth?** Nov. 15, 2022. Disponível em: https://www.prb.org/articles/how-many-people-have-ever-lived-on-earth/. Acesso em 13 ago. 2023.

3. SINTEF. **Big Data, for better or worse:** 90% of world's data generated over last two years. ScienceDaily, publicado em 22 maio 2013. Disponível em: www.sciencedaily.com/releases/2013/05/130522085217.htm. Acesso em 13 ago. 2023.

4. O Ministério da Verdade imaginado por George Orwell conseguia determinar "qual fragmento do passado deveria ser preservado, enquanto outro deveria ser falsificado, e outro, ainda, eliminado de toda existência" (ORWELL, George. **1984** – Edição Exclusiva Amazon. Antofágica. Edição do Kindle, posição 959). Da tentativa do apagamento dos registros sobre a existência imperador romano Geta, considerado um traidor por seu irmão mais velho, o também imperador Caracala, até a hoje notória tentativa feita regimes autoritários de eliminar registros de opositores (são famosas as fotos retocadas por agentes soviéticos a serviço de Stálin), já se tentou "apagar" a existência de personagens históricos ou agentes políticos. Atualmente, tamanha é a quantidade de dados coletados, tanta é sua disseminação e tão distribuído é seu armazenamento que se tornou praticamente impossível suprimir por completo os dados a existência de uma pessoa. Em muitos casos, o problema pode ser exatamente o oposto: a persistência do tratamento de dados incorretos ou desatualizados ou mesmo a indexação, para pesquisa pública e facilmente acessível, de fatos antigos vinculados a uma pessoa (valendo o registro de que o chamado "direito ao esquecimento" foi rechaçado pelo STF em fevereiro de 2021 no julgamento do Recurso Extraordinário 1010606 – tema 786 de repercussão geral). Inúmeras outras formas há, hoje, de desrespeitar a individualidade e os direitos fundamentais de alguém, inclusive pela exploração massiva e indevida de seus dados pessoais.

comezinhos aos mais determinantes para o desenvolvimento de suas potencialidades. Ao mesmo tempo, cresce a preocupação com os dados de cada um desses usuários da rede, cujo tratamento é requisito para sua participação. Em sua infância, quando a internet se apresentava como um novo palco para relações econômicas e as questões jurídicas advindas dessas relações eram mais de ordem privada, houve respostas razoavelmente satisfatórias na ordem internacional, a exemplo de instrumentos internacionais e de organizações voltadas aos temas comércio internacional, da propriedade industrial e intelectual. Todavia, quando a internet passou a motivar mais e mais interações que requeriam uma proteção sob a ótica dos direitos humanos, os desafios se agigantaram[5].

Os dados pessoais, quando não são o passaporte do indivíduo para acesso a uma gama de serviços e canais de interação, são suas marcas ou pegadas, traduzidas na forma de informações que o identificam – como suas qualidades, preferências, hábitos e sua própria imagem – e que são hoje inexoravelmente despejadas pelo simples ato de utilizar os recursos da rede mundial de computadores[6]. Esses mesmos dados são o insumo dos quais se valem governos e corporações, das gigantes da internet às pequenas *startups*, para a realização das mais variadas atividades, afetas a interesses privados e públicos. Tal nova realidade econômica, que se tem convencionado definir como *data driven economy*, tem como um de seus resultados o capitalismo de vigilância sobre o qual alerta Shoshana Zuboff[7]. Esse horizonte torna a privacidade não mais limitada ao tradicional direito à intimidade e ao direito de ser *deixado em paz*: é um conceito que se relaciona hoje com o controle sobre

5. SILVA, Anamara Osório. **Jurisdição internacional e internet**. Belo Horizonte: Del Rey, 2022, p. 95.
6. "[...] dados do corpo (dados biométricos, DNA) ou por ele desencadeados (por exemplo, situações em que se faz um login, usa-se um cartão de acesso ou mostra-se a identidade) são sugados para bases de dados a fim de serem processados, analisados, concatenados com outros dados e depois cuspidos de volta como 'replicação de dados'). As informações que fazem as vezes das pessoas são constituídas de 'dados pessoais' apenas no sentido de que se originaram em seu corpo e podem afetar suas oportunidades e escolhas existenciais. A 'replicação e fragmentação de dados' tende a inspirar mais confiança que a própria pessoa – que prefere contar sua própria história. Os designers de software dizem que estão simplesmente 'lidando com dados', de modo que seu papel é 'moralmente neutro' e suas avaliações e distinções são apenas 'racionais'". BAUMAN, Zygmunt. **Vigilância líquida**: diálogos com David Lyon. Tradução de Carlos Alberto Medeiros. Rio de Janeiro: Zahar, 2013, p. 15.
7. *"Surveillance capitalism operates through unprecedented asymmetries in knowledge and the power that accrues to knowledge. Surveillance capitalists know everything about us, whereas their operations are designed to be unknowable to us. They accumulate vast domains of new knowledge from us, but not for us. They predict our futures for the sake of others' gain, not ours. As long as surveillance capitalism and its behavioral futures markets are allowed to thrive, ownership of the new means of behavioral modification eclipses ownership of the means of production as the fountainhead of capitalist wealth and power in the twenty-first century."* (ZUBOFF, Shoshana. **The age of surveillance capitalism**. The fight for a human future at the new frontier of power. Edição do Kindle. New York: Public Affairs, 2019, p. 11).

seus próprios dados, que definem a própria identidade do indivíduo e suas perspectivas de participação na comunidade.

Reconhecer a existência de um capitalismo de vigilância não deve acarretar paralisia diante dessa realidade, como se a tecnologia não pudesse ser tangida de modo a que sejam respeitados direitos fundamentais. A lógica tecnodeterminista deve ser rechaçada: a tecnologia pode e deve ser regulada; ao mesmo tempo, não deve ser tolhida em suas potencialidades benéficas. Essa equação é certamente um dos mais importantes desafios que se erigem à humanidade nesta primeira metade do século XXI[8].

Na ordem jurídica europeia, o RGPD (Regulamento Geral de Proteção de Dados – Regulamento 2016/679[9]) constitui um forte arcabouço para a proteção dos dados pessoais, vocacionado à promoção de uma economia de dados seguros e fidedignos – embora seja sobejamente esquecida tal segunda dimensão. Este duplo desígnio ínsito ao RGPD pode ser também identificado, em matéria de persecução penal, na Diretiva (UE) 2016/680[10] (também chamada de *Law Enforcement Directive – LED* – ou *Data Protection Directive on Police Matters – DPDPM*): seu propósito, como será estudado, é o de promover a proteção de dados pessoais equacionada com seu uso seguro e fidedigno em atividades *prevenção, investigação, deteção ou repressão de infrações penais ou execução de sanções penais*. Tal escopo tem se tornado ainda mais relevante pelo emprego de algoritmos e de tecnologias disruptivas, como as de inteligência artificial. Se a massificação dessas tecnologias é problemática em inúmeras searas, dados os riscos de imprecisões e vieses[11],

8. O fenômeno da internet é global, assim como são globais os desafios para sua regulação e para a proteção de dados pessoais – compreensão que será refletida ao longo deste livro. Com efeito, num planeta globalizado, todos os principais problemas – os metaproblemas que condicionam o enfrentamento de todos os outros – são globais e, sendo assim, não admitem soluções locais. Não há nem pode haver soluções locais para problemas originados e reforçados globalmente (BAUMAN, Zygmunt. **Tempos líquidos**. Tradução Carlos Alberto Medeiros. Rio de Janeiro: Zahar, 2007, p. 31).

9. UNIÃO EUROPEIA. **Regulamento (UE) 2016/679 do Parlamento Europeu e do Conselho, de 27 de abril de 2016**, relativo à proteção das pessoas singulares no que diz respeito ao tratamento de dados pessoais e à livre circulação desses dados e que revoga a Diretiva 95/46/CE (Regulamento Geral sobre a Proteção de Dados). Disponível em: https://eur-lex.europa.eu/legal-content/PT/TXT/?uri=celex%3A32016R0679. Acesso em 10 jan. 2024.

10. UNIÃO EUROPEIA. **Diretiva (UE) 2016/680 do Parlamento Europeu e do Conselho, de 27 de abril de 2016**, relativa à proteção das pessoas singulares no que diz respeito ao tratamento de dados pessoais pelas autoridades competentes para efeitos de prevenção, investigação, deteção ou repressão de infrações penais ou execução de sanções penais, e à livre circulação desses dados, e que revoga a Decisão-Quadro 2008/977/JAI do Conselho. Disponível em: https://eur-lex.europa.eu/legal-content/PT/TXT/?uri=celex%3A32016L0680. Acesso em 10 jan. 2024.

11. CALABRICH, Bruno Freire de Carvalho. Discriminação Algorítmica e Transparência na Lei Geral de Proteção de Dados Pessoais. *In*: ARAS, Vladimir Barros; MENDONÇA, Andrey Borges de; CAPANEMA,

com maior razão o é na área do processo penal, que lida com a potencial restrição de liberdades fundamentais[12].

Inovações tecnológicas[13] devem provocar respostas normativas e institucionais aptas a proteger a liberdade individual, a manutenção dos princípios do Estado de Direito, o funcionamento da ordem democrática e a promoção do desenvolvimento econômico[14]. Deve-se discipliná-las, pois, com equilíbrio e rigor.

A tecnologia não é boa nem é má. É do uso que dela se faz e do controle que se exerce para anular ou minimizar suas externalidades negativas que se extrai sua utilidade, seus benefícios[15] e seus malefícios para a comunidade.

---

Walter Aranha; SILVA, Carlos Bruno Ferreira da; COSTA, Marcos Antônio da Silva. **Proteção de dados pessoais e investigação criminal**. Brasília: ANPR, 2020.

12. Sobre o tema dos vieses algorítmicos no processo penal, é notório o estudo de ANGWIN *et. al.*; **Machine Bias**. **There is software that is used across the county to predict future criminals. And it is biased against blacks.** Nova Iorque: ProPublica, 23 mai. 2016. Disponível em: https://www.propublica.org/article/machine-bias-risk-assessments-in-criminal-sentencing. Acesso em 08 out. 2023.
13. Segundo Yuval Harari, três importantes revoluções definiram o curso da história: a Revolução Cognitiva, que deu início à história, há cerca de 70 mil anos; a Revolução Agrícola, que a acelerou, por volta de 12 mil anos atrás; e a Revolução Científica, que começou há apenas 500 anos e "pode muito bem colocar um fim à história e dar início a algo completamente diferente" (HARARI, Yuval Noah. **Sapiens**. Porto Alegre: L&PM. Edição do Kindle, posição 112).
14. HOFFMANN-RIEM, Wolfgang. **Teoria geral do direito digital**: transformação digital: desafios para o direito. 2. ed. Rio de Janeiro: Forense, 2022, p. 07.
15. Um bom exemplo do uso de tecnologias de coleta de dados pessoais são as câmeras corporais instaladas em uniformes policiais – desde que utilizadas de acordo com rigorosos protocolos para a minimização do tratamento e para a preservação da segurança dos dados, dentre diversas outras cautelas. Segundo pesquisa do Fórum Brasileiro de Segurança Pública (FBSP) com apoio do Fundo das Nações Unidas para a Infância (UNICEF), desde que a Polícia Militar de São Paulo começou a utilizar câmeras corporais, o número de mortes causadas por policiais em serviço caiu 62,7%. Nos batalhões que passaram a usar as câmeras, o número de vítimas diminuiu 76,2% entre 2019 e 2022; nos batalhões em que a tecnologia não foi implementada, a redução foi de somente 33,3%. (FÓRUM BRASILEIRO DE SEGURANÇA PÚBLICA. **As câmeras corporais na polícia militar do Estado de São Paulo**: processo de implementação e impacto nas mortes de adolescentes. Coordenação Samira Bueno; supervisão Renato Sérgio de Lima. São Paulo: Fórum Brasileiro de Segurança Pública, 2023. 36 p. Disponível em: https://forumseguranca.org.br/wp-content/uploads/2023/05/cameras-corporais-pmesp.pdf. Acesso em 04 out. 2023). Pesquisa da FGV divulgada em 2022 chegou a conclusões semelhantes: "A análise indica que a introdução das câmeras corporais causou uma redução significativa na média de casos de uso da força policial, em especial de Mortes Decorrentes de Intervenção Policial, nas áreas das companhias que receberam a nova tecnologia. Em comparação à trajetória das demais unidades, é possível afirmar que a introdução das câmeras causou uma redução de 57% de MDIP em relação às companhias que ainda não as adotaram" (MONTEIRO, Joana; FAGUNDES, Eduardo; GUERRA, Julia; PIQUET, Leandro. **Avaliação do impacto do uso de câmeras corporais pela Polícia Militar do Estado de São Paulo**: relatório de pesquisa. São Paulo: FGV CCAS – Centro de Ciência Aplicada à Segurança Pública. 2022. Disponível em: https://bibliotecadigital.fgv.br/dspace/handle/10438/32874. Acesso em 04 out. 2023, p. 21). Hoje, não bastasse a relativa resistência à implementação das câmeras corporais, emerge também o problema do controle sobre o sistema de armazenamento das gravações (PORTAL DE NOTÍCIAL UOL. **Como PMs de São Paulo manipulam o sistema de câmeras corporais**. 20 dez. 2023. Disponível em: https://tab.uol.com.

Por vezes, esse equilíbrio soa tão difícil[16] que pode inspirar iniciativas como movimentos da sociedade civil pelo banimento de câmeras de reconhecimento facial[17] ou o apelo pela moratória sobre tecnologias de inteligência artificial feito pelo alto-comissariado para os direitos humanos da ONU em 2021[18] e por centenas de estudiosos e personalidades em 2023[19]. Por outro lado, são frequentes as iniciativas legislativas que testam os limites desse equilíbrio, como a altamente controversa aprovação, em julho de 2023, por parlamentares franceses[20], da possibilidade de que agentes de segurança possam ligar, à distância, microfones e câmeras de telefone de investigados em apurações sobre terrorismo ou criminalidade organizada[21].

Em reação à vigilância (*surveillance*) de contornos (neo)panópticos empregada por empresas e governos (como no recente exemplo francês),

---

br/noticias/redacao/2023/12/20/como-pms-de-sao-paulo-manipulam-o-sistema-de-cameras-corporais.htm. Acesso em 21 dez. 2023).

16. Discorrendo sobre o que chama de algoritmos de destruição em massa, ou ADMs, Cathy O'Neil alerta: "Conforme a tecnologia avança, certamente veremos um crescimento dramático da vigilância. A boa notícia, se quiser chamar assim, é que quando milhares de câmeras de segurança em nossas cidades e municípios estiverem enviado nossas imagens para análise, a polícia não terá de discriminar tanto. E a tecnologia sem dúvidas será útil para rastrear suspeitos, como aconteceu no atentado à bomba na maratona de Boston. Mas significa que estaremos todos sujeitos a uma forma digital do parar-e-revistar e ter nossos rostos comparados com uma base de dados de criminosos e terroristas conhecidos.

    O foco então poderá muito bem mudar em direção a detectar possíveis infratores da lei – não apenas bairros ou quadras num mapa, mas indivíduos. Essas campanhas de prevenção, já muito bem estabelecidas na luta contra o terrorismo, são terreno fértil para ADMs."

    (O'NEIL, Cathy. **Algoritmos de destruição em massa**: como o Big Data aumenta a desigualdade e ameaça a democracia. Trad. Rafael Abraham. São Paulo: Rua do Sabão, 2020, pp. 159-160).

17. O sítio https://www.banfacialrecognition.com/ lista diversas organizações norte-americanas que advogam o banimento sistemas de câmeras de reconhecimento facial, incluindo mapas atualizados mostrando "onde a vigilância por reconhecimento facial está acontecendo, para onde está se espalhando e onde existem esforços locais e regionais para controlá-la". BAN FACIAL RECOGNITION. Disponível em: https://www.banfacialrecognition.com/map/. Acesso em 17 jul. 2023.

18. ORGANIZAÇÃO DAS NAÇÕES UNIDAS. **The right to privacy in the digital age**: Report of the United Nations High Commissioner for Human Rights. Disponível em: https://www.ohchr.org/sites/default/files/HRBodies/HRC/RegularSessions/Session48/Documents/A_HRC_48_31_AdvanceEditedVersion.docx. Acesso em 17 jul. 2023.

19. FUTURE OF LIFE INSTITUTE. **Pause Giant AI Experiments**: An Open Letter. Disponível em: https://futureoflife.org/open-letter/pause-giant-ai-experiments/. Acesso em 17 jul. 2023.

20. FRANÇA. ASSEMBLÉE NATIONALE. **Analyse du scrutin nº 2141. Première séance du 05/07/2023**. Disponível em: https://www2.assemblee-nationale.fr/scrutins/detail/(legislature)/16/(num)/2141. Acesso em 17 jul. 2023.

21. GUILLOUX, Michael. **Après le Sénat, l'Assemblée nationale approuve l'activation des micros et caméras de téléphone à distance.** 6 jul. 2023. Developpez. Disponível em: https://droit.developpez.com/actu/346220/Apres-le-Senat-l-Assemblee-nationale-approuve-l-activation-des-micros-et-cameras-de-telephone-a-distance-dans-le-cadre-d-affaires-de-terrorisme-de-delinquance-ou-de-crime-organise/. Acesso em 17 jul. 2023.

cidadãos frequentemente confrontam-na com o uso da própria tecnologia, reposicionando-a reflexamente. As hoje ubíquas câmeras de celular, por exemplo, permitem gravar e divulgar crimes praticados por particulares e agentes do Estado, municiando a mobilização da opinião pública para exigir correções e punições. O homicídio por asfixia de George Floyd[22] em 2021 ganhou repercussão mundial ao ter sido registrado e divulgado instantaneamente pelas redes sociais, impulsionando movimentos como o *Black Lives Matter*. Esse exemplo revela apenas uma das facetas do que se pode chamar de *sousveillance*[23]. São incontáveis e crescentes suas aplicações, especialmente com o incremento de dispositivos de computação vestíveis.

O fato indiscutível é que a tecnologia não deve reger-se "por si só". É precisamente esse o caso das tecnologias que realizam o tratamento de dados pessoais – todas estas.

É nesse contexto, portanto, que se tem verificado uma especial atenção, notadamente nos últimos anos, à proteção de dados pessoais. Dentre os mais importantes capítulos destacam-se, no plano legal, os já mencionados RGPD e a Diretiva 2016/680 europeus, o *CLOUD Act* norte-americano[24] e, no Brasil, o Marco Civil da Internet (Lei nº 12.965/14) e a Lei Geral de Proteção de Dados Pessoais (Lei nº 13.709/2018).

Os apontados diplomas jurídicos são produtos de um processo de maturação política e histórica que não se resume aos anos recentes. Em verdade,

22. ESTADOS UNIDOS. Department of Justice. **Former Minneapolis Police Officer Derek Chauvin Sentenced to More Than 20 Years in Prison for Depriving George Floyd and a Minor Victim of their Constitutional Rights.** 07 jun. 2022. Disponível em: https://www.justice.gov/opa/pr/former-minneapolis-police-officer-derek-chauvin-sentenced-more-20-years-prison-depriving. Acesso em 04 out. 2023.

23. *"One way to challenge and problematize both surveillance and acquiescence to it is to resituate these technologies of control on individuals, offering panoptic technologies to help them observe those in authority. We call this inverse panopticon 'sousveillance' from the French words for 'sous' (below) and 'veiller' to watch. [...]*

*Sousveillance is a form of 'reflectionism', a term [...] for a philosophy and procedures of using technology to mirror and confront bureaucratic organizations. [...]*

*Reflectionism becomes sousveillance when it is applied to individuals using tools to observe the organizational observer. Sousveillance focuses on enhancing the ability of people to access and collect data about their surveillance and to neutralize surveillance."*

MANN, Steve; NOLAN, Jason; WELLMAN, Barry. Sousveillance: Inventing and Using Wearable Computing Devices for Data Collection in Surveillance Environments. **Surveillance & Society.** v. 1, nº 3, 2003 (Foucault and Panopticism Revisited). Disponível em: https://ojs.library.queensu.ca/index.php/surveillance-and-society/article/view/3344. Acesso em 03 out. 2023, pp. 332-333.

24. CONGRESS.GOV. **H.R.4943 – CLOUD Act. 115th Congress (2017-2018).** Disponível em: https://www.congress.gov/bill/115th-congress/house-bill/4943/text. Acesso em 14 dez. 2023.

o tema da proteção de dados pessoais é bem mais antigo; a internet, com sua inerente capacidade de coleta e processamento de informações, apenas multiplicou as oportunidades para a obtenção e o uso de dados pessoais, exacerbando também, consequentemente, as possibilidades de violações aos interesses de seus titulares e da sociedade como um todo.

No Brasil, assim como no RGPD europeu, optou-se por reunir na LGPD as disposições sobre o tratamento de dados pessoais por *entes privados* e por *entes públicos*. A LGPD brasileira, todavia, exclui expressamente de seu âmbito de incidência o tratamento de dados pessoais realizado pelo Estado para fins de: a) segurança pública; b) defesa nacional; c) segurança do Estado; d) atividades de investigação e repressão de infrações penais (art. 4º, III).

Enquanto na Europa vige a Diretiva 2016/680, à qual o próprio RGPD faz remissão[25], hoje, no Brasil, tais atividades estatais estão fora da LGPD e não há lei específica. Tal aparente vácuo é indicativo da relevância atual do tema. Não sendo precisamente os mesmos da LGPD, é de se indagar quais são (se é que há) e de onde podem ser extraídos os limites existentes para o tratamento de dados pessoais nas apontadas atividades – e, no que aqui mais especificamente nos interessa, nas atividades de persecução penal.

Dentro ou fora do processo penal, os problemas relacionados ao tratamento de dados pessoais parecem ser sensivelmente mais difíceis de se equacionar que os existentes quando do início da vigência do RGPD e da LGPD e os apontados diplomas não estão inteiramente prontos para abordá-los. Um dos grandes dilemas, por exemplo, é o de como regular o tratamento de dados *inferidos*[26] pelas ferramentas de inteligência artificial[27]. No caminho para o enfrentamento desse novo desafio, o parlamento da União Europeia aprovou, em 13 de março de 2024, seu Regulamento sobre

25. *Consideranda, par.* 19.

26. Dados *inferidos* pela inteligência artificial são dados construídos a partir de outros dados, estes sim eventual e originariamente consentidos pelo titular.

27. O avanço tecnológico mais impressionante de 2023, representado pelos aplicativos de "Generative Pre-Trained Transformer" (ou "Transformador pré-treinado generativo") e que teve como maior exemplo o ChatGPT, da empresa OpenAI, foi alvo, pouco tempo depois de lançado, de um grande vazamento de dados (pessoais). (OPEN AI. **March 20 ChatGPT outage:** Here's what happened. Disponível em: https://openai.com/blog/march-20-chatgpt-outage. Acesso em 29 jun. 2023).

Inteligência Artificial[28]; no Brasil, o Projeto de Lei (PL) nº 2.338, de 2023[29], pretende criar o marco legal nacional da Inteligência Artificial[30].

Por envolver temas em constante mutação, fruto do vertiginoso avanço das tecnologias afins, é tormentoso apresentar um *estado da arte* inteiramente abrangente em matéria de proteção de dados pessoais. Neurodireitos, vigilância massiva e criptografia integram uma lista imensa e em constante atualização. Na verdade, não seria possível uma única fotografia, mas várias fotografias a respeito de seus diversos subtemas e implicações. O presente estudo não tem pretensão de esgotá-los. A referência a subtemas específicos obedecerá a um recorte que se espera claro e suficiente: como esse subtema é disciplinado pela lei brasileira e como tem sido sua interpretação pelos tribunais, especialmente pelo STF e pelo STJ, à falta de uma legislação singular aplicável à seara criminal[31].

Quanto ao tratamento de dados pessoais, a produção acadêmica no Brasil tem se concentrado na atividade dos entes privados. Tem sido dedicada menor atenção ao papel do Estado não enquanto ente *regulador*, mas como ente *regulado* na matéria[32], e ainda menor atenção ao tratamento de dados pelo Estado para as finalidades excluídas do âmbito de incidência da LGPD. Nem mesmo o papel do consentimento do titular dos dados – tema central de parte significativa desses estudos – tem sido apresentado como distinto quando se está diante de um tratamento para fins de investigação criminal.

28. UNIÃO EUROPEIA. **Regulamento Inteligência Artificial**. Resolução legislativa do Parlamento Europeu, de 13 de março de 2024, sobre a proposta de regulamento do Parlamento Europeu e do Conselho que estabelece regras harmonizadas em matéria de inteligência artificial (Regulamento Inteligência Artificial) e altera determinados atos legislativos da união (COM(2021)0206 – C9-0146/2021 –2021/0106(COD)). Disponível em: https://www.europarl.europa.eu/doceo/document/TA-9-2024-0138_PT.pdf. Acesso em 14 mar. 2024.

29. Em fevereiro de 2022, o PL nº 5.051/2019, o PL nº 21/2020 e o PL nº 872/2021, que versavam sobre o mesmo tema, passaram a tramitar conjuntamente no Senado, resultando, após os trabalhos de uma comissão de juristas nomeada por aquela casa legislativa, no PL nº 2.338/2023. BRASIL. Senado. **Projeto de Lei nº 2338, de 2023.** Dispõe sobre o uso da Inteligência Artificial. Iniciativa: Senador Rodrigo Pacheco (PSD/MG). Disponível em: https://www25.senado.leg.br/web/atividade/materias/-/materia/157233. Acesso em 29 jun. 2023.

30. A lei geral de proteção de dados brasileira (art. 20 da LGPD), reproduzindo em parte o regulamento europeu, (arts. 5º e 22 do RGPD e art. 11 da Diretiva 2016/680), prevê alguma proteção do indivíduo contra o tratamento automatizado de dados e a discriminação algorítmica – mas exclui de seu escopo, lembre-se, as atividades estatais elencadas no art. 4º.

31. O quadro normativo e os precedentes dos EUA e UE servirão também de referencial para o presente estudo.

32. Um exemplo: LEMOS, Ronaldo; ADAMI, Mateus Piva; SUNDFELD, Philippe. Proteção de dados na Administração Pública. 14 maio 2018. **JOTA**. Disponível em: https://www.jota.info/opiniao-e-analise/artigos/dados-administracao-publica-14052018. Acesso em 16 set. 2023.

## Objetivos

Dispõe-se o presente estudo a identificar e analisar os limites impostos aos entes estatais para o tratamento de dados pessoais em atividades de persecução criminal. Pela expressão *entes estatais* pretende-se abranger qualquer ente ou órgão da administração pública, inclusive entes despersonalizados (como, no Brasil, as agências de inteligência, a Receita Federal, as Secretarias de Fazenda e os Tribunais de Contas), responsáveis direta ou indiretamente por atividades de persecução penal – mas principalmente as autoridades policiais, o Ministério Público e o Poder Judiciário.

A hipótese a ser verificada é a de que o tratamento de dados pessoais por entes do Estado deve sempre corresponder à tutela de direitos fundamentais, sejam estes direitos do próprio titular dos dados pessoais (sua proteção, pelo Estado, é um direito fundamental do indivíduo irradiado como um de seus direitos da personalidade), sejam estes direitos fundamentais de toda a coletividade (o tratamento dos dados pessoais, pelo Estado, deve atender a direitos transindividuais e somente esse desiderato o legitima). Em qualquer caso, esse tratamento deve se operar sob as restrições e condicionantes previstas em lei e na Constituição Federal – a exemplo, quando for o caso, da exigência de prévia autorização judicial – e de acordo com determinados *standards* de proteção dos direitos do titular dos dados, equilibrando-os com o dever do Estado de promover, com eficiência, a atividade de persecução penal.

Tais *standards* não constam atualmente em lei própria mas há diversos diplomas legais que já disciplinam o tratamento de dados pessoais no processo penal. Não se trata, pois, exatamente de uma lacuna. Por se tratar, contudo, de uma legislação hoje esparsa e inespecífica, é óbvio o *deficit* de institucionalidade e de segurança jurídica para agentes públicos e para titulares dos dados. Esse quadro acaba tornando o tema enormemente dependente da interpretação dos tribunais brasileiros, frequentemente inconstante (nesse e em diversos outros temas). A instabilidade e a indefinição a respeito dos limites para o tratamento de dados pessoais por agentes do Estado na persecução penal são agravadas pela relativa novidade do debate nacional e pelo surgimento, dia após dia, de novas tecnologias e seus correspondentes (novos) problemas.

O refinamento da hipótese proposta, pois, pode ser descrito da seguinte forma: partindo-se da compreensão de que o processo penal deve promover a tutela integral e eficiente de direitos fundamentais, há, na Constituição e nas leis já em vigor, parâmetros (ou *standards*) para que o tratamento de dados pessoais no processo penal seja instrumento para a tutela integral e eficiente de direitos fundamentais. Esses parâmetros, à falta de uma lei específica, devem ser declarados (ou construídos) a partir da interpretação dos tribunais sobre a compatibilidade, com a Constituição Federal, das razões e dos procedimentos já previstos na legislação esparsa a respeito do tratamento de dados pessoais em matéria processual penal. Significa dizer que os parâmetros para esse tratamento, numa interpretação que seja conforme o modelo processual penal abraçado pela Constituição, não podem representar um desequilíbrio em favor de nenhum dos interesses em jogo. O tratamento de dados pessoais no processo penal, quando necessário, deve ser realizado com vistas à satisfação dos interesses legítimos dos imputados e de toda a sociedade, representada pelos agentes do Estado incumbidos da atividade de persecução penal.

Que o tratamento de direitos fundamentais pelo Estado deva prestar-se à proteção de direitos fundamentais pode soar uma hipótese tão clara que dispensaria qualquer pesquisa. Entretanto, no processo penal, especialmente nos cenários doutrinário e jurisprudencial brasileiros, essa premissa nada tem de óbvia, considerando a corriqueira – e equivocada – compreensão de que o processo penal serve apenas à proteção de direitos de réus e investigados. Caso se entenda que a finalidade única do processo penal é limitar a atividade do Estado para impedir a prática de abusos contra imputados, o tratamento de dados pessoais no processo penal deve também estar limitado a essa finalidade única. Essa concepção sobre o processo penal é gravemente falha. O processo penal verdadeiramente garantista é um instrumento de tutela dos direitos de réus e investigados, ao protegê-los contra o arbítrio, e dos direitos de toda a sociedade, ao prover ao Estado meios eficazes para o justo sancionamento de condutas criminosas.

Para analisar os limites e condicionamentos impostos aos entes estatais para o tratamento de dados pessoais em atividades relacionadas à persecução penal diante da ausência, no Brasil, de uma lei específica (e cada vez mais necessária), deve-se identificar quais são os limites, dentro do atual espectro regulatório brasileiro e mundial, incluindo os óbices de natureza tecnológica (*privacy by design* e *data protection by design*), para o tratamento de dados pessoais pelo Estado em atividades relacionadas a persecução penal. É dizer: pretende-se identificar quais são os parâmetros mínimos a seguir para que se possa realizar, no processo penal, o tratamento *eficiente* de dados pessoais, sendo certo que somente será eficiente o tratamento de dados pessoais que logre proteger, ao mesmo tempo, direitos do titular dos dados pessoais e direitos da sociedade.

Nesse desiderato, há que se verificar se, e em quais situações, seria necessária prévia autorização judicial para o tratamento de dados e, dentro desse objetivo, delimitar a abrangência atual das cláusulas de reserva de jurisdição[33]. Para auxiliar nesse propósito, pretende-se avaliar brevemente a evolução da jurisprudência da União Europeia sobre proteção de dados no processo penal, identificando eventuais entraves e controvérsias e sua eventual correspondência com o direito brasileiro. A par dessa leitura, pretende-se analisar criticamente como os tribunais, especialmente o STF, têm interpretado e aplicado a legislação que rege o tratamento de dados pessoais no Brasil. A crítica será voltada à construção de uma hermenêutica que seja compatível com a perspectiva constitucional e garantista do processo penal, fundada no equilíbrio entre direitos fundamentais individuais *e* direitos fundamentais transindividuais.

## Referenciais teóricos

Por trás dos dados pessoais há tecnologia: algoritmos, análise de redes, mineração de dados, aprendizado de máquina e uma série de outros engenhos têm nos dados pessoais seu insumo elementar. E por trás da tecnologia há indivíduos vivendo suas vidas. Alguns se envolvem em ilícitos, outros não. Alguns são negros e pobres, outros não[34]. Mas todos ao alcance das ações de Estados e de empresas – dirigidas, a cada dia mais intensamente, com base no tratamento de dados pessoais. A preocupação com a limitação ao exercício do poder em todas essas atividades[35] é o que inspira o movi-

33. Em atividades de persecução penal – *i.e.*, de investigação criminal e de processo penal –, é indispensável o tratamento de dados pessoais; destes, apenas uma parte demandará prévia autorização judicial. Uma das perguntas que se pretende responder é, precisamente, quando será necessária uma autorização judicial antecedente para que se promova validamente – ou seja, constitucional e legalmente – o tratamento de dados pessoais. Dependente ou não de autorização judicial e conquanto (cada vez mais) indispensável à atividade de persecução penal, o tratamento de dados pessoais exige a obediência a *standards* mínimos para que seja válido.

34. FERGUSSON, Andrew Guthrie. **The rise of big data policing**: surveillance, race and the future of law enforcement. New York: New York University Press, 2017, p. 03.

35. "O constitucionalismo digital objetiva a limitação do exercício de poder em uma sociedade algorítmica, sejam os abusos cometidos pelo Estado, instituições privadas ou demais agentes da sociedade civil" (LORDELO, João Paulo. **Constitucionalismo Digital e Devido Processo Legal**. São Paulo: Editora Juspodivm, 2022, p. 156).

mento político e teórico que se convencionou chamar de "constitucionalismo digital"[36].

A primeira lei de Kranzberg[37] informa que tecnologias não são boas nem más; tampouco são neutras. Isso deve lembrar-nos de sempre comparar esperanças utópicas com a realidade observada, "o que poderia ter sido" com "o que realmente aconteceu", os trade-offs entre os vários "benefícios" com seus vários "malefícios". Tal comparação só pode ser feita analisando-se como a tecnologia interage de diferentes formas com diferentes valores e instituições – em verdade, com todo o meio sociocultural[38]. Qualquer tecnologia embute vieses e reflete os propósitos e interesses de quem a construiu e de quem a utiliza. No plano do direito, se é evidente que precisamos combater preconceitos e vieses em decisões judiciais tomadas por juízes de carne e osso e para os quais até a beleza física de um réu pode ser determinante para selar seu destino[39], com ainda maior razão precisamos rechaçar vieses criados ou reproduzidos por máquinas e traduzidos em fatos com repercussões jurídicas de toda sorte.

A proteção de dados pessoais é, hoje, tema intrinsecamente relacionado à regulação da internet, que não se restringe à edição de normas cogentes pelo Estado-Administração estabelecendo obrigações e sanções em caso de descumprimento, nem a outros instrumentos estritamente governamentais de incentivo ou desincentivo de condutas. A regulação deve ser

36. "A expressão 'Constitucionalismo Digital' foi utilizada nos estudos iniciais sobre o tema para se referir a um movimento constitucional de defesa da limitação do poder privado de atores da internet, em oposição à ideia de limitação do poder político estatal. Em trabalhos mais recentes, porém, a terminologia passou a ser utilizada como um guarda-chuva que abrange as mais diversas inciativas jurídicas e políticas, estatais e não-estatais, voltadas à afirmação de direitos fundamentais na internet" (MENDES, Gilmar Ferreira; FERNANDES, Victor Oliveira. Constitucionalismo digital e jurisdição constitucional: uma agenda de pesquisa para o caso brasileiro. **Revista Brasileira de Direito**, vol. 16, n. 1, 2020, p. 04).

37. KRANZBERG, Melvin. Technology and History: "Kranzberg's Laws". **Technology and Culture**. Vol. 27, nº 3, jul. 1986, pp. 544-560. As leis de Kranzberg, aforismos criados pelo professor de história da tecnologia do Georgia Institute of Technology Melvin Kranzberg, são (em tradução livre): 1. A tecnologia não é boa nem má; tampouco é neutra; 2. A invenção é a mãe da necessidade; 3. A tecnologia vem em pacotes, grandes e pequenos; 4. Embora a tecnologia possa ser um elemento primordial em muitas questões públicas, os fatores não técnicos têm precedência nas decisões de política tecnológica; 5. Toda a história é relevante, mas a história da tecnologia é a mais relevante; 6. A tecnologia é uma atividade muito humana, assim como a história da tecnologia.

38. KRANZBERG, Melvin. Technology and History: "Kranzberg's Laws". **Technology and Culture**. Vol. 27, nº 3, jul. 1986, pp. 547-548.

39. MARMELSTEIN, George. Onde os feios não têm vez: viés de atratividade no sistema de justiça. **Revista CEJ**. v.26, nº 84, jul./dez./2022. Disponível em: https://revistacej.cjf.jus.br/cej/index.php/revcej/issue/view/163.

compreendida em sentido mais amplo, açambarcando outros fatores e agentes com poderes *de fato* para interferir e direcionar uma atividade humana com vistas ao alcance de algum resultado. Há que se ter em conta, sobretudo, que a regulação deve ser "voltada à consecução de um modelo ideal de funcionamento do sistema e dirigida por regras e princípios inscritos *e espelhados nos direitos fundamentais*"[40].

Se a regulação deve realmente servir à promoção de direitos fundamentais, deve-se indagar em que medida a proteção dos dados pessoais, outrora apenas a projeção de um direito da personalidade[41] e hoje alçada a direito fundamental autônomo[42], conforma a atividade regulatória em suas variadas espécies ou estratégias. Responder a essa pergunta permitirá compreender de que modo a arquitetura tecnológica e o direito dirigem e limitam a atuação de entes estatais quanto ao tratamento de dados pessoais.

A internet, espaço virtual no qual circula uma incomensurável massa de dados pessoais, está submetida a distintas formas de regulação. Na classificação de Lawrence Lessig, são quatro suas modalidades[43]: o direito, as normas sociais, o mercado e a arquitetura. Dessas, duas merecem particular atenção: a lei e a arquitetura[44].

---

40. ARANHA, Márcio Iorio. **Manual de direito regulatório:** fundamentos de direito regulatório. 4. ed. rev. ampl. - London: Laccademia Publishing, 2018. Edição do Kindle, posições 2451-2453.

41. "Ao tratar dos direitos da personalidade, cabe ressaltar que não constitui esta 'um direito', de sorte que seria erro dizer-se que a pessoa tem direito à personalidade. Dela, porém, irradiam-se direitos, sendo certa a afirmativa de que a personalidade é o ponto de apoio de todos os direitos e obrigações." (PEREIRA, Caio Mário da Silva. **Instituições de direito civil**. 29.ed. rev. e atual. Rio de Janeiro: Forense, 2016, p. 203). "Afirmada a natureza necessariamente aberta da normativa, é da máxima importância constatar que a pessoa se realiza não através de um único esquema de situação subjetiva, mas com uma complexidade de situações que ora se apresentam como poder jurídico (*potestà*), ora como interesse legítimo, ora como direito subjetivo, faculdade, poderes. Devem ser superadas as discussões dogmáticas sobre a categoria do direito (ou dos direitos) da personalidade" (PERLINGIERI, Pietro. **Perfis do direito civil**. Tradução Maria Cristina de Cicco. 3. ed., rev. e ampl. Rio de Janeiro: Renovar, 2002, pp. 154-155).

42. No Brasil, o direito fundamental à autodeterminação informativa foi afirmado pelo STF antes mesmo da EC nº 115/2022, como será estudado no capítulo 1. No direito europeu, a proteção de dados pessoais como direito fundamental tem previsão expressa no art. 16 do Tratado sobre o Funcionamento da União Europeia (TFUE) e nos arts. 7º e 8º da Carta dos Direitos Fundamentais da União Europeia.

43. LESSIG, Lawrence. **Code and other laws of cyberspace v. 2.0**, New York: Basic Books, 2006, p. 223. Disponível em: https://lessig.org/product/codev2. Acesso em 29 jun. 2023. Ver também: MURRAY, Andrew. Nodes and gravity in virtual space. **Legisprudence**, Volume 5, 2011 - Issue 2, p. 207.

44. A internet, assim como atividades de tratamento de dados, funciona de acordo com distintos fatores e estratégias regulatórias. Segundo Lessig, os padrões e engenhos tecnológicos implementados nos códigos de programação são determinantes para a (auto)regulação da internet. O código, afirma ele em sua consagrada obra, regula o ciberespaço (LESSIG, Lawrence. **Code and other laws of cyberspace v. 2.0,** New York: Basic Books, 2006, p. 05. Disponível em: https://lessig.org/product/

Sobre a perspectiva da arquitetura, deve-se ter em conta a dificuldade da regulação da internet, espaço (virtual) no qual se opera, hoje, a esmagadora maioria das atividades de coleta e tratamento de dados pessoais[45]. Há, essencialmente, três imperfeições – ou, pode-se dizer, características intrínsecas – da internet que dificultam sobremaneira, quanto não impedem, sua plena regulação. A primeira destas é a impossibilidade de se ter a certeza – ao menos não num primeiro momento – de *quem* é a pessoa que se apresenta do outro lado da relação comunicacional. A segunda característica, ou imperfeição, diz respeito à dificuldade de se precisar de *onde* parte determinado ato ou comunicação, eis que os endereços utilizados em sua arquitetura são *lógicos*, não propriamente *físicos*. A terceira imperfeição corresponde à impossibilidade de se identificar, de antemão, o *uso* que é feito de determinado conteúdo, considerando que a internet não exige nenhum etiquetamento dos pacotes que nela circulam: os pacotes de dados são rotulados apenas para identificação do endereço de seu destinatário, mas nada há nesse rótulo – ou ao menos assim não o exige a arquitetura atual da internet – quanto ao que contém cada um desses pacotes[46]. Estas três imperfeições, ainda segundo Lessig, estão ligadas entre si: porque não há uma maneira simples de saber *quem é* alguém, *de onde* está agindo e *o que* exatamente está fazendo, não há uma maneira simples de regular o comportamento das pessoas na internet. Se não se pode descobrir quem fez o quê e onde, não é possível impor facilmente regras que digam "não façam isto ou, pelo menos, não o façam ali". Por outras palavras, o que não se pode saber determina o que se pode controlar[47].

---

codev2. Acesso em 29 jun. 2023). O art. 25 do RGPD, por exemplo, consolida o modelo do *privacy by design*; no Brasil não há dispositivo específico correlato, mas o conceito pode ser construído a partir de diversas disposições da própria LGPD e do MCI. Primavera de Filippi e Aaron Wright, ao discorrerem sobre a tecnologia (alegadamente) disruptiva do blockchain, acolhem e atualizam as ideias de Lessig, reconhecendo que, se o Estado não propiciar mecanismos de proteção contra os sistemas baseados na infraestrutura da nova tecnologia, o atual quadro regulatório, que se assenta no império da lei – *rule of law* –, será simplesmente substituído por um sistema de governança algorítmica, operado exclusivamente pelo código – *rule of code*. (FILIPPI, Primavera. WRIGHT, Aaron. Blockchain and the law: the rule of code. Cambridge, Massachusetts: Harvard University Press, 2018, p. 204).

45. LESSIG, Lawrence. **Code and other laws of cyberspace v. 2.0.** New York: Basic Books, 2006, pp. 35-37. Disponível em: https://lessig.org/product/codev2. Acesso em 29 jun. 2023.

46. Enquanto trafegam pela internet, dados podem compor desde uma imagem em formato *jpeg* de gatinhos brincando até mensagens em redes sociais ameaçando pessoas e incitando outros à prática de crimes: para o funcionamento da internet – ou mais precisamente, conforme seu *código* –, a natureza desse conteúdo não é rotulada e, portanto, é irrelevante para que tal conteúdo seja transmitido.

47. LESSIG, Lawrence. **Code and other laws of cyberspace v. 2.0**, New York: Basic Books, 2006, p. 36. Disponível em: https://lessig.org/product/codev2. Acesso em 29 jun. 2023.

Da necessidade de regular tecnologias para evitar ou minimizar suas externalidades negativas emerge o dilema de Collingridge: quanto mais nova é uma tecnologia, mais fácil será sua regulação; quanto mais consolidada, mais difícil será sua regulação[48]. O momento para a criação de regras e limites, portanto, é crucial. Em matéria de proteção de dados pessoais, são muitas as tecnologias envolvidas e constantes as inovações. Ao se tentar limitar o uso de determinada tecnologia considerando sua possível afetação a direitos fundamentais, é quase certo que uma outra nova tecnologia já está em desenvolvimento, quando não em franca operação[49], criando novos problemas e riscos, tanto mais difíceis de contornar quanto forem consolidados seu uso e visíveis seus benefícios – em detrimento de seus potenciais riscos, geralmente ocultos ou minimizados.

A internet não é um espaço idílico, como sugerido pelos primeiros ciberlibertários, muito menos pode estar ao largo de qualquer regulação estatal, como reivindicou John Perry Barlow em sua (aos olhos de hoje) tão romântica quanto inocente "Declaração de Independência do Ciberespaço"[50]. A internet é um "lugar" onde crimes são planejados e executados, sejam estes (ciber)crimes próprios ou impróprios; é também um lugar onde podem existir provas digitais de crimes praticados no mundo "físico". E todos os processos de cognição do fenômeno criminal são processos de tratamento de dados.

Sobre a perspectiva da lei como força regulatória, deve-se ter em foco que, para possibilitar o desempenho, com eficiência, de atividades de persecução penal e, ao mesmo tempo, proteger direitos fundamentais dos titulares de dados pessoais, o direito precisa oferecer-se como um instrumento capaz de contornar as imperfeições inerentes ao objeto da regulação. É tarefa sobremaneira difícil.

48. COLLINGRIDGE, David. **The Social Control of Technology**. London: Frances Pinter (Publishers) Ltd., 1980, p. 11.

49. A internet das coisas e a vertiginosa evolução das velocidades da internet pela popularização da tecnologia 5G (e futuramente 6G, com velocidades previstas de aproximadamente 100 gigabytes por segundo) tendem a multiplicar o tratamento de dados. Todos esses processos, facilitados pela largura de banda crescentemente disponível, também tendem a ser virtualizados – i.e., não serão feitos localmente, mas de forma remota (ou em nuvem), por máquinas que não necessariamente estarão localizadas fisicamente no país em que se situa o titular dos dados tratados. Isso acrescentará superfícies de contato para potenciais violações a direitos de seus titulares e uma nova camada de dificuldade para quaisquer tentativas de limitação do uso das tecnologias correspondentes.

50. BARLOW, John Perry. **A Declaration of the Independence of Cyberspace**. 1996. Disponível em: https://www.eff.org/cyberspace-independence. Acesso em 29 jun. 2023.

Encontrar o equilíbrio entre o desenho da tecnologia e a necessidade de controle e transparência demanda que se tenha em conta os interesses de todos os sujeitos envolvidos, de usuários da internet e titulares dos dados a Estado e empresas. As escolhas que façamos sobre como administraremos dados serão tão importantes quanto foram as decisões sobre a administração da terra na era agrícola e sobre a administração da indústria na era industrial[51]. Tecnologias de *privacy by design*, assim como de *data protection by design*, precisam levar em conta, por exemplo, o eventual interesse público no acesso a dados privados[52]. E qualquer interesse que se reconheça como legítimo precisa ensejar um tratamento de dados limitado de tal forma que, a um só tempo, sejam preservados os demais interesses também legítimos e potencialmente afetados por esse tratamento.

Arquitetura tecnológica e regulação jurídica coexistem e se interpenetram. Não faltam exemplos atuais de como os códigos de programação conformam o tratamento de dados pessoais pelo Estado – situações que constituem o objeto de cada dia mais frequentes demandas perante tribunais no Brasil e no exterior[53]. O impasse entre o FBI e a Apple para o desbloqueio do celular de um dos envolvidos no massacre de San Bernardino de 2015 foi resolvido não pelo atendimento da gigante tecnológica à demanda de agentes do Estado, mas pela atuação de uma outra empresa privada[54], que conseguiu "quebrar" a criptografia do aparelho[55]. No Brasil, foram recorrentes os casos de suspensão do funcionamento do aplicativo *WhatsApp* por descumprimento de decisões judiciais que requisitavam (ao *Facebook*, seu proprietário) variados dados do aplicativo – *content data* e *traffic data*. A empresa sempre alegou a impossibilidade de fornecimento das informações por um óbice

51. ROSS, Alec. **The industries of the future**. Nova Iorque: Simon & Schuster, 2016, p. 185.

52. CASEY, Bryan; FARHANGI, Ashkon; VOGL, Roland. Rethinking Explainable Machines: The GDPR's 'Right to Explanation' Debate and the Rise of Algorithmic Audits in Enterprise (February 19, 2018). **Berkeley Technology Law Journal**, Vol. 34, 2019.

53. Em *Carpenter v. United States*, como será estudado no capítulo 1, a Suprema Corte dos Estados Unidos, por apertada maioria (5 a 4), decidiu que o acesso aos registros de localização do celular de um suspeito depende de prévia autorização judicial (ESTADOS UNIDOS. Supreme Court of the United States. **Carpenter v. United States, 585 U.S. __ (2018)**. Disponível em: https://supreme.justia.com/cases/federal/us/585/16-402/. Acesso em 15 mar. 2024).

54 CELLEBRITE. **Inteligência digital para um mundo mais seguro**. Disponível em: https://www.cellebrite.com/pt/inicio/. Acesso em 10 jan. 2024. O sistema *Cellebrite* é largamente utilizado hoje pelas polícias brasileiras.

55. BREWSTER, Thomas. Os federais agora podem (provavelmente) desbloquear todos os modelos de iPhone existentes – ATUALIZADO. **Forbes**. 26 fev. 2018. Disponível em: https://www.forbes.com/sites/thomasbrewster/2018/02/26/government-can-access-any-apple-iphone-cellebrite/. Acesso em 10 jan. 2024.

tecnológico, da própria concepção do aplicativo (*privacy by design*): não tinham acesso aos dados porque as comunicações são *peer-to-peer* e criptografadas, disponíveis apenas aos seus interlocutores[56]. Mais recentemente, no primeiro semestre de 2023, sucessivas decisões proferidas pelo STF no Inq. 4923 compeliram os responsáveis pelo aplicativo de mensagens *Telegram* não só ao cumprimento de ordens referentes a suspensão de canais, bloqueios de usuários[57] e remoção de conteúdo[58], mas também à indicação de um representante oficial no Brasil para responder a quaisquer determinações judiciais, sob pena de interdição do próprio funcionamento da plataforma[59].

Casos como os citados podem sugerir um antagonismo entre entes públicos e privados. A relação entre o Estado e as grandes empresas de tecnologia, todavia, pode ser – e costuma ser – simbiótica[60]. Como observa Frank Pasquale em sua alegoria do *one way mirror*[61], Estados e agentes econômicos, tendo acesso aos seus dados, podem saber tudo sobre os cidadãos, enquanto cidadãos pouco sabem o que Estados e agentes econômicos sabem sobre si nem o que fazem com essas informações. A simbiose entre Estado e empresas conduz precisamente ao capitalismo de vigilância a que alude Shoshana Zuboff, que tem o poder de usurpar o direito individual de decisão em favor da uma vigilância unilateral e da "extração da experiência humana"[62].

56. WIZIACK, Julio. Fundador do WhatsApp diz no STF que fornecer dados à polícia é impossível. **Folha de São Paulo**. 02 jun. 2017. Disponível em: https://www1.folha.uol.com.br/mercado/2017/06/1889702-fundador-do-whatsapp-diz-no-stf-que-nao-e-possivel-interceptar-conversas.shtml. Acesso em 10 jan. 2024.
57. BRASIL. Supremo Tribunal Federal. **STF aplica multa de R$ 1,2 milhão à plataforma Telegram por descumprimento de decisão**. 25 jan. 2023 Disponível em: https://portal.stf.jus.br/noticias/verNoticiaDetalhe.asp?idConteudo=501214&ori=1. Acesso em 29 jun. .2023.
58. BRASIL. Supremo Tribunal Federal. **STF determina ao Telegram remoção de mensagens contra a PL das Fake News.** Disponível em: https://portal.stf.jus.br/noticias/verNoticiaDetalhe.asp?idConteudo=507036&ori=1. Acesso em 29 jun. 2023.
59. BRASIL. Supremo Tribunal Federal. **STF dá 24 horas para que Telegram indique representante legal no Brasil.** 26 maio 2023 Disponível em: https://portal.stf.jus.br/noticias/verNoticiaDetalhe.asp?idConteudo=507949&ori=1. Acesso em 29 jun. 2023.
60. OWEN, Taylor. **Disruptive power:** the crisis of the state in the digital age. Oxford: Oxford University Press, 2015, pp. 196-197. Os fatos trazidos a público por *Edward Snowden* revelaram que o Estado se tornou um Estado de vigilância. As *big techs*, atualmente os principais agentes responsáveis pela coleta e tratamento de dados pessoais, vieram a calhar para esse propósito.
61. PASQUALE, Frank. **The black box society**: the secret algorithms that control money and information. Cambridge: Harvard University Press, 2015, p. 09.
62. Ainda de acordo com Shoshana Zuboff, isso só é possível pela ausência de lei que o impeça, pela reciprocidade de interesses entre as corporações e o Estado e pela tenacidade com a qual aquelas defendem seus novos territórios (ZUBOFF, Shoshana. **The age of surveillance capitalism**. The fight for a human future at the new frontier of power. Edição do Kindle. New York: Public Affairs, 2019, p. 19).

Ulrich Beck identifica nisso uma verdadeira catástrofe, porquanto a limitação em nossa liberdade tende a ser cada vez menos percebida por nós, a ponto de se tornar "invisível". Por outro lado, tal vigilância de massa tem ao menos suscitado a criação de normas centradas na proteção dos direitos humanos. Ainda segundo o sociólogo alemão, "o direito de proteger a privacidade combinado com o dever de proteção de dados é o supremo direito humano internacional". Trata-se de um direito encontrado já no art. 12 da Declaração Universal dos Direitos Humanos da ONU, de 1948, e no art. 17, 1, do Pacto Internacional da ONU sobre Direitos Civis e Políticos, de 1966 – e que trazem como consequência o reconhecimento de que "dados pessoais pertencem ao cidadão, não ao Estado ou a empresas privadas"[63].

Para o enfrentamento do tema, inegavelmente complexo, inconstante e em franca evolução, adota-se no presente trabalho, como marco normativo, o art. 5º, LXXIX, da Constituição de 1988, conforme introduzido Emenda Constitucional nº 115, que passou a prever, como direito fundamental, "o direito à proteção dos dados pessoais, inclusive nos meios digitais".

O estudo empreendido nos próximos capítulos terá como foco principal a eficiência do processo penal (para a promoção de direitos fundamentais) no que toca especificamente aos atos dentro deste praticados e que caracterizem um tratamento de dados pessoais. É um trabalho, portanto, sobre o processo penal – ou mais precisamente, sobre influxos do direito à proteção de dados pessoais no processo penal brasileiro.

A Constituição Federal brasileira é uma Constituição garantista, do mesmo modo que o sistema processual penal brasileiro, segundo a CF/88 e também em seu desenho infraconstitucional, é, ou ao menos deve ser – de acordo com o espectro de possibilidades interpretativas constitucionalmente válidas –, um sistema garantista. Considerando tratar-se aqui de um estudo sobre a intersecção de direitos fundamentais relacionados, de um lado, à autodeterminação informativa[64] e, do outro, ao processo penal, o marco teórico abraçado é o do garantismo em sua leitura integral. Isso se deve não porque o garantismo processual penal seja exatamente uma "opção", mas porque o arcabouço constitucional brasileiro o é.

63. BECK, Ulrich. **A metamorfose do mundo**: novos conceitos para uma nova realidade. Rio de Janeiro: Zahar, 2018, p. 187.

64. As expressões "autodeterminação informativa" e "autodeterminação informacional" serão aqui utilizadas como sinônimas.

Não há autores que se possa categorizar como representantes de uma disciplina do *direito à proteção de dados pessoais no processo penal.* Respeitados autores escrevem sobre direito à proteção de dados pessoais, no Brasil e no exterior; poucos, contudo, tratam particularmente do processo penal. Quanto àquele campo mais amplo, o da proteção de dados pessoais, espera-se mencionar tantas perspectivas, no que importe ao processo penal, quanto seja possível. A referência a uma variada gama de autores do direito à proteção de dados, pois, é uma escolha metodológica. Cuidando-se aqui, contudo, de um estudo sobre *processo penal*, sua espinha dorsal é o garantismo penal e processual penal de Luigi Ferrajoli. Nesse caminho, propõe-se o presente texto a uma leitura atualizada do garantismo diante de problemas (relacionados à proteção de dados pessoais) que, se não fossem de todo inexistentes em 1989 – ano de publicação de *Diritto e Ragione*, obra central do jurista italiano –, certamente não ocupavam o foco central da teoria e menos ainda das atenções da doutrina do processo penal. Isso ainda ocorre no Brasil, sendo sintomático que até hoje não se tenha uma legislação própria sobre a proteção de dados no processo penal e que a jurisprudência persista incompleta e oscilante sobre a matéria, como se verá. A presente investigação, espera-se, auxiliará a colmatar tais preocupantes hiatos.

No primeiro capítulo será explorada a evolução do direito à proteção de dados pessoais, iniciando-se com um panorama histórico na Europa e nos Estados Unidos, seguido por uma análise do desenvolvimento do tema nos campos legislativo e doutrinário no Brasil. Também será examinado o cenário normativo atual, com destaque para alguns instrumentos de aplicabilidade internacional, e serão analisados alguns acórdãos paradigmáticos do Tribunal de Justiça da União Europeia sobre proteção de dados e persecução penal.

No capítulo 2 será desenvolvido o estudo sobre o tratamento de dados pessoais no âmbito da persecução penal no Brasil, averiguando-se a intersecção entre investigação criminal, processo penal e proteção de dados sob a perspectiva do garantismo processual penal de Luigi Ferrajoli. Serão analisados aspectos específicos como cibercrimes, o nexo entre garantismo e obrigações processuais positivas e a compatibilidade entre a eficiência do processo penal e a autodeterminação informativa. O capítulo também detalhará os aspectos mais relevantes da Lei Geral de Proteção de Dados (LGPD), seus fundamentos, princípios e os direitos dos titulares de dados pessoais, com foco especial para as disposições aplicáveis à esfera da persecução penal. Além disso, serão avaliados os principais julgamentos do

Supremo Tribunal Federal (STF) que agitem direta ou indiretamente o tema da proteção de dados pessoais na persecução criminal, esperando alcançar uma visão compreensiva sobre como a legislação e a jurisprudência brasileiras tratam atualmente do liame entre a autodeterminação informativa e o processo penal.

O terceiro capítulo tem como eixo a interação entre as cláusulas de reserva de jurisdição e a proteção de dados pessoais. Serão estudados o conceito de reserva de jurisdição, suas implicações e em que amplitude foram travados os debates da Assembleia Constituinte, proporcionando uma percepção histórica e contextual. Também serão ponderadas as implicações da distinção entre dados pessoais e outras espécies de dados para o tratamento procedido por agentes do Estado. Serão minudenciados os casos que exigem prévia autorização judicial e aqueles que não demandam tal autorização, iluminando as nuances legais e práticas envolvidas. O capítulo será dedicado, em seguida, a pontos controversos relacionados à extensão da reserva jurisdicional.

No capítulo 4 serão propostos parâmetros para o tratamento de dados pessoais no processo penal brasileiro, à luz dos quadros legal e jurisprudencial atuais. Discorrer-se-á sobre provas digitais, a relação entre o tratamento de dados pessoais, autoincriminação e sigilo e sobre o emprego de algoritmos no processo penal. A análise se voltará, em sequência, para a distinção entre *standards* probatórios e *standards* de validade no tratamento de dados no processo penal. Cada um dos *standards* de validade será então explicado, dos princípios gerais da proteção de dados pessoais à obediência à reserva jurisdicional, ao procedimento legal adequado e à cadeia de custódia. Por fim, o capítulo abordará o controle de constitucionalidade e de legalidade do tratamento de dados no processo penal pelo Poder Judiciário, examinando o controle prévio, o controle posterior e a função do juiz de garantias. Ainda nesse capítulo pretende-se lançar luzes sobre algumas perspectivas próximas para o tratamento de dados pessoais na persecução penal no Brasil, expendendo um panorama sobre os desafios da cooperação penal internacional e seu papel no tratamento de dados pessoais. Ao final, será criticamente analisado o chamado anteprojeto Nefi para uma "LGPD penal", identificando seus aspectos positivos e negativos.

Anseia-se que o texto ora oferecido à leitura, para além de mapear o estado atual do tema, ofereça subsídios, ao intérprete e ao operador, para a compatibilização da autodeterminação informativa com o modelo processual penal consagrado na Constituição Federal – garantista em seu sentido integral, portanto –, convergindo-os para o equilíbrio entre os poderes-deveres do Estado e a promoção dos direitos fundamentais sociais e individuais.

# 1

# EVOLUÇÃO HISTÓRICA DO DIREITO À PROTEÇÃO DE DADOS PESSOAIS

O direito à proteção de dados pessoais não se confunde com o direito à intimidade e à privacidade. Seria contraproducente e até mesmo incoerente pensar a proteção de dados pessoais somente sob essa perspectiva: o eixo da privacidade está ligado ao controle de informações pessoais do que seja algo íntimo ou reservado e a proteção dos dados pessoais não se satisfaz com tal técnica normativa[1]. Dados pessoais nem sempre são íntimos e nem sempre demandam proteção pela via da restrição a seu acesso: pode-se preservá-los, por exemplo, pela sua simples correção ou mesmo pela simples ciência ao seu titular de que está sendo promovido um tratamento – por alguém, de determinada forma e para determinada finalidade.

O direito à proteção de dados pessoais tampouco se confunde com direitos da personalidade e, embora tenha se desenvolvido a partir destes[2], constitui hoje um direito autônomo, positivado em textos normativos supranacionais, constitucionais e legais, para o qual "antigos" direitos não eram capazes de lançar luzes[3].

---

1. BIONI, Bruno Ricardo. **Proteção de dados pessoais:** a função e os limites do consentimento. 3. ed. São Paulo: Forense, 2021, p. 55.
2. Sobre o desenvolvimento do direito à proteção de dados pessoais a partir dos direitos da personalidade, é emblemática a construção feita na decisão do Tribunal Constitucional Federal alemão de 1983, adiante estudada.
3. "[...] o intérprete que procurar descrever a estrutura dos direitos da personalidade em uma metodologia circunscrita aos domínios do Código Civil perderá de vista o seu aspecto mais importante – o de que a normativa a ele referente representa apenas uma emanação, quase que pontual e até tímida, do valor da personalidade, cujo fundamento extrapola a alçada do Código Civil e para cuja aplicação se deva realizar uma leitura de todo o sistema a partir da norma constitucional. E, nesse cenário, cabe aos direitos da personalidade a função de estabelecer parâmetros para a atuação da cláusula geral da proteção da personalidade. [...] Algumas normativas específicas para a proteção da pessoa surgem então em torno de necessidades específicas – seja, por exemplo, no

A proteção de dados é um tema global. Por outro lado, ainda que se devam ter em perspectiva as peculiaridades sociais e culturais locais, é inegável que os principais pontos de partida para estudo da matéria são os paradigmas da proteção da privacidade dos Estados Unidos e da proteção de dados pessoais na Europa[4].

Sem nenhuma intenção de esgotar tal análise, busca-se apresentar, no presente tópico, um breve panorama da construção da dogmática da proteção de dados até seu deságue na jurisprudência, na doutrina e na produção legislativa brasileiras.

## 1.1 NOS EUA

Na doutrina sobre o direito à privacidade costuma-se apontar como inaugural o artigo publicado[5] em 1890 por Samuel D. Warren, advogado, e Louis D. Brandeis, seu sócio no escritório de advocacia e que tempos após, tornou-se juiz da Suprema Corte dos EUA[6]. Os autores almejavam analisar se a legislação então em vigor previa um princípio que pudesse ser invocado para proteger a privacidade do indivíduo e, em caso afirmativo, quais seriam a natureza e o alcance dessa proteção. Discorreram eles que, "se a invasão da privacidade constitui um dano jurídico, existem os elementos para exigir uma indenização, uma vez que o valor do sofrimento psíquico, causado por um ato ilícito em si mesmo, é já reconhecido como base para a compensação". Numa hipótese de extensão mais simples, quem decide preservar sua vida em privado teria o direito de impedir a divulgação pública de sua imagem pessoal, se fotografada. O direito de se proteger da contra

caso da problemática relacionada à pesquisa genética, seja, no nosso caso, em torno da proteção de dados pessoais. Esse é, aliás, um aparente paradoxo com o qual nos deparamos: a unidade do ordenamento e do valor da pessoa humana coexiste com uma multiplicação sem precedentes dos campos nos quais é realizada sua tutela." (DONEDA, Danilo. **Da privacidade à proteção de dados pessoais**: fundamentos da lei geral de proteção de dados. 3. ed. São Paulo: Revista dos Tribunais, 2021, p. 99).

4. IGREJA, Rebecca Lemos; SILVEIRA, Alessandra; VERONESE, Alexandre. Cultura, privacidade e proteção de dados pessoais na América Latina: anotações preliminares em busca de um quadro conceitual. **Revista de Estudos Empíricos em Direito**. Vol. 10, 2023, p. 31. Disponível em: https://www.researchgate.net/publication/370581028_Cultura_privacidade_e_protecao_de_dados_pessoais_na_America_Latina_anotacoes_preliminares_em_busca_de_um_quadro_conceitual. Acesso em 12 set. 2023.

5. BRANDEIS, Louis D.; WARREN, Samuel D. The Right to Privacy. **Harvard Law Review**, Vol. 4, nº 5 (Dec. 15, 1890), pp. 193-220. Disponível em: https://www.jstor.org/stable/1321160?seq=4. Acesso em 29 jul. 2023.

6. Louis D. Brandeis foi juiz da SCOTUS de 1916 a 1939.

a exposição pública de fatos, com a discussão pela imprensa dos seus assuntos privados, seria um exemplo mais grave e abrangente do direito à privacidade[7]. Segundo Warren e Brandeis, "recentes invenções e métodos comerciais chamam nossa atenção para o próximo passo que deve ser dado para a proteção da pessoa e para garantir ao indivíduo [...] o direito de 'ser deixado em paz'"[8].

Em 1890, a novidade tecnológica era a câmera fotográfica, que, associada a uma imprensa crescentemente interessada na vida privada de figuras públicas, passou a divulgar em jornais fotografias de cenas pessoais. Hoje são os celulares, relógios, assistentes pessoais, câmeras de segurança e aplicativos de inteligência artificial generativa, dentre inúmeras outras ferramentas, a capturarem nossos dados e fazerem com eles o que pouco ou nada sabemos e menos ainda compreendemos. Apetrechos tecnológicos, aos quais estão atrelados potenciais danos para a experiência humana, evoluem a um ritmo cada vez mais intenso. Os últimos 50 anos talvez tenham testemunhado mais avanços tecnológicos que os 500 anos anteriores. A evolução da tecnologia deve ser acompanhada pela evolução do direito. Por isso, notadamente em matéria de proteção de dados pessoais, é tão importante compreendê-las.

Conforme ensina Danilo Doneda[9], desde meados da década de 1960 percebe-se uma preocupação, nos Estados Unidos, com o crescimento do processamento automatizado de dados pessoais e bancos de dados informatizados. À época, o Congresso norte-americano promoveu um intenso debate sobre a viabilidade de um projeto de construção de uma base de dados centralizada no país, o *National Data Center*. Após ouvir especialistas, decidiu-se por não dar seguimento ao projeto, considerando os riscos para a privacidade e para a liberdade individuais. Os debates sobre o *National*

7. BRANDEIS, Louis D.; WARREN, Samuel D. The Right to Privacy. **Harvard Law Review**, Vol. 4, nº 5 (Dec. 15, 1890), p. 213. Disponível em: https://www.jstor.org/stable/1321160?seq=4. Acesso em 29 jul. 2023.

8. *"Recent inventions and business methods call attention to the next step which must be taken for the protection of the person, and for securing to the individual what Judge Cooley calls the right 'to be let alone.' Instantaneous photographs and newspaper enterprise have invaded the sacred precincts of private and domestic life; and numerous mechanical devices threaten to make good the prediction that 'what is whispered in the closet shall be proclaimed from the house-tops'."* BRANDEIS, Louis D.; WARREN, Samuel D.. The Right to Privacy. **Harvard Law Review**, Vol. 4, nº 5 (Dec. 15, 1890), p. 195. Disponível em: https://www.jstor.org/stable/1321160?seq=4. Acesso em 29 ago. 2023.

9. DONEDA, Danilo. Panorama histórico da proteção de dados pessoais. *In*: DONEDA, Danilo; MENDES, Laura Schertel; SARLET, Ingo; RODRIGUES Jr., Otávio Luiz. **Tratado de Proteção de Dados Pessoais**. Rio de Janeiro: Forense, 2021, p. 07.

*Data Center* inspiraram iniciativas legislativas subsequentes, como o *Fair Credit Reporting Act* (FCRA)[10], de 1970, que estabeleceu normas para o uso de informações de crédito de consumidores, e o *Privacy Act*[11], de 1974, que estabeleceu padrões para a coleta, manutenção, uso e divulgação de informações pessoais mantidas por agências do governo federal[12].

A herança mais sistemática desse período, ainda segundo Danilo Doneda, é o relatório do Departamento de Saúde, Educação e Bem-Estar (*Department of Health, Education and Welfare – HEW*), de 1973, documento no qual foi sugerida a adoção de uma normativa federal para a proteção de dados nos Estados Unidos, além da observância dos *Fair Information Practice Principles*, ou "princípios para o tratamento leal da informação"[13]. Os princípios ali enunciados até hoje "formam a espinha dorsal da grande maioria dos marcos regulatórios de proteção de dados, como os princípios da finalidade, livre acesso, transparência, segurança e qualidade/correção"[14].

Em paralelo, pioneiros como Alan Furman Westin começavam a desenhar uma doutrina própria, atenta à problemática das relações entre a liberdade, a privacidade e o processamento em larga escala de informações pessoais armazenadas em bancos de dados governamentais[15].

Ao longo das décadas seguintes os Estados Unidos testemunharam o surgimento de leis abordando diferentes aspectos da proteção de dados pessoais. O *Health Insurance Portability and Accountability Act* (HIPAA)[16], ou Lei de Portabilidade e Responsabilidade do Seguro Saúde, de 1996, definiu padrões para a proteção e para a confidencialidade das

---

10. ESTADOS UNIDOS. **Fair Credit Reporting Act (FCRA)**. 26 out. 1970. Disponível em: https://www.govinfo.gov/content/pkg/STATUTE-84/pdf/STATUTE-84-Pg1114-2.pdf. Acesso em 13 dez. 2023.
11. ESTADOS UNIDOS. **Privacy Act.** 31 dez. 1974. Disponível em: https://www.justice.gov/opcl/privacy-act-1974. Acesso em 13 dez. 2023.
12. Ambos, tanto o *Fair Credit Reporting Act* quanto o *Privacy Act*, foram leis que promoveram alterações e acréscimos ao *US Code*.
13. ESTADOS UNIDOS. **United States Department of Health, Education and Welfare Fair Information Practice Principles**. 1973. Disponível em: https://www.justice.gov/opcl/docs/rec-com-rights.pdf. Acesso em 13 dez. 2023.
14. DONEDA, Danilo. Panorama histórico da proteção de dados pessoais. *In*: DONEDA, Danilo; MENDES, Laura Schertel; SARLET, Ingo; RODRIGUES Jr., Otávio Luiz. **Tratado de Proteção de Dados Pessoais**. Rio de Janeiro: Forense, 2021, pp. 07-08.
15. WESTIN, Allan F. **Privacy and Freedom**. New York: Atheneum, 1967; e BAKER, Michael A., WESTIN, Allan F. (orgs.). **Databanks in a Free Society**: Computers, Record-Keeping and Privacy. New York: Quadrangle Books, 1972.
16. ESTADOS UNIDOS. **Health Insurance Portability and Accountability Act (HIPAA)**. 21 ago. 1996. Disponível em: https://www.govinfo.gov/content/pkg/PLAW-104publ191/pdf/PLAW-104publ191.pdf. Acesso em 13 dez. 2023.

informações de saúde de pacientes. Em 1998 foi promulgada a *Children's Online Privacy Protection Rule* (COPPA)[17], ou Lei de Privacidade Online das Crianças, com foco na proteção da privacidade de crianças menores de 13 anos. Embora seja maior sua relação com o direito à privacidade, o tema da proteção de dados pessoais também é tangenciado pelo *Electronic Communications Privacy Act* (ECPA)[18], de 1986, que atualizou o *Federal Wiretap Act* de 1968, para disciplinar a interceptação de comunicações telefônicas e telemáticas e o acesso a dados transmitidos e armazenados em dispositivos eletrônicos.

Dentre os diplomas legais estadunidenses mais relevantes afetos à privacidade (e, obliquamente, à proteção de dados pessoais) destaca-se o *Patriot Act*[19], assinado por George W. Bush em 26.10.2001, poucos dias após os ataques de 11 de setembro, e que aumentou imensamente o poder norte-americano de vigilância internacional. Em 2013 foi revelado pelo ex-agente da Agência Nacional de Segurança dos Estados Unidos (NSA) Edward Snowden um escândalo de espionagem massiva praticado pelos EUA e que teve (alegada) base legal no *Patriot Act*. Essa lei somente foi revogada[20] em 2015, pelo *Freedom Act* (H.R. 2048[21]), no governo Barack Obama.

No direito interno estadunidense, os temas da proteção de dados pessoais e da privacidade online continuam a não ser regulados por uma lei federal própria – excetuada a citada ECPA, cujo escopo principal, contudo, é o proteger comunicações contra interceptações ilegais e fixar regras para as autoridades do Estado, quando necessária a medida. Até dezembro de 2023, o que de mais avançado havia nos EUA, no plano legal, era o *California Consumer Privacy Act* (CCPA)[22], ou Lei de Privacidade do Consumidor

17. ESTADOS UNIDOS. **Children's Online Privacy Protection Rule (COPPA).** 21 out. 1998. Disponível em: https://www.govinfo.gov/content/pkg/PLAW-105publ277/pdf/PLAW-105publ277.pdf. Acesso em 13 dez. 2023. Também podem ser citadas a Colorado Privacy Act (CPA) e a Virginia Consumer Data Protection Act (VCDPA), ambas sancionadas em 2021 e com início de vigência em 2023.
18. ESTADOS UNIDOS. **Electronic Communications Privacy Act.** 21 out. 1986. Disponível em: https://www.govinfo.gov/content/pkg/STATUTE-100/pdf/STATUTE-100-Pg1848.pdf. Acesso em 14 dez. 2023.
19. ESTADOS UNIDOS. **Patriot Act.** 26 out. 2001. Disponível em: https://www.gpo.gov/fdsys/pkg/PLAW-107publ56/pdf/PLAW-107publ56.pdf. Acesso em 13 dez. 2023.
20. Na verdade, o *Patriot Act* havia caducado (perdido sua vigência) um dia antes; o *Freedom Act* reeditou o *Patriot Act*, modificando diversas de suas disposições.
21. ESTADOS UNIDOS. **Freedom Act**. 02 jun. 2015. Disponível em: https://www.congress.gov/bill/114th-congress/house-bill/2048. Acesso em 13 dez. 2023.
22. ESTADO DA CALIFÓRNIA. **California Consumer Privacy Act (CCPA)**. 28 jun. 2018. Disponível em: https://leginfo.legislature.ca.gov/faces/codes_displayText.xhtml?division=3.&part=4.&lawCode=CIV&title=1.81.5. Acesso em 15 dez. 2023.

da Califórnia, de 2018 (e com vigência a partir de 2020), que reconheceu direitos a consumidores californianos sobre suas informações pessoais. Essa lei foi atualizada em 2020 pelo *California Privacy Rights Act* (CPRA)[23], que introduziu novos direitos ao CCPA e estabeleceu uma agência para a proteção da privacidade e de dados pessoais naquele Estado. Para a privacidade na internet, uma proposta de lei federal foi apresentada em 2022, mas segue sem aprovação pelo Congresso. Trata-se do projeto para a *American Data Privacy and Protection Act*, ou ADPPA[24], que já em sua apresentação revela-se limitada ao informar dirigir-se especificamente à proteção de direitos de *consumidores*[25]. A ausência de uma lei federal unificada continua a ser tema de críticas e debates.

Na jurisprudência dos Estados Unidos sobre temas afins à proteção de dados pessoais, a característica mais marcante é certamente seu viés individual-privatístico. Dois julgados da Suprema Corte dos Estados Unidos podem ser citados como bastante representativos dessa tendência: os casos *United States v. Jones* (2012) e *Carpenter v. United States* (2018).

***United States v. Jones* (2012)**[26]: Em 2004, Antoine Jones foi alvo de uma investigação de uma força-tarefa conjunta do FBI e do Departamento de Polícia Metropolitana do Distrito de Columbia por suspeita de tráfico de drogas. Os policiais empregaram várias técnicas de investigação, incluindo vigilância visual e interceptação telefônica no celular do investigado. Além disso, instalaram um dispositivo de rastreamento GPS na carroceria do automóvel do investigado enquanto ele estava estacionado em um estacionamento público e rastreou seus movimentos por cerca de um mês. As investigações resultaram em múltiplas acusações contra Antoine Jones, que questionou a legalidade da instalação do dispositivo de rastreamento GPS em seu carro sem autorização judicial. Em 23 de janeiro de 2012, a Suprema Corte dos EUA decidiu que a medida efetivamente dependia de um

23. ESTADO DA CALIFÓRNIA. **California Privacy Rights Act (CPRA)**. 24 nov. 2020. Disponível em: https://thecpra.org/. Acesso em 15 dez. 2023.

24. CONGRESS.GOV. **H.R.8152 – American data privacy and protection act**. 117th Congress (2021-2022). Disponível em: https://www.congress.gov/bill/117th-congress/house-bill/8152/text. Acesso em 13 dez. 2023.

25. O ADPPA, tal como proposto, tem como objetivo expresso "*To provide consumers with foundational data privacy rights, create strong oversight mechanisms, and establish meaningful enforcement*".

26. ESTADOS UNIDOS. Supreme Court of the United States. **United States v. Jones, 565 U.S. 400 (2012)**. Disponível em: https://supreme.justia.com/cases/federal/us/565/400/. Acesso em 15 mar. 2024.

mandado judicial (*warrant*), sem o que teria havido uma ilegal violação da propriedade do investigado sobre seu veículo, direito protegido pela Quarta Emenda da Constituição daquele país. A decisão da Corte, unânime, foi redigida pelo justice Antonin Scalia, mas são dignas de menção as "*concurring opinions*" dos juízes Sonia Sotomayor e Samuel Alito, para quem a questão seria melhor equacionada não exatamente pelo direito de propriedade, mas pelo direito à privacidade do investigado, cujas expectativas razoáveis teriam sido indevidamente devassadas pelo Estado.

***Carpenter v. United States* (2018)**[27]: Em abril de 2011 a polícia prendeu quatro homens envolvidos numa série de roubos. Um dos homens confessou os crimes e forneceu ao FBI seu número de telefone celular e os números dos outros participantes. Timothy Carpenter não estava nesse grupo de presos. De posse dessas informações e amparado no *Stored Communications Act*, 18 U.S.C. 2703(d), o FBI solicitou e obteve mandados judiciais (*warrants*) para ter acesso aos dados dos telefones das pessoas apontadas. Assim, foram coletados registros, inclusive do celular de Timothy Carpenter, que incluíam a data e a hora das chamadas e seu local aproximado, tudo a partir das conexões dos aparelhos com as torres de celular de suas operadoras – as denominadas "*Cell Site Location Information*", ou CSLI[28]. Com base nessas evidências, Carpenter foi acusado e condenado por vários crimes. Levado à Suprema Corte, o caso foi julgado em 22 de junho de 2018. Entenderam os magistrados, por 5 a 4, que a obtenção dos registros do celular de Carpenter havia violado seu direito contra buscas e apreensões infundadas. Declarou-se que a Quarta Emenda da Constituição dos EUA protege não apenas a propriedade, mas também expectativas razoáveis de privacidade – superando, quanto a esse ponto, o precedente firmado no caso *United States v. Jones* (2012). A Corte também negou a aplicação da chamada "*third-party doctrine*": ainda que as próprias empresas de celular (terceiros) tivessem acesso aos dados que foram posteriormente entregues a agentes do Estado, esses dados não eram ativa e deliberadamente compartilhados pelos seus usuários. Decidiu-se, ao cabo, que agentes do Estado

27. ESTADOS UNIDOS. Supreme Court of the United States. **Carpenter v. United States, 585 U.S. __ (2018)**. Disponível em: https://supreme.justia.com/cases/federal/us/585/16-402/. Acesso em 15 mar. 2024.

28. Simplificadamente, dados de CSLI são gerados a partir do momento em que um terminal (a linha de um aparelho celular) se conecta à antena de uma operadora, também chamada de ERB (Estação Rádio-Base).

precisam de um mandado judicial para acessar registros de localização de celulares e que essa autorização deve estar apoiada numa causa provável (*probable cause*).

Em ambas essas paradigmáticas decisões não se cogitou propriamente de um direito à proteção de dados pessoais como uma categoria autônoma: o cerne da fundamentação e mesmo das divergências foi o direito à propriedade e à privacidade.

## 1.2 NA EUROPA

O primeiro caso em que o direito à vida privada foi judicialmente reconhecido talvez tenha acontecido na França[29], em 1858. Dois desenhistas foram contratados para desenhar uma artista, irmã da contratante, em seu leito de morte. O desenho foi produzido e então exposto à venda. A imagem, considerada degradante para a artista moribunda, foi apreendida por decisão do Tribunal Civil do Sena, que entendeu que qualquer pessoa tem direito a uma vida privada distinta da pública e que pode desejar morrer na obscuridade, *quando ou porque viveram no triunfo*[30].

Embora seja possível apontar essa origem remota (se associada ao tema da privacidade), fato é que a disciplina da proteção de dados pessoais só veio a se desenvolver na Europa a partir da década 1970, sob a influência dos incipientes debates nos EUA[31].

A Lei de Proteção de Dados do estado Alemão de Hesse, de 30 de setembro de 1970, costuma ser referida como o primeiro diploma legal a versar sobre o tema e a primeira a utilizar a expressão "proteção de dados" (*Datenschutz*). Seguiram-se a lei sueca de proteção de dados, de 1973, a lei federal de proteção de dados alemã (*Bundesdatenschutzgesetz*) e a lei francesa de

29. Anos depois, Warren e Brandeis, em *The Right to Privacy*, citam a *Loi Relative a la Presse* (lei de 11 maio de 1868) para afirmar que na França já havia a expressão legal do direito à privacidade, "tão limitado quanto precisa ser". BRANDEIS, Louis D.; WARREN, Samuel D. The Right to Privacy. **Harvard Law Review**, Vol. 4, nº 5 (Dec. 15, 1890), p. 214. Disponível em: https://www.jstor.org/stable/1321160?seq=4. Acesso em 29 jul. 2023.

30. COSTA Jr., Paulo José da. **O direito de estar só**: tutela penal da intimidade. 2. ed. rev. e atual. São Paulo: Revista dos Tribunais, 1995, p. 13.

31. DONEDA, Danilo. Panorama Histórico da Proteção de Dados Pessoais. *In*: DONEDA, Danilo; MENDES, Laura Schertel; SARLET, Ingo; RODRIGUES Jr., Otávio Luiz. **Tratado de Proteção de Dados Pessoais**. Rio de Janeiro: Forense, 2021, p. 08.

proteção de dados pessoais (*Informatique et Libertées*), ambas de 1978, e leis análogas em outros países[32].

Na evolução do tema, foi de importância fulcral a decisão do Tribunal Constitucional Federal alemão (*Bundesverfassungsgericht*) de 1983 para o chamado caso do Censo[33].

A Corte constitucional da Alemanha analisava um recenseamento geral planejado pelo governo daquele país no ano de 1983, nos termos de uma lei aprovada em 25 de março de 1982 (Lei Alemã do Censo). O censo, que seria referente a população, profissões, residências e locais de trabalho, foi suspenso por uma decisão liminar da Corte em 13.04.1983. No julgamento definitivo, proferido em 15.12.1983, o Tribunal Constitucional declarou que a coleta de dados prevista na lei questionada era, em tese, compatível com a dignidade da pessoa humana. Entretanto, compreendeu-se que a transmissão desses dados de forma automatizada e não anonimizada poderia promover uma verdadeira "catalogação" dos indivíduos, transformando-os em mero "objeto" de informação. Assim, seria necessário implementar instrumentos para garantir que, na coleta e no processamento de dados daquele censo, fosse preservado aquilo que o tribunal reconheceu como sendo um direito fundamental à "autodeterminação informativa" (*informationelle Selbstbestimmung*), componente essencial da dignidade humana e da liberdade pessoal.

O surgimento do direito à proteção de dados pessoais na jurisprudência alemã está intimamente ligado à própria história da proteção da personalidade como direito fundamental: a autodeterminação informativa foi desenvolvida a partir do distanciamento de uma proteção relacionada a um âmbito fixo, que era esfera uma íntima ou privada, transferindo sua base para um poder de decisão do indivíduo (sobre seus dados) e a instrumentos procedimentais (para protegê-los)[34].

Ressalte-se, contudo, que a própria decisão do Tribunal Constitucional Federal alemão de 1983 é clara ao proclamar que é possível restringir

32. DONEDA, Danilo. Panorarma Histórico da Proteção de Dados Pessoais. *In*: DONEDA, Danilo; MENDES, Laura Schertel; SARLET, Ingo; RODRIGUES Jr., Otávio Luiz. **Tratado de Proteção de Dados Pessoais**. Rio de Janeiro: Forense, 2021, p. 09.

33. ALEMANHA. **BVerfG, Urteil des Ersten Senats vom 15. dez. 1983** – 1 BvR 209/83 –, Rn. 1-215. Disponível em: https://www.bverfg.de/e/rs19831215_1bvr020983.html. Acesso em 25 dez. 2023.

34. MENDES, Laura Schertel Ferreira. Autodeterminação informativa: a história de um conceito. **Pensar Revista de Ciências Jurídicas**. v. 25. n. 4. Fortaleza: Unifor. 2020. Disponível em: https://ojs.unifor.br/rpen/article/view/10828. Acesso em 25 dez. 2023, p. 12.

o direito à autodeterminação informativa, desde que essa restrição tenha como fundamento um interesse público, respeite os princípios da legalidade e da proporcionalidade e preveja garantias para a proteção dos direitos individuais em caso de abuso[35]. Como consta na fundamentação da decisão:

> [...] Esse direito à 'autodeterminação informativa' não é garantido sem limites. O indivíduo não tem um direito no sentido de controle absoluto e irrestrito sobre 'seus' dados; ao contrário, ele é uma personalidade que se desenvolve dentro da comunidade social e depende da comunicação. As informações, mesmo que sejam pessoais, são um reflexo da realidade social que não pode ser atribuído exclusivamente ao indivíduo em questão. Como enfatizado várias vezes na jurisprudência do Tribunal Constitucional Federal, a Constituição decidiu sobre a tensão entre o indivíduo e a comunidade em termos da relação com a comunidade e da natureza vinculada à comunidade da pessoa [...]. Em princípio, o indivíduo deve, portanto, aceitar restrições ao seu direito à autodeterminação informativa em nome do interesse público[36].

Embora pioneira por reconhecer um tal direito no plano constitucional, essa não foi a primeira decisão de um tribunal alemão sobre proteção de dados e nem mesmo a primeira vez que a expressão foi utilizada. A decisão de 1983 foi produto de uma longa maturação jurisprudencial e a própria expressão "autodeterminação informativa" vinha sendo usada desde o início da década de 1970 em artigos acadêmicos e outros textos jurídicos[37].

35. ALEMANHA. **BVerfG, Urteil des Ersten Senats vom 15. dez. 1983** – 1 BvR 209/83 –, Rn. 1-215. Disponível em: https://www.bverfg.de/e/rs19831215_1bvr020983.html. Acesso em 25 dez. 2023. (p. 01, nota de cabeçalho n. 2).

36. No original: *"Dieses Recht auf "informationelle Selbstbestimmung" ist nicht schrankenlos gewährleistet. Der Einzelne hat nicht ein Recht im Sinne einer absoluten, uneinschränkbaren Herrschaft über "seine" Daten; er ist vielmehr eine sich innerhalb der sozialen Gemeinschaft entfaltende, auf Kommunikation angewiesene Persönlichkeit. Information, auch soweit sie personenbezogen ist, stellt ein Abbild sozialer Realität dar, das nicht ausschließlich dem Betroffenen allein zugeordnet werden kann. Das Grundgesetz hat, wie in der Rechtsprechung des Bundesverfassungsgerichts mehrfach hervorgehoben ist, die Spannung Individuum – Gemeinschaft im Sinne der Gemeinschaftsbezogenheit und Gemeinschaftsgebundenheit der Person entschieden (BVerfGE 4, 7 [15]; 8, 274 [329]; 27, 1 [7]; 27, 344 [351 f.]; 33, 303 [334]; 50, 290 [353]; 56, 37 [49]). Grundsätzlich muß daher der Einzelne Einschränkungen seines Rechts auf informationelle Selbstbestimmung im überwiegenden Allgemeininteresse hinnehmen."* (ALEMANHA. **BVerfG, Urteil des Ersten Senats vom 15. dez. 1983** – 1 BvR 209/83 –, Rn. 1-215. Disponível em: https://www.bverfg.de/e/rs19831215_1bvr020983.html. Acesso em 25 dez. 2023.; parágrafo 148 da decisão).

37. O primeiro documento a fazer constar a expressão "autodeterminação informativa" foi um parecer produzido para o Ministério do Interior da Alemanha por Wilhelm Steinmüller (e outros) em julho de 1971, sendo posteriormente utilizado em obras jurídicas ainda nos anos 1970 (MENDES, Laura Schertel Ferreira. Autodeterminação informativa: a história de um conceito. **Pensar Revista de Ciências Jurídicas**. v. 25. n. 4. Fortaleza: Unifor. 2020. Disponível em: https://ojs.unifor.br/rpen/article/view/10828. Acesso em 25 dez. 2023, p. 10). A íntegra do parecer de Steinmüller está disponível em: https://dserver.bundestag.de/btd/06/038/0603826.pdf. Sobre o mesmo tema: MENKE, Fabiano. As origens alemãs e o significado da autodeterminação informativa. *In*: MENKE, Fabiano;

O debate não se limitava, pois, aos tribunais. Assim como ocorria nos EUA, acadêmicos europeus, como o italiano Stefano Rodotà, discorriam sobre aspectos sociais e jurídicos no uso de ferramentas computacionais para o processamento de dados[38], aprofundando-o em diversos textos nos anos seguintes de acordo com os avanços tecnológicos e suas cada vez mais evidentes implicações para as liberdades individuais[39].

Outros importantes documentos legais de aplicação transnacional entraram em vigor na Europa nos anos seguintes[40].

A Convenção 108 do Conselho da Europa, de 1981, foi o primeiro tratado internacional juridicamente vinculativo a versar especificamente sobre a proteção de dados pessoais, estabelecendo princípios fundamentais para sua coleta, processamento e transmissão (capítulo II) e positivando conceitos como o de "dados pessoais", "tratamento de dados", "responsável pelo tratamento" e "titular dos dados" (art. 2)[41].

A Diretiva de Proteção de Dados Pessoais 95/46/CE, aprovada pelo Parlamento Europeu e pelo Conselho em 24 de outubro de 1995[42], foi um outro

---

DRESCH, Rafael de Freitas Valle (coords.). **Lei geral de proteção de dados**: aspectos relevantes. São Paulo: Foco Jurídico, 2021, pp. 13-22.

38. RODOTÀ, Stefano. **Elaboratori elettronici e controllo sociale**. Bolgna: Il Mulino, 1973.

39. RODOTÀ, Stefano. **A vida na sociedade da vigilância:** a privacidade hoje. (organização, seleção e apresentação de MORAES, Maria Celina Bodin de; tradução de DONEDA, Danilo, e DONEDA, Luciana Cabral). Rio de Janeiro: Renovar, 2008.

40. Por não serem comuns ao direito brasileiro, é importante esclarecer a distinção, no direito europeu, entre "Regulamento" e "Diretiva". Sinteticamente, Regulamento é um ato jurídico da União Europeia que tem aplicação direta, imediata e vinculativa para todos os seus Estados-membros. O Regulamento, assim que entra em vigor, torna-se parte do direito nacional dos Estados-membros, sem a necessidade de qualquer ação adicional por parte destes (no sentido de criar leis internas para sua "transposição" para o direito nacional). Já a Diretiva é um ato jurídico da União Europeia que estabelece padrões ou normas gerais, na forma objetivos ou resultados que os Estados-membros devem atingir. A edição de uma Diretiva impõe que os Estados-membros promovam a "transposição" de suas normas para a legislação interna, produzindo novas leis nacionais que lhe sejam harmônicas ou modificando as leis já em vigor no que não lhe forem compatíveis, respeitadas peculiaridades locais.

41. A Convenção 108, assinada em 28.01.1981, foi atualizada pela Convenção 108+, de 18.05.2018. (CONSELHO DA EUROPA. **Convenção 108+ do Conselho da Europa**. 18 maio 2018. Disponível em: https://rm.coe.int/cm-convention-108-portuguese-version-2756-1476-7367-1/1680aa72a2. Acesso em 15 dez. 2023).

42. Embora tenham nomes parecidos, o Conselho Europeu e o Conselho da União Europeia (ou Conselho da UE) são entidades distintas a União Europeia, cada uma com funções específicas. O Conselho Europeu é encarregado de estabelecer as diretrizes políticas e as prioridades da União Europeia, mas não exerce funções legislativas. Seu papel central é a formulação da agenda política da UE, particularmente em questões que exigem ampla cooperação intergovernamental. Já o Conselho da União Europeia, comumente referido apenas como "Conselho", é uma das principais instituições decisórias da UE e compartilha competências legislativas e orçamentárias com o Parlamento Europeu.

marco significativo, ao estabelecer um conjunto comum de princípios para a proteção de dados em todos os Estados membros e, ao mesmo tempo, assegurar a livre circulação desses dados (art. 1º, 1). Dentre suas principais inovações estão a criação de parâmetros para a transferência de dados entre países (art. 25) e a criação de autoridades de proteção de dados pessoais (art. 28)[43].

A Carta dos Direitos Fundamentais da União Europeia, de 2000[44], incluiu o direito à proteção de dados pessoais expressamente como um direito fundamental e reiterou a essencialidade de uma autoridade de fiscalização independente (art. 8º)[45].

O Tratado de Lisboa, aprovado em 2007 e em vigor a partir de 1º de dezembro de 2009, alterou disposições do Tratado da União Europeia e o Tratado que Instituiu a Comunidade Europeia, para incluir normas sobre o tratamento de dados pessoais (art. 25.º-A do Tratado da União Europeia e art. 16.º-B o Tratado que Instituiu a Comunidade Europeia)[46].

O Regulamento Geral de Proteção de Dados, o RGPD (*General Data Protection Regulation* ou *GDPR*, na sigla em inglês), foi aprovado em 2016 e entrou em vigência a partir de maio de 2018, substituindo a Diretiva 95/46/CE. O RGPD trouxe mudanças substanciais para a disciplina, unificando as regras de proteção de dados em toda a UE, com foco significativo nos direitos dos titulares dos dados. Esse diploma, que serviu de inspiração para a LGPD brasileira, é o principal documento legal atualmente em vigor regulando a proteção de dados pessoais na Europa.

43. UNIÃO EUROPEIA. **Diretiva de Proteção de Dados Pessoais 95/46/CE**. 24 out. 1995. Disponível em: https://eur-lex.europa.eu/legal-content/PT/TXT/?uri=celex%3A31995L0046. Acesso em 15 dez. 2023.

44. UNIÃO EUROPEIA. 07.06.2016. **Carta dos Direitos Fundamentais da União Europeia**. Disponível em: https://eur-lex.europa.eu/legal-content/PT/TXT/?uri=celex:12016P/TXT. Acesso em 19 set. 2023.

45. "Artigo 8.º

Protecção de dados pessoais

1. Todas as pessoas têm direito à protecção dos dados de carácter pessoal que lhes digam respeito.

2. Esses dados devem ser objecto de um tratamento leal, para fins específicos e com o consentimento da pessoa interessada ou com outro fundamento legítimo previsto por lei. Todas as pessoas têm o direito de aceder aos dados coligidos que lhes digam respeito e de obter a respectiva rectificação.

3. O cumprimento destas regras fica sujeito a fiscalização por parte de uma autoridade independente."

46. UNIÃO EUROPEIA. **Tratado de Lisboa,** de 13 de dezembro de 2007. Disponível em: https://eur-lex.europa.eu/legal-content/PT/TXT/?uri=OJ:C:2007:306:TOC. Acesso em 21 dez. 2023.

O RGPD estabeleceu um conjunto abrangente de regras "relativas à proteção de pessoas singulares no que diz respeito ao tratamento de dados pessoais e à livre circulação desses dados". Aplicável a todas as organizações que processam dados de indivíduos na União Europeia, independentemente de onde esteja localizada, o RGPD define diversos conceitos (como dado pessoal, tratamento, pseudoanonimização e decisões automatizadas), fixa os princípios para o tratamento de dados pessoais – como legalidade, equidade, transparência, finalidade, minimização, precisão, limitação, integridade e segurança – e os direitos dos titulares – como os direitos de acesso, retificação, exclusão, portabilidade e oposição ao tratamento indevido.

Ao lado do RGPD, no mesmo dia 27 de abril de 2016 foi aprovada a Diretiva (UE) 2016/680, relativa "à proteção das pessoas singulares no que diz respeito ao tratamento de dados pessoais pelas autoridades competentes para efeitos de prevenção, investigação, detecção ou repressão de infrações penais ou execução de sanções penais, e à livre circulação desses dados"[47], revogando a Decisão-Quadro 2008/977/JAI do Conselho Europeu. A Diretiva 680 versa, em suma, sobre o tratamento de dados pessoais por *agentes públicos* e para *fins penais*[48], e estatui diversos direitos ao titular dos dados (arts. 12 a 18) concernentes a variadas questões: comunicação e regras de exercício dos direitos dos titulares; informações que podem ser fornecidas ao titular; forma de acesso do titular aos seus dados pessoais e limitações a esse direito; retificação ou apagamento dos dados; limitação do tratamento e exercício dos direitos do titular dos dados e verificação pela autoridade de controle[49].

Além da Diretiva (UE) 2016/680, importa mencionar a Diretiva (UE) 2014/41, que regula a chamada "decisão europeia de investigação" em matéria penal, ou DEI[50]. A decisão europeia de investigação é uma decisão judicial emitida ou validada por uma autoridade judiciária de um Estado-Membro

47. UNIÃO EUROPEIA. **Diretiva (UE) 2016/680 do Parlamento Europeu e do Conselho**. 27 abr. 2016. Disponível em: https://eur-lex.europa.eu/legal-content/PT/TXT/?uri=uriserv:OJ.L_.2016.119.01.0089.01.POR&toc=OJ:L:2016:119:FULL. Acesso em 19 set. 2023.

48. Como anotado, a Diretiva, diferentemente do Regulamento, não tem aplicação imediata e depende da *transposição – i.e.*, da positivação nos ordenamentos de cada país, seguindo-se os parâmetros da Diretiva.

49. Considerando sua aplicação para além das fronteiras europeias, também merece ser mencionada a Convenção de Budapeste sobre o Cibercrime, que será analisada em tópico próprio.

50. UNIÃO EUROPEIA. **Diretiva (UE) 2014/41 do Parlamento Europeu e do Conselho**. 03 abr. 2014. Disponível em: https://eur-lex.europa.eu/legal-content/PT/TXT/?uri=CELEX:32014L0041. Acesso em 28 dez. 2023.

da União Europeia para que sejam executadas noutro Estado-Membro uma ou várias medidas de investigação específicas, tendo em vista a obtenção de elementos de prova, ou para obter elementos de prova que já estejam na posse das autoridades competentes do Estado de execução (artigo 1º). A DEI é uma das formas pelas quais se promove a cooperação penal entre países da UE e tem como premissa a proteção dos direitos dos titulares dos dados pessoais (artigo 20.º). Essa diretiva foi aprovada como resposta a algumas Decisões-Quadro do Conselho (2003/577/JAI e 2008/978/JAI), que instituíam um sistema para a obtenção e o compartilhamento de provas excessivamente fragmentado e complexo, demandando uma abordagem mais simples e eficaz (consideranda 3, 4 e 5 da Diretiva 2014/41).

Nessa trilha, é possível descrever o desenvolvimento geracional da disciplina sobre a proteção de dados pessoais dentro de uma perspectiva histórico-evolutiva.

A primeira geração de regras, que remonta à década de 1970, surgiu como uma reação ao processamento eletrônico de dados pelas administrações públicas e empresas privadas e às propostas de criação de grandes bancos de dados centralizados, como se verificou na Alemanha, Suécia e Estados Unidos. A segunda geração de normas sobre proteção de dados pessoais tem como cerne o papel do consentimento do cidadão e de sua liberdade de escolha sobre a disponibilização de seus dados. A terceira geração é marcada pela decisão, em 1983, do Tribunal Constitucional alemão, que reinterpretou a Lei Federal de Dados Pessoais alemã à luz da Lei Fundamental de Bonn e declarou o direito dos cidadãos à autodeterminação informativa e ao controle sobre o processamento de seus dados, após o que outros países aprovaram novas regras nesse sentido (Áustria, Noruega, Holanda e a própria Alemanha). A quarta geração de normas tendeu a fortalecer a posição dos indivíduos e a tornar mais efetivo seu controle sobre seus dados pessoais, além da coexistência de normas setoriais de proteção de dados ao lado de normas mais gerais[51-52]. A Diretiva 95/46/CE, do Parlamento e do Conselho Europeu, espelhou a evolução da disciplina sobre a proteção de dados no continente até então[53]. Os mais recentes diplomas

51. MENDES, Laura Schertel. **Privacidade, proteção de dados e defesa do consumidor**: linhas gerais de um novo direito fundamental. São Paulo: Saraiva, 2014, pp.37-44.

52. MAYER-SCHÖNBERGER, Viktor. Generational Development of Data Protection in Europe. *In*: AGRE, Philip E.; ROTHENBERG, Marc. **Technology and Privacy:** the new landscape. Cambridge: Mit, 2001.

53. MENDES, Laura Schertel. **Privacidade, proteção de dados e defesa do consumidor**: linhas gerais de um novo direito fundamental. São Paulo: Saraiva, 2014, p. 44.

legais europeus, em especial o RGPD e a Diretiva (UE) 2016/680 - esta particularmente cara ao tema –, definem a atual geração, que foi concebida sob o influxo de diversas outras experiências internacionais, sobretudo nos Estados Unidos.

Em matéria de transferência internacional de dados pessoais, o modelo europeu instituído pelo RGPD baseia-se em decisões de adequação, que são, em síntese, uma autorização geral e antecedente para o compartilhamento de dados entre entes da UE e um ente qualquer. Havendo uma decisão de adequação, "garante-se o livre fluxo de dados entre a União Europeia e o terceiro avaliado, e nenhuma salvaguarda adicional se faz necessária, visto que a Comissão Europeia atestou previamente que o terceiro avaliado - país, território ou organização internacional - garante a proteção adequada dos dados pessoais"[54]. A decisão da Comissão Europeia é tomada de acordo com sua avaliação sobre o preenchimento das condições listadas no artigo 46, número 2, do RGPD, e em linha com seus *consideranda* 103 a 108[55]. Além desse primeiro sistema, há a possibilidade de que sejam consideradas lícitas transferências de dados pessoais com base num rol de garantias adequadas, sendo seis garantias caráter geral (previstas no nº 2 do artigo 47º do RGPD) e duas garantias de caráter específico (previstas no nº 3 do artigo 47º do RGPD). Existem também as exceções, constantes nas alíneas do parágrafo 1º do nº 1 do artigo 49º do RGPD, sobre situações específicas e que devem ser apreciadas caso a caso[56].

54. MARQUES, Fernanda Mascarenhas; AQUINO, Theófilo Miguel de. O Regime de Transferência Internacional de Dados da LGPD: delineando as opções regulatórias em jogo. *In*: DONEDA, Danilo; MENDES, Laura Schertel; SARLET, Ingo; RODRIGUES Jr., Otávio Luiz. **Tratado de Proteção de Dados Pessoais.** Rio de Janeiro: Forense, 2021, pp. 312-313.

55. Sob uma perspectiva comparada, Alexandre Veronese, reportando-se aos arts. 33 a 36 da LGPD, ensina que a lei brasileira "teve a oportunidade de usufruir da evolução dos padrões normativos da União Europeia e da evolução havida desde as primeiras leis nacionais de proteção de dados pessoais. Assim, ela pode incorporar elementos que se tornaram conhecidos desde a Diretiva 95/46/CE e que estão presentes no RGPD. Ela dedicou, portanto, quatro dispositivos ao tema das transferências internacionais de dados pessoais, com um grande nível de detalhamento, em sintonia com o RGPD. Assim como no RGPD, ela prevê um primeiro sistema de autorização de transferências internacionais de dados pessoais, baseado no 'grau de proteção adequado'". (VERONESE, Alexandre. Transferências Internacionais de Dados Pessoais: o debate transatlântico norte e sua repercussão na América Latina e no Brasil. *In*: DONEDA, Danilo; MENDES, Laura Schertel; SARLET, Ingo; RODRIGUES Jr., Otávio Luiz. **Tratado de Proteção de Dados Pessoais.** Rio de Janeiro: Forense, 2021, p. 716).

56. VERONESE, Alexandre. Transferências Internacionais de Dados Pessoais: o debate transatlântico norte e sua repercussão na América Latina e no Brasil. *In*: DONEDA, Danilo; MENDES, Laura Schertel; SARLET, Ingo; RODRIGUES Jr., Otávio Luiz. **Tratado de Proteção de Dados Pessoais.** Rio de Janeiro: Forense, 2021, pp. 706-708.

O paradigma para a proteção de dados europeu é sensivelmente distinto do norte-americano.

A legislação sobre a proteção de dados na Europa tem o sentido de "facilitar o acesso à informação e a serviços num ambiente protegido e interligado"[57]. Para tanto, apostou-se na proteção de dados e, concomitantemente, na promoção dos princípios inerentes à livre concorrência. Com esse horizonte, desenharam-se na Europa diplomas legais exaustivos, destacadamente o RGPD, que regulam a matéria num plano mais abrangente, e a Diretiva (UE) 2016/680, que estabelece vetores gerais para o tratamento de dados pelas autoridades europeias em temas afetos a segurança pública e persecução penal e com os quais os ordenamentos nacionais, por transposição, precisam estar em harmonia. Nos EUA, mais afeiçoado a temas atinentes à privacidade, não há legislação específica, como visto, sobre a tutela de dados pessoais no plano federal. A dogmática sobre a proteção de dados associa-se ali, fundamentalmente, aos precedentes judiciais sobre o tema da privacidade, de acordo com seu sistema, na tradição da *common law*.

Quanto a transferências de dados e cooperação internacional, a Europa assenta-se na Diretiva 2016/680 (para temas penais), que se baseia na confiança entre Administrações Públicas de diferentes Estados-Membros, e, em relação a outros entes e de forma geral, em decisões de adequação (previstas nos artigos 44º a 49º do RGPD), dentro de um relativamente complexo sistema de controle sobre os níveis de proteção de dados pessoais[58]. Os EUA, sede das maiores empresas do atual capitalismo de dados, seguem refratários à regulação estrangeira e, para fins de persecução penal, apostam no CLOUD Act, que ainda tem poucas adesões.

57. ABREU, Joana Covelo de. O Mercado Único Digital e o seu desígnio político-constitucional: o impacto da Agenda Eletrónica Europeia nas soluções de interoperabilidade. **UNIO – EU Law Journal**. vol. 3, n. 1, janeiro 2017, pp. 130-150.

58. Até março de 2024, a Comissão Europeia havia declarado que Andorra, Argentina, Canadá (para suas organizações comerciais), Ilhas Faroe, Guernsey, Israel, Ilha de Man, Japão, Jersey, Nova Zelândia, República da Coreia, Suíça, Reino Unido (sob o RGPD e a LED), Estados Unidos (para suas organizações comerciais que participam da EU-US *Data Privacy Framework*) e Uruguai oferecem proteção adequada. Todavia, com exceção do Reino Unido, tais decisões de adequação não abrangem o intercâmbio de dados em matérias criminais, que é regido pelo art. 36 da Diretiva (UE) 2016/680 (UNIÃO EUROPEIA. Comissão Europeia. **Adequacy decisions**. Disponível em: https://commission.europa.eu/law/law-topic/data-protection/international-dimension-data-protection/adequacy-decisions_en. Acesso em 15 mar. 2024).

## 1.3 NO BRASIL

Numa decisão administrativa tomada em 14 de dezembro de 1890, Rui Barbosa, então Ministro e Secretário de Estado dos Negócios da Fazenda e Presidente do Tribunal do Tesouro Nacional, determinou que fossem requisitados "de todas as Tesourarias da Fazenda todos os papéis, livros e documentos existentes nas repartições do Ministério da Fazenda, relativos ao elemento servil, matrícula dos escravos, dos ingénuos, filhos livres de mulher escrava e libertos sexagenários". Os livros e papéis arrecadados deveriam ser avaliados por uma comissão, que procederia "à queima e destruição imediata deles, que se fará na casa da máquina da Alfândega desta Capital". Como fundamentos para essa decisão, o ministro assinalou que a escravidão, "instituição funestíssima que por tantos anos paralisou o desenvolvimento da sociedade, infeccionou-lhe a atmosfera moral", e assim seriam honrados os "deveres de fraternidade e solidariedade para com a grande massa de cidadãos que pela abolição do elemento servil entraram na comunhão brasileira". Para apagar os vestígios do que Rui Barbosa considerou ser uma "nódoa social" – documentos como livros de matrícula, de controle aduaneiro e de recolhimento de tributos que ainda estavam guardados nas repartições submetidas ao controle do ministério da Fazenda –, o Estado estava obrigado a destruí-los[59].

E assim se procedeu[60].

59. LACOMBE, Américo Jacobina; SILVA, Eduardo; BARBOSA, Francisco de Assis. **Rui Barbosa e a queima dos arquivos.** Rio de Janeiro: Casa de Rui Barbosa, 1988, p. 114.

60. "A ordem para a destruição de documentos da escravidão teria sido dada por Rui, na qualidade e autoridade de ministro, em despacho datado de 14 de dezembro de 1890, e cumprido por intermédio de circular, datada de 13 de maio de 1891. À época da circular Rui já não era mais o chefe da pasta da Fazenda; o executor da ordem fora seu sucessor, Tristão de Alencar Araripe." GODOY, Arnaldo Sampaio de Moraes. **Rui Barbosa e a polêmica queima dos arquivos da escravidão**. Disponível em: https://www.conjur.com.br/2015-set-13/embargos-culturais-rui-barbosa-polemica-queima-arquivos-escravidao. Acesso em 30 ago. 2023. Entretanto, como explica Laurentino Gomes, "A queima dos documentos, apenas parcialmente bem-sucedida (para sorte dos estudiosos de hoje), se deu aos poucos em todo o país ao longo dos anos seguintes. Ainda no dia 13 de maio de 1893, dois anos e meio após a decisão do governo central, várias autoridades e 'cidadãos de todas as classes sociais' reuniram-se no Campo da Pólvora, em Salvador, e receberam dois carroções acompanhados da banda de música da polícia, com papéis que foram destruídos numa fogueira por várias horas, sob os olhares atentos de um grande público." GOMES, Laurentino. **Escravidão – Volume 3:** Da Independência do Brasil à Lei Áurea (Portuguese Edition). Globo Livros. Edição do Kindle, p. 506.

A medida recebeu uma moção de apoio da maioria dos membros do Congresso Nacional, apesar de críticas feitas por deputados de São Paulo, Minas Gerais e Rio Grande do Sul[61].

Como resultado prático, a ordem de Rui Barbosa causou a destruição de "comprovantes de natureza fiscal que pudessem ser utilizados pelos ex-senhores de escravos para pleitear a indenização junto ao governo da República"[62].

Intelectuais como Gilberto Freyre e Nina Rodrigues criticaram a providência[63], que teria sido praticada por interesses estritamente econômicos. Embora à época a imprensa tenha noticiado o fato com "entusiasmo patriótico"[64], ao longo do século 20 muitos pesquisadores associaram-se aos primeiros críticos, argumentando que não se atentou para o fato de que a preservação dos registros seria também importante para a história[65] e para a consolidação da identidade nacional, enormemente determinada pela triste chaga da escravidão[66]. Outros persistiram na defesa do ato do jurista baiano, lembrando seu histórico pela defesa da abolição da escravidão, as

61. ESTADÃO. A destruição dos documentos sobre a escravidão. **Estadão Acervo**. 14 dez. 2015. Disponível em: http://m.acervo.estadao.com.br/noticias/acervo,a-destruicao-dos-documentos-sobre--a-escravidao-,11840,0.htm. Acesso em 30 ago. 2023.

62. LACOMBE, Américo Jacobina; SILVA, Eduardo; BARBOSA, Francisco de Assis. **Rui Barbosa e a queima dos arquivos.** Rio de Janeiro: Casa de Rui Barbosa, 1988, p. 11.

63. LACOMBE, Américo Jacobina; SILVA, Eduardo; BARBOSA, Francisco de Assis. **Rui Barbosa e a queima dos arquivos.** Rio de Janeiro: Casa de Rui Barbosa, 1988, pp. 33-34.

64. LACOMBE, Américo Jacobina; SILVA, Eduardo; BARBOSA, Francisco de Assis. **Rui Barbosa e a queima dos arquivos.** Rio de Janeiro: Casa de Rui Barbosa, 1988, p. 38.

65. "O fato é que, a despeito do ato de Rui Barbosa, não se destruiu a totalidade dessa memória feita, sobretudo, de pistas, traços e alguns sinais. Diante de uma população impossibilitada, na sua maior parte, de deixar registros escritos, restaram as anotações feitas pelos próprios senhores, os relatos da repressão, os registros de revoltas, os documentos de seguro, venda e manumissão de escravos e as inúmeras descrições do cotidiano." SCHAWARCZ, Lilia. O som do silêncio: sobre interditos e não ditos nos arquivos quando o tema é escravidão ou escorre para o racismo. **Cadernos AEL**. 2012. 17(29), p. 81. Disponível em: https://www.ifch.unicamp.br/ojs/index.php/ael/article/view/2597. Acesso em 31 ago. 2023.

66. "O Brasil branco dos colonizadores tentou apagar os vestígios da escravidão, mas o passado teimou em assombrar o futuro. [...] Muitos documentos sobreviveram à ordem de Rui Barbosa e hoje servem para comprovar que o escravismo brasileiro foi tão brutal e cruel quanto em qualquer outra parte do mundo. Como uma ferida mal cicatrizada, o legado da escravidão é visível na paisagem, nas estatísticas e no comportamento das pessoas. O resultado é um país segregado, desigual e violento. O racismo se mantém como um traço característico da sociedade brasileira. Um sistema informal de castas garante que pessoas de descendência africana habitem as periferias insalubres e perigosas das metrópoles, dominadas pelo crime organizado e pelo tráfico de drogas, sem qualquer assistência do Estado brasileiro." GOMES, Laurentino. **Escravidão - Volume 3**: Da Independência do Brasil à Lei Áurea (Portuguese Edition). Globo Livros. Edição do Kindle, p. 506.

razões morais[67] por ele sempre invocadas e que o fato deve ser examinado à luz da mentalidade de seu tempo e das circunstâncias políticas que o cercavam[68].

Todavia, de todos os personagens envolvidos, não se cogitou, naquele alvorecer da República, que a preservação dos registros poderia ser do interesse não só coletivo, mas também individual das vítimas dessa tenebrosa prática: as pessoas escravizadas. Cada uma delas, pelos padrões jurídicos de hoje, teria direito a saber quais dados pessoais seus constavam nos aludidos documentos guardados pelo Estado, inclusive aqueles atualmente caracterizados como dados pessoais sensíveis. Esse interesse poderia, de fato, ser pecuniário[69] (e não deixaria de ser legítimo por isso), mas também poderia ser voltado a melhor conhecer suas próprias origens e os terrores de sua história pessoal, para que pudesse perenizá-la a seus descendentes. Não se concebia, naquela quadra da história, da existência de algo como um direito à autodeterminação informativa, só reconhecido e incorporado à Constituição brasileira mais de um século depois. Mesmo debates sobre a proteção da intimidade eram incipientes ao redor do mundo. A rigor, a geração dos primeiros autores brasileiros a escrever sobre o tema da proteção da proteção de dados pessoais (inicialmente ainda sem usar expressões hoje correntes) só surgiu poucos anos antes da redemocratização.

### 1.3.1 Doutrina

Em 1980, o paranaense René Ariel Dotti apresentou um acurado panorama sobre as leis e projetos que vinham sendo construídos ao redor do mundo no sentido de "controlar e reprimir os abusos na utilização da informática"[70]. O estudo, pioneiro mas raramente citado, denotava um

67. Num despacho do Ministério da Fazenda publicado no Diário Oficial em 12 de novembro 1890 (p. 5.216, col. 2), Rui Barbosa indeferiu requerimentos apresentados por José Porfírio Rodrigues de Vasconcelos e seus filhos, José de Melo Alvim e o Anfriso Fialho, que pretendiam fundar um banco para indenizar "os ex-proprietários de escravos ou seus herdeiros dos prejuízos causados pela lei de 13 de maio de 1888, deduzidos 50% de seu valor em favor da República." O Ministro conclui assim seu despacho: "Mais justo seria, e melhor se consultaria o sentimento nacional, se se pudesse descobrir meio de indenizar os ex-escravos, não onerando o Tesouro. Indeferido". (LACOMBE, Américo Jacobina; SILVA, Eduardo; BARBOSA, Francisco de Assis. **Rui Barbosa e a queima dos arquivos.** Rio de Janeiro: Casa de Rui Barbosa, 1988, p. 1).

68. LACOMBE, Américo Jacobina; SILVA, Eduardo; BARBOSA, Francisco de Assis. **Rui Barbosa e a queima dos arquivos.** Rio de Janeiro: Casa de Rui Barbosa, 1988, p. 11.

69. Dirigido a antigos senhores de escravos, traficantes ou ao próprio Estado.

70. DOTTI, René Ariel. **Proteção da vida privada e liberdade de informação**. São Paulo: Revista dos Tribunais, 1980, p. 259.

conhecimento profundo sobre o que de mais atual havia no plano normativo, na doutrina e na jurisprudência a respeito de algo até então ignorado no Brasil, mas em franca evolução no exterior[71]. Em seu livro, René Ariel Dotti dialogou

> com o estado da arte da discussão mundial sobre privacidade na época em que foi escrito e já defendia conceitos que só seriam consolidados pelo Supremo Tribunal Federal (STF) quatro décadas depois, como a distinção entre privacidade e sigilo e a ideia de controle sobre fluxos de informações como direito básico dos cidadãos[72].

Antes de apresentar as perspectivas que vislumbrava para o país ainda sob a égide de um modelo constitucional autoritário, ele escreveu que:

> A capacidade de intervenção da informática em quase todos os domínios do fenômeno social e nas mais diversas esferas da atividade humana, parece autorizar a convicção de que o Homem foi arredado do centro planetário onde se encontrava juntamente com Deus. A máquina veio substituir a ambos. As reações contra aquilo que alguns consideram uma nova forma de escravidão da sociedade moderna, fazem-se sentir particularmente nos países envolvidos pela tradição espiritual do Ocidente. Por isso, as reuniões convocadas para combater os excessos da informática em nível internacional, surge como reação às tentativas de desumanização[73].

O direito à proteção de dados pessoais como uma categoria própria seguiu por muitos anos sem maior atenção da doutrina brasileira. Sem embargo, estudos sobre a privacidade, de autores como Paulo José da Costa Jr.[74] e Tercio Sampaio Ferraz Junior[75], enfrentavam aspectos importantes que tangenciam o tema.

---

71. DOTTI, René Ariel. **Proteção da vida privada e liberdade de informação**. São Paulo: Revista dos Tribunais, 1980, pp. 245-263.

72. VICENTE, João Paulo; ZANATTA, Rafael. **O militante da intimidade**. 26 abr. 2021. Disponível em: https://www.quatrocincoum.com.br/br/artigos/laut/o-militante-da-intimidade. Acesso em 16 dez. 2023.

73. DOTTI, René Ariel. **Proteção da vida privada e liberdade de informação**. São Paulo: Revista dos Tribunais, 1980, p. 263.

74. COSTA Jr., Paulo José da. **O direito de estar só**: tutela penal da intimidade. 2. ed. rev. e atual. São Paulo: Revista dos Tribunais, 1995.

75. FERRRAZ JR, Tercio Sampaio. Sigilo de dados: o direito à privacidade e os limites à função fiscalizadora do Estado. **Revista da Faculdade de Direito da Universidade de São Paulo**, v. 88, pp. 439-459, 1993. Disponível em: https://www.revistas.usp.br/rfdusp/article/view/67231. Acesso em 19 ago. 2023.

É verdade que o Brasil inovou ao positivar[76] em sua Constituição um instrumento específico relacionado à proteção de dados – a ação constitucional do *habeas data* (art. 5º, LXXII, da CF/88) – que ensejou larga produção doutrinária e influenciou diversos países na América Latina[77]. A construção do *habeas data* pelo constituinte brasileiro se inseria no contexto regional de superação de um regime ditatorial[78] e se deu de forma relativamente independente dos debates travados na Europa e nos EUA, onde eram muito mais vigorosos os avanços tecnológicos relacionados ao processamento de dados[79]. Entretanto, desde seu nascedouro, a aplicação concreta do *habeas data* foi bastante limitada, possuindo carga que já se qualificou como meramente "simbólica"[80]. Por se cuidar de um instrumento voltado ao acesso e à correção apenas de atos do poder público, o *habeas data* sempre foi preterido, na praxe forense, pelo mandado de segurança, uma outra ação mandamental já consolidada na jurisprudência e na doutrina e com escopo mais abrangente.

Foi somente nos anos 2000 e 2010 que se constituiu, pois, uma doutrina sobre proteção de dados que se pode afirmar distintivamente nacional, para a qual são particularmente importantes os estudos de Danilo Doneda[81] e Laura

76. Registre-se, contudo, a provável inspiração vinda das constituições portuguesa, de 1976, e espanhola, de 1978, que traziam disposições sobre problemas na utilização da informática e a dados pessoais (cf.: DONEDA, Danilo. **Da privacidade à proteção de dados pessoais**: fundamentos da lei geral de proteção de dados. 3. ed. São Paulo: Revista dos Tribunais. 2021, p. 280).

77. DONEDA, Danilo. **Da privacidade à proteção de dados pessoais**: fundamentos da lei geral de proteção de dados. 3. ed. São Paulo: Revista dos Tribunais. 2021, pp. 288-302.

78. "Não se pode esquecer que o habeas data foi concebido na Constituição de 1988 como um instrumento essencialmente político. Os membros da Assembléia Nacional Constituinte tinham em mente, sobretudo, os registros do antigo Serviço Nacional de Informações (SNI) durante o regime militar a partir de 1964 [...]" (WALD, Arnoldo; FONSECA, Rodrigo Garcia da. O habeas data na Lei nº 9.507/97. **Revista de Informação Legislativa**. a. 35 n. 137 jan./mar. 1998, pp. 304-305).

79. "[...] parece que a maior inspiração do nosso legislador não estava diretamente ligada a uma eventual influência do pensamento jurídico europeu ou norte-americano, que à época já possuíam experiência com a temática relativa à utilização da tecnologia para o processamento de dados pessoais. Podemos especular sobre um particularismo, entre cujas causas está o fato de que as consequências derivadas de tais tecnologias apresentam-se, de forma geral, mais defasadas e atenuadas na América Latina do que em países desenvolvidos. Também conta, decisivamente, a falta de um modelo bem estruturado e claro para servir como exemplo – na época, as experiências europeias ainda desenvolviam-se isoladamente, cada qual com suas idiossincrasias. De uma influência do direito norte-americano, por sua vez, somente se poderia cogitar em modo esporádico, em aspectos particulares [...]" (DONEDA, Danilo. **Da privacidade à proteção de dados pessoais**: fundamentos da lei geral de proteção de dados. 3. ed. São Paulo: Revista dos Tribunais. 2021, p. 279).

80. BARROSO, Luís Roberto. A viagem redonda: habeas data, direitos constitucionais e provas ilícitas. In: WAMBIER, Teresa Arruda Alvim (coord.). **Habeas data.** São Paulo, RT, 1998, p. 212.

81. DONEDA, Danilo. **Da privacidade à proteção de dados pessoais**: fundamentos da lei geral de proteção de dados. 3. ed. São Paulo: Revista dos Tribunais. 2021. A primeira edição da obra é do ano de 2006.

Schertel Mendes[82]. Outros pesquisadores notáveis, como Ingo Wolfgang Sarlet, Ana Frazão e Alexandre Veronese[83], consagrados em seus respectivos campos de atuação (direito constitucional, direito concorrencial e sociologia jurídica), reforçaram ao longo dos anos esse esforço pioneiro. Nada obstante, nenhum dos principais autores é egresso de cadeiras de direito processual penal – sem nenhum demérito, por isso, para o brilho de suas pesquisas, nas quais a presente se apoia. As implicações da temática da proteção de dados para o processo penal, que pouco espaço preenchia na doutrina, segue relegada a um segundo plano.

### 1.3.2 Legislação

O tratamento e a proteção de dados no Brasil têm duas origens diversas – o direito público e o direito privado –, entre as quais não havia um espaço de conjugação analítica[84]. Do ordenamento jurídico brasileiro com origem no direito público, são fontes normativas sobre a proteção de dados a Constituição Federal de 1988, a Lei de Arquivos de 1991, a Lei do *Habeas Data* de 1997 e a Lei de Acesso à Informação de 2011, além do Sistema de Informações de Crédito Bancário. No direito privado, figuram o Código Civil de 2002, o Código de Defesa do Consumidor de 1990 e o Marco Civil da Internet. A estes pode ser acrescentada, dentre outros diplomas, a Lei nº 12.654/2012, sobre a coleta de perfil genético para identificação criminal e a criação de um banco de dados brasileiro de perfis genéticos. A LGPD propõe-se a consolidar, num único estatuto, o regime de proteção de dados pessoais no Brasil, espelhando em larga medida o RGPD europeu. Mas exclui, como visto, o tratamento de dados pessoais pelo Estado em determinadas matérias.

Hoje, os principais diplomas legais que disciplinam o tratamento de dados pessoais são o Marco Civil da Internet e a LGPD. Esta última será estudada em tópico próprio. Mas o tema é disciplinado também por diversos outros diplomas.

82. MENDES, Laura Schertel Ferreira. **Privacidade, proteção de dados e defesa do consumidor**: linhas gerais de um novo direito fundamental. São Paulo: Saraiva, 2014.

83. Da extensa produção acadêmica desses renomados autores, cite-se, em homenagem à concisão, uma obra da qual todos participam: DONEDA, Danilo; MENDES, Laura Schertel; SARLET, Ingo; RODRIGUES Jr., Otávio Luiz. **Tratado de Proteção de Dados Pessoais**. Rio de Janeiro: Forense, 2021.

84. MELO, Noemy; VERONESE, Alexandre. O Projeto de Lei 5.276/2016 em contraste com o Novo Regulamento Europeu (2016/679 UE). **Revista de Direito Civil Contemporâneo – RDCC** (Journal of Contemporary Private Law), v. 14 (2018). Disponível em: http://ojs.direitocivilcontemporaneo.com/index.php/rdcc/article/view/372. Acesso em 16 jan. 2024.

A seguir, elencam-se as principais leis que, além da LGPD e mesmo muito antes do início de sua vigência, estabeleceram regras para o tratamento de dados pessoais no Brasil.

O art. 43 do Código de Defesa do Consumidor (Lei n.º 8.078/1990 – CDC) fixa limites para o tratamento de dados pessoais de consumidores mantidos em bancos de dados e cadastros. Prevê-se ali, no que se pode classificar uma forma de exercício de seu direito fundamental à autodeterminação informativa (hoje constitucionalmente positivado, mas não então), que o consumidor tem o direito conhecer a informações existentes em "cadastros, fichas, registros e dados pessoais e de consumo arquivados sobre ele, bem como sobre as suas respectivas fontes" (art. 43, *caput*). Na mesma linha, os parágrafos 1º, 2º e 3º do mesmo artigo preveem que os cadastros e dados de consumidores "devem ser objetivos, claros, verdadeiros e em linguagem de fácil compreensão, não podendo conter informações negativas referentes a período superior a cinco anos", que a abertura de cadastro, ficha, registro e dados pessoais e de consumo deve "ser comunicada por escrito ao consumidor, quando não solicitada por ele", e que o consumidor, "sempre que encontrar inexatidão nos seus dados e cadastros, poderá exigir sua imediata correção, devendo o arquivista, no prazo de cinco dias úteis, comunicar a alteração aos eventuais destinatários das informações incorretas". Em 2015, foi acrescentado um parágrafo 6º ao art. 43 do CDC, para determinar que as informações de que trata o *caput* deste artigo "devem ser disponibilizadas em formatos acessíveis, inclusive para a pessoa com deficiência, mediante solicitação do consumidor." Atualmente, os direitos previstos no art. 43 do CDC correspondem a direitos expressamente previstos no art. 18 da LGPD, notadamente os direitos à confirmação da existência do tratamento (inciso I), ao acesso aos dados (inciso II) e à correção de dados incompletos, inexatos ou desatualizados (III).

Em 1993, as Leis Orgânicas do Ministério Público brasileiro – a Lei Complementar nº 75/93 (Lei Orgânica do Ministério Público da União) e a Lei nº 8.625/93 (Lei Orgânica do Ministério Público dos Estados) – previram uma série de atribuições e poderes à instituição. Dentre estas, estão a de, nos procedimentos de sua competência, requisitar quaisquer informações a entes públicos ou privados (LC nº 75/93, art. 8º, incisos II e IV), inclusive de caráter sigiloso (LC nº 75/93, art. 8º, §2º), e de ter acesso incondicional a qualquer banco de dados de caráter público ou relativo a serviço de relevância pública (LC nº 75/93, art. 8º, inciso VIII). Em qualquer caso, o membro do Ministério Público será civil e criminalmente responsável pelo uso indevido das informações e documentos que requisitar (LC nº 75/93, art. 8º, §1º).

A Lei nº 9.296/1996, ou Lei de Interceptação de Comunicações Telefônicas e Telemáticas, é, em sua redação originária, toda referente a um tipo específico de tratamento de dados pessoais, o único para o qual a Constituição Federal de 1988 estabeleceu uma reserva de jurisdição. Dispôs-se ali, como verdadeiros direitos dos titulares dos dados – e para cujo desrespeito haverá a sanção processual de nulidade da prova decorrente –, sobre os requisitos para a decretação da medida (arts. 1º a 5º), o procedimento para sua implementação (arts. 6º a 8º) e o momento para o encerramento do tratamento de dados (art. 9º). De acordo com alteração promovida Lei nº 13.964/2019, a Lei nº 9.296/1996 também passou a cuidar da captação ambiental de sinais eletromagnéticos, ópticos ou acústicos (art. 8º-A), medida que será estudada no capítulo 3.

O *habeas data* certamente ocupa um capítulo especial no desenvolvimento da proteção de dados no Brasil. De acordo com o art. 5º, inciso LXXII, da Constituição Federal, conceder-se-á *habeas data* "a) para assegurar o conhecimento de informações relativas à pessoa do impetrante, constantes de registros ou bancos de dados de entidades governamentais ou de caráter público", e "b) para a retificação de dados, quando não se prefira fazê-lo por processo sigiloso, judicial ou administrativo". De acordo com J. J. Gomes Canotilho, o *habeas data*, tal qual consagrado na Constituição brasileira, nada mais é que um meio de defesa jurisdicional do direito à autodeterminação informativa[85]. Laura Schertel identifica numa decisão do STF versando sobre o *habeas data* (RE n.º 673.707/MG, rel. min. Luiz Fux, julgado em 17.06.2017) uma inovação curial no debate constitucional brasileiro: ao decidir sobre a possibilidade de acesso, por um contribuinte, a dados que lhe diziam respeito e armazenados num sistema da Receita Federal, o STF firmou um amplo conceito de dado pessoal, até então inédito na corte, passível de tutela pelo *habeas data*. Assim, já em 2017, portanto muito antes da EC nº 115/2022 e mesmo da entrada em vigor da LGPD, o STF reconhecia, por um consectário lógico, a existência de um verdadeiro direito material – o direito à proteção de dados pessoais ou à autodeterminação informativa,

85. CANOTILHO, J. J. Gomes. **Direito constitucional e teoria da Constituição**. 7. ed. Coimbra: Almedina, 2003, p. 515.

na terminologia consolidada no direito alemão – que justificava a existência da garantia processual do *habeas data*[86].

A Lei do *Habeas Data* (Lei nº 9.507/1997), que regulamentou o art. 5º, inciso LXXII, da CF/88, versa sobre direitos que, hoje, são claramente percebidos como intrínsecos ao direito à proteção de dados pessoais: o direito de ciência do indivíduo sobre o tratamento de seus dados pelo Estado (arts. 2º e 3º) e o direito de retificação, pela via administrativa (art. 4º) ou judicial (art. 7º) – além da garantia do procedimento, em ambas as formas de postulação, para que sejam assegurados tais direitos.

O Código Tributário Nacional (Lei nº 5.172/1966, alterado pela Lei Complementar nº 104/2001) e a Lei Complementar nº 105/2001 também trazem diversas regras fixando deveres e limites para o tratamento de dados, ao disporem sobre a atividade dos agentes do fisco e sobre o sigilo das operações de instituições financeiras. Exemplos disso são o art. 197 do CTN, que impõe a diversos entes e profissionais a obrigação de "prestar à autoridade administrativa todas as informações de que disponham com relação aos bens, negócios ou atividades de terceiros", e o art. 1º, §3º, que elenca diversas hipóteses de compartilhamento de informações nas quais não há violação do dever de sigilo sobre operações financeiras. A constitucionalidade da Lei Complementar nº 104/2001 (art. 1º) e da Lei Complementar nº 105/2001 (arts. 1º, § 3º e 4º, 3º, § 3º, 5º e 6º) foi declarada pelo STF em 24.02.2016 no julgamento das ADIs 2390/DF, 2386/DF, 2397/DFe 2859/DF (rel. min. Dias Toffoli), e do RE 601314/SP (rel. min. Edson Fachin, com repercussão geral), nas quais se questionava exatamente a possibilidade de acesso e compartilhamento de dados sigilosos sem prévia autorização judicial[87].

Ao prever que poderão ser proibidas, a requerimento do interessado e sem prejuízo da indenização que couber, "a divulgação de escritos, a transmissão da palavra, ou a publicação, a exposição ou a utilização da imagem de uma pessoa", o Código Civil (Lei nº 11.406/2002) também dispôs, embora assim não o nomine, sobre a proteção de dados pessoais (arts. 20 e 21 do CC).

A Lei de Identificação Criminal (Lei nº 12.037/2009) é integralmente sobre proteção de dados pessoais, ainda que não seja essa a expressão usada

86. MENDES, Laura Schertel. *Habeas Data* e autodeterminação informativa: os dois lados de uma mesma moeda. In: MENDES, Laura Schertel; ALVES, Sérgio Garcia; DONEDA, Danilo (coord.). **Internet & regulação**. São Paulo: Saraiva Educação, 2021.

87. O aludido acórdão será estudado com maior vagar nos capítulos 2 e 3.

pelo legislador. A lei prevê requisitos e procedimentos para a identificação criminal – ou seja, para a coleta, o registro e o armazenamento de dados de uma pessoa sobre quem recaia uma imputação ou a suspeita da prática de um crime. A identificação criminal do civilmente identificado, como possibilitado pelo art. 5º, inciso LVIII, da Constituição Federal, é uma forma de coleta de dados pessoais, que incluirá o processo datiloscópico e o fotográfico (art. 5º da Lei nº 12.037/2009) e, excepcionalmente, até mesmo a coleta de material biológico para a obtenção do perfil genético (art. 5º, parágrafo único, conforme incluído pela Lei nº 12.654/2012).

A Lei do Cadastro Positivo (Lei nº 12.414/2011) disciplina "a formação e consulta a bancos de dados com informações de adimplemento, de pessoas naturais ou de pessoas jurídicas, para formação de histórico de crédito". De acordo com a lei, bancos de dados instituídos ou mantidos por pessoas jurídicas de direito privado poderão conter informações de adimplemento da pessoa cadastrada, para a formação do histórico de crédito, seguindo-se determinadas condições (art. 3º, *caput*). Essa lei prevê direitos ao titular dos dados que anteciparam aqueles consagrados anos depois pela LGPD, como o direito a que as informações inseridas nos bancos de dados sejam objetivas, claras, verdadeiras e de fácil compreensão, vedada a inserção de informações sensíveis – "assim consideradas aquelas pertinentes à origem social e étnica, à saúde, à informação genética, à orientação sexual e às convicções políticas, religiosas e filosóficas" – e excessivas (i.e., que não atendam aos posteriormente positivados princípios da finalidade e da minimização do tratamento) – "assim consideradas aquelas que não estiverem vinculadas à análise de risco de crédito ao consumidor" (art. 3º, §3º, da Lei nº 12.414/2011).

A Lei de Acesso à Informação (Lei nº 12.527/2011), que regula o direito fundamental de acesso à informação (art. 5º, XXXIII, da Constituição Federal) e prevê os procedimentos a serem observados pela União, Estados, Distrito Federal e Municípios, referiu-se também ao tratamento de informações pessoais, incluindo disposições sobre a dispensabilidade do consentimento do titular (art. 31, §3º).

O Marco Civil da Internet (Lei nº 12.965/2014) foi certamente um dos mais importantes diplomas a regular o tratamento de dados pessoais no Brasil antes da LGPD. De suas diversas inovações no campo da autodeterminação informativa, podem ser destacadas a proteção de dados pessoais como um princípio para o uso da internet no Brasil (o art. 3º, III) e o reconhecimento, ao titular dos dados pessoais, de diversos direitos: à inviolabilidade da intimidade e da vida privada (art. 7º, I), à inviolabilidade do fluxo de comunicações pela internet, salvo por ordem judicial (art. 7º, II), à inviolabilidade de comunicações privadas armazenadas, salvo por ordem judicial (art. 7º, III), ao não fornecimento a terceiros de seus dados, inclusive registros de conexão, e de acesso a aplicações de internet (art. 7º, VII), a informações claras e completas sobre coleta, uso, armazenamento, tratamento e proteção de seus dados pessoais, que somente poderão ser utilizados para finalidades específicas (art. 7º, VIII), ao consentimento expresso sobre coleta, uso, armazenamento e tratamento de dados pessoais (art. 7º, IX), ao encerramento do tratamento de seus dados (art. 7º, X). O art. 10 do MCI também prevê que a guarda e a disponibilização de dados pessoais e do conteúdo de comunicações privadas "devem atender à preservação da intimidade, da vida privada, da honra e da imagem das partes direta ou indiretamente envolvidas". Quanto a seu âmbito de incidência, o MCI também trouxe a importante regra de que qualquer tratamento de dados pessoais ou de comunicações por provedores de conexão e de aplicações de internet deve obediência à lei brasileira, desde que um dos atos desse tratamento ou comunicação ocorra em território nacional ou que um dos terminais esteja no Brasil, mesmo que as atividades sejam realizadas por pessoa jurídica sediada no exterior (art. 11). Merece menção também a proibição de guarda de dados pessoais excessivos em relação à finalidade para a qual foi dado o consentimento do titular (art. 16).

A Lei de Lavagem de Dinheiro (Lei nº 9.613/1998), além de tipificar condutas de ocultação e dissimulação da natureza, origem, localização, disposição, movimentação ou propriedade de ativos, instituiu um sistema de prevenção para os ilícitos ali previstos e criou o Conselho de Controle de Atividades Financeiras (COAF). O funcionamento desse sistema tem como pressuposto o compartilhamento com o COAF e com outros órgãos reguladores (art. 11), pelas pessoas sujeitas aos mecanismos de controle (art. 9º), de dados sobre sujeitos e correspondentes operações consideradas atípicas, potencialmente caracterizadoras do crime de lavagem de dinheiro. O art. 17-B da mesma lei, incluído pela Lei nº 12.683/2012, prevê que a autoridade policial e o Ministério Público têm acesso, independentemente de ordem judicial, a dados cadastrais do investigado "mantidos pela Justiça Eleitoral, pelas empresas telefônicas, pelas instituições financeiras, pelos provedores de internet e pelas administradoras de cartão de crédito". O art. 17-E da Lei nº 9.613/1998, também incluído pela Lei nº 12.683/2012, estabelece um prazo mínimo de 5 anos para o encerramento do tratamento de dados fiscais pela Receita Federal.

A Lei das Organizações Criminosas (Lei nº 12.850/2013) tipificou o crime de organização criminosa (art. 2º) e dispôs sobre a investigação e os meios de obtenção da prova para esse ilícito penal (art. 3º). Alguns dos instrumentos de investigação e probatórios ali previstos caracterizam tratamento de dados pessoais e são sujeitos à reserva jurisdicional (como será estudado no capítulo 3). Além disso, os arts. 15 a 17 fixam a possibilidade de acesso a dados cadastrais do investigado independentemente de ordem judicial (replicando, nesse ponto, o que já previa a Lei nº 9.613/1998) e a necessidade de conservação, pelo prazo de 5 anos, de dados sobre reservas e viagens e dos registros de identificação dos números dos terminais de origem e de destino de ligações telefônicas.

Como já exposto, todo o processo penal é, em si, um imenso encadeamento de atos de tratamento de dados pessoais, desde a denúncia até o último ato que encaminhe os autos com baixa definitiva ao arquivo judicial. A investigação também é um ajuntamento de atos de tratamento de dados pessoais, eis que inevitavelmente associados a pessoas: o investigado, a vítima, a testemunha e quaisquer agentes públicos que nesta atuem. Discorrer sobre processo penal e investigação criminal é discorrer sobre tratamento de dados pessoais. A par dessa compreensão mais ampla, há diversas disposições no Código de Processo Penal versando especificamente sobre o tratamento de dados pessoais. A reabilitação, um direito do condenado de instituição do sigilo dos registros sobre o seu processo e condenação (art. 93 do Código Penal), é uma espécie de proteção de dados pessoais que tem seu procedimento regrado pelos arts. 743 a 750 do Código de Processo Penal. Já os arts. 13-A e 13-B do CPP disciplinam o acesso a dados cadastrais e a informações que permitam a localização da vítima ou de suspeitos em investigações sobre determinados crimes. A juntada aos autos das folhas de antecedentes criminais, a que diversas vezes remete o CPP (arts. 6º, VIII, 20, 28-A, §12, 694, 696, II, 708, § único, 714, I, 736, 748 e 809, V), é outro exemplo corriqueiro de tratamento de dados pessoais.

Outras recentes leis contendo disposições específicas sobre tratamento de dados por autoridades de segurança pública e persecução penal são a Lei nº 14.735, de 23 de novembro de 2023 (arts. 5º, VIII, 6º, V, VIII, IX e XXIII, 12, §§ 3º e 5º, 15, §3º, e 27), e a Lei nº 14.751, de 12 de dezembro de 2023 (arts. 4º, X, XII, XVII, 5º, X, XV e XXII, 6º, XII, XXII, XXIV e §5º), que instituem, respectivamente, a Lei Orgânica Nacional das Polícias Civis e a Lei Orgânica Nacional das Polícias Militares e dos Corpos de Bombeiros Militares.

De todos os diplomas legais brasileiros, é incontrastável, contudo, a importância da Lei nº 13.709/2018, Lei Geral de Proteção de Dados ou LGPD. O processo legislativo referente à LGPD (PLC 53/2018) atravessou anos de discussão e tramitação de vários projetos afins e ganhou aprovação definitiva sob a influência de revelações a respeito do uso, pela empresa *Cambridge Analytica*, de dados pessoais de usuários do Facebook para *profiling* e *targeted marketing* em benefício da campanha para o então candidato à presidência dos EUA Donald Trump[88]. As eleições presidenciais brasileiras realizadas em 2018, marcadas pelo uso intensivo das redes sociais – inclusive sob acusações de abusos –, inseria-se nesse panorama.

Por sua particular relevância, os impactos da LGPD para o tema da proteção de dados no processo penal serão estudados no curso de todo este trabalho e, mais detalhadamente, no capítulo 2.

### 1.3.3 A proteção de dados pessoais como um direito fundamental

Embora, em sua redação originária, não tenha tratado especificamente da proteção de dados pessoais, a Constituição Federal de 1988 estabeleceu as bases para a proteção da privacidade e a inviolabilidade da intimidade como direitos fundamentais.

O tema da proteção de dados pessoais, como visto, foi sendo amadurecido no Brasil ao longo dos anos, passando por diversas importantes inovações legislativas, a exemplo do Marco Civil da Internet (Lei nº 12.965/2014), que estabeleceu uma série de princípios, direitos e deveres para o uso da rede mundial de computadores, promovendo a proteção da privacidade de usuários e a responsabilidade das empresas que coletam e tratam dados pessoais na internet. O tema recebeu notável impulso com a aprovação, quatro anos depois, da Lei Geral de Proteção de Dados Pessoais (Lei nº 13.709/2018), sob forte inspiração do RGPD europeu. Mas ainda faltava a consolidação da proteção de dados como um direito fundamental, mesmo que muitos estudiosos já o extraíssem como implícito no texto constitucional[89] e mesmo

88. THE NEW YORK TIMES. **How Trump Consultants Exploited the Facebook Data of Millions.** Disponível em: https://www.nytimes.com/2018/03/17/us/politics/cambridge-analytica-trump-campaign.html. Acesso em 16 jul. 2023.

89. "[...] venha – ou não – a ocorrer a inserção de um direito à proteção de dados pessoais no texto da CF, a condição de direito fundamental autônomo não depende, em si, de tal expediente, porquanto sobejamente demonstrado que se trata de um direito implicitamente positivado, o que é objeto de amplo consenso doutrinário e mesmo acolhido na esfera jurisprudencial." (SARLET, Ingo Wolfgang. Proteção de Dados Pessoais como Direito Fundamental na Constituição Federal Brasileira de 1988:

que o próprio STF já houvesse prolatado (em 07.05.2020) seu histórico acórdão nas Ações Diretas de Inconstitucionalidade (ADIs) nº 6387, 6388, 6389, 6390 e 6393, referendando decisão liminar da min. Rosa Weber e, deste modo, reconhecendo existir um direito fundamental à autodeterminação informativa, desdobrado dos direitos à privacidade, à intimidade e à dignidade da pessoa humana[90].

Em 10.02.2022, o Congresso Nacional promulgou a Emenda Constitucional nº 115/2022, fazendo incluir no art. 5º da Constituição Federal um novo inciso (LXXIX) e assim assegurando, "nos termos da lei, o direito à proteção de dados pessoais". A emenda também acresceu incisos aos arts. 21 e 22 da CF, para prever à União, respectivamente, competência para "XXVI – organizar e fiscalizar a proteção e o tratamento de dados pessoais, nos termos da lei" e para legislar sobre "XXX – proteção e tratamento de dados pessoais".

A inserção da proteção de dados pessoais no art. 5º da Constituição não foi meramente simbólica. Ao revés, sua positivação no texto da CF/88 como um direito fundamental irradia-se para todo o ordenamento, incentivando condutas que lhe forem compatíveis e ao mesmo tempo limitando ações do Estado, dos operadores do direito e dos cidadãos que lhe forem contrárias. Como expõe Ingo Wolfgang Sarlet, com a EC nº 115/2022 o direito à proteção de dados foi alçado à condição de um direito autônomo e dotado de um âmbito de proteção próprio. Assim, passou a ser inequivocamente considerado um direito fundamental em sentido material e formal – tendo, portanto, *status* normativo superior em relação ao restante do ordenamento jurídico nacional. Além disso, opera como um limite material à reforma constitucional, de acordo com o art. 60 da CF; vincula tanto atores públicos quanto privados; permite ao legislador impor intervenções restritivas, mas sujeita o tema a uma reserva legal simples; e subsidia o intérprete e o operador a suprirem lacunas regulatórias, notadamente (no que aqui nos importa) diante da inaplicabilidade da LGPD a temas como segurança pública e persecução penal[91].

contributo para a construção dogmática constitucionalmente adequada. **Direitos Fundamentais & Justiça.** Belo Horizonte, ano 14, nº 42, pp. 179-218, jan./jun. 2020, p. 213).

90. O acórdão do STF nas ADIs nº 6387, 6388, 6389, 6390 e 6393 será mais detidamente estudado no capítulo 2.

91. SARLET, Ingo Wolfgang. **A EC 115/22 e a proteção de dados pessoais como direito fundamental.** 11 mar. 2022. Disponível em: https://www.conjur.com.br/2022-mar-11/direitos-fundamentais-ec-11522-protecao-dados-pessoais-direito-fundamental/. Acesso em 15 dez. 2023.

## 1.4 PROTEÇÃO DE DADOS PESSOAIS E PERSECUÇÃO PENAL: CENÁRIO NORMATIVO ATUAL

À luz da Emenda Constitucional nº 115, as principais leis brasileiras que regem o tema da proteção de dados pessoais são a LGPD e o Marco Civil da Internet. Como visto no tópico antecedente, outras leis, anteriores aos referidos diplomas, continuam em vigor e se aplicam inteiramente à matéria, com os temperamentos e, nomeadamente, com o norte interpretativo dado pelo art. 5º, LXXIX, da CF/88 e dos princípios da Lei Geral de Proteção de Dados Pessoais (art. 6º da Lei nº 13.709/18). Mas há outros diplomas em vigor, no Brasil e no estrangeiro, que merecem uma análise em destaque, ainda que sucinta.

### 1.4.1 A Diretiva (UE) 2016/680

Embora não muito referida pela doutrina brasileira, a Diretiva (UE) 2016/680, do Parlamento Europeu e do Conselho, de 27 de abril de 2016, relativa à "proteção das pessoas singulares no que diz respeito ao tratamento de dados pessoais pelas autoridades competentes para efeitos de prevenção, investigação, deteção ou repressão de infrações penais ou execução de sanções penais, e à livre circulação desses dados", é um documento legal fundamental sobre o tratamento de dados pessoais na União Europeia. Articulando-se com o Regulamento Geral de Proteção de Dados (RGPD) e aprovado no mesmo dia, a Diretiva 2016/680, também conhecida como *Law Enforcement Directive* (*LED*) ou *Data Protection Directive on Police Matters* (*DP-DPM*), oferece diretrizes para a implementação da legislação de proteção de dados (leia-se, para sua transposição pelos Estados-membros da UE), estabelecendo padrões a serem obedecidos por autoridades responsáveis pela prevenção e pela repressão de infrações penais ao realizarem o tratamento de dados pessoais.

Segundo exposto em seu art. 1º, a Diretiva tem como escopo a salvaguarda dos direitos e liberdades fundamentais de pessoas singulares no que toca ao tratamento de dados pessoais pelas autoridades competentes para fins de natureza criminal. A diretiva prescreve parâmetros para o manuseio de dados pessoais sensíveis por autoridades competentes, ressaltando a importância de restringir sua coleta e processamento ao estritamente necessário (art. 5º), e fixa princípios de tratamento de dados que ecoam os do RGPD, com ênfase para os princípios da legalidade, equidade, transparência e finalidade específica no manejo dos dados (art. 4º). Também situa a transferência internacional de dados (art. 25), exigindo níveis de proteção adequados, e institui mecanismos para a supervisão e aplicação de suas normas, incluindo a necessidade de designação de uma autoridade de fiscalização independente (arts. 28 a 38).

A implementação da Diretiva 2016/680, em síntese, estipula a padronização das práticas de tratamento de dados pessoais por autoridades competentes em matérias criminais na União Europeia, complementando as salvaguardas fixadas pelo RGPD para outras esferas.

Mais destacadamente, contudo, e no que particularmente importa ao presente estudo, a diretiva em foco é explícita ao indicar como propósito elementar o de promover a *livre circulação de dados* entre autoridades competentes para a prevenção, investigação, deteção ou repressão de infrações penais ou execução de sanções penais, cumprindo aos Estados-Membros assegurar tanto a proteção "dos direitos e das liberdades fundamentais das pessoas singulares e, em especial, o seu direito à proteção dos dados pessoais" quanto a que o intercâmbio de dados pessoais entre autoridades competentes na União "não seja limitado nem proibido por razões relacionadas com a proteção das pessoas singulares no que diz respeito ao tratamento de dados pessoais" (art. 2, alíneas a e b). Nesse ponto, a Diretiva 2016/680 espelha o RGPD, que tem como foco, enfatize-se, não só promover a proteção das pessoas singulares no que diz respeito ao tratamento de dados pessoais, mas também a "livre circulação desses dados", fomentando um mercado propício ao desenvolvimento de relações econômicas em sintonia com a proteção de direitos individuais.

### 1.4.2 A Convenção de Budapeste

Em maio de 2020, no julgamento da Medida Cautelar na ADI nº 6387, o STF pela primeira vez reconheceu a proteção de dados pessoais como um direito fundamental autônomo, não explicitamente declarado, mas inferido a partir de uma leitura integrada de diversos dispositivos da Constituição brasileira. Essa decisão preparou o terreno para a promulgação da já mencionada Emenda Constitucional nº 115/22, em fevereiro de 2022, que incluiu expressamente a proteção de dados pessoais no texto da Constituição entre os direitos e garantias fundamentais.

No julgamento da ADC nº 51, em fevereiro de 2023, o min. Gilmar Mendes, relator, destacou em seu voto a importância da adesão do Brasil à Convenção de Budapeste[92], providência que as autoridades brasileiras já vinham estudando há quase 20 anos. O julgamento da ADC nº 51 (como será analisado mais detidamente em tópico próprio), reconheceu a validade de ordens judiciais emitidas no interesse de investigações criminais a empresas de tecnologia que operam aplicações de Internet no Brasil, mesmo quando os dados solicitados estão armazenados em servidores localizados no estrangeiro.

O debate público sobre a proteção de dados pessoais e sua relação com o cibercrime foi o cenário para a aprovação, pelo Senado, da ratificação da Convenção do Conselho da Europa sobre Cibercrime, conhecida como Convenção de Budapeste[93]. A autorização para a adesão resultou no Decreto Legislativo nº 37, de 16/12/2021. Em 12 de abril de 2023, poucas semanas após encerrado o julgamento da ADC nº 51, o Presidente da República assinou o correspondente decreto (Decreto nº 11.491/2023[94]), promulgando a Convenção sobre o Crime Cibernético e, assim, dotando-a de eficácia plena – ou seja, para efeitos internos e externos[95].

A convenção de Budapeste, firmada originariamente na capital da Hungria em 23 de novembro de 2001 e desde então aberta assinaturas inclusive de países de fora da Europa, foi o primeiro e ainda é o mais importante tratado internacional sobre o tema da cibercriminalidade. O objetivo essencial desse acordo internacional é harmonizar a legislação penal e processual

92. "Para além da adesão à Convenção de Budapeste, que deve ser exaltada enquanto importante iniciativa do Estado brasileiro, é possível citar, a título de exemplo, o *Clarifying Lawful Overseas Use of Data Act*, chamado *CLOUD Act*, nos Estados Unidos, bem como as propostas de negociações do *e-Evidence Regulation*, também na União Europeia". BRASIL. Supremo Tribunal Federal. **Ação Declaratória de Constitucionalidade 51.** Voto do min. Gilmar Mendes, relator. Disponível em: https://www.conjur.com.br/dl/adc-51-voto-ministro-gilmar-versao-lida.pdf. Acesso em 16 ago. 2023.

93. BRASIL. Senado. **The Federal Senate approves the Budapest Convention on Cybercrime (2021)**. Disponível em: https://www.gov.br/mre/en/contact-us/press-area/press-releases/the-federal-senate-approves-the-budapest-convention-on-cybercrime. Acesso em 16 ago. 2023.

94. BRASIL. **Decreto nº 11.491, de 12 de abril de 2023.** Promulga a Convenção sobre o Crime Cibernético, firmada pela República Federativa do Brasil, em Budapeste, em 23 de novembro de 2001. Disponível em: http://www.planalto.gov.br/ccivil_03/_ato2023-2026/2023/decreto/D11491.htm. Acesso em 16 ago. 2023.

95. A Convenção de Budapeste foi o primeiro tratado do Conselho da Europa a que o Brasil aderiu. O segundo tratado do Conselho da Europa que contou com a adesão do Brasil foi a Convenção nº 112, assinada em Estrasburgo, na França, em 21.03.1983, sobre a transferência de pessoas condenadas. A adesão a essa convenção foi autorizada pelo Senado pelo Decreto Legislativo nº 134, de 13.10.2022, e o instrumento de adesão foi depositado pelo Ministério das Relações Exteriores do Brasil perante o Conselho da Europa em 26.06.2023. O correspondente decreto do Presidente da República, ato do qual dependia a plena eficácia da convenção para fins internos e externos, foi publicado em 20.10.2023 (Decreto nº 11.741/2023).

penal entre seus países signatários[96], para promover "um combate eficiente aos crimes cibernéticos", que "exige uma cooperação internacional em assuntos penais mais intensa, rápida e eficaz", e ao mesmo tempo "o devido equilíbrio entre os interesses dos órgãos de persecução criminal e o respeito aos direitos humanos fundamentais" – conforme declarado no Preâmbulo da Convenção.

A convenção apresenta uma tipologia essencial para cibercrimes (arts. 2º a 11º), às quais devem corresponder condutas criminalizadas nas leis dos países signatários (e que também serão estudadas em tópico próprio). Além disso, o tratado prevê diversas medidas processuais "destinadas a facilitar a investigação e obtenção de prova digital no âmbito do combate à criminalidade informática em sentido amplo, e não apenas à investigação dos crimes informáticos em sentido estrito"[97]. São estas: a preservação expedita de dados de computador (art. 16); a preservação expedita e revelação parcial de dados de tráfego (art. 17); a ordem de exibição (ou entrega) de dados de computador (art. 18); a busca e apreensão de dados de computador (art. 19); obtenção de dados de tráfego em tempo real (art. 20) e a interceptação de dados de conteúdo (art. 21). Também se exige dos Estados firmatários que adotem providências, inclusive legislativas, de modo a promover o exercício eficiente de sua jurisdição a respeito de quaisquer dos crimes referidos na convenção (art. 22). Quanto à cooperação internacional, a convenção elenca princípios gerais (art. 23), princípios relativos à extradição (art. 24), princípios gerais para assistência mútua (art. 25), prescrições para a comunicação espontânea de informações que possam auxiliar investigações e processos relativos a crimes previstos na Convenção ou possam levar a um pedido de cooperação pelo país destinatário (art. 26) e procedimentos para pedidos de assistência mútua, quando não existirem acordos internacionais aplicáveis (arts. 27 e 28), seguidos de regras específicas em relação a cada tipo de medida de auxílio mútuo (arts. 29 a 34). Por fim, o tratado criou a chamada "Rede 24/7", formada por órgãos de contato a serem obrigatoriamente indicados pelos Estados-partes e que devem estar disponíveis "24 horas por dia, 7 dias por semana, de modo a assegurar

96. DOMINGOS, Fernanda Teixeira Souza. A obtenção das provas digitais na investigação dos delitos de violência sexual e exploração sexual infantil *online*. *In*: SILVA, Ângelo Roberto Ilha da (org.). **Crimes cibernéticos**. Porto Alegre: Livraria do Advogado, 2018, p. 246.

97. VENÂNCIO, Pedro Dias. **Lições de direito do cibercrime e da tutela penal de dados pessoais**. Coimbra: D'Ideias, 2022, p. 53.

a assistência imediata para investigações ou procedimentos relacionados a crimes de computador e de dados, ou para a obtenção de provas eletrônicas de uma infração penal" (art. 35, 1).

A convenção não é perfeita nem imune a críticas[98], mas é majoritariamente defendida no Brasil como um instrumento necessário para combater o cibercrime e para a cooperação internacional. Sua assinatura deu-se após anos de debates e alertas por parte de acadêmicos[99] e autoridades[100], como membros do Ministério Público Federal[101] – a Procuradoria-Geral da República é autoridade central para alguns acordos de cooperação internacional[102] e, dada sua atuação perante STF e STJ, tem atribuição para promover e acompanhar o cumprimento de cartas rogatórias e do *exequatur* (arts. 105, I, e 109, X, da CF/88).

Ao ratificar a Convenção de Budapeste, o Brasil uniu-se a dezenas de países – até hoje, precisamente 80 países são partes da Convenção e outros 15 assinaram ou foram convidados a aderir[103]. Com a sua participação, o Brasil obriga-se a, no plano interno, preencher lacunas legais relacionadas à cibercriminalidade e, simultaneamente, cooperar com investigações e

98. EILBERG, Daniela Dora; ZANATTA, Rafael A. F.; SANTOS; Bruno Martins dos; SALIBA; Pedro; VERGILI; Gabriela; CUNHA, Brenda. **Os cuidados com a Convenção de Budapeste**. Disponível em: https://www.jota.info/opiniao-e-analise/colunas/agenda-da-privacidade-e-da-protecao-de-dados/os-cuidados-com-a-convencao-de-budapeste-08072021. Acesso em 16 ago. 2023.

99. CALABRICH, Bruno; VERONESE, Alexandre. **Crimes na internet e o Brasil no cenário de cooperação jurídica internacional**. Disponível em: https://www.jota.info/opiniao-e-analise/colunas/judiciario-e-sociedade/crimes-na-internet-e-o-brasil-no-cenario-de-cooperacao-juridica-internacional-24042021. Acesso em 17 mar. 2024.

100. O então Procurador-Geral da República Antônio Fernando de Souza foi uma das primeiras autoridades a enfatizar a importância da ratificação do referido tratado internacional, em ofício encaminhado ao Ministério das Relações Exteriores ainda no ano de 2006.

101. BRASIL. Ministério Público Federal. **Brasil aprova adesão à Convenção de Budapeste, que facilita cooperação internacional para combate ao cibercrime**. Disponível em: https://www.mpf.mp.br/pgr/noticias-pgr/brasil-aprova-adesao-a-convencao-de-budapeste-que-facilita-cooperacao-internacional-para-combate-ao-cibercrime. Acesso em 16 ago. 2023.

102. "[...] a Procuradoria-Geral da República, por meio da Secretaria de Cooperação Internacional, exerce o papel de autoridade central designada para intermediar demandas relacionadas à cooperação jurídica internacional [...] e para auxílio mútuo em matéria penal nos termos da Convenção de Auxílio Judiciário em Matéria Penal entre os Estados Membros da Comunidade dos Países de Língua Portuguesa e do Acordo de Assistência Mútua em Matéria Penal celebrado entre Brasil e Canadá." BRASIL. Ministério Público Federal. **Sobre a Secretaria de Cooperação Internacional**. Disponível em: https://www.mpf.mp.br/atuacao-tematica/sci/sobre. Acesso em 16 ago. 2023.

103. CONSELHO DA EUROPA. **Parties/Observers to the Budapest Convention and Observer Organisations to the T-CY (2023)**. Disponível em: https://www.coe.int/en/web/cybercrime/parties-observers. Acesso em 25 jun. 2025.

processos de interesse do Brasil e de outros países, além de coordenar esforços para a prevenção e a repressão contra crimes transnacionais.

A Convenção de Budapeste tem agora mais de 20 anos e, inegavelmente, houve imensas mudanças na sociedade e na tecnologia desde então. O tratado é anterior, por exemplo, à utilização em grande escala dos meios de comunicação social, com todos os problemas e desafios que lhe são associados, para os quais ainda não existem disposições específicas. Estas circunstâncias inspiram atualmente a tentativa da ONU de propor sua própria convenção sobre o cibercrime[104], em debate desde 2019[105].

Embora tenha ocorrido muito mais tarde do que pela maioria dos países desenvolvidos, a ratificação da Convenção de Budapeste pelo Brasil pode contribuir decisivamente para avanços na legislação e nas práticas dos órgãos do Estado responsáveis pela investigação e sancionamento de cibercrimes.

Observe-se que o art. 15 da Convenção estabelece que os poderes e procedimentos ali previstos devem se submeter às condições e garantias instituídas na legislação interna de cada país, ao mesmo tempo em que obriga os Estados-Partes a estabelecerem proteção adequada aos direitos humanos e às liberdades públicas (art. 15, 1),

> incluindo os direitos nascidos em conformidade com as obrigações que esse Estado tenha assumido na Convenção do Conselho da Europa para a Proteção dos Direitos Humanos e das Liberdades Fundamentais, de 1950, na Convenção Internacional da ONU sobre Direitos Civis e Políticos, de 1966.

No mesmo artigo, também se prevê que essas condições e garantias incluirão, "quando seja apropriado", o controle judicial ou supervisão independente, a fundamentação da aplicação e limitação do âmbito de aplicação e da duração de tais poderes ou procedimentos (art. 15, 2). Nos termos da convenção, portanto, não é indispensável o controle judicial (prévio ou posterior) para a realização de todo e qualquer procedimento relacionado à

104. NAÇÕES UNIDAS. ***Ad Hoc* Committee to Elaborate a Comprehensive International Convention on Countering the Use of Information and Communications Technologies for Criminal Purposes**. Disponível em: https://www.unodc.org/unodc/en/cybercrime/ad_hoc_committee/home. Acesso em 16 ago. 2023.

105. NAÇÕES UNIDAS. **Resolutions and decisions adopted by the General Assembly during its 74th session. Volume 2, Decisions, 17 September – 27 December 2019**. Disponível em: https://digitallibrary.un.org/record/3856532. Acesso em 16 ago. 2023.

persecução penal pela prática de cibercrimes, senão aqueles previstos como uma garantia na legislação interna de cada país signatário. Dessa disposição, pode-se extrair uma interpretação conforme a Constituição brasileira, no sentido de que atos de persecução penal sobre a prática de cibercrimes demandarão prévia autorização judicial conforme assim esteja previsto em lei e na CF (como é o caso da interceptação de comunicações telefônicas). Quanto ao controle posterior dos atos de investigação, sempre será necessário, segundo nosso ordenamento, o controle judicial, eis que a prova somente poderá ser admitida em juízo após aferida sua legalidade – ordinariamente, assim que apresentada ao Poder Judiciário para embasar uma denúncia ou uma queixa, que há de ser recebida ou rejeitada pelo juiz de acordo com o art. 395, III, do CPP[106].

Outros pontos da convenção serão analisados no capítulo 2, no subtópico sobre cibercrimes.

### 1.4.3 O *CLOUD Act*

Em 2016, o Departamento de Justiça (*DoJ*) norte-americano, numa investigação sobre tráfico de drogas, pretendia obter dados de IP e os e-mails de um investigado, que era usuário de um serviço de correio eletrônico da Microsoft. A empresa não forneceu os dados ao DoJ ao argumento de que estavam armazenados num servidor de uma subsidiária sua localizada na Irlanda e que, portanto, sua obtenção somente seria possível via cooperação internacional com aquele país.

A controvérsia acabou sendo suplantada pela aprovação do *CLOUD Act* pelo Congresso dos Estados Unidos em fevereiro de 2018, assinado pelo presidente Donald Trump em 22 de março do mesmo ano[107]. Essa lei alterou e acrescentou dispositivos do United States Code (USC)[108], precisamente no

106. Uma denúncia baseada em provas ilegais, por terem sido produzidas sem prévia autorização judicial (quando a lei assim o exigir), deve ser rejeitada por ausência de *justa causa*.

107. Em resumo, a Corte de Apelações do 2º Distrito de Nova Iorque, julgando o caso em grau de recurso, negou o pedido do *DoJ*, fundamentando que o *Stored Communications Act* não autorizava uma busca e apreensão (*search warrant*) fora do território dos EUA. O *DoJ* impugnou tal decisão e o caso estava pendente de julgamento pela Suprema Corte dos Estados Unidos, quando foi extinto com base na aprovação do *CLOUD Act* (ESTADOS UNIDOS. Supreme Court of the United States. **United States, Petitioner V. Microsoft Corporation on Writ of Certiorari to the United States Court of Appeals for the Second Circuit**. April 17, 2018. Disponível em: https://www.supremecourt.gov/opinions/17pdf/17-2_1824.pdf. Acesso em 13 dez. 2023.).

108. UNITED STATE CODE. **Browse the United States Code**. Disponível em: https://uscode.house.gov/. Acesso em 13 dez. 2023.

Título 18 (crimes e procedimento criminal) e no Título 47 (telecomunicações). Em síntese, o *CLOUD Act* passou a permitir o compartilhamento de dados por meio de acordos executivos (*executive agreements*)[109].

Ao não prever que seja necessária uma decisão judicial do país *onde os dados estão armazenados*, o *CLOUD Act* foi uma forma de contornar os entraves da cooperação baseada em um *Mutual Legal Assistance Treaty* (MLAT) e, especialmente, a exigência de prévia autorização judicial para a obtenção de dados em situações como a do caso US (DoJ) vs. Microsoft-Ireland.

O instrumento do MLAT, ou Acordo de Assistência Judiciária em Matéria Penal, comumente chamado pela doutrina, impropriamente, de "auxílio direto", é na verdade uma forma de assistência mútua "fundada em tratados bi ou multilaterais e que é executada sem a intermediação das chancelarias, e 'diretamente' tramitada pelas autoridades centrais"[110].

O *CLOUD Act*, acrônimo para *Clarifying Lawful Overseas Use of Data Act*, ou Lei para Esclarecer o Uso de Dados no Exterior, alterou, como referido, o título 18 do *United States Code*[111], atualizando *o Electronic Communications Privacy Act* (ECPA), de 1986. Seu objetivo principal declarado é o de facilitar o acesso das autoridades de persecução penal a dados armazenados além de suas fronteiras. No plano interno, essa lei permite que autoridades dos EUA obriguem empresas de tecnologia sediadas nos EUA a fornecerem dados, mediante requisição, mesmo que estejam armazenados em servidores fora do território norte-americano. Na prática, o *CLOUD Act* teria como vantagem, além da possibilidade de obter os dados diretamente das empresas demandadas, a de não depender de uma decisão judicial do país onde os dados estiverem armazenados[112].

109. O *CLOUD Act* foi, assim, uma forma de contornar os entraves da cooperação baseada em *MLATs* e, especialmente, a exigência de prévia autorização judicial para a obtenção de dados em situações como a do caso *US (DoJ) vs. Microsoft-Ireland*. No Brasil, a obtenção de dados da internet não publicamente acessíveis está submetida, via de regra, à reserva jurisdicional (art. 5º, XII, da Constituição Federal de 1988, art. 3º da Lei nº 9.296/96 e art. 22 da Lei nº 12.965/14), como será estudado no capítulo 3.

110. ARAS, Vladimir. Direito probatório e cooperação jurídica internacional. *In*: QUEIROZ, Ronaldo Pinheiro; SALGADO, Daniel de Resende. **A prova no enfrentamento à macrocriminalidade**. 2. ed. Salvador: Juspodivm, 2016, pp. 360-361.

111. CONGRESS.GOV. **H.R.4943 - CLOUD Act. 115th Congress (2017-2018).** Disponível em: https://www.congress.gov/bill/115th-congress/house-bill/4943/text. Acesso em 14 dez. 2023.

112. CALABRICH, Bruno Freire de Carvalho. *E-evidences* e cooperação internacional: o desafio de diferentes paradigmas. *In*: SALGADO, Daniel de Resende; KIRCHER, Luís Felipe Schneider; de QUEIROZ, Ronaldo Pinheiro. Altos estudos sobre a prova no processo penal. Salvador: JusPodivm, 2020, p. 601.

O *CLOUD Act* pretende ser o principal diploma a regular o tema de tratamento de dados pessoais em matéria de cooperação penal internacional com os EUA, em que pese a dependência de assinatura de acordos executivos com outros países[113].

Até julho de 2025 o Brasil não havia firmado um acordo baseado no *CLOUD Act* e continua a operar suas atividades de cooperação internacional com os EUA precipuamente nos termos do MLAT promulgado pelo Decreto Federal nº 3.810/2001. Foi exatamente esse Decreto o objeto da ADC nº 51, que será estudada em tópico próprio. No julgamento dessa ADC, os ministros do STF decidiram no sentido de que os Poderes Executivo e Legislativo fossem concitados a, dentre outras providências, firmar "novos acordos bilaterais ou multilaterais para a obtenção de dados e comunicações eletrônicas, como, por exemplo, a celebração do Acordo Executivo definido a partir do Cloud Act, nos termos do voto do Relator."

## 1.5 ACÓRDÃOS PARADIGMÁTICOS DO TJ/UE EM TEMA DE PROTEÇÃO DE DADOS PESSOAIS E PERSECUÇÃO PENAL

O Tribunal de Justiça da União Europeia (TJ/UE) foi instituído em 1952 por força do Tratado de Paris, assinado na França em 18 de abril de 1951 e em vigor a partir de 23 de julho do ano seguinte. Hoje, seu funcionamento tem como base legal o Tratado de Lisboa, assinado em 13 de dezembro de 2007 e em vigor desde 1º de dezembro de 2009[114].

A missão do TJ/UE é a de assegurar o respeito do direito e a uniformidade na interpretação e aplicação dos Tratados da União Europeia (art. 19.º, 1), decidindo "sobre os recursos interpostos por um Estado-Membro, por uma instituição ou por pessoas singulares ou colectivas" e, "a título prejudicial, a pedido dos órgãos jurisdicionais nacionais, sobre a interpretação do direito da União ou sobre a validade dos actos adoptados pelas instituições" (art. 19º, 3).

113. Até dezembro de 2023, haviam sido firmados acordos executivos baseados no CLOUD Act com o Reino Unido e com Austrália; o Departamento de Justiça norte-americano registra negociações em curso com a União Europeia e com o Canadá (ESTADOS UNIDOS. Department of Justice. Criminal Division. **CLOUD Act Resources**. Disponível em: https://www.justice.gov/criminal/cloud-act-resources. Acesso em 17 jul. 2025).

114. UNIÃO EUROPEIA. **Tratado de Lisboa,** de 13 de dezembro de 2007. Disponível em: https://eur-lex.europa.eu/legal-content/PT/TXT/?uri=OJ:C:2007:306:TOC. Acesso em 21 dez. 2023.

Os tribunais nacionais de cada Estado-membro da União Europeia gozam de independência e suas decisões estão sujeitas ao controle do TJ/UE apenas no que diga respeito a sua conformidade com o direito da União.

As decisões do TJ/UE promoveram a construção de um corpo harmônico do direito da União, ao deliberar sobre os inevitáveis conflitos entre este direito, supranacional, e atos praticados por variados entes com amparo em legislações nacionais[115].

Ao longo de sua existência, o Tribunal proferiu diversas decisões importantes para a conformação do direito à proteção de dados pessoais na União Europeia. Citem-se, à guisa de apresentação sintética de sua copiosa jurisprudência, os acórdãos proferidos para os casos elencados a seguir.

- **Caso Lindqvist (2003)**[116]: no processo C-101/01, o Tribunal de Justiça da União Europeia apreciou a validade de uma acusação formulada contra uma senhora, Bodil Lindqvist, por ter alegadamente violado a legislação sueca relativa à proteção dos dados pessoais ao publicar, numa página de internet, dados relativos a pessoas que trabalhavam com ela numa paróquia da Igreja. Nesse acórdão, o TJ/UE assentou a abrangência da proteção a dados pessoais e fixou as bases para o sentido, amplíssimo, do conceito de "tratamento de dados pessoais"[117], posteriormente consolidado na Directiva 95/46/CE e no RGPD.
- **Caso Google Spain (2014)**[118]: no julgamento do processo C-131/12, o TJ/UE decidiu que motores de busca, como o Google, podem ser obrigados a remover, dos resultados de pesquisa e a pedido do interessado, *links* que contenham informações pessoais irrelevantes,

115. BENTO, Rafael Tedrus. **Evolução da proteção de dados pessoais na União Europeia**: a evolução dos conceitos de proteção de dados pessoais e privacidade na jurisprudência do Tribunal de Justiça da União Europeia. Rio de Janeiro: Lumen Juris, 2022, pp. 30-31.

116. UNIÃO EUROPEIA. Tribunal de Justiça. **Acórdão de 06 nov. 2003**. Processo C-101/01. Disponível em: https://eur-lex.europa.eu/legal-content/EN/TXT/PDF/?uri=CELEX:62001CJ0101. Acesso em 22 dez. 2023.

117. CALABRICH, Bruno Freire de Carvalho. O conceito de tratamento de dados pessoais e o acórdão Lindqvist, do Tribunal de Justiça da União Europeia. **Revista do Tribunal Regional Federal da 1ª Região**, [S. l.], v. 31, nº 2, p. 1-8, 2019. Disponível em: https://revista.trf1.jus.br/trf1/article/view/103. Acesso em 22 dez. 2023.

118. UNIÃO EUROPEIA. Tribunal de Justiça. **Acórdão de 13 maio 2014**. Processo C-131/12. Disponível em: https://eur-lex.europa.eu/legal-content/PT/TXT/?uri=CELEX%3A62012CJ0131. Acesso em 22 dez. 2023.

inadequadas ou excessivas. O acórdão deu origem ao que se passou a classificar como "direito ao esquecimento" – que seria melhor traduzido como um direito à desindexação e não ao exatamente ao apagamento das informações disponibilizadas na internet[119].

- **Caso Schrems I (2015)**[120]: cuida-se do acórdão do TJ/UE no processo C-362/14, pelo qual foi declarado inválido um acordo intitulado *Safe Harbor*, que regulava a transferência de dados pessoais entre a União Europeia e os Estados Unidos. O Tribunal entendeu que o acordo não fornecia proteções suficientes e adequadas para os dados pessoais dos cidadãos europeus, à luz da então vigente Diretiva 95/46/CE e da Carta de Direitos Fundamentais da União Europeia. A demanda foi promovida por um indivíduo austríaco, Maximillian Schrems, questionando o fato de a empresa Facebook Ireland Ltd. transferir para os Estados Unidos dados pessoais dos seus utilizadores e os conservar em servidores situados neste país sem as salvaguardas necessárias, incluindo o dever de transparência no tratamento de dados.
- **Caso Planet49 (2019)**[121]: no acórdão para o processo C-673/17, o TJ/UE decidiu que sites e aplicativos de internet devem obter a concordância ativa dos usuários antes de armazenar cookies em seus dispositivos. No caso, avaliava-se a prática da empresa alemã de jogos online Planet49 GmbH, que fazia constar em seu site uma opção pré-validada de autorização para a instalação de cookies de navegador no computador do usuário antes de participarem de um jogo promocional. Entendeu o Tribunal que o simples ato de manter a opção selecionada não poderia ser considerado um comportamento ativo do usuário. O julgado reforçou a importância do consentimento informado e específico para o tratamento de dados pessoais (nos casos em que o consentimento do titular é a base para o tratamento).

119. Como será estudado no capítulo 2, a existência de um suposto "direito ao esquecimento" no Brasil foi rechaçada pelo STF no julgamento do RE nº 1.010.606/RJ, em 11.02.2021.

120. UNIÃO EUROPEIA. Tribunal de Justiça. **Acórdão de 06 out. 2015**. Processo C-362/14. Disponível em: https://eur-lex.europa.eu/legal-content/PT/TXT/?uri=CELEX%3A62014CJ0362. Acesso em 22 dez. 2023.

121. UNIÃO EUROPEIA. Tribunal de Justiça. **Acórdão de 01 out. 2019**. Processo C-673/17. Disponível em: https://eur-lex.europa.eu/legal-content/PT/TXT/?uri=CELEX:62017CJ0673. Acesso em 22 dez. 2023.

- **Caso Schrems II (2020)**[122]: numa demanda mais uma vez promovida por Maximillian Schrems, o TJ/UE anulou uma decisão de adequação baseada no *Privacy Shield*, ou Escudo de Privacidade UE-EUA, que foi um acordo sucessor do *Safe Harbor*. O TJ/UE fundamentou que, semelhantemente ao acordo anterior, o *Privacy Shield* continuava a não fornecer garantias suficientes para a proteção de dados pessoais. A decisão reafirmou a necessidade de serem respeitados padrões rigorosos para a transferência internacional de dados, equivalentes aos previstos no RGPD. A decisão para o caso Schrems II deixa claro que, segundo o TJ/UE, decisões de adequação que aceitem diferenças substanciais entre a legislação estrangeira e os níveis de proteção de dados previstos na legislação da União Europeia têm poucas chances de prosperar.[123]

Os mencionados acórdãos debruçaram-se sobre aspectos gerais envolvendo a temática da proteção de dados. Especificamente sobre o tratamento de dados para fins de persecução penal, merecem atenção os acórdãos analisados a seguir.

- **Caso Digital Rights Ireland (2014)**[124]: cuida-se do julgamento conjunto dos processos C-293/12 e C-594/12. No processo C-293/12, a Digital Rights Ireland Ltd., uma organização de defesa de direitos civis, impugnou a validade de medidas legislativas e administrativas nacionais atinentes à conservação de dados relativos a comunicações eletrônicas. No processo C-594/12, em paralelo, questionava-se a compatibilidade da lei austríaca sobre telecomunicações, no que havia sido alterada para efeito de transposição da Diretiva 2006/24/CE, relativa à conservação de dados pessoais tratados por serviços de comunicações eletrônicas. O debate gravitava em torno

122. UNIÃO EUROPEIA. Tribunal de Justiça. **Acórdão de 16 jul. 2020**. Processo C-311/18. Disponível em: https://eur-lex.europa.eu/legal-content/PT/TXT/?uri=CELEX%3A62018CJ0311. Acesso em 22 dez. 2023.

123. SILVA, Carlos Bruno Ferreira da. **Cooperação penal e proteção de dados**: a entrada como terceiro país nas agências criminais europeias (Eurojust e Europol). Belo Horizonte: Lumen Juris, 2023, p. 178.

124. UNIÃO EUROPEIA. Tribunal de Justiça. **Acórdão de 08 abr. 2014**. Processos C-293/12 e C-594/12. Disponível em: https://eur-lex.europa.eu/legal-content/PT/TXT/HTML/?uri=CELEX:62012CJ0293. Acesso em 22 dez. 2023.

da compatibilidade da retenção de dados de comunicações eletrônicas com direitos individuais inscritos na Carta dos Direitos Fundamentais da União Europeia.

A Diretiva 2006/24/CE, de 15 de março de 2006, previa obrigações a fornecedores de serviços de comunicações eletrônicas publicamente disponíveis ou de uma rede pública de comunicações, voltadas à conservação de determinados dados por estes gerados ou tratados – ou mais precisamente, dados de tráfego e de localização coletados por provedores de comunicações em rede, mas não o conteúdo dessas comunicações –, com vistas a garantir a disponibilidade desses dados para a investigação, a detecção e a repressão de crimes graves.

Ao cabo, o TJ/UE concluiu que a Diretiva 2006/24/CE criava uma indevida intromissão na vida privada e no direito à proteção de dados pessoais previstos nos artigos 7 e 8 Carta dos Direitos Fundamentais da União Europeia. Embora a diretiva tivesse como objetivo legítimo o enfrentamento a crimes graves, suas disposições não passaram no teste aplicado pelo tribunal para avaliar a adequação das medidas adotadas para alcançar esse objetivo. O tribunal considerou, assim, que "ao adotar a Diretiva 2006/24, o legislador da União excedeu os limites impostos pelo respeito do princípio da proporcionalidade à luz dos artigos 7°, 8° e 52°, nº 1, da Carta" (parágrafo 69 do acórdão).

Consoante sintetizado nos parágrafos 61 a 65 do acórdão, considerou-se que a Diretiva 2006/24/CE: (a) não estabelecia os requisitos materiais e processuais específicos para o acesso e uso posterior dos dados pelas autoridades nacionais competentes; (b) não definia critérios objetivos que limitassem acesso e uso dos dados ao estritamente necessário nem impunha um controle prévio por um órgão jurisdicional ou entidade administrativa independente; (c) impunha a conservação dos dados por um período mínimo de seis meses, sem fazer nenhuma distinção entre as categorias de dados em relação à sua utilidade ou às pessoas envolvidas; (d) fixou que a duração da conservação dos dados pode variar de seis meses a vinte e quatro meses, sem estabelecer critérios objetivos para assegurar que seja limitada ao estritamente necessário.

A decisão do TJ/UE para o Caso Digital Rights Ireland suscitou dúvidas quanto à validade das disposições nacionais que haviam promovido a transposição da diretiva declarada integralmente inválida e geraram distintas reações pelos Estados-membros[125].

O tema foi aprofundado no acórdão para o caso Tele2 Sverige AB.

- **Caso Tele2 Sverige AB (2016)**[126]: o caso, como ficou conhecido o julgamento dos processos apensos C-203/15 e C-698/15, dizia respeito à compatibilidade da legislação nacional da Suécia com o direito da União após o acórdão do TJ/UE para o caso Digital Rights Ireland. A demanda teve origem no fato de a empresa Tele2 Sverige AB, um provedor sueco de serviços de telecomunicações, ter decidido parar de reter dados de comunicações após a publicação do referida decisão do TJ/UE sobre a Diretiva 2006/24/CE. Diante dessa conduta, o Ministério da Justiça sueco e Autoridade Sueca dos Correios e Telecomunicações avaliou que a legislação nacional não era incompatível com o direito da União e, portanto, permanecia plenamente válida, pelo que a empresa provedora sueca era obrigada a prosseguir com a retenção de dados. Em paralelo, no processo C-698/15 foi também suscitada a incompatibilidade, com o direito da União, da legislação do Reino Unido (*Data Retention and Investigatory Powers Act*, de 2014), que dispunha sobre a conservação de dados e os poderes de investigação das autoridades encarregadas da persecução penal.

Em suma, esse foi o caminho pelo qual dois tribunais nacionais, um sueco e outro britânico, testaram, via questões prejudiciais endereçadas ao TJ/UE, a conformidade, com o direito da União, de regimes nacionais que continuavam a impor uma obrigação geral de conservação de dados a prestadores de serviços de comunicações eletrônicas[127].

125. SILVEIRA, Alessandra; FREITAS, Pedro Miguel. Implicações da declaração de invalidade da Diretiva 2006/24 na conservação de dados ("metadados") nos Estados-Membros da UE: uma leitura jusfundamental. **Journal of Law and Regulation**, [S. l.], v. 3, nº 1, p. 281-302, 2017. Disponível em: https://periodicos.unb.br/index.php/rdsr/article/view/19208. Acesso em 22 dez. 2023, p. 286.

126. UNIÃO EUROPEIA. Tribunal de Justiça. **Acórdão de 21 dez. 2016**. Processos C-203/15 e C-698/15. Disponível em: https://eur-lex.europa.eu/legal-content/PT/TXT/HTML/?uri=CELEX:62015CJ0203&qid=1703280008385. Acesso em 22 dez. 2023.

127. SILVEIRA, Alessandra; FREITAS, Pedro Miguel. Implicações da declaração de invalidade da Diretiva 2006/24 na conservação de dados ("metadados") nos Estados-Membros da UE: uma leitura jusfundamental. **Journal of Law and Regulation**, [S. l.], v. 3, nº 1, p. 281-302, 2017. Disponível em: https://periodicos.unb.br/index.php/rdsr/article/view/19208. Acesso em 22 dez. 2023, p. 285.

Em conclusão ao Caso Tele2 Sverige AB, o TJ/UE decidiu que é possível aos Estados-membros legislarem sobre a retenção de metadados, impondo obrigações aos provedores de internet e de telecomunicações, desde que fixados limites para essa retenção que permitam a proteção adequada dos direitos dos titulares.

Assim, e reportando-se aos *consideranda* 22 e 26 da Diretiva 2002/58/CE (relativa à privacidade e às comunicações eletrônicas[128]), o TJ/UE entendeu que não será válida nenhuma lei nacional que discipline o acesso das autoridades nacionais a dados conservados

> sem limitar esse acesso apenas para efeitos de luta contra a criminalidade grave, sem submeter o referido acesso a um controlo prévio por um órgão jurisdicional ou por uma autoridade administrativa independente, e sem exigir que os dados em causa sejam conservados no território da União (parágrafo 114 do acórdão).

Para o atendimento dessas condições – prossegue em sua fundamentação o TJ/UE –, é essencial que o acesso das autoridades seja baseado em um pedido fundamentado, apresentado no interesse de processos de prevenção, de detecção ou de ação penal, ressalvados casos de urgência devidamente justificados (parágrafo 120 do acórdão). Além disso, é necessário que o titular dos dados conservados seja informado do acesso a seus dados a partir do momento em que essa comunicação não mais for suscetível de comprometer as investigações (parágrafo 121 do acórdão).

- **Caso *Privacy International*[129] e Caso *La Quadrature du Net* e outros[130] (2020)**: o processo C-623/17 (*Privacy International*) e os processos de números C-511/15, C-512/18 e C-520/18 (*La Quadrature du Net* e outros) foram julgados simultaneamente pelo Tribunal de Justiça em 06.10.2020.

---

128. UNIÃO EUROPEIA. **Diretiva 2002/58/CE**, do Parlamento Europeu e do Conselho da União Europeia, de 12 de julho de 2002. Disponível em: https://edps.europa.eu/sites/edp/files/publication/dir_2002_58_pt.pdf. Acesso em 22 dez. 2023.
129. UNIÃO EUROPEIA. Tribunal de Justiça. **Acórdão de 06 out. 2020**. Processo C-623/17. Disponível em: https://eur-lex.europa.eu/legal-content/PT/TXT/HTML/?uri=CELEX:62017CJ0623&qid=1703278713244. Acesso em 22 dez. 2023.
130. UNIÃO EUROPEIA. Tribunal de Justiça. **Acórdão de 06 out. 2020**. Processos C-511/15, C-512/18 e C-520/18. Disponível em: https://eur-lex.europa.eu/legal-content/PT/TXT/?uri=CELEX:62018CJ0511&qid=1703280832062. Acesso em 22 dez. 2023.

O caso *Privacy International* dizia respeito a práticas de coleta e utilização de dados de comunicações por diferentes serviços de segurança e de informações do Reino Unido, a saber, o GCHQ, o MI5 e o MI6, tornadas públicas por um relatório do *Intelligence and Security Committee of Parliament* (Comissão de Informação e Segurança do Parlamento, Reino Unido). Em 5 de junho de 2015, a organização não-governamental a *Privacy International* propôs uma ação no Reino Unido contra o Ministro dos Negócios Estrangeiros e da Commonwealth, o Ministro da Administração Interna e as correspondentes agências de segurança e de informações, contestando a legalidade dessas práticas.

No caso *La Quadrature du Net* e outros, cuidava-se demandas provocadas por distintas organizações (a *Quadrature du Net*, a *French Data Network*, a *Fédération des fournisseurs d'accès à Internet associatifs*, a Igwan.net e outras) questionando a compatibilidade entre o direito da União e leis nacionais da França e da Bélgica que autorizariam práticas similares.

No julgamento conjunto, o TJ/EU ratificou o entendimento proclamado nos casos *Digital Rights Ireland* (2014) e Caso Tele2 Sverige AB (2016), no sentido de que o direito da União Europeia se sobrepõe às legislações dos Estados-membros no tocante à disciplina para a retenção de dados por provedores de comunicações eletrônicas. Entretanto, com o julgamento do Caso Privacy International e do Caso La Quadrature du Net e outros, o Tribunal passou a admitir que, em circunstâncias excepcionais, quando um Estado-Membro se deparar com uma ameaça grave à segurança nacional e que seja simultaneamente autêntica e factível, esse Estado-Membro está autorizado a suspender temporariamente o dever de assegurar a confidencialidade dos dados pertinentes às comunicações eletrônicas, editando leis que determinem a retenção generalizada desses dados por um período restrito ao essencialmente necessário e o repasse desses dados a autoridades da área de inteligência e de persecução criminal[131].

Não há dúvida de que um dos maiores desafios para a proteção de dados e da privacidade individual é o problema do tratamento massivo e automatizado de metadados de comunicação e de localização por entes públicos e privados. O esforço para proteger a segurança nacional e combater crimes

131. UNIÃO EUROPEIA. Tribunal de Justiça. **Press Release nº 123/20**: judgments in Case C-623/17, Privacy International, and in Joined Cases C-511/18, La Quadrature du Net and Others, C-512/18, French Data Network and Others, and C-520/18, Ordre des barreaux francophones et germanophone and Others. Luxemburgo, 6 out. 2020. Disponível em: https://curia.europa.eu/jcms/upload/docs/application/pdf/2020-10/cp200123en.pdf. Acesso em 22 dez. 2023.

graves certamente não outorga a agentes públicos o poder de monitorar, em tempo real, toda a sociedade, impondo a empresas provedores de serviços de comunicação e de internet o registro e o compartilhamento ilimitado desses dados com o Estado. No julgamento dos casos *Privacy International* e *La Quadre du net*, todavia, permitiu-se essa prática, em casos extremos, quando houver previsão legal do direito nacional e desde que os dados sejam individualizados e analisados de forma tradicional (não automatizada) antes de serem usados em processos criminais[132].

- **Caso Ligue des droits humains ASBL e B.A. (2023)**[133]: trata-se do processo C-333/22, encaminhado por reenvio prejudicial no âmbito de um litígio entre a organização civil *Ligue des droits humains* ASBL e um cidadão (identificado pelas iniciais B.A.) em face do Órgão de Controle da Informação Policial da Bélgica (*Organe de contrôle de l'information policière*, ou OCIP) e a Autoridade Nacional de Segurança belga (*Autorité nationale de sécurité*) a respeito do tratamento de dados pessoais pela polícia daquele país.

B.A. trabalhava numa associação sem fins lucrativos e solicitou à Autoridade Nacional de Segurança belga um certificado de credenciação de segurança para poder participar na montagem e desmontagem das instalações da décima edição de um evento chamado "Jornadas Europeias do Desenvolvimento" em Bruxelas (Bélgica). Em junho de 2016, a autoridade belga recusou a emissão do certificado de credenciação de segurança a B.A. ao fundamento de que, conforme havia concluído a partir do tratamento de seus dados pessoais, ele tinha participado em dez manifestações, entre 2007 e 2016, e isso não permitia atribuir-lhe a credenciação solicitada por razões de segurança do Estado e da ordem democrática constitucional. Em fevereiro de 2020, o advogado de B.A. pediu ao OCIP que identificasse os responsáveis pelo tratamento de seus dados pessoais e lhe fosse dado acesso a todas as informações que lhe diziam respeito, a fim de lhe permitir exercer os seus direitos nos prazos adequados. No mesmo mês, o OCIP negou esse requerimento, alegando que B.A. apenas dispunha do direito de "acesso

132. CZERNIAK, Dominika. Collection of location data in criminal proceedings – European (the EU and Strasbourg) standards. **Revista Brasileira de Direito Processual Penal**, v. 7, nº 1, p. 123-160, jan.-abr. 2021. Disponível em: https://doi.org/10.22197/rbdpp.v7i1.503. Acesso em 22 dez. 2023, p. 154.

133. UNIÃO EUROPEIA. Tribunal de Justiça. **Acórdão de 16 nov. 2023**. Processo C-333/22. Disponível em: https://eur-lex.europa.eu/legal-content/PT/TXT/?uri=CELEX:62022CJ0333&qid=1703427839362. Acesso em 24 dez. 2023.

indireto" a esses dados, e que cumpria ao próprio órgão belga verificar a legalidade e corrigir um eventual tratamento indevido sobre os dados constantes no *Banque de données nationale générale* (Banco Geral Nacional de Dados), que era a base de dados utilizada por todos os serviços de polícia daquele país. Afirmou que, se fosse o caso, comunicaria B.A. sobre as providências adotadas. Em junho de 2020, o OCIP informou, em e-mail ao advogado de B.A, que havia procedido às verificações pertinentes e que, "Se necessário, os dados pessoais foram alterados ou suprimidos" (*sic*, conforme transcrição do parágrafo 26 do acórdão do processo C-333/22) – nada esclarecendo, portanto, sobre o que exatamente havia sido feito a respeito dos dados do titular.

Em conclusão ao julgamento, o Tribunal de Justiça da União Europeia proclamou que o artigo 46º, nº 1, alínea g, da Diretiva 2016/680 exige "que cada autoridade nacional competente tenha por atribuição verificar a licitude do tratamento nos termos do artigo 17º dessa diretiva, a saber, na sequência de um pedido baseado nesta última disposição" (parágrafo 45 do acórdão). Também concluiu que, embora a comunicação ao titular dos dados possa ser limitada ao fato de que a autoridade de controle efetivamente verificou a legalidade do tratamento (sem detalhar o que de concreto foi feito em relação a seus dados), os artigos 17º, 8º, 46º, 47º e 53º da Diretiva 2016/680 devem ser interpretados no sentido de que, sempre que uma autoridade de controle assim proceder, o titular dos dados tem o direito "de intentar uma ação judicial contra a decisão da referida autoridade de encerrar o processo de verificação" (parágrafo 55 do acórdão). Quanto ao processo judicial promovido pelo titular questionando a decisão da autoridade de controle sobre tratamento de seus dados, os Estados-Membros devem prever regras que permitam ao juiz competente tomar conhecimento "tanto da totalidade dos fundamentos como dos respetivos elementos de prova" nos quais aquela autoridade de controle baseou sua decisão sobre a licitude do tratamento de dados (parágrafo 45 do acórdão).

A interpretação do TJ/UE dada à Diretiva 2016/680 explicitada no acórdão para o processo C-333/22, ao mesmo tempo em que promoveu um temperamento aos princípios da transparência e do direito de ciência do titular dos dados no que tange a dados pessoais tratados por autoridades policiais e autoridades de controle, assegurou ao titular dos dados um verdadeiro "direito à proteção judicial efetiva" na aplicação da *Law Enforcement Directive*, quando questione em juízo a correção feita por uma autoridade de controle nacional.

No Brasil, à falta de uma LGPD penal e dada a limitação imposta à ANPD pelo art. 4º da LGPD, ainda não há uma autoridade de controle análoga à prevista pela Diretiva 2016/680 que realize a fiscalização, no plano extrajudicial, sobre o tratamento de dados pessoais por autoridades encarregadas da persecução penal. Isso não quer dizer que inexista controle administrativo sobre o tratamento de dados pessoais na seara criminal – além, é certo, do controle judicial, por provocação do interessado ou das próprias autoridades encarregadas da persecução penal (tema que será estudado no capítulo 4).

# 2

# TRATAMENTO DE DADOS PESSOAIS, GARANTISMO E PERSECUÇÃO PENAL NO BRASIL

Os conceitos de "dado pessoal" e de "tratamento de dados pessoais" são amplíssimos (LGPD, art. 5º, I e X). Por isso, do início ao fim, todos os atos de uma investigação criminal e todos os atos de um processo penal são atos de tratamento de dados pessoais. Da primeira folha de um inquérito até o último ato cartorário que remete os autos de uma execução penal ao arquivo, todos esses registros são *informações relacionadas a pessoa natural identificada ou identificável* e tudo ali caracteriza *operações realizadas com dados pessoais*. Uma certidão de antecedentes criminais, uma denúncia, uma sentença e mesmo um simples carimbo contendo a numeração de uma folha e a assinatura de um servidor que a conferiu, todas as peças que integram os autos (físicos ou eletrônicos) de uma investigação e todas as peças de um processo criminal – inclusive as de natureza probatória – materializam distintas formas de tratamento de dados pessoais. E, para cada um desses atos de tratamento, devem ser respeitados os direitos fundamentais de seus titulares – mas não só estes.

Uma mão decalcada com o sangue de um animal selvagem numa caverna recém-descoberta por arqueólogos pode conter os dados biométricos de um ser humano morto há centenas de anos. Como não será possível associar esses dados a nenhum titular, sua captação nada dirá sobre alguém, menos ainda a um (outrora inconcebível) direito seu à autodeterminação informativa[1]. Mas uma mão decalcada com sangue, hoje, numa

1. Embora possam incidir sobre esse registro variadas normas, como as que regem a proteção do patrimônio histórico e cultural de uma comunidade.

parede, pode servir ao esclarecimento de um ilícito penal. O tratamento dos dados que integram aquele decalque – o contorno, a impressão digital, os componentes genéticos do sangue em que foi impresso – pode ajudar a desvendar a autoria e a materialidade de um crime grave.

Da mesma sorte, quando alguém se apresenta numa delegacia de polícia relatando ter sido vítima de um crime, dá-se início a uma atividade de investigação criminal que exige a coleta – e, portanto, o tratamento – de inúmeros dados pessoais. Tais dados, cujo tratamento é elementar para o desempenho dessa atividade do Estado, são titularizados pela vítima, pelo agente criminoso, por testemunhas e por terceiros que talvez nunca sejam informados de que, um dia, seus nomes foram mencionados numa investigação (como potenciais suspeitos ou testemunhas, por exemplo). A simples colheita das informações da vítima e sua assinatura ao final do termo de depoimento é um tratamento de dados pessoais. A descrição das características físicas do criminoso, idem.

Todo ato de colheita ou produção de elementos de convicção numa investigação criminal é um tratamento de dados pessoais, eis que será invariavelmente associado a uma pessoa "identificada ou identificável" (art. 5º, I, da LGPD). E todos os atos do processo penal devem ser praticados de modo a proteger direitos fundamentais individuais e de toda a coletividade.

O respeito a direitos fundamentais de réus e investigados pode se dar tanto por ações quanto por omissões do Estado. Das mais óbvias obrigações, como a de não torturar e não acusar alguém com base em provas ilícitas, até as obrigações menos evidentes ao olhar leigo (mas ínsitas a um processo penal de feições democráticas), como a de não pedir a condenação de alguém se não houver prova suficiente para tanto, o Estado promove direitos fundamentais ao *não agir*. Essa forma de proteção de direitos fundamentais no processo penal está associada aos direitos fundamentais de primeira geração ou dimensão, pela qual se impõe ao Estado uma prestação negativa, um *não fazer*, que se caracteriza pela obrigação de não transpor os limites da esfera de liberdades individuais.

Todavia, ao lado de suas obrigações negativas, cabe também ao Estado *agir* positivamente, sob pena de não garantir direitos fundamentais de forma integral. Assim é que o processo penal deve ser conduzido – *i.e.*, impulsionado pela atuação do Estado – com eficiência e sob um duplo viés[2]: de

2. FISCHER, Douglas; PEREIRA, Frederico Valdez. **As obrigações processuais positivas segundo as Cortes Europeia e Interamericana de Direitos Humanos**. 4. ed. Porto Alegre: Livraria do Advogado, 2023, p. 27.

proteção de direitos de réus e investigados e, ao mesmo tempo, de preservação de direitos da vítima e de toda a sociedade ao justo sancionamento de quem que tenha praticado um crime.

Tratar dados pessoais no processo penal é uma obrigação processual positiva. Tratar dados pessoais com respeito aos direitos fundamentais dos seus titulares é uma faceta dessa obrigação processual positiva; sua outra faceta, que se opera pelo princípio da finalidade, é o sentido do tratamento dos dados pessoais, que há de sempre estar voltado, se e quando necessário tal tratamento, à busca da verdade, ao esclarecimento dos fatos tão precisamente quanto possível.

Não se mede a eficiência de um processo penal, nem de cada um dos atos neste praticados, com base na sua utilidade apenas para "fundamentar condenações". A condenação ou absolvição de alguém não é a finalidade do processo penal nem do tratamento de dados que porventura o componha, senão como um produto, axiologicamente indiferente, da certificação dos fatos, sem a qual não será possível ao Estado emitir um juízo responsável sobre a incidência da regra geral e abstrata ao caso concreto – seja para absolver, seja para condenar.

No presente capítulo será estudada a compreensão dual do processo penal e da investigação criminal, sua relação com a proteção de dados pessoais no atual quadro constitucional e legal brasileiros e os principais julgados do STF que têm dado conformação própria à matéria.

## 2.1 INVESTIGAÇÃO CRIMINAL E PROCESSO PENAL

A persecução penal, atividade do Estado na qual se inserem a investigação criminal e o processo penal, inicia-se com o primeiro ato tendente à verificação de um fato potencialmente criminoso e se estende até quando for possível incidir qualquer consequência de natureza penal acerca desses mesmos fatos. Assim, a persecução penal começa com os primeiros atos de investigação de um ilícito penal (não necessariamente documentadas num inquérito policial, que é apenas uma das espécies de investigação), passando pela denúncia, pela instrução do processo e pela sentença condenatória ou absolutória. A persecução penal também abrange todas as vias recursais e o trânsito em julgado de uma eventual condenação – mas não se encerra aí. A execução penal também está inserida no escopo da persecução penal, assim como também estão inseridos todos os efeitos de uma condenação, enquanto persistirem. Assim, desde os primeiros atos praticados pelo Estado acerca da possível prática de um ilícito penal até o último dos atos do Estado sobre esse ilícito penal que possam trazer consequências para o agente, estar-se-á falando de persecução penal. O último marco legal para a atividade de persecução penal que diga respeito a um fato criminoso específico é dado pelo art. 93 do Código Penal, que trata do instituto da reabilitação e assegura ao condenado "o sigilo dos registros sobre o seu processo e condenação" – e mesmo assim, estará condicionada ao que prevê o art. 95 CP (que trata da possibilidade de revogação da reabilitação "se o reabilitado for condenado, como reincidente, por decisão definitiva, a pena que não seja de multa"[3]). A persecução penal também abrange as ações penais privadas, porquanto o que se delega ao particular é a iniciativa para a deflagração da ação penal (pela queixa), mas jamais o exercício do *jus puniendi,* ou poder-dever de aplicar uma sanção penal a quem tiver cometido um crime.

A definição do que seja o processo penal é extraída de um doloroso e não linear processo histórico que permitiu a positivação, nas Constituições e nas leis atuais, de uma série de direitos (do indivíduo) e de deveres (do Estado – correlatos estes, sempre, a direitos individuais ou transindividuais), e que pode ter como resultado a aplicação de uma pena a quem tiver praticado um crime (embora não seja esse exatamente seu *objetivo*).

Do ponto de vista procedimental, o processo penal é uma sequência de atos ordenados no tempo e destinados a um fim (a prolação de uma sentença), iniciada a partir da imputação formal de um crime a alguém. Do ponto de vista instrumental, o processo penal é um complexo de relações jurídicas (ou jurídico-processuais) envolvendo diversos sujeitos (juiz, acusador, réu e seu defensor, dentre outros) e que tem como propósito a proteção de diretos fundamentais, inclusive (mas não necessariamente) pela aplicação, se for o caso, de uma sanção penal.

De acordo com Luigi Ferrajoli:

---

3. "Art. 94 - A reabilitação poderá ser requerida, decorridos 2 (dois) anos do dia em que for extinta, de qualquer modo, a pena ou terminar sua execução, computando-se o período de prova da suspensão e o do livramento condicional, se não sobrevier revogação, desde que o condenado:

I - tenha tido domicílio no País no prazo acima referido;

II - tenha dado, durante esse tempo, demonstração efetiva e constante de bom comportamento público e privado;

III - tenha ressarcido o dano causado pelo crime ou demonstre a absoluta impossibilidade de o fazer, até o dia do pedido, ou exiba documento que comprove a renúncia da vítima ou novação da dívida.

Parágrafo único - Negada a reabilitação, poderá ser requerida, a qualquer tempo, desde que o pedido seja instruído com novos elementos comprobatórios dos requisitos necessários.

Art. 95 - A reabilitação será revogada, de ofício ou a requerimento do Ministério Público, se o reabilitado for condenado, como reincidente, por decisão definitiva, a pena que não seja de multa."

> O que faz do processo uma operação distinta da justiça com as próprias mãos ou de outros métodos bárbaros de justiça sumária é o fato que ele persegue, em coerência com a dúplice função preventiva do direito penal, duas diferentes finalidades: a punição dos culpados juntamente com a tutela dos inocentes. É essa segunda preocupação que está na base de todas as garantias processuais que circundam o processo e que condicionam de vários modos as instâncias repressivas expressas pela primeira. A história do processo penal pode ser lida como a história do conflito entre essas duas finalidades, logicamente complementares, mas na prática contrastantes[4].

O Código de Processo Penal também não define o que é *investigação criminal*. Diversamente, refere-se ao que chama de "fase de investigação" (arts. 3-A e 3-D) e enumera atos a serem praticados pela autoridade policial num inquérito (art. 6º e ss. do CPP) – que é apenas uma das diversas espécies de investigação estatal.

Investigações classificam-se em estatais e privadas. Elementos de convicção que interessam a uma (eventual) acusação criminal podem ser colhidos ou produzidos com esse foco específico – como é o caso das investigações criminais realizadas pela polícia ou pelo Ministério Público – ou por outros entes do Estado que tenham atribuição para apurar os mesmos fatos, embora sob outro enfoque – como nas apurações realizadas por órgãos fazendários e ambientais. Tais apurações prestam-se validamente, quaisquer destas, à persecução penal, desde que conduzidas por autoridades dotadas de atribuição legal para tanto e respeitados os direitos do investigado. As investigações privadas, como as realizadas por particulares ou por profissionais do jornalismo, distinguem-se das investigações estatais por lhes faltarem os atributos da *imperatividade*, da *exigibilidade* e (quando for o caso) da *(auto)executoriedade*, próprios dos atos administrativos[5].

Para investigação criminal, adota-se aqui a definição que já propusemos antes: é a sequência de atos preliminares direta ou indiretamente voltados

4. FERRAJOLI, Luigi. **Direito e razão**: teoria do garantismo penal. Trad. Luis Flávio Gomes et al. São Paulo: RT, 2002, p. 483.
5. Discorre-se com mais vagar sobre cada uma destas espécies de investigação em CALABRICH, Bruno Freire de Carvalho. **Investigação criminal pelo Ministério Público**: fundamentos e limites constitucionais. São Paulo: RT, 2007, pp. 65-70.

à produção e à colheita de elementos de convicção e de outras informações relevantes acerca da materialidade e autoria de um fato criminoso[6].

Eventualmente, a investigação poderá exigir a obtenção de informações diversas não diretamente vinculadas ao fato criminoso que se pretenda apurar, mas ainda assim úteis a essa apuração. Quando necessário, por exemplo, a autoridade responsável pode empreender diligências para localizar uma testemunha; é também sua atribuição colher a qualificação completa de todos, sobretudo do investigado. Daí a alusão não só a *elementos de convicção*, mas também a *outras informações relevantes*.

É também preferível a expressão *elementos de convicção* a *provas*: enquanto não submetidos ao contraditório, os elementos informativos não podem ser utilizados validamente num processo e, portanto, não podem ser consideradas provas em sentido estrito.

É importante mencionar que, no processo penal, não existe exatamente um "processo cautelar", com o sentido de "processo preparatório" da ação principal, como existe no processo civil. Não existem, no que se convencionou identificar como "medidas cautelares do processo penal", elementos da tradicional da teoria geral do processo como *demanda, partes legitimadas* e *pedido*[7]. De acordo com o art. 282 do CPP, nos casos de *urgência ou de perigo de ineficácia da medida*, nem mesmo se reconhece ao réu ou investigado o direito ao contraditório prévio a sua decretação; nessa hipótese, devem *ser justificados e fundamentados em decisão que contenha elementos do caso concreto* a urgência ou o risco de ineficácia da medida.

Ainda que não se classifiquem como processos de natureza cautelar propriamente dita, uma das características das medidas cautelares do processo penal é precisamente sua *jurisdicionariedade, i.e.*, a necessidade de que sejam decretadas pelo Poder Judiciário. Há, contudo, exceções. A lei Maria da Penha (Lei nº 11.340/06) prevê ser possível a decretação de medidas protetivas pela autoridade policial (art. 12-C[8]). Além disso, o art. 342 do

6. CALABRICH, Bruno Freire de Carvalho. **Investigação criminal pelo Ministério Público**: fundamentos e limites constitucionais. São Paulo: RT, 2007, p. 54.

7. OLIVEIRA, Eugenio Pacelli de. **Curso de processo penal**. 27. ed. Salvador: Juspodivm, 2023, p. 416.

8. "Art. 12-C. Verificada a existência de risco atual ou iminente à vida ou à integridade física ou psicológica da mulher em situação de violência doméstica e familiar, ou de seus dependentes, o agressor será imediatamente afastado do lar, domicílio ou local de convivência com a ofendida:

I – pela autoridade judicial;

CPP prevê o arbitramento da fiança pelo delegado de polícia[9] para crimes com pena máxima igual ou inferior a 4 anos. De qualquer modo, mesmo nessas específicas situações em que a medida pode ser determinada por uma autoridade administrativa (o delegado de polícia), é imprescindível sua submissão para confirmação do Poder Judiciário, sem o que a medida será tornada ilegal e deve perder seus efeitos.

Os interesses dos titulares dos dados e o interesse público não são necessariamente contrapostos. Em primeiro lugar, e para muito além do processo penal, porque a proteção de dados pessoais é também de interesse público: uma economia livre e equilibrada e uma democracia hígida pressupõem o respeito à autodeterminação informativa. Quanto ao titular de dados pessoais que ocupa a posição de investigado ou acusado num processo penal, é de seu interesse *individual* o respeito a seu direito fundamental à autodeterminação informativa tanto quanto é de interesse *público* que seja respeitado tal direito à autodeterminação informativa. Não é do interesse público que o processo penal se desenvolva violando direitos.

Por outro lado, é certo que todo réu pode ter interesse em resistir a uma pretensão (como a do Estado-acusação, quando lhe impute a prática de um crime), mas esse interesse só será legítimo – e, portanto, só deverá ser acolhido pelo Estado-juiz – se amparado numa norma jurídica. Nem toda resistência a uma pretensão será legítima.

O Estado poderá tratar dados pessoais no processo penal apenas se houver base legal para fazê-lo. Impedir o tratamento de seus dados ou dos dados pessoais de terceiros num processo penal pode ser de interesse de um réu como estratégia para resistir a uma pretensão, mas esse interesse só será legítimo (*i.e.*, só será tutelado pelo direito) se houver razões que denotem ausência de amparo legal para a atividade do Estado. Obstar o tratamento

---

II – pelo delegado de polícia, quando o Município não for sede de comarca; ou

III – pelo policial, quando o Município não for sede de comarca e não houver delegado disponível no momento da denúncia.

§ 1º Nas hipóteses dos incisos II e III do *caput* deste artigo, o juiz será comunicado no prazo máximo de 24 (vinte e quatro) horas e decidirá, em igual prazo, sobre a manutenção ou a revogação da medida aplicada, devendo dar ciência ao Ministério Público concomitantemente."

9. "Art. 322. A autoridade policial somente poderá conceder fiança nos casos de infração cuja pena privativa de liberdade máxima não seja superior a 4 (quatro) anos.

Parágrafo único. Nos demais casos, a fiança será requerida ao juiz, que decidirá em 48 (quarenta e oito) horas."

de dados no processo penal, por si só e sem fundamento legal ou constitucional, não é do interesse público. Muito ao revés: tratar dados pessoais, quando necessário para uma investigação ou um processo, é um interesse público e uma obrigação processual positiva do Estado – como se discorrerá adiante.

### 2.1.1 Cibercrimes

O crime de fraude eletrônica é uma espécie de estelionato praticado "com a utilização de informações fornecidas pela vítima ou por terceiro induzido a erro por meio de redes sociais, contatos telefônicos ou envio de correio eletrônico fraudulento, ou por qualquer outro meio fraudulento análogo". Esse tipo penal foi criado pela Lei nº 14.155/21, que acrescentou o parágrafo §2º-A ao art. 171 do Código Penal. Os estelionatos em meio eletrônico, cujos dados disponíveis excluem cinco das mais populosas Unidades da Federação do país (BA, CE, RJ, RS e SP), tiveram registradas pelas polícias brasileiras 200.322 ocorrências em 2022 – um aumento de 65,2% em relação a 2021[10], quando a conduta passou a ser prevista como crime. A *fraude eletrônica* é apenas um dos exemplos de uma ampla categoria de ilícitos conhecida como cibercrimes[11]. O Brasil é o segundo país da América Latina em que mais são praticados crimes cibernéticos, atrás apenas do México[12].

Existem quase tantos termos para descrever o cibercrime quanto existem cibercrimes: as primeiras descrições incluíam "crime informático" e "crime por computador" e, à medida que a tecnologia digital se tornou mais difundida, termos como "alta tecnologia" ou "era da informação" foram acrescentados ao léxico[13]. Com advento da internet, passou-se a utilizar também expressões como "crime da internet", "crime digital", "e-crime",

10. FÓRUM BRASILEIRO DE SEGURANÇA PÚBLICA. **17º Anuário Brasileiro de Segurança Pública**. São Paulo: Fórum Brasileiro de Segurança Pública, 2023. Disponível em: https://forumseguranca.org.br/wp-content/uploads/2023/07/anuario-2023.pdf. Acesso em 15 ago. 2023.

11. Embora ao longo deste trabalho seja dado seja dado especial enfoque à criminalidade do colarinho branco, que causa imensos danos sociais e invariavelmente demanda o tratamento de dados pessoais para uma investigação e um processo eficientes, não se pode esquecer da extrema vulnerabilidade das multidões de vítimas dos crimes cibernéticos ditos "individuais", cujos danos materiais e morais jamais serão ressarcidos.

12. REVISTA EXAME. **R$ 103 bilhões roubados**: Brasil é o 2º país que mais sofre crimes cibernéticos na América Latina. 11 de junho de 2023. Disponível em: https://exame.com/future-of-money/r-103-bilhoes-roubados-brasil-e-o-2o-pais-que-mais-sofre-crimes-ciberneticos-na-america-latina/. Acesso em 14 mai. 2024.

13. CLOUGH, Jonathan. **Principles of Cybercrime**. Cambridge: Cambridge University Press, 2010, p. 9.

"crime virtual", "crime eletrônico" ou "de alta tecnologia". O termo "cibercrime", que costuma ser utilizado como sinônimo destas e de outras diversas expressões, descreve, em suma, uma espécie de ilícitos penais cometidos com computadores ou outros dispositivos informáticos[14]. "Cibercrime", assim, é um termo amplo que abrange condutas penalmente ilícitas praticadas com o uso de ferramentas computacionais e de aparelhos eletrônicos, como celulares[15], geralmente (mas não necessariamente) capazes de conexão com a internet.

Como não há homogeneidade entre as diversas espécies de crimes que se convencionou chamar de cibercrimes, ainda hoje é tormentoso encontrar uma nomenclatura suficientemente abrangente e tecnicamente precisa. É sintomático dessa dificuldade a existência de delegacias de polícia especializadas no tema que apresentam variadas denominações Brasil afora, que vão de "Delegacia Especial de Repressão a Crimes Cibernéticos" (como nos Estados do Amapá, Amazonas, Ceará, Goiás, Pernambuco, Sergipe, São Paulo, Tocantins e no Distrito Federal), "Delegacia de Repressão aos Crimes de Informática" (como no Rio de Janeiro e em Santa Catarina), até "Delegacia Especializada em Repressão a Crimes de Alta Tecnologia", (como no Piauí e, com pequena variação no nome, em Mato Grosso)[16].

Já na década de 1970 empregava-se a expressão "crime informático" para se referir à utilização indevida de computadores e dados, expressão que designava praticamente todas as atividades criminosas envolvendo equipamentos computacionais até ao final da década de 1990. Com a evolução e popularização da tecnologia e, especialmente, da internet, pesquisadores começaram a utilizar o termo "cibercrime" para se referirem a crimes praticados on-line, enquanto "crime informático" foi usado para se referir à utilização de computadores para atividades ilegais – embora estas expressões tenham sido comumente utilizadas como sinônimos por acadêmicos e pela imprensa no período. Distinguindo essas duas categorias, o cibercrime referir-se-ia a crimes em que o criminoso utiliza conhecimentos especiais

---

14. McQUADE III, Samuel C. McQuade (editor). **Encyclopedia of cybercrime**. Westport, Connecticut; London: Greenwood Press. 2009, p. 44.
15. McQUADE III, Samuel C. McQuade (editor). **Encyclopedia of cybercrime**. Westport, Connecticut; London: Greenwood Press. 2009, p. 43.
16. BARRETO, Alesandro Gonçalves; KUFA, Carina; SILVA, Marcelo Mesquita. **Cibercrimes e seus reflexos no direito brasileiro**. 2. ed. rev. atual. e ampl. São Paulo: Juspodivm, 2021, pp. 48-49.

"sobre o ciberespaço", enquanto os crimes informáticos são aqueles em que o criminoso utiliza conhecimentos especiais "sobre tecnologia informática"[17].

Apesar de todas as variações de terminologia, é largamente aceito que esses termos englobam ao menos três categorias de cibercrimes (originariamente sintetizadas pelo Departamento de Justiça dos EUA[18]): 1. crimes em que o computador ou a rede informática é o alvo da atividade criminosa (como pirataria informática, *cracking* e ataques do tipo DDoS); 2. crimes já existentes, mas nos quais o computador pode ser um instrumento para cometê-los (como pornografia infantil, *stalking*, violação de direitos de autor e fraudes diversas); 3. crimes em que a utilização do computador é um aspecto meramente incidental para sua prática, mas que pode fornecer provas às autoridades encarregadas da persecução penal (como registros de ligações telefônicas, de aplicativos de geolocalização e históricos de navegação da vítima e de autores de crimes). Susan W. Brenner chama essas três categorias de "*target cybercrimes*" (para destacar a tecnologia como um "alvo" propriamente dito da conduta ilícita), "*tool cybercrimes*" (que identifica a tecnologia apenas como um instrumento para a prática do crime) e "*computer incidental*" (assinalando o caráter incidental da ferramenta tecnológica na prática do ilícito, sendo o computador, na perspectiva da atividade de persecução penal, majoritariamente uma fonte para a obtenção de evidências)[19].

Não nos parece adequado que, na definição cibercrime, seja exigido que a conduta ilícita se opere através da rede mundial de computadores: crimes praticados com o uso de dispositivos informáticos podem prescindir do uso da internet, a exemplo de determinadas fraudes bancárias ou a invasão de redes ou bancos de dados fechados, não conectados à rede mundial de computadores. Por outro lado, uma conceituação de cibercrime excessivamente abrangente poderia abarcar condutas de naturezas muito distintas, como crimes relacionados a biopirataria, a segredos industriais, a nanotecnologias e a engenharia genética[20].

---

17. BOSSLER, Adam M.; HOLT, Thomas J. **Cybercrime in progress**: theory and prevention of technology-enabled offenses. New York: Routledge, 2016, p. 06.
18. CLOUGH, Jonathan. **Principles of cybercrime**. Cambridge: Cambridge University Press, 2010, p. 10.
19. BRENNER, Susan W. **Cybercrime:** criminal threats from cyberspace. Oxford: Praeger, 2010, pp. 39-47.
20. CLOUGH, Jonathan. **Principles of cybercrime**. Cambridge: Cambridge University Press, 2010, p. 09.

Dentro de um conceito mais amplo de criminalidade informática, Pedro Dias Venâncio também considera importante distinguir os crimes em que a informática é apenas um novo meio para a prática de um crime não especificamente previsto para o ambiente digital dos crimes em que a informática é um elemento integrador do tipo legal ou do bem juridicamente protegido. Nesse mote, a cibercriminalidade informática em sentido estrito é aquela em que o elemento digital surge como parte integradora do tipo penal ou mesmo como seu objeto de proteção. Essa definição alberga tanto os que têm por bem tutelado o próprio acesso ou funcionalidade da sociedade da informação quanto todos aqueles em que a informática é parte necessária de seus elementos típicos[21].

No plano positivo-normativo, desde sua adesão à Convenção de Budapeste sobre cibercrime e sua promulgação pelo Decreto nº 11.491, de 12 de abril de 2023, pode-se concluir que o Brasil internalizou a definição extraída do preâmbulo do referido tratado. Assim, cibercrimes são ações praticadas contra a confidencialidade, a integridade e a disponibilidade de sistemas informáticos, redes e dados de computador, bem como o abuso de tais sistemas, redes e dados, e tipificadas em lei como ilícitos penais.

Ainda de acordo com a Convenção de Budapeste, há dez espécies de condutas que devem ser tipificadas em sua legislação interna por cada um dos países signatários. Tais condutas estão previstas nos artigos 2 a 11 da convenção e divididos em cinco categorias, correspondentes a seus títulos 1 a 5. No título 1 estão os crimes contra a confidencialidade, integridade e disponibilidade de dados e sistemas de computador, que abrangem: acesso ilegal (art. 2), interceptação ilícita (art. 3), violação de dados (art. 4), interferência em sistema (art.5) e uso indevido de aparelhagem (art. 6). No título 2 estão os denominados *crimes informáticos*, que incluem a falsificação informática (art. 7) e a fraude informática (art. 8). O título 3, sobre *crimes relacionados ao conteúdo da informação*, exige a tipificação do crime de pornografia infantil (art. 9). O título 4 e seu art. 10 tratam da violação de direitos autorais e direitos correlatos. Por fim, o título 5, que dispõe sobre outras formas de responsabilidade e sanções, demanda a criminalização da tentativa, do auxílio ou da instigação à prática de quaisquer dos crimes a que alude a convenção.

21. VENÂNCIO, Pedro Dias. **Lições de direito do cibercrime e da tutela penal de dados pessoais**. Coimbra: D'Ideias, 2022, p. 22.

De acordo com Thiago Misael, os crimes vislumbrados na Convenção de Budapeste podem ser classificados em quatro modalidades: a) crimes contra a confidencialidade, integridade e disponibilidade de dados e sistemas de computador (arts. 2º, 3º, 4º, 5º e 6º); b) crimes informáticos propriamente ditos (arts. 7º e 8º); c) crimes relacionados ao conteúdo da informação (art. 9º), aos quais também podem ser acrescidos os crimes do 1º Protocolo Adicional, de racismo e xenofobia (arts. 3º e 6º); e d) violações a direitos autorais (art. 10)[22].

Os crimes elencados na convenção de Budapeste já têm hoje sua correspondente tipificação no direito brasileiro[23], eis que previstos na legislação extravagante ou incluídos no Código Penal (Decreto-lei nº 2.848/40) em sucessivas alterações legislativas.

O quadro[24] a seguir mostra o estágio atual da legislação brasileira em relação à obrigação assumida de tipificar, no plano normativo interno, as condutas elencadas na convenção de Budapeste:

22. MISAEL, Thiago. **Cibercrime:** Convenção de Budapeste e Leis Brasileiras. 14 abr. 2023. Disponível em: https://investigacaofinanceira.com.br/cibercrime-convencao-de-budapeste-e-leis-brasileiras/. Acesso em 05 set. 2023.

23. De acordo com Thiago Misael, as leis nacionais não cobrem em sua integralidade os mandamentos de criminalização da Convenção de Budapeste. Alguns crimes, como os previstos no artigo 154-A e no art. 266, § 1º, do Código Penal, têm escopo menos abrangente – *i.e.*, tipificam menos condutas – que o vislumbrado pelo tratado internacional. (MISAEL, Thiago. **Cibercrime:** Convenção de Budapeste e Leis Brasileiras. 14 abr. 2023. Disponível em: https://investigacaofinanceira.com.br/cibercrime-convencao-de-budapeste-e-leis-brasileiras/. Acesso em 05 set. 2023).

24. A tabela aqui apresentada é uma versão atualizada e com informações adicionais em relação à originalmente publicada em: CALABRICH, Bruno; VERONESE, Alexandre. Cybercrime in Brazil After the Covid-19 Global Crisis: An Assessment of the Policies Concerning International Cooperation for Investigations and Prosecutions. *In*.: LOISEAU, Hugo; VENTRE, Daniel. **Cybercrime During the SARS-CoV-2 Pandemic (2019-2022)**. Londres: ISTE/Wiley, 2023, p. 128.

| Exigências de tipificação penal feitas pela Convenção de Budapeste | | Tipo penal previsto na lei brasileira: Código Penal (CP), Lei de Interceptação de Comunicações Telefônicas (Lei nº 9.296/96) e Estatuto da Criança e do Adolescente (ECA) | |
|---|---|---|---|
| Artigo 2 | Acesso ilegal | Art. 154-A do CP[25] | Invasão de dispositivo informático[26] |
| Artigo 3 | Interceptação ilícita | Art. 10 da Lei nº 9.296/96[27] | Interceptação telefônica sem autorização judicial[28] |
| Artigo 4 | Violação de dados | Art. 154-A e Art. 313-A do CP | O art. 154-A pune a invasão de dispositivo informático "com o fim de obter, adulterar ou destruir dados ou informações", embora não exija tal resultado para sua consumação; o art. 313-A do CP, além da inserção de dados falsos, tipifica também a alteração ou exclusão indevida de dados de sistemas informatizados ou bancos de dados da Administração Pública. |

25. Tipo penal criado pela Lei nº 14.155/2021.
26. "Art. 154-A. Invadir dispositivo informático de uso alheio, conectado ou não à rede de computadores, com o fim de obter, adulterar ou destruir dados ou informações sem autorização expressa ou tácita do usuário do dispositivo ou de instalar vulnerabilidades para obter vantagem ilícita:

    Pena – reclusão, de 1 (um) a 4 (quatro) anos, e multa.

    § 1º Na mesma pena incorre quem produz, oferece, distribui, vende ou difunde dispositivo ou programa de computador com o intuito de permitir a prática da conduta definida no *caput*.

    § 2º Aumenta-se a pena de 1/3 (um terço) a 2/3 (dois terços) se da invasão resulta prejuízo econômico.

    § 3º Se da invasão resultar a obtenção de conteúdo de comunicações eletrônicas privadas, segredos comerciais ou industriais, informações sigilosas, assim definidas em lei, ou o controle remoto não autorizado do dispositivo invadido:

    Pena – reclusão, de 2 (dois) a 5 (cinco) anos, e multa."
27. Redação dada pela Lei nº 13.869/2019.
28. "Art. 10. Constitui crime realizar interceptação de comunicações telefônicas, de informática ou telemática, promover escuta ambiental ou quebrar segredo da Justiça, sem autorização judicial ou com objetivos não autorizados em lei:

    Pena – reclusão, de 2 (dois) a 4 (quatro) anos, e multa."

| **Exigências de tipificação penal feitas pela Convenção de Budapeste** | | **Tipo penal previsto na lei brasileira: Código Penal (CP), Lei de Interceptação de Comunicações Telefônicas (Lei nº 9.296/96) e Estatuto da Criança e do Adolescente (ECA)** | |
|---|---|---|---|
| Artigo 5 | Interferência em sistema | Arts. 266[29] e 313-B do CP[30] | Interrupção ou perturbação de serviço telegráfico, telefônico, informático, telemático ou de informação de utilidade pública[31] e modificação ou alteração não autorizada de sistema de informações[32] |
| Artigo 6 | Uso indevido de aparelhagem | - | Sem tipo penal correspondente, mas é possível aplicar o art. 29 do CP (ao partícipe) |
| Artigo 7 | Falsificação informática | Arts. 297, 298, 298, § único[33] e 313-A do CP[34] | Falsificação de documento público, falsificação de documento particular, falsificação de cartão e inserção de dados falsos em sistema de informações[35] |
| Artigo 8 | Fraude informática | Arts. 155 e 171, *caput* e § 2º-A do CP[36] | Furto mediante fraude, estelionato e fraude eletrônica[37] |

29. "Art. 266 – Interromper ou perturbar serviço telegráfico, radiotelegráfico ou telefônico, impedir ou dificultar-lhe o restabelecimento:
Pena – detenção, de um a três anos, e multa.
§ 1º Incorre na mesma pena quem interrompe serviço telemático ou de informação de utilidade pública, ou impede ou dificulta-lhe o restabelecimento."

30. "Art. 313-B. Modificar ou alterar, o funcionário, sistema de informações ou programa de informática sem autorização ou solicitação de autoridade competente:
Pena – detenção, de 3 (três) meses a 2 (dois) anos, e multa.
Parágrafo único. As penas são aumentadas de um terço até a metade se da modificação ou alteração resulta dano para a Administração Pública ou para o administrado."

31. Redação dada pela Lei nº 12.737/2012, com a inclusão do §1º ao art. 266 do CPP, prevendo as mesmas penas para a interrupção de serviço *telemático.*

32. O tipo penal criado pela lei nº 9.983/2000.

33. O tipo penal de *falsificação de cartão de crédito ou débito* foi incluído como um parágrafo único do art. 298 do CP pela Lei nº 12.737/2012.

34. "Art. 313-A. Inserir ou facilitar, o funcionário autorizado, a inserção de dados falsos, alterar ou excluir indevidamente dados corretos nos sistemas informatizados ou bancos de dados da Administração Pública com o fim de obter vantagem indevida para si ou para outrem ou para causar dano:
Pena – reclusão, de 2 (dois) a 12 (doze) anos, e multa."

35. Tipo penal criado pela lei nº 9.983/2000.

36. O tipo penal de *fraude eletrônica* foi criado com a introdução do § 2º-A ao art. 171 do CP pela Lei nº 14.155/2021, sem prejuízo das demais formas de estelionato, inclusive quando praticado por vias eletrônicas, mas que não se amoldem à descrição do § 2º-A.

37. "Art. 171 [...]
§ 2º-A. A pena é de reclusão, de 4 (quatro) a 8 (oito) anos, e multa, se a fraude é cometida com a utilização de informações fornecidas pela vítima ou por terceiro induzido a erro por meio de redes

| Exigências de tipificação penal feitas pela Convenção de Budapeste | | Tipo penal previsto na lei brasileira: Código Penal (CP), Lei de Interceptação de Comunicações Telefônicas (Lei nº 9.296/96) e Estatuto da Criança e do Adolescente (ECA) | |
|---|---|---|---|
| Artigo 9 | Pornografia infantil[38] | Arts. 240, 241, 241-A e 241-B, 241-C, 241-D e 241-E do ECA[39] | Produção, armazenamento e compartilhamento, inclusive por meio de sistema de informática ou telemático[40], dentre diversas outras condutas, de conteúdo de sexo explícito ou pornográfico envolvendo criança ou adolescente. |
| Artigo 10 | Violação de direitos autorais e direitos correlatos | Art. 184 do CP[41] | Violação de direito autoral[42] |
| Artigo 11 | Tentativa, auxílio ou instigação à prática de cibercrimes | Arts. 14[43] e 29 do CP | Tentativa, autoria e participação (concurso de pessoas) |

sociais, contatos telefônicos ou envio de correio eletrônico fraudulento, ou por qualquer outro meio fraudulento análogo.

§ 2º-B. A pena prevista no § 2º-A deste artigo, considerada a relevância do resultado gravoso, aumenta-se de 1/3 (um terço) a 2/3 (dois terços), se o crime é praticado mediante a utilização de servidor mantido fora do território nacional."

38. "Outros aspectos relacionados à sexualidade das crianças e adolescentes, que são preocupações internacionais mas não estão inseridas na Convenção de Budapeste, também são previstas na legislação interna, tais como o cyberstalking, tipificado aqui como perseguição (art. 147-A, CP) (11); cyberbullying (12), cuja forma de atuação pode ser enquadrada em calúnia (art. 138, CP), difamação (art. 139, CP) ou injúria (art. 140, CP); e pornografia de vingança (art. 218-C, CP) (13)." (MISAEL, Thiago. **Cibercrime:** Convenção de Budapeste e Leis Brasileiras. 14 abr. 2023. Disponível em: https://investigacaofinanceira.com.br/cibercrime-convencao-de-budapeste-e-leis-brasileiras/. Acesso em 05 set. 2023.)

39. Os tipos dos arts. 241-A e 241-B, 241-C, 241-D e 241-E foram incluídos no ECA (Lei nº 8.069/90) pela Lei nº 11.829/2008.

40. "Art. 241-A. Oferecer, trocar, disponibilizar, transmitir, distribuir, publicar ou divulgar por qualquer meio, inclusive por meio de sistema de informática ou telemático, fotografia, vídeo ou outro registro que contenha cena de sexo explícito ou pornográfica envolvendo criança ou adolescente:

Pena – reclusão, de 3 (três) a 6 (seis) anos, e multa.

§ 1º Nas mesmas penas incorre quem:

I – assegura os meios ou serviços para o armazenamento das fotografias, cenas ou imagens de que trata o *caput* deste artigo;

II – assegura, por qualquer meio, o acesso por rede de computadores às fotografias, cenas ou imagens de que trata o *caput* deste artigo."

41. "Art. 184. Violar direitos de autor e os que lhe são conexos:

Pena – detenção, de 3 (três) meses a 1 (um) ano, ou multa."

42. Redação dada pela Lei nº 10.695/2003.

43. "Art. 14 – Diz-se o crime:

[...]

Em relação à exigência relacionada à criminalização da conduta de *uso indevido de aparelhagem* (artigo 6 da Convenção de Budapeste[44]), é digno de nota que, embora não haja um tipo penal específico, o ordenamento brasileiro, a depender das circunstâncias do caso concreto, permitirá o enquadramento do agente como responsável por quaisquer das condutas ali previstas na qualidade de *partícipe* (do crime principal), nos termos do art. 29 do CP[45].

Também merece registro que o Brasil, ao menos até julho de 2025, não era signatário do primeiro protocolo adicional à Convenção de Budapeste, de 2006, sobre a criminalização de atos de racismo e xenofobia cometidos através de sistemas informáticos[46], nem do segundo protocolo adicional, de março de 2022, relativo ao reforço da cooperação e da comunicação de provas eletrônicas[47]. Todavia, quanto ao primeiro protocolo adicional, seus crimes estão já previstos na Lei nº 7.716/89.

O quadro acima apresentado permite notar que, embora haja espaço para aprimoramentos, os tipos penais a que a alude a Convenção de Budapeste foram sendo paulatinamente introduzidos no direito brasileiro por sucessivas alterações no Código Penal e na legislação extravagante desde

---

II – tentado, quando, iniciada a execução, não se consuma por circunstâncias alheias à vontade do agente."

44. "1. Cada Parte adotará medidas legislativas e outras providências necessárias para tipificar como crimes, em sua legislação interna, as seguintes condutas, quando dolosas e não autorizadas:

    a. a produção, venda, aquisição para uso, importação, distribuição ou a disponibilização por qualquer meio de:

    i. aparelho, incluindo um programa de computador, desenvolvido ou adaptado principalmente para o cometimento de quaisquer dos crimes estabelecidos de acordo com os artigos de 2 a 5;

    ii. uma senha de computador, código de acesso, ou dados similares por meio dos quais se possa acessar um sistema de computador ou qualquer parte dele, com a intenção de usá-lo para a prática de quaisquer dos crimes previstos nos artigos de 2 a 5; e

    b. a posse de qualquer dos instrumentos referidos nos parágrafos a.i ou ii, com a intenção de usá-los para a prática de quaisquer dos crimes previstos nos artigos de 2 a 5. Qualquer Parte pode exigir, por lei, a posse de um número mínimo de tais instrumentos, para que a responsabilidade criminal se materialize."

45. "Art. 29 – Quem, de qualquer modo, concorre para o crime incide nas penas a este cominadas, na medida de sua culpabilidade."

46. CONSELHO DA EUROPA. **First Additional Protocol to the Convention on Cybercrime, concerning the criminalization of acts of a racist and xenophobic nature committed through computer systems (ETS No. 189)**. Disponível em: https://www.coe.int/en/web/cybercrime/first-additional-protocol. Acesso em 14 ago. 2023.

47. CONSELHO DA EUROPA. **Segundo Protocolo Adicional à Convenção sobre o Cibercrime relativo ao reforço da cooperação e da comunicação de provas eletrônicas**. Disponível em: https://www.coe.int/en/web/cybercrime/second-additional-protocol e https://data.consilium.europa.eu/doc/document/ST-14898-2021-INIT/pt/pdf. Acesso em 14 ago. 2023.

os anos 2000 – muito antes, portanto, da adesão do país ao tratado internacional. A Lei nº 12.737/12, por exemplo, conhecida como "Lei Carolina Dieckmann"[48], é celebrada por alguns como o primeiro instrumento legal prevendo especificamente a criminalização de condutas que se identificava como cibercrimes. A lei incluiu dois artigos ao Código Penal e alterou outros dois, e assim mesmo com falhas e omissões graves de técnica legislativa: a adequação típica é tortuosa, por se valer de conceitos imprecisos, e tem preceitos secundários desproporcionalmente brandos[49].

Dentre as inovações legislativas mais recentes estão os tipos criados pela Lei nº 14.155/21, de *furto mediante fraude eletrônica* (art. 155, §4º-B, do CP) e de *fraude eletrônica* (art. 171, §2º-A, do CP), além do aprimoramento da redação para o tipo de *invasão de dispositivo informático* (art. 154-A do CP), incluindo o incremento das penas abstratamente cominadas. Meses antes, a Lei nº 14.132/2021 já havia incluído no Código Penal crime de *perseguição* (art. 147-A[50]), também chamado de *stalking*, que, por ser de ação livre (*i.e.*, que pode ser praticado por qualquer meio, inclusive pela internet), abrange o *cyberstalking*. Por fim, em 12 de janeiro de 2024 entrou em vigor a lei nº 14.811/2024, que incluiu no Código Penal o art. 146-A, criminalizando as condutas de intimidação sistemática (*bullying*)[51] e intimidação sistemática virtual (*cyberbullying*)[52].

---

48. A aprovação da Lei nº 12.737/12 foi marcada pela divulgação de fotos íntimas da atriz Carolina Dieckmann, episódio que recebeu farta cobertura da imprensa à época: "O fato acelerou o processo legislativo que há anos se arrastava sem criar um arcabouço normativo para cibercrimes" (BARRETO, Alesandro Gonçalves; KUFA, Carina; SILVA, Marcelo Mesquita. **Cibercrimes e seus reflexos no direito brasileiro**. 2. ed. rev. atual. e ampl. São Paulo: Juspodivm, 2021, pp. 128-129).

49. BARRETO, Alesandro Gonçalves; KUFA, Carina; SILVA, Marcelo Mesquita. **Cibercrimes e seus reflexos no direito brasileiro**. 2. ed. rev. atual. e ampl. São Paulo: Juspodivm, 2021, p. 129.

50. "Art. 147-A. Perseguir alguém, reiteradamente e por qualquer meio, ameaçando-lhe a integridade física ou psicológica, restringindo-lhe a capacidade de locomoção ou, de qualquer forma, invadindo ou perturbando sua esfera de liberdade ou privacidade.

    Pena – reclusão, de 6 (seis) meses a 2 (dois) anos, e multa."

51. "Art. 146-A. Intimidar sistematicamente, individualmente ou em grupo, mediante violência física ou psicológica, uma ou mais pessoas, de modo intencional e repetitivo, sem motivação evidente, por meio de atos de intimidação, de humilhação ou de discriminação ou de ações verbais, morais, sexuais, sociais, psicológicas, físicas, materiais ou virtuais:

    Pena – multa, se a conduta não constituir crime mais grave."

52. "Art. 146-A. Parágrafo único. Se a conduta é realizada por meio da rede de computadores, de rede social, de aplicativos, de jogos on-line ou por qualquer outro meio ou ambiente digital, ou transmitida em tempo real:

    Pena – reclusão, de 2 (dois) anos a 4 (quatro) anos, e multa, se a conduta não constituir crime mais grave."

Qualquer que seja a classificação adotada – sejam cibercrimes próprios e impróprios, numa categorização bipartite, sejam cibercrimes "alvo", "meio" ou "incidental", numa classificação tripartite, ou separadas conforme os "tipos ideais" da Convenção de Budapeste (em 10 ou 11 categorias, caso se inclua como nova categoria o grupo de crimes previstos em seu primeiro protocolo adicional) –, o fato é que, hoje, virtualmente qualquer crime pode ser investigado com o auxílio de técnicas computacionais e com ferramentas que tratam dados pessoais. O rumoroso homicídio da vereadora Marielle Franco e do motorista Anderson Gomes, em cuja apuração foi realizado o tratamento de dados de geolocalização de vítimas e investigados e técnicas especiais como *geofence*[53], *tower dump*[54] e *dragnet surveillance*[55], apenas

53. A *geofence*, cerco digital ou quebra de sigilo geográfico é o "mapeamento de presença digital, numa área delimitada num específico período de tempo, para fins investigativos. A autoridade competente estabelece um perímetro virtual de busca para descobrir pessoas implicadas num crime. Este cerco digital não prova a autoria de uma infração penal, mas permite identificar potenciais autores e também localizar eventuais testemunhas, mediante uma técnica de rastreamento de dispositivos conectados à Internet, especialmente celulares (*cell phone tracking*)". (ARAS, Vladimir. Cerco Digital ("geofence") e varredura terminológica: balizas constitucionais e legais. *In*: BECHARA, Fábio Ramazzini; SALGADO, Daniel de Resende; GRANDIS, Rodrigo de. **10 anos da Lei de Organizações Criminosas**: aspectos criminológicos, penais e processuais penais. Salvador: Juspodivm, 2023, p. 617).

54. A *tower dump* ou varredura de torre é a obtenção de "informações sobre todos os celulares que se conectaram a essa mesma ERB em certa janela de tempo" (ARAS, Vladimir. Cerco Digital ("geofence") e varredura terminológica: balizas constitucionais e legais. *In*: BECHARA, Fábio Ramazzini; SALGADO, Daniel de Resende; GRANDIS, Rodrigo de. **10 anos da Lei de Organizações Criminosas**: aspectos criminológicos, penais e processuais penais. Salvador: Juspodivm, 2023, p. 622).

55. Segundo Jaqueline Abreu, "o conceito de *dragnet surveillance* refere-se a como parte da literatura tem nomeado um conjunto de técnicas de investigação que envolvem a coleta de dados e informações sobre um número elevado de pessoas (a maioria inocentes), e não apenas sobre aquelas pessoas contra as quais há indícios de envolvimento em atividades criminosas, ou seja, uma suspeita – algo como 'vigilância por arrastão'. É isso que acontece com a instalação de câmeras de monitoramento nas ruas, da utilização de drones também com a mesma finalidade e também em novos formatos de pedidos de quebra de sigilo, em que dados de um universo indeterminado de pessoas são requisitados, para daí tentar achar a agulha no palheiro ou para simplesmente ter essas informações preventivamente". (ABREU, Jaqueline. Tratamento de Dados Pessoais para Segurança Pública: contornos do regime jurídico pós-LGPD. *In*: DONEDA, Danilo; MENDES, Laura Schertel; SARLET, Ingo; RODRIGUES Jr., Otávio Luiz. **Tratado de Proteção de Dados Pessoais**. Rio de Janeiro: Forense, 2021, p. 593).

Reportando-se ao julgamento, pelo STJ, do RMS 61.302-RJ (julgado em 26.08.2020, rel. Rogerio Schietti), Eugênio Facchini Neto conclui o seguinte: "No caso da *dragnet surveillance* [...], os dados colacionados – dados de geolocalização e de acesso a aplicativos da internet – aparentemente são neutros. Todavia, conjugados com outros dados, eles fornecem muitas informações, revelando integralmente o sujeito por trás dos dados. No caso que envolveu a investigação do assassinato de Marielle Franco, objeto da disputa judicial que chegou ao STJ [...], a dificuldade de fazer avançar as investigações, em razão de dificuldades colocadas por parte do próprio aparato policial, e diante da pressão mundial para que os responsáveis fossem identificados e responsabilizados, o uso da referida técnica pareceu-nos justificada, pois passou no teste da proporcionalidade – era adequada, necessária e proporcional em sentido estrito. Mas, como toda medida excepcional, deve ser usada apenas excepcionalmente, quando inexistentes outras formas menos invasivas de investigação, em razão da proteção constitucional dos dados pessoais" (FACCHINI NETO, Eugênio. Limites à proteção

exemplificam como é candente, no Brasil, o debate sobre os limites para o tratamento de dados pessoais em investigações e processos criminais[56].

Definição e classificação de cibercrimes são inegavelmente úteis para a intelecção do fenômeno criminal e para a dogmática penal. Entretanto, têm cada vez menos relevância na sua relação com a dogmática do processo penal e com as ferramentas de investigação criminal, que se aplicam a qualquer tipo de crime.

Importa perceber, pois, que a temática do tratamento de dados na persecução penal não se limita à cibercriminalidade: "*once the province of 'computer crime' cases such as hacking, digital evidence is now found in every crime category*"[57]. Sejam cibercrimes próprios, sejam impróprios, sejam crimes que essencialmente nada têm a ver com o uso da internet ou de outras ferramentas tecnológicas, hoje em dia, e cada vez mais no futuro, todo e qualquer crime que seja investigado ou processado demandará o tratamento de dados pessoais. Compreender as restrições técnicas e legais para o desempenho dessa atividade não interessa somente ao fenômeno da cibercriminalidade[58].

---

de dados: *Dragnet surveillance* e o caso Marielle franco, de acordo com recente julgamento da terceira Seção do STJ. *In*: SARLET, Gabrielle Bezerra Sales; TRINDADE, Manoel Gustavo Neubarth; MELGARÉ, Plínio. **Proteção de dados:** temas controvertidos. São Paulo: Foco, 2021, pp. 145-146).

56. No STJ, há diversos precedentes no sentido de que a "determinação judicial de quebra de sigilo de dados informáticos estáticos (registros), relacionados à identificação de usuários que operaram em determinada área geográfica e período de tempo, com fundamentação suficiente, não se mostra desproporcional, nem ofende a proteção constitucional à privacidade e à intimidade": AgRg no RMS 69366/SP, Rel. Ministro Joel Paciornik, 5ª Turma, j. em 28.08.2023, DJe de 30.08.2023; RMS 71025/PR, Rel. Min. Reynaldo Soares da Fonseca, 5ª Turma, j. em 23.05.2023, DJe de 29.05.2023; AgRg no RMS 68119/RJ, Rel. Ministro Jesuíno Rissato (Desembargador convocado do TJDFT), 5ª Turma, j. em 15.03.2022, DJe de 28.03.2022; AgRg no RMS 66138/MT, Rel. Ministro Antonio Saldanha Palheiro, 6ª Turma, j. em 28/09/2021, DJe de 07.10.2021; AgRg no RMS 65993/SP, Rel. Ministro Felix Fischer, 5ª Turma, j. em 18.05.2021, DJe de 25.05.2021; RMS 62143/RJ, Rel. Ministro Rogerio Schietti Cruz, 3ª Seção, j. em 26.08.2020, DJe de 08.09.2020. (BRASIL. Superior Tribunal de Justiça. **Jurisprudência em teses**. ed. nº 223. Disponível em: https://scon.stj.jus.br/SCON/jt/doc.jsp?&b=TEMA&p=true&thesaurus=JURIDICO&l=20&i=223. Acesso em 08 nov. 2023).

57. ESTADOS UNIDOS. Department of Justice. Office of Justice Programs. National Institute of Justice. **Digital evidence in the courtroom**: a guide for law enforcement and prosecutors. Jan. 07, p. xi. Disponível em: https://www.law.du.edu/images/uploads/library/evert/DigitalEvidenceinTheCourtroom.pdf. Acesso em 29 ago. 2023.

58. Afirma-se atualmente não haver mais uma duplicidade de mundos, um analógico e outro digital ou virtual: o que ocorreu foi a transposição do mundo *offline*, do real, para o mundo *online*, afetando profundamente as dimensões culturais do social e de sua (re)estruturação. (MAHONEY, Michael. S. The histories of computing(s). **Interdisciplinary Science Reviews**, 2005, vol. 30, nº 2, pp. 119-135; CAMPOS, Ricardo. **Metamorfoses do direito global**: sobre a interação entre Direito, tempo e tecnologia. São Paulo: Contracorrente. 2022, pp. 257-258). Em sentido mais profundo, Ulrich Beck explica que, enquanto a revolução digital refere-se a uma mudança social determinada pela tecnologia – e, a princípio, compreendida como algo positivo para a humanidade, porquanto fruto de um processo linear, progressivo e intencional – a metamorfose digital representa os efeitos colaterais

### 2.1.2 Garantismo processual penal e obrigações processuais positivas

O direito penal e o processo penal são instrumentos para a proteção de direitos fundamentais individuais e transindividuais. Punir quem cometeu um crime de forma proporcional a sua gravidade e com estrito respeito às regras previstas em lei é tutelar direitos fundamentais – de réus, de vítimas e de toda a sociedade. Impunidade é desproteção a direitos fundamentais. Mas qualquer sanção penal que for aplicada sem o respeito a direitos do réu – no que se incluem o contraditório e a ampla defesa – será uma sanção injusta, ainda que tenha ele praticado um crime.

O réu tem direito a um julgamento justo, formado com base num processo no qual sejam respeitados todos os seus direitos e ao fim do qual, se culpado, seja sancionado com uma pena proporcional à gravidade da conduta criminosa provada em juízo. A vítima tem direito, no mínimo, à verdade sobre os fatos, que hão de ser reconstruídos no processo de acordo com as provas que se consiga produzir. E a sociedade tem direito à justa punição de quem tiver praticado um crime[59]. Um processo verdadeiramente garantista deve dirigir-se a todos esses vértices. A equação do processo penal não será completa nem equilibrada se desconsiderar ou inferiorizar quaisquer desses direitos.

Garantismo não é impunidade. Não é condenação a qualquer custo, assim como não é absolvição a qualquer custo. Se o sentido do direito penal fosse apenas o de "impedir que inocentes sejam condenados", bastaria extinguir o direito penal: se nenhuma conduta for tipificada como crime – ou seja, se não houver nenhum crime (previsto em lei) a punir –, não haverá pena a aplicar. Se o sentido do processo penal fosse apenas "proteger direitos individuais de réus e investigados", bastaria, de igual sorte, acabar com o processo penal: se não existir processo penal – ou seja, se o Estado não dispuser de nenhum instrumento para a aplicação de penas a quem tiver praticado um crime –, não haverá como praticar abusos contra réus e investigados *dentro*

---

indesejados e frequentemente "invisíveis" desse processo. Na revolução digital, há clara distinção entre *online* e *offline*, sendo o *online* o "novo". Na metamorfose digital, diferentemente, há entrelaçamento entre *online* e *offline*, dando forma a um novo tipo de ser humano, amalgamado num ser digital (BECK, Ulrich. **A metamorfose do mundo:** novos conceitos para uma nova realidade. Rio de Janeiro: Zahar, 2018, p. 190-191).

59. "A vítima, como o réu, tem direito (a uma) decisão justa. A pena, por seu turno, (é) a medida jurídica do dano social decorrente do crime." (BRASIL. Superior Tribunal de Justiça. **Resp. nº 135.549/RJ**, Sexta Turma, rel. min. Luiz Vicente Cernicchiaro, v.u., julgado em 02.04.1998, DJ de 26.10.1998).

de um processo penal. O absurdo dessas hipóteses, no sentido da extinção do processo e do direito penal, traduz nada mais que um abolicionismo, que é a verdadeira negação do garantismo[60]. Garantismo é o respeito a regras e princípios que protegem direitos fundamentais da sociedade e da vítima e direitos fundamentais de acusados e investigados. É a leitura sistêmica, integral, de todos os direitos e garantias previstos na Constituição, e não sua leitura "em tiras"[61]. Garantismo, releve-se a repetição, é equilíbrio[62].

O reconhecimento dessa faceta dúplice – que é da essência do garantismo penal e processual penal – equivale à compreensão das expressões consagradas do direito alemão *Übermaßverbot* e *Untermaßverbot*, corolários do (meta)princípio da proporcionalidade e traduzidas no Brasil como os princípios da proibição de excesso da proibição de proteção deficiente. É nada mais que constatar, no sistema de justiça criminal, aquilo que diversos autores mundo afora descrevem, sucintamente, como as funções de "espada" e "escudo" para os direitos humanos[63].

Se a vedação à proteção deficiente e a vedação de excesso já foram largamente assimilados no Brasil como implícitos em nosso sistema

---

60. De acordo com Luigi Ferrajoli, as doutrinas abolicionistas, "sejam elas radicais ou holísticas, evitam todas as questões mais específicas da justificação e da deslegitimação do direito penal – da qualidade e quantidade das penas, da qualidade e quantidade das proibições, das técnicas de controle processual – desvalorizando toda e qualquer orientação garantista, confundindo em uma rejeição única modelos penais autoritários e modelos penais liberais, e, portanto, não oferecendo nenhuma contribuição à solução dos difíceis problemas ligados à limitação e ao controle do poder punitivo" (FERRAJOLI, Luigi. **Direito e razão**: teoria do garantismo penal. Trad. Luis Flávio Gomes et al. São Paulo: RT, 2002, p. 203).

61. Na feliz expressão de Eros Grau, "não se interpreta a Constituição em tiras, aos pedaços" (GRAU, Eros Roberto. **A ordem econômica na Constituição de 1988**: interpretação e crítica. 8. ed. rev. e atual. São Paulo: Malheiros, 2003, p. 145).

62. Para uma síntese das premissas teóricas do garantismo de Luigi Ferrajoli: CALABRICH, Bruno Freire de Carvalho. **Investigação criminal pelo Ministério Público**: fundamentos e limites constitucionais. São Paulo: RT, 2007, pp. 137-147.

63. "*It is self-evident that there is a close relationship between human rights and criminal law. This is demonstrated in particular by the various instruments safeguarding fundamental rights and freedoms, whether in domestic, European or international law, in which this relationship is amply illustrated on three levels: classification of offences, sentences and procedure. The obvious nature of this relationship – at least in relative terms – should not, however, obscure its complex and paradoxical character, or the changes and discussions to which it has been subject.*

*The paradox affecting this relationship has already been discussed by many writers. According to Mireille Delmas-Marty, it lies in the fact that 'the criminal law appears to be both a protection and a threat for fundamental rights and freedoms' or, in other words, not only 'a law which protects' but 'a law from which protection is required'. Others have expressed it by describing human rights as both the 'shield' and the 'sword' of criminal law.*"

(TULKENS, Françoise. The paradoxical relationship between criminal law and human rights. **Journal of International Criminal Justice.** vol. 9, Issue 3, Jul/2011, p. 578)

constitucional[64], não deveria ser tormentosa, como às vezes parece ser, a compreensão desse duplo vetor axiológico do garantismo.

A adequada compreensão do garantismo implica reconhecer que há sempre *trade-offs*: uma proteção excessiva a direitos individuais pode conduzir ao estrangulamento de direitos transindividuais, assim como uma proteção excessiva a direitos transindividuais pode conduzir ao estrangulamento de direitos individuais. Uma visão garantista da intersecção do processo penal com a proteção de dados pessoais, por exemplo, impõe admitir que criar restrições desproporcionais, porquanto sem justificativa racional plausível, para o tratamento de dados pessoais na persecução penal resultará em investigações e processos nos quais as partes não disporão de ferramentas úteis para certificar os fatos. Não criar restrições, ou fixá-las em grau demasiadamente reduzido, resultará em investigações e processos nos quais os titulares de dados pessoais serão vulnerabilizados. Uma persecução penal só será eficiente quando puder proporcionar equilíbrio na proteção do interesse de réus e investigados, do interesse público e do interesse de titulares dos dados pessoais. A proteção simultânea e harmoniosa de todos esses interesses é, em si, um interesse público.

Adotar o garantismo como referencial teórico não implica admitir como verdadeira toda e qualquer opinião escrita por Luigi Ferrajoli. O garantismo não é infenso a críticas[65], assim como não o são algumas das propostas de

64. "Em outras palavras, não há liberdade (absoluta) de conformação legislativa nem mesmo em matéria penal, ainda que a lei venha a descriminalizar condutas consideradas ofensivas a bens fundamentais. Nesse sentido, se de um lado há a proibição de excesso (*Übermassverbot*), de outro há a proibição de proteção deficiente (*Untermassverbot*). Ou seja, o direito penal não pode ser tratado como se existisse apenas uma espécie de garantismo negativo, a partir da garantia de proibição de excesso. Com efeito, a partir do papel assumido pelo Estado e pelo Direito no Estado Democrático de Direito, o direito penal deve ser (sempre) examinado também a partir de um garantismo positivo, isto é, devemos nos indagar acerca do dever de proteção de determinados bens fundamentais através do direito penal. Isto significa dizer que, quando o legislador não realiza essa proteção via direito penal, é cabível a utilização da cláusula 'proibição de proteção deficiente' (*Untermassverbot*)." STRECK, Lenio Luiz. Da proibição de excesso (übermassverbot) à proibição de proteção deficiente (untermassverbot): de como não há blindagem contra normas penais inconstitucionais. **Revista do Instituto de Hermenêutica Jurídica**: RIHJ, Belo Horizonte, v. 1, nº 2, jan./dez. 2004.

65. Por todos, mencionem-se os seguintes textos críticos à teoria do garantismo: CHEMIM, Rodrigo. **Processo penal:** fundamentos dos fundamentos. Porto Alegre: Citadel, 2023, pp. 92-117. Edição do Kindle; THIBAU, Vinícius Lott. **Garantismo e processualidade democrática**. Belo Horizonte: D'Plácido, 2018; MAIA, Alexandre da. O garantismo jurídico de Luigi Ferrajoli: notas preliminares. **Revista de Informação Legislativa**, ano 37, nº 145, jan.-mar. 2000; e BEDÊ JUNIOR, Américo. Uma Crítica ao Garantismo de Ferrajoli: limites e possibilidades. *In*: CRUZ, Rogerio Schietti; BEDÊ JUNIOR, Américo; DEZEM, Guilherme Madeira. **Justiça criminal:** a prova no processo penal na ótica dos juízes brasileiros. São Paulo: RT, 2023, vol. 2, pp. 31-82.

aplicação prática feitas pelo jurista italiano[66]. Assumir o garantismo como referencial teórico significa, para o presente estudo, afirmar a correlação entre suas premissas, ou seus elementos fundamentais, e o desenho constitucional brasileiro. Um processo penal conforme a Constituição brasileira é, afinal, um processo penal garantista.

Nenhuma das premissas aqui abraçadas pode ser confundida com a defesa de um expansionismo do direito penal. Muito ao revés, o direito penal deve ser limitado ao mínimo necessário à tutela dos interesses mais caros a uma sociedade: o direito penal mínimo é uma premissa garantista, que deve ser sempre reafirmada. Em contraste, tampouco se pode ceder à tentação de slogans populistas como "combate à corrupção" e "combate à impunidade", amiúde invocados para, com apoio numa verdadeira criminologia midiática, justificar atos e decisões com baixa densidade argumentativa e que, a despeito de suas declaradas "boas intenções", podem representar um perigo para a democracia e para o direito[67].

A esmagadora maioria dos tipos penais atualmente previstos na legislação brasileira pode ser resolvida por saídas abreviadas, que são soluções alternativas ao julgamento do mérito da acusação após a instrução processual penal. As saídas abreviadas são a transação penal[68] (para crimes com pena máxima não superior a 2 anos – arts. 62 e 76 da Lei nº 9.099/95), a suspensão condicional do processo (aplicável a crimes com pena mínima não

66. Ao apresentar exemplos concretos de aplicação de sua teoria, Ferrajoli faz, em alguns temas bastante específicos, determinadas opções aparentemente arbitrárias. Dois exemplos disso são o tempo máximo de uma pena da prisão, que Ferrajoli inicialmente propõe que seja de 10 anos (FERRAJOLI, Luigi. **Direito e razão**: teoria do garantismo penal. Trad. Luis Flávio Gomes et al. São Paulo: RT, 2002, p. 603). Posteriormente, o próprio Ferrajoli aceitou aumentar esse tempo máximo para 15 ou 20 anos (FERRAJOLI, Luigi; PONTES, José Antonio Siqueira; BRONZO, Pasquale. Entrevista com Luigi Ferrajoli. **DESC – Direito, Economia e Sociedade Contemporânea**. Campinas: FACAMP – Faculdade de Campinas. v. 2, nº 1, pp. 31-50, Jan/Jun. 2019, p. 38); num e noutro caso, não há explicação clara para sua escolha (porque não 5, 12 ou 25 anos?). Outro exemplo é seu repúdio à prisão preventiva, que ele define como uma espécie de antecipação de pena, aceitando-a apenas para evitar a destruição de provas (FERRAJOLI, Luigi. **Direito e razão**: teoria do garantismo penal. Trad. Luis Flávio Gomes et al. São Paulo: RT, 2002, p. 449) mas ignorando sua necessidade para casos de reiteração criminosa (o que fazer com homicidas seriais, por exemplo?). Esses problemas, contudo, são pontuais e não desnaturam a teoria, até porque podem ser criticados exatamente por não estarem plenamente de acordo com suas premissas.

67. FREIRE JUNIOR, Américo Bedê; SENNA, Gustavo. A Atuação do Juiz no Processo Penal: por uma hermenêutica constitucional para evitar a degeneração do direito. **Direitos Fundamentais & Justiça.** ano 17, nº 48, jan./jun. 2023. Belo Horizonte: Forum, p. 203.

68. Em crimes de ação penal de iniciativa privada ou de ação penal pública condicionada à representação, a composição civil dos danos acarreta a renúncia ao direito de queixa ou representação. Nada impede a composição civil para crimes de ação penal pública incondicionada, mas o acordo, nesses casos, não traz consequências processuais diretas (i.e., não afeta o direito de ação). Assim, a despeito de sua aplicação mais restrita, a composição civil dos danos também pode ser incluída dentre as saídas abreviadas.

superior a 1 ano – art. 89 da Lei nº 9.099/95) e o acordo de não persecução penal (art. 28-A do CPP). As saídas abreviadas são ótimos instrumentos por diversos motivos, mas especialmente por contribuírem para o descongestionamento do sistema judicial como um todo e por permitir celeremente a aplicação concreta e de uma sanção proporcional ao fato ilícito. A pena privativa de liberdade deve ser reservada a crimes graves, praticados com violência ou grave ameaça e que tenham elevada repercussão social, como crimes de corrupção e do colarinho branco, exatamente por representarem graves violações de direitos humanos[69]. O direito penal mínimo, reitere-se, é uma premissa garantista; a aplicação de penas proporcionais à gravidade do crime – não necessariamente a prisão – também. Nada disso se confunde com abolicionismo penal[70].

Também é importante reconhecer que o direito penal, assim como seu instrumento de aplicação (o processo penal), precisam "evoluir e se adequar às demandas sociais relacionadas à proteção de Direitos", para proteger bens transindividuais e garantir, a um só tempo: "1) a eficiência persecutória do Estado, 2) sua legitimidade perante a sociedade, 3) sua legitimidade perante as vítimas e 4) assegurar que, na sociedade de risco, direitos dos acusados não sejam atropelados sem respaldo técnico e legal"[71]. Isso inclui a proteção de dados pessoais de réus e investigados.

Como assinala Frederico Valdez Pereira, o cânone constitucional do justo processo é usualmente associado à "salvaguarda dos direitos e

69. Segundo a Resolução nº 1/18 (*Corrupción y Derechos Humanos*) da Comissão Interamericana de Direitos Humanos, a corrupção "*es un complejo fenómeno que afecta a los derechos humanos en su integralidad – civiles, políticos, económicos, sociales, culturales y ambientales –, así como al derecho al desarrollo; debilita la gobernabilidad y las instituciones democráticas, fomenta la impunidad, socava el Estado de Derecho y exacerba la desigualdad.*" É no mesmo sentido o entendimento da Corte Interamericana de Direitos Humanos: "*Al respecto, este Tribunal destaca las consecuencias negativas de la corrupción y los obstáculos que representa para el goce y disfrute efectivo de los derechos humanos, así como el hecho de que la corrupción de autoridades estatales o prestadores privados de servicios públicos afecta de una manera particular a grupos vulnerables. Además, la corrupción no solo afecta los derechos de los particulares individualmente afectados, sino que repercute negativamente en toda la sociedad, en la medida en que 'se resquebraja la confianza de la población en el gobierno y, con el tiempo, en el orden democrático y el estado de derecho'*" (CORTE INTERAMERICANA DE DIREITOS HUMANOS. **Caso Ramírez Escobar y Otros v. Guatemala**. Sentença de 9 de março de 2018. Disponível em: https://www.corteidh.or.cr/docs/casos/articulos/seriec_351_esp.pdf. Acesso em 14 mai. 2024).

70. O abolicionismo processual penal, que será adiante referido, costuma calhar exatamente em casos mais graves, para os quais um sistema garantista ideal deve prever a aplicação de sanções proporcionalmente mais elevadas e, exatamente por isso, não são passíveis de resolução pelas chamadas saídas processuais abreviadas.

71. QUINTIERE, Víctor Menervino. **O direito penal nas sociedades digitais**: da expansão às perspectivas à luz do Criminal Dataveillance, da criminologia e do direito à não auto-incriminação. Belo Horizonte/São Paulo: D'Plácido, 2022, pp. 117-118.

garantias processuais elementares dos imputados, o que induz muitos autores a considerar que o justo processo se limita a conjugar os direitos de defesa"[72]. Há, pois, quem compreenda o processo penal como um abuso "em si". Aury Lopes, por exemplo, define o processo penal como "uma cerimônia degradante"[73]. Essa concepção do processo como um abuso e não como um instrumento para a proteção de direitos fundamentais (inclusive os do réu, contra o abuso) pode se espraiar para variados subtemas. Conduz, por exemplo, a que se ignore que quase todas as condenações que o Brasil sofreu na Corte Interamericana de Direitos Humanos foram por não proteger vítimas ou por não punir responsáveis; conduz a objetificar e a revitimizar a vítima, ao sugerir que seu papel no processo penal deve ser limitado ao de reles espectadora; conduz à ignorância de que é sobretudo do interesse de toda a sociedade (não do juiz, não da polícia, não do Ministério Público) a aplicação de uma pena justa a quem cometeu um crime, o que tem como pressuposto ser a pena o resultado de um processo em que todos os direitos do réu são respeitados[74]. Processo como um abuso *versus* processo como um instrumento: embora costume ser professada de modo sutil, a divergência conceitual é gritante.

Uma leitura equivocada do garantismo de Ferrajoli resulta, assim, em sucessivas interpretações equivocadas sobre a totalidade do sistema penal e processual penal. Sendo impossível conciliar, no plano teórico, abolicionismo penal com garantismo, cria-se o que se pode chamar de abolicionismo processual penal[75]: um abolicionismo penal disfarçado pela defesa de regras

---

72. PEREIRA, Frederico Valdez. **Fundamentos do justo processo penal convencional**. São Paulo: D'Plácido. 2021, p. 26.
73. LOPES JUNIOR, Aury. **Fundamentos do processo penal**. São Paulo: Saraiva, 2015, p. 59.
74. "Opiniões como a de que 'o Direito Penal nada deve à vítima' são sintomáticas da completa falta de compreensão de como se insere o Brasil no cenário internacional de proteção dos direitos humanos, cuja irradiação de efeitos deve se fazer sentir nas obrigações positivas do Estado no sistema processual penal interno." (MAZZUOLI, Valério de Oliveira; PIEDADE, Antônio Sérgio Cordeiro. Punir como *standard* de Direitos Humanos: centralidade de proteção das vítimas no Direito Internacional dos Direitos Humanos e no Processo Penal brasileiro. **Revista dos Tribunais**, v. 112, nº 1055, set. 2023. São Paulo: RT, p. 141)
75. Segundo Américo Bedê, há um núcleo comum em determinadas visões críticas do processo penal, que é a "[...] lógica de que o processo penal é um jogo de cartas marcadas que deliberadamente serve para anseios ilegítimos, além de ser uma forma de opressão com parcialidade, ou ignorância, dos seus protagonistas, que, no mínimo, são complacentes com a injustiça e pretendem manter o poder autoritário de decidir de acordo com seus desejos.

    Essas utopias (distopias) do processo penal têm seu ápice na defesa de um abolicionismo processual, um direito de não ser julgado. Inconscientemente, ou não, há uma tentativa de, na via do processo de inviabilizar a condenação penal (sempre tida por ilegítima, autoritária), transformar o processo penal em um instrumento de injustiça e opressão independentemente do que foi praticado pelo réu no mundo da vida."

geralmente não positivadas e pretensamente extraídas de princípios (garantistas) do processo penal que impedem, na prática e em absoluto, a aplicação de uma sanção penal. Isso é algo jamais defendido por Luigi Ferrajoli. Muito ao revés, escreveu ele que:

> Se, no que tange às duas alternativas abolicionistas representadas pelos sistemas disciplinares, as formas jurídicas da proibição e da pena se justificam enquanto técnicas de controle que exponenciam a liberdade de todos, no que concerne às duas alternativas representadas pelos sistemas selvagens as mesmas se justificam enquanto técnicas que, compativelmente com a liberdade, exponenciam a segurança geral, inclusive aquela dos réus. O duplo objetivo do direito penal, já dissemos, é a prevenção quer dos delitos, quer das reações informais a ele. Este segundo objetivo, por sua vez, se articula em duas finalidades, quais sejam a prevenção geral da vingança privada, individual e coletiva, tal como expressa na vingança de sangue, no exercício das próprias razões, no linchamento, na represália e outros similares, e a prevenção geral da vingança pública, que, na ausência do direito penal, seria atuada por poderes soberanos de tipo absoluto e despótico, não regulados nem limitados por normas e garantias[76].

São inegáveis as graves deficiências de nosso sistema de justiça criminal, seja sob o aspecto de desrespeito a direitos de réus e investigados, seja sob a ótica da impunidade. Mas o processo penal, ainda que falho, é um instrumento para a correção dessas deficiências. Compreender o processo penal como um abuso em si pode ser confortavelmente paralisante: basta criticá-lo, sem pôr nada no lugar. Ver o processo como causa irremediável da violação de direitos fundamentais é, implícita ou expressamente, advogar sua demolição: retire-se a causa e não haverá a consequência. Conceber o processo penal como um instrumento para a promoção de direitos fundamentais, diversamente, exige o compromisso de reconhecer suas graves imperfeições, que existem como em qualquer construção social humana, e de trabalhar, apontando-as e criticando-as, para corrigi-las. Aboli-lo, assim como abolir o direito penal material, não são soluções racionalmente válidas.

---

(BEDÊ JUNIOR, Américo. Contra o Abolicionismo Processual Penal: a esperança de um processo penal justo. *In*: CRUZ, Rogerio Schietti; BEDÊ JUNIOR, Américo; DEZEM, Guilherme Madeira. **Justiça criminal:** a prova no processo penal na ótica dos juízes brasileiros. São Paulo: RT, 2022, vol. 1, p. 20).

76. FERRAJOLI, Luigi. **Direito e razão**: teoria do garantismo penal. Trad. Luis Flávio Gomes et al. São Paulo: RT, 2002, p. 274.

Há quem critique, e com razoáveis argumentos, essa compreensão conglobante do processo penal, que reputa essencial a tutela de direitos de réus e investigados, mas não se limita a estes. Segundo Jürgen Wolter, não existiria um "direito fundamental à segurança de população" nem uma pretensão da coletividade a um julgamento justo que pudessem ser contrapostos a direitos fundamentais do réu ou investigado[77]. Ainda de acordo com Jürgen Wolter, que critica diversas decisões que vêm sendo majoritariamente tomadas pelo Tribunal Constitucional Alemão (*Bundesverfassungsgeriricht*, ou *BverfG*) nesse sentido[78], deveriam ser rechaçados quaisquer esforços para, ao lado da "garantia de uma persecução penal eficiente e conforme ao Estado de Direito", aquilatar-se a existência também de um dever do Estado de proteger "a segurança de seus cidadãos". Essa crítica, a nosso ver profundamente equivocada (e felizmente minoritária, ao menos no Tribunal Constitucional Alemão), parte da premissa de que direitos de réus e investigados são absolutos e insuscetíveis de ponderação. Isso leva a consequências de frágil consistência, especialmente se transplantadas para uma realidade como a brasileira.

Há que se concordar com o autor quando ele, baseado em decisões do Tribunal Constitucional Alemão e da Corte Federal de Justiça Alemã (*Bundesgerichtshof*, ou BGH, equivalente ao Superior Tribunal de Justiça brasileiro), identifica alguns direitos como componentes do núcleo de dignidade da pessoa humana que não pode ser devassado. Assim, são interditados ao Estado a tortura e o tratamento degradante; a provocação de uma autoincriminação ao telefone causada pelo aproveitamento de uma relação de confiança (circunvencionando o direito do investigado ao silêncio); a extração de informações de um preso provisório por uma pessoa de confiança; a restrição ao contato com advogados e o encarceramento em condições insuportáveis[79]. Outras situações há, contudo, que não parecem integrar tal núcleo de intangibilidade, o núcleo do *inviolável* e do *indevassável*. O mesmo autor defende, por exemplo, que viola a dignidade da pessoa humana e o direito

77. WOLTER, Jürgen. **O inviolável e o intocável no direito processual penal**: Reflexões sobre a dignidade humana, proibições de prova, proteção de dados (e separação informacional de poderes) diante da persecução penal. São Paulo: Marcial Pons, 2018, p. 96.
78. WOLTER, Jürgen. **O inviolável e o intocável no direito processual penal**: Reflexões sobre a dignidade humana, proibições de prova, proteção de dados (e separação informacional de poderes) diante da persecução penal. São Paulo: Marcial Pons, 2018, pp. 120-127.
79. WOLTER, Jürgen. **O inviolável e o intocável no direito processual penal**: Reflexões sobre a dignidade humana, proibições de prova, proteção de dados (e separação informacional de poderes) diante da persecução penal. São Paulo: Marcial Pons, 2018, pp. 87-89.

ao silêncio a obtenção de padrões vocais (amostras de fala) de um investigado, mesmo sem que nenhuma coação seja feita pelo Estado e bastando (para configurar tal indignidade) que a coleta desses dados seja oculta ou sub-reptícia[80] (ou seja: em nenhuma hipótese, nem mesmo com autorização judicial fundada na sua necessidade para uma investigação, seria lícito ao Estado obter, por captação ambiental, interceptação telefônica ou qualquer outro meio, padrões vocais de alguém – a não ser que o investigado expressamente o consinta). Para diversas situações, somente o sopesamento dos interesses e princípios em aparente colisão, conforme as singularidades do caso concreto, oferecerá uma resposta equilibrada, que contemple o mínimo de contração e o máximo de proteção a uns e outros. Impedir, a *priori*, a atividade do Estado não será sempre a resposta que melhor equilibrará os direitos fundamentais em risco.

Há muito mais presos do que comporta o sistema penal brasileiro. O Brasil teve, em 2023, mais de 830 mil pessoas encarceradas, com um déficit de cerca de 230 mil de vagas, confirmando um estado de coisas inconstitucional já declarado pelo STF desde o julgamento da ADPF nº 347, em 2015. Ainda assim, listaram-se em 2023 mais de 330 mil mandados de prisão em aberto[81]. A denotar o forte componente racial na aplicação de medidas privativas de liberdade, 68,2% desses presos são pessoas negras, percentual consideravelmente superior ao da população brasileira (56%)[82].

Não obstante, são igualmente vergonhosos os números de infrações penais praticadas. A quantidade de mortes violentas, decorrentes de crimes como homicídio[83] e latrocínio, estão próximas de 50 mil ao ano, comparáveis a números de países em guerra, e crimes contra mulheres e crianças, para citar apenas dois grupos socialmente vulneráveis, crescem em ritmo

80. WOLTER, Jürgen. **O inviolável e o intocável no direito processual penal**: Reflexões sobre a dignidade humana, proibições de prova, proteção de dados (e separação informacional de poderes) diante da persecução penal. São Paulo: Marcial Pons, 2018, p. 96.

81. BRASIL. Conselho Nacional de Justiça. **Portal do BNMP**. Versão: 2.3.2. Disponível em: https://portalbnmp.cnj.jus.br/#/estatisticas. Acesso em 26 jul. 2023.

82. FÓRUM BRASILEIRO DE SEGURANÇA PÚBLICA. **17º Anuário Brasileiro de Segurança Pública**. São Paulo: Fórum Brasileiro de Segurança Pública, 2023. Disponível em: https://forumseguranca.org.br/anuario-brasileiro-seguranca-publica/. Acesso em 26 jul. 2023.

83. Segundo relatório divulgado pela ONU em 08.12.2023 com base em dados do ano de 2021, o Brasil é, em números absolutos, o país em que mais são praticados homicídios em todo o planeta (42.562). Em números relativos, o Brasil registra quase quatro vezes mais do que a média global de homicídios, com 22,38 mortes a cada 100 mil habitantes. Esses números já foram até piores: em 2017, o Brasil atingiu o pico de mais de 65 mil homicídios. (UNODC – United Nations Office on Drugs and Crime. **Global Study on Homicide 2023**. Disponível em: https://www.unodc.org/unodc/en/data-and-analysis/global-study-on-homicide.html. Acesso em 10 dez. 2023).

consistente[84]. Paradoxalmente, o número de crimes de qualquer natureza – mas especialmente crimes do colarinho branco – efetivamente investigados, processados e punidos é baixo, o que se reflete na percepção sobre qualidade do sistema de justiça criminal brasileiro. Investigações são ineficientes em produzir elementos informativos que permitam descortinar ilícitos, processos são excessivamente demorados, muitos redundam em prescrições ou nulidades e, ao cabo, o sistema penal como um todo é incapaz de reduzir o número de crimes praticados.

Quanto ao devido processo legal, o Brasil também se destaca negativamente por sua parcialidade e pelo desrespeito a direitos dos acusados[85].

Em relatório divulgado pelo Comitê de Direitos Humanos da Organização das Nações Unidas reconheceu-se que o Brasil teve nos últimos anos significativos avanços em termos de políticas públicas e iniciativas legislativas, incluindo a ratificação de alguns tratados internacionais. Entretanto, foram destacados vários pontos de preocupação e sugeridas diversas medidas para o aprimoramento das fragilidades detectadas. Quanto a crimes cometidos contra mulheres, por exemplo, recomendou-se que seja assegurado que todos os casos de violência, incluindo a violência doméstica, sejam objeto de uma investigação aprofundada, que os autores sejam julgados e, se condenados, efetivamente punidos; e que as vítimas tenham acesso a mecanismos de proteção adequada (item 24 do relatório). A respeito da criminalidade do colarinho branco e medidas anticorrupção, constatou-se a demora nos julgamentos e o acúmulo de processos judiciais; assim, recomendou-se ao Brasil que aumente seus esforços para erradicar a impunidade em todos os níveis, e que todos os casos sejam pronta e devidamente julgados e os autores sejam punidos de forma proporcional à gravidade dos seus crimes (itens 9 e 10 do relatório)[86].

É nesse quadro de iniquidade, certificada inclusive no plano internacional, que se deve inserir o direito à segurança pública, "prerrogativa constitucional indisponível, garantido mediante a implementação de políticas

84. FÓRUM BRASILEIRO DE SEGURANÇA PÚBLICA. **17º Anuário Brasileiro de Segurança Pública**. São Paulo: Fórum Brasileiro de Segurança Pública, 2023. Disponível em: https://forumseguranca.org.br/anuario-brasileiro-seguranca-publica/. Acesso em 26 jul. 2023.

85. WORLD JUSTICE PROJECT. **WJP Rule of Law Index**. Disponível em: https://worldjusticeproject.org/rule-of-law-index/country/2022/Brazil/Criminal%20Justice. Acesso em 26 jul. 2023.

86. ONU. **Concluding observations on the third periodic report of Brazil, 26 july 2023**. Disponível em: https://tbinternet.ohchr.org/_layouts/15/treatybodyexternal/Download.aspx?symbolno=CCPR%2FC%2FBRA%2F3&Lang=en. Acesso em 26 jul. 2023.

públicas, impondo ao Estado a obrigação de criar condições objetivas que possibilitem o efetivo acesso a tal serviço"[87]. É pressuposto para a prestação desse serviço (ou função) do Estado (ao qual corresponde um direito de toda a sociedade) que sejam conferidos às autoridades responsáveis por atividades de prevenção e de sancionamento de condutas criminosas instrumentos adequados. O artigo 144 da Constituição, que classifica a segurança pública como "dever do Estado, direito e responsabilidade de todos", demanda, ao mesmo tempo, que sejam também previstos e concretamente implementados "mecanismos eficientes de investigação"[88].

A faceta negativa dos direitos humanos, segundo Guilherme Carneiro Rezende, impõe a abstenção do Estado na esfera das liberdades individuais para assim proteger o indivíduo contra excessos estatais. Mas não se deve descurar da necessidade de atuação deste mesmo Estado para proteger direitos humanos, quando for o caso, por meio de uma prestação jurisdicional adequada: a proteção deficiente de bens jurídicos, tanto quanto abusos do Estado, são extremos indesejados. Evitar a intromissão indevida do Estado nos direitos humanos não deve levar a que este mesmo Estado deixe de garantir a suficiente tutela de direitos humanos: esse é "um ponto de convergência entre o direito penal e os direitos humanos, ensejador das prestações positivas e das obrigações processuais, decorrentes do dever de proteção."[89]

Conforme proclamado pelo STF no julgamento das ADIs nº 6298, 6299, 6300 e 6305 (STF, plenário, j. em 24.08.2023, DJe de 19.12.2023, fl. 1144 do acórdão):

> [...] o fim último outorgado, pela Carta da República, ao nosso sistema de justiça criminal, reside na adequada tutela dos bens jurídicos mais caros à vida em sociedade. Deveras, se é certo, de um lado, que a Justiça Criminal atua como mecanismo de contenção do arbítrio (v.g., Inq 3.995/DF, Rel. Min. Celso de Mello, DJe de 17.10.2018), não é menos exato, de outro, que ela também possui um indispensável papel na salvaguarda dos direitos fundamentais. Este último aspecto, vale dizer – embora ainda pouco explorado entre os processualistas penais brasileiros –, é amplamente reconhecido no domínio dos sistemas internacionais de proteção aos direitos humanos [...].

87. BRASIL. Supremo Tribunal Federal. **RE 559.646-AgR**, Segunda Turma, rel. min. Ellen Gracie, julgado em 07.06.2011, DJe de 24.06.2011.

88. BRASIL. Superior Tribunal de Justiça, **RHC nº 51.531/RO**, rel. Ministro Nefi Cordeiro, Sexta Turma, julgado em 19/4/2016, DJe de 9/5/2016.

89. REZENDE, Guilherme Carneiro de. **O direito humano da vítima a um processo penal eficiente.** Curitiba: Juruá, 2021, p. 71.

Como em todo e qualquer instituto relacionado ao processo penal, o entendimento sobre quaisquer polêmicas envolvendo o tratamento de dados pessoais para fins de persecução penal deve ser construído sob uma perspectiva garantista e humanística: a centralidade da análise não deve ser nunca o poder do Estado, mas o indivíduo. O poder do Estado não tem, em si, nenhuma relevância, senão enquanto *instrumento* para a proteção de direitos fundamentais do homem. Por outro lado, é importante lembrar que mesmo os direitos fundamentais que têm como sentido proteger uma esfera de autonomia individual contra investidas arbitrárias do Estado não dependem somente da *abstenção* do Estado: é também dever do Estado agir, quando necessário, para proteger e concretizar esses direitos[90].

Projetar o processo penal como algo intrinsecamente "repugnante" ou "odioso" apenas por impor restrições a liberdades individuais é ignorar mais de dois séculos de evolução da disciplina[91] desde a Declaração dos Direitos do Homem e do Cidadão de 1789. O processo penal, hoje, serve e deve servir à proteção integral de direitos humanos. Com sua positivação dentro do catálogo de direitos das Constituições atuais e com sua constante (re)afirmação pela doutrina e pelos tribunais, violações a direitos humanos serão fruto exatamente do desrespeito às regras e princípios de um processo penal garantista.

Isso não significa, por certo, que o direito posto não seja falho nem que não possa ser criticado e aprimorado. Grande parte das reflexões feitas por Ferrajoli em sua obra capital é guiada precisamente por problemas específicos da legislação italiana. No Brasil, a atual omissão do legislador a respeito de uma LGPD penal, por exemplo, debilita tanto réus e investigados quanto autoridades que lidam com o tema do tratamento de dados pessoais, sujeitos que estão às indefinições de uma legislação incompleta e de uma jurisprudência hesitante. Além disso, é remansosa a jurisprudência brasileira no controle de constitucionalidade de leis processuais penais. Não obstante, é pela *praxis* dos cidadãos – inclusive, mas não somente, dos operadores do direito – em situações de potencial violação que se dá, verdadeiramente, a concretização dos direitos fundamentais.

90. SILVA, Virgílio Afonso da. **Direito Constitucional Brasileiro**. São Paulo: Universidade de São Paulo, 2021, p. 62.

91. TULKENS, Françoise. The paradoxical relationship between criminal law and human rights. **Journal of International Criminal Justice.** vol. 9, Issue 3, Jul/2011, pp. 577-595.

A proteção de direitos de investigados e réus não pode corresponder à negação de direitos de vítimas e de toda a sociedade; do mesmo modo, a proteção de direitos de vítimas e de toda a sociedade não pode corresponder à negação de direitos de investigados e réus. A proteção de direitos individuais não é a antítese da proteção direitos transindividuais, que devem ser compreendidos integralmente. Opor uns a outros, embalando-os numa pretensa disputa entre garantismo e "punitivismo"[92], é uma leitura canhestra do nosso sistema de direitos e garantias constitucionais, embora frequentemente replicada em veículos de imprensa e até mesmo na academia[93].

O que se quer chamar de punitivismo – ou, ainda, eficientismo – aparenta ser algo contraposto ao garantismo, como se punição e eficiência fossem conceitos opostos e inconciliáveis. A questão é que não há, na teoria de Ferrajoli, dicotomia entre eficiência e punição. Muito ao revés, sanção e eficiência no processo penal são ideias complementares. Só há eficiência com punição justa, e não há punição justa sem proteção integral de direitos fundamentais. A impunidade de um ilícito, se houver, terá sido fruto não

92. Na dogmática do processo penal e do direito penal, não existe uma definição precisa do que seria "punitivismo"; tampouco há defensores claramente identificados dessa "corrente". As expressões "punitivismo" e "punitivista" têm sido utilizadas no debate acadêmico brasileiro mais como um recurso retórico, de desqualificação do interlocutor, e não como um recurso argumentativo racional. Como pondera Rodrigo Chemim:

"[...] tem-se visto, com frequência, que qualquer tentativa de aperfeiçoar a legislação processual penal que possa ser lida contra o interesse dos acusados é rotulada de 'antigarantista', ou, como se costuma dizer pejorativamente, 'punitivista', querendo não apenas dizer que isso seria próprio de quem quer 'resolver as coisas' com mais punição, mas também, notadamente, reduzir qualquer proposta que vá em direção à efetividade da resposta penal com o insulto e a acoplagem de uma pecha moral negativa que, simultaneamente, encerre o debate e atraia, para o seu círculo, novos adeptos de uma espécie de senso comum crítico.

Aqui se evidencia mais uma dicotomia sectária do direito que é externalizada no cotidiano das manifestações públicas dos juristas. Por exemplo, à luz dessa dicotomia (ou você é 'garantista' ou é 'punitivista'), caso você enxergue o processo penal apenas e tão somente como um instrumento de garantias do réu, no qual, portanto, a vítima não tem espaço, ao ver qualquer pessoa sendo presa preventivamente, seu discurso é que estamos vivendo uma era de 'abusos desenfreados', uma 'volta à ditadura', uma 'nova inquisição', um 'mundo fascista' ou, ainda, uma 'pós-democracia', e por aí vai. Ao contrário, se você acha que o processo penal é apenas e tão somente um instrumento de efetivação do direito penal, no qual falar em direitos e garantias do acusado é coisa para inglês ver, e vê alguém acusado de cometer crimes obtendo liberdade provisória, o seu discurso é de que estamos vivendo uma era de 'afrouxamento penal exacerbado', no qual 'impera a impunidade', numa terra em que 'bandidos' roubam e 'não acontece nada', um 'vale-tudo', e por aí vai. A defesa radical de qualquer um dos dois modelos de discurso quer se impor como duas pretensas 'verdades absolutas', porém antagônicas. Não parece haver espaço para o equilíbrio, para o diálogo."

(CHEMIM, Rodrigo. **Processo penal:** fundamentos dos fundamentos. Porto Alegre: Citadel, 2023, pp. 115-116. Edição do Kindle).

93. FREITAS, Vladimir Passos de. **O falso dilema da divisão entre garantistas e punitivistas**. Disponível em: https://www.conjur.com.br/2023-ago-20/segunda-leitura-falso-dilema-divisao-entre-garantistas-punitivistas. Acesso em 21 ago. 2023.

de algo particularmente "desejado", mas de uma verdadeira ineficiência do sistema processual, que, por qualquer motivo – seja por não ter conseguido certificar os fatos a contento, seja por ter sido necessário, antes, preservar outros direitos fundamentais no curso da investigação ou do processo que embasaria uma condenação –, não se revelou apto a entregar uma resposta plena àquela violação de direitos fundamentais que caracteriza, em essência, o crime cometido.

#### *2.1.2.1 Condenações do Brasil pela Corte Interamericana de Direitos Humanos*

Nesse cenário, é bastante simbólico o fato de que o Brasil, até junho de 2025, já foi condenado 18 vezes pela Corte Interamericana de Direitos Humanos (Corte IDH)[94]. Eis, em síntese, as razões para cada uma das condenações:

- **Caso Ximenes Lopes vs. Brasil** – sentença de 4 de julho de 2006 – o Brasil foi condenado, dentre outras razões, por "negligência das autoridades encarregadas de examinar as circunstâncias da morte do senhor Damião Ximenes Lopes", constituindo "graves faltas do dever de investigar os fatos"[95].
- **Caso Escher vs. Brasil** – sentença de 6 de julho de 2009 – o Brasil foi condenado por violar "o direito à vida privada e o direito à honra e à reputação" de vítimas de interceptação, gravação e divulgação de conversas telefônicas realizadas ilegalmente, entre abril e junho de 1999, pela Polícia Militar do Estado do Paraná[96].
- **Caso Garibaldi vs. Brasil** – sentença de 23 de setembro de 2009 – que reconheceu a responsabilidade do Brasil decorrente do descumprimento da obrigação "de investigar e punir o homicídio do Senhor Sétimo Garibaldi, ocorrido em 27 de novembro de 1998;

94. Os resumos oficiais e a íntegra das sentenças proferidas pela Corte IDH condenando o Brasil estão disponíveis em: BRASIL. Ministério dos Direitos Humanos e da Cidadania. **Sentenças da Corte Interamericana**. 20 jun. 2018; atualizado em 22 abr. 2025. Disponível em: https://www.gov.br/mdh/pt-br/navegue-por-temas/cooperacao-internacional/sentencas-da-corte-interamericana. Acesso em 30 jun. 2025.

95. CORTE INTERAMERICANA DE DIREITOS HUMANOS. **Caso Ximenes Lopes vs. Brasil**. Sentença de 4 de julho de 2006. Disponível em: https://www.gov.br/mdh/pt-br/navegue-por-temas/cooperacao-internacional/editais-2018-1/resumo_xucuru.pdf. Acesso em 21 ago. 2023.

96. CORTE INTERAMERICANA DE DIREITOS HUMANOS. **Caso Escher vs. Brasil**. Sentença de 6 de julho de 2009. Disponível em: https://www.gov.br/mdh/pt-br/navegue-por-temas/cooperacao-internacional/seriec_200_por.pdf. Acesso em 21 ago. 2023.

[durante] uma operação extrajudicial de despejo das famílias de trabalhadores sem terra"[97].

- **Caso Gomes Lund e outros (Guerrilha do Araguaia) vs. Brasil** – sentença de 24 de novembro de 2010 – que condenou o Brasil ao declarar que as disposições da Lei de Anistia brasileira

> que impedem a investigação e sanção de graves violações de direitos humanos são incompatíveis com a Convenção Americana, carecem de efeitos jurídicos e não podem seguir representando um obstáculo para a investigação dos fatos do presente caso, nem para a identificação e punição dos responsáveis, e tampouco podem ter igual ou semelhante impacto a respeito de outros casos de graves violações de direitos humanos consagrados na Convenção Americana ocorridos no Brasil[98].

- **Caso Trabalhadores da Fazenda Brasil Verde vs. Brasil** – sentença de 20 de outubro de 2016 – o Brasil foi condenado pela violação ao direito "a não ser submetido a escravidão e tráfico de pessoas", por "discriminação estrutural histórica em razão da posição econômica", por violação às garantias judiciais "de devida diligência e de prazo razoável" e do "direito à proteção judicial"[99].
- **Caso Favela Nova Brasília vs. Brasil** – sentença de 16 de fevereiro de 2017 – o Brasil foi condenado

> pela violação do direito às garantias judiciais de independência e imparcialidade da investigação, devida diligência e prazo razoável, do direito à proteção judicial, e do direito à integridade pessoal, com respeito às investigações sobre duas incursões policiais na Favela Nova Brasília, na cidade do Rio de Janeiro, nos anos 1994 e 1995, que resultaram no homicídio de 26 homens e em atos de violência sexual contra três mulheres[100].

97. CORTE INTERAMERICANA DE DIREITOS HUMANOS. **Caso Garibaldi vs. Brasil**. Sentença de 23 de setembro de 2009. Disponível em: https://www.gov.br/mdh/pt-br/navegue-por-temas/cooperacao-internacional/editais-2018-1/SENTENCAGARIBALDI.pdf. Acesso em 21 ago. 2023.
98. CORTE INTERAMERICANA DE DIREITOS HUMANOS. **Caso Gomes Lund e outros (Guerrilha do Araguaia) vs. Brasil.** Sentença de 24 de novembro de 2010. Disponível em: https://www.gov.br/mdh/pt-br/navegue-por-temas/cooperacao-internacional/ResumodasentenadoCasoGomesLundeoutrosGuerrilhadoAraguaiavs.Brasil.pdf. Acesso em 21 ago. 2023.
99. CORTE INTERAMERICANA DE DIREITOS HUMANOS. **Caso Trabalhadores da Fazenda Brasil Verde vs. Brasil**. Sentença de 20 de outubro de 2016. Disponível em: https://www.gov.br/mdh/pt-br/navegue-por-temas/cooperacao-internacional/editais-2018-1/Resumen_OficialFazendaBrasilVerde.pdf. Acesso em 21 ago. 2023.
100. CORTE INTERAMERICANA DE DIREITOS HUMANOS. **Caso Favela Nova Brasília vs. Brasil**. Sentença de 16 de fevereiro de 2017. Disponível em: https://www.gov.br/mdh/pt-br/navegue-por-temas/

- **Caso Povo Indígena Xucuru vs. Brasil** – sentença de 5 de fevereiro de 2018 – que condenou o Brasil "responsável pela violação do direito à garantia judicial de prazo razoável" e, dentre outras medidas, obrigou-o a

> garantir, de maneira imediata e efetiva, o direito de propriedade coletiva do Povo Indígena Xucuru sobre seu território, de modo que não sofram nenhuma invasão, interferência ou dano, por parte de terceiros ou agentes do Estado que possam depreciar a existência, o valor, o uso ou o gozo de seu território[101].

- **Caso Vladimir Herzog e outros vs. Brasil** – sentença de 15 de março de 2018 – o Brasil foi condenado em decorrência da

> falta de investigação, julgamento e punição dos responsáveis pela tortura e assassinato de Vladimir Herzog, cometidos em um contexto sistemático e generalizado de ataques à população civil, assim como pela aplicação da Lei de Anistia nº 6683/79 e de outros excludentes de responsabilidade proibidos pelo Direito Internacional em casos de crimes contra a humanidade[102].

- **Caso Empregados da Fábrica de Fogos de Santo Antônio de Jesus e seus familiares vs. Brasil** – sentença de 15 de julho de 2020 – o Brasil foi condenado

> pelas violações a diversos direitos, em prejuízo a 60 pessoas falecidas e seis sobreviventes da explosão de uma fábrica de fogos de artifícios, no município de Santo Antônio de Jesus, Estado da Bahia, assim como a 100 familiares das pessoas falecidas e sobreviventes da explosão[103].

- **Caso Barbosa de Souza e seus familiares vs. Brasil** – sentença de 7 de setembro de 2021 – o Brasil foi condenado por descumprir suas obrigações

cooperacao-internacional/editais-2018-1/FavelaNovaBrasiliaResumo.pdf. Acesso em 21 ago. 2023.

101. CORTE INTERAMERICANA DE DIREITOS HUMANOS. **Caso Povo Indígena Xucuru vs. Brasil**. Sentença de 5 de fevereiro de 2018. Disponível em: https://www.gov.br/mdh/pt-br/navegue-por-temas/cooperacao-internacional/editais-2018-1/resumo_xucuru.pdf. Acesso em 21 ago. 2023.

102. CORTE INTERAMERICANA DE DIREITOS HUMANOS. **Caso Herzog e Outros vs. Brasil**. Sentença de 15 de março de 2018. Disponível em: https://www.gov.br/mdh/pt-br/navegue-por-temas/cooperacao-internacional/editais-2018-1/Resumo_Caso_Herzog.pdf. Acesso em 21 ago. 2023.

103. CORTE INTERAMERICANA DE DIREITOS HUMANOS. **Caso Empregados da Fábrica de Fogos de Artifício de Santo Antônio de Jesus e seus Familiares vs. Brasil**. Sentença de 15 de julho de 2020. Disponível em: https://www.gov.br/mdh/pt-br/navegue-por-temas/cooperacao-internacional/EmpregadosdaFbricadeFogosdeSantoAntniodeJesuseseusfamiliaresvs.Brasil.pdf. Acesso em 21 ago. 2023.

de respeitar e garantir direitos sem discriminação e ao dever de adotar disposições de direito interno e com a obrigação de atuar com a devida diligência para prevenir, investigar e sancionar a violência contra a mulher, em prejuízo de M.B.S e S.R.S., mãe e pai de Márcia Barbosa de Souza[104].

- **Caso Sales Pimenta v. Brasil** – sentença de 30 de junho de 2022 – o Brasil foi condenado por consequência das "graves falências do Estado na investigação sobre a morte violenta de Gabriel Sales Pimenta, as quais implicaram o descumprimento do dever de devida diligência reforçada para investigar crimes cometidos contra pessoas defensoras de direitos humanos". Nesse julgamento, foi declarada a existência de um quadro de verdadeira *impunidade estrutural*, "relacionado a ameaças, homicídios e outras violações de direitos humanos contra os trabalhadores rurais e seus defensores no Estado do Pará" e caracterizado pela "grave negligência dos operadores judiciais na tramitação do processo penal, que permitiu a ocorrência da prescrição" e "foi o fator determinante para que o caso permanecesse em uma situação de absoluta impunidade"[105].
- **Caso Honorato e outros v. Brasil** – sentença de 14 de março de 2024 – o Brasil foi condenado pela morte de 12 pessoas pela Polícia Militar de São Paulo durante a "Operação Castelinho", ocorrida em 5 de março de 2002, e pelas graves deficiências nas investigações e no processo judicial que se seguiram ao homicídio dessas pessoas. Segundo a Corte, a conduta do Estado brasileiro acarretou violações do direito à vida, às garantias judiciais, à verdade e à integridade pessoal das 12 pessoas executadas e de suas famílias. Dentre as medidas fixadas na sentença, impôs-se ao Brasil a obrigação de garantir que o Ministério Público disponha de recursos financeiros e humanos necessários para investigar as mortes de civis cometidas por policiais, tanto civis quanto militares[106].

104. CORTE INTERAMERICANA DE DIREITOS HUMANOS. **Caso Barbosa de Souza vs. Brasil**. Sentença de 07 de setembro de 2021. Disponível em: https://www.gov.br/mdh/pt-br/navegue-por-temas/cooperacao-internacional/ResumodasentenadoCasoBarbosadeSouzaeseusfamiliaresvs.Brasil.pdf. Acesso em 21 ago. 2023.

105. CORTE INTERAMERICANA DE DIREITOS HUMANOS. **Caso Sales Pimenta vs. Brasil**. Sentença de 30 de junho de 2022. Disponível em: https://www.gov.br/mdh/pt-br/navegue-por-temas/cooperacao-internacional/Resumo_Sentenca_Corte_IDH.pdf. Acesso em 21 ago. 2023.

106. CORTE INTERAMERICANA DE DIREITOS HUMANOS. **Caso Honorato e outros v. Brasil**. Sentença de 14 de março de 2024. Disponível em: https://www.corteidh.or.cr/docs/casos/articulos/seriec_508_esp.pdf. Acesso em 14 mar. 2024.

- **Caso Tavares Pereira e outros v. Brasil** – sentença de 14 de março de 2024 – a Corte IDH condenou o Brasil pelo emprego desproporcional da força pela Polícia Militar do Estado do Paraná contra Antônio Tavares Pereira e 197 outros trabalhadores rurais do Movimento dos Trabalhadores Rurais Sem Terra (MST) que tentavam se manifestar publicamente em 2 de maio de 2000, além de diversas falhas nas investigações e no processo que se seguiram ao episódio, notadamente relacionadas à morte de Tavares Pereira por um disparo de arma de fogo efetuado por um policial militar. Especificamente no que diz respeito à investigação da morte do senhor Tavares Pereira, não foram adotadas medidas iniciais mínimas, de acordo com as normas interamericanas, que pudessem ensejar o esclarecimento dos fatos, o que apenas se agravou pela submissão do caso a julgamento por uma justiça militar e não por um órgão da justiça civil. Segundo a Corte, foram desse modo violados pelo Estado brasileiro direitos à vida, à integridade pessoal, à liberdade de pensamento e expressão, à liberdade de reunião, aos direitos da criança, à liberdade de locomoção e residência, às garantias judiciais e à proteção judicial, em detrimento de Antônio Tavares Pereira, seus familiares e outros trabalhadores[107].
- **Caso Leite de Souza e outros v. Brasil** – sentença de 04 de julho de 2024 – o Brasil foi considerado responsável pelo desparecimento forçado (com possível prática de violência sexual contra algumas das vítimas), em 26 de julho de 1990, de 11 jovens negros, incluindo 4 crianças, moradores da Favela de Acari, no Rio de Janeiro, bem como pela "pela falta de investigação com a devida diligência" e "pela violação da garantia do prazo razoável em relação à investigação desses fatos". De acordo com a decisão, a devida diligência na investigação "implica que todas as autoridades estatais estão obrigadas a colaborar na coleta de provas, devendo fornecer ao órgão judicial, ao Ministério Público ou à autoridade competente todas as informações solicitadas, abstendo-se de executar atos que obstruam o processo investigativo" (par. 207)[108].

107. CORTE INTERAMERICANA DE DIREITOS HUMANOS. **Caso Tavares Pereira e outros v. Brasil**. Sentença de 14 de março de 2024. Disponível em: https://www.corteidh.or.cr/docs/casos/articulos/seriec_507_esp.pdf. Acesso em 14 mar. 2024.

108. CORTE INTERAMERICANA DE DIREITOS HUMANOS. **Caso Leite de Souza e outros v. Brasil**. Sentença de 04 de julho de 2024. Disponível em: https://www.corteidh.or.cr/docs/casos/articulos/seriec_531_por.pdf. Acesso em 30 jun. 2025.

- **Caso dos Santos Nascimento e Ferreira Gomes v. Brasil** – sentença de 07 de outubro de 2024 – a condenação do Brasil pela Corte deu-se em razão da falta de uma resposta jurisdicional adequada em relação a crimes supostamente cometidos em março de 1998 contra duas mulheres negras, candidatas a trabalhar numa empresa privada, e que teriam sido vítimas de discriminação. Foram reconhecidas falhas do Poder Judiciário e do Ministério Público na investigação e no processo penal relacionados aos fatos, num "contexto de discriminação racial estrutural e racismo institucional"[109].
- **Caso Muniz da Silva e outros v. Brasil** – sentença de 14 de novembro de 2024 – o Brasil foi condenado como responsável pelo desaparecimento forçado de um trabalhador rural e ativista dos direitos humanos ocorrido em 29 de junho de 2002, a que se seguiu a "falta de investigação, a impunidade e a ausência de esclarecimento dos fatos" (par. 139). A Corte, reafirmando sua jurisprudência quanto à obrigação do Estado de investigar com eficiência, determinou que o Brasil "deve conduzir, com a devida diligência e em um prazo razoável, a investigação sobre o desaparecimento do senhor Muniz da Silva para identificar, processar e, se for o caso, punir os responsáveis" (par. 149)[110].
- **Caso Comunidades Quilombolas de Alcântara v. Brasil** – sentença de 21 de novembro de 2024 – a condenação do Brasil foi decorrente da instalação e da operação do Centro de Lançamento Aeroespacial de Alcântara, no Maranhão, em parte do território de 171 comunidades quilombolas. Conforme exposto no resumo oficial da sentença, entendeu-se que houve ""violação dos direitos à propriedade coletiva e à livre circulação e residência em razão do descumprimento da obrigação de delimitar, demarcar, titular e desintruir o território das comunidades; da outorga de títulos individuais de propriedade, e do descumprimento do dever de garantir o pleno uso e gozo do território por parte das comunidades"[111].

109. CORTE INTERAMERICANA DE DIREITOS HUMANOS. **Caso dos Santos Nascimento e Ferreira Gomes v. Brasil**. Sentença de 07 de outubro de 2024. Disponível em: https://www.corteidh.or.cr/docs/casos/articulos/seriec_539_por.pdf. Acesso em 30 jun. 2025.

110. CORTE INTERAMERICANA DE DIREITOS HUMANOS. **Caso Muniz da Silva e outros v. Brasil**. Sentença de 14 de novembro de 2024. Disponível em: https://www.corteidh.or.cr/docs/casos/articulos/seriec_545_por.pdf. Acesso em 30 jun. 2025.

111. CORTE INTERAMERICANA DE DIREITOS HUMANOS. **Caso Comunidades Quilombolas de Alcântara v. Brasil**. Sentença de 21 de novembro de 2024. Disponível em: https://jurisprudencia.corteidh.or.cr/pt_br/vid/1067534926. Acesso em 30 jun. 2025.

- **Caso da Silva e outros v. Brasil** – sentença de 27 de novembro de 2024 – o Brasil foi condenado por não adimplir seu dever de devida diligência na investigação criminal e de duração razoável do processo penal. O caso concreto diz respeito ao homicídio de Manoel Luiz da Silva em maio de 1997, "em um contexto de violência contra trabalhadores rurais e defensores dos direitos dos camponeses ao acesso à terra, sobre o qual esta Corte já se pronunciou no caso Sales Pimenta Vs. Brasil" (par. 86)[112].

Praticamente todas as condenações que o Brasil sofreu na Corte Interamericana de Direitos Humanos até julho de 2025 foram por não proteger vítimas de crimes e por não investigar, processar e punir adequadamente seus responsáveis. Diversamente do que parte da academia parece inspirar no senso comum, as condenações do Brasil na Corte IDH não tiveram relação com um supostamente intrínseco caráter "punitivista" do ordenamento jurídico ou do sistema judicial brasileiro: ao revés, o problema detectado em todas as decisões foi de uma proteção deficiente a vítimas e aos valores tutelados pela norma penal. Mesmo o Caso Povo Indígena Xucuru vs. Brasil, que teve como escopo principal a demora do processo administrativo de reconhecimento, titulação, demarcação e delimitação de suas terras e territórios ancestrais, tem como cenário a invasão criminosa de suas terras, que o Estado brasileiro foi condenado pela Corte IDH a coibir.

Como visto, o caso Comunidades Quilombolas de Alcântara versa preponderantemente sobre direitos de comunidades tradicionais ao seu território, desalojadas que foram para a construção de uma base aeroespacial; todos os demais casos dizem respeito ao inadimplemento do dever do Estado brasileiro de impedir a prática de crimes, de proteger suas vítimas e de investigar, processar e punir criminosos[113].

---

112. CORTE INTERAMERICANA DE DIREITOS HUMANOS. **Caso da Silva e outros v. Brasil**. Sentença de 27 de novembro de 2024. Disponível em: https://www.corteidh.or.cr/docs/casos/articulos/seriec_552_por.pdf. Acesso em 30 jun. 2025.

113. Na Comissão Interamericana de Direitos Humanos (órgão distinto da Corte IDH, conforme explicado adiante), o caso José Dutra Costa, do Brasil, foi resolvido em acordo (ASA, ou Acordo de Solução Amistosa). O caso foi iniciado perante a Comissão IDH em 09.12.2004 e diz respeito ao homicídio de José Dutra Costa, que ocupava o cargo de presidente do Sindicato dos Trabalhadores Rurais do Munícipio de Rondon, no Estado do Pará, e à falta de investigação e punição dos responsáveis, num contexto de denúncias sobre a existência de trabalhadores em situação análoga à escravidão, de cemitérios clandestinos em propriedades privadas e da morte de líderes sociais e trabalhadores rurais cometidas por proprietários de terras da região. Conforme relatório divulgado pela Comissão IDH em 26.06.2023, parte das cláusulas do acordo firmado pelo Estado brasileiro havia sido cumprida e parte continuava pendente de cumprimento – deste estas últimas, estão o compromisso

Das condenações sofridas pelo Brasil na Corte de São José, merece destaque, por sua relação com o objeto do presente estudo, a decisão do caso Escher, que se debruçou sobre uma violação a direitos fundamentais que correspondem, hoje, e mormente após a EC nº 115/2021, à proteção de dados pessoais. O marco normativo intranacional cujo descumprimento embasou a sentença da Corte IDH foi precisamente o da Lei nº 9.296/96, que regula a interceptação de comunicações telefônicas e telemáticas e, portanto, versa (desde 1996) sobre o tratamento de dados pessoais no que concerne a essas técnicas especiais de investigação. No caso julgado pela Corte IDH em 2009, foram demonstrados diversos abusos no tratamento de dados pessoais. Interceptações telefônicas postuladas pela Polícia Militar do Paraná foram autorizadas pela juíza responsável da seguinte forma: "R. e A. Defiro. Oficie-se". Note-se: essa é a transcrição da íntegra da decisão; a primeira das decisões, e não de simples prorrogação de interceptações eventualmente já iniciadas. Não foi dada ciência ao Ministério Público[114], não houve referência a forma e prazo para o cumprimento da medida e nem mesmo a fundamentos de fato e de direito que a motivariam. Ao final, considerou-se provado que o Estado brasileiro "interceptou e gravou, sem cumprir os requisitos legais, as conversas telefônicas pertencentes a duas organizações sociais; não cumpriu sua obrigação de custodiar a informação privada interceptada e divulgou-a sem autorização judicial". Nessa linha, a Corte reconheceu que a decisão judicial que teria autorizado a interceptação de comunicações telefônicas das vítimas carecia de fundamentação, eis que "além de não cumprir com os requisitos legais, não atendeu ao fim supostamente legítimo ao qual se propunha, ou seja, a investigação criminal dos delitos alegados"[115].

---

de priorização das investigações (cláusula II.7) e a prisão dos responsáveis (cláusula II.8). Cf: CIDH. **Relatório nº 114/23**, Caso 12.673. Solução Amistosa. José Dutra da Costa. Brasil. Disponível em: https://www.oas.org/pt/cidh/decisiones/2023/BRSA%2012.673PT_FINAL%20WEB.pdf. Acesso em 08 set. 2023.

114. "O Tribunal observa que, a despeito do anterior, as ordens de interceptação não foram notificadas ao Ministério Público, que só recebeu os autos do Pedido de Censura em 30 de maio de 2000, ou seja, mais de um ano depois que as ordens haviam sido emitidas e onze meses depois que as interceptações telefônicas haviam cessado." CORTE INTERAMERICANA DE DIREITOS HUMANOS. **Caso Escher vs. Brasil**. Sentença de 6 de julho de 2009. §142. Disponível em: https://www.gov.br/mdh/pt-br/navegue-por-temas/cooperacao-internacional/seriec_200_por.pdf. Acesso em 21 ago. 2023.

115. CORTE INTERAMERICANA DE DIREITOS HUMANOS. **Caso Escher vs. Brasil**. Sentença de 6 de julho de 2009. §178. Disponível em: https://www.gov.br/mdh/pt-br/navegue-por-temas/cooperacao-internacional/seriec_200_por.pdf. Acesso em 21 ago. 2023.

A Corte IDH já reconheceu que a autodeterminação informativa integra o catálogo de direitos protegidos pelo Pacto de São José da Costa Rica[116]. Do mesmo modo, a Corte tem decidido que qualquer violação de direitos humanos "gera o dever dos Estados de realizar uma investigação efetiva para identificar as pessoas responsáveis pelas violações e, se for o caso, sancioná-las penalmente" – afirmação que se extrai não somente dos casos brasileiros, mas também de julgados contra diversos outros países signatários da convenção[117].

### *2.1.2.2. Obrigações processuais positivas e direitos fundamentais*

Investigar, processar e punir criminosos corresponde ao que a doutrina hoje classifica como obrigações processuais positivas, reconhecidas no plano internacional tanto pela Corte IDH[118] quanto pelo Tribunal Europeu de Direitos Humanos[119]. A proteção de determinados bens jurídicos, classificados como direitos humanos em convenções internacionais, demanda que cada ordenamento jurídico nacional preveja tipos penais incriminando

116. CORTE INTERAMERICANA DE DIREITOS HUMANOS. Caso Miembros de la Corporación Colectivo de Abogados "José Alvar Restrepo" vs. Colombia. Sentença de 18 de outubro de 2023. Disponível em: https://www.corteidh.or.cr/docs/casos/articulos/seriec_506_esp.pdf. Acesso em: 17 mai. 2024.

117. "Caso Trujillo Oroza c. Bolívia (Reparaciones y Costas), de 27.02.2002, série C, n° 92, 5 99; Caso Juan Humberto Sánchez c. Honduras (Excepción Preliminar, Fondo, Reparaciones y Costas). de 7.6.2003, série C, n° 99; § 184; Caso Blake c. Guatemala (Reparaciones y Costa, de 22.01.1999, série C, n° 48, § 65); Caso Suárez Rosero c. Equador (Reparaciones y Costas), de 20.01.1999, série C, n°, 44., $$ 79-80" (FISCHER, Douglas; PEREIRA, Frederico Valdez. **As obrigações processuais positivas segundo as Cortes Europeia e Interamericana de Direitos Humanos**. 4. ed. Porto Alegre: Livraria do Advogado, 2023, p. 183).

118. Não se deve confundir a Corte Interamericana de Direitos Humanos (Corte IDH) com a Comissão Interamericana de Direitos Humanos (CIDH). A Corte IDH é um órgão de natureza jurisdicional da Organização dos Estados Americanos (OEA) sediado em San José, na Costa Rica, cuja função é interpretar e aplicar a Convenção Americana sobre Direitos Humanos (o Pacto de São José da Costa Rica) e outros tratados de direitos humanos. A CIDH é um órgão de natureza executiva, também da OEA e sediado em Washington, D.C., nos Estados Unidos, e que tem como funções "a observância e a defesa dos direitos humanos" (artigo 41 da Convenção Americana de Direitos Humanos). Ambos estão previstos nos artigos 33 e seguintes do Pacto de São José e integram o Sistema Interamericano de Proteção dos Direitos Humanos (SIPDH).

119. Dos diversos precedentes do TEDH compilados por Douglas Fischer e Frederico Valdez Pereira, cite-se, por todos, o caso O'Keeffe c. Irlanda, n° 35810, de 28.01.2014, § 172: "The Court reiterates the principles outlined in C.A.S. and C.S. v. Romania (cited above, §S 68-70) to the effect that Article 3 requires the authorities to conduct an effective official investigation into alleged ill-treatment inflicted by private individuals, which investigation should, in principle, be capable of leading to the establishment of the facts of the case and to the identification and punishment of those responsible. That investigation should be conducted independently, promptly and with reasonable expedition. The victim should be able to participate effectively" (FISCHER, Douglas; PEREIRA, Frederico Valdez. **As obrigações processuais positivas segundo as Cortes Europeia e Interamericana de Direitos Humanos**. 4. ed. Porto Alegre: Livraria do Advogado, 2023, p. 109).

sua violação e, também necessariamente, um sistema judicial que opere de modo eficaz para a punição, quando for o caso, dos culpados pela violação a esses direitos. As obrigações processuais positivas, portanto, são exigências de caráter procedimental que recaem sobre instituições de investigação e órgãos jurisdicionais[120].

Obrigações processuais positivas, de acordo com Douglas Fischer e Frederico Valdez Pereira[121], constituem:

> [...] verdadeira obrigação imposta aos Estados-Membros de conduzir mecanismo penal apto ao esclarecimento dos fatos lesivos aos interesses das vítimas, o que inclui os parentes da vítima direta, e que seja idôneo à identificação dos autores, como uma projeção necessária da defesa penalmente conferida aos direitos individuais e à coletividade na qual estão inseridas as pessoas atingidas pelos delitos.
>
> [...] a necessidade de proteção efetiva dos direitos tutelados pelas normas penais internas exige que sua afirmação vá além da mera previsão abstrata contida em tipos penais, o que vai depender de as autoridades públicas responsáveis, sempre que se depararem com notícias de fatos lesivos, instaurarem procedimento penal de modo a desempenhar concretamente uma tentativa séria de esclarecimento dos fatos e de sucessiva aplicação das consequências previstas no direito penal material. Obrigação de efetividade processual essa que independe de a suposta conduta lesiva ter sido praticada por agentes públicos ou privados.

Pela Convenção Americana sobre Direitos Humanos (Pacto de São José da Costa Rica), de 22 de novembro de 1969, internalizada no direito brasileiro pelo Decreto 678, de 6 de novembro de 1992, os Estados signatários comprometeram-se a

> respeitar os direitos e liberdades nela reconhecidos e a garantir seu livre e pleno exercício a toda pessoa que esteja sujeita à sua jurisdição, sem discriminação alguma por motivo de raça, cor, sexo, idioma, religião, opiniões políticas ou de qualquer outra natureza, origem nacional ou social, posição econômica, nascimento ou qualquer outra condição social (artigo 1).

---

120. PEREIRA, Frederico Valdez. **Fundamentos do justo processo penal convencional**. São Paulo: D'Plácido. 2021, p. 275.

121. FISCHER, Douglas; PEREIRA, Frederico Valdez. **As obrigações processuais positivas segundo as Cortes Europeia e Interamericana de Direitos Humanos**. 4. ed. Porto Alegre: Livraria do Advogado, 2023, pp. 95-96.

Deste modo, os direitos à vida, à integridade física, psíquica e moral, à vida privada e familiar, à liberdade sexual e à liberdade de trabalho compõem pautas mínimas que demandam a atuação efetiva dos Estados na condução de investigações e processos criminais. Em caso de violação a esses bens jurídicos, os Estados possuem um verdadeiro dever de investigação e esclarecimento dos fatos, que se aplica "independentemente de as violações terem sido praticadas por sujeitos públicos ou envolverem apenas particulares"[122].

Investigar e processar aqueles que tenham sido responsáveis por violações a direitos fundamentais tipificadas como crimes é, portanto, uma forma de tutelar direitos fundamentais, além de uma obrigação do Estado. Mas ainda que sejam suas obrigações, investigar e processar crimes são atividades conformadas por limites previstos na Constituição e na lei, a que correspondem direitos fundamentais de réus e investigados. No cumprimento dessa obrigação elementar devem ser sempre respeitados, pois, os direitos fundamentais de qualquer pessoa investigada ou processada, sob pena de o Estado também incidir numa ilicitude passível de correção e sancionamento no plano internacional. Os agentes do Estado que, nessa violação a direitos fundamentais, também incidam na prática de condutas que caracterizem crimes (contra réus e investigados) também devem ser pessoalmente sancionados por isso. Uma investigação ou um processo conduzidos pelo Estado de forma ilegal são formas de violação a direitos fundamentais, tanto quanto o é omitir-se o Estado no seu dever de investigar e processar crimes.

### 2.1.3 Eficiência e processo penal

A Constituição brasileira usou o vocábulo *eficiência* em três passagens: ao afirmá-la como um dos princípios gerais da administração pública (art. 37, *caput*[123], com redação dada pela Emenda Constitucional nº 19, de 1998); ao exigir dos poderes Legislativo, Executivo e Judiciário que fiscalizem a gestão orçamentária, financeira e patrimonial, inclusive quanto a sua *eficiência* (art. 74, II[124]); e ao tratar da necessidade de que o funcionamento e a organização dos entes responsáveis pela segurança pública garantam a

122. FISCHER, Douglas; PEREIRA, Frederico Valdez. **As obrigações processuais positivas segundo as Cortes Europeia e Interamericana de Direitos Humanos**. 4. ed. Porto Alegre: Livraria do Advogado, 2023, p. 182.

123. "Art. 37. A administração pública direta e indireta de qualquer dos Poderes da União, dos Estados, do Distrito Federal e dos Municípios obedecerá aos princípios de legalidade, impessoalidade, moralidade, publicidade e eficiência e, também, ao seguinte: [...]"

124. "Art. 74. Os Poderes Legislativo, Executivo e Judiciário manterão, de forma integrada, sistema de controle interno com a finalidade de: [...]

*eficiência* de suas atividades (art. 144, §7º[125]). Dados os capítulos em que inserido, não surpreende que o tema da eficiência seja bastante estudado no âmbito do direito administrativo. A Constituição não define, todavia, o que é *eficiência.*

A *eficiência de Pareto*, também conhecida como o *ótimo de Pareto*, é um conceito proposto pelo economista, cientista político e sociólogo italiano Vilfredo Pareto segundo o qual seria possível verificar a eficiência de um sistema, como um mercado ou uma sociedade, de acordo com a otimização da alocação de recursos na sua relação com os resultados (benefícios ou prejuízos) distribuídos. Na economia e na sociologia, o conceito de eficiência de Pareto implica que "o bem-estar de uma sociedade é máximo se não existe outro estado tal que seja possível aumentar o bem-estar de um indivíduo sem diminuir o bem-estar dos demais; isto é, não há forma de melhorar a situação de um, sem prejudicar a situação dos outros"[126]. Tal conceito de eficiência não considera critérios como a igualdade de oportunidades nem a equidade nas relações entre os sujeitos interessados: o critério é a maximização da alocação de recursos, bastando que não seja possível aumentar os benefícios a alguns sem acarretar consequências negativas para outros. Esse modelo, assim, despreza comparações interpessoais: para aferir eficiência, nada importa se a relação se dá entre pessoas (ou mesmo entes despersonalizados) em condições econômicas ou sociais absolutamente distintas. Se, em trocas entre uma pessoa extremamente rica e um pessoa extremamente pobre (como no pagamento de salário pela prestação de serviços domésticos), ou entre uma pessoa e uma empresa, não for possível aumentar o benefício de um sem prejudicar o outro, haverá, segundo o modelo do Pareto, *eficiência.* Não há, nesse modelo, preocupação com o equilíbrio entre ganhos e prejuízos individuais nem com os níveis de utilidade para cada indivíduo[127].

---

II - comprovar a legalidade e avaliar os resultados, quanto à eficácia e eficiência, da gestão orçamentária, financeira e patrimonial nos órgãos e entidades da administração federal, bem como da aplicação de recursos públicos por entidades de direito privado; [...]"

125. "§7º A lei disciplinará a organização e o funcionamento dos órgãos responsáveis pela segurança pública, de maneira a garantir a eficiência de suas atividades." Atualmente, a lei a que se reporta o art. 144, §7º, da CF/88 é a Lei nº 13.675/18, que disciplina a organização e o funcionamento dos órgãos responsáveis pela segurança pública, cria a Política Nacional de Segurança Pública e Defesa Social (PNSPDS) e institui o Sistema Único de Segurança Pública (Susp), dentre outras providências.

126. GARCIA, Fernando. Apresentação. *In*: PARETO, Vilfredo. **Manual de economia política**. Trad. de João Guilherme Vargas Netto. São Paulo: Nova Cultural, 1996, p. 13.

127. GIACOMELLI, Giana Silva; MARIN, Solange Regina; FESITEL, Paulo Ricardo. Da economia tradicional do bem-estar à Abordagem das Capacitações e a importância da equidade em saúde para o

Os economistas britânicos Nicholas Kaldor e John Hicks propuseram aprimorar a fórmula de Pareto, tornando-a mais maleável conforme as perdas enfrentadas por um grupo possam ser compensadas pelos que se beneficiam da (re)alocação de recursos. Na economia, haverá eficiência, segundo o que ficou conhecido como critério de Kaldor-Hicks (ou melhoria de Kaldor-Hicks), se os benefícios de determinada medida forem maiores que os custos para a sociedade; se grupos enfrentarem perdas em decorrência da implementação da medida, esta será eficiente se for possível, em tese, "compensar os perdedores de modo a que todos saiam ganhando (compensação *hicksiana*)"[128]. A eficiência, desta forma, não seria limitada a situações em que há ganhos para alguns sem nenhuma perda para outros e a situações em que todos ganham. Pelo modelo de Kaldor-Hicks, admite-se a perda, desde que essa perda possa ser compensada pelos que se beneficiem e desde que, no todo, haja um incremento dos benefícios. São conceitos que não interessam só a empresas e a agentes de regulação de mercados. Para o desenho de políticas públicas em áreas com as de saúde e educação, essas definições têm grande utilidade. No direito da concorrência o conceito de eficiência é igualmente central, ainda que a disciplina tenha evoluído ao longo do tempo para reconhecer as limitações de abordagens exclusivamente consequencialistas (*i.e.*, de eficiência produtiva[129]).

Os conceitos de eficiência de Pareto e Kaldor-Hicks são aqui muito resumidamente apresentados apenas para ilustrar quão tormentosa seria sua simples transposição para o direito e, mais ainda, para o processo penal.

Em ciências exatas como a engenharia, o grau de eficiência de algo, seja uma estrutura, um material ou um sistema, é medido de acordo com o que se espera desse algo. Um motor de automóvel construído para ser rápido pode ser considerado eficiente se conseguir alcançar velocidades superiores a 300 km/h. Se esse mesmo motor consumir 5 litros de gasolina a cada cinco quilômetros, ele não poderá ser considerado eficiente do ponto de vista do consumo de combustível – mas não foi para isso que foi construído. O consumo elevado pode ser considerado apenas uma "externalidade" do

desenvolvimento humano. **Nova Economia**. v. 27 (01). Jan-Abr. 2017. Belo Horizonte: FACE-UFMG. Disponível em: https://doi.org/10.1590/0103-6351/2925. Acesso em 30 set. 2023, p. 93.

128. TABAK, Benjamin Miranda. A Análise Econômica do Direito: proposições legislativas e políticas públicas. **Revista de Informação Legislativa**. Ano 52 Número 205 jan./mar. 2015. Brasília: Senado Federal. Disponível em: https://www12.senado.leg.br/ril/edicoes/52/205/ril_v52_n205_p321.pdf. Acesso em 09 set. 2023, p. 330.

129. FRAZÃO, Ana. **Direito da Concorrência**: pressupostos e perspectivas. São Paulo: Saraiva, 2017, p. 42.46.

motor, que será positiva, negativa ou neutra, de acordo com o que se espera desse motor. De modo semelhante, na medicina e na farmacologia, um remédio novo pode ser eficiente[130] para um propósito (aumentar a sobrevida de pacientes com câncer, por exemplo) mas ineficiente para outro propósito (diminuir a dor e, consequentemente, aumentar a qualidade de vida de pacientes com câncer). Tudo depende, como se nota, da finalidade que se escolha. Eficiência tem a ver com propósito: eficiência é *para* algo.

O problema, para o processo penal, está exatamente em definir qual é sua real finalidade e mesmo se o processo tem uma finalidade unívoca. Se a não punição de inocentes for a única finalidade de um processo penal, a não punição de culpados pode ser considerada uma externalidade irrelevante ou negativa, mas contextualmente aceitável. Se a condenação de culpados for a única finalidade de um processo penal, a condenação de inocentes pode ser uma externalidade irrelevante, mas contextualmente aceitável. Ambas as posições são equivocadas precisamente porque desconsideram que o processo penal não tem uma finalidade única.

Um direito é um interesse juridicamente tutelável. Significa dizer: um direito corresponde a um interesse qualificado, legítimo, que a lei assim reconhece e dá amparo. Por ser o processo penal um sistema *normativo*, os interesses que este deve contemplar – e otimizar – são somente interesses *legítimos*. O processo penal não serve para tutelar *qualquer* interesse, mas somente interesses legal e constitucionalmente válidos. Pelas mais variadas razões, pode ser do interesse de alguém praticar um crime; entretanto, esse interesse não é legítimo exatamente porque o ordenamento jurídico caracteriza tal conduta como passível da aplicação de uma sanção penal. Tampouco é um interesse legítimo furtar-se à ação legítima do Estado. Quem praticou um crime tem o direito de ser investigado, processado e julgado de acordo

130. Na medicina e na farmacologia, distinguem-se os estudos de eficácia – *i.e.*, estudos sobre o resultado concreto e objetivamente mensurável, que avaliam os tratamentos em pacientes selecionados de forma ideal em condições vantajosas por períodos de tempo relativamente curtos e são necessários para obter a aprovação regulatória para comercialização, de estudos sobre efetividade – considerada esta última como o resultado amplo dos tratamentos em um espectro de pacientes em condições do mundo real, com períodos de acompanhamento que correspondem aos regimes de tratamento típicos (SELKER, Harry P.; GORMAN, Sheeona; KAITIN, Kenneth I. Efficacy-to-Effectiveness Clinical Trials. **Transactions of the American Clinical and Climatological Association**. v. 129 (2018), pp. 279-300. Disponível em: https://www.ncbi.nlm.nih.gov/pmc/articles/PMC6116609/. Acesso em 06 out. 2023.).

A disciplina legal para a realização de ensaios clínicos com medicamentos no Brasil sublinha a relevância da comprovação empírica de sua eficácia. É o que se verifica na RDC nº 09, da Agência Nacional de Vigilância Sanitária – ANVISA, de 20 de fevereiro de 2015, publicada no DOU nº 41, de 3 de março de 2015, notadamente em seus arts. 3º, I; 6º, XII; 13; 32; 38, IV, d, VI e VII, h; 54; e 59, IV.

com as regras e princípios do processo penal, para que, se condenado, receba a pena justa. Não existe um *direito à impunidade*. O *sistema* processual penal deve ser de tal modo concebido para que se possa através deste tutelar, com eficiência, tanto os interesses legítimos do imputado quanto os da sociedade.

Daí decorre que a eficiência do processo penal deve ser medida pela otimização entre suas duas finalidades complementares e não contrapostas e que são, numa simplificação sintética, preservar direitos do réu e do investigado e permitir a justa condenação de culpados.

A dificuldade em se amoldar o processo penal em esquemas como o de Pareto e de Kaldor-Hicks decorre da peculiaridade de que essencialmente não existem, no processo penal, interesses *legítimos* que se contraponham. Pode haver, para cada ato praticado, interesses contrapostos voltados a um ou a outro resultado. Exemplifique-se: enquanto o órgão responsável pela acusação espera que uma perícia possa ajudar a esclarecer a autoria de um crime, uma pessoa investigada pode ter interesse a que essa perícia seja inconclusiva. É natural que assim o deseje. Mas o investigado ou o réu não têm o direito de adulterar a cena de um crime para frustrar a perícia (e, se o fizerem, terão praticado o crime do art. 347 do Código Penal[131]). Eventualmente, o exercício do que a lei prevê como um direito pode encobrir um interesse ilegítimo: o réu tem o direito de arrolar testemunhas, mas a indicação de uma testemunha que nada sabe sobre os fatos pode ser usada como uma estratégia apenas para satisfazer seu interesse (ilegítimo) de protelar o andamento do processo. Exatamente por isso, o testemunho de alguém que nada sabe sobre os fatos nem tem nenhuma contribuição a trazer ao processo deve ser indeferido pelo juízo competente (art. 400, §1º, do CPP[132]).

O sentido maior do processo é, dentro de limites fixados à atuação estatal (correlatos às garantias fundamentais do réu e do investigado), esclarecer a verdade sobre fatos e, a partir disso, permitir-se aplicar ou não uma sanção

131. "Art. 347 – Inovar artificiosamente, na pendência de processo civil ou administrativo, o estado de lugar, de coisa ou de pessoa, com o fim de induzir a erro o juiz ou o perito:

Pena – detenção, de três meses a dois anos, e multa.

Parágrafo único – Se a inovação se destina a produzir efeito em processo penal, ainda que não iniciado, as penas aplicam-se em dobro."

132. "Art. 400. [...]

§1º As provas serão produzidas numa só audiência, podendo o juiz indeferir as consideradas irrelevantes, impertinentes ou protelatórias."

penal. Assim como não existe um *direito à impunidade*, não é um interesse legítimo de ninguém *impedir o esclarecimento dos fatos*, ainda que isso possa ocorrer como resultado da ineficiência (em sentido amplo) da atividade do Estado ou do desrespeito aos seus limites. Em suma, o verdadeiro interesse (legítimo) dos sujeitos do processo e de toda a sociedade é o de respeito aos direitos fundamentais de todos: dos sujeitos do processo e de toda a sociedade.

Assim, a eficiência no processo penal pode ser medida conforme sejam maximizados os direitos e as garantias de réus e investigados com o mínimo de sacrifício para os instrumentos de que o Estado dispõe para aplicar sanções a quem praticar crimes, como se lhe é exigido pela Constituição e pelas leis. Limitar a atuação do Estado a ponto de impedir *a priori* a condenação de culpados é tão ineficiente quanto extinguir os limites à atuação do Estado, desprotegendo réus e investigados.

Como qualquer construção humana, o processo penal é uma tecnologia imperfeita, resultante de inúmeras condicionantes sociais e históricas. Ainda que objetivamente não se possa afirmar o ponto exato em que se dará o equilíbrio preciso entre segurança e liberdade, esse equilíbrio deve ser um permanente ideal a ser buscado. No atual estágio de evolução da disciplina, há, contudo, alguns consensos sobre quais devam ser seus contornos mínimos caso se o pretenda harmônico a um Estado Democrático de Direito. É dizer: o processo penal deve ser um sistema que permita "a atuação eficaz dos órgãos encarregados da persecução penal e que, ao mesmo tempo, assegure a plena efetivação das garantias do devido processo legal"[133]. Dentre esses contornos mínimos estão os princípios fundamentais do processo penal, aos quais correspondem as garantias fundamentais que Luigi Ferrajoli identifica como elementos de um sistema garantista ideal e que são o produto de um longo processo de evolução histórica. Essas garantias servem não só ao investigado e ao acusado, mas à toda a sociedade. É do interesse público – *i.e.*, é do interesse de toda a sociedade – que seja aplicada uma pena a quem cometer um crime; entretanto, não é do interesse público que seja aplicada *qualquer* pena, nem por *qualquer* meio. A sanção penal somente será legitima se proporcional à gravidade da conduta e se aplicada com rigorosa obediência aos princípios e regras do processo penal.

---

133. FERNANDES, Antonio Scarance. Reflexões sobre as noções de eficiência e de garantismo no processo penal. *In*.: ALMEIDA, José Raul Gavião de; FERNANDES, Antonio Scarance; MORAES, Maurício Zanoide. **Sigilo no processo penal**: eficiência e garantismo. São Paulo: Revista dos Tribunais, 2008, p. 13.

O interesse transindividual à aplicação de uma pena justa a quem praticar um crime pode ser sintetizado num direito ao *procedimento processual penal*, como corolário dos direitos fundamentais à liberdade e à segurança. O direito ao *procedimento processual penal* é o direito a que o Estado "atue positivamente no sentido de estruturar órgãos e criar procedimentos que, ao mesmo tempo, lhes provenham segurança lhes garantam liberdade"[134]. Quanto ao direito posto, o direito ao procedimento processual penal é o direito que toca simultaneamente a cada pessoa (direito individual) e a toda a sociedade (direito transindividual) "a um sistema de princípios e regras que, para alcançar um resultado justo, faça atuar as normas do direito repressivo necessárias para a concretização do direito fundamental à segurança e assegure ao acusado todos os mecanismos essenciais para a defesa de sua liberdade"[135].

Para atingir esses propósitos, o processo penal precisa ser eficiente.

A definição de *eficiência*, como visto, não é uníssona nem mesmo em ciências como a economia e a administração. Também variam as definições de *eficácia* e *efetividade*. Conhecer tais distinções permitirá abraçar um sentido, para cada um desses vocábulos, que esteja(m) de acordo com o processo penal segundo uma hermenêutica constitucional garantista.

Após analisar como é tratada por autores de diversas áreas – economia, ciência da administração, direito processual civil e administração pública – Antônio Scarance Fernandes vale-se da acepção etimológica do termo para concluir que *eficiência* corresponde à qualidade do meio que ocasiona a produção de um resultado[136]. Por eficiência deve-se entender a qualidade ou grau de otimização de um meio "para que se alcance determinado fim". Eficácia, diversamente, retrata a qualidade do próprio resultado obtido: para se aferir a eficácia de algo, o que importa é o efeito, não o meio

---

134. FERNANDES, Antonio Scarance. Reflexões sobre as noções de eficiência e de garantismo no processo penal. *In*.: ALMEIDA, José Raul Gavião de; FERNANDES, Antonio Scarance; MORAES, Maurício Zanoide. **Sigilo no processo penal**: eficiência e garantismo. São Paulo: Revista dos Tribunais, 2008, p. 09.

135. FERNANDES, Antonio Scarance. Reflexões sobre as noções de eficiência e de garantismo no processo penal. *In*.: ALMEIDA, José Raul Gavião de; FERNANDES, Antonio Scarance; MORAES, Maurício Zanoide. **Sigilo no processo penal**: eficiência e garantismo. São Paulo: Revista dos Tribunais, 2008, p. 10.

136. FERNANDES, Antonio Scarance. Reflexões sobre as noções de eficiência e de garantismo no processo penal. *In*.: ALMEIDA, José Raul Gavião de; FERNANDES, Antonio Scarance; MORAES, Maurício Zanoide. **Sigilo no processo penal**: eficiência e garantismo. São Paulo: Revista dos Tribunais, 2008, pp. 19-23.

nem a ação empregada. Se o resultado almejado foi obtido, o ato terá sido eficaz, independentemente da qualidade (eficiência) do meio. A efetividade, a seu turno, também realça o resultado, mas esse resultado é analisado "fora do âmbito interno e estrito de manifestação ou atuação do ente, objeto de instituto examinado"[137]. A efetividade, deste modo, é dissociada da relação entre meio e resultado e sua medida dependerá tão somente de seu impacto concreto na realidade.

Tais noções permitem reafirmar que a eficiência do processo penal dependerá da finalidade que lhe seja atribuída.

Quanto à finalidade do processo penal, há, como sintetizado por Antônio Scarance Fernandes, três correntes[138]:

> Uma atribui ao processo penal a finalidade de assegurar a defesa do acusado. Sustenta que, historicamente, o processo penal se afirmou como instrumento necessário para evitar que se impusesse a alguém uma pena sem que pudesse defender-se. Seria, então, eficiente o processo que assegurasse ao acusado meios para o exercício de sua defesa, de modo a impedir condenações injustas.
>
> Para outra corrente, a finalidade do processo é permitir aos órgãos da persecução a apuração da verdade e a punição dos autores de infrações penais. Essa posição dá maior predominância à acusação do que à defesa do acusado, pois eficiente seria o processo que permitisse aos órgãos da persecução penal a apuração dos fatos criminosos e a condenação dos seus autores.

A primeira e segunda correntes sugerem que o processo penal é um instrumento de *desequilíbrio* entre as partes: a primeira corrente prioriza os interesses do acusado e a segunda prioriza os interesses da acusação. Um processo penal de tal modo concebido inviabilizará, para um ou para outro dos polos da relação, a prolação de uma decisão *justa*: se o que importa é, sempre e preponderantemente, em qual dos polos esteja a parte (acusação

137. Dos três conceitos – eficiência, eficácia e efetividade –, o conceito de efetividade é decerto o menos preciso e o que mais inspira divergências, especialmente no processo civil, como se nota em: FERNANDES, Antonio Scarance. Reflexões sobre as noções de eficiência e de garantismo no processo penal. *In*.: ALMEIDA, José Raul Gavião de; FERNANDES, Antonio Scarance; MORAES, Maurício Zanoide. **Sigilo no processo penal**: eficiência e garantismo. São Paulo: Revista dos Tribunais, 2008, pp. 23-24.

138. FERNANDES, Antonio Scarance. Reflexões sobre as noções de eficiência e de garantismo no processo penal. *In*.: ALMEIDA, José Raul Gavião de; FERNANDES, Antonio Scarance; MORAES, Maurício Zanoide. **Sigilo no processo penal**: eficiência e garantismo. São Paulo: Revista dos Tribunais, 2008, pp. 24-25.

ou defesa), a condenação ou a não condenação de alguém dependerá não dos fatos, mas apenas desse *locus* processual.

Restaria, pelo equilíbrio, apenas uma terceira corrente:

> Finalmente, terceira posição entende que a finalidade do processo penal é a obtenção de um resultado justo que se legitime pelo procedimento adequado. Deve equilibrar as posições das partes, sem dar predominância a qualquer delas, procurando compensar eventuais desigualdades naturais ou jurídicas entre elas. Eficiente, nessa ótica, é o processo justo que assegure a ambas as partes os exercícios de seus direitos e as proteja com as garantias constitucionais[139].

O processo penal, segundo essa corrente, tem por objetivo assegurar às partes o exercício de seus direitos (ou poderes-deveres, caso uma das partes esteja no exercício de uma função do Estado – como o Ministério Público, na ação penal pública), sem desconsiderar suas desigualdades intrínsecas e corrigindo-as, quando for o caso. Assim, um processo penal equilibrado assegurará ao réu e ao seu defensor uma série de direitos não necessariamente reconhecidos à acusação, dada a sua posição de maior vulnerabilidade. À acusação, por exemplo, recai todo o ônus de provar os fatos que fundamentam sua pretensão (*i.e.*, os fatos constitutivos do alegado direito de que seja aplicada a alguém uma sanção penal). Se não provados tais fatos, o réu deverá ser absolvido, preservando-se ao longo de todo o processo seu estado de inocência. Aquilatadas essas desigualdades, o processo deve ser um instrumento em que as partes tenham meios *eficientes* para buscar a tutela de sua pretensão (seja acusatória, seja absolutória). O processo penal deve ser um instrumento, não um obstáculo, para que as partes deduzam e instruam sua pretensão, ensejando o exercício responsável da jurisdição. O processo penal deve ser tanto um instrumento para que o réu impeça a atuação arbitrária do Estado quanto um instrumento para que o Estado exerça, legitimamente, seu poder-dever de aplicar uma sanção penal justa a quem tiver praticado um crime. Não há que se confundir, pois, garantias com imunidades absolutas nem com meras formalidades. Garantias são proteções contra o arbítrio, não escudo contra o exercício legítimo de um poder-dever do Estado[140].

---

139. FERNANDES, Antonio Scarance. Reflexões sobre as noções de eficiência e de garantismo no processo penal. *In*.: ALMEIDA, José Raul Gavião de; FERNANDES, Antonio Scarance; MORAES, Maurício Zanoide. **Sigilo no processo penal**: eficiência e garantismo. São Paulo: Revista dos Tribunais, 2008, p. 25.

140. "Outro problema é o da natureza das formalidades [...]: garantias contra o arbítrio, quando vinculam o juiz e as partes a regras critérios epistemológicos destinados à obtenção de uma verdade

A finalidade de um processo penal garantista, pois, tem dúplice vertente: seu desiderato é assegurar a proteção de direitos fundamentais de réus e investigados e, ao mesmo tempo, permitir a verificação dos fatos supostamente criminosos para que, se for o caso, seja aplicada a seu autor uma pena proporcional à gravidade de sua conduta. O processo penal, assim, será tão mais eficiente quanto sirva como meio para a tutela dos direitos fundamentais de réus e investigados e, simultaneamente, para a tutela de direitos fundamentais de toda a sociedade. Veja-se que tais direitos não são contrapostos. A absolvição de inocentes é do interesse legítimo tanto da sociedade quanto de quem, não tendo praticado um crime, esteja sendo acusado; de igual modo, a aplicação de uma pena justa é do interesse legítimo tanto da sociedade quanto de quem tenha praticado um crime.

É possível associar a cada uma dessas três correntes um sentido de eficácia e de efetividade. Caso se dê prevalência aos direitos do réu, a eficácia do processo penal corresponde ao quanto o processo tenha permitido a ele resistir a uma acusação e a impedir sua condenação[141]. Observe-se, contudo, que se o que define essa primeira corrente for *apenas* o propósito de *impedir condenações injustas*, não importará se o processo também impedir condenações *justas*: basta que sejam impedidas condenações – leia-se, *toda e qualquer condenação* –, e não se terá nenhuma condenação, nem *justas*, nem *injustas*. Em suma, para a corrente que identifica o processo penal como um sistema de garantias *exclusivamente do réu*, o processo penal se justifica apenas como um óbice ao exercício do poder do Estado, sendo irrelevante a impunidade de alguém que tenha cometido um crime.

Para a corrente que dá preponderância à acusação e identifica o processo penal como um *instrumento para a condenação de culpados*, vale a mesma lógica, invertendo-se o sinal: pouco importará a condenação de inocentes, ou a condenação realizada em desrespeito aos direitos fundamentais do investigado ou acusado. Para que o processo penal seja considerado

processual mínima, mas o mais possível apoiada por provas e contraprovas; empecilhos danosos ilusórios, quando têm o único efeito de complicar inutilmente os processos, sobrecarregando-os, tornando-os lentos e tornando difícil sua compreensão e seu controle pelo imputado e pela opinião pública." FERRAJOLI, Luigi. **Direito e razão**: teoria do garantismo penal. Trad. Luis Flávio Gomes et al. São Paulo: RT, 2002, p. 573.

141. Nesse ponto, divergimos da análise feita por Antônio Scarance Fernandes, que associa a primeira corrente apenas à finalidade de impedir condenações *injustas*. (FERNANDES, Antonio Scarance. Reflexões sobre as noções de eficiência e de garantismo no processo penal. *In*.: ALMEIDA, José Raul Gavião de; FERNANDES, Antonio Scarance; MORAES, Maurício Zanoide. **Sigilo no processo penal**: eficiência e garantismo. São Paulo: Revista dos Tribunais, 2008, p. 25).

*eficiente*, bastará que este sirva de meio para a punição daquele que praticou um crime.

Para a corrente que busca equilibrar as posições dos interesses das partes, a efetividade do processo será medida conforme tenha permitido à acusação e ao acusado "defenderem as suas posições jurídicas, fazendo [com] que julgamentos estivessem legitimados pelo uso de procedimentos adequados"[142].

Para todas as três correntes, a efetividade será aferida conforme os efeitos que produza no meio social, a depender do que deste se espere: "paz social, vigência de um Estado democrático de Direito, segurança pública, preservação da dignidade humana"[143].

### 2.1.4 Eficiência e autodeterminação informativa

O direito fundamental à proteção de dados, ou o direito fundamental à autodeterminação informativa, tem essência multidimensional, por ser voltado ao equilíbrio entre variados interesses que recaem sobre o uso de dados pessoais e sobre a participação do titular dos dados em processos comunicativos. O bem jurídico protegido pela autodeterminação informativa é duplo: de um lado, a dignidade humana do titular e, do outro, as liberdades fundamentais em sentido amplo – de comunicação, de trabalho, de locomoção, de informação etc. É um direito que visa "tanto à proteção da integridade moral e da personalidade, na dimensão interior do livre desenvolvimento do indivíduo ('*innere Entfaltungsfreheit*'), como à proteção do direito geral à liberdade e das liberdades específicas, na dimensão exterior do seu livre desenvolvimento ('*äußere Entfaltungsfreiheit*')"[144].

Em sua dimensão subjetiva, a autodeterminação informativa é um direito subjetivo *de defesa*, que confere ao indivíduo – o titular dos dados – um espaço de liberdade e privacidade não passível de intervenção pelo Estado

142. FERNANDES, Antonio Scarance. Reflexões sobre as noções de eficiência e de garantismo no processo penal. *In*.: ALMEIDA, José Raul Gavião de; FERNANDES, Antonio Scarance; MORAES, Maurício Zanoide. **Sigilo no processo penal**: eficiência e garantismo. São Paulo: Revista dos Tribunais, 2008, p. 25.

143. FERNANDES, Antonio Scarance. Reflexões sobre as noções de eficiência e de garantismo no processo penal. *In*.: ALMEIDA, José Raul Gavião de; FERNANDES, Antonio Scarance; MORAES, Maurício Zanoide. **Sigilo no processo penal**: eficiência e garantismo. São Paulo: Revista dos Tribunais, 2008, p. 25.

144. MENDES, Laura Schertel. *Habeas Data* e autodeterminação informativa: os dois lados de uma mesma moeda. *In*: MENDES, Laura Shcertel; ALVES, Sérgio Garcia; DONEDA, Danilo (coord.). **Internet & regulação**. São Paulo: Saraiva Educação, 2021, pp. 312-313.

e oponível a este. Em sua dimensão objetiva, a autodeterminação informativa inibe ao Estado a possibilidade de intervenção sobre dados pessoais, independentemente do exercício de sua defesa pelo indivíduo. O direito à proteção de dados em sua dimensão objetiva pressupõe a existência de instrumentos hábeis para coibir e reverter investidas não justificadas. É da dimensão objetiva da autodeterminação informativa que decorre o dever do Estado de *regular*, prevendo procedimentos e mecanismos horizontalmente eficazes que impeçam ou corrijam o tratamento ilegítimo realizado pelo próprio Estado ou por particulares[145].

Já eficiência, num processo penal garantista, como visto, não tem a ver com "máxima punição a culpados" nem com "maior número de pessoas condenadas". A eficiência do processo penal deve ser medida conforme esse instrumento opere para proteger direitos de réus e investigados e, ao mesmo tempo, permita a demonstração racional de fatos, com as consequentes absolvição de inocentes e condenação de culpados. Um processo penal eficiente é aquele no qual réus e investigados têm seus direitos respeitados, inclusive o de participar da construção do convencimento do agente público responsável, e pelo qual é de igual sorte possível, ao Estado-Juiz, proferir uma decisão sobre um fato criminoso que resulte, se for o caso, na aplicação concreta de uma sanção penal a quem o tenha praticado. Um processo penal imprestável a que se profira uma decisão sobre fatos (em tese) criminosos, sem que haja um fundamento racional para essa imprestabilidade, será um processo penal ineficiente.

Um processo penal em que abusos contra réus e investigados são tolerados em favor de condenações é um processo irracional. Um processo penal em que a forma é um fim em si mesma, em que nulidades independem da identificação de prejuízo a um direito, também é um processo penal irracional. Eficiência, no processo penal, tem um dúplice sentido garantista – na sua leitura integral: é o respeito a direitos fundamentais de imputados em harmonia com o exercício de seu poder-dever de aplicar uma pena proporcional à gravidade do crime praticado.

A visão individualista do processo, que considera as posições das partes como direitos subjetivos de natureza estritamente individual, tem há muito cedido lugar a uma visão mais ampla, publicista, que considera as garantias

145. MENDES, Laura Schertel. *Habeas Data* e autodeterminação informativa: os dois lados de uma mesma moeda. *In*: MENDES, Laura Shcertel; ALVES, Sérgio Garcia; DONEDA, Danilo (coord.). **Internet & regulação**. São Paulo: Saraiva Educação, 2021, pp. 314-317.

processuais como garantias não só das partes, mas também de toda a coletividade e põe em destaque o interesse geral na realização da justiça[146]. São garantias não só das partes, pois, mas da própria jurisdição: se é de interesse dos litigantes sustentar suas razões e produzir suas provas, a possibilidade das partes de influir efetiva e concretamente no exercício da jurisdição assegura a "regularidade do processo, a imparcialidade do juiz e a justiça das decisões"[147].

Segundo Valério Mazzuoli e Antônio Piedade[148],

> Conter os excessos e arbítrios do Estado em face do indivíduo nem de longe se contrapõe à ideia de intervenção penal necessária, a qual tenha a capacidade efetiva de acautelar a sociedade. Quando se enfrenta de forma eficiente a debilidade de tutela penal, principalmente no que se refere aos bens jurídicos difusos, é necessária uma resposta penal diferenciada, que atenda aos anseios da sociedade no combate à criminalidade. Nesse sentido, a não compatibilização da proteção individual com a proteção coletiva traz consequências à própria finalidade do Estado, que é assegurar o convívio de forma tolerável e evitar, no caso das organizações criminosas, uma afronta à própria democracia. Daí se afirmar que um direito penal de intervenção mínima não se contrapõe conceitualmente a um direito penal de intervenção minimamente (constitucionalmente) necessária. [...]
>
> É certo que o direito penal tem o dever de evitar excessos, pois está vinculado a princípios constitucionais e internacionais que limitam a sua incidência. Contudo, é premente compreender que o direito penal deve também tutelar bens jurídicos com densidade social e reafirmar a sua autoridade perante a sociedade, daí surgindo o imperativo de proteção com a consequente necessidade de uma resposta proporcional e adequada por parte do Estado em caso de violações de direitos de qualquer índole. Certo é que a legitimação da intervenção penal – seja vinculando o legislador à criação de tipos penais ou o Poder Judiciário na aplicação de uma pena suficiente e adequada – é corolário da proibição da proteção deficiente dos direitos humanos das vítimas da criminalidade.

146. GRINOVER, Ada Pellegrini. **Novas tendências do direito processual**. Rio de Janeiro: Forense, 1990, p. 1.

147. GRINOVER, Ada Pellegrini. **Novas tendências do direito processual**. Rio de Janeiro: Forense, 1990, p. 2.

148. MAZZUOLI, Valério de Oliveira; PIEDADE, Antônio Sérgio Cordeiro. Punir como *standard* de Direitos Humanos: centralidade de proteção das vítimas no Direito Internacional dos Direitos Humanos e no Processo Penal brasileiro. **Revista dos Tribunais**, v. 112, nº 1055, set. 2023. São Paulo: RT, pp. 138-139.

Essa é uma análise da eficiência do processo penal sob um prisma *macro*. A eficiência, todavia, também pode ser aferida em relação a cada um dos atos praticados dentro de um processo. Assim, pode-se também medir a eficiência do processo penal "quanto aos atos que compõem o procedimento e aos meios de investigação ou de prova"[149].

Sendo a eficiência a qualidade ou a capacidade de um meio para produzir determinado resultado, pode-se medir a eficiência dos atos processuais conforme sua capacidade de alcançar o objetivo a que se proponha. Um ato de impulsionamento processual será tão mais eficiente quanto permita que o processo avance em suas etapas, conforme previstas em lei, até a prolação de uma sentença. Semelhantemente, uma técnica de investigação ou um meio de prova serão tão mais eficientes quanto propiciem verificar a veracidade de um fato hipotético.

O tratamento de dados pessoais, quando realizado como um ato do processo penal, também deve atenção a sua finalidade, sob pena de ser considerado ilegal. Nesse aspecto, pode-se perfeitamente invocar a disciplina da LGPD no que tange ao princípio da finalidade: o tratamento de dados pessoais no processo penal será válido quando tenha "propósitos legítimos, específicos, explícitos e informados ao titular" (art. 6º, I, da Lei nº 13.709/18). Quando não houver informações sobre o endereço atualizado de um réu, de uma vítima ou de uma testemunha e esse dado não puder ser obtido em fontes abertas, é legítimo ao Estado realizar o tratamento de dados consistente numa consulta ao Cadastro de Pessoas Físicas da Receita Federal. A finalidade (propósito) do ato processual será legítima, específica e o tratamento, documentado nos autos, será informado a tempo e modo ao titular dos dados. Esse tratamento será tão eficiente quanto logre alcançar seu propósito; no caso, o propósito de descobrir o endereço de uma pessoa relevante para o processo.

Um processo penal em que o direito de réus e investigados à autodeterminação informativa é desrespeitado é um processo penal irracional, não garantista. Da mesma forma, um processo penal em que o direito à autodeterminação informativa tenha caráter absoluto, sobrepondo-se e impedindo, sempre e *a priori*, (a)o exercício do poder-dever do Estado de aplicar uma

149. FERNANDES, Antonio Scarance. Reflexões sobre as noções de eficiência e de garantismo no processo penal. *In*.: ALMEIDA, José Raul Gavião de; FERNANDES, Antonio Scarance; MORAES, Maurício Zanoide. **Sigilo no processo penal**: eficiência e garantismo. São Paulo: Revista dos Tribunais, 2008, p. 25.

sanção penal a quem tiver praticado um crime, será um processo penal irracional, não garantista.

Se, num determinado processo penal, por exemplo, conceber-se que o direito fundamental à autodeterminação informativa obriga o Estado a informar antecipadamente ao investigado que ele será alvo de uma interceptação de suas comunicações telefônicas, esse processo penal será irracional (e, portanto, não garantista), por não permitir a adequada apuração do fato criminoso (pressupondo-se, no exemplo, ser estritamente necessário o uso da medida invasiva). Mas será também irracional e não garantista um processo penal em que, após encerrada a interceptação de comunicações telefônicas, não se franqueie ao acusado o acesso aos elementos produzidos a partir dessa medida, violando, a um só tempo, seus direitos fundamentais ao contraditório, à ampla defesa e à autodeterminação informativa.

Caso fosse possível eleger como único objetivo no processo penal a máxima proteção aos direitos dos titulares dos dados pessoais, a solução seria simples: bastaria proibir qualquer forma de tratamento de dados pessoais no processo penal. Banidas todas as medidas relacionadas à persecução e que de algum modo caracterizem o tratamento de dados pessoais – como "quebras" de sigilo bancário, fiscal, de dados telemáticos, interceptação de comunicações ou a apreensão de documentos e arquivos de computador – não haveria tratamento nem afetação à autodeterminação informativa. Se não houver nenhum tratamento de dados pessoais, não haverá abuso contra o titular dos dados pessoais. Obviamente, trata-se uma solução obtusa, pois considera apenas o interesse do titular dos dados e ignora que o processo penal também deve servir para esclarecer fatos e, eventualmente, aplicar penas a quem tiver praticado um crime, na medida de sua culpabilidade.

Punir quem praticar crimes, reafirme-se, também é um *standard* de direitos humanos; a impunidade é sua exata antítese. O processo penal é o campo em que diversos direitos fundamentais precisam ser afirmados e equacionados. A autodeterminação informativa é um destes direitos, mas não é o único nem é aprioristicamente superior aos demais. A forma racional de se proteger direitos dos titulares dos dados não é criar óbices desproporcionais nem simplesmente proibir o tratamento: é estabelecer requisitos claros para quando deve haver esse tratamento e procedimentos para que este seja realizado estritamente de acordo com sua finalidade, bem como para prevenir, identificar e corrigir eventuais excessos.

### 2.1.5 Reserva legal

Sob a perspectiva individual, a proteção dos dados pessoais é um direito fundamental, "nos termos da lei", como consta no inciso LXXIX do art. 5º da CF/88, incluído pela Emenda Constitucional nº 115/2022. Essa mesma emenda também acrescentou incisos aos arts. 21 e 22 da Constituição Federal, para determinar que compete à União "organizar e fiscalizar a proteção e o tratamento de dados pessoais, nos termos da lei" (art. 21, XXVI), e que compete privativamente à União legislar sobre proteção e tratamento de dados pessoais (art. 22, XXX).

A competência do 21 da CF/88 é administrativa e exclusiva – ou seja, não comporta delegação nem pode ser exercida por outro ente. Já a competência para legislar sobre proteção de dados pessoais (art. 22, XXX) é *privativa*, o que significa dizer que Estados e municípios somente podem legislar sobre o tema se houver delegação da União, feita em lei complementar, de tal competência. Não há que se confundir a competência legislativa privativa (art. 22) com a competência comum, administrativa, atribuída aos entes federativos (art. 23 da CF/88), nem com a competência concorrente, legislativa, que pode ser exercida pela União, Estados e Distrito Federal (art. 24 da CF/88), excluídos os municípios.

A proteção de dados pessoais abrange diversos outros direitos: a proteção não é um direito "por si só", eis que depende de uma delimitação sobre o que exatamente, "nos termos da lei", será protegido. Dizer que a *proteção* a um determinado direito (relacionado a dados pessoais) é um direito fundamental nada significará se não for também afirmado um *conteúdo* para esse direito relacionado a dados pessoais.

Como bem observam Orlandino Gleizer, Lucas Montenegro e Eduardo Viana, em verdade são vários os direitos fundamentais que delineiam a proteção de dados pessoais dentro de um regime geral de proteção da personalidade. Esse regime geral engloba "o sigilo das comunicações, o sigilo postal, confidencialidade e integridade de sistemas informáticos, autodeterminação informacional etc"[150]. Criticando a expressão genérica "proteção de dados pessoais", os autores ressaltam que se preferiu, na Alemanha, nomear especificamente cada um desses diretos (correlatos a dados pessoais). Todavia, não haverá problema na expressão caso se compreenda o direito

150. GLEIZER, Orlandino; MONTENEGRO, Lucas; VIANA, Eduardo. **O direito de proteção de dados no processo penal e na segurança pública**. Rio de Janeiro: Marcial Pons, 2021, p. 37.

fundamental à proteção de dados pessoais apenas como uma representação desse espectro da proteção da personalidade, reunindo distintos e "específicos direitos fundamentais com concretos âmbitos de proteção"[151].

Assim, a inviolabilidade do sigilo das comunicações telefônicas (salvo, no último caso, por ordem judicial, nas hipóteses e na forma que a lei estabelecer para fins de investigação criminal ou instrução processual penal), tal qual prevista no art. 5º, XII, da CF/88, é também um direito fundamental relacionado à proteção de dados pessoais. Do mesmo modo, a lei que regulamenta o inciso XII do art. 5º (Lei nº 9.296/96) cria, para o titular dos dados pessoais, uma série de direitos – no caso, direitos correspondentes aos requisitos legais para a decretação da interceptação de comunicações telefônicas e ao procedimento necessário, sob pena de ilegalidade e consequente nulidade das provas obtidas a partir desta medida.

A rigor, a Lei nº 9.296/96 não regulamenta somente o inciso XII do art. 5º: ela regulamenta, também, o inciso LXXIX do art. 5º da CF/88.

A lei a que se reporta o inciso LXXIX do art. 5º da CF/88 é, hoje, a LGPD – mas não só esta: toda e qualquer norma legal que discipline o tratamento de dados pessoais, ainda que fora da LGPD, também qualificará, convolando-o em direito, os interesses do titular dos dados. Ao assegurá-lo "por lei", esses direitos podem ser tutelados pelo titular por quaisquer vias (legais) que se revelem necessárias, em juízo ou fora dele.

Sob a ótica do Estado, a investigação criminal e o processo penal submetem-se a formas previstas em lei. O principal documento normativo para ambas é o Código de Processo Penal (Decreto-lei nº 3.689/41), mas há dezenas de outras normas disciplinando as competências e atribuições de juízes, membros do Ministério Público, policiais e outros agentes do Estado responsáveis pela prática de atos de interesse para a persecução penal. Como agentes do Estado, ao praticarem quaisquer atos, submetem-se eles ao princípio da legalidade em sua vertente pública – ou seja, somente podem fazer aquilo que a lei prevê. Se a lei não autoriza que determinada autoridade pratique, em nome do Estado, determinado ato, esse ato será ilegal. Num processo ou numa investigação, se o vício estiver amoldado a alguma das hipóteses do art. 564 do CPP e houver prejuízo para a acusação ou defesa (art. 563), a consequência será a invalidação do ato, do que decorrerá sua

151. GLEIZER, Orlandino; MONTENEGRO, Lucas; VIANA, Eduardo. **O direito de proteção de dados no processo penal e na segurança pública.** Rio de Janeiro: Marcial Pons, 2021, p. 38.

imprestabilidade para qualquer decisão que venha a ser tomada no curso de uma investigação ou um processo.

Quando realizado pelo Estado, o tratamento de dados pessoais também está submetido à reserva legal. Isso quer dizer que nenhuma autoridade poderá tratar dados caso essa atividade não esteja inserida no seu escopo de atribuições. Não há que se confundir essa premissa, contudo, com uma suposta necessidade de previsão legal que classifique um ato qualquer como "tratamento de dados pessoais": esse tratamento poderá ocorrer validamente ainda que não esteja classificado na própria lei que o autorize como um tratamento de dados pessoais. O que importa é sua essência. Se o ato puder ser enquadrado como uma operação realizada com dados pessoais, como a "coleta, produção, recepção, classificação, utilização, acesso, reprodução, transmissão, distribuição, processamento, arquivamento, armazenamento, eliminação, avaliação ou controle da informação, modificação, comunicação, transferência, difusão ou extração" – ou seja, se puder ser classificado segundo o conceito do art. 5º, X, da LGPD (ou de uma lei qualquer que a suceda, inclusive a LGPD penal), esse ato será um *tratamento de dados pessoais.*

Um exemplo pode auxiliar a compreensão dessa ideia. De acordo com o art. 41 do CPP, a denúncia conterá, dentre outras informações, "a qualificação do acusado ou esclarecimentos pelos quais se possa identificá-lo". A mera inserção dos dados qualificativos de alguém numa peça processual que provoca o exercício da jurisdição é um tratamento de dados pessoais. A lei (no caso, o CPP) autoriza (na verdade impõe) o Ministério Público (assim como ao particular, para a queixa) a realizar esse tratamento de dados pessoais, ainda que assim (como um tratamento de dados pessoais) não o classifique expressamente. Num outro exemplo, ainda de acordo com o CPP, logo que tiver conhecimento da prática da infração penal, cumpre à autoridade policial ouvir o suspeito ou investigado (art. 6º), qualificando-o, da mesma forma prevista às autoridades judiciais para o interrogatório (art. 185 do CPP). Isso também é um tratamento de dados pessoais. E para citar uma lei extravagante, a Lei nº 12.037/09, que regulamenta o art. 5º, LVIII, da Constituição Federal, determina que não será submetido a identificação criminal o civilmente identificado (ou seja, que apresente à autoridade policial carteira de identidade, carteira de trabalho, carteira profissional, passaporte, carteira de identificação funcional ou outro documento público que permita a identificação do indiciado), e não incidam sobre o documento apresentado suspeitas de falsidade ou alguma outra hipótese expressamente prevista no art. 3º da Lei nº 12.037/09. Sendo necessária a identificação criminal, esta será feita com a colheita de dados pessoais sensíveis, por "processo datiloscópico e o fotográfico, que serão juntados aos autos da comunicação da prisão em flagrante" (art. 5º), devendo a autoridade policial zelar para "evitar o constrangimento do identificado" (art. 4º).

Em nenhum dos exemplos citados a lei usa a expressão "tratamento de dados pessoais", embora sejam todos casos evidentes de tratamento de dados pessoais.

O que importa, portanto, é que exista uma previsão legal para a prática do ato que possa ser enquadrado como um tratamento, sob pena de malferimento ao princípio da legalidade administrativa.

## 2.2 A LGPD: FUNDAMENTOS, PRINCÍPIOS E DIREITOS DOS TITULARES DE DADOS PESSOAIS

Para contextualizar a relação entre a proteção de dados pessoais e persecução penal dentro do panorama legal brasileiro, é importante analisar algumas previsões da LGPD relacionadas a seus fundamentos, princípios, direitos dos titulares e bases legais de tratamento.

Por tratar de um tema relativamente novo, ao menos para o cenário brasileiro, a Lei Geral de Proteção de Dados Pessoais (Lei nº 13.709/2018) apresenta conceitos e princípios de forma bastante explicativa. Tal qual concebida, a LGPD informa sua interpretação e contribui para a construção de uma dogmática sobre o tema.

Assim, dado pessoal foi conceituado na lei como toda e qualquer "informação relacionada a pessoa natural identificada ou identificável" (art. 5º, I), e tratamento de dados pessoais foi definido como

> toda operação realizada com dados pessoais, como as que se referem a coleta, produção, recepção, classificação, utilização, acesso, reprodução, transmissão, distribuição, processamento, arquivamento, armazenamento, eliminação, avaliação ou controle da informação, modificação, comunicação, transferência, difusão ou extração (art. 5º, X).

Os fundamentos da disciplina da proteção de dados pessoais, de acordo com o art. 2º da lei, são: I – o respeito à privacidade; II – a autodeterminação informativa; III – a liberdade de expressão, de informação, de comunicação e de opinião; IV – a inviolabilidade da intimidade, da honra e da imagem;

V – o desenvolvimento econômico e tecnológico e a inovação; VI – a livre iniciativa, a livre concorrência e a defesa do consumidor; e VII – os direitos humanos, o livre desenvolvimento da personalidade, a dignidade e o exercício da cidadania pelas pessoas naturais.

Sobre seu âmbito de incidência, o art. 3º da lei determina sua aplicação

> a qualquer operação de tratamento realizada por pessoa natural ou por pessoa jurídica de direito público ou privado, independentemente do meio, do país de sua sede ou do país onde estejam localizados os dados, desde que: I - a operação de tratamento seja realizada no território nacional; II - a atividade de tratamento tenha por objetivo a oferta ou o fornecimento de bens ou serviços ou o tratamento de dados de indivíduos localizados no território nacional; ou III - os dados pessoais objeto do tratamento tenham sido coletados no território nacional.

Os arts. 3º e 5º evidenciam o imenso escopo da LGPD brasileira, do qual são excluídas apenas as atividades de tratamento de dados pessoais enumeradas em seu art. 4º: o realizado por pessoa natural para fins exclusivamente particulares e não econômicos, o realizado para fins exclusivamente jornalísticos, artísticos ou acadêmicos, e o realizado para fins exclusivos de segurança pública, defesa nacional, segurança do Estado ou atividades de investigação e repressão de infrações penais. Também são excluídas de seu âmbito de incidência as atividades de tratamento de dados provenientes de fora do território nacional e que não sejam objeto de comunicação, uso compartilhado de dados com agentes de tratamento brasileiros ou objeto de transferência internacional de dados com outro país que não o de proveniência, desde que o país de proveniência proporcione grau de proteção de dados pessoais adequado (art. 4º, IV).

Em seu art. 6º, a lei afirma que as atividades de tratamento de dados pessoais deverão observar a boa-fé e os seguintes princípios, que objetivamente conceitua:

> I - finalidade: realização do tratamento para propósitos legítimos, específicos, explícitos e informados ao titular, sem possibilidade de tratamento posterior de forma incompatível com essas finalidades;
>
> II - adequação: compatibilidade do tratamento com as finalidades informadas ao titular, de acordo com o contexto do tratamento;
>
> III - necessidade: limitação do tratamento ao mínimo necessário para a realização de suas finalidades, com abrangência dos dados pertinentes, proporcionais e não excessivos em relação às finalidades do tratamento de dados;

> IV – livre acesso: garantia, aos titulares, de consulta facilitada e gratuita sobre a forma e a duração do tratamento, bem como sobre a integralidade de seus dados pessoais;
>
> V – qualidade dos dados: garantia, aos titulares, de exatidão, clareza, relevância e atualização dos dados, de acordo com a necessidade e para o cumprimento da finalidade de seu tratamento;
>
> VI – transparência: garantia, aos titulares, de informações claras, precisas e facilmente acessíveis sobre a realização do tratamento e os respectivos agentes de tratamento, observados os segredos comercial e industrial;
>
> VII – segurança: utilização de medidas técnicas e administrativas aptas a proteger os dados pessoais de acessos não autorizados e de situações acidentais ou ilícitas de destruição, perda, alteração, comunicação ou difusão;
>
> VIII – prevenção: adoção de medidas para prevenir a ocorrência de danos em virtude do tratamento de dados pessoais;
>
> IX – não discriminação: impossibilidade de realização do tratamento para fins discriminatórios ilícitos ou abusivos;
>
> X – responsabilização e prestação de contas: demonstração, pelo agente, da adoção de medidas eficazes e capazes de comprovar a observância e o cumprimento das normas de proteção de dados pessoais e, inclusive, da eficácia dessas medidas.

Não menos relevante é a disciplina da LGPD sobre os direitos do titular dos dados pessoais. Nos termos do art. 17 da lei, toda pessoa natural tem assegurada a titularidade de seus dados pessoais e garantidos os direitos fundamentais de liberdade, de intimidade e de privacidade.

Quanto aos direitos oponíveis diretamente em face do controlador dos dados pessoais, o art. 18 da LGPD prevê que o titular dos dados pessoais tem direito a obter, a qualquer momento e mediante requisição:

> I – confirmação da existência de tratamento;
>
> II – acesso aos dados;
>
> III – correção de dados incompletos, inexatos ou desatualizados;
>
> IV – anonimização, bloqueio ou eliminação de dados desnecessários, excessivos ou tratados em desconformidade com o disposto nesta Lei;
>
> V – portabilidade dos dados a outro fornecedor de serviço ou produto, mediante requisição expressa e observados os segredos comercial e industrial, de acordo com a regulamentação do órgão controlador;
>
> V – portabilidade dos dados a outro fornecedor de serviço ou produto, mediante requisição expressa, de acordo com a regulamentação da autoridade nacional, observados os segredos comercial e industrial;

> VI - eliminação dos dados pessoais tratados com o consentimento do titular, exceto nas hipóteses previstas no art. 16 desta Lei;
>
> VII - informação das entidades públicas e privadas com as quais o controlador realizou uso compartilhado de dados;
>
> VIII - informação sobre a possibilidade de não fornecer consentimento e sobre as consequências da negativa;
>
> IX - revogação do consentimento.

Deve-se observar que o art. 18 da LGPD, a despeito da designação do Capítulo III da lei ("DOS DIREITOS DO TITULAR"), trata predominantemente não de questões substanciais (ou seja, de direito material), mas sim de questões procedimentais ou instrumentais. As prerrogativas elencadas no art. 18 traduzem a concepção de autodeterminação informativa, que converte a privacidade no direito de exercer, em maior ou menor medida (conforme a lei o autorize), o controle sobre a integridade e a circulação de seus próprios dados, por meio de uma série de medidas e procedimentos[152].

Outros direitos estão esparsamente distribuídos na lei, como o versado no art. 20, que protege o titular dos dados pessoais contra a chamada discriminação algorítmica, prevendo a possibilidade de que solicite a revisão de decisões tomadas unicamente com base em tratamento automatizado de dados pessoais que afetem seus interesses, incluídas as decisões destinadas a definir o seu perfil pessoal, profissional, de consumo e de crédito ou os aspectos de sua personalidade. O art. 20 da LGPD deve ser lido em conjunto com os arts. 1º, 2º, 6º e 18, para que seja possível uma tutela adequada aos direitos do titular dos dados em face de uma decisão automatizada que lhe possa causar indevido prejuízo. Dessa leitura sistemática decorre a existência, para o titular dos dados, do direito à explicação – sobre quais dados foram tratados, como foram tratados e por que foram tratados pelo algoritmo – e o direito à oposição – sobre os dados que foram tratados, a forma com que foram tratados e a finalidade para a qual foram tratados[153].

152. SILVA, Rodrigo da Guia; SOUZA, Eduardo Nunes de. Direitos do Titular de Dados Pessoais na Lei 13.709/2018. *In:* FRAZÃO, Ana; TEPEDINO, Gustavo; OLIVA, Milena Donato (coord.). **Lei Geral de Proteção de Dados Pessoais e suas Repercussões no Direito Brasileiro**. São Paulo: Revista dos Tribunais, 2019, pp. 261-262.

153. CALABRICH, Bruno Freire de Carvalho. Discriminação algorítmica e transparência na Lei Geral de Proteção de Dados Pessoais. *In*: ARAS, Vladimir Barros; MENDONÇA, Andrey Borges de; CAPANEMA, Walter Aranha; SILVA, Carlos Bruno Ferreira da; COSTA, Marcos Antônio da Silva. **Proteção de dados pessoais e investigação criminal.** Brasília: ANPR, 2020, pp. 85-86.

A partir de seus fundamentos (art. 2º) e de sua base principiológica (art. 6º), o art. 18 da LGPD densifica o comando do art. 5º, LXXIX, da Constituição Federal (introduzido pela EC nº 115/2022), que assegura a todos, nos termos da lei, o direito à proteção dos dados pessoais, inclusive nos meios digitais.

### 2.2.1 Bases legais e o tratamento de dados pessoais pelo Estado

Ainda no desiderato de contextualizar o tema da proteção de dados conforme a atual disciplina legal e sua interpretação pela doutrina, um dos pontos centrais da LGPD consta em seu art. 7º, que elenca as bases legais para o tratamento de dados pessoais.

O art. 7º positiva a adoção de um modelo *ex ante* de proteção de dados, à semelhança do que já fazia a Diretiva 95/46/CE, da União Europeia, e que foi repetido pelo RGPD (Regulamento 2016/679), que inspirou a lei brasileira. Trata-se de uma estratégia regulatória distinta do modelo *ex post*, como atualmente é nos Estados Unidos, pelo qual o Estado deixa de disciplinar o tema de forma abrangente, cumprindo ao setor privado, pela via da autorregulação, fazê-lo, ressalvadas normas dirigidas a setores específicos[154].

Também importa assinalar que, na ordem jurídica europeia, o RGPD é vocacionado à proteção dos dados pessoais, mas também a estabelecer, no contexto da UE, uma economia de dados seguros e fidedignos – embora seja frequentemente esquecida tal segunda dimensão. A exegese em torno deste duplo desígnio ínsito ao RGPD é de particular relevância para sua interpretação (assim como para a interpretação da Diretiva 2016/680, que regula o tema da proteção de dados em atividades de segurança pública em persecução criminal, conforme estudado no capítulo 1): a proteção de dados pessoais deve estar sempre equacionada a seu uso seguro em diversos domínios jurídicos, do direito do consumidor ao processo penal.

De acordo com o art. 7º da LGPD, o tratamento de dados pessoais só pode ser realizado – ou seja, somente será lícito – quando puder ser enquadrado numa das seguintes hipóteses:

> I – mediante o fornecimento de consentimento pelo titular;

154. FRAZÃO, Ana; CARVALHO, Ângelo Prata de; MILANEZ, Giovanna. **Curso de proteção de dados pessoais.** Rio de Janeiro: Forense, 2022, p. 115.

> II - para o cumprimento de obrigação legal ou regulatória pelo controlador;
>
> III - pela administração pública, para o tratamento e uso compartilhado de dados necessários à execução de políticas públicas previstas em leis e regulamentos ou respaldadas em contratos, convênios ou instrumentos congêneres,
>
> IV - para a realização de estudos por órgão de pesquisa, garantida, sempre que possível, a anonimização dos dados pessoais;
>
> V - quando necessário para a execução de contrato ou de procedimentos preliminares relacionados a contrato do qual seja parte o titular, a pedido do titular dos dados;
>
> VI - para o exercício regular de direitos em processo judicial, administrativo ou arbitral;
>
> VII - para a proteção da vida ou da incolumidade física do titular ou de terceiro;
>
> VIII - para a tutela da saúde, em procedimento realizado por profissionais da área da saúde ou por entidades sanitárias;
>
> VIII - para a tutela da saúde, exclusivamente, em procedimento realizado por profissionais de saúde, serviços de saúde ou autoridade sanitária;
>
> IX - quando necessário para atender aos interesses legítimos do controlador ou de terceiro, exceto no caso de prevalecerem direitos e liberdades fundamentais do titular que exijam a proteção dos dados pessoais; ou
>
> X - para a proteção do crédito, inclusive quanto ao disposto na legislação pertinente.

Observe-se que, ainda que apresentado no inciso I do art. 7º, o consentimento do titular dos dados não é único nem a principal base legal, seja em relação ao tratamento de dados realizado por indivíduos ou entes privados, seja em relação ao tratamento realizado por entes públicos. Para entes públicos, o consentimento pode ser[155], mas geralmente não é, a base legal para o tratamento de dados, considerando que o tratamento é feito com o objetivo de executar suas competências legais ou cumprir suas atribuições legais (art. 23, *caput*) e com vistas à execução de políticas públicas (art. 7º, III). O tratamento de dados pelo Estado, assim como qualquer outra atividade por este desempenhada, deve ter como elemento central os cidadãos, não o administrador. A boa administração pública tem *status* de direito fundamental; para tanto, demanda que o exercício da função pública respeite e priorize os interesses dos administrados e não os interesses secundários da pessoa

155. Como no consentimento dado pelo titular dos dados pessoais a partir de uma inscrição para a participação como candidato num concurso público.

jurídica de direito público[156] (em nome da qual se promova o tratamento de dados pessoais).

Se não estiver enquadrado em nenhuma das hipóteses do art. 7º nem estiver entre as exceções do art. 4º, o tratamento será ilegal, sujeitando o responsável às sanções administrativas previstas no art. 52 da lei, sem embargo de eventual sancionamento em outras esferas, como criminal e cível.

No que toca especificamente ao tratamento de dados pessoais realizado por entes públicos, merecem atenção os incisos II, VI e IX do art. 7º e, especialmente, o inciso III do mesmo artigo, segundo o qual a Administração Pública poderá realizar o tratamento e uso compartilhado de dados necessários à execução de políticas públicas.

A LGPD também traz regras específicas para o poder público (art. 23 a 32) – excetuadas, repita-se, as hipóteses do art. 4º. O tratamento de dados pessoais somente deverá ser realizado por agentes administrativos e autoridades do poder público "para o atendimento de sua finalidade pública, na persecução do interesse público, com o objetivo de executar as competências legais ou cumprir as atribuições legais do serviço público" (art. 23), e desde que "sejam informadas as hipóteses em que, no exercício de suas competências, realizam o tratamento de dados pessoais, fornecendo informações claras e atualizadas sobre a previsão legal, a finalidade, os procedimentos e as práticas utilizadas para a execução dessas atividades" (art. 23, I), e haja expressa indicação de encarregado das operações de tratamento de dados pessoais (art. 23, III).

O tratamento de dados pessoais pelo poder público tem sido polemizado a partir de duas óticas: a dos riscos associados à vigilância e ao controle da sociedade, de um lado, e a da eficiência e da modernização do Estado, de outro. Essa dualidade exsurge também do aparente antagonismo entre os direitos do titular e princípios previstos na LGPD com os princípios geralmente associados à Administração Pública, especialmente os princípios da publicidade, da eficiência e da supremacia do interesse público[157]. Há que se abandonar, contudo, a compreensão segundo a qual direitos individuais e

156. CABRAL, Flávio Garcia. O princípio da boa administração pública. *In.*: MARTINS, Ricardo Marcondes; DAL POZZO, Augusto Neves (coord.). **LGPD e administração pública** – uma análise ampla dos impactos. São Paulo: Thomson Reuters Brasil, 2020, pp. 67-68.

157. WIMMER, Miriam. O Regime Jurídico do Tratamento de Dados Pessoais pelo Poder Público. *In.*: DONEDA, Danilo; MENDES, Laura Schertel; SARLET, Ingo; RODRIGUES Jr., Otávio Luiz. **Tratado de Proteção de Dados Pessoais**. Rio de Janeiro: Forense, 2021, p. 275.

interesse público são tidos como valores contrapostos: privacidade e proteção de dados pessoais são fundamentais para a democracia e para a vida em sociedade, por serem pressupostos para a autonomia moral do indivíduo e por viabilizarem direitos políticos como a liberdade de associação e sua participação no debate cívico[158].

### 2.2.2 A LGPD e sua aplicação à persecução penal

A LGPD brasileira, assim como o RGPD europeu já nasceram, em certa medida, obsoletos: ambos sublinham o consentimento ou a voluntariedade como uma das bases legais para o tratamento de dados pessoais, a partir do que todo um complexo de direitos seria alçado. É sintomática sua disposição tópica na LGPD: o consentimento é a primeira das bases legais elencadas no art. 7º da lei nº 13.709/2018. A ausência de consentimento retiraria, em grande parte dos casos, a legalidade do tratamento. Não à toa, a doutrina brasileira, por alguns de seus primeiros expoentes da novel disciplina do direito à proteção de dados pessoais[159], ocupou-se bastante, e com bastante competência, do tema *consentimento*[160].

O problema é que ainda hoje há quem sugira que o consentimento é uma base legal preponderante para o processo penal. Essa confusão conceitual se verifica em escritos por profissionais da área, não raramente invocando precedentes judiciais que abordam o tema do consentimento no tratamento de dados, mas para fins completamente estranhos ao processo penal[161].

---

158. WIMMER, Miriam. O Regime Jurídico do Tratamento de Dados Pessoais pelo Poder Público. *In*.: DONEDA, Danilo; MENDES, Laura Schertel; SARLET, Ingo; RODRIGUES Jr., Otávio Luiz. **Tratado de Proteção de Dados Pessoais**. Rio de Janeiro: Forense, 2021, pp. 278-279.

159. BIONI, Bruno Ricardo. **Proteção de dados pessoais:** a função e os limites do consentimento. 3. ed. São Paulo: Forense, 2021, 499 p.

160. Registre-se, sem embargo, que a preocupação também com a dimensão transindividual do direito à proteção de dados pessoais não escapou ao olhar da doutrina brasileira, merecendo destaque a obra de Danilo Doneda (DONEDA, Danilo. **Da privacidade à proteção de dados pessoais**: fundamentos da lei geral de proteção de dados. 3. ed. São Paulo: Revista dos Tribunais, 2021, 368 p).

161. Tome-se o exemplo de recente artigo:

> "Ao garantir que as informações pessoais só sejam utilizadas de maneira compatível com a finalidade originalmente estabelecida, a autodeterminação informacional protege os indivíduos contra o uso indevido ou abusivo de seus dados. Isso implica que as organizações que coletam e processam dados pessoais devem ser transparentes em relação às suas práticas e devem obter o consentimento dos titulares de dados quando desejarem utilizar esses dados para finalidades adicionais.
>
> O tom desse debate já havia sido adiantado pelo ministro Luis Felipe Salomão quando, ao fundamentar o acórdão proferido no escopo do REsp nº 1.168.547/RJ [8], julgado ainda em 2010, declarou que '[c]om o desenvolvimento da tecnologia, passa a existir um novo conceito de privacidade, sendo o consentimento do interessado o ponto de referência de todo o sistema de tutela da privacidade, direito que toda pessoa tem de dispor com exclusividade sobre as próprias informações'.

Trata-se de um equívoco que inclusive desconsidera que na própria LGPD o consentimento é apenas uma das bases legais; nem a mais importante, nem necessariamente a mais utilizada. No processo penal, o consentimento costuma ser ainda menos determinante. Em matéria de inteligência financeira, por exemplo, bancos e diversas outras instituições são obrigadas a comunicar ao COAF/UIF quaisquer operações atípicas (art. 9º da Lei nº 9.613/98). Essas comunicações são impostas por lei e independem do consentimento do titular dos dados (arts. 10 e 11 da Lei nº 9.613/98). Também o COAF/UIF é obrigado a comunicar a entes encarregados da persecução penal, como o Ministério Público e as polícias, seja espontaneamente, seja por provocação[162], atos de movimentação financeira atípicos de que venha a ter ciência a partir das comunicações feitas pelos entes obrigados (art. 15 da Lei nº 9.613/98). Nada disso depende de consentimento do titular dos dados. A base legal para o tratamento, nesses casos, é o cumprimento de uma obrigação legal; o consentimento é irrelevante, como de regra ocorre também com qualquer tratamento de dados pessoais realizado para fins de persecução penal.

Com efeito, o processo penal nasce e se desenvolve independentemente do consentimento de quem é acusado. O imputado tem direito à ampla defesa e ao contraditório, além de dispor de diversos meios para oferecer resistência aos atos da investigação e do processo (como recursos, *habeas corpus*, mandados de segurança e mesmo pelo seu simples direito de petição). Tendo a Constituição e a lei previsto uma série de garantias, fato é que o processo

---

Nesse contexto, a autorização sedimentada pelo STF para o compartilhamento de informações entre o Coaf e eventuais órgãos de persecução penal suscita preocupações legítimas quanto à conformidade com esse princípio fundamental, uma vez que tal fluxo de dados pode ser visto como um desvio de finalidade, comprometendo, assim, a soberania dos indivíduos, circunscrita ao princípio." (FERNANDES, Maíra; HAIKAL, Beatriz; DAVID, Juliana França; CAMPOS, Ludmilla. **Gestão informacional no processo penal e autodeterminação informativa**. 07 out. 2023. Disponível em: https://www.conjur.com.br/2023-out-07/opiniao-gestao-informacional-processo-penal. Acesso em 09 out. 2023).

Embora o artigo trate do papel do consentimento no compartilhamento de informações pelo COAF para fins de persecução penal, o precedente do STJ referido nada tem a ver com processo penal: trata-se de um recurso especial em que se discutiu a competência de justiça brasileira para julgar uma ação de indenização movida por brasileira aqui domiciliada contra uma empresa sediada na Espanha pelo uso indevido de sua imagem. Conforme salientado no voto-vista, a autora alegava que a empresa espanhola, "após o término de contrato temporário celebrado fora do Brasil para realização de shows no exterior, divulgou fotos suas sem prévia autorização em site da Espanha, e ainda que o contrato tenha previsto este país como o foro de eleição para eventual controvérsia entre as partes".

162. A possibilidade de comunicações do COAF/UIF espontâneas ou mediante provocação de outras autoridades foi expressamente debatida e confirmada pelo STF no julgamento do RE nº 1.055.941/SP em 04.12.2019. Esse julgado será analisado em tópico próprio.

penal é iniciado e concluído ainda que sem a concordância do investigado ou do réu. O mesmo vale para o tratamento de dados pessoais. O tratamento de dados pessoais, seja do réu, do investigado ou de terceiros, deve ocorrer independentemente da aquiescência do titular por se tratar, antes, de uma obrigação legal dos agentes do Estado. Pode até haver consentimento – como no caso de um investigado que entrega voluntariamente a investigadores suas informações fiscais e bancárias –, mas geralmente não é essa a base legal para o tratamento de dados no processo penal.

A Lei Geral de Proteção de Dados Pessoais (Lei nº 13.709/2018), já em seu art. 1º, afirma que (destaque nosso):

> Esta Lei dispõe sobre o *tratamento de dados pessoais*, inclusive nos meios digitais, por pessoa natural ou por pessoa jurídica de direito público ou privado, com o objetivo de *proteger os direitos fundamentais de liberdade e de privacidade e o livre desenvolvimento da personalidade da pessoa natural.*

A LGPD, nesse ponto, está em harmonia com o art. 5º, LXXIX, da Constituição Federal ("é assegurado, nos termos da lei, o direito à proteção dos dados pessoais, inclusive nos meios digitais"), conforme introduzido pela EC nº 115/22.

O art. 4º da LGPD também prevê o seguinte (grifo nosso):

> Art. 4º Esta Lei *não se aplica ao tratamento de dados pessoais*:
>
> III - realizado para fins exclusivos de:
>
> a) *segurança pública*;
>
> b) defesa nacional;
>
> c) segurança do Estado; ou
>
> d) *atividades de investigação e repressão de infrações penais*; [...]

Nesse aspecto, a LGPD está em sintonia com o art. 22, XXX, de igual modo introduzido pela EC nº 115/22, que estatui ser a União competente privativamente para legislar sobre "proteção e tratamento de dados pessoais". Sobre persecução penal e dados pessoais, ainda não há lei específica e toca à União concebê-la.

A LGPD é expressa, como se extrai de seu art. 4º, ao excluir de seu âmbito de incidência, dentre outras atividades, o tratamento de dados pessoais realizado para fins exclusivos de segurança pública e investigação e repressão de infrações penais.

O parágrafo 1º desse mesmo artigo tem outras disposições muito importantes (destaques nossos):

> Art. 4º § 1º O tratamento de dados pessoais previsto no inciso III *será regido por legislação específica*, que deverá prever medidas proporcionais e estritamente necessárias ao atendimento do interesse público, observados o devido processo legal, *os princípios gerais de proteção e os direitos do titular previstos nesta Lei*.

Observe-se que esse parágrafo contém uma previsão expressamente endereçada ao futuro legislador ("será regido por legislação específica"), que deverá cuidar para que a futura lei (a LGPD penal) preveja "medidas proporcionais e estritamente necessárias ao atendimento do interesse público", além de observar "o devido processo legal, os princípios gerais de proteção e os direitos do titular" trazidos pela já vigente LGPD (a Lei nº 13.709/18).

Ainda que seu destinatário seja o legislador ordinário, é inegável que o referido parágrafo oferece vetores interpretativos para situações de fato que ocorram antes do início da vigência de uma nova lei. Não se trata propriamente de uma anomia: há diversas normas, como visto, que disciplinam já hoje o tratamento de dados pessoais para fins de persecução penal. Essas normas podem ser interpretadas em conjunto e à luz do que já prevê a LGPD, de modo a solucionar situações de aparente vácuo legislativo. É correto, pois, entender que as operações de tratamento de dados pessoais excluídas do espectro de incidência da LGPD pelo art. 4º "devem observar o 'espírito' da lei geral, antes mesmo da aprovação de uma lei específica"[163].

Hoje, a base legal para o tratamento de dados pessoais em investigações e processos criminais não está na LGPD: está no Código de Processo Penal e na legislação extravagante processual penal. Essa afirmação não contradiz o fato de que deve ser observada, com temperamentos e consideradas a especificidades do processo penal, a principiologia da LGPD. Com o advento de uma LGPD penal ter-se-á um novo cenário; ainda assim, as normas de direito processual continuarão aplicáveis e deverão ser objeto de uma interpretação sistêmica, integrada pelo novo diploma que venha a ser sancionado.

---

163. ABREU, Jaqueline. Tratamento de Dados Pessoais para Segurança Pública: contornos do regime jurídico pós-LGPD. *In*: DONEDA, Danilo; MENDES, Laura Schertel; SARLET, Ingo; RODRIGUES Jr., Otávio Luiz. **Tratado de Proteção de Dados Pessoais**. Rio de Janeiro: Forense, 2021, p. 598.

A proteção de dados pessoais no processo penal precisa ser compreendida como um sistema. Vê-la apenas como a obediência a princípios e regras gerais previstas na LGPD é uma compreensão limitada e, exatamente por isso, equivocada. De igual modo, é equivocado ler a proteção de dados no processo penal como a aplicação estanque de regras e princípios do processo penal. A proteção de dados no processo penal é um sistema, composto por normas tradicionalmente identificadas com um e outro campos, o da proteção de dados pessoais e do processo penal, em permanente diálogo.

Uma das questões que precisam ser enfrentadas, pois, é como estão se construindo a praxe e a doutrina no Brasil sobre o tema, especialmente frente a inexistência de uma lei específica que trate da proteção de dados na investigação criminal e na segurança pública.

É notório que a doutrina sobre o tratamento de dados pessoais no Brasil é hoje voltada primordialmente, quando não exclusivamente, à proteção dos direitos de seus titulares; por outro lado, há relativo desinteresse pela repercussão transindividual do tratamento de dados pessoais sob a ótica da eficiência da persecução penal e da segurança pública – ou, mais precisamente, sob o ponto de vista da necessidade reconstrução histórica dos fatos hipoteticamente criminosos como meio para a justa punição de quem quer que tenha praticado um crime.

Não se ignora que muitos autores nacionais proclamam a importância da perspectiva transindividual do direito à proteção de dados pessoais. Com frequência, e acertadamente, a proteção de dados pessoais tem sido identificada na doutrina como um elemento essencial da democracia. Danilo Doneda[164], amparado nas lições de Alan Westin[165], ressalta que a proteção de dados modificou a compreensão dos postulados da privacidade, que passou a desempenhar funções essenciais não somente para o indivíduo, mas também para a sociedade: a garantia da tolerância e da liberdade de opinião, de associação e de religião, a garantia da livre pesquisa científica e a garantia da lisura do próprio processo eleitoral, dentre tantas outras liberdades públicas.

---

164. DONEDA, Danilo. **Da privacidade à proteção de dados pessoais**: fundamentos da lei geral de proteção de dados. 3. ed. São Paulo: Revista dos Tribunais, 2021, p. 178.

165. WESTIN, Alan. **Privacy and freedom**. New York: Atheneum, 1967, pp. 24-25.

No entanto, e ao menos no Brasil, tem-se priorizado a análise da intervenção do Estado enquanto agente regulador[166], considerando as repercussões do tratamento de dados feito por grandes corporações[167] num contexto de capitalismo de dados. São ainda poucas, pois, as publicações com foco específico na relação entre o tratamento de dados pessoais e persecução penal (como foram raras também, por exemplo, as críticas ao anteprojeto de LGPD penal[168], que será abordado em tópico próprio).

A priorização do enfoque do tratamento de dados pessoais voltado à proteção dos direitos individuais dos titulares de dados pessoais é compreensível até mesmo ao serem analisadas suas origens, conforme discorrido no capítulo 1. A proteção de dados pessoais inicialmente se desdobra dos direitos da personalidade, individual por essência, como um direito autônomo em relação à privacidade, individual por definição, e consolida-se na forma de um direito à autodeterminação informacional, também individual. O processo penal é introduzido nessa temática tempos depois (e, no Brasil, mesmo ainda sem uma lei específica), diante das pungentes mudanças sociais e tecnológicas e ao se perceber que nada o tornaria infenso às mais variadas repercussões. Não é de surpreender, portanto, o reduzido número de publicações sobre a proteção de dados pessoais em matéria de persecução criminal em comparação com publicações sobre aspectos gerais da lei de proteção de dados pessoais brasileira e suas consequências para direitos individuais de seus titulares.

166. "O Estado precisa desempenhar seu papel de intermediário entre os interesses privados e a coletividade, já que a autorregulação do setor privado se mostrou ineficiente em conter fenômenos que corroem cada vez mais as democracias contemporâneas." MEIRELES, Adriana Veloso. Privacidade no século 21: proteção de dados, democracia e modelos regulatórios. **Revista Brasileira de Ciência Política**. nº 41, julho de 2023. Disponível em: https://www.scielo.br/j/rbcpol/a/my3M8sH3tfpm4WmXhrNcMjK/#. Acesso em 25 ago. 2023.

167. "Os dados pessoais, conforme demonstrado, são colhidos em larga escala e permitem a criação de bancos de dados com capacidade nunca antes imaginadas, a partir deles é possível estabelecer perfis – *profiling* – dos usuários, de posse destes dados as corporações podem direcionar conteúdos, desde aparentemente inofensivos anúncios publicitários, até mesmo subliminares ou enviesadas informações capazes de alterar intenções de voto e outros posicionamentos políticos." BORGES, Mariana Godinho; FREDES, Andrei Ferreira. Dados pessoais, privacidade e democracia: uma relação contemporânea necessária. *In*: **Revista Direitos Democráticos & Estado Moderno.** Faculdade de Direito da PUC-SP. nº 02. Jan./Jun. 2021, p. 192.

168. São dignas de nota, pois, as críticas de Luciano Rocha de Oliveira, para quem "o Anteprojeto Nefi 2020 não está adequado à proteção dos direitos fundamentais, principalmente no que se refere à segurança pública", e embora atenda "seu papel protetivo do direito individual" no que se refere à privacidade, merece diversos reparos (OLIVEIRA, Luciano Rocha de. **Proteção de dados pessoais no processo penal e na segurança pública**: problemas atuais e perspectivas. São Paulo: Dialética, 2022, p. 134).

Esse cenário parece contribuir para uma interpretação equivocada da LGPD, que pode resultar na recusa ao acesso, por autoridades públicas legitimadas à persecução penal, a dados pessoais, mesmo em questões expressamente identificadas como penais e de segurança pública. São exemplos dessa equivocada interpretação a recusa ao fornecimento de dados ao Ministério Público[169], em procedimentos de apuração regularmente instaurados, negativas de compartilhamento de dados pessoais requisitados à Associação Brasileira de Recursos em Telecomunicações – ABR Telecom – gestora da plataforma do "Não me Perturbe", da Companhia Paranaense de Energia – COPEL, da Companhia de Águas e Esgotos do Rio Grande do Norte – CAERN e do Ministério da Saúde.

O tema da recusa ao fornecimento de dados ao MP foi levado ao Conselho Nacional do Ministério Público (CNMP) no Procedimento de Controle Administrativo (PCA) nº 1.00272/2021-04. Trata-se de um pedido de providências feito pela Empresa Pedrosa Ltda. contra Procuradores do Trabalho em Recife num inquérito civil e num procedimento preparatório, tendo a pessoa jurídica alegado que o MPT requisitou "a apresentação de dados pessoais dos funcionários e ex-funcionários da requerente de forma ilegal, sem a devida observação das normas constantes da Lei Geral de Proteção de Dados". Em decisão liminar proferida em 01/06/2021, o CNMP, por seu conselheiro relator, determinou a suspensão do curso de ambos os procedimentos do MPT, considerando a "atualidade do tema inerente à adequada aplicação da Lei Geral de Proteção de Dados na seara do MP brasileiro, que pende de regulamentação por esta Corte de Controle". Em setembro de 2022, entretanto, o PCA nº 1.00272/2021-04 foi arquivado pelo CNMP, homologando um pedido de desistência formulado pela sociedade empresária requerente.

Em dezembro de 2023, o CNMP aprovou a resolução nº 281/2023, instituindo "a Política Nacional de Proteção de Dados Pessoais e o Sistema Nacional de Proteção de Dados Pessoais no Ministério Público"[170]. O artigo 2º da resolução, entretanto, exclui de seu escopo o tratamento de dados pessoais realizado para fins exclusivos de atividades de investigação e repressão de infrações penais, considerando a ausência de uma lei específica (sobre a qual pudesse recair o poder regulamentar do CNMP) e conforme previsto no §1º do art. 4º da Lei nº 13.709/2018 (a LGPD).

---

169. BRASIL. Ministério Público Federal. **Nota Técnica da Secretaria de Perícia, Pesquisa e Análise SPPEA/PGR Nº 07/2021**.

170. BRASIL. Conselho Nacional do Ministério Público. **Resolução nº 281, de 12 de dezembro de 2023.** Institui a Política Nacional de Proteção de Dados Pessoais e o Sistema Nacional de Proteção de Dados Pessoais no Ministério Público e dá outras providências. Disponível em: https://www.cnmp.mp.br/portal/images/CALJ/resolucoes/Resoluo-281-de-2023.pdf. Acesso em 29 dez. 2023.

No Conselho Nacional de Justiça, há o Provimento nº 134, de 24.08.2022, mas de abrangência restrita: estabelece medidas a serem adotadas apenas por "serventias extrajudiciais em âmbito nacional para o processo de adequação à Lei Geral de Proteção de Dados Pessoais"[171].

O problema central nos aludidos casos de recusa de entrega de dados ao MP está em ignorar que, à míngua de uma lei específica (versando sobre persecução penal e tratamento de dados pessoais), outros diplomas, além da LGPD, também disciplinam a proteção de dados pessoais – como a Lei Complementar nº 75/93 (Lei Orgânica do Ministério Público da União).

A LC nº 75/93 prevê que (destaques nossos):

> Art. 8º Para o exercício de suas atribuições, *o Ministério Público da União poderá*, nos procedimentos de sua competência:
>
> [...]
>
> II – *requisitar informações*, exames, perícias e documentos de autoridades da Administração Pública direta ou indireta;
>
> [...]
>
> IV – *requisitar informações e documentos a entidades privadas*;
>
> § 1º O membro do Ministério Público será civil e criminalmente responsável *pelo uso indevido das informações e documentos que requisitar* [...]
>
> §2º *Nenhuma autoridade poderá opor ao Ministério Público, sob qualquer pretexto, a exceção de sigilo*, sem prejuízo da subsistência do caráter sigiloso da informação, do registro, do dado ou do documento que lhe seja fornecido.

O art. 8º da LC nº 75/93 dá concretude ao comando do art. 129, VI, da CF/88, que estatui que são funções institucionais do Ministério Público "expedir notificações nos procedimentos administrativos de sua competência, requisitando informações e documentos para instruí-los, *na forma da lei complementar respectiva*".

A LC nº 75/93, cuja constitucionalidade não foi jamais infirmada pelo STF, é categórica ao estabelecer que "nenhuma autoridade poderá opor ao Ministério Público, sob qualquer pretexto, a exceção de sigilo". Assim, ninguém poderá recusar o fornecimento da informação ou dado pretendidos, "sem prejuízo da subsistência do caráter sigiloso da informação, do registro,

171. BRASIL. Conselho Nacional de Justiça. **Provimento nº 134 de 24 ago. 2022**. Estabelece medidas a serem adotadas pelas serventias extrajudiciais em âmbito nacional para o processo de adequação à Lei Geral de Proteção de Dados Pessoais, pp. 18-25. Disponível em: https://atos.cnj.jus.br/atos/detalhar/4707. Acesso em 20 jul. 2023.

do dado ou do documento que lhe seja fornecido" – ou seja, o dado ou informação não perdem seu caráter sigiloso (quando for o caso) e o que há é o compartilhamento do dever de preservação de seu sigilo.

Para os Ministérios Públicos dos Estados, aplicam-se, à semelhança do MPU, os arts. 26[172] e 80[173] da Lei nº 8.625/93, sendo o membro do Ministério Público "responsável pelo uso indevido das informações e documentos que requisitar, inclusive nas hipóteses legais de sigilo" (art. 26, §2º).

Outros diplomas que também disciplinam a proteção de dados pessoais em sua intersecção com o processo penal são: a Lei de Interceptação de Comunicações Telefônicas e Telemáticas (Lei nº 9.296/1996), que estabelece uma série de requisitos para a captação de dados de comunicações de naturezas diversas (inclusive ambiental[174]) e para a validade de sua utilização em investigações e processos criminais[175]; a Lei da Identificação Criminal (Lei nº 12.037/2009), que cuida do registro de dados pessoais, inclusive perfis genéticos, para uso em investigações criminais[176]; os arts. 17-B e 17-E da

172. "Art. 26. No exercício de suas funções, o Ministério Público poderá:

I - instaurar inquéritos civis e outras medidas e procedimentos administrativos pertinentes e, para instruí-los:

[...]

b) requisitar informações, exames periciais e documentos de autoridades federais, estaduais e municipais, bem como dos órgãos e entidades da administração direta, indireta ou fundacional, de qualquer dos Poderes da União, dos Estados, do Distrito Federal e dos Municípios;

[...]

II - requisitar informações e documentos a entidades privadas, para instruir procedimentos ou processo em que oficie; [...]"

173. "Art. 80. Aplicam-se aos Ministérios Públicos dos Estados, subsidiariamente, as normas da Lei Orgânica do Ministério Público da União."

174. "Art. 8º-A. Para investigação ou instrução criminal, poderá ser autorizada pelo juiz, a requerimento da autoridade policial ou do Ministério Público, a captação ambiental de sinais eletromagnéticos, ópticos ou acústicos, quando:

I - a prova não puder ser feita por outros meios disponíveis e igualmente eficazes; e

II - houver elementos probatórios razoáveis de autoria e participação em infrações criminais cujas penas máximas sejam superiores a 4 (quatro) anos ou em infrações penais conexas.

§ 1º O requerimento deverá descrever circunstanciadamente o local e a forma de instalação do dispositivo de captação ambiental."

175. "Art. 1º A interceptação de comunicações telefônicas, de qualquer natureza, para prova em investigação criminal e em instrução processual penal, observará o disposto nesta Lei e dependerá de ordem do juiz competente da ação principal, sob segredo de justiça.

Parágrafo único. O disposto nesta Lei aplica-se à interceptação do fluxo de comunicações em sistemas de informática e telemática."

176. "Art. 5º-A. Os dados relacionados à coleta do perfil genético deverão ser armazenados em banco de dados de perfis genéticos, gerenciado por unidade oficial de perícia criminal.

§ 1º As informações genéticas contidas nos bancos de dados de perfis genéticos não poderão revelar traços somáticos ou comportamentais das pessoas, exceto determinação genética de gênero,

Lei de Lavagem de Dinheiro (Lei nº 9.613/1998), que, dentre diversos outros pontos relacionados ao tratamento de dados pessoais em investigações dessa espécie de crime, cuidam do acesso a dados cadastrais e prazo de armazenamento de dados fiscais de contribuintes[177]; os arts. 15 a 17, da Lei do Crime Organizado (Lei nº 12.850/2013), que disciplinam o acesso a "registros, dados cadastrais, documentos e informações"[178]; e os arts. 13-A e 13-B do Código de Processo Penal (CPP), que tratam do acesso a dados pessoais em investigações de determinados crimes[179].

---

consoante as normas constitucionais e internacionais sobre direitos humanos, genoma humano e dados genéticos.

§ 2º Os dados constantes dos bancos de dados de perfis genéticos terão caráter sigiloso, respondendo civil, penal e administrativamente aquele que permitir ou promover sua utilização para fins diversos dos previstos nesta Lei ou em decisão judicial."

177. "Art. 17-B. A autoridade policial e o Ministério Público terão acesso, exclusivamente, aos dados cadastrais do investigado que informam qualificação pessoal, filiação e endereço, independentemente de autorização judicial, mantidos pela Justiça Eleitoral, pelas empresas telefônicas, pelas instituições financeiras, pelos provedores de internet e pelas administradoras de cartão de crédito.

[...]

Art. 17-E. A Secretaria da Receita Federal do Brasil conservará os dados fiscais dos contribuintes pelo prazo mínimo de 5 (cinco) anos, contado a partir do início do exercício seguinte ao da declaração de renda respectiva ou ao do pagamento do tributo."

178. "Art. 15. O delegado de polícia e o Ministério Público terão acesso, independentemente de autorização judicial, apenas aos dados cadastrais do investigado que informem exclusivamente a qualificação pessoal, a filiação e o endereço mantidos pela Justiça Eleitoral, empresas telefônicas, instituições financeiras, provedores de internet e administradoras de cartão de crédito.

Art. 16. As empresas de transporte possibilitarão, pelo prazo de 5 (cinco) anos, acesso direto e permanente do juiz, do Ministério Público ou do delegado de polícia aos bancos de dados de reservas e registro de viagens.

Art. 17. As concessionárias de telefonia fixa ou móvel manterão, pelo prazo de 5 (cinco) anos, à disposição das autoridades mencionadas no art. 15, registros de identificação dos números dos terminais de origem e de destino das ligações telefônicas internacionais, interurbanas e locais."

179. "Art. 13-A. Nos crimes previstos nos arts. 148, 149 e 149-A, no § 3º do art. 158 e no art. 159 do Decreto-Lei nº 2.848, de 7 de dezembro de 1940 (Código Penal), e no art. 239 da Lei nº 8.069, de 13 de julho de 1990 (Estatuto da Criança e do Adolescente), o membro do Ministério Público ou o delegado de polícia poderá requisitar, de quaisquer órgãos do poder público ou de empresas da iniciativa privada, dados e informações cadastrais da vítima ou de suspeitos.

[...]

Art. 13-B. Se necessário à prevenção e à repressão dos crimes relacionados ao tráfico de pessoas, o membro do Ministério Público ou o delegado de polícia poderão requisitar, mediante autorização judicial, às empresas prestadoras de serviço de telecomunicações e/ou telemática que disponibilizem imediatamente os meios técnicos adequados – como sinais, informações e outros – que permitam a localização da vítima ou dos suspeitos do delito em curso.

§ 1º Para os efeitos deste artigo, sinal significa posicionamento da estação de cobertura, setorização e intensidade de radiofrequência.

§ 2º Na hipótese de que trata o *caput*, o sinal:

I – não permitirá acesso ao conteúdo da comunicação de qualquer natureza, que dependerá de autorização judicial, conforme disposto em lei;

Além de estarem excluídas do âmbito de incidência as atividades de investigação criminal e de processo penal, a LGPD, uma lei geral, não derroga leis específicas que também disciplinam o tema da proteção de dados pessoais (como as leis que tratam do poder requisitório de autoridades policiais e do Ministério Público), salvo se inconciliavelmente incompatíveis – o que não é o caso.

Considerando que já há disciplina legal, ainda que esparsa, sobre o tratamento de dados pessoais para fins de investigação criminal e processo penal, mas que a LGPD pode subsidiar a análise e a interpretação de situações concretas, é de se indagar: os princípios da LGPD aplicam-se irrestritamente para esses propósitos? A resposta deve ser negativa.

A LGPD elenca princípios – que são inclusive repetidos no anteprojeto de LGPD penal –, dentre os quais o da transparência e de livre acesso, assim definidos nos incisos IV e VI de seu art. 6º:

> Art. 6º As atividades de tratamento de dados pessoais deverão observar a boa-fé e os seguintes princípios: (...)
>
> IV - livre acesso: garantia, aos titulares, de consulta facilitada e gratuita sobre a forma e a duração do tratamento, bem como sobre a integralidade de seus dados pessoais; (...)
>
> VI - transparência: garantia, aos titulares, de informações claras, precisas e facilmente acessíveis sobre a realização do tratamento e os respectivos agentes de tratamento, observados os segredos comercial e industrial;

Ocorre que um grande volume de investigações que precisam ser conduzidas sob sigilo, notadamente em crimes graves e envolvendo a criminalidade organizada. A aplicação absoluta e acrítica dos referidos princípios da LGPD em tais investigações pode resultar na sua completa ineficiência: cientificar o titular dos dados de que está sendo feito o tratamento de seus dados pessoais no interesse de uma investigação criminal pode frustrá-la. O mesmo

---

II - deverá ser fornecido pela prestadora de telefonia móvel celular por período não superior a 30 (trinta) dias, renovável por uma única vez, por igual período;

III - para períodos superiores àquele de que trata o inciso II, será necessária a apresentação de ordem judicial.

§ 3º Na hipótese prevista neste artigo, o inquérito policial deverá ser instaurado no prazo máximo de 72 (setenta e duas) horas, contado do registro da respectiva ocorrência policial.

§ 4º Não havendo manifestação judicial no prazo de 12 (doze) horas, a autoridade competente requisitará às empresas prestadoras de serviço de telecomunicações e/ou telemática que disponibilizem imediatamente os meios técnicos adequados – como sinais, informações e outros – que permitam a localização da vítima ou dos suspeitos do delito em curso, com imediata comunicação ao juiz."

vale para medidas cautelares a serem decretadas no curso de um processo já deflagrado. Assim, esses princípios hão de iluminar a interpretação das regras já existentes na legislação não para conceder de imediato ao investigado ou réu uma resposta sobre a existência e a extensão de uma medida contra si (e sobre o tratamento de dados realizado no interesse dessa investigação ou processo), mas precisamente para, apenas *quando estritamente necessário* e *enquanto estritamente necessário*, restringir esse acesso. Em qualquer caso, devem ser obedecidos os parâmetros fixados pelo STF ao editar a Súmula Vinculante nº 14: "É direito do defensor, no interesse do representado, ter acesso amplo aos elementos de prova que, já documentados em procedimento investigatório realizado por órgão com competência de polícia judiciária, digam respeito ao exercício do direito de defesa". Além disso, nenhum tratamento pode ser sonegado indefinidamente a réus e investigados: qualquer medida constritiva, de bloqueio de ativos até uma condenação, só pode ser decidida com sua plena ciência dos elementos informativos que a subsidiam (o que abarca todos os dados pessoais que tenham sido tratados e utilizados no processo), ainda que essa ciência seja diferida no tempo – mas jamais ao ponto de obstaculizar o exercício do contraditório e da ampla defesa.

Vê-se, pois, que, assim como ocorre com os princípios da LGPD, não é possível uma interpretação que afirme que todos os direitos do titular previstos no art. 18 da LGPD são irrestritamente aplicáveis ao tratamento pelo poder público para fins de persecução penal, cuja natureza é sensivelmente distinta da natureza de outras atividades desenvolvidas pelo próprio Estado e ainda mais distinta de atividades desempenhadas por particulares. Direitos como a confirmação da existência de tratamento (inciso I), anonimização (inciso IV) e portabilidade (inciso V) devem ter sua incidência temperada pelas peculiaridades das atividades de investigação criminal e do processo penal, mormente diante do que prevê o art. 4º da LGPD e à falta de um diploma legal específico.

## 2.3 PROTEÇÃO DE DADOS E PERSECUÇÃO PENAL NA JURISPRUDÊNCIA DO STF

A jurisprudência vem exercendo papel fundamental sobre o tema da proteção de dados pessoais desde suas origens[180]. Além disso, a proteção de

180. VIEIRA, Lucas Pacheco. Fontes do direito da proteção de dados pessoais. **Saber Humano**, ISSN 2446-6298, v. 13, nº 22, pp. 35-72, jan./jun. 2023. Disponível em: https://saberhumano.emnuvens.com.br/sh/article/view/578. Acesso em 26 jul. 2023.

dados pessoais continua a ser um direito em construção. Embora já positivado na Constituição e na lei brasileiras, seus contornos dependem, dentre outros fatores, da interpretação dada pelos tribunais e, notadamente, pelo Supremo Tribunal Federal. É um direito em construção e em mutação: como é íntima a sua relação com a tecnologia, sua evolução também deve acompanhá-la, ainda que sempre esteja atrasado, dada a natural demora na criação de novas leis e no julgamento pelo judiciário, em contraste com a rapidez das inovações tecnológicas.

Tratando-se de algo em plena efervescência e para o qual ainda não há, no Brasil, lei própria, a proteção de dados no processo penal é hoje um tema que sofre imensa influência da jurisprudência, especialmente do STF, certamente mais do qualquer outro tema. Esse influxo é tal que se pode afirmar que os acórdãos proferidos pelo Supremo Tribunal Federal nos últimos anos compõem, à luz da EC nº 115 e ao lado de disposições legais esparsas, um verdadeiro estatuto sobre o tratamento de dados pessoais no processo penal, ainda que impreciso e vacilante. A falta de uma lei específica é um problema grave; a dependência de decisões dos tribunais superiores (não raramente contraditórias) que parametrizem os contornos do direito à proteção de dados pessoais no processo penal torna o cenário ainda mais problemático. Conhecer as principais decisões dentro do tema é o primeiro passo para uma crítica qualificada.

Dentre os objetivos do presente estudo está o de verificar se as chamadas cláusulas de reserva jurisdicional são ou não cardinais para a completa definição da natureza procedimental do direito à autodeterminação informativa. As decisões destacadas neste tópico abordam em maior ou menor profundidade a proteção de dados pessoais; outras decisões, também relevantes para esse escopo mas mais diretamente relacionadas à reserva jurisdicional, serão analisadas no capítulo 3.

Das decisões já proferidas pelo STF na série de julgamentos a seguir estudada emergem, como se perceberá, três conclusões cruciais: 1) a autodeterminação informativa é um direito fundamental autônomo, cujos contornos antecedem a sua positivação na Constituição Federal pela Emenda Constitucional nº 115, e não depende nem é subordinada aos direitos à privacidade e à intimidade; 2) a autodeterminação informativa tem conteúdo procedimental, *i.e.*, está associada a mecanismos para a efetiva proteção dos direitos dos titulares dos dados pessoais; 3) no processo penal, o conteúdo procedimental da autodeterminação informativa está relacionado ao controle judicial prévio (em hipóteses específicas) ou posterior sobre a legalidade do tratamento dos dados.

Nos subtópicos seguintes, pois, serão analisados alguns dos principais casos julgados ou pendentes de julgamento pelo STF sobre o tema da proteção de dados pessoais, no que guardem relação ou possam repercutir na sua utilização para a investigação criminal ou para o processo penal.

### 2.3.1 RE nº 1.055.941/SP (Tema 990 de Repercussão Geral): compartilhamento de dados pela Receita Federal e pela Unidade de Inteligência Financeira (COAF/UIF)

No recurso extraordinário (RE) nº 1.055.941/SP, com repercussão geral admitida em 22.03.2018 (Tema 990), o plenário do STF analisou a possibilidade de compartilhamento, com o Ministério Público e com autoridades policiais, de dados bancários e fiscais tratados pela Receita Federal e pela Unidade de Inteligência Financeira (COAF/UIF) sem a necessidade de prévia autorização judicial.

Trata-se de um precedente importante para o tema da proteção de dados pessoais e cujo resultado tem sido alvo de incompreensões variadas.

O recurso extraordinário foi interposto pelo Ministério Público Federal contra um acórdão do Tribunal Regional Federal da 3ª Região, que, no caso concreto, afirmava que a prova da materialidade do crime analisado constava em procedimento administrativo da Receita Federal instruído com dados sigilosos obtidos pela autoridade fazendária mediante requisição direta às instituições bancárias. Declarou-se que, como não tinha sido precedido de autorização judicial, era ilegal o compartilhamento desses dados, pela Receita Federal, com o Ministério Público Federal.

O RE nº 1.055.941/SP foi muito controverso desde antes de seu julgamento final pelo STF, considerando que envolvia um Senador[181] (filho do então presidente da República) e por ter sido proferida, pelo Min. Dias Toffoli, em 16.07.19, em plantão, uma decisão liminar que suspendeu por meses não só a persecução criminal que estava em curso contra o referido parlamentar, mas todas as comunicações de informações da Unidade de Inteligência Financeira aos Ministérios Públicos estaduais e federal e milhares de investigações e de processos em todo o Brasil que se baseavam nessas

181. O recorrente foi o Senador Flávio Bolsonaro, que estava sendo processado por crimes diversos e contra quem já havia, à época do julgamento do RE 1.055.941 pelo STF, sentença condenatória proferida em primeiro grau de jurisdição.

comunicações[182]. A decisão liminar do caso foi duramente criticada e, se fosse mantida, poderia inclusive ameaçar a participação do Brasil em organismos internacionais[183].

No dia 04.12.2019 foi julgado o mérito do RE nº 1.055.941/SP, tendo o Supremo Tribunal Federal dado provimento ao recurso do Ministério Público Federal e, por maioria, fixado as seguintes teses de repercussão geral (Tema 990):

> 1. É constitucional o compartilhamento dos relatórios de inteligência financeira da UIF e da íntegra do procedimento fiscalizatório da Receita Federal do Brasil – em que se define o lançamento do tributo – com os órgãos de persecução penal para fins criminais sem prévia autorização judicial, devendo ser resguardado o sigilo das informações em procedimentos formalmente instaurados e sujeitos a posterior controle jurisdicional; 2. O compartilhamento pela UIF e pela RFB referido no item anterior deve ser feito unicamente por meio de comunicações formais, com garantia de sigilo, certificação do destinatário e estabelecimento de instrumentos efetivos de apuração e correção de eventuais desvios.

Nesse julgamento, o STF equacionou o interesse público da promoção da persecução penal com o direito fundamental à proteção de dados pessoais, que foi traduzido como um poder-dever do Estado de caráter *procedimental*. É dizer: o tratamento de dados pessoais mediante seu compartilhamento, da Receita ou do COAF/UIF para o Ministério Público, será válido desde que sejam obedecidas, no procedimento para o compartilhamento de dados, determinadas salvaguardas ao titular dos dados compartilhados. Assim, o compartilhamento é possível, mas sua licitude depende de que seja promovido

182. CALABRICH, Bruno Freire de Carvalho; BARRETO, Pablo Coutinho. O sigilo de dados bancários no brasil, ontem e hoje: entre o direito à intimidade e o dever de compartilhamento. *In*: CALLEGARI, André; Turbay, Marcelo; FONTENELE, Marilia. **Temas atuais de direito penal econômico**. São Paulo: SaraivaJur, 2022, p. 108.

183. "Com a entrada em vigor da Lei 13.810/2019 e do Decreto 9.825/2019, já não existe o risco de sanção ao Brasil por falha na implementação de recomendações do GAFI e de resoluções do Conselho de Segurança das Nações Unidas, relativas ao bloqueio automático de bens de terroristas e organizações terroristas.

Contudo, se não revertida a tempo, a decisão do min. Dias Toffoli seguramente será debatida pelo foro de unidades de inteligência financeira (o COAF o integra), na sessão de outubro de 2019, pois tal provimento judicial, pela sua amplitude, tem potencial de desmontar o mecanismo de cooperação entre o COAF e UIFs estrangeiras, na luta contra o financiamento do terrorismo, a lavagem de dinheiro e os crimes antecedentes. É fácil entender o porquê: na principiologia da cooperação internacional, um órgão brasileiro só pode transmitir ao exterior as informações que pode fornecer às autoridades locais." (ARAS, Vladimir. **O COAF de um paraíso tropical**. 19 jul. 2019. Disponível em: https://www.jota.info/opiniao-e-analise/artigos/o-coaf-de-um-paraiso-tropical-19072019. Acesso em 20 set. 2023).

pela via de um procedimento formal, sigiloso, com certificação dos sujeitos responsáveis e auditável.

Não há, como consequência do julgado do STF, nenhuma violação ao princípio da separação informacional – afirmado pelo Tribunal Constitucional alemão em seu seminal acórdão que integra a gramática do direito à autodeterminação informativa – nem a "reunião de todos os dados" num único órgão. O COAF/UIF e a Receita compartilham apenas uma pequena fração dos dados que recebem. O controle continua a ser distribuído a entes distintos, mas, se e quando estritamente necessário, dados específicos podem ser compartilhados com autoridades encarregadas da persecução penal – e mesmo assim, somente se respeitadas determinadas cautelas para a proteção dos direitos dos seus titulares. A autodeterminação informativa não tem um caráter absoluto, a ponto de impedir o compartilhamento de dados entre entes do Estado, mormente para atividades voltadas à apuração e eventual processamento de crimes (que são, em si, violações a direitos fundamentais). O compartilhamento de dados fiscais ou de inteligência com autoridades de persecução penal é legítimo, independentemente de prévia decisão judicial – considerando que nem a Constituição nem a lei impõem tal prévia autorização.

Observe-se também que as teses fixadas no RE nº 1.055.941/SP não se limitam a reconhecer a legitimidade do compartilhamento *espontâneo* de informações pela Receita Federal e pela UIF/COAF. A decisão é clara ao referir-se a "compartilhamento dos relatórios de inteligência financeira da UIF e da íntegra do procedimento fiscalizatório da Receita Federal do Brasil", não fazendo nenhuma ressalva quanto a situações em que esse compartilhamento de dados se dá mediante provocação do Ministério Público ou da polícia. Esse aspecto é de importância central.

Em decisões posteriores ao julgamento do RE nº 1.055.941/SP, o Superior Tribunal de Justiça considerou que o STF somente teria analisado as situações de comunicação espontânea, e que o compartilhamento com o MP por solicitação ou requisição sua seria ilegal (ou, mais precisamente, somente pode ocorrer mediante autorização judicial). O STJ tem afirmado que o STF, no RE nº 1.055.941/SP, teria julgado lícito o compartilhamento de dados entre a UIF/COAF e a Receita Federal do Brasil com os órgãos de persecução penal, mas apenas nos casos em que UIF e RF constatam a ocorrência de ilegalidades e comunicam *espontaneamente* os fatos aos órgãos de persecução penal. Assim, segundo a leitura feita pelo STJ – que acabou sendo replicada por parte da doutrina[184] –, o STF não teria chancelado (e nem mesmo analisado) a legalidade do compartilhamento quando a autoridade policial ou o MP solicitam diretamente à UIF/COAF o envio de informações fiscais e relatórios de inteligência financeira sem autorização judicial. O entendimento pela necessidade de prévia autorização judicial para o compartilhamento de RIFs foi uniformizado pela Terceira Seção do STJ em 14.05.2025 (RHC 196.150/GO, rel. Messod Azulay Neto, DJe de 10.06.2025).

Trata-se de uma leitura equivocada da decisão do STF no RE nº 1.055.941/SP – e o STF tem revertido todos os acórdãos do STJ que contrariaram o Tema 990 de repercussão geral.[185]

Não bastasse o STF não ter feito ressalvas, nas teses fixadas para o Tema 990, quanto a "comunicações espontâneas" e "comunicações provocadas", constam expressamente dos votos proferidos no RE nº 1.055.941/SP tanto o debate quanto o reconhecimento da licitude do compartilhamento em *ambos os casos.*

Em seu voto, o min. Dias Tofolli, relator, asseverou que (grifos do original – fls. 43 e 44):

> [...] por entender preservada a **intangibilidade da intimidade e do sigilo de dados**, que gozam de proteção constitucional (art. 5º, incisos X e

184. LEITE, Alaor; Teixeira, Adriano. **Gestão do poder informacional no processo penal no RHC 147.707-STJ**. Disponível em: https://www.conjur.com.br/2023-set-14/leite-teixeira-gestao-poder-informacional-processo-penal#_ftn4. Acesso em 20 set. 2023.

185. Os seguintes acórdãos do STJ contrariaram o Tema 990 de repercussão geral - e as seguintes decisões do STF os reverteram: (1) AgRg no RHC 188.838, Quinta Turma, julgado em 24.09.2024 (revertido na Rcl. 74.362 por decisão monocrática do min. Edson Fachin em 19.12.2024); (2) AgRg no RHC 897.893, Quinta Turma, julgado em 04.11.2024 (revertido na Rcl. 74.316 por decisão monocrática da min. Cármen Lúcia em 05.12.2024); (3) RHC 147.707, julgado em 15.08.2023 (revertido na Rcl. 61.944 Agr, Primeira Turma, rel. min. Cristiano Zanin, julgada em 02.04.2024); (4) AgRg no RHC 187.335, Quinta Turma, julgado em 28.06.2024 (revertido na RCL 70.191 AgR, rel. min. Alexandre de Moraes, Primeira Turma, julgada em 12.11.2024); (5) HC 943.710, Sexta Turma, julgado em 18.12.2024 (revertido na Rcl. 75.111, rel. Alexandre de Moraes, Primeira Turma, julgada em 20.01.2025). Registre-se nosso agradecimento a Luiza Cristina Fonseca Frischeisen pela compilação e pelo compartilhamento das informações sobre os casos citados. Também merece ser mencionada a decisão proferida em 17.06.2025 em reclamação aforada pelo Procurador-Geral da República contra decisão da 4ª Vara Criminal Federal de São Paulo, que declarava nulo o compartilhamento de um RIF que embasou parte das investigações sobre descontos não autorizados em benefícios previdenciários de aposentados do Instituto Nacional do Seguro Social (INSS). Embora a reclamação tramite no STF em segredo de justiça, divulgou-se que o min. Flávio Dino, relator, determinou "que, diante da multiplicidade de casos que tem chegado ao STF sobre a não observação do Tema 990, o corregedor nacional do Conselho Nacional de Justiça (CNJ) oriente os magistrados para evitar embaraços à jurisdição criminal" (Disponível em: https://www.mpf.mp.br/pgr/noticias-pgr2/2025/stf-atende-reclamacao-do-pgr-e-reafirma-legalidade-da-troca-de-informacoes-direta-entre-coaf-policia-e-ministerio-publico; acesso em 30.06.2025).

> XII, da CF), **não há dúvidas, para mim, quanto a possibilidade de a UIF compartilhar relatórios de inteligência (RIF por intercâmbio) por solicitação do Ministério Público, da polícia ou de outras autoridades competentes**.
>
> [...] É extremamente importante enfatizar, ainda, a absoluta e intransponível impossibilidade da geração de RIF por encomenda (**fishing expedition**) contra cidadãos que não estejam sob investigação criminal de qualquer natureza ou em relação aos quais não haja alerta já emitido de ofício pela unidade de inteligência com fundamento na análise de informações contidas em sua base de dados.

O min. Alexandre de Moraes, que propôs as teses que ao final prevaleceram para a redação final do acórdão, foi ainda mais enfático – e didático – em seu voto (fl. 69 e 71 do acórdão):

> A partir da Recomendação 29 do Gafi (Grupo de Ação Financeira), se estabelece não só no Brasil, mas no mundo todo que adota o sistema, a possibilidade de as Unidades de Inteligência Financeira agirem não só espontaneamente, mas também em face de eventual pedido de órgão fiscalizador. Há essa dupla atuação.
>
> Exatamente por isso que, quando a Unidade de Inteligência Financeira cruza informações, produz relatórios e verifica alguma irregularidade, ela precisa compartilhar essas informações, pois não pode quebrar o sigilo bancário e fiscal por conta própria. Ela manda para Receita e para o Ministério Público. Ela recebe a informação, trabalha a informação, cruza informações, produz relatórios e manda para os outros órgãos que, cada um com a sua competência, vai dar a destinação adequada.
>
> Eu diria que o Brasil vem aprendendo, primeiro, no combate à corrupção, a importância da inteligência e não da força bruta, enquanto os outros países aprenderam primeiro no combate à criminalidade organizada violenta e passaram a aplicar isso para a corrupção.
>
> Tanto de ofício quanto a pedido, a UIF só pode atuar nos seus limites legais. Se um órgão pedir uma informação, ela só pode devolver a resposta nos exatos limites que poderia realizar se fosse espontaneamente. Não pode extrapolar e nem tem poderes para isso. Não estou dizendo que ocorre, apenas para fixar que a própria atuação da UIF não se altera se a atuação é a pedido ou espontaneamente na coleta de dados.
>
> [...] Saliente-se que é permitida que a iniciativa de solicitação para o compartilhamento de dados bancários e fiscais parta do próprio Ministério Público, ao fazer a solicitação para a Unidade de Inteligência Financeira (antigo COAF) ou para a própria Receita Federal; bem como é possível,

quando recebido o material informado, o órgão acusatório solicitar uma série de complementações diretamente ao COAF ou à Receita Federal, devendo ser permitido o amplo compartilhamento, para fins estritamente penais, sem a intermediação do Poder Judiciário.

Como mencionado no voto do min. Alexandre de Moraes, o julgamento do STF está em harmonia com a recomendação 29.5 do GAFI[186], que preconiza que "a Unidade de inteligência financeira deve ser capaz de disseminar, espontaneamente *e a pedidos*, informações e os resultados de suas análises para as autoridades competentes relevantes, e deve usar canais dedicados, seguros e protegidos para tal disseminação"[187]. Também está de acordo com os princípios 14 e 24 do Grupo de Egmont[188], que reconhece às UIFs a atribuição para "divulgar, espontaneamente *e a pedido*, as informações e os resultados da sua análise às autoridades competentes"[189], e veda a imposição de condições restritivas ao compartilhamento de informações entre UIFs[190].

A incompreensão sobre o que efetivamente o STF decidiu no RE nº 1.055.941/SP pode ter a ver com o aparente desconhecimento sobre a terminologia e a práxis de unidades de inteligência como a UIF/COAF, bem como com o uso equivocado, pelo Ministério Público, do instrumento da *requisição* para o compartilhamento de dados de inteligência.

Requisição é, tecnicamente, uma ordem. Ao expedir uma requisição, o Ministério Público está impondo a alguém uma obrigação – que, por sua vez, deve decorrer de expressa previsão legal, como as que constam no art. 7º, II

186. O GAFI, ou Grupo de Ação Financeira (*Financial Action Task Force*, ou FATF, no original em inglês), é um órgão intergovernamental do qual o Brasil faz parte e que tem por objetivo a proteção do sistema financeiro e da economia contra a lavagem de dinheiro e o financiamento do terrorismo.

187. FATF (2012-2023). **International Standards on Combating Money Laundering and the Financing of Terrorism & Proliferation.** Paris: FATF. Disponível em: http://www.fatf-gafi.org/recommendations.html. Acesso em 20 set. 2023; tradução disponível em: BRASIL. Conselho de Controle de Atividades Financeiras – COAF. **As recomendações do GAFI**. Disponível em: https://www.gov.br/coaf/pt-br/centrais-de-conteudo/publicacoes/publicacoes-do-coaf-1/as-recomendacoes-do-gafi-livro.pdf. Acesso em 20 set. 2023.

188. EGMONT GROUP OF FINANCIAL INTELLIGENCE UNITS. **Principles for Information Exchange Between Financial Units**. 2013. Disponível em: https://egmontgroup.org/wp-content/uploads/2022/07/2.-Principles-Information-Exchange-With-Glossary_April2023.pdf. Acesso em 20 set. 2023.

189. No original: "14. FIUs should be able to disseminate, spontaneously *and upon request*, information and the results of their analysis to relevant competent authorities" (destaque nosso).

190. O Grupo de Egmont (https://egmontgroup.org/) é um organismo voltado à cooperação internacional para a repressão e a prevenção à lavagem de dinheiro e ao financiamento do terrorismo. O grupo congrega UIFs de todo o mundo, facilitando a troca de informações de inteligência em ambiente seguro. A unidade brasileira COAF/UIF é uma das 164 unidades que atualmente integram o Grupo de Egmont.

e III, e no art. 8º, incisos I, II, III, IV, IX, da LC nº 75/93. O descumprimento de uma requisição pode caracterizar os crimes de prevaricação ou desobediência (arts. 319 e 330 do CP). É inadequado simplesmente *requisitar* a uma unidade de inteligência a produção de um relatório, considerando que essa "ordem" só poderá ser cumprida se a unidade dispuser de dados para produzir tal relatório – e, nesse caso, a comunicação decorrerá de uma imposição legal (art. 15 da Lei nº 9.613/98) que nem sequer precisa ser "ordenada".

Por outro lado, a própria autoridade que pretender "requisitar" o relatório pode encaminhar dados para a UIF; a própria "requisição", em si, que informa (no mínimo) a existência de uma investigação sobre determinado fato, é um dado relevante e que pode embasar, a partir do cruzamento com outros dados (de que o órgão já disponha), a produção de um relatório de inteligência. Desse modo, o mais adequado é que o MP ou a autoridade policial informem (*i.e.*, compartilhem) com a UIF os dados constantes na investigação que conduzem e que *solicitem* a produção de um relatório, *se for o caso*, a partir desses dados e de outros dados que já estejam sob o tratamento pela UIF. Corrigindo-se a terminologia *requisição* e substituindo-a por *solicitação* ou *informação*, ficam mais claros os limites da UIF para respondê-la.

Perceba-se que, no precedente analisado, o STF não decidiu se RIFs são meio de prova para o processo penal ou apenas informações de inteligência. Se limitada sua caracterização como informações de inteligência, RIFs poderiam auxiliar a autoridade responsável quanto a estratégias de investigação, mas não poderiam, por si sós, embasar pedidos e menos ainda decisões judiciais. Esse tópico, contudo, não integrou o tema delineado quando da admissão de sua repercussão gera[191].

Também importa considerar que as expressões "RIF a pedido" ou "RIF requisitado" são, a rigor, inadequadas; é tecnicamente mais precisa, por melhor espelhar a natureza do instituto, a expressão "RIF de intercâmbio". Significa dizer que o COAF não poderá produzir nenhum RIF, mesmo que "solicitado" ou "requisitado" pelo MP, pela polícia ou por um juiz, se já não dispuser em sua base de dados, formada pelas comunicações de operações atípicas feitas pelos sujeitos obrigados, de dados que, isoladamente ou agregados aos dados encaminhados pela autoridade (MP, polícia ou juiz),

191. Os votos dos ministros Dias Toffoli e Alexandre de Moraes no RE nº 1.055.941/SP tangenciam o tema da distinção entre *prova* e *informação de inteligência*, mas apenas como *obiter dictum*.

denotem a prática de lavagem de dinheiro[192]. Se receber uma requisição, mas nada tiver a agregar, a UIF não produzirá nem encaminhará à autoridade requisitante nenhum RIF: se muito, apenas informará que não identificou nenhuma operação atípica a reportar.

Em síntese, e de acordo com o que decidiu o STF decidiu no RE nº 1.055.941/SP, a UIF pode, por solicitação ou espontaneamente, produzir e encaminhar a autoridades responsáveis pela persecução penal relatórios de inteligência financeira (RIF) a partir dos dados que receba dos setores obrigados (art. 9º da Lei nº 9.613/98) e, também dos dados providos por outros agentes públicos (inclusive pela autoridade solicitante, se for o caso), independentemente de prévia autorização judicial.

É digno de nota que a 2ª Câmara de Coordenação e Revisão do MPF, responsável pela matéria criminal, editou uma orientação específica sobre o uso de RIFs pelos membros do Ministério Público Federal. Trata-se da Orientação n.º 47, aprovada na 209ª Sessão de Coordenação da 2ª CCR, de 5 de setembro de 2022, na qual são declaradas algumas premissas importantes, que estão em linha com o julgamento do RE nº 1.055.941/SP e das quais calha destacar as seguintes: a) os relatórios derivados da análise operacional das UIFs via de regra têm a natureza de informações de inteligência; b) o RIF deve ser preservado com a devida proteção de sua confidencialidade pelo destinatário que acessa seu conteúdo, incluindo as fontes que serviram de base para sua elaboração; c) RIFs não substituem os processos judiciais ou investigativos; d) RIFs não substituem diligências policiais nem processos de cadeia de custódia da informação; e) o RIF constitui uma contribuição preliminar essencial que ajuda as autoridades e os destinatários competentes a direcionar seus esforços de forma eficiente no desenvolvimento de investigações e no levantamento de provas; g) RIFs não podem ser utilizados para justificar ou encobrir a omissão ou ausência de procedimento investigativo pelas autoridades competentes; g) por sua natureza de inteligência, acusações judiciais ou procedimentos administrativos não podem ser baseados exclusivamente em RIFs; h) solicitações dirigidas às UIFs no interesse de

192. CAVALCANTE, Thaianne Barbosa de Moraes; da SILVA, Márcio Niederauer Nunes; de RESENDE, Carlos Renato Xavier. **Autoridades não solicitam e não requisitam relatórios de inteligência financeira.** 21 out. 2023. Disponível em: https://www.conjur.com.br/2023-out-21/opiniao-relatorios-inteligencia-financeira. Acesso em 08 nov. 2023.

um processo criminal devem se dar por canais formais e de modo fundamentado[193].

Em 23 de novembro de 2023, o min. Cristiano Zanin proferiu decisão afastando qualquer dúvida sobre o que foi efetivamente decidido pelo STF no RE 1.055.941/SP e como deve ser a interpretação dos demais tribunais a respeito das teses ali fixadas. Acolhendo uma reclamação promovida pelo Ministério Público do Estado do Pará – Reclamação nº 61.944/PA –, o ministro, em decisão monocrática, cassou o acórdão proferido pela Sexta Turma do Superior Tribunal de Justiça que dava provimento ao Recurso em Habeas Corpus 147.707/PA e determinou ao STJ que outro acórdão fosse proferido em observância ao decidido no Tema 990 de Repercussão Geral.

Da decisão proferida na Reclamação nº 61.944/PA, sobressaem os seguintes trechos:

> [...] Em síntese, na decisão reclamada, o Ministro Antonio Saldanha Palheiro, do Superior Tribunal de Justiça, reconhece que o Supremo Tribunal Federal permite o compartilhamento de dados entre as autoridades policiais e o Coaf, mesmo sem autorização judicial, desde que feita de forma espontânea (ou seja, por iniciativa do órgão de inteligência). No entanto, em seu entendimento, a autoridade policial não poderia solicitar o compartilhamento de dados ao Coaf, por sua própria iniciativa, sem autorização judicial.
>
> Todavia, a redação do Tema 990/RG não permite essa interpretação. Os relatórios emitidos pelo Coaf podem ser emitidos espontaneamente ou por solicitação dos órgãos de persecução penal para fins criminais, independentemente de autorização judicial.
>
> Por ocasião do julgamento do RE 1.055.941/SP, que originou o verbete do Tema 990/RG, os Ministros deste Supremo Tribunal Federal, em seus votos, deixaram clara tal possibilidade[194].

Prossegue o ministro relator da Reclamação n.º 61.944/PA reproduzindo trechos dos votos dos ministros Dias Toffoli, Alexandre de Morais, Edson Fachin, Rosa Weber e Gilmar Mendes no RE 1.055.941/SP[195], que em uníssono declararam ser "constitucional o compartilhamento de dados

193. BRASIL. Ministério Público Federal. 2ª Câmara de Coordenação e Revisão. **Orientação nº 47, de 5 de setembro de 2022**. Disponível em: https://www.mpf.mp.br/atuacao-tematica/ccr2/orientacoes/documentos/orientacao_47-assinada.pdf. Acesso em 08 nov. 2023.

194. Folha 13-14 da decisão proferida na Reclamação nº 61.944/PA em 23 nov. 2023.

195. Folhas 16-20 da decisão proferida na Reclamação nº 61.944/PA em 23 nov. 2023.

entre o Coaf e as autoridades de persecução penal, sem necessidade de prévia autorização judicial, também em casos em que o relatório tenha sido solicitado pela autoridade"[196]. Nesse diapasão, o julgamento que originou o verbete do Tema 990 de repercussão geral foi claro no sentido da dispensabilidade de autorização judicial para *ambas as formas de compartilhamento* e, deste modo, "formou precedente vinculante, que obrigatoriamente deve ser seguido pelos órgãos do Poder Judiciário"[197]. Julgando um agravo regimental interposto contra a decisão proferida pelo min. Cristiano Zanin, seu entendimento foi confirmado pela Primeira Turma do STF em 02.04.2024, em votação unânime[198].

A decisão do STF no Recurso Extraordinário nº 1.055.941/SP não conflita com o princípio da separação informacional.

Em tema de inteligência financeira e persecução penal, o princípio da separação informacional é materializado pela existência de uma agência pública – no caso, uma unidade de inteligência financeira – a quem é endereçada uma série de comunicações (dados) sobre operações potencialmente atípicas (e que, partir do instante em que podem ser associados a pessoas, enquadram-se no conceito de dados pessoais). Essa unidade de inteligência financeira, que será uma controladora a partir do momento em que recebe e consolida as comunicações recebidas em um banco de dados, opera como um filtro, um anteparo entre os sujeitos obrigados pela lei de lavagem de dinheiro e as autoridades encarregadas da persecução penal, notadamente a polícia e o Ministério Público. De posse dos dados sobre as comunicações de operações potencialmente atípicas, a UIF tratará os dados recebidos, confrontá-los-á com outros a que tenha acesso (provindos de fontes fechadas ou abertas) e produzirá relatórios de inteligência financeira para repasse aos órgãos de persecução penal somente se e quando necessário, espontaneamente ou por provocação da autoridade penal. Veja-se: a necessidade de produção de relatórios e de entrega de dados referentes a operações financeiras atípicas será aferida pela unidade da inteligência financeira, a partir de todos os dados de que disponha, inclusive os encaminhados por uma

196. Folha 20 da decisão proferida na Reclamação nº 61.944/PA em 23 nov. 2023.

197. Folha 20 da decisão proferida na Reclamação nº 61.944/PA em 23 nov. 2023.

198. Em seu voto proferido em 02.02.2024 na sessão de julgamento do Agravo Regimental interposto contra a decisão monocrática do min. Cristiano Zanin na Reclamação n.º 61.944/PA, a min. Cármen Lúcia qualificou como teratológico o descompasso entre a decisão do STJ e o entendimento fixado pelo STF no julgamento do Tema 990 de repercussão geral. Na mesma ocasião, o min. Alexandre de Moraes afirmou que, no julgamento do STJ, a decisão do STF (para o Tema 990) teria sido lida "pela metade".

autoridade responsável pela persecução penal e que lhe solicite a produção de um relatório de inteligência.

As comunicações à unidade de inteligência financeira não são um fim em si mesmas. Dentre outras atribuições, cabe ao COAF/UIF comunicar às autoridades competentes, "para a instauração dos procedimentos cabíveis", quando concluir pela existência de indícios da prática de crimes (art. 15 da Lei nº 9.613/98). O princípio da separação informacional não determina o sigilo absoluto e permanente sobre todos os dados que lhe são encaminhados, do mesmo modo que não determina que sejam repassados pela UIF às autoridades responsáveis pela persecução penal dados de todas as operações atípicas que lhes são comunicadas. O princípio da separação informacional se realiza ao não se transformarem as autoridades de persecução penal num repositório direto, como controladores dos dados, para toda e qualquer comunicação de operações financeiras potencialmente atípicas: essa é primordialmente uma função das unidades de inteligência financeira. Atribuir à polícia e ao Ministério Público a responsabilidade sobre todos esses dados caracterizaria um tratamento excessivo e, portanto, uma violação ao princípio da separação informacional. O princípio da separação informacional é prestigiado quando há o compartilhamento motivado somente das informações que denotem a prática de crimes, espontaneamente ou por provocação da autoridade que investigará o crime do qual emergir uma suspeita.

Dessa maneira, o primeiro filtro para o compartilhamento dos dados é feito pelos próprios sujeitos obrigados, que devem obedecer ao prescreve a lei quanto a operações a serem informadas (arts. 9º e 10 da Lei nº 9.613/98). O segundo filtro é feito pelo COAF/UIF, que, como controlador dos dados recebidos, pode, associando-os a outros, identificar possíveis crimes e, diante disso, comunicá-lo às autoridades de persecução penal, compartilhando os dados que subsidiam sua constatação. Um terceiro filtro para o compartilhamento desses dados é o da própria autoridade de persecução penal (de regra, MP ou polícia), que, avaliando se há indícios da prática de crimes – ou ao menos a verossimilhança da *notitia*, a demandar maior verificação – confirmará ou não a pertinência para o prosseguimento no tratamento dos dados recebidos; o mesmo vale para os dados que eventualmente requisitar, em investigações e processos criminais já em curso.

Como decidido pelo STF no RE nº 1.055.941/SP, o princípio da separação informacional não exige, necessariamente, que o compartilhamento entre UIF e Ministério Público ou polícia seja precedido de uma autorização judicial. Sem embargo, competirá sempre ao Poder Judiciário, de ofício ou quando provocado, aferir a legalidade do tratamento realizado e, em consequência, decidir se o produto desse tratamento de dados pessoais pode ser validamente utilizado como prova num processo penal.

A matéria, contudo, possivelmente será rejulgada pelo STF. Em 07.06.2025, no RE nº 1.537.165/SP, foi reconhecida a repercussão geral para a seguinte questão constitucional (Tema 1404): "saber se são lícitas, para fins penais, as provas obtidas pelo Ministério Público por requisição de relatórios de inteligência financeira ou de procedimentos fiscalizatórios da Receita, sem autorização judicial e/ou sem a prévia instauração de procedimento de investigação formal"[199].

### 2.3.2 ADIs nº 2390, 2386, 2397 e 2859: "quebra" de sigilo bancário por autoridades fiscais

O sigilo bancário é a obrigação de proteção dos dados relacionados a operações bancárias custodiados por instituições financeiras[200]. Essa obrigação compreende operações ativas e passivas e serviços das instituições financeiras, a exemplo de informações acerca de saldos em conta-corrente ou aplicações e extratos de movimentações de ativos. Não estão protegidos pelo sigilo bancário dados *cadastrais*, como número da conta-corrente, nome completo, documentação pessoal, número de telefone e endereços físicos e eletrônicos do respectivo titular, RG e CPF[201].

O art. 8º da Lei nº 8.021/1990 dispõe que as autoridades fiscais podem "solicitar informações sobre operações realizadas pelo contribuinte em instituições financeiras, inclusive extratos de contas bancárias", não se aplicando, nessa hipótese, a restrição de sigilo então prevista no art. 38 da Lei nº 4.595/1964[202].

---

199. Observe-se que a própria redação do acórdão que admitiu a repercussão geral para o tema a ser (novamente) debatido pelo STF está imprecisa: como exposto, a "provocação" para o compartilhamento de um RIF não é exatamente, nem deve ser, uma "requisição".

200. CALABRICH, Bruno Freire de Carvalho; BARRETO, Pablo Coutinho. O sigilo de dados bancários no Brasil, ontem e hoje: entre o direito à intimidade e o dever de compartilhamento. *In*: CALLEGARI, André; Turbay, Marcelo; FONTENELE, Marilia. **Temas Atuais de Direito Penal Econômico**. São Paulo: SaraivaJur, 2022, p. 79.

201. BRASIL. Superior Tribunal de Justiça. 2ª Turma, **REsp nº 1561191/SP**, rel. min. Herman Benjamin, julgamento em 19.04.2018, DJe de 26.11.2018.

202. O art. 38 da Lei nº 4.595/1964, que foi anos depois revogado pela Lei Complementar nº 105/2001, impunha às instituições financeiras a conservação do sigilo em suas operações ativas e passivas e

No mesmo sentido, a Lei Complementar (LC) nº 105/2001 prevê que cabe ao Poder Executivo disciplinar os critérios segundo os quais as instituições financeiras devem informar à administração tributária da União as operações financeiras[203] efetuadas pelos usuários de seus serviços (art. 5º). Esses critérios e a forma de comunicação constam atualmente no decreto nº 4.489, de 28 de novembro 2002. Além disso, a LC nº 105/2001, sem nada referir a autorização judicial, estabeleceu a possibilidade de acesso aos dados dos contribuintes constantes em documentos, livros e registros de instituições financeiras, desde que no interesse de "processo administrativo instaurado ou procedimento fiscal em curso" e somente quando os exames sobre tais elementos forem considerados "indispensáveis pela autoridade administrativa competente" (art. 6º).

O Supremo Tribunal Federal, todavia, vinha negando[204] a possibilidade de a administração tributária ter acesso aos dados do contribuinte sem prévia autorização judicial, mesmo que existente um processo administrativo.

---

serviços prestados – disciplina que, a rigor, foi mantida pela LC nº 105/2001.

203. Art. 5º, §1º "Consideram-se operações financeiras, para os efeitos deste artigo:

I – depósitos à vista e a prazo, inclusive em conta de poupança;

II – pagamentos efetuados em moeda corrente ou em cheques;

III – emissão de ordens de crédito ou documentos assemelhados;

IV – resgates em contas de depósitos à vista ou a prazo, inclusive de poupança;

V – contratos de mútuo;

VI – descontos de duplicatas, notas promissórias e outros títulos de crédito;

VII – aquisições e vendas de títulos de renda fixa ou variável;

VIII – aplicações em fundos de investimentos;

IX – aquisições de moeda estrangeira;

X – conversões de moeda estrangeira em moeda nacional;

XI – transferências de moeda e outros valores para o exterior;

XII – operações com ouro, ativo financeiro;

XIII – operações com cartão de crédito;

XIV – operações de arrendamento mercantil; e

XV – quaisquer outras operações de natureza semelhante que venham a ser autorizadas pelo Banco Central do Brasil, Comissão de Valores Mobiliários ou outro órgão competente."

204. Em verdade, após Constituição de 1988 o que houve foi uma virada de entendimento do STF quanto a ser inoponível à autoridade fazendária o sigilo de operações bancárias, conforme exemplifica o julgamento do RE nº 71.640/BA:

"Sigilo bancário. As decisões na instância ordinária entenderam que em face do Código Tributário Nacional o segredo bancário não é absoluto. razoável inteligência do direito positivo federal, não havendo ofensa ao disposto no art. 153, par. 2, da Lei Magna, nem tão pouco negativa de vigência do art. 144 do Código Civil. O objetivo do writ era afastar a exigência de apresentação de fichas contábeis, ao fundamento de violação de sigilo bancário. Inocorrência de dissidio jurisprudencial. Recurso extraordinário não conhecido."

O argumento central para essa exigência foi que o acesso a dados bancários diretamente pela Receita vulneraria a intimidade dos cidadãos, protegida pelo art. 5º, XII, da Constituição Federal de 1988[205].

Somente em 24.02.2016 o STF passou a reconhecer a constitucionalidade do acesso a dados bancários por autoridades tributárias sem prévia autorização judicial, consoante decidido no julgamento conjunto das ADIs nº 2390, 2386, 2397 e 2859. As aludidas ações diretas de inconstitucionalidade tinham como núcleo comum a impugnação de dispositivos da Lei Complementar nº 105/2001 e de seus decretos regulamentares[206] relativos ao fornecimento à administração tributária, pelas instituições financeiras, de informações bancárias de contribuintes[207].

A partir do julgamento das ADI nº 2390, 2386, 2397 e 2859 e do RE nº 601.314, o STF sacramentou o entendimento de que a administração tributária pode ter acesso a dados bancários independentemente de prévia autorização judicial. Os fundamentos principais para esse julgamento foram: (a) a ausência de verdadeira "quebra" de sigilo e de ofensa a direito fundamental individual, eis que os dados não perdem seu caráter sigiloso ao serem remetidos às autoridades fazendárias; (b) a necessária harmonização, mediante uma interpretação sistêmica, entre o direito fundamental à intimidade, o dever fundamental do contribuinte de pagar tributos e o dever do Estado de bem tributar e fiscalizar.

Da extensa ementa do acórdão, colhe-se que o STF reputou de especial relevância os compromissos internacionais assumidos pelo Brasil em matéria de compartilhamento de informações bancárias. Também se destacou que a Constituição "foi generosa na previsão de direitos individuais, sociais,

---

(BRASIL. Supremo Tribunal Federal. 1ª Turma, **RE 71.640/BA**, rel. min. Djaci Falcão, julgado em 17.09.1971, DJ de 12.11.1971).

205. "SIGILO DE DADOS - AFASTAMENTO. Conforme disposto no inciso XII do artigo 5º da Constituição Federal, a regra é a privacidade quanto à correspondência, às comunicações telegráficas, aos dados e às comunicações, ficando a exceção - a quebra do sigilo - submetida ao crivo de órgão equidistante - o Judiciário - e, mesmo assim, para efeito de investigação criminal ou instrução processual penal.

SIGILO DE DADOS BANCÁRIOS - RECEITA FEDERAL. Conflita com a Carta da República norma legal atribuindo à Receita Federal - parte na relação jurídico-tributária - o afastamento do sigilo de dados relativos ao contribuinte."

(BRASIL. Supremo Tribunal Federal. **RE 389.808/PR**, rel. min. Marco Aurélio, julgado em 15.12.2010, DJe-086 de 10.05.2011).

206. Decretos nº 3.724, de 10 de janeiro de 2001, e nº 4.489, de 28 de novembro de 2009.

207. Além dessas ADIs, foi julgada na mesma data, em regime de repercussão geral, o RE 601.314, sobre o mesmo tema.

econômicos e culturais para o cidadão", mas que, correlatos a esses direitos, "existem também deveres, cujo atendimento é, também, condição *sine qua non* para a realização do projeto de sociedade esculpido na Carta Federal", dentre os quais "o dever fundamental de pagar tributos", que financiam as ações estatais voltadas à concretização dos direitos do cidadão. Nesse quadro, "é preciso que se adotem mecanismos efetivos de combate à sonegação fiscal, sendo o instrumento fiscalizatório instituído nos arts. 5º e 6º da Lei Complementar nº 105/2001 de extrema significância", pelo que o Estado brasileiro não deve "prescindir do acesso automático aos dados bancários dos contribuintes por sua administração tributária".

No que toca especificamente à proteção de dados pessoais – expressão que não foi utilizada no acórdão, mas é exatamente disso que se tratava –, merece destaque o que STF decidiu a respeito dos arts. 5º e 6º da Lei Complementar nº 105/2001, ao sufragar o entendimento de que dados sigilosos compartilhados com autoridades tributárias não perdem tal atributo (do sigilo) nem há autorização para a exposição ou circulação desses dados. Trata-se, como expressamente afirmou o STF, de uma "transferência de dados sigilosos de um determinado portador" (leia-se controlador, à luz dos atuais conceitos da LGPD), que tem o dever de sigilo, para outro, que também terá o dever de preservação do sigilo. Mantido o caráter sigiloso do dado bancário informado à Receita – repita-se, sem a necessidade de autorização judicial – não haverá, nesse compartilhamento, violação à intimidade nem à vida privada do correntista, "exatamente como determina o art. 145, § 1º, da Constituição Federal".

A decisão do STF no recurso extraordinário (RE) nº 1.055.941/SP (Tema 990) em 2019 foi um desdobramento da decisão proferida em 2016 nas ADIs nº 2390, 2386, 2397 e 2859: é possível a "quebra" de sigilo bancário por autoridades fiscais no exercício regular de suas atribuições e os dados obtidos podem e devem ser compartilhados com agências penais quando constituírem indícios da prática de crimes. Esse compartilhamento, contudo, está limitado à finalidade própria das autoridades encarregadas da persecução penal (investigação criminal e instrução processual penal) e não acarretará propriamente a desnaturação do caráter sigiloso dos dados, que deve ser preservado tanto pela Receita quanto pelo agente público que recebê-los. O uso indevido dos dados – ou seja, o tratamento fora das finalidades que fundamentaram seu compartilhamento – deve ensejar a responsabilização do agente público que o tenha promovido (art. 10, *caput*, da LC nº 105/2001[208]).

### 2.3.3 ADIs nº 6387, 6388, 6389, 6390 e 6393: compartilhamento de dados por empresas de telefonia com o IBGE no contexto da pandemia do covid-19

Nas Ações Diretas de Inconstitucionalidade (ADIs) nº 6387, 6388, 6389, 6390 e 6393 (julgamento conjunto), ajuizadas respectivamente pelo Conselho Federal da Ordem dos Advogados do Brasil – OAB, pelo Partido da Social Democracia Brasileira – PSDB, pelo Partido Socialista Brasileiro – PSB, pelo Partido Socialismo e Liberdade – PSOL e pelo Partido Comunista do Brasil, impugnava-se a constitucionalidade de dispositivos da Medida Provisória (MP) nº 954, de 17 de abril de 2020, que dispunha sobre

> o compartilhamento de dados por empresas de telecomunicações prestadoras de Serviço Telefônico Fixo Comutado e de Serviço Móvel Pessoal com a Fundação Instituto Brasileiro de Geografia e Estatística,

208. O dever de manutenção do sigilo e as hipóteses de compartilhamento de dados também são tratados no art. 198 do Código Tributário Nacional (Lei nº 5.172/66), alterado pela LC nº 104/2001:

"Art. 198. Sem prejuízo do disposto na legislação criminal, é vedada a divulgação, por parte da Fazenda Pública ou de seus servidores, de informação obtida em razão do ofício sobre a situação econômica ou financeira do sujeito passivo ou de terceiros e sobre a natureza e o estado de seus negócios ou atividades.

§ 1º Excetuam-se do disposto neste artigo, além dos casos previstos no art. 199, os seguintes:

I – requisição de autoridade judiciária no interesse da justiça;

II – solicitações de autoridade administrativa no interesse da Administração Pública, desde que seja comprovada a instauração regular de processo administrativo, no órgão ou na entidade respectiva, com o objetivo de investigar o sujeito passivo a que se refere a informação, por prática de infração administrativa.

§ 2º O intercâmbio de informação sigilosa, no âmbito da Administração Pública, será realizado mediante processo regularmente instaurado, e a entrega será feita pessoalmente à autoridade solicitante, mediante recibo, que formalize a transferência e assegure a preservação do sigilo.

§ 3º Não é vedada a divulgação de informações relativas a:

I – representações fiscais para fins penais;

II – inscrições na Dívida Ativa da Fazenda Pública;

III – parcelamento ou moratória; e

IV – incentivo, renúncia, benefício ou imunidade de natureza tributária cujo beneficiário seja pessoa jurídica.

Art. 199. A Fazenda Pública da União e as dos Estados, do Distrito Federal e dos Municípios prestar-se-ão mutuamente assistência para a fiscalização dos tributos respectivos e permuta de informações, na forma estabelecida, em caráter geral ou específico, por lei ou convênio.

Parágrafo único. A Fazenda Pública da União, na forma estabelecida em tratados, acordos ou convênios, poderá permutar informações com Estados estrangeiros no interesse da arrecadação e da fiscalização de tributos."

> para fins de suporte à produção estatística oficial durante a situação de emergência de saúde pública de importância internacional decorrente do coronavírus (covid-19), de que trata a Lei nº 13.979, de 6 de fevereiro de 2020.

Os autores suscitaram, em suma, a inconstitucionalidade do compartilhamento de dados de usuários de telecomunicações com o Instituto Brasileiro de Geografia e Estatística (IBGE) para produção de estatística oficial durante a pandemia do coronavírus, nos termos previstos pela referida medida provisória[209]. Destas, a mais abrangente era a ADI nº 6387, por arguir distintos vícios formais e materiais do citado diploma normativo.

As ações foram propostas e distribuídas logo após a publicação da MP nº 954/2020 e, já em 24.04.2020, receberam uma decisão liminar da min. Rosa Weber, relatora, que, *ad referendum* do Plenário, deferiu o pedido de medida cautelar e suspendeu a eficácia dos dispositivos questionados. Em consequência, determinou-se que o IBGE imediatamente se abstivesse de solicitar a disponibilização dos dados objeto da referida MP e, caso já o tivesse feito, que sustasse tal solicitação, comunicando-o prontamente às operadoras de telefonia.

Para conceder a liminar, a ministra relatora ponderou que nomes, números de telefone e endereços de seus consumidores, pessoas físicas ou jurídicas

> são relacionadas à identificação – efetiva ou potencial – de pessoa natural, configuram dados pessoais e integram, nessa medida, o âmbito de proteção das cláusulas constitucionais assecuratórias da liberdade individual (art. 5º, *caput*), da privacidade e do livre desenvolvimento da personalidade (art. 5º, X e XII).

---

209. "Art. 1º Esta Medida Provisória dispõe sobre o compartilhamento de dados por empresas de telecomunicações prestadoras do Serviço Telefônico Fixo Comutado – STFC e do Serviço Móvel Pessoal – SMP com a Fundação Instituto Brasileiro de Geografia e Estatística – IBGE.

Parágrafo único. O disposto nesta Medida Provisória se aplica durante a situação de emergência de saúde pública de importância internacional decorrente do coronavírus (covid-19), de que trata a Lei nº 13.979, de 6 de fevereiro de 2020.

Art. 2º As empresas de telecomunicação prestadoras do STFC e do SMP deverão disponibilizar à Fundação IBGE, em meio eletrônico, a relação dos nomes, dos números de telefone e dos endereços de seus consumidores, pessoas físicas ou jurídicas.

§ 1º Os dados de que trata o *caput* serão utilizados direta e exclusivamente pela Fundação IBGE para a produção estatística oficial, com o objetivo de realizar entrevistas em caráter não presencial no âmbito de pesquisas domiciliares. [...]"

Assim, entendeu que o tratamento desses dados há de observar os limites delineados pela proteção constitucional. Concluiu que a MP nº 954/2020 "exorbitou dos limites traçados pela Constituição ao dispor sobre a disponibilização dos dados pessoais de todos os consumidores dos serviços STFC e SMP, pelos respectivos operadores, a entidade integrante da Administração indireta", eis que, nos moldes em que posta, não estava demonstrado um "interesse público legítimo no compartilhamento dos dados pessoais dos usuários dos serviços de telefonia, consideradas a necessidade, a adequação e a proporcionalidade da medida", nem se previu ali "mecanismo técnico ou administrativo apto a proteger os dados pessoais de acessos não autorizados, vazamentos acidentais ou utilização indevida".

Em 07.05.2020, pela expressiva maioria de 10 votos, vencido apenas o min. Marco Aurélio, a decisão liminar proferida pela min. Rosa Weber foi referendada pelo plenário do STF.

Da ementa desse julgamento, colhe-se que:

> [...] 4. Consideradas a necessidade, a adequação e a proporcionalidade da medida, não emerge da Medida Provisória nº 954/2020, nos moldes em que editada, interesse público legítimo no compartilhamento dos dados pessoais dos usuários dos serviços de telefonia.
>
> 5. Ao não definir apropriadamente como e para que serão utilizados os dados coletados, a MP nº 954/2020 desatende a garantia do devido processo legal (art. 5º, LIV, da CF), na dimensão substantiva, por não oferecer condições de avaliação quanto à sua adequação e necessidade, assim entendidas como a compatibilidade do tratamento com as finalidades informadas e sua limitação ao mínimo necessário para alcançar suas finalidades.
>
> 6. Ao não apresentar mecanismo técnico ou administrativo apto a proteger, de acessos não autorizados, vazamentos acidentais ou utilização indevida, seja na transmissão, seja no tratamento, o sigilo, a higidez e, quando o caso, o anonimato dos dados pessoais compartilhados, a MP nº 954/2020 descumpre as exigências que exsurgem do texto constitucional no tocante à efetiva proteção dos direitos fundamentais dos brasileiros.

No voto condutor do acórdão que referendou a decisão liminar foram acrescentados importantes fundamentos, como a violação aos princípios da necessidade, da minimicidade e da proporcionalidade, considerando haver evidências de que o IBGE teria outros meios disponíveis para realizar a coleta das informações que não criariam tantos riscos aos cidadãos como o compartilhamento de dados previsto pela Medida Provisória[210].

A decisão que referendou a liminar proferida nas ADIs nº 6387, 6388, 6389, 6390 e 6393 constitui um marco no direito à proteção de dados no Brasil. Reconheceu-se, na ocasião, não somente a necessidade de tutela dos direitos à privacidade, à intimidade e à dignidade da pessoa humana: afirmou-se, naquele julgamento, a autodeterminação informativa como um verdadeiro direito fundamental.

Foi primeira decisão do Supremo Tribunal Federal declarando a existência desse direito fundamental, muito antes da promulgação da EC nº 115/2022.

Como imediatamente observou Laura Schertel Mendes,

> não é exagero afirmar que o seu significado para o Brasil é comparável ao julgamento da Corte constitucional alemã de 1983 que, de forma pioneira, estabeleceu o conceito de autodeterminação informativa naquele país, posteriormente influenciando e moldando os debates internacionais sobre proteção de dados[211].

Naquele contexto, reforça Ana Frazão,

> além de a própria vigência da LGPD encontrar-se suspensa por medida provisória – com várias sinalizações do governo no sentido de que a proteção de dados seria um desincentivo para a atividade econômica – a discussão concreta envolvia tratamento de dados pelo Poder Público para fins supostamente de interesse público e no contexto de uma pandemia.

Quando da decisão liminar e de sua confirmação pelo plenário do STF, "ainda havia discussões sobre a própria natureza jurídica do direito à proteção de dados", o que exigiu, além de apuro técnico, "sensibilidade e coragem para enfrentar um tema tão complexo em circunstâncias adversas"[212].

---

210. FRAZÃO, Ana. O direito constitucional à proteção de dados: Reflexões sobre as contribuições do voto da Ministra Rosa Weber na ADI 6.387. *In*: ROCHA, Maria Elizabeth Guimarães Teixeira; *et al* (Orgs.) **Ela pede vista**: estudos em homenagem à Ministra Rosa Weber. São Paulo: Toth, 2023, p. 169.

211. MENDES, Laura Schertel. **Decisão histórica do STF reconhece direito fundamental à proteção de dados pessoais**. 10 maio 2020. Disponível em: https://www.jota.info/opiniao-e-analise/artigos/decisao-historica-do-stf-reconhece-direito-fundamental-a-protecao-de-dados-pessoais-10052020. Acesso em 21 nov. 2023.

212. FRAZÃO, Ana. O direito constitucional à proteção de dados: Reflexões sobre as contribuições do voto da Ministra Rosa Weber na ADI 6.387. *In*: ROCHA, Maria Elizabeth Guimarães Teixeira; *et al* (Orgs.) **Ela**

Todas as ADIs foram extintas em 17 de novembro de 2020 por perda superveniente do objeto: publicada no DOU de 17.4.2020, a medida provisória impugnada não foi convertida em lei no prazo previsto no art. 62, §§ 3º e 7º, da Constituição Federal, encerrando-se sua vigência no dia 14.8.2020.

### 2.3.4 ADI nº 5642: fornecimento de dados cadastrais e de localização por operadoras de telefonia celular em investigações criminais

Na Ação Direta de Inconstitucionalidade (ADI) nº 5642 questionou-se a constitucionalidade do art. 11 da Lei nº 13.344/2016, que, dispondo sobre prevenção e repressão ao tráfico interno e internacional de pessoas e sobre medidas de atenção às vítimas, acrescentou os arts. 13-A e 13-B ao Código de Processo Penal (CPP).

Cuida-se, mais exatamente, de uma ação proposta pela Associação Nacional das Operadoras Celulares – ACEL – impugnando a constitucionalidade do repasse de dados cadastrais, por operadoras de celular, a delegados de polícia e a membros do Ministério Público, independentemente de autorização judicial. O tema central é a existência de reserva jurisdicional para a obtenção de dados cadastrais e de localização na investigação de crimes específicos. Subsidiariamente ao pedido de declaração da inconstitucionalidade, a associação autora pleiteava que fosse dada aos dispositivos em foco uma interpretação conforme à Constituição, a fim de que se excluísse da possibilidade de requisição, sem ordem judicial, de dados específicos, a saber: (i) interceptação de voz; (ii) interceptação telemática"[213]; (iii) localização de terminal ou IMEI de cidadão em tempo real; (iv) extrato de ERB; (v) dados cadastrais de usuários de IP, incluindo dados de usuário que em determinado dia, data, hora e fuso fizeram uso de um IP para acessar à internet; (vi) dados cadastrais dos terminais fixos não figurantes em lista telefônica divulgável e de terminais móveis; (vii) extrato de chamadas telefônicas; (viii) extrato de mensagens de texto (SMS) ou multimídia (MMS); (ix) serviços de agenda virtual ofertados por empresas de telefonia; (x) dado cadastral de e-mail; e (xi) extratos de conexão de internet a partir de linha ou IP.

---

**pede vista**: estudos em homenagem à Ministra Rosa Weber. São Paulo: Toth, 2023, pp. 153-154.

213. O próprio art. 13-B, §2º, I, do CPP já prevê que não se permitirá acesso *ao conteúdo da comunicação de qualquer natureza, que dependerá de autorização judicial*. O pedido subsidiário, para que não se autorize o acesso direto a dados de interceptação de voz e telemática, só terá algum sentido se quiser dizer respeito a metadados dessas comunicações interceptadas (e mesmo assim, é difícil imaginar uma situação prática em que o acesso a esses dados também não já tenha sido autorizado pela mesma decisão que autorizou a interceptação das comunicações telefônicas ou telemáticas).

A ADI nº 5642 foi decidida em 18.04.2024: por apertada maioria (6 a 5), o STF julgou improcedente a ação, para declarar ser constitucional, independentemente de autorização judicial, que "*delegados de polícia e membros do Ministério Público requisitem de quaisquer órgãos do Poder Público ou de empresas da iniciativa privada o repasse de dados e informações cadastrais da vítima ou dos suspeitos em investigações sobre os crimes de cárcere privado, redução a condição análoga à de escravo, tráfico de pessoas, sequestro relâmpago, extorsão mediante sequestro e envio ilegal de criança ao exterior*". Decidiu-se ser também constitucional, desde que precedida de autorização judicial, "*a requisição às empresas prestadoras de serviço de telecomunicações e/ou telemática da disponibilização imediata de sinais, informações e outros dados que viabilizem a localização da vítima ou dos suspeitos daqueles mesmos delitos*" (Informativo do STF nº 1133). O STF entendeu que o art. 13-A do CPP, por autorizar, mediante requisição direta, apenas a entrega de informações e dados cadastrais ao Ministério Público e à polícia, sem seu acesso ao conteúdo de quaisquer comunicações (mensagens e ligações), não conflitam com a reserva de jurisdição prevista no art. 5º, XII, da CF/88. Já quanto ao 13-B do CPP, entendeu-se ser válida a exigência de autorização judicial, tendo em conta o caráter mais invasivo da medida[214].

### 2.3.5 ADC nº 51: cooperação internacional, empresas de tecnologia e proteção de dados pessoais

A Ação Direta de Constitucionalidade (ADC) nº 51 foi proposta pela Federação das Associações das Empresas Brasileiras de Tecnologia da Informação, na qual pedia que fosse declarada a constitucionalidade de

---

214. Sobre o caráter mais invasivo das medidas previstas no art. 13-B do CPP, colha-se o seguinte excerto do voto do min. Edson Fachin para a ADI nº 5642, apresentado em 12.05.2023 no plenário virtual do STF:

> "Em suma, na expressão 'dados cadastrais' não estão abrangidas a interceptação de voz; a interceptação telemática; os dados cadastrais de usuários de IP, os quais abarcam dados de usuário que em determinado dia, data, hora e fuso fizeram uso de um IP para acessar à internet; os serviços de agenda virtual ofertados por empresas de telefonia; o dado cadastral de e-mail e os extratos de conexão a partir de linha ou IP. Para esses dados, como não poderia deixar de ser, remanesce a necessidade de autorização judicial.
>
> Continuam sendo passíveis de requisição sem controle judicial prévio, mas sempre sujeito ao controle judicial posterior, a localização de terminal ou IMEI de cidadão em tempo real por meio de ERB por um período determinado e desde que necessário para os fins de reprimir os crimes contra a liberdade pessoal descritos no art. 13-A do Código de Processo Penal; o extrato de ERB; os dados cadastrais dos terminais fixos não figurantes em lista telefônica divulgável e de terminais móveis; o extrato de chamadas telefônicas; o extrato de mensagens de texto (SMS ou MMS); e os sinais para localização de vítimas ou suspeitos, após o decurso do prazo de 12 horas constante do § 4º do art. 13-B do Código de Processo Penal."

normas de cooperação jurídica internacional entre autoridades judiciárias brasileiras e estrangeiras: o Decreto nº 3.810/2001 (que promulgou o Acordo de Assistência Judiciária em Matéria Penal – o MLAT, ou *Mutual Legal Assistance Treaty* – firmado entre o Brasil e os Estados Unidos), o art. 237, II, do Código de Processo Civil (Lei nº 13.105/2015) e os arts. 780 e 783 do Código de Processo Penal (Decreto-Lei nº 3.689/1941) – que versam sobre as cartas rogatórias. Como consequência da declaração de constitucionalidade das referidas normas, a autora pleiteava que o acesso a dados que estivessem sob o controle de empresa de tecnologia sediada fora do território brasileiro seguisse sempre os trâmites de uma cooperação internacional. Deste modo, apenas a matriz, sediada nos EUA (para o MLAT do Decreto nº 3.810/2001) ou em outros países, poderia validamente fornecer os dados ao Brasil.

Na prática, ADC n.º 51 tinha como propósito evidente o de contornar a determinação contida no art. 11 do Marco Civil da Internet (Lei nº 12.965/2014), no sentido de que qualquer operação de coleta, armazenamento, guarda e tratamento de registros, de dados pessoais ou de comunicações por provedores de conexão e de aplicações de internet realizada em território nacional deve obrigatoriamente "respeitar a legislação brasileira e os direitos à privacidade, à proteção dos dados pessoais e ao sigilo das comunicações privadas e dos registros" (art. 11, *caput*, do MCI). Essa determinação, ainda de acordo com o mesmo artigo do Marco Civil da Internet, aplica-se "em qualquer operação de coleta, armazenamento, guarda e tratamento de registros, de dados pessoais ou de comunicações por provedores de conexão e de aplicações de internet em que pelo menos um desses atos ocorra em território nacional" e "mesmo que as atividades sejam realizadas por pessoa jurídica sediada no exterior, desde que oferte serviço ao público brasileiro ou pelo menos uma integrante do mesmo grupo econômico possua estabelecimento no Brasil" (art. 11 do MCI, §§ 1º e 2º). Ao estarem sujeitas à lei brasileira, naturalmente estão sujeitas às decisões proferidas pelo Poder Judiciário brasileiro, inclusive, quando for o caso, para a entrega direta dos dados independentemente da utilização de instrumentos de cooperação internacional[215].

Observe-se que havia um problema de natureza até mesmo processual na ADC nº 51: como nunca houve nenhuma dúvida acerca da

215. CALABRICH, Bruno Freire de Carvalho. *E-evidences* e cooperação internacional: o desafio de diferentes paradigmas. *In*: SALGADO, Daniel de Resende; KIRCHER, Luís Felipe Schneider; de QUEIROZ, Ronaldo Pinheiro. **Altos estudos sobre a prova no processo penal**. Salvador: JusPodivm, 2020, p. 609.

constitucionalidade do Decreto nº 3.810/2001, do art. 237, II, do CPC nem dos arts. 780 e 783 do CPP, não havia um real interesse de agir, na modalidade necessidade, para o ajuizamento de uma demanda com o propósito de se declarar a constitucionalidade desses dispositivos[216]. A ação carecia, pois, de uma das condições para seu desenvolvimento. Além disso, declarar a constitucionalidade das mencionadas normas, como postulado pela associação autora, não teria como consequência a inconstitucionalidade – muito menos a simples "exclusão" do plano jurídico – do art. 11 do MCI. A partir de um julgamento pela procedência da ADC nº 51, é de se questionar: o art. 11 do MCI deveria ser simplesmente ignorado? Aparentemente, o ajuizamento de uma ADC contra dispositivos (do CPP, do CPC e do Decreto do MLAT Brasil-EUA) jamais impugnados foi a opção escolhida pela autora por não soar estrategicamente interessante questionar, numa ADI, a constitucionalidade do MCI, nem mesmo para pedir que fosse dada ao MCI uma interpretação conforme a Constituição que limitasse sua eficácia.

O julgamento da ADC nº 51 foi encerrado em 23.02.2023. Conforme destacado na ementa do acórdão, entendeu-se que a controvérsia constitucional veiculada na ADC era, a rigor,

> mais ampla do que a simples declaração de validade do uso das cartas rogatórias e dos acordos MLAT para fins de investigação criminal. O escopo da ação declaratória compreende não apenas o exame de constitucionalidade dos dispositivos invocados pelos requerentes, como também da norma prevista no art. 11 do Marco Civil da Internet e art. 18 da Convenção de Budapeste.

Vale registrar que, embora já estivesse assinada e aprovada pelo Congresso Nacional, a Convenção sobre o Crime Cibernético foi internalizada no Brasil, com plena eficácia, apenas em abril de 2023, posteriormente ao julgamento da ADC nº 51[217].

216. No julgamento da ADC nº 51, a ausência de controvérsia quanto à constitucionalidade dos dispositivos referidos pela autora foi um ponto realçado pela Advocacia da União em sua sustentação oral, feita em 28.09.2022 (conforme consta nas fls. 11 e 12 do inteiro teor do acórdão).

217. O Brasil firmou a Convenção de Budapeste em 23 de novembro de 2001; o Congresso Nacional aprovou a Convenção em 16 de dezembro de 2021, por meio do Decreto Legislativo nº 37; e o governo brasileiro depositou o instrumento de ratificação à Convenção junto ao Secretário-Geral do Conselho da Europa em 1º de março de 2023, momento a partir do qual a Convenção entrou em vigor para no Brasil no plano jurídico externo.

A pretensão da ADC foi ao final julgada parcialmente procedente, por unanimidade, para declarar a constitucionalidade dos dispositivos do MLAT, do CPC e do CPP que tratam da cooperação jurídica internacional e da emissão de cartas rogatórias, nos casos em que a atividade de comunicação ou a prestação de tais serviços não tenham ocorrido em território nacional. O STF também considerou que o art. 11 do Marco Civil da Internet é norma específica em relação às regras gerais do MLAT e dos dispositivos do CPC e do CPP que disciplinam a cooperação via cartas rogatórias; assim, declarou a possibilidade de:

> Solicitação direta de dados e comunicações eletrônicas das autoridades nacionais a empresas de tecnologia nos casos de atividades de coleta e tratamento de dados no país, de posse ou controle dos dados por empresa com representação no Brasil e de crimes cometidos por indivíduos localizados em território nacional.

Em conclusão, decidiu-se também pela comunicação da decisão ao Poder Legislativo e ao Poder Executivo, concitando-os ao

> aperfeiçoamento do quadro legislativo, com a discussão e a aprovação do projeto da Lei Geral de Proteção de Dados para Fins Penais (LGPD Penal) e de novos acordos bilaterais ou multilaterais para a obtenção de dados e comunicações eletrônicas, como, por exemplo, a celebração do Acordo Executivo definido a partir do Cloud Act.

O acórdão da ADC nº 51 é um marco em matéria de cooperação internacional e de proteção de dados pessoais no Brasil[218]. Dos alentados debates, merecem ser lidas a análise técnica e extensa feita em seu voto pelo min.

218. Conforme decisão proferida em 11.01.2023 no inquérito nº 4.879/DF e depois transladada para o inquérito nº 4923/DF, ambos em trâmite no STF sob a relatoria do min. Alexandre de Morais, foi determinado à empresa Telegram que procedesse ao bloqueio de diversos canais, perfis e contas de usuários do seu aplicativo, sob pena de multa diária de R$ 100.000,00 (cem mil reais), além do fornecimento de seus dados cadastrais e a integral preservação do conteúdo publicado. O Telegram deu cumprimento apenas parcial da ordem do STF: um dos canais não foi excluído e advogados da empresa pediram a reconsideração da decisão, além de que o STF especificasse quais conteúdos ilícitos desse canal, com URLs das publicações, deveriam ser pontualmente bloqueados. Diante disso, o ministro relator proferiu em 25.01.2023 uma nova decisão, entendendo ter havido recalcitrância da empresa ao cumprimento da ordem – que era clara no sentido de que deveriam ser bloqueados todos os conteúdos –, e aplicou-lhe uma multa de R$ 1.200.000,00 (um milhão e duzentos mil reais), correspondentes aos 12 dias de atraso (contados da data de sua intimação). Na decisão de 25.01.2023, o ministro relator antecipou o que seria proclamado pelo plenário do STF menos de um mês depois no julgamento da ADC nº 51, a respeito da responsabilidade de empresas que coletam dados no Brasil, ainda que aqui não tenham sede nem representação (como era o caso do Telegram):

Gilmar Mendes, relator, e pela min. Rosa Weber, para quem a conformação das regras para acesso de autoridades a dados de usuários a padrões de proteção de dados pessoais traduz um imperativo da proteção global dos direitos humanos na era digital. Segundo a eminente ministra, a existência de limites claros e objetivos à obtenção de dados por autoridades públicas é uma exigência do devido processo legal, não sendo adequado, contudo,

> [...] negar à autoridade judicial devidamente constituída, no curso de processo judicial regular, que lance mão de meios razoáveis para obter dados eletrônicos controlados por um provedor de serviços de internet, ainda que eventualmente possam estar armazenados em servidores localizados em outros países[219].

Como já anotado, a Convenção de Budapeste foi internalizada no Brasil pelo Decreto nº 11.491, de 12 de abril de 2023, semanas depois do julgamento da ADC nº 51. Até julho de 2025, o Brasil ainda não havia celebrado um acordo executivo com os EUA com base no *Cloud Act*.

### 2.3.6 RE nº 973.837/MG e ADI nº 6.620/MT: perfil genético de condenados e cadastro de pessoas com condenação definitiva por crimes contra a dignidade sexual

A Lei nº 12.654/12 incluiu na Lei de Execuções Penais – LEP (Lei nº 7.210/84) o art. 9º-A, para prever que os condenados por crime doloso praticado com violência de natureza grave contra pessoa, ou por qualquer dos crimes previstos no art. 1º da Lei nº 8.072/90 (crimes hediondos), devem ser submetidos, obrigatoriamente, à identificação do perfil genético. Essa identificação consiste na extração do DNA (ácido desoxirribonucleico) do condenado, por técnica adequada e indolor, e os dados extraídos devem ser armazenados num banco de dados sigiloso, a que a autoridade policial só poderá ter acesso mediante requerimento ao juízo competente e somente no

---

"[...] A rede social Telegram, ao não cumprir a determinação judicial, questiona, de forma direta, a autoridade da decisão judicial tomada no âmbito de inquérito penal, entendendo-se no direito de avaliar sua legalidade e a obrigatoriedade de cumprimento.

Como qualquer entidade privada que exerça sua atividade econômica no território nacional, a rede social Telegram deve respeitar e cumprir, de forma efetiva, comandos diretos emitidos pelo Poder Judiciário relativos a fatos ocorridos ou com seus efeitos perenes dentro do território nacional; cabendo-lhe, se entender necessário, demonstrar seu inconformismo mediante os recursos permitidos pela legislação brasileira." (fl. 02 da decisão proferida em 25.01.2023 no Inq. nº 4.923/DF).

219. Fl. 172 da íntegra do acórdão da ADC nº 51.

interesse de investigação criminal já instaurada. Quanto ao banco de dados de perfis genéticos de condenados, a lei não previu prazo para o encerramento do tratamento dos dados pessoais.

A Lei nº 12.654/12 também acrescentou artigos (5º-A, 7º-A e 7º-B) à Lei nº 12.037/09, que, regulamentando o art. 5º, LVIII, da Constituição Federal, dispõe sobre a identificação criminal do civilmente identificado. Assim, a lei de identificação criminal passou a prever a identificação do perfil genético do investigado, fixou prazo para encerramento do tratamento de seus dados sensíveis (que deve acontecer ao término do prazo estabelecido em lei para a prescrição do crime em apuração – art. 7º-A) e delegou ao Poder Executivo a regulamentação dos bancos de dados correlatos. Com base no art. 7º-B da Lei nº 12.037/09, foram criados pelo Decreto nº 7.950/2013 o Banco Nacional de Perfis Genéticos (BNPG) e a Rede Integrada de Bancos de Perfis Genéticos (RIBPG), vinculados ao Ministério da Justiça. O BNPG armazena dados de perfis genéticos coletados para subsidiar ações destinadas à apuração de crimes e a RIBPG serve ao compartilhamento e a comparação de perfis genéticos constantes dos bancos de perfis genéticos da União, dos Estados e do Distrito Federal (art. 1º, parágrafos 1º e 2º, do Decreto nº 7.950/2013). Em 2023, com 10 anos desde sua criação, o BNPG contava mais de 175 mil perfis genéticos armazenados[220].

A constitucionalidade do art. 9º-A da LEP foi desafiada num recurso extraordinário interposto por um condenado (por crimes praticados com violência contra a pessoa e por crimes hediondos) em face de acórdão do Tribunal de Justiça do Estado de Minas Gerais, que considerou que "a criação de banco de dados com material genético do apenado não viola o princípio da não autoincriminação (*nemo tenetur se detegere*), vez que decorre de condenação criminal transitada em julgado".

O caso teve repercussão geral reconhecida pelo plenário do STF à unanimidade em 23.01.2016 mas, até julho de 2025, ainda não havia sido julgado. A depender de quais pontos específicos forem enfrentados pelo STF, seu resultado poderá ser determinante para a delimitação de algumas atribuições importantes de autoridades responsáveis pela persecução penal

220. BRASIL. Ministério da Justiça. **Banco Nacional de Perfis Genéticos completa 10 anos e ultrapassa 175 mil armazenamentos**. Disponível em: https://www.gov.br/mj/pt-br/assuntos/noticias/banco-nacional-de-perfis-geneticos-completa-10-anos-e-ultrapassa-175-mil-armazenamentos. Acesso em 09 set. 2023.

em matéria de tratamento de dados pessoais sensíveis: a extração do DNA de condenados por determinados crimes, como prevê a lei, realmente viola o princípio da não autoincriminação? Se constitucional o art. 9º-A da LEP, está-se diante de um tratamento de dados submetido a reserva jurisdicional ou a necessidade de autorização se aplica somente à polícia e não ao Ministério Público, considerando o que estabelecem as Leis Orgânicas do Ministério Público (LC nº 75/93 e Lei nº 8.625/93) a respeito da inoponibilidade do sigilo ao MP (sem embargo da manutenção do caráter sigiloso da informação ou dado requisitado)?

Um ponto que merece ser explorado no julgamento do caso pelo STF é o fato de que o armazenamento de material genético tem grande utilidade não somente para investigar e acusar pessoas: o confronto do DNA de um condenado com amostras coletadas na investigação de um crime poderá ser também uma importante ferramenta de defesa, para rechaçar suspeitas e exculpar pessoas falsamente acusadas.

Dada a similaridade entre os temas, é bastante provável que o julgamento do RE nº 973.837/MG tenha desfecho semelhante ao da ADI nº 6.620/MT, rel. min. Alexandre de Moraes, julgada em 18.04.2024, na qual o STF proclamou ser "constitucional lei estadual que institui cadastro de pessoas com condenação definitiva por crimes contra a dignidade sexual praticados contra criança ou adolescente ou por crimes de violência contra a mulher, desde que não haja publicização dos nomes das vítimas ou de informações que permitam a sua identificação". Entendeu o STF que tais cadastros "subsidiam a atuação de órgãos públicos no controle de dados e informações relevantes para a persecução penal e outras políticas públicas, além de possibilitar à sociedade o monitoramento desses dados e contribuir para a prevenção de novos delitos de violência de gênero e infantil" (Informativo do STF nº 1133). O interesse público na persecução penal e na segurança pública, pois, foram determinantes para se decidir pela validade da legislação estadual. Considerou-se também que, sendo o cadastro constituído com dados de pessoas *já condenadas* e sendo vedada a divulgação de dados que possibilitem identificar as vítimas desses crimes, não há ofensa a seus direitos fundamentais e o objetivo da norma está atendido[221].

221. "Nos Estados Unidos (...) todas as unidades federadas baixaram leis protetivas que determinam o registro público de criminosos sexuais. São as sex *offenders lists*, mantidas por órgãos públicos ou por associações civis. As leis que permitem a existência desses registries são apelidadas de

### 2.3.7 RE nº 1.010.606/RJ: direito ao esquecimento

No Recurso Extraordinário nº 1.010.606/RJ, com repercussão geral reconhecida (Tema nº 786), os recorrentes impugnavam uma decisão do Tribunal de Justiça do Rio de Janeiro, que negou provimento a um recurso contra uma decisão que indeferiu um pedido de indenização movido por irmãos de Aída Curi. Aída foi estuprada e morta no ano de 1958 e o caso recebeu intensa cobertura da imprensa na época, o que teria causado já então intenso sofrimento à família. O fato específico que constitui a causa de pedir dos autores/recorrentes, contudo, foi que, passados mais de 50 anos do crime, a emissora de televisão Rede Globo (Globo Comunicação e Participações S/A, recorrida) veiculou um programa (programa "Linha Direta: Justiça") contando a história de Aída Curi e do caso que a vitimou, utilizando suas imagens e as de seus familiares, mesmo tendo eles formalmente objetado tal divulgação por notificação encaminhada aos responsáveis previamente à veiculação do programa. Os autores alegaram terem o direito a que a tragédia fosse esquecida e que o fato de algo ser de conhecimento público não obstaria sua pretensão de impedir a divulgação, que afetaria direitos personalíssimos relacionados à própria dignidade dos envolvidos. Alegaram também que o julgamento da ADPF nº 130, pela qual foi declarada a não recepção da lei de imprensa (Lei nº 5.250/67) pela Constituição de 1988 e confirmou a liberdade de informação jornalística, não havia adentrado a análise de situações como a descrita pelos autores, em que se deveria priorizar a perspectiva das vítimas de crimes.

Em sua defesa, a emissora de TV alegou que só exibia matérias sobre casos de interesse público e já fartamente noticiados, que não era seu objetivo invadir a vida privada e a intimidade de ninguém e que o programa em foco se limitava a fatos já conhecidos, relacionados a crimes notórios e aos respectivos julgamentos dos acusados. Argumentou também que o programa específico a que se referiam os autores/recorrentes tocava em questões sensíveis a toda a coletividade, como a violência contra as mulheres, a impunidade e a responsabilidade penal de menores.

---

'Megan's Law', em referência a Megan Kanka, que, em 1994, aos 7 anos, foi estuprada e assassinada por seu vizinho Jesse Timmendequas, que já cumprira pena por crimes contra a liberdade sexual de duas outras meninas. Um *registered sex offender* terá o seu nome, fotografia, endereço, local de trabalho, crime, data da prisão e da libertação publicados num website público." (ARAS, Vladimir. **Entrada proibida**: a Portaria Antipedofilia. Disponível em: https://vladimiraras.blog/2014/06/10/entrada-proibida-a-portaria-antipedofilia/. Acesso em 15 mai. 2024).

Ao final, em julgamento concluído em 11.02.2021, o STF, por maioria, negou provimento ao recurso extraordinário dos parentes de Aída Curi e fixou a seguinte tese:

> É incompatível com a Constituição a ideia de um direito ao esquecimento, assim entendido como o poder de obstar, em razão da passagem do tempo, a divulgação de fatos ou dados verídicos e licitamente obtidos e publicados em meios de comunicação social analógicos ou digitais. Eventuais excessos ou abusos no exercício da liberdade de expressão e de informação devem ser analisados caso a caso, a partir dos parâmetros constitucionais – especialmente os relativos à proteção da honra, da imagem, da privacidade e da personalidade em geral – e das expressas e específicas previsões legais nos âmbitos penal e cível.

Dentre os fundamentos do acórdão, o STF considerou que não há, no ordenamento jurídico brasileiro, um direito a que os sujeitos não sejam confrontados com informações do passado e que a previsão ou aplicação de um suposto direito ao esquecimento violaria a liberdade de expressão. Ademais, eventuais notícias, publicadas ao tempo em que os dados e as informações estiveram acessíveis, permanecem passíveis de circulação se os dados nelas contidos tiverem sido, a seu tempo, licitamente obtidos e tratados. Por fim, o STF ressaltou que a passagem do tempo, por si só, não tem o condão de transmutar uma publicação ou um dado nela contido de lícito para ilícito.

No que toca especificamente ao tema aqui esquadrinhado, é importante mencionar que o voto condutor do acórdão, do min. Dias Toffoli, ressalta que a autodeterminação informacional não é um direito absoluto e, tal qual reconhecida desde a década de 1980 pelo Tribunal Constitucional Alemão e reiterada desde então em julgados do Tribunal de Justiça da União Europeia, pode ser limitada por razões de interesse público. Nesse sentido, sublinhou-se no voto condutor que (fl. 37):

> Os homens, em suas relações, também possuem interesse em conhecer os fatos, em apurar suas instituições e em rever seus acertos e erros como sociedade. A isso se chama, comumente, de interesse público no conhecimento dos fatos.
>
> Mas observe-se: é de potencial interesse público o que possa ser licitamente obtido e divulgado. Desse modo, um dado que não possa ser objeto de divulgação não é, em qualquer circunstância, dotado de interesse público.
>
> Interesse público pressupõe licitude. E licitude implica respeito aos direitos da personalidade. [...]

Sobre o alegado direito ao esquecimento em âmbito digital[222] (fls. 46/47), o voto condutor, reportando-se às previsões da LGPD, acrescentou que:

> [...] a legislação pretendeu cercar os dados de ampla proteção, viabilizando meios para eventuais correções/retificações que se façam necessárias, mas em nenhuma delas trouxe um direito ao indivíduo de se opor a publicações nas quais dados licitamente obtidos e tratados tenham constado. Ao contrário, a lei é expressa (art. 4º) no sentido de que não se aplica o tratamento de dados pessoais àquilo: 'II – realizado para fins exclusivamente: a) jornalístico e artísticos;'

A despeito do julgamento do tema pelo STF, os debates sobre o direito ao esquecimento – na Europa compreendido como um direito à desindexação[223] mas frequentemente confundido, no Brasil, com um suposto direito ao "apagamento" de informações – seguem em aberto quanto a diversas nuances, tanto aqui quanto no exterior[224].

### 2.3.8 ADI nº 6.529: Compartilhamento de dados no Sistema Brasileiro de Inteligência

A ADI nº 6.529 foi promovida pelos partidos políticos Rede Sustentabilidade e Partido Socialista Brasileiro (PSB) em face do art. 4º[225], do § 1º do

222. Para um estudo mais aprofundado do tema, ver: KURTZ, Lahis Pasquali. **Internet e jurisdição entre poderes estatais e corporativos**: o caso do direito ao esquecimento. Universidade Federal de Minas Gerais. Tese de Doutorado, 2022. Disponível em: https://repositorio.ufmg.br/handle/1843/49055. Acesso em 15 mar. 2024.

223. Conforme decidido pelo TJ/UE no caso *González vs Google Espanha* em 13 de maio de 2014. (UNIÃO EUROPEIA. Tribunal de Justiça. **Acórdão de 13 maio 2014**. Processo C-131/12. Disponível em: http://curia.europa.eu/juris/liste.jsf?num=C-131/12. Acesso em 06 set. 2023).

224. Tome-se, por exemplo, o julgamento, em 04 de julho de 2023, pela Corte Europeia de Direitos Humanos, do caso Hurbain *versus* Bélgica, quando se reconheceu o direito de um interessado a que fossem anonimizadas – mas não apagadas – informações a seu respeito publicadas num jornal e relacionadas a um acidente de automóvel fatal causado por ele muitos anos antes. A CEDH considerou que a permanente disponibilização da publicação jornalística criaria um verdadeiro "registro criminal virtual", desconsiderando reabilitação do causador do homicídio culposo e o tempo considerável decorrido desde a publicação do artigo original. Entendeu-se também que a anonimização não impunha encargos excessivos nem impraticáveis ao editor, constituindo o meio mais eficaz de proteger a privacidade do interessado (CORTE EUROPEIA DE DIREITOS HUMANOS. **Case of Hurbain v. Belgium**, Application nº 57292/16. 4 julho 2023. Disponível em: https://hudoc.echr.coe.int/#{%22itemid%22:[%22001-225814%22]}. Acesso em 06 set. 2023).

225. Lei nº 9.883/1999: "Art. 4º À ABIN, além do que lhe prescreve o artigo anterior, compete:

I – planejar e executar ações, inclusive sigilosas, relativas à obtenção e análise de dados para a produção de conhecimentos destinados a assessorar o Presidente da República;

art. 2º[226] e do art. 9º-A[227] da Lei nº 9.883/1999 (que criou o Sistema Brasileiro de Inteligência – SISBIN – e a Agência Brasileira de Inteligência – ABIN), e, por "arrastamento", do art. 1º, §3º[228], do Anexo I do Decreto nº 10.445/2020 (ato normativo que fixava a estrutura de pessoal e regimental da ABIN[229]). Os autores pediram a declaração parcial de inconstitucionalidade dos dispositivos apontados, sem redução de texto, para afastar hipóteses de aplicação que chancelassem o compartilhamento de informações sujeitas à reserva de jurisdição, além informações de inquéritos policiais ou da base de dados da Receita Federal e do COAF. Também pleitearam que fosse rechaçado o acesso, por autoridades policiais e pelo Ministério Público, às informações produzidas pelas atividades de inteligência, dentre outras hipóteses de intepretação das normas enfrentadas.

---

II – planejar e executar a proteção de conhecimentos sensíveis, relativos aos interesses e à segurança do Estado e da sociedade;

III – avaliar as ameaças, internas e externas, à ordem constitucional;

IV – promover o desenvolvimento de recursos humanos e da doutrina de inteligência, e realizar estudos e pesquisas para o exercício e aprimoramento da atividade de inteligência.

Parágrafo único. Os órgãos componentes do Sistema Brasileiro de Inteligência fornecerão à ABIN, nos termos e condições a serem aprovados mediante ato presidencial, para fins de integração, dados e conhecimentos específicos relacionados com a defesa das instituições e dos interesses nacionais."

226. Lei nº 9.883/1999, art. 2º, §1º: "§1º O Sistema Brasileiro de Inteligência é responsável pelo processo de obtenção, análise e disseminação da informação necessária ao processo decisório do Poder Executivo, bem como pela salvaguarda da informação contra o acesso de pessoas ou órgãos não autorizados".

227. Lei nº 9.883/1999, art. 9º-A: "Art. 9º A – Quaisquer informações ou documentos sobre as atividades e assuntos de inteligência produzidos, em curso ou sob a custódia da ABIN somente poderão ser fornecidos, às autoridades que tenham competência legal para solicitá-los, pelo Chefe do Gabinete de Segurança Institucional da Presidência da República, observado o respectivo grau de sigilo conferido com base na legislação em vigor, excluídos aqueles cujo sigilo seja imprescindível à segurança da sociedade e do Estado.

§ 1º O fornecimento de documentos ou informações, não abrangidos pelas hipóteses previstas no *caput* deste artigo, será regulado em ato próprio do Chefe do Gabinete de Segurança Institucional da Presidência da República.

§ 2º A autoridade ou qualquer outra pessoa que tiver conhecimento ou acesso aos documentos ou informações referidos no *caput* deste artigo obriga-se a manter o respectivo sigilo, sob pena de responsabilidade administrativa, civil e penal, e, em se tratando de procedimento judicial, fica configurado o interesse público de que trata o art. 155, inciso I, do Código de Processo Civil, devendo qualquer investigação correr, igualmente, sob sigilo."

228. Art. 1º, §3º, do Anexo I do Decreto nº 10.445/2020: "§3º Os órgãos componentes do Sistema Brasileiro de Inteligência fornecerão à Abin, sempre que solicitados, nos termos do disposto no Decreto nº 4.376, de 13 de setembro de 2002, e na legislação correlata, para fins de integração, dados e conhecimentos específicos relacionados à defesa das instituições e dos interesses nacionais."

229. Após o julgamento da ADI nº 6.529, o Decreto nº 10.445/2020 acabou sendo revogado pelo Decreto nº 11.327/2023.

Em 13.08.2020, o STF, por maioria (vencido o min. Marco Aurélio), deferiu parcialmente a medida cautelar requerida pelos autores e conferiu ao parágrafo único do art. 4º da Lei nº 9.883/99 uma interpretação conforme a CF/88, de modo a restringir as hipóteses de compartilhamento de dados com a ABIN e entre os demais órgãos componentes do SISBIN – entendimento que foi replicado quando do julgamento definitivo da ADI, a seguir sintetizado.

Assim foi que, em sessão virtual concluída em 8.10.2021 e com resultado proclamado em 11.10.2021, o plenário do STF conheceu parcialmente dos pedidos e deu ao parágrafo único do art. 4º da Lei nº 9.883/1999 interpretação conforme a Constituição, para estabelecer, em suma, que: a) os órgãos componentes do SISBIN somente podem fornecer dados e conhecimentos específicos à ABIN quando comprovado o interesse público da medida, vedado o atendimento a interesses pessoais ou privados; b) toda e qualquer decisão de fornecimento desses dados deve ser formalmente motivada, para eventual controle de legalidade do ato pelo Poder Judiciário; c) mesmo quando presente o interesse público, os dados referentes a comunicações telefônicas ou dados sujeitos à reserva de jurisdição não podem ser compartilhados por simples solicitação da ABIN; d) quando cabível o fornecimento de dados à ABIN, são necessárias a instauração de um procedimento formal e a existência de sistemas eletrônicos de segurança e registro de acesso, inclusive para eventual responsabilização em caso de omissão, desvio ou abuso.

O julgamento final da ADI nº 6.529 concentrou-se nas hipóteses de reserva jurisdicional e nas peculiaridades da atividade de inteligência, não tendo como fundamento específico o direito à proteção de dados pessoais: curiosamente, a expressão "dados pessoais" e a LGPD, então já integralmente em vigor, não são nem sequer citados no acórdão[230].

A decisão final tomada na ADI nº 6.529 em 8.10.2021, por outro lado, foi diversas vezes referida e suas conclusões foram explicitamente repetidas no acórdão lavrado em 15.09.2022 para a ADI nº 6.649 e para a ADPF nº 695, de uma maneira que podem ser compreendidos como decisões complementares.

230. O voto proferido pelo min. Gilmar Mendes na decisão de 13.08.2020, que acompanhava a relatora, a min. Cármen Lúcia, para deferir a medida cautelar na ADI nº 6.529, abordou a dimensão subjetiva do direito fundamental à proteção de dados pessoais e alguns aspectos da LGPD, como a necessidade de uma autoridade de proteção de dados efetivamente independente. Suas considerações, contudo, não foram repetidas quando do julgamento final da ADI nº 6.529.

A relação entre ambos os acórdãos, que será também mencionada no próximo tópico, e destes com o acórdão para as ADIs nº 6387, 6388, 6389, 6390 e 6393, que pela primeira vez proclamou a proteção de dados pessoais como um direito autônomo, reflete fielmente a evolução da jurisprudência do STF sobre o tema da proteção de dados pessoais no Brasil: de uma perspectiva preponderantemente legalista, diante de uma incipiente regulação da matéria no plano infraconstitucional, para uma perspectiva humanista, orientada pela fundamentalidade do direito à proteção de dados pessoais na ordem constitucional brasileira.

### 2.3.9 ADI nº 6.649 e ADPF nº 695: Cadastro Base Cidadão

A Ação Direta de Inconstitucionalidade (ADI) nº 6649 e a Arguição de Descumprimento de Preceito Fundamental (ADPF) nº 695, ajuizadas, respectivamente, pelo Conselho Federal da Ordem dos Advogados do Brasil e pelo Partido Socialista Brasileiro, questionaram a validade do Decreto nº 10.046/2019, da Presidência da República, que "dispõe sobre a governança no compartilhamento de dados no âmbito da administração pública federal e institui o Cadastro Base do Cidadão e o Comitê Central de Governança de Dados".

Em decisão liminar proferida pelo relator, min. Gilmar Mendes, em 24.06.2020, foi indeferido o pedido de concessão de tutela de urgência voltado à suspensão imediata do decreto. Como fundamentos para o indeferimento, identificaram-se alguns óbices. O primeiro destes residia no fato de que a LGPD, cujos princípios estavam sendo invocados pelos autores, ainda estava em período de *vacatio legis* e, quanto a sua repercussão para determinadas atividades, como segurança pública, defesa nacional e segurança do Estado, estava desde então limitada pela previsão contida no inciso III de seu artigo 4º. Sem embargo, a decisão liminar do ministro relator anteviu a necessidade, quando do julgamento definitivo daquelas demandas, "de se examinar, sob a perspectiva constitucional, em que medida as restrições impostas por esse ato ao direito fundamental à proteção são proporcionais"[231]. Prossegue o ministro relator em sua motivação[232]:

231. Fl. 39 da decisão liminar proferida em 24 jun. 2020 na ADPF nº 695.

232. Fl. 40 da decisão liminar proferida em 24 jun. 2020 na ADPF nº 695.

> Do ponto de vista da necessidade, cumpre avaliar se o processamento ou compartilhamento dos dados pelos órgãos converge para um legítimo objetivo de política pública ou para o exercício de uma obrigação legal dos órgãos públicos envolvidos.
>
> Do ponto de vista da adequação, cumpre avaliar quais os riscos envolvidos no processamento dos dados em questão e qual a possibilidade de dano aos indivíduos titulares. Também nessa fase, revela-se necessário entender se a medida adotada é a menos invasiva possível para o resultado visado.
>
> Já na aferição da proporcionalidade em sentido estrito, o que deve ser examinado é se o interesse público atinente a esse processamento é superior ao interesse público da coletividade envolvido na vulneração da proteção dos dados pessoais.

Nessa esteira, a liminar, naquela ocasião, foi indeferida, ante a dificuldade em se proceder ao teste de proporcionalidade em todas as suas etapas, considerando que os atos até então publicados com base no Decreto nº 10.046/2019 não traziam "qualquer informação relevante nem sobre a natureza dos dados compartilhados tampouco acerca dos parâmetros objeto do compartilhamento"[233].

Desde então, houve substanciais avanços, tanto no plano positivo-normativo quanto no plano jurisprudencial, e que foram determinantes para o resultado final do julgamento da ADI nº 6.649 e da ADPF nº 695. No plano jurisprudencial, tem especial proeminência a já referida decisão de 07.05.2020 do plenário do STF nas Ações Diretas de Inconstitucionalidade nº 6387, 6388, 6389, 6390 e 6393, que, naquele mesmo contexto, reconheceu pela primeira vez a estatura constitucional do direito à proteção de dados pessoais. Outro julgamento bastante importante, a ponto de ter suas conclusões repetidas no acórdão da ADI nº 6.649 e da ADPF nº 695, foi o acórdão da ADI nº 6.529, de 8.10.2021, sobre o compartilhamento de dados dentro do SISBIN (analisado no tópico anterior).

No plano positivo-normativo, a LGPD entrou em vigor em agosto de 2020, apenas alguns dias após prolatada a decisão liminar na ADPF nº 695, que indeferiu a tutela de urgência, e em 11.02.2022 foi promulgada a Emenda Constitucional nº 115, que trouxe ao texto da Carta Política a proteção de dados pessoais como um direito fundamental (art. 5º, LXXIX), constituindo um novo e inequívoco norte interpretativo sobre o tema.

233. Fl. 41 da decisão liminar proferida em 24 jun. 2020 na ADPF nº 695.

Assim foi que, em 15.09.2022, a ADI nº 6.649 e a ADPF nº 695 foram apreciadas conjuntamente pelo STF para, por maioria, julgar procedentes os pedidos veiculados e, assim, dar às normas impugnadas (do Decreto nº 10.046/2019) interpretação conforme a Constituição. O acórdão foi particularmente importante por fixar diversas balizas para o tratamento de dados pessoais pelo poder público.

Em seu dispositivo, e conforme se fez constar em sua ementa, estabeleceu-se que o compartilhamento de dados pessoais entre órgãos e entidades da Administração Pública pressupõe, sempre: (a) a escolha de finalidades legítimas, específicas e explícitas para o tratamento de dados; (b) a compatibilidade do tratamento com as finalidades informadas; (c) a limitação do compartilhamento ao mínimo necessário para o atendimento da finalidade informada; (d) o cumprimento integral dos requisitos, garantias e procedimentos estabelecidos na Lei Geral de Proteção de Dados, no que for compatível com o setor público; (e) que seja dada a devida publicidade às hipóteses em que cada entidade governamental compartilha ou tem acesso a determinado banco de dados pessoais.

Especificamente quanto ao Cadastro Base Cidadão (que era o objeto central do decreto impugnado), o STF decidiu no sentido de que seu acesso por órgãos e entidades governamentais estava condicionado ao atendimento integral das referidas diretrizes, cabendo ao Comitê Central de Governança de Dados (instituído pelo mencionado decreto), para tanto: (a) prever mecanismos rigorosos de controle de acesso ao Cadastro Base do Cidadão, que deve ser restrito a órgãos e entidades que comprovem real necessidade vinculada a um interesse público; (b) limitar esse acesso a informações demonstradamente indispensáveis ao atendimento de tal interesse público; (c) justificar formal, prévia e minudentemente a necessidade de inclusão de novos dados pessoais na base integradora e a escolha das bases temáticas que comporão o Cadastro Base do Cidadão; (d) instituir medidas de segurança compatíveis com os princípios de proteção da LGPD, em especial a criação de um sistema eletrônico de registro de acesso que permita a responsabilização por eventual abuso.

No acórdão da ADI nº 6.649 e da ADPF nº 695 foram abordados também os requisitos para o compartilhamento de dados pessoais em atividades de inteligência, tendo o STF, como já explanado, reafirmado todas as conclusões do acórdão da ADI nº 6.529[234].

Dentre diversos aspectos enfrentados no voto condutor do acórdão, sobreleva sua abordagem a respeito das dimensões subjetiva e objetiva do direito à proteção de dados (grifos no original):

> [...] Em suma, extraio do posicionamento de Sua Excelência razões jurídicas para caracterizar a **dimensão subjetiva do direito fundamental à proteção de dados** como uma faculdade de agir do indivíduo e da coletividade em obter do Poder Público justificativas para qualquer restrição de sua autodeterminação informacional, o que se traduz na explicitação das finalidades e das salvaguardas pertinentes ao tratamento de dados pessoais pelo Estado. **De outro lado, a dimensão objetiva desse direito** consiste no estabelecimento de um dever protetivo imputado ao ente estatal para que estabeleça normas de organização, procedimentos e proteção, que culminem por permitir ao indivíduo o controle efetivo e transparente de seu fluxo informacional. Ademais, esse escopo pressupõe a realização de um consentimento informado e a atribuição da função fiscalizatória desses direitos do titular dos dados a uma autoridade independente[235].

Outros pontos da decisão proferida pelo STF na ADI nº 6.649 e na ADPF nº 695 serão estudados no capítulo 4, a respeito dos *standards* para o tratamento de dados pessoais ali traçados.

### 2.3.10 ADO nº 84: omissão legislativa sobre o uso de programas espiões pelo Estado

A Ação Direta de Inconstitucionalidade por Omissão (ADO) nº 84 foi proposta pelo Procurador-Geral da República em 13.12.2023 e distribuída ao min. Cristiano Zanin em 14.12.2023, tendo por objeto a alegada omissão do Congresso Nacional em legislar sobre o uso, por órgãos e agentes públicos, de programas destinados à intrusão virtual à distância e ao uso de ferramentas para o monitoramento oculto e invasivo de aparelhos digitais de comunicação. A exigência da regulação da matéria seria decorrente da necessidade de se dar concreção a instrumentos para a proteção dos bens

234. A ementa do acórdão da ADI nº 6.649 e da ADPF n.º 695 reporta-se equivocadamente não à ADI nº 6.**52**9 mas à ADI nº 6.**25**9, que tinha por objeto matéria completamente distinta (constitucionalidade da Resolução 280/2019, do Conselho Nacional de Justiça, sobre o processamento de execuções penais pelo Sistema Eletrônico de Execução Unificado – SEEU).

235. Fl. 51 do voto condutor e fl. 147 da íntegra do acórdão da ADI nº 6.649 e da ADPF nº 695.

jurídicos previstos no art. 5º, incisos X e XII, da Constituição Federal – intimidade, vida privada e inviolabilidade do sigilo das comunicações.

Em sua inicial o PGR alegou que, com a Lei nº 9.296/96, o legislador disciplinou a parte final inciso XII do art. 5º da CF/88, que excepciona a inviolabilidade das comunicações, ao fixar parâmetros para a interceptação de comunicações telefônicas e telemáticas no interesse de investigação criminal ou de instrução processual penal. Acrescentou que o Marco Civil da Internet (Lei nº 12.965/2014) reforçou a proteção dos bens jurídicos dos incisos X e XII do art. 5º, ao reconhecer aos usuários da rede mundial de computadores direitos à intimidade, à vida privada, ao sigilo de comunicações em fluxo e de comunicações privadas armazenadas (art. 7º, I, II e III) e da proteção de registros de conexão e de acesso a aplicações de internet (arts. 7º, VII, 10 e 11). Prossegue aduzindo que, com a promulgação da Lei nº 13.709/2018 (LGPD), foram novamente afirmados, na perspectiva do direito à proteção de dados pessoais, os direitos fundamentais à privacidade, à intimidade, à honra e à imagem (art. 2º, I e IV), embora se tenha excepcionado de seu âmbito de aplicação o tratamento de dados pessoais para fins de segurança pública, de defesa nacional, de segurança do Estado, de investigação e de repressão a infrações penais (art. 4º, III), remetendo-se a regulação do tema a uma lei específica que ainda não foi produzida.

A inconstitucionalidade arguida é *parcial* exatamente pelo fato de a matéria estar disciplinada esparsamente em outros diplomas, como a LGPD, o MCI e a Lei de Interceptação de Comunicações Telefônicas e Telemáticas, mas sem regramento próprio nem suficiente para a proteção dos bens jurídicos constitucionais.

Sustenta-se na inicial que, com os avanços tecnológicos mais recentes, observou-se uma expansão global de ferramentas de intrusão virtual, que têm sido empregadas por serviços de inteligência e órgãos estatais de repressão, objetivando a vigilância remota, secreta e intrusiva de dispositivos móveis de comunicação digital, não raramente a pretexto de combater o terrorismo e o crime organizado. As ferramentas a que se refere a inicial são aquelas com capacidade de interceptar comunicações telefônicas e telemáticas através da "infecção" de equipamentos eletrônicos por meio de um *spyware*, habilitando intrusos a monitorarem conversas, captar sons ambientais através do microfone do aparelho, fazer gravações pelas câmeras frontal e traseira, identificar a localização em tempo real via GPS, capturar as imagens da tela e acompanhar em tempo real as atividades digitadas (*keylogger*) ou visualizadas pelo usuário, funcionalidades que podem ser ativadas até mesmo sem nenhuma interação (*zero click*) da vítima. Dentre os exemplos recentes de possível abuso dessas ferramentas, a PGR cita o software First-Mile, da empresa israelense Cognyte – que teria sido operado pela Agência Brasileira de Inteligência (Abin), sem autorização judicial, para monitorar ilegalmente jornalistas, políticos, policiais e até ministros do STF[236] – e a ferramenta *Pegasus*, de uma outra empresa israelense (a NSO Group), que teria sido utilizada indevidamente por governos ao redor do mundo para *hackear* telefones de jornalistas, ativistas e opositores políticos[237].

Ao final, a PGR pede que seja declarada a inconstitucionalidade por omissão do Congresso Nacional ao não regulamentar o uso de intrusão virtual remota e o monitoramento secreto e invasivo de aparelhos digitais de comunicação pessoal, fixando prazo razoável para que o Congresso Nacional supra a mora legislativa e balizas provisórias à salvaguarda dos direitos fundamentais à intimidade e à privacidade, e à inviolabilidade do sigilo das comunicações pessoais e de dados até que seja sanada a lacuna normativa inconstitucional.

A ADO nº 84 não havia sido julgada até julho de 2025. A decisão a ser proferida certamente levará em conta todos os demais precedentes do STF sobre proteção da intimidade e da vida privada, mas também do direito à autodeterminação informativa (estudados no presente capítulo). Curiosamente, contudo, a inicial da PGR não invoca como fundamento para a ADO o inciso LXXIX, introduzido no art. 5º da CF/88 pela Emenda Constitucional nº 115/2022. A ausência de menção expressa ao direito fundamental à autodeterminação informativa inscrito no inciso LXXIX do art. 5º é ainda mais curiosa pelo fato de a ADO se referir a uma omissão que já foi declarada pelo próprio legislador: o que se pede na ação, em suma, é que seja suprida a lacuna legal a que explicitamente alude o art. 4º, III, da LGPD.

236. PORTAL DE NOTÍCIAS G1. **First Mile**: o que se sabe sobre o software espião usado pela Abin. 20 out. 2023. Disponível em: https://g1.globo.com/tecnologia/noticia/2023/10/20/fist-mile-o-que-se-sabe-sobre-o-software-espiao-usado-pela-abin.ghtml. Acesso em 17 dez. 2023.

237. THE WASHINGTON POST. **Private Israeli spyware used to hack cellphones of journalists, activists worldwide**. 18 jul. 2021. Disponível em: https://www.washingtonpost.com/investigations/interactive/2021/nso-spyware-pegasus-cellphones/. Acesso em 17 dez. 2023.

# 3

# CLÁUSULAS DE RESERVA DE JURISDIÇÃO E PROTEÇÃO DE DADOS PESSOAIS

Dado seu caráter instrumental e considerando a perspectiva procedimental do direito à proteção de dados, a exigência de uma decisão judicial que autorize previamente o tratamento de dados pessoais pode ser uma condicionante para a validade do produto desse tratamento em atividades de persecução penal. Assim, para compreender a relação entre o processo penal e o direito à proteção de dados no Brasil é imprescindível conhecer as chamadas cláusulas de reserva jurisdicional, como foram concebidas, como a doutrina as reconhece e em que extensão são aplicadas hoje pelos tribunais.

## 3.1 CONCEITO DE RESERVA DE JURISDIÇÃO

A reserva de jurisdição consiste na expressa previsão de "competência exclusiva dos órgãos do Poder Judiciário, com exclusão de qualquer outro, para a prática de determinados atos"[1].

Ser determinado ato submetido a reserva jurisdicional significa que o Poder Judiciário deve proferir não somente a decisão final, mas também a primeira decisão, que antecede e autoriza a prática desse ato – e nenhuma outra autoridade tem permissão constitucional nem legal para fazê-lo[2]. Esse conceito é apresentado por J. J. Gomes Canotilho como "reserva absoluta

1. MORAES, Alexandre de. **Direito Constitucional**. 34. ed. São Paulo: Atlas, 2006, p. 156.
2. CALABRICH, Bruno Freire de Carvalho. **Investigação criminal pelo Ministério Público**: fundamentos e limites constitucionais. São Paulo: RT, 2007, p. 165.

de jurisdição, monopólio da primeira palavra ou monopólio do juiz", eis que toca ao Estado-Juiz "não só a última e decisiva palavra, mas também a primeira palavra referente à definição do direito aplicável a certas relações jurídicas"[3].

Embora não corrente no Brasil, um outro conceito de reserva de jurisdição corresponde à impossibilidade de que autoridades do Poder Executivo ou Legislativo imiscuam-se na função jurisdicional, proferindo decisões que, por seu conteúdo, são típicas do Poder Judiciário. Nesse sentido, a reserva de jurisdição constitui verdadeira garantia de justiça, que:

> tanto pode ser reclamada em casos de lesão ou violação de direitos e interesses dos particulares por medidas e decisões de outros poderes e autoridades públicas (monopólio da última palavra contra actos do Estado) como em casos de litígios entre particulares e, por isso, carecidos de uma decisão definitiva e imparcial juridicamente vinculativa[4].

O desrespeito à reserva de jurisdição, em tal prisma, caracteriza afronta, a um só tempo, ao equilíbrio e à harmonia entre os Poderes e à independência do Poder Judiciário. A ruptura do princípio da reserva de jurisdição, dentro desse significado, pode suceder de diversas maneiras: "*Ocurre, obviamente, cuando el legislador admite que ajerzan jurisdicción órganos que no son jueces y tribunales. Pero también cuando la ley asume directamente el ejercicio de función de juzgar*"[5]. No Brasil, o Ato Institucional nº 05, de 13 de dezembro de 1968, que suspendeu ou cassou diversas liberdades fundamentais e impediu juízes de decidirem sobre tais questões[6] pode ser citado como um exemplo histórico de violação à reserva de jurisdição nessa outra acepção.

No sentido de "monopólio da primeira palavra", do poder de decidir *ex ante* sobre o direito aplicável e de autorizar ou negar a prática de um ato, a reserva de jurisdição funciona como um filtro limitador da atividade do Estado e, como tal, uma garantia do jurisdicionado para a proteção de seus

3. CANOTILHO, J. J. Gomes. **Direito constitucional e teoria da Constituição**. 7. ed. Coimbra: Almedina, 2003, p. 669.
4. CANOTILHO, J. J. Gomes. **Direito constitucional e teoria da Constituição**. 7. ed. Coimbra: Almedina, 2003, p. 668.
5. MACHADO, Santiago Muñoz. **La reserva de jurisdición**. 2. ed. Bogotá: Temis, 2020, p. 33.
6. AI-5, art. 11: "Art. 11 – Excluem-se de qualquer apreciação judicial todos os atos praticados de acordo com este Ato institucional e seus Atos Complementares, bem como os respectivos efeitos."

direitos fundamentais. Há reserva de jurisdição quando o Estado, por suas autoridades, pretenda executar medidas que relativizem direitos, "como a liberdade, a inviolabilidade de domicílio, o segredo das comunicações em geral" e, exatamente "por se dar pela via única da atividade judicante, constitui irrefragável garantia contra o abuso"[7].

No Brasil, o conceito de reserva de jurisdição se ampara em decisões proferidas pelo STF (e a seguir mencionadas) que associa essa competência exclusiva a uma norma constitucional explícita. Entretanto, por força do princípio da legalidade em sua vertente administrativa, a lei também pode prever que determinadas medidas só serão validamente praticadas mediante prévia autorização judicial. Nesse caso, pode não ser uma cláusula constitucional, mas será igualmente um ato submetido a reserva de jurisdição. Seja por previsão constitucional, seja por previsão legal, sempre que determinado ato for de competência exclusiva do Poder Judiciário estar-se-á diante de uma reserva jurisdicional.

Um dos atributos do ato administrativo é a autoexecutoriedade, que é a possibilidade que o Estado-Administração tem de fazer valer suas próprias decisões, executando-as diretamente. A consequência jurídica de ser determinado ato albergado por uma cláusula de reserva jurisdicional é que a administração – incluindo as autoridades responsáveis pela persecução penal – perde(m) a autoexecutoriedade administrativa[8]. A consequência prática é que esse ato precisa ser precedido de um pedido autônomo ou formulado incidentalmente num processo ou investigação já em curso e decidido afirmativamente por uma autoridade judiciária competente.

De acordo com a Constituição Federal, os únicos atos afetos ao processo penal e à investigação criminal abrangidos por cláusulas de reserva jurisdicional são a entrada em domicílio, a interceptação de comunicações telefônicas e as prisões.

Conforme o art. 5º, XI, da CF/88, "a casa é asilo inviolável do indivíduo, ninguém nela podendo penetrar sem consentimento do morador, salvo em caso de flagrante delito ou desastre, ou para prestar socorro, ou, durante o dia, por determinação judicial". Nos termos do art. 5º, XII, "é inviolável o sigilo da correspondência e das comunicações telegráficas, de dados e das

7. MAZLOUM, Ali. **Reserva de jurisdição**: os limites do juiz na investigação criminal. São Paulo: Matrix, 2016, p. 27.

8. BASTOS, Celso Ribeiro. **Comentários à Constituição do Brasil**. São Paulo: Saraiva, 1989, v. 2, p. 68.

comunicações telefônicas, salvo, no último caso, por ordem judicial, nas hipóteses e na forma que a lei estabelecer para fins de investigação criminal ou instrução processual penal". E segundo o art. 5º, LXI, da CF/88, "ninguém será preso senão em flagrante delito ou por ordem escrita e fundamentada de autoridade judiciária competente, salvo nos casos de transgressão militar ou crime propriamente militar, definidos em lei".

Observe-se que a própria Constituição prevê situações em que a entrada em domicílio e as prisões independerão de decisão judicial; para as comunicações telefônicas não há ressalva semelhante.

Além dessas três medidas, poderiam ser mencionadas as *medidas cautelares em geral*[9]; a rigor, contudo, essas hipóteses mais se amoldam à segunda acepção de reserva jurisdicional ("monopólio da *última palavra*") aqui referida[10].

A reserva de jurisdição foi um tema pouco explorado nos debates da constituinte de 1987 e, ao menos até então, pela doutrina. Sua consolidação no plano da hermenêutica constitucional foi resultado de uma série de decisões casuísticas proferidas pelo Supremo Tribunal Federal sobre a amplitude do art. 58, § 3º, da CF/88 e sobre os limites de atuação das Comissões Parlamentares de Inquérito.

Provocado a informar, em diversos casos atinentes situações individuais e especialmente em *habeas corpus* impetrados no interesse de investigados, quais seriam exatamente os "poderes de investigação próprios das autoridades judiciais" atribuídos às CPIs pelo art. 58, § 3º, o STF firmou posição no sentido de reconhecer a estas a possibilidade de inquirir testemunhas e investigados, requisitar documentos e perícias, promover a "quebra"

9. PRADO, Geraldo. **Sistema acusatório**: a conformidade constitucional das leis processuais penais. Rio de Janeiro: Lumen Juris, 2006, p. 180.

10. A reserva jurisdicional para a decretação de medidas cautelares no processo penal tem amparo nos seguintes incisos do art. 5º da CF/88: "XXXV – a lei não excluirá da apreciação do Poder Judiciário lesão ou ameaça a direito"; "LIII – ninguém será processado nem sentenciado senão pela autoridade competente"; "LIV – ninguém será privado da liberdade ou de seus bens sem o devido processo legal"; e "LV – aos litigantes, em processo judicial ou administrativo, e aos acusados em geral são assegurados o contraditório e ampla defesa, com os meios e recursos a ela inerentes" (CALABRICH, Bruno Freire de Carvalho. **Investigação criminal pelo Ministério Público**: fundamentos e limites constitucionais. São Paulo: RT, 2007, p. 164). Não há dúvida de que os referidos dispositivos consubstanciam garantias fundamentais de réus e investigados; entretanto, por serem inespecíficos e por não conferirem a exclusividade da "primeira palavra" ao Poder Judiciário, não se amoldam ao conceito de reserva jurisdicional construído pela doutrina e pela jurisprudência do STF.

dos sigilos fiscal, bancário e de dados[11], inclusive de registros telefônicos (que não se confundem com interceptações telemáticas ou telefônicas), e, de modo geral, produzir qualquer outra medida instrutória que possa ser executada perante um juízo criminal sem sua prévia autorização[12]. Não se reconheceu às CPIs, pois, a possibilidade de determinar prisões (ressalvada a prisão em flagrante, que independe de ordem judicial) e buscas e apreensões domiciliares, de decretar medidas assecuratórias pessoais ou patrimoniais e a interceptação de comunicações telefônicas, precisamente por se tratar de atos que somente podem ser decididos pelo Poder Judiciário. Esse entendimento foi pacificado pelo plenário do STF no julgamento do MS 23.642/DF (rel. min. Néri da Silveira, unânime, julgado em 29.11.2000, DJ de 09.03.2001 e Informativo nº 212 do STF).

Há outras hipóteses de reserva jurisdicional, não previstas na Constituição, mas em lei, e que serão estudadas ao longo do presente capítulo. Por ora, o que importa notar é que a reserva jurisdicional não é constituída na forma de enunciados abertos nem dependem de uma avaliação discricionária do aplicador do direito a respeito de situações específicas. Para todas as hipóteses de reserva jurisdicional há previsão legal ou constitucional expressa.

Pode-se até conceber um sistema em que a necessidade ou não de prévia autorização judicial dependa sempre de uma análise sobre os fatos concretos, caso a caso, e com atenção ao grau de intervenção da medida na esfera

11. A jurisprudência do STF sobre o poder das CPIs de promoverem a "quebra" de sigilo bancário e fiscal reforça o argumento pela ausência de reserva jurisdicional para essas medidas, que serão melhor estudadas nos tópicos seguintes.

12. Antes do MS 23.642/DF, a jurisprudência do STF sobre os poderes das CPIs foi sendo tecida ao longo dos anos pelas seguintes decisões: HC 71.193/SP, julgado em 06.04.1994, sobre a inquirição e a condução coercitiva de testemunhas; HC 71.039/RJ, julgado em 07.04.1994, sobre a inquirição de investigados e testemunhas, requisição de documentos, realização de perícias, condução coercitiva, busca e apreensão – excetuada a entrada domiciliar – e impossibilidade de decretação de prisões; HC 71.231/RJ, julgado em 05.05.1994, sobre a inquirição de investigados; HC 75.287/DF, decisão liminar de 23.04.1997, sobre a inquirição de testemunhas e investigados; HC 75.232, decisão liminar de 10.04.1997, sobre a impossibilidade de determinar interceptações telefônicas e a possibilidade de determinar a quebra de sigilos fiscal, bancário e de dados, inclusive de registros telefônicos; MS 23.466/DF, decisão liminar de 16.06.1999, sobre a possibilidade de quebra de sigilos bancário e fiscal e a impossibilidade de decretação de medidas cautelares; HC 79.244/DF, decisão liminar de 26.04.1999, sobre a inquirição de testemunhas e conduções coercitivas; e MS 23.452/RJ, decisão de 19.09.1999, no qual, amparado em diversos julgados anteriores, afirmou-se a existência de um "postulado da reserva constitucional de jurisdição" (CALABRICH, Bruno Freire de Carvalho. **Investigação criminal pelo Ministério Público**: fundamentos e limites constitucionais. São Paulo: RT, 2007, pp. 169-170). Todas estas, contudo, foram decisões monocráticas ou, como no caso do MS 23.452/RJ, analisaram apenas parcialmente a questão (no exemplo, entendeu-se suficiente, para a concessão do *writ*, a falta de motivação do ato impugnado). A apreciação do tema pelo plenário do STF, com a cabal afirmação das chamadas cláusulas de reserva de jurisdição, ocorreu somente no julgamento do MS 23.642/DF, em 29.11.2000.

privada de alguém. Não foi essa, contudo, a opção do constituinte – que, repita-se, foi expresso quando consagrou as chamadas cláusulas de reserva jurisdicional para determinadas situações – nem do legislador brasileiro – que, de igual modo, não prevê a necessidade de autorização judicial na forma de conceitos ou enunciados "indeterminados", mas sim associando-a a medidas específicas. É certo que, na jurisprudência, há exemplos de ampliação das hipóteses legais e constitucionais, sendo a reserva jurisdicional para a "quebra" de sigilo bancário (pela polícia e pelo MP, mas não pelas autoridades fazendárias ou pelas CPIs) a mais evidente (e controversa) dessas hipóteses, como se verá.

## 3.2 DEBATES NA CONSTITUINTE: SÍNTESE

A Constituição Federal estatui a necessidade de decisão judicial para as prisões e para a entrada em domicílio, excetuadas determinadas hipóteses que também explicitamente elenca. Prisões e a entrada em domicílio não são, em si, espécies de tratamento de dados pessoais. No processo penal, sem embargo, uma imensa gama de tipos de tratamento de dados pessoais pode ser realizada a partir dessas medidas, a começar pelos registros da diligência, que são ordinariamente lançados em seus respectivos autos (de prisão e de busca e apreensão domiciliar). Quando for necessária a autorização judicial, sua ausência tornará ilícita toda e qualquer prova produzida a partir de uma prisão ou de uma entrada domiciliar, assim como será ilícito todo e qualquer tratamento de dados destas decorrente.

A interceptação de comunicações, a seu turno, é a única espécie de tratamento de dados pessoais para a qual a Constituição Federal expressamente exige prévia autorização judicial.

Nelson Jobim, ex-presidente do STF e membro da Assembleia Nacional Constituinte, afirmou o seguinte sobre as razões para que tenham sido incluídas somente as interceptações de comunicações telefônicas dentro do escopo da reserva jurisdicional:

> [...] Estava-se protegendo a comunicação, o ato comunicacional é que se protegia e não o resultado do ato comunicacional. O que era absolutamente proibido e é absolutamente proibido pelo inc. XII, nem mesmo por autorização judicial, é a quebra da comunicação por correspondência, é a quebra da comunicação telegráfica, é a quebra da comunicação de dados, mas não está se protegendo o dado, ou seja, o resultado da

> comunicação. O que se veda é que alguém intercepte a correspondência, é que alguém intercepte a comunicação telegráfica, é que alguém intercepte a comunicação de dados. Mas o texto constitucional autorizou a interceptação de uma delas só, que é a interceptação telefônica. Esta foi autorizada. Por que não autorizou as outras? Por uma razão muito simples e muito clara à época em que discutíamos o texto em 1988. É porque das quatro comunicações a telefônica é a única que não deixa vestígios, em que o resultado da comunicação desaparece instantaneamente, porque não fica registro. Da comunicação por correspondência fica a correspondência, da comunicação por telégrafo fica o telegrama, da comunicação de dados ficam os dados, da comunicação telefônica não fica nada, só fica o registro de que Nelson ligou para Everardo e conversou com ele durante três minutos, mas do conteúdo da comunicação telefônica não fica registro. É por isso, exclusivamente por isso que o texto constitucional autoriza e única e exclusivamente a interceptação da comunicação telefônica autorizada pelo juiz. Única e exclusivamente isto. O resto não há o que mais interceptar-se porque há o registro, remanesce o seu resultado, que é a correspondência, o telegrama e o dado[13].

Considerando-se tais informações[14], há que se indagar se os constituintes efetivamente debateram a reserva jurisdicional para os temas em que, ao cabo, isso foi expressamente tratado na Constituição Federal. Parte-se da premissa de que, se houve algum debate mais profundo com referência clara a reserva jurisdicional, teria sido para o tema da interceptação de comunicações telefônicas, dado que a interceptação não judicialmente autorizada será sempre ilícita e que, para a prisão e para a entrada em domicílio, há outras hipóteses constitucionalmente aceitas que independem de autorização judicial: para a entrada em domicílio, (a) consentimento do morador,

13. CALABRICH, Bruno Freire de Carvalho. **Investigação criminal pelo Ministério Público**: fundamentos e limites constitucionais. São Paulo: RT, 2007, p. 178.

14. O ministro Nelson Jobim reafirmou esse entendimento em seu voto no julgamento do RE n° 219.780/PE, rel. min. Carlos Velloso, julgado em 13.04.1999, DJ de 10.09.99, p. 484-485: "Passa-se, aqui, que o inciso XII não está tornando inviolável o dado da correspondência, da comunicação, do telegrama. Ele está proibindo a interceptação da comunicação dos dados, não dos resultados. Essa é a razão pela qual a única interceptação que se permite é a telefônica, pois é a única a não deixar vestígios, ao passo que nas comunicações por correspondência, telegráfica e de dados é proibida a interceptação porque os dados remanescem eles não são rigorosamente sigilosos, dependem da interpretação infraconstitucional para poderem ser abertos. o que é vedado de forma absoluta é a interceptação da comunicação da correspondência, do telegrama. Por que a Constituição permitiu a interceptação da comunicação telefônica? Para manter os dados, já que é a única em que, esgotando-se a comunicação, desaparecem os dados. Nas demais, não se permite porque os dados remanescem, ficam no computador, nas correspondências etc."

(b) flagrante delito, (c) desastre e (e) para prestar socorro; para a prisão, (a) flagrante delito, (b) transgressão militar e (c) crime propriamente militar[15].

Os trabalhos da Assembleia Nacional Constituinte (ANC) de 1987 foram realizados em 7 etapas, desdobradas em 25 fases identificadas por letras do alfabeto, de A a Y, além de 2 fases que compunham a etapa preliminar[16]. As informações a seguir foram extraídas a partir da análise dos textos produzidos em cada uma dessas etapas.

Os debates sobre a disciplina da interceptação de comunicações telefônicas tiveram início, dentro da ANC, na Subcomissão dos Direitos e Garantias Individuais. No Anteprojeto do Relator, que integra a Fase A, constou a seguinte redação para o tema: "Art. 1º São direitos e garantias individuais: [...] XXXIII – a inviolabilidade do sigilo da correspondência e das comunicações em geral, *salvo nos casos previstos em lei, mediante autorização judicial*". Observe-se que, nessa etapa, a necessidade de autorização judicial se aplicava a todas as hipóteses de correspondência e de comunicações em geral.

Após a Fase B, de emendas ao Anteprojeto, a redação chegou à Fase C (Anteprojeto da Subcomissão, não mais do Relator), mas sem menção à reserva legal: "Art. 1º São direitos e garantias individuais: [...] XXXIV – a inviolabilidade do sigilo da correspondência e das comunicações em geral, *salvo mediante autorização judicial*". Repetia-se, contudo, a estrutura alusiva à necessidade de autorização judicial para todas as formas de correspondência e de comunicações.

Na Fase E, o Anteprojeto foi novamente submetido a emendas, mas então no contexto da Comissão da Soberania e dos Direitos e Garantias do Homem e da Mulher. Nessa Comissão, a redação do Substitutivo do Relator preceituava: "Art. 3º São direitos e liberdades individuais invioláveis: [...] VII – a privacidade: [...] c) do sigilo da correspondência e das comunicações em geral, *salvo autorização judicial*". Embora concebida como um subtópico

15. CF/88, art. 5º: "[...] XI – a casa é asilo inviolável do indivíduo, ninguém nela podendo penetrar sem consentimento do morador, salvo em caso de flagrante delito ou desastre, ou para prestar socorro, ou, durante o dia, por determinação judicial; [...] LXI – ninguém será preso senão em flagrante delito ou por ordem escrita e fundamentada de autoridade judiciária competente, salvo nos casos de transgressão militar ou crime propriamente militar, definidos em lei".

16. O "Portal da Constituição Cidadã" da Câmara dos Deputados reúne informações e documentos sobre cada uma dessas fases e etapas (BRASIL. Câmara dos Deputados. **Portal da Constituição Cidadã**. Disponível em: https://www2.camara.leg.br/atividade-legislativa/legislacao/Constituicoes_Brasileiras/constituicao-cidada/o-processo-constituinte. Acesso em 27 nov. 2023).

para o direito à privacidade, replicava-se, em essência, a estrutura da redação anterior.

Na Fase G, novas emendas puderam ser apresentadas a esse texto. Na Fase H, produziu-se o Anteprojeto da Comissão, que foi o resultado final desta etapa, restando, após, apenas a Comissão de Sistematização e o Plenário. Na Fase H, o texto foi idêntico ao da Fase E. Na Comissão de Sistematização, idêntica redação se manteve nas fases I, J, K e L. Assim, foi esse o teor do Projeto da Constituição.

Contudo, após a Fase M, de emendas, e já na Fase N, quando foi apresentado o Primeiro Substitutivo do Relator), a redação mudou para a seguinte: "Art. 6º, §39. é inviolável o sigilo da correspondência e das comunicações telegráficas ou telefônicas, salvo por ordem judicial, nos casos e *na forma que a lei estabelecer, para fins de instrução processual*". Vê-se, nessa fase, o retorno da referência à reserva legal e a inclusão da menção a instrução processual. Não se utilizou o vocábulo penal para qualificar a instrução processual nem houve alusão a investigação criminal.

Na Fase O, o Substitutivo do Relator foi submetido a emendas. Na Fase P, foi produzido o último Substitutivo do Relator, que recebeu a seguinte redação para o tema:

> Art. 5º todos são iguais perante a lei, sem distinção de qualquer natureza. [...] §12. é inviolável o sigilo da correspondência e das comunicações telegráficas, telefônicas *e de dados*, salvo por ordem judicial, nos casos e na forma que a lei estabelecer, para fins de instrução processual.

Note-se que, nessa fase, incluiu-se pela primeira vez a palavra "dados".

Remetido o projeto ao Plenário, que se iniciou com a Fase Q, o Projeto A (início do 1º turno) teve nova alteração:

> Art. 6º todos são iguais perante a lei, sem distinção de qualquer natureza. [...] §12. é inviolável o sigilo da correspondência e das comunicações telegráficas, telefônicas e de dados, salvo por ordem judicial, nos casos e na forma que a lei estabelecer, *para fins de investigação criminal* e instrução processual.

A referência a investigação criminal foi incluída nessa fase.

Entre a Fase S, de emendas ao Plenário, e a Fase T – Projeto B, que marcou o fim do primeiro turno e início do segundo turno das votações, e após o ajuste na numeração dos artigos, a redação da fase anterior recebeu um novo acréscimo:

> Art. 5º todos são iguais perante a lei, sem distinção de qualquer natureza, assegurada aos brasileiros e aos estrangeiros residentes no país a inviolabilidade do direito à vida, à liberdade, à igualdade, à segurança e à propriedade, nos termos seguintes: [...] XIII – é inviolável o sigilo da correspondência e das comunicações telegráficas, de dados e telefônicas, salvo, *no último caso*, por ordem judicial, nas hipóteses e na forma que a lei estabelecer para fins de investigação criminal e instrução processual.

Incluiu-se nessa fase, portanto, a expressão "no último caso".

Na Fase V – Projeto C, que marcou o fim do segundo turno das votações, a redação foi a seguinte:

> Art. 4º todos são iguais perante a lei, sem distinção de qualquer natureza, assegurada aos brasileiros e aos estrangeiros residentes no país a inviolabilidade do direito à vida, à liberdade, à igualdade, à segurança e à propriedade, nos termos seguintes: [...] XII – é inviolável o sigilo da correspondência e das comunicações telegráficas, de dados e telefônicas, salvo, no último caso, por ordem judicial, nas hipóteses e na forma que a lei estabelecer para fins de investigação criminal ou instrução processual *penal*.

A palavra "penal", para qualificar "instrução processual", foi incluída nessa fase.

Essa foi a redação aprovada em Plenário. Mudanças substanciais deveriam ter acabado nessa fase; depois disso, só a Comissão de Redação.

Entretanto, e como se sabe, a redação final da Constituição Federal para o art. 5º, inciso XII, é a seguinte:

> XII — é inviolável o sigilo da correspondência e das *comunicações* telegráficas, de dados e das *comunicações* telefônicas, salvo, no último caso, por ordem judicial, nas hipóteses e na forma que a lei estabelecer para fins de investigação criminal ou instrução processual penal.

Entre a aprovação no plenário e a redação final aprovada pela Comissão de Redação, foi incluída a palavra "comunicações" antes da palavra "telefônicas". Com a alteração feita na Comissão de Redação, o texto passou a permitir mais claramente a interpretação dada por Nelson Jobim e acima replicada, no sentido de que a expressão "no último caso" se reporta apenas a comunicações telefônicas.

Observa-se também que todas as proposições continham a necessidade de ordem judicial para a interceptação de comunicações telefônicas. Essa exigência, ao contrário da reserva legal, foi presente em todas as fases.

Com base nesse histórico, calha analisar brevemente os debates que antecederam as alterações do texto e o contexto da produção jurídica da época, no desiderato de identificar possíveis razões para essas sucessivas modificações e acréscimos. Para tanto, foram utilizados um software e uma base de dados na qual estão indexadas aproximadamente 40.000.000 de palavras de documentos históricos da Era Constituinte (1987-1988)[17].

Inicialmente, foram utilizadas para a pesquisa na base de dados indexada as expressões "reserva jurisdicional" e "reserva de jurisdição". Todavia, não foi encontrada nenhuma incidência. Significa dizer que essas expressões não estão registradas entre as cerca de 40 milhões de palavras de documentos produzidos entre os anos de 1987-1988. Uma primeira hipótese para isso é que tais expressões simplesmente não eram consagradas na época; independentemente das razões para isso, fato é que essas expressões não constaram em nenhum dos mais de 300 diários da ANC, dezenas de suplementos, boletins administrativos, boletins da Constituinte, relatórios de anteprojetos, discursos presidenciais, decisões do STF, pareceres do TCU e toda a doutrina jurídica produzida no Brasil entre 1987 e 1988.

Para refinar a pesquisa[18], elegeu-se como critério o substantivo "interceptação", que resultou em apenas 30 achados, permitindo uma análise qualitativa de cada um dos documentos correspondentes. Dessas 30 ocorrências, verificou-se que 11 estão na jurisprudência do STF e diziam respeito, portanto, a casos apreciados por aquela Corte. Outros documentos em

17. A base de dados utilizada no para o desenvolvimento do presente tópico "é composta de uma coleção de mensagens e discursos proferidos pelo Presidente da República (José Sarney), discursos de constituintes, Diários da Assembleia Nacional Constituinte (DANC), Suplementos, Relatórios subscritos por constituintes Relatores (Fases "A", "C", "F" e "H"), Boletins Administrativos, Boletins da Constituinte, Jornais da Constituinte, decisões do STF (1987-1988), Jurisprudência Administrativa formada por pareceres históricos da Consultoria-Geral da República (1987-1988), decisões relevantes dos Tribunais de Contas (1987-1988), pareceres de jurisconsultos da década de 80, artigos doutrinários publicados em fontes abertas, atos infraconstitucionais específicos e outros documentos históricos." (FONTELES, Samuel Sales. A Linguística Computacional a serviço da Interpretação Constitucional e dos Tribunais: o Corpus Fonteles. *In*: MARANHÃO, Clayton de Albuquerque (org.). **Processo, ciência e tecnologia**: intersecções entre direito e inovação na era digital. Londrina: Toth, 2024). Registre-se nosso agradecimento ao professor e pesquisador Samuel Sales Fonteles pela disponibilização da ferramenta de pesquisa e do banco de dados.

18. Para a expressão "ordem judicial", a pesquisa resultou em 119 ocorrências. Tenha-se, contudo, que a base de dados também indexa todas as decisões do STF proferidas no período.

que a ferramenta registra ocorrências não estão relacionados aos debates na constituinte[19].

De todos os documentos, foram estudadas as 4 ocorrências havidas em publicações do diário da Assembleia Nacional Constituinte, que contém notas taquigráficas dos debates da ANC em suas diversas comissões e subcomissões: Suplemento AO nº 100, Suplemento AO nº 103, DANC, ano II, nº 206 e Suplemento B AO nº 307[20].

A análise desses documentos conduz a uma constatação interessante.

No DANC, ano II, nº 206, a menção à palavra interceptação dizia respeito a uma rodovia, nada se relacionando com o tema em foco. No Suplemento B AO nº 307, a palavra interceptação também é usada num contexto alheio ao tema, como sinônimo da palavra "interrupção" (do fluxo de um texto), dentro de um debate sobre a redação de um dispositivo versando sobre incentivos a microempresas e empresas de pequeno porte. No Suplemento AO nº 100, a palavra é utilizada numa exposição sobre o sistema de defesa da Força Aérea Brasileira, quando mencionada a possibilidade de "interceptação" de uma aeronave no caso de penetração no espaço aéreo brasileiro sem autorização prévia. No Suplemento AO nº 103, a palavra é registrada algumas vezes, todas também no contexto de debates sobre a

19. Eis as correspondências identificadas pela ferramenta:
    - 1-11: jurisprudência do STF (1987-1988)
    - 12-15: revista de doutrina - Informação Legislativa - (1987-1988)
    - 16: Jornal da Constituinte 62
    - 17: jurisprudência do STF (1987-1988)
    - 18: revista de doutrina - Informação Legislativa - (1987-1988)
    - 19: Suplemento ao 103 (ANC)
    - 20: revista de doutrina - Informação Legislativa - (1987-1988)
    - 21: Suplemento ao 100 (ANC)
    - 22-23: revista de doutrina - Informação Legislativa - (1987-1988)
    - 24: Suplemento ao 103 (ANC)
    - 25: DANC 206 (ANC)
    - 27: Suplemento B ao 307 (ANC)
    - 28: jurisprudência do STF (1987-1988)
    - 29: revista de doutrina - Revista de Processo (1987-1988)
    - 30: Suplemento ao 103 (ANC).
20. No Jornal da Constituinte 62, que também aparece dentre as 30 ocorrências, nada há de relevante sobre o tema e a palavra "interceptação" aparece apenas como uma grafia errada para a palavra "interpretação" (fl. 11).

interceptação de aeronaves. Nada, portanto, relacionado a interceptação de comunicações telefônicas ou telemáticas, a reserva de jurisdição ou a temas afins.

Mesmo muito antes da constituinte, os problemas relacionados às interceptações telefônicas como instrumentos de investigação certamente não eram ignorados pela doutrina[21] nem pela jurisprudência. Em decisões proferidas em 11.11.1977 (RE 85.439-RJ, RTJ 84/609), 28.06.1984 (RE 100.094-PR, RTJ 110/798 e RT 593/264) e 18.12.1986 (HC 63.834-SP, RTJ 122/47 e RT 621/378), o STF afirmou a imprestabilidade da prova obtida a partir de interceptações telefônicas clandestinas[22]. O próprio Código Penal de 1941 previa (e prevê) como crime a violação de comunicação telegráfica, radioelétrica ou telefônica (CP, art. 151, §1º, II e III), da mesma sorte que o Código Brasileiro de Telecomunicações já previa (e prevê) ser "inviolável a telecomunicação" (arts. 55 e 56) e que constitui crime a "instalação ou utilização de telecomunicações, sem observância do disposto nesta Lei e nos regulamentos" (art. 70 da Lei nº 4.117/62). Todavia, pelo que se constatou da pesquisa realizada, essas questões não foram relevantes nos diálogos travados por parlamentes em 1987.

Desses documentos, pois, é possível verificar como foram pouco aprofundados os debates, na ANC, sobre a reserva jurisdicional como uma categoria jurídica própria – expressão, aliás, que nem sequer era de uso corrente, nem mesmo pela doutrina à época – e mesmo sobre a necessidade de autorização judicial para a interceptação de comunicações telefônicas. Outra conclusão possível é a de que a expressão "interceptação de comunicações", seja para referir-se a comunicações eletrônicas ou de dados, simplesmente não compunha o léxico do Constituinte. Tais circunstâncias dão a dimensão de como o tema da reserva jurisdicional para medidas de investigação era relativamente estranho ao legislador, do que adveio a necessidade de conformação pela doutrina e pela jurisprudência produzidas após a promulgação da Carta de 1988 – consoante estudado no tópico anterior.

---

21. DOTTI, René Ariel. Proteção da Vida Privada e Liberdade de Informação. São Paulo: Ed. Revista dos Tribunais, 1980, p. 245-263.

22. "Nessas três decisões, o STF reputou inadmissível prova obtida com violação da intimidade. Nelas o Tribunal, é bom esclarecer, repudiou interceptações telefônicas e não gravações telefônicas, como erroneamente aparece em duas dessas ementas." (SANTOS, Paulo Ivan da Silva. **As provas obtidas com violação da intimidade e sua utilização no Processo Penal.** Disponível em: https://egov.ufsc.br/portal/conteudo/provas-obtidas-com-viola%C3%A7%C3%A3o-da-intimidade-e-sua-utiliza%C3%A7%C3%A3o-no-processo-penal. Acesso em 16 dez. 2023).

## 3.3 DADOS PESSOAIS E DADOS NÃO PESSOAIS: A "QUEBRA" DE SIGILO DE DADOS DE EMPRESAS PÚBLICAS E DE ENTES DO ESTADO

Não há que se confundir dados de empresas públicas e de entes do Estado com dados pessoais. Dados pessoais gozam de proteção especial e se submetem ao regime jurídico da LGPD. Dados que digam respeito apenas a pessoas jurídicas de direito público não são dados pessoais e não estão abrangidos pela LGPD – senão quando esses mesmos dados puderem ser relacionados a uma "pessoa natural identificada ou identificável" (art. 5º, I, da LGPD).

Também é necessário compreender a diferença entre dados *de* entes públicos, que são dados concernentes a sua realidade e a seus interesses, e dados *controlados* por entes públicos, que são todos os dados sob sua custódia, competindo a este as decisões referentes a seu tratamento (art. 5º, VI, da LGPD). Os dados sob custódia de entes públicos ou privados podem ser dados (a) que *só* digam respeito ao ente jurídico e (b) dados *pessoais.*

A rigor, valem as mesmas considerações com relação a dados de quaisquer pessoas jurídicas, sejam de direito público, sejam de direito privado: se não puderem ser associados a uma pessoa natural identificada ou identificável, não são dados pessoais.

Quanto a dados de empresas públicas e de entes do Estado para fins de persecução penal, calham ainda algumas considerações.

De acordo com o art. 26 da Lei nº 8.625/1993, os membros do Ministério Público, no exercício de suas funções, poderão *requisitar* informações, exames periciais e documentos de autoridades federais, estaduais e municipais, bem como dos órgãos e entidades da administração direta, indireta ou fundacional, de qualquer dos Poderes da União, dos Estados, do Distrito Federal e dos Municípios. Podem também requisitar informações e documentos a entidades privadas (art. 26, incisos I e II). Em qualquer caso, o membro do MP será pessoalmente responsável pelo uso indevido das informações e documentos que requisitar, inclusive nas hipóteses legais de sigilo (art. 26, §2º). Para os membros do Ministério Público da União, as regras são semelhantes (art. 8º da LC nº 75/1993), inclusive quanto ao uso indevido das informações e documentos que requisitarem (art. 8º, §1º). Nenhuma autoridade poderá negar ao Ministério Público o encaminhamento de uma informação, registro, dado ou documento sob alegação de sigilo, que preservarão esse atributo mesmo ao ser fornecido ao MP (art. 8º, §2º).

Apesar dessas previsões legais, o STF declarou ser inconstitucional o acesso a dados bancários pelo Ministério Público sem prévia autorização judicial, conforme decidido em 1999 no RE 215.301/CE[23].

A restrição ao acesso direto a dados bancários pelo Ministério Público, entretanto, não alcança os dados concernentes à utilização de recursos públicos. Quando se tratar de dados bancários de instituições e públicas, não é necessária prévia autorização judicial, como decidido pelo STF em 1999 no MS 21.729/DF[24].

O acesso a dados fiscais e a dados de inteligência financeira, conforme estudado em tópico próprio, submete-se ao que foi decidido pelo STF no RE 1.055.94/SP (Tema 990 de Repercussão Geral[25]): é desnecessária autorização judicial. O STJ, como estudado, distinguiu, em acórdãos posteriores (RHC 83.233 e RHC 83.447, Terceira Seção, julgados em 09.02.2022, e RHC 147.707/PA, Sexta Turma, julgado em 15.08.2023), o compartilhamento *espontâneo* de dados pela Receita e pela UIF, que é plenamente válido e não demanda prévia autorização judicial, do compartilhamento de dados por *provocação* ou por *requisição* do MP, que seriam inválidos se não forem precedidos de autorização judicial. Essa distinção não foi feita pelo STF no acórdão do RE 1.055.94/SP, que considerou válidas ambas as situações de compartilhamento (espontâneo ou provocado), independentemente de autorização judicial. A ausência de reserva jurisdicional para o compartilhamento de relatórios de inteligência financeira em ambas as

23. "A norma inscrita no inc. VIII, do art. 129, da C.F., não autoriza ao Ministério Público, sem a interferência da autoridade judiciária, quebrar o sigilo bancário de alguém. Se se tem presente que o sigilo bancário é espécie de direito à privacidade, que a C.F. consagra, art. 5º, X, somente autorização expressa da Constituição legitimaria o Ministério Público a promover, diretamente e sem a intervenção da autoridade judiciária, a quebra do sigilo bancário de qualquer pessoa." (BRASIL. Supremo Tribunal Federal. **RE 215.301/CE**, Segunda Turma, rel. Carlos Velloso, julgado em 13.04.1999, DJ de 28.05.1999).

24. BRASIL. Supremo Tribunal Federal. **MS 21.729/DF**, Pleno, rel. min. Marco Aurélio, rel. p/acórdão min. Néri da Silveira, julgado em 05.10.1995, DJ de 19.10.2001.

25. Tema 990: "I – É constitucional o compartilhamento dos relatórios de inteligência financeira da UIF e da íntegra do procedimento fiscalizatório da Receita Federal do Brasil, que define o lançamento do tributo, com os órgãos de persecução penal para fins criminais, sem a obrigatoriedade de prévia autorização judicial, devendo ser resguardado o sigilo das informações em procedimentos formalmente instaurados e sujeitos a posterior controle jurisdicional; II – O compartilhamento pela UIF e pela RFB, referente ao item anterior, deve ser feito unicamente por meio de comunicações formais, com garantia de sigilo, certificação do destinatário e estabelecimento de instrumentos efetivos de apuração e correção de eventuais desvios."

situações foi reafirmada pelo STF na Reclamação nº 61.944/PA, sob a relatoria do min. Cristiano Zanin, cassando decisão do STJ no RHC 147.707/PA (de 15.08.2023), que, inadvertidamente, dava interpretação restritiva às teses fixadas pelo STF no RE 1.055.94/SP.

Quanto às autoridades policiais, o regime é sensivelmente distinto.

De acordo com o art. 2º, §2º, da Lei nº 12.830/2013, "Durante a investigação criminal, cabe ao delegado de polícia a requisição de perícia, informações, documentos e dados que interessem à apuração dos fatos". Pode-se defender que essa requisição também não estaria sujeita a reserva jurisdicional. Seria, contudo, uma interpretação controversa, considerando que, (a) diversamente do que ocorre em relação ao Ministério Público, a lei não deixou expressa a impossibilidade de recusa ao fornecimento de dados sob a alegação de sigilo, e (b) mesmo ao Ministério Público, como discorrido linhas acima, o STF tem sido bastante restritivo quanto ao acesso a dados sigilosos, exceção feita a dados de entes públicos[26].

Feitas essas observações, tenha-se que é perfeitamente possível que um dado qualquer seja, ao mesmo tempo, de (interesse de) um ente público e um dado pessoal. Um dado que seja, a princípio, de um ente público – como registros de pagamentos feitos por determinada secretaria de uma prefeitura – será um dado pessoal a partir do momento em que puder ser associado a uma pessoa – como quando a despesa em verdade corresponde a uma transferência de recursos feita para uma conta bancária pessoal de alguém. Se, de algum modo, o dado pode ser associado a uma pessoa natural, o regime que se lhe é aplicável é o regime jurídico (protetivo) dos dados pessoais, não importando que seja seu controlador um ente público ou privado.

Desta forma, caso os dados de pessoas jurídicas de direito público sejam, ao mesmo tempo, dados pessoais, todas as eventuais restrições ao seu acesso e tratamento devem ser lidas em conjunto com as regras do direito processual penal, com os princípios da LGPD e com os direitos da pessoa natural titular dos dados. Mas em se tratando de dados bancários de empresas públicas ou entes do Estado – ou seja, caso se esteja tratando de contas públicas –, é dispensável prévia autorização judicial para seu acesso pelo Ministério Público, conforme decidido pelo STF no RE 215.301/CE, ainda que

26. A requisição de dados pessoais por delegados de polícia é versada em diversos dispositivos legais: art. 17-B da Lei nº 9.613/98 (Lei de Lavagem de Dinheiro), art. 10, §3º, da Lei nº 12.965/14 (Marco Civil da Internet) e art. 13-A do CPP.

alguns dos dados dessas contas (como transferências de valores) possam ser associados a uma pessoa natural.

## 3.4 TRATAMENTO DE DADOS E RESERVA DE JURISDIÇÃO

No presente tópico discorrer-se-á sobre a (in)dispensabilidade de prévia autorização judicial para tratamento de dados pessoais como requisito de validade. Para tanto, é necessário verificar se a Emenda Constitucional nº 115/2022 promoveu alguma alteração nesse tema – *i.e.*, se criou uma cláusula constitucional de reserva de jurisdição – e, superado esse ponto, quais seriam, à luz do direito positivo brasileiro, os casos de tratamento de dados pessoais que exigem uma decisão judicial antecedente.

### 3.4.1 A Emenda Constitucional nº 115/2022 e reserva jurisdicional

Com a promulgação da Emenda Constitucional nº 115/2022 em 10 de fevereiro de 2022, passou a constar no texto da Constituição brasileira que "é assegurado, nos termos da lei, o direito à proteção dos dados pessoais, inclusive nos meios digitais" (art. 5º, LXXIX).

Trata-se de uma previsão importante, que consagrou o direito à proteção de dados pessoais, antes previsto apenas em lei (notadamente, mas não exclusivamente pela Lei nº 13.709/2018), como um direito fundamental. Além de fixá-lo como um marco insuscetível de retrocesso ou supressão (art. 60, §4º, c/c o art. 5º da CF/88), a positivação da proteção a dados pessoais dentre os direitos e garantias individuais passa a operar como um vetor interpretativo para toda a legislação que derive da Constituição brasileira.

Em que pese sua importância fulcral, a EC nº 115/2022 não criou nenhuma espécie de reserva jurisdicional para o tratamento de dados pessoais. A reserva de jurisdição depende de uma previsão legal ou constitucional expressa. Não há nenhuma referência, em nenhum dos dispositivos incluídos na CF/88 pela EC nº 115/2022 (arts. 5º, 22 e 23 da Constituição), a "jurisdição", "juiz", "judiciário" ou algo que o valha. O próprio texto do art. 5º, LXXIX remete a "nos termos da lei"; ou seja, exige uma lei que fixe seus contornos – inclusive, se for necessária, a restrição do tratamento ao preenchimento de requisitos específicos, como um procedimento judicial próprio e anterior ao tratamento. Uma interpretação que afirme, apenas pelo texto da EC nº 115/2022, que tenha passado a existir uma reserva jurisdicional para tal ou qual tratamento de dados pessoais não passará de uma criação do intérprete que, por mais bem intencionada que seja, terá pouca conexão com o sentido normativo da Carta Política.

Se a EC nº 115/2022 tivesse criado, por si só, uma reserva jurisdicional para toda e qualquer forma de tratamento de dados, nem mesmo as bases legais da LGPD (art. 7º da Lei nº 13.709/2018) seriam suficientes para autorizar o tratamento de dados pessoais. Para todas aquelas hipóteses do art. 7º – de um cadastro no balcão de um hotel à subscrição de uma assinatura num serviço de *streaming* de filmes –, e mesmo para o tratamento de dados pelo poder público dentro das hipóteses do art. 23 da LGPD – incluindo atos comezinhos como a emissão de um cartão para o pagamento de um benefício assistencial – seria necessária prévia autorização judicial: um rematado despautério, evidentemente. A LGPD, nos trechos em que se refere a "judicial", "juiz" e "juízo" (art. 7º, VI; art. 11, I, d; art. 22; art. 34, V; e art. 42, §§ 2º e 3º), nada alude quanto a uma suposta limitação do tratamento condicionada a uma prévia atividade do Poder Judiciário[27].

Nem a EC nº 115/2022 nem a LGPD, pois, instituíram novas hipóteses de reserva jurisdicional.

Na perspectiva de que o direito fundamental à proteção de dados pessoais tem índole procedimental, a legislação infraconstitucional pode estabelecer, dentre os requisitos do procedimento para determinado tratamento de dados, a necessidade de autorização judicial. Se a lei assim o fizer, e estando justificada tal especial proteção pela vulneração do indivíduo com o uso potencialmente danoso ou abusivo de seus dados, essa exigência estará em sintonia com o art. 5º, LXXIX, da CF/88. Entretanto, se a lei nada dispuser a respeito, a exigência de autorização judicial não pode ser simplesmente "presumida".

É certo que há, para determinados dados pessoais, reserva de jurisdição. Há, sim, como requisito legal ou constitucional para certos dados pessoais – ou, mais precisamente, para alguns tipos de tratamento de dados pessoais – a exigência de uma decisão anterior proferida por autoridade competente e dentro de um procedimento próprio. Mas não existe essa reserva para

27. Para ser mais preciso, o art. 55-E da LGPD prevê que "Os membros do Conselho Diretor somente perderão seus cargos em virtude de renúncia, condenação judicial transitada em julgado ou pena de demissão decorrente de processo administrativo disciplinar." Para a destituição dos membros o Conselho Direito da ANPD – situação que nada tem a ver, portanto, com o tratamento de dados pessoais –, exige-se condenação *judicial* transitada em julgado.

todas as espécies de tratamento: apenas se e quando a lei ou a CF/88 assim o preveja(m).

Nos tópicos seguintes serão analisados os casos que demandam e os casos que não demandam prévia autorização judicial.

### 3.4.2 Casos que exigem prévia autorização judicial

Como visto, em matéria de tratamento de dados pessoais, exigem prévia decisão judicial, segundo expressa previsão constitucional, os dados (a serem) tratados a partir de uma interceptação de comunicações telefônicas (art. 5º, XII, da CF/88). Pela dicção explícita da Constituição, a interceptação de comunicações telefônicas seria o único tipo de tratamento de dados pessoais para o qual se exige, como requisito de validade, uma autorização judicial que o anteceda.

Observe-se que o texto do inciso XII usa o vocábulo "no último caso", e não "em último caso": "é inviolável o sigilo da correspondência e das comunicações telegráficas, de dados e das comunicações telefônicas, salvo, *no último caso*, por ordem judicial, nas hipóteses e na forma que a lei estabelecer para fins de investigação criminal ou instrução processual penal". Desse modo, a exigência de ordem judicial se aplica somente a "comunicações telefônicas" – que é o "último caso" referido no período, mas não a outras formas de comunicação, o que excluiria correspondências, comunicações telegráficas e de dados. Caso se queira conferir à expressão "no último caso" o mesmo sentido de "em último caso", para aludir a um último recurso a ser empregado em casos de extrema necessidade "para fins de investigação criminal ou instrução processual penal", o vocábulo passaria a abarcar também a correspondência e as comunicações telegráficas e de dados.

Com o advento da Lei nº 9.296/96, que "regulamenta o inciso XII, parte final, do art. 5° da Constituição Federal", passou-se a exigir autorização judicial também para a interceptação de comunicações telemáticas, a teor do disposto em seu art. 1º, parágrafo único[28].

28. "Art. 1° A interceptação de comunicações telefônicas, de qualquer natureza, para prova em investigação criminal e em instrução processual penal, observará o disposto nesta Lei e dependerá de ordem do juiz competente da ação principal, sob segredo de justiça.

Parágrafo único. O disposto nesta Lei aplica-se à interceptação do fluxo de comunicações em sistemas de informática e telemática."

Embora não referida no texto constitucional, a captação ambiental de sinais eletromagnéticos, ópticos ou acústicos, quando realizada por autoridades do Estado, comumente chamada de gravação ambiental (e que não se confunde, portanto, com interceptação de comunicações telefônicas ou telemáticas), também exige prévia autorização judicial, conforme determina o art. 8º-A da mesma Lei nº 9.296/96[29], incluído pela Lei nº 13.964/2019. O tema merece algumas considerações complementares, dada a problemática redação do dispositivo.

A jurisprudência sempre foi clara pela plena validade de gravações ambientais em tais situações, resultando na tese fixada pelo STF para o Tema nº 237 de Repercussão Geral: "É lícita a prova consistente em gravação ambiental realizada por um dos interlocutores sem conhecimento do outro"[30]. Esse entendimento foi reafirmado pelo STF em julgados subsequentes: "[...] é lícita a prova obtida mediante a gravação ambiental, por um dos interlocutores, de conversa não protegida por sigilo legal. Hipótese não acobertada pela garantia do sigilo das comunicações telefônicas"[31].

Todavia, a Lei nº 13.964/2019 fez incluir o seguinte parágrafo ao art. 8º-A da Lei nº 9.296/96: "§4º A captação ambiental feita por um dos interlocutores sem o prévio conhecimento da autoridade policial ou do Ministério Público poderá ser utilizada, em matéria de defesa, quando demonstrada a

---

29. "Art. 8º-A. Para investigação ou instrução criminal, poderá ser autorizada pelo juiz, a requerimento da autoridade policial ou do Ministério Público, a captação ambiental de sinais eletromagnéticos, ópticos ou acústicos, quando:

I - a prova não puder ser feita por outros meios disponíveis e igualmente eficazes; e

II - houver elementos probatórios razoáveis de autoria e participação em infrações criminais cujas penas máximas sejam superiores a 4 (quatro) anos ou em infrações penais conexas.

§ 1º O requerimento deverá descrever circunstanciadamente o local e a forma de instalação do dispositivo de captação ambiental.

§ 2º A instalação do dispositivo de captação ambiental poderá ser realizada, quando necessária, por meio de operação policial disfarçada ou no período noturno, exceto na casa, nos termos do inciso XI do *caput* do art. 5º da Constituição Federal.

§ 3º A captação ambiental não poderá exceder o prazo de 15 (quinze) dias, renovável por decisão judicial por iguais períodos, se comprovada a indispensabilidade do meio de prova e quando presente atividade criminal permanente, habitual ou continuada. [...]"

30. BRASIL. Supremo Tribunal Federal. **RE nº 583.937-QO-RG/RJ**, Pleno, rel. min. Cezar Peluso, julgado em 19.11.2009, DJe de 18.12.2009.

31. BRASIL. Supremo Tribunal Federal. **INQ nº 2.116-QO/RR**, Pleno, rel. min. Marco Aurélio, red. Min. Ayres Britto, julgado em 15.09.2011, DJe de 29.02.2012.

A questão deve ser apreciada novamente pelo STF no julgamento do Tema n.º 979 de Repercussão Geral (RE nº 1.040.515/SE, com repercussão geral admitida em 30.11.2017), no qual discute sobre a licitude, na seara eleitoral, da prova obtida por meio de gravação ambiental realizada por um dos interlocutores sem o conhecimento do outro.

integridade da gravação". A leitura desse dispositivo pode conduzir à equivocada conclusão de que a gravação feita por um dos interlocutores sem autorização judicial somente seria válida se utilizada em benefício de um acusado no processo penal, mas jamais para fundamentar uma imputação ou uma condenação. A melhor interpretação, contudo, é a proposta por Antônio Suxberger e Vladimir Aras, que, reportando-se a diversos precedentes nacionais e estrangeiros, concluem que art. 8º-A, §4º, estabelece uma regra *probatória* e não propriamente uma proibição de uso da gravação clandestina ou oculta:

> As vítimas de crimes não devem ficar desprotegidas diante de seus agressores, especialmente aquelas mais vulneráveis, sujeitas a violência física (inclusive sexual) e violência psíquica. O Estado não pode estar em toda a parte, e é lícito que cidadãos possam recolher elementos que sirvam à defesa dos seus interesses e dos menores e incapazes que eventualmente representem[32].

Assim, a utilidade da expressão "sem o prévio conhecimento da autoridade policial ou do Ministério Público" constante no art. 8º-A, §4º, da Lei nº 9.296/96 é a de "impedir que os órgãos estatais de persecução usem a vítima, uma testemunha ou mesmo um réu colaborador como agente estatal para gravar conversas próprias, a serem mantidas com outrem, sem autorização judicial"[33].

A validade da prova em situações que tais foi chancelada pelo STJ em 21.11.2023 no julgamento do HC nº 812.310/RJ (5ª Turma, Rel. Min. Ribeiro Dantas, DJe de 28.11.2023), já considerando a alteração trazida pela Lei nº 13.964/2019:

> [...] 2. O art. 8-A, da Lei n. 9.296/1996 garante, em seu § 4º, a utilização, em matéria de defesa, da prova obtida por meio da captação ambiental realizada por um dos interlocutores, quando demonstrada a integridade da gravação. O art. 10-A, da Lei n. 9.296/1996, por sua vez, também incluído pela Lei n. 13.964/2019, previu a figura típica da captação ambiental sem autorização judicial, mas ressalvou, em seu § 1º, os casos em

32. SUXBERGER, Antônio; ARAS, Vladimir. The Admissibility of Unilateral Recordings as Evidence: art. 8º-A, §4º, Federal Statute 9.296/1996 as a rule of evidence. (2021). *In*: **SciELO Preprints**. São Paulo: SciELO – Scientific Electronic Library Online. Disponível em: https://doi.org/10.1590/SciELOPreprints.2722. Acesso em 16 nov. 2023.

33. SUXBERGER, Antônio; ARAS, Vladimir. The Admissibility of Unilateral Recordings as Evidence: art. 8º-A, §4º, Federal Statute 9.296/1996 as a rule of evidence. (2021). *In*: **SciELO Preprints**. São Paulo: SciELO – Scientific Electronic Library Online. Disponível em: https://doi.org/10.1590/SciELOPreprints.2722. Acesso em 16 nov. 2023.

> que esta é realizada por um dos interlocutores, situação que pode ser equiparada à atuação de terceiro quando o agente reduzir totalmente a possibilidade de agir da vítima.
>
> 3. Os precedentes mais recentes desta Corte e do Supremo Tribunal Federal têm validado o uso das gravações clandestinas como meio de prova, excluindo da incidência típica as captações feitas por um dos interlocutores. A questão não é nova, uma vez que o Supremo Tribunal Federal, por ocasião do julgamento do Recurso Extraordinário n. 583.937, em 19 de novembro de 2009, em rito de repercussão geral, já havia decidido pela validade probatória da gravação de áudio ou vídeo realizada de forma oculta, por particular, sem conhecimento do outro interlocutor. [...]
>
> 7. Na colisão de interesses, o uso de captações clandestinas se justifica sempre que o direito a ser protegido tiver valor superior à privacidade e à imagem do autor de crime, utilizando-se da legítima defesa probatória, a fim de se garantir a licitude da prova. É exatamente nesse contexto que se insere a conduta daquele que realiza uma gravação ambiental clandestina, inicialmente praticando a conduta típica descrita no art. 10-A da Lei n. 9.296/1996, amparado, no entanto, pela excludente de antijuridicidade, pois sua conduta, embora cause lesão a um bem jurídico protegido, no caso a privacidade ou a intimidade da pessoa alvo da gravação, é utilizada para a defesa de direito próprio ou de terceiro contra agressão injusta, atual e iminente. [...]

Do acórdão do STJ no HC nº 812.310/RJ sobressai a tese da *legítima defesa probatória*, segundo a qual a produção de uma prova a princípio ilícita torna-se válida se utilizada para a proteção dos interesses próprios ou até de terceiros, quando forem eles vítimas de um crime que tal prova logre registrar.

O caso concreto do HC nº 812.310/RJ é bastante emblemático e teve grande repercussão na imprensa: tratava-se de uma gravação sub-reptícia feita por enfermeiras e técnicas de um hospital diante da desconfiança sobre o comportamento de um médico anestesista em episódios anteriores. Confirmando suas suspeitas, as profissionais conseguiram gravar em vídeo, com um celular escondido, quando o médico estuprou uma paciente sedada durante a realização de seu parto[34]. A gravação embasou a prisão do anestesista e logo foi questionada por sua defesa, que alegou, com base no art. 8º-A da Lei nº 9.296/96, que a prova produzida seria ilegal. Essa interpretação, como

34. PORTAL DE NOTÍCIAS G1. **Funcionárias de hospital desconfiaram de anestesista e trocaram sala de parto para fazer o flagrante de estupro**. 11 jul. 2022. Disponível em: https://g1.globo.com/rj/rio-de-janeiro/noticia/2022/07/11/video-mostra-momento-em-que-anestesista-estupra-gravida-durante-o-parto.ghtml. Acesso em 10 dez. 2023.

visto, foi rechaçada pelo STJ – mesmo que a captação não tenha sido realizada por um dos interlocutores, situação que constituiria uma excludente de ilicitude (art. 10-A, §1º, da Lei nº 9.296/96), mas por terceiros.

Foi em sentido distinto o julgamento do recurso extraordinário representativo do Tema 979 de repercussão geral (RE 1.040.515/SE), interposto pelo Ministério Público Federal contra um acórdão do Tribunal Superior Eleitoral que afirmou a nulidade de gravações ambientais utilizadas numa Ação de Impugnação de Mandato Eletivo (AIME) por compra de votos (captação ilícita de sufrágio). Por maioria, o plenário do STF, em julgamento por sessão virtual concluída em 26.04.2024, fixou a tese de que, *no processo eleitoral*, "é ilícita a prova colhida por meio de gravação ambiental clandestina, sem autorização judicial e com violação à privacidade e à intimidade dos interlocutores, ainda que realizada por um dos participantes, sem o conhecimento dos demais", exceto para o "registro de fato ocorrido em local público desprovido de qualquer controle de acesso, pois, nesse caso, não há violação à intimidade ou quebra da expectativa de privacidade". O STF salientou, note-se, que o entendimento sufragado no acórdão se aplica especificamente ao contexto eleitoral[35].

Assim como fez o STJ no HC nº 812.310/RJ, a decisão do STF no RE 1.040.515/SE avaliou a validade da prova a partir de uma ponderação entre a intimidade e a privacidade (do indivíduo flagrado) com a gravidade do ilícito que a gravação viria a demonstrar. Não parece ser a melhor interpretação do art. 8º-A, §4º, da Lei nº 9296/96. A rigor, o referido dispositivo legal fixa uma limitação ao Estado, que não pode usar o indivíduo como mero instrumento de sua atividade investigativa, gravando terceiros. Quando um particular o faz espontaneamente, não há, ou ao menos não deveria haver, ilegalidade. Não importa se esse particular é a vítima do crime que foi registrado pela gravação ou se a vítima é um terceiro. O crime é sempre uma violação ao interesse público. A proteção da privacidade não pode ser tamanha que facilite o crime e conduza à impunidade.

Não é demais lembrar que quem grava uma cena que presenciou sempre poderá testemunhar sobre essa cena e seu depoimento nada tem de ilícito; a gravação será apenas um registro mais fidedigno que seu testemunho. Assim como podem ser dispensadas de seu relato as passagens que digam respeito somente à intimidade dos interlocutores e não tenham relação com

35. BRASIL. Supremo Tribunal Federal. **RE 1.040.515/SE**. Pleno, rel. min. Dias Toffoli, julgado em 26.4.2024, DJe de 07.05.2024.

a prática de um crime (que sempre é, repita-se, um fato de interesse público), os trechos da gravação que digam respeito somente à intimidade dos interlocutores não interessarão ao processo e devem ser descartados.

Quanto à captação ambiental feita por particular, mas com a participação de agentes do Estado, a jurisprudência continua firme no sentido da exigência de prévia autorização judicial[36], por caracterizar uma modalidade de ação controlada e por se enquadrar na restrição prevista no art. 8º-A, §4º, da Lei nº 9.296/96[37].

Há que se mencionar também o entendimento fixado pelo STF no julgamento da ADI nº 5.642, de 18.04.2024, no qual se declarou a constitucionalidade dos arts. 13-A e 13-B do CPP. Como estudado no capítulo 2, previu-se no art. 13-A do CPP a possibilidade de que a polícia e o Ministério Público, independentemente de autorização judicial, requisitem de entes públicos ou privados dados da vítima e de investigados por crimes de cárcere privado, redução a condição análoga à de escravo, tráfico de pessoas, sequestro relâmpago, extorsão mediante sequestro e envio ilegal de criança ao exterior. Para esses mesmos crimes, o STF também decidiu ser constitucionalmente válido que empresas prestadoras de serviço de telecomunicações e/ou telemática disponibilizem aos órgãos de persecução penal sinais, informações e outros dados que viabilizem a localização da vítima ou dos suspeitos daqueles crimes – nessa segunda hipótese, mediante autorização judicial, como exigido pelo art. 13-B do CPP. Observe-se, contudo, que, se não houver manifestação judicial no prazo de 12 horas, o Ministério Público ou a polícia podem requisitar diretamente às empresas prestadoras de serviços de telecomunicações e/ou telemática – independentemente, pois, de autorização judicial – que cumpram imediatamente as medidas previstas no art. 13-B do CPP, cabendo à autoridade responsável comunicar prontamente tais providências ao juízo competente[38].

36. BRASIL. Superior Tribunal de Justiça. **RHC 150.343/GO**, Sexta Turma, rel. min. Rogerio Schietti Cruz, rel. p/acórdão min. Sebastião Reis Júnior, julgado em 15.08.2023, DJe de 30.08.2023.

37. Na primeira Lei de Organizações Criminosas, a lei n.º 9.034/94, a ação controlada dependia de prévia autorização judicial (art. 2º, IV: "a captação e a interceptação ambiental de sinais eletromagnéticos, óticos ou acústicos, e o seu registro e análise, mediante circunstanciada autorização judicial"). Na lei atualmente em vigor, a Lei nº 12.850/2013, essa exigência não foi repetida.

38. "Art. 13-A. Nos crimes previstos nos arts. 148, 149 e 149-A, no § 3º do art. 158 e no art. 159 do Decreto-Lei no 2.848, de 7 de dezembro de 1940 (Código Penal), e no art. 239 da Lei no 8.069, de 13 de julho de 1990 (Estatuto da Criança e do Adolescente), o membro do Ministério Público ou o delegado de polícia poderá requisitar, de quaisquer órgãos do poder público ou de empresas da iniciativa privada, dados e informações cadastrais da vítima ou de suspeitos.

(...)

A inviolabilidade do sigilo de correspondência prevista no art. 5º, XII, da CF/88 é outro ponto que inspira polêmicas.

Quanto a correspondências, a Constituição não faz nenhuma ressalva: atentando-se para a expressão "no último caso" utilizada no inciso XII do art. 5º, apenas o sigilo de comunicações telefônicas poderia ser relativizado (por ordem judicial em investigações criminais). Para o sigilo epistolar, pois, haveria uma inviolabilidade absoluta. Todavia, desde a década de 1990 o STF tem decidido que

> A administração penitenciária, com fundamento em razões de segurança pública, de disciplina prisional ou de preservação da ordem jurídica, pode, sempre excepcionalmente, e desde que respeitada a norma inscrita no art. 41, parágrafo único, da Lei n. 7.210/84, proceder à interceptação da correspondência remetida pelos sentenciados, eis que a cláusula tutelar da inviolabilidade do sigilo epistolar não pode constituir instrumento de salvaguarda de práticas ilícitas[39].

Sobre correspondências já entregues ao destinatário, sua apreensão não dependeria, a princípio, de autorização judicial e submeter-se-ia à disciplina processual penal para quaisquer outros objetos ou papéis. Significa dizer que cartas já entregues podem ser apreendidas pelo delegado de polícia,

---

13-B. Se necessário à prevenção e à repressão dos crimes relacionados ao tráfico de pessoas, o membro do Ministério Público ou o delegado de polícia poderão requisitar, mediante autorização judicial, às empresas prestadoras de serviço de telecomunicações e/ou telemática que disponibilizem imediatamente os meios técnicos adequados – como sinais, informações e outros – que permitam a localização da vítima ou dos suspeitos do delito em curso.

(...)

§2º Na hipótese de que trata o *caput*, o sinal:

I – não permitirá acesso ao conteúdo da comunicação de qualquer natureza, que dependerá de autorização judicial, conforme disposto em lei;

II – deverá ser fornecido pela prestadora de telefonia móvel celular por período não superior a 30 (trinta) dias, renovável por uma única vez, por igual período;

III – para períodos superiores àquele de que trata o inciso II, será necessária a apresentação de ordem judicial.

§3º Na hipótese prevista neste artigo, o inquérito policial deverá ser instaurado no prazo máximo de 72 (setenta e duas) horas, contado do registro da respectiva ocorrência policial.

§ 4º Não havendo manifestação judicial no prazo de 12 (doze) horas, a autoridade competente requisitará às empresas prestadoras de serviço de telecomunicações e/ou telemática que disponibilizem imediatamente os meios técnicos adequados – como sinais, informações e outros – que permitam a localização da vítima ou dos suspeitos do delito em curso, com imediata comunicação ao juiz."

39. BRASIL. Supremo Tribunal Federal. **HC n.º 70.814/SP**, Primeira Turma, rel. min. Celso de Mello, julgado em 01.03.1994, DJ de 24.06.1994.

independentemente de autorização judicial[40], nas hipóteses de busca pessoal do art. 244 do CPP[41] e quando a apreensão não dependa de uma entrada em domicílio: por exemplo, quando se tratar de documentos (não sigilosos) requisitados de entes públicos ou privados ou entregues diretamente por vítimas, investigados ou testemunhas (art. 6º, II e III, do CPP e art. 2º, §2º, da Lei nº 12.830/2013). Não sendo esse o caso, deve ser respeitada, no mínimo, a inviolabilidade domiciliar – para o que se exigirá então ordem judicial não exatamente para a apreensão, mas, antes, para a própria entrada em domicílio –, seguindo-se o procedimento previsto no art. 245 do CPP.

Há que se observar, contudo, que o STF vem mudando seu entendimento quanto à proteção constitucional do sigilo de comunicações. Antes, era clara aos ministros a distinção entre comunicações em fluxo e comunicações já encerradas, tendo como consequência incidir a reserva jurisdicional apenas para o primeiro caso[42]. Mais recentemente, entretanto, o STF, ao julgar o HC 168.052/SP, afirmou ter se operado uma verdadeira mutação constitucional sobre o tema:

40. Autoridades fazendárias, quando no exercício regular de suas funções, também podem apreender, independentemente de autorização judicial, quaisquer documentos relacionados direta ou indiretamente com as atividades fiscalizadas, na forma dos arts. 34 e 35 da Lei nº 9.430/96 e do art. 195 da Lei nº 5.172/66 (Código Tributário Nacional), e os documentos apreendidos nessas circunstâncias podem ser validamente utilizados para a persecução dos crimes correlatos aos ilícitos tributários apurados: "[...] 4. A jurisprudência desta Corte tem orientação no sentido de que os documentos e livros que se relacionam com a contabilidade de empresa não estão protegidos por nenhum tipo de sigilo e são, inclusive, de apresentação obrigatória por ocasião das atividades fiscais. 5. A apreensão de documentos pela administração fazendária tem respaldo legal e na jurisprudência desta Corte." (BRASIL. Superior Tribunal de Justiça. Quinta Turma, **HC n.º 242.750/DF**, rel. Campos Marques – desembargador convocado do TJ/PR, v.u., julgado em 18.03.2013, DJe de 01.07.2013). Todavia, em processo movido contra o ex-presidente Fernando Collor de Mello e outros, a apreensão de documentos pela Receita Federal resultante de uma entrada em domicílio sem autorização judicial foi declarada inconstitucional pelo STF (APn 307, rel. min. Ilmar Galvão, julgado em 13.12.1994, DJ de 13.10.1995, p. 34.247).

41. "Art. 244. A busca pessoal independerá de mandado, no caso de prisão ou quando houver fundada suspeita de que a pessoa esteja na posse de arma proibida ou de objetos ou papéis que constituam corpo de delito, ou quando a medida for determinada no curso de busca domiciliar."

42. "[...] 2.2 Não se confundem comunicação telefônica e registros telefônicos, que recebem, inclusive, proteção jurídica distinta. Não se pode interpretar a cláusula do artigo 5º, XII, da CF, no sentido de proteção aos dados enquanto registro, depósito registral. A proteção constitucional é da comunicação de dados e não dos dados. 2.3 Art. 6º do CPP: dever da autoridade policial de proceder à coleta do material comprobatório da prática da infração penal. Ao proceder à pesquisa na agenda eletrônica dos aparelhos devidamente apreendidos, meio material indireto de prova, a autoridade policial, cumprindo o seu mister, buscou, unicamente, colher elementos de informação hábeis a esclarecer a autoria e a materialidade do delito (dessa análise logrou encontrar ligações entre o executor do homicídio e o ora paciente). Verificação que permitiu a orientação inicial da linha investigatória a ser adotada, bem como possibilitou concluir que os aparelhos seriam relevantes para a investigação." (BRASIL. Supremo Tribunal Federal. **HC 81.967/PA**, Segunda Turma, rel. min. Gilmar Mendes, julgado em 24.04.2012, DJ de 20.09.2012).

> [...] Acesso a aparelho celular por policiais sem autorização judicial. Verificação de conversas em aplicativo WhatsApp. Sigilo das comunicações e da proteção de dados. Direito fundamental à intimidade e à vida privada. Superação da jurisprudência firmada no HC 91.867/PA. Relevante modificação das circunstâncias fáticas e jurídicas. Mutação constitucional. Necessidade de autorização judicial. [...][43]

Assim, e em se consolidando a compreensão proclamada em 2020 pelo STF no HC nº 168.052/SP, mesmo as comunicações já concluídas também seriam protegidas pela reserva jurisdicional. Há que se ter em conta, por outro lado, que se invocou como fundamento para o reconhecimento da mutação constitucional "o significativo desenvolvimento das tecnologias da comunicação, do tráfego de dados e dos aparelhos smartphones" (fl. 03 do voto condutor do acórdão). Tal motivação não se aplica, por óbvio, a documentos físicos. É razoável, pois, concluir-se pela ausência de reserva jurisdicional para mensagens físicas já transmitidas e entregues, distintamente do que ocorreria com mensagens eletrônicas.

Quando se tratar de correspondência física ainda em fluxo comunicacional, o STF estabeleceu outros temperamentos importantes ao julgar o Tema nº 1041 de Repercussão Geral.

Em acórdão proferido em 18.08.2020, o STF, apreciando o RE nº 1.116.949/PR, fixou a seguinte tese: "Sem autorização judicial ou fora das hipóteses legais, é ilícita a prova obtida mediante abertura de carta, telegrama, pacote ou meio análogo"[44]. A tese proposta pelo min. Marco Aurélio, relator, que afirmava ser sempre ilícita "a prova obtida mediante abertura, sem ordem judicial, de carta, telegrama, pacote ou meio análogo, ante a inviolabilidade do sigilo das comunicações", foi rechaçada. Prevaleceu então o voto do min. Edson Fachin, que reconheceu a ausência de reserva jurisdicional para a abertura de qualquer correspondência e incluiu a ressalva às "hipóteses legais" – constantes no art. 10 da Lei nº 6.538/1978[45].

---

43. BRASIL. Supremo Tribunal Federal. **HC 168.052/SP**, Segunda Turma, rel. min. Gilmar Mendes, julgado em 20.10.2020, DJe de 02.12.2020.

44. BRASIL. Supremo Tribunal Federal. **RE 1.116.949/PR**, Pleno, rel. min. Marco Aurélio, rel. p/acórdão min. Edson Fachin, julgado em 18.08.2020, DJe de 02.10.2020.

45. "Art. 10 – Não constitui violação de sigilo da correspondência postal a abertura de carta:
I – endereçada a homônimo, no mesmo endereço;
II – que apresente indícios de conter objeto sujeito a pagamento de tributos;
III – que apresente indícios de conter valor não declarado, objeto ou substância de expedição, uso ou entrega proibidos;
IV – que deva ser inutilizada, na forma prevista em regulamento, em virtude de impossibilidade de sua entrega e restituição.

Acolhendo embargos de declaração opostos pelo Procurador-Geral da República, o STF proferiu nova decisão no RE nº 1.116.949/PR em 30.11.2023, complementando a tese para o Tema nº 1041 de Repercussão Geral, ao final assim redigida:

> (1) Sem autorização judicial ou fora das hipóteses legais, é ilícita a prova obtida mediante abertura de carta, telegrama, pacote ou meio análogo, salvo se ocorrida em estabelecimento penitenciário, quando houver fundados indícios da prática de atividades ilícitas; (2) Em relação a abertura de encomenda postada nos Correios, a prova obtida somente será lícita quando houver fundados indícios da prática de atividade ilícita, formalizando-se as providências adotadas para fins de controle administrativo ou judicial.

A omissão do acórdão de 18.08.2020 quanto à abertura de pacotes de encomendas era a preocupação central dos embargos de declaração opostos pelo PGR, que destacava a ausência de um conteúdo propriamente comunicacional em tais remessas e seu uso cada vez mais corriqueiro para a prática de atividades ilícitas, como o tráfico de entorpecentes. Do ponto de vista dogmático, a ponderação é pertinente: sendo o sigilo das comunicações o cerne da garantia constante no art. 5º, XII, da CF/88, encomendas postais, pelas quais são transportados objetos, não têm conteúdo digno de proteção idêntica. Na decisão tomada em 30.11.2023, percebe-se a preocupação do STF com o caráter procedimental para a produção da prova nesses casos (item 2 da tese fixada), no que claramente dialoga com os *standards* de validade para o tratamento de dados pessoais (que serão analisados no capítulo 4). E, para a primeira parte da tese, foi acrescida a exceção referente à abertura de correspondências em estabelecimentos prisionais.

Ainda no que diz respeito às hipóteses de reserva jurisdicional expressamente positivadas, tem-se o art. 7º do Marco Civil da Internet (Lei nº 12.965/2014). O aludido dispositivo estatui o sigilo do fluxo de comunicações pela internet "salvo por ordem judicial, na forma da lei" (art. 7º, II). Até esse ponto, não haveria, a rigor, nada de novo: a inviolabilidade das comunicações é prevista no inciso XII do art. 5º da Constituição Federal e a lei a que se reporta o art. 7º, II, do MCI é a Lei nº 9.296/96 (Lei de Interceptação de Comunicações Telefônicas e Telemáticas). Em seguida, contudo, o MCI prevê também serem sigilosas e invioláveis as "comunicações privadas armazenadas, salvo

---

Parágrafo único – Nos casos dos incisos II e III a abertura será feita obrigatoriamente na presença do remetente ou do destinatário."

por ordem judicial" (art. 7º, III). Com isso, não somente o *fluxo* de comunicações da internet passou a ser protegido, mas até as comunicações *já concluídas* – *i.e.*, aqueles conteúdos já transmitidos pela internet e que foram armazenados em um dispositivo eletrônico.

A partir de uma interpretação alargada dos incisos X e XII do art. 5º da Constituição Federal, a jurisprudência do STF construiu ao longo dos anos outras hipóteses de reserva jurisdicional não explicitamente previstas em lei nem no texto constitucional.

Conforme abordado no tópico 3.3, o acesso a dados bancários diretamente pelo Ministério Público seria possível, o menos em tese, diante do que estabelecem o art. 8º, §2º, da Lei Complementar nº 75/1993 (Lei Orgânica do Ministério Público da União) e o art. 26 da Lei nº 8.625/1993 (aplicável aos Ministérios Públicos dos Estados)[46]. Como já discorrido, contudo, e mesmo não havendo uma limitação legal expressa que permita confrontar a disciplina legal do poder do Ministério Público para requisitar dados sigilosos, o STF tem reiteradamente decidido que o direito à intimidade e à vida privada fixam, às autoridades responsáveis pela persecução penal, a necessidade de que pleiteiem prévia autorização judicial para o acesso e o tratamento de dados bancários[47], excetuados apenas os dados bancários de entes públicos[48].

O acesso a dados bancários por autoridades fazendárias independentemente de autorização judicial é previsto na legislação tributária (Lei Complementar nº 104/2001, art. 1º; Lei Complementar nº 105/2001, arts. 1º, §3º e 4º, 3º, §3º, 5º e 6º; Decreto nº 3.724/2001; Decreto nº 4.489/2002; e Decreto nº 4.545/2002) e sua constitucionalidade foi declarada pelo STF em 24.02.2016 no julgamento das ADIs nº 2390/DF, 2386/DF, 2397/DF e 2859/DF, Rel. Min. Dias Toffoli, e do RE 601314/SP, Rel. Min. Edson Fachin, com repercussão geral.

---

46. A respeito da possibilidade de requisição de dados sigilosos pelo Ministério Público, observe-se que não há, para autoridades policiais, previsão legal com semelhante abrangência. Para uma análise mais detida do tema, ver: CALABRICH, Bruno Freire de Carvalho; BARRETO, Pablo Coutinho. O sigilo de dados bancários no Brasil, ontem e hoje: entre o direito à intimidade e o dever de compartilhamento. *In*: CALLEGARI, André; Turbay, Marcelo; FONTENELE, Marilia. **Temas Atuais de Direito Penal Econômico**. São Paulo: SaraivaJur, 2022.

47. BRASIL. Supremo Tribunal Federal. **RE 215.301/CE**, Segunda Turma, rel. Carlos Velloso, julgado em 13.04.1999, DJ de 28.05.1999.

48. BRASIL. Supremo Tribunal Federal. **MS 21.729/DF**, Pleno, rel. min. Marco Aurélio, rel. p/acórdão min. Néri da Silveira, julgado em 05.10.1995, DJ de 19.10.2001.

Já o acesso, pela polícia e pelo Ministério Público, a dados fiscais – ou seja, a dados produzidos por autoridades fazendárias a partir de dados bancários e outros dados – e a relatórios de inteligência produzidos por Unidades de Inteligência Financeira foi apreciado, como exposto, no RE nº 1.055.941/SP[49], tendo o STF decidido ser constitucional

> o compartilhamento dos relatórios de inteligência financeira da UIF e da íntegra do procedimento fiscalizatório da Receita Federal do Brasil (RFB), que define o lançamento do tributo, com os órgãos de persecução penal para fins criminais, sem a obrigatoriedade de prévia autorização judicial.

Na ementa do acórdão do RE nº 1.055.941/SP não foi feita referência a compartilhamento de dados *espontâneo* (feito de ofício pela Receita e UIF) e *provocado* (por solicitação ou requisição do MP ou da polícia), o que levou a confusões na doutrina e mesmo a decisões como a proferida pelo STJ no RHC nº 83.233-MG, que entendeu ser ilegal a requisição, sem autorização judicial, de dados fiscais pelo Ministério Público[50]. Sem embargo, e como já exposto, a leitura do inteiro teor do acórdão permite perceber que o STF analisou e reconheceu a validade de ambas as formas de compartilhamento de dados, tanto espontâneo quanto por provocação. O descabimento da restrição, aliás, avultava da própria redação das teses fixadas para o Tema 990 de repercussão geral, que nem ao menos sugeria restrição a uma ou outra situação.

O acesso e o tratamento de dados pessoais, sem autorização judicial, a partir da apreensão de aparelhos de telefone celular ainda pende de decisão definitiva do STF[51]. Na Segunda Turma do STF, o entendimento mais atual sobre o tema consta no acórdão do HC nº 168.052/SP, que afirmou ter se operado uma mutação constitucional – que justificaria a superação da jurisprudência de então (fixada no HC 91.867/PA) – e passou a exigir autorização judicial para o acesso aos dados armazenados num aparelho telefônico apreendido[52].

49. BRASIL. Supremo Tribunal Federal. Rel. Min. Dias Toffoli, julgado em 4.12.2019 – Tema 990 de repercussão geral, já referido.

50. BRASIL. Superior Tribunal de Justiça. 3ª Seção. **RHC 83.233-MG**, Rel. Min. Sebastião Reis Júnior, julgado em 09.02.2022, DJe de 14.02.2022.

51. BRASIL. Supremo Tribunal Federal. **Tema 977; ARE n.º 1042075-RG**, com repercussão geral admitida em 23.11.2017.

52. BRASIL. Supremo Tribunal Federal. **HC 168.052/SP**, Segunda Turma, rel. min. Gilmar Mendes, julgado em 20.10.2020, DJe de 02.12.2020.

Quanto ao "espelhamento" via aplicativos de mensagens como o WhatsApp Web, o STJ tem considerado que a medida é uma forma de ação controlada e depende de prévia autorização judicial. É de se reconhecer, portanto, a validade das chamadas "ações encobertas, controladas virtuais ou de agentes infiltrados no plano cibernético [...], desde que respeitados os parâmetros de proporcionalidade, subsidiariedade, controle judicial e legalidade, calcado pelo competente mandado judicial"[53]. Ainda conforme decidido pelo STJ, se a parte não comprovar "adulteração da prova, alteração na ordem cronológica dos diálogos ou a interferência de quem quer que seja", a invalidade da medida não pode ser "presumida"[54]. Tal técnica especial de investigação caracteriza uma forma de tratamento de dados pessoais – dados que circularão e que serão coletados enquanto o agente infiltrado fizer uso do aplicativo espelhado – e tem amparo no art. 53, I, da Lei nº 11.343/06 (Lei de Drogas), no Decreto nº 5.015/04 (Convenção de Palermo contra o Crime Organizado) e no art. 8º da Lei nº 12.850/13 (Lei do Crime Organizado).

Sucede que o art. 8º, §1º, da Lei nº 12.850/13, ao disciplinar a ação controlada, refere-se apenas a uma comunicação ao juízo competente[55]. O entendimento do STJ é no mesmo sentido: "a ação controlada prevista no §1º do art. 8º da Lei nº 12.850/2013 independe de autorização, bastando sua comunicação prévia à autoridade judicial"[56]. A rigor, e caso fosse seguido o entendimento fixado pelo STJ para a ação controlada, o tratamento de dados feito pelo espelhamento de aplicativos de mensagens também seria válido independentemente de prévia autorização judicial.

### 3.4.3 Casos que não exigem prévia autorização judicial

Independem de prévia autorização judicial todas as formas de tratamento de dados não contempladas pela Constituição Federal dentre as cláusulas de reserva jurisdicional e todas as formas de tratamento de dados que não estejam assim previstas em lei.

53. BRASIL. Superior Tribunal de Justiça. **AResp nº 2257960/MG**, rel. min. Reynaldo Soares da Fonseca, decisão monocrática, julgado em 16.05.2023, DJe de 19.05.2023.
54. BRASIL. Superior Tribunal de Justiça. **AResp nº 2318334/MG**, Quinta Turma, rel. min. Reynaldo Soares da Fonseca, decisão monocrática, julgado em 16.04.2024, DJe de 22.04.2024.
55. Art. 8º, §1º, da Lei nº 12.850/13: "O retardamento da intervenção policial ou administrativa será previamente comunicado ao juiz competente que, se for o caso, estabelecerá os seus limites e comunicará ao Ministério Público".
56. BRASIL. Superior Tribunal de Justiça. **HC 589.544/SC**, Sexta Turma, rel. min. Laurita Vaz, v.u., julgado em 08.09.2020, DJe de 22.09.2020; Informativo 680 do STJ.

As definições legais de "dado pessoal" e "tratamento de dados pessoais" são amplíssimas. Desse modo, todos os atos praticados no processo penal podem ser enquadrados como espécies de tratamento de dados pessoais, desde que tenham como produto uma "informação relacionada a pessoa natural identificada ou identificável" (art. 5º, I, da LGPD) e caracterizem uma "operação realizada com dados pessoais", como "a coleta, produção, recepção, classificação, utilização, acesso, reprodução, transmissão, distribuição, processamento, arquivamento, armazenamento, eliminação, avaliação ou controle da informação, modificação, comunicação, transferência, difusão ou extração" (art. 5º, X, da LGPD).

Existindo uma base legal para o tratamento e não havendo nessa base legal nenhuma exigência quanto a autorização judicial, não haverá reserva jurisdicional. Para o processo penal e para a investigação criminal, as bases legais para o tratamento de dados pessoais são o Código de Processo Penal e toda a legislação processual penal extravagante que, de forma direta ou indireta, verse sobre o tratamento de dados pessoais. Como já estudado, compõem esse arcabouço legal a Lei de Interceptação de Comunicações Telefônicas e Telemáticas (Lei nº 9.296/1996), a Lei de Identificação Criminal (Lei nº 12.037/2009), o Marco Civil da Internet (Lei nº 12.965/2014), a Lei de Lavagem de Dinheiro (Lei nº 9.613/1998), a Lei de Organizações Criminosas (Lei nº 12.850/2013), as Leis Orgânicas do Ministério Público (Lei nº 8.625/93 e a Lei Complementar nº 75/93), a Lei nº 12.830/2013 (que dispõe sobre a investigação criminal conduzida pelo delegado de polícia), o Código Tributário Nacional (Lei nº 5.172/1966, alterado pela Lei Complementar nº 104/2001) e a Lei Complementar nº 105/2001 (que dispõe sobre o sigilo das operações de instituições financeiras).

Atos meramente cartoriais, quando relacionados "a pessoa natural identificada ou identificável", são tipos de tratamento de dados pessoais. Atos de instrução, da juntada de um documento à colheita de um depoimento, da atermação da apreensão de objetos à produção de uma perícia, idem. Despachos, meros atos de impulsionamento da marcha processual, até decisões, sentenças e acórdãos – eis que inevitavelmente referentes a pessoa natural identificada ou identificável –, também constituem exemplos de tratamento de dados pessoais.

Tampouco há que se confundir "dado sigiloso" com "dado submetido a reserva jurisdicional". Nem todo dado sigiloso tem seu compartilhamento dependente de autorização judicial. Se houver lei que assim o proveja, o dado sigiloso pode – ou melhor, deve – ser compartilhado e nem por isso perderá seu caráter sigiloso. Dados de prontuários médicos, por exemplo, são a princípio sigilosos, mas o acesso a esses dados por autoridades encarregadas da persecução penal não necessariamente exige autorização judicial[57]. De igual natureza são os dados fiscais, em que pese a polêmica, como será analisado no capítulo 4. Dados bancários devem ser encaminhados por bancos com autoridades fazendárias, na forma dos arts. 5º e 6º da Lei Complementar nº 105/2001, por requisição destas e independentemente de autorização judicial, como decidido pelo STF no julgamento das ADIs nº 2.386, 2.390, 2.397 e 2.859 e no RE nº 601.314/SP (tema 225 de repercussão geral[58]). Operações financeiras devem ser comunicadas à Unidade de Inteligência Financeira por bancos e por outros entes obrigados pelo art. 9º da Lei de Lavagem de Dinheiro (Lei nº 9.613/98) – em todos os casos, também sem necessidade de autorização judicial. Para o Ministério Público, a lei prevê expressamente a possibilidade de requisição direta de quaisquer dados sigilosos, sem prejuízo da responsabilidade pessoal do membro pelo uso indevido dos dados que requisitar (LC nº 75/93, art. 8º, §2º, e Lei nº 8.625/93, art. 26, §2º). Dados obtidos espontaneamente ou por requisição de órgãos da administração fazendária e de inteligência financeira também devem ser encaminhados ao Ministério Público independentemente de autorização judicial (RE nº 1.055.941/SP e Tema 990 de Repercussão Geral).

Tenha-se, pois, que ainda que determinado dado sigiloso possa estar sujeito a reserva jurisdicional, cuidam-se de duas categorias distintas: nem todo compartilhamento de dados sigilosos exige autorização judicial.

É à luz dessa distinção entre "dado sigiloso" e "dado sujeito a reserva jurisdicional", pois, que deve ser interpretado o art. 3º-B, XI, d, do CPP, que dispõe competir ao juiz das garantias decidir sobre "o acesso a informações sigilosas". Não é que todo dado sigiloso só possa ser acessado mediante autorização judicial, mas sim que, quando o acesso ao dado sigiloso for tema de reserva de jurisdição, caberá ao juiz das garantias autorizar ou não esse acesso.

---

57. Tome-se, por exemplo, a obrigação prevista na Lei nº 10.778/2003, que independe de autorização judicial: "Art. 1º Constituem objeto de notificação compulsória, em todo o território nacional, os casos em que houver indícios ou confirmação de violência contra a mulher atendida em serviços de saúde públicos e privados."

58. "Tese: I – O art. 6º da Lei Complementar 105/01 não ofende o direito ao sigilo bancário, pois realiza a igualdade em relação aos cidadãos, por meio do princípio da capacidade contributiva, bem como estabelece requisitos objetivos e o translado do dever de sigilo da esfera bancária para a fiscal; II – A Lei 10.174/01 não atrai a aplicação do princípio da irretroatividade das leis tributárias, tendo em vista o caráter instrumental da norma, nos termos do artigo 144, § 1º, do CTN."

Por força do princípio da legalidade estrita, somente pode ser realizado o tratamento de dados pessoais que tenha amparo em expressa previsão legal. Se, em tal previsão legal, não há referência à necessidade de autorização judicial, não há que se presumi-la – não sendo suficiente para esse propósito, como já se discorreu, apenas a proteção geral estatuída no art. 5º, LXXIX, da CF/88, que não faz nenhuma menção a essa reserva. No processo penal e na investigação criminal, repita-se, não dependem de autorização judicial todas as espécies de tratamento para as quais não exista previsão constitucional ou legal nesse sentido.

Há, todavia, diversas zonas cinzentas nessa matéria, como será abordado no tópico a seguir.

## 3.5 PONTOS CONTROVERSOS QUANTO À EXTENSÃO DA RESERVA JURISDICIONAL

É importante abordar algumas controvérsias quanto ao sentido ou extensão das cláusulas de reserva jurisdicional no ordenamento brasileiro e sua relação com o tema do tratamento de dados pessoais. Parte dessas polêmicas decorre da falta de um regramento específico sobre a proteção de dados pessoais no processo penal e na investigação criminal, ao qual o art. 4º, §1º da LGPD faz remissão. Outra parte deriva de uma jurisprudência que, socorrendo-se de previsões legais esparsas e à falta de uma legislação própria, persiste bastante oscilante, como se verá.

### 3.5.1 Reserva jurisdicional "de acordo com a gravidade do crime"

A legalidade de um ato administrativo qualquer, incluindo a legalidade de um ato administrativo consubstanciado numa diligência policial (num inquérito ou de policiamento ostensivo), não pode depender de uma circunstância que somente se verifique *a posteriori*, depois da prática do ato e exclusivamente conforme seu resultado. Se a legalidade de um ato depender da gravidade o crime que o ato logra (ou não logra) provar, estar-se-á chancelando uma verdadeira "loteria" na prática de atos de investigação criminal.

Nessa linha, a CF e a lei não preveem que uma prova ou ato de investigação (que nesta resulte) somente sejam válidos ou inválidos de acordo com a gravidade do crime verificado após a prática do ato de investigação. Ou a prova é válida por respeitar direitos constitucional e legalmente previstos, ou a prova é inválida por desrespeitar tais direitos. Dentre esses direitos estão os requisitos para a prática do ato, ou sua *forma*, que deve ser respeitada – ainda que nem todos os vícios do ato resultem sempre numa invalidade absoluta[59]. Eventualmente a lei pode prever que determinados atos de investigação só podem ser praticados mediante prévia autorização judicial e para a investigação de crimes específicos, mais graves. Exemplo disso é a lei de interceptações telefônicas, que só as permite quando houver indícios razoáveis da autoria ou participação em infração penal punida com reclusão e quando a prova não puder ser feita por outros meios disponíveis. Entretanto, veja-se que esses requisitos são prévios à medida de investigação – que, calha ser redundante, depende de prévia autorização judicial. Trata-se de uma legalidade que é estabelecida e aferida *antes* da prática do ato.

Assim, é equivocado afirmar que um tratamento de dados pessoais qualquer somente será válido, no processo penal, quando corresponder à prova de um crime *grave*, sem que tal exigência conste em disposição legal específica que preveja a gravidade do crime como requisito para esse tratamento.

Assim, uma gravação em vídeo feita por uma câmera de segurança domiciliar, a partir da qual haverá o tratamento de dados pessoais biométricos, é, como regra, perfeitamente válida – e não deixará de sê-lo apenas por *tratar dados pessoais sensíveis* ou por ser utilizada como *prova de uma infração de menor gravidade*, como uma lesão corporal leve (art. 129, *caput*, do CP). Isso não quer dizer que toda gravação é lícita. Se a própria vítima do crime, proprietária da residência e do sistema no qual feita a gravação, apresenta seus arquivos para juntada aos autos de uma investigação, não há dúvida quanto a sua legalidade. Mas uma gravação feita por alguém que invade o sistema de segurança de uma residência será ilegal por ser fruto de um crime (art. 154-A do CP); de modo semelhante, quando essa gravação é feita por uma autoridade policial mediante a instalação de um dispositivo informático no sistema de monitoramento após sua entrada no domicílio do investigado mas sem autorização judicial, essa prova será ilícita por não estarem preenchidas as exigências legais e constitucionais para tanto (além de também caracterizar um crime – o do art. 150 do CP – pelo agente do Estado).

59. A exemplo do que disciplinam os arts. 563 ("Nenhum ato será declarado nulo, se da nulidade não resultar prejuízo para a acusação ou para a defesa") e 564 ("Não será declarada a nulidade de ato processual que não houver influído na apuração da verdade substancial ou na decisão da causa") do CPP.

No RHC 51.531/RO, contudo, a Sexta Turma do STJ decidiu que, "sem prévia autorização judicial, são nulas as provas obtidas pela polícia por meio da extração de dados e de conversas registradas no WhatsApp presentes no celular do suposto autor de fato delituoso, ainda que o aparelho tenha sido apreendido no momento da prisão em flagrante" (RHC 51.531-RO, Rel. Min. Nefi Cordeiro, julgado em 19.04.2016, DJe de 09.05.2016). No ponto sobre o que ora se discorre, o que merece destaque, desse precedente, é que o julgado não se limitou a tratar da legalidade ou não da extração de dados do celular sem autorização judicial. Embora não conste de sua ementa, verifica-se do inteiro teor do acórdão um relevante *distinguishing*, feito num alentado voto (convergente com o relator e baseado em diversos precedentes estrangeiros) da min. Thereza de Assis Moura:

> Não descarto, de forma absoluta, que, a depender do caso concreto, caso a demora na obtenção de um mandado judicial pudesse trazer prejuízos concretos à investigação ou especialmente à vítima do delito, mostre-se possível admitir a validade da prova colhida através do acesso imediato aos dados do aparelho celular. Imagine-se, por exemplo, um caso de extorsão mediante sequestro, em que a polícia encontre aparelhos celulares em um cativeiro recém-abandonado: o acesso incontinenti aos dados ali mantidos pode ser decisivo para a libertação do sequestrado.

Como se percebe, e embora tal ponto não tenha sido replicado no dispositivo do acórdão, debateu-se no STJ a possibilidade de se reconhecer a validade de uma prova ilícita, porquanto obtida sem prévia autorização judicial (que, ainda segundo o STJ, seria necessária no caso específico), a depender *da gravidade do fato criminoso* que esta pudesse demonstrar.

O problema dessa tese está em aferir a legalidade do ato *a posteriori* – ou seja, a partir do resultado da investigação. Se o tratamento de dados pessoais lograr constituir uma prova de um crime grave, o tratamento terá sido lícito; se o tratamento de dados não conseguir provar nada, ou apenas provar um crime de menor gravidade, o tratamento terá sido ilícito. O equívoco dessa linha de argumentação está em se condicionar a legalidade do ato ao seu resultado. Ocorre que os requisitos de validade de um ato judicial ou administrativo antecedem-no, pois estão na lei e na Constituição. Para autorizar uma interceptação telefônica, um juiz deve fundamentar sua decisão na lei e nos elementos informativos apresentados pela polícia e pelo Ministério Público. Uma interceptação que não tenha sido judicialmente autorizada continuará a ser ilegal independentemente do crime que se consiga detectar.

Algo substancialmente diverso é aferir a legalidade do ato a partir da gravidade do crime que já esteja sob investigação. Numa investigação sobre crimes de menor gravidade, o tratamento de dados pessoais e a ingerência sobre a privada de alguém podem, em tese, não ser justificáveis, porquanto desproporcionais ou desnecessários.

É digno de nota que há precedentes do Tribunal de Justiça da União Europeia afirmando que dados pessoais colhidos da internet ou de empresas de telefonia só podem ser usados para investigar crimes graves, e que o tratamento feito para investigar infrações de menor gravidade deve ser considerado inválido e ilegítimo, porquanto contrário ao direito da União Europeia[60]. Tal entendimento, contudo, foi aprofundado (e em certa medida temperado) pelo TJ/UE a partir do julgamento do Processo C-207/16 – Ministério Fiscal.

No caso C-207/16, julgado em 02 de outubro de 2018, o TJ/UE[61] apreciou um reenvio prejudicial apresentado no âmbito de um recurso interposto pelo Ministério Público da Espanha contra a decisão de um juizado de instrução de Tarragona, que não autorizou o acesso da polícia a dados pessoais guardados por fornecedores de serviços de comunicações eletrônicas. Investigava-se, no caso, um crime de roubo praticado em 16 de fevereiro de 2015. A vítima foi ferida e teve seus pertences subtraídos, incluindo um aparelho de telefone celular. A polícia então representou ao juiz de instrução para que ordenasse a diferentes fornecedores de serviços de comunicações eletrônicas que informassem os números de telefone ativados, entre 16 de fevereiro e 27 de fevereiro de 2015, com o código relativo à Identidade Internacional de Equipamento Móvel (código "IMEI") do aparelho roubado, bem como os dados pessoais relativos à identidade civil dos titulares ou dos utilizadores dos números de telefone correspondentes aos cartões SIM ativados com esse código. O juiz responsável indeferiu essa solicitação e, ao analisar o recurso interposto pelo Ministério Público, o órgão recursal espanhol resolveu encaminhar o caso para a análise do TJ/UE. Em seu julgamento, o TJ/UE entendeu que o artigo 15 da Diretiva 2002/58 não limita os objetivos de "prevenção, de investigação, de deteção e de repressão de infrações penais" à luta contra

60. O acórdão do Processo C-207/16 e o recurso do Ministério Público da Espanha que provocou o julgamento do TJ/UE aludem precisamente ao conceito de "infrações graves", na acepção da jurisprudência do Tribunal de Justiça que seria resultante do Acórdão *Digital Rights Ireland* e do Acórdão Tele2 Sverige e Watson (Processos C-203/15 e C-698/15).

61. UNIÃO EUROPEIA. Tribunal de Justiça. **Processo C-207/16 – Ministério Fiscal**. Disponível em: https://curia.europa.eu/juris/liste.jsf?num=C-207/16. Acesso em 18 set. 2023.

as infrações graves: pelo contrário, a mencionada Diretiva visa as "infrações penais" em geral. Lembrou-se que o mesmo TJ/UE já havia sedimentado que tais objetivos devem ser cotejados com a *gravidade da ingerência* nos direitos fundamentais que o acesso a dados pessoais pode gerar (cf. Acórdão Tele2, parágrafo 115). Assim, e com base no princípio da proporcionalidade, uma ingerência grave só pode ser justificada, em matéria de prevenção, de investigação, de deteção e de repressão de infrações penais, por um objetivo de luta contra a criminalidade, devendo também esta ser qualificada como "grave". Entendeu-se, portanto, que o acesso apenas aos dados pretendidos pela polícia no caso concreto – ou seja, de identificação das pessoas que utilizaram o aparelho telefônico após o roubo – não podia ser qualificado como uma ingerência "grave" nos direitos fundamentais das pessoas cujos dados seriam tratados na investigação; exatamente por isso, não é necessário que os crimes investigados sejam "graves". Concluiu-se que o acesso aos referidos dados era justificado pelo objetivo de prevenção, de investigação, de deteção e de repressão de "infrações penais" em geral, sendo desnecessário que essas infrações sejam qualificadas como "graves"[62].

A decisão do Tribunal confirmou que o acesso aos dados que revelem a data, hora, duração e destinatários das comunicações ou os locais onde as comunicações ocorreram "deve ser considerado uma interferência séria no conteúdo do direito, pois são dados que permitem conclusões precisas sobre a vida privada das pessoas". Nessas situações, o acesso aos dados deve ser limitado a casos que envolvam "crimes graves" – embora o TJ/UE não tenha definido o que se poderia entender por "crime grave"[63].

Por outro lado, o acórdão em foco é emblemático ao afirmar que a ponderação deve se dar não exclusivamente do ponto de vista do interesse

62. Eis o dispositivo o acórdão do TJ/UE: "O artigo 15.o, n.o 1, da Diretiva 2002/58/CE do Parlamento Europeu e do Conselho, de 12 de julho de 2002, relativa ao tratamento de dados pessoais e à proteção da privacidade no setor das comunicações eletrónicas (Diretiva relativa à privacidade e às comunicações eletrónicas), conforme alterada pela Diretiva 2009/136/CE do Parlamento Europeu e do Conselho, de 25 de novembro de 2009, lido à luz dos artigos 7.o e 8.o da Carta dos Direitos Fundamentais da União Europeia, deve ser interpretado no sentido de que o acesso das autoridades públicas aos dados com vista à identificação dos titulares dos cartões SIM ativados num telemóvel roubado, tais como o apelido, o nome próprio e, sendo caso disso, o endereço desses titulares, constitui uma ingerência nos direitos fundamentais destes últimos, consagrados nesses artigos da Carta, que não apresenta uma gravidade tal que esse acesso deva ser limitado, em matéria de prevenção, de investigação, de deteção e de repressão de infrações penais, à luta contra a criminalidade grave." UNIÃO EUROPEIA. Tribunal de Justiça. **Processo C-207/16 – Ministério Fiscal**. Disponível em: https://curia.europa.eu/juris/liste.jsf?num=C-207/16. Acesso em 18 set. 2023.

63. BENTO, Rafael Tedrus. **Evolução da proteção de dados pessoais na União Europeia**: a evolução dos conceitos de proteção de dados pessoais e privacidade na jurisprudência do Tribunal de Justiça da União Europeia. Rio de Janeiro: Lumen Juris, 2022, pp. 67-68.

para a persecução penal, mas também sob a perspectiva do nível de ingerência sobre a vida privada e a extensão dos dados que se pretenda buscar. Noutras palavras, a gravidade da ingerência é tão relevante quanto a gravidade do fato investigado. Somente aquilatando-se um e outro, e somente com vistas ao caso concreto, será possível aferir a legalidade de determinado tratamento de dados pessoais.

Veja-se, contudo, que não se tratou, nos referidos julgados e especialmente no acórdão do Processo C-207/16, da necessidade de prévia autorização judicial para o tratamento de dados pessoais. Isso pode se justificar ao menos em parte pela postura do TJ/UE, declarada reiteradamente em sua jurisprudência, que é restritiva quanto ao Tribunal se imiscuir em temas relacionados à organização interna e sobre as estruturas dos órgãos afins do Poder Judiciário de cada um dos Estados submetidos a sua jurisdição.

Há outro acórdão do TJ/UE, entretanto, que aborda tal questão (necessidade de autorização judicial) de modo mais contundente, ao menos no que diz respeito ao tratamento de dados pessoais pelo Ministério Público. Cuida-se do julgamento do Processo C-746/18 (caso H. K. e Prokuratuur[64]). O TJ/UE analisou a demanda de uma pessoa identificada pelas iniciais H. K., que foi condenada pelo Tribunal de Primeira Instância de Viru, na Estônia, a uma pena privativa de liberdade de dois anos, por ter cometido, entre 17 de janeiro de 2015 e 1 de fevereiro de 2016, vários furtos de bens (de valor entre 3 e 40 euros) e de dinheiro (de montantes entre 5, 20 e 100 euros), utilizado um cartão bancário de um terceiro, causando a este último um prejuízo de 3.941,82 euros, e praticado atos de violência contra pessoas que participavam num processo judicial a seu respeito. Sua condenação foi mantida pelo Tribunal de Recurso de Tartu, Estônia. Após recurso da defesa ao Supremo Tribunal daquele país, no qual contestou a admissibilidade dos relatórios elaborados a partir dos dados obtidos junto do prestador de serviços de comunicações eletrônicas, decidiu-se pela remessa do caso em reenvio prejudicial ao TJ/UE. A defesa da ré impugnou os relatórios elaborados a partir de dados relativos a suas comunicações eletrônicas e acessados pelo Ministério Público da Estônia. Esses relatórios tiveram por objeto os dados de vários números de telefone de H. K. e suas diferentes identidades internacionais.

64. UNIÃO EUROPEIA. Tribunal de Justiça da União Europeia (TJ/UE). **Processo C-746/18 – Prokuratuur** (condições de acesso a dados relativos a comunicações electrônicas). Disponível em: https://curia.europa.eu/juris/liste.jsf?num=C-746/18&language=PT. Acesso em 18 set. 2023.

O problema central do caso, portanto, foi o acesso aos dados diretamente pelo Ministério Público: de acordo com o Supremo Tribunal da Estônia, o reenvio prejudicial ao TJ/UE deu-se diante de

> suas dúvidas quanto à independência exigida pelo direito da União se devem principalmente ao facto de o Ministério Público não só dirigir a instrução do processo mas também representar a ação pública durante o processo penal, sendo esta autoridade, por força do direito nacional, parte nesse processo[65].

Ao cabo, o TJ/UE entendeu que o acesso das autoridades nacionais competentes aos dados guardados por empresas de telefonia deve estar sujeito a uma fiscalização prévia efetuada por um órgão jurisdicional ou por uma entidade administrativa independente. Ademais, a decisão desse órgão jurisdicional ou dessa entidade deve ser tomada após um pedido fundamentado apresentado por essas autoridades no interesse de processos de prevenção, de deteção ou de persecução penal. Essa fiscalização prévia exige que o órgão jurisdicional ou a entidade encarregada de efetuar a referida fiscalização prévia seja independente – ou seja, "disponha de todas as atribuições e apresente todas as garantias necessárias com vista a assegurar uma conciliação dos diferentes interesses e direitos em causa". Quanto, especificamente, a um inquérito criminal, o controle sobre o acesso aos dados exige que esse órgão independente

> possa assegurar um justo equilíbrio entre, por um lado, os interesses ligados às necessidades do inquérito no âmbito da luta contra a criminalidade e, por outro, os direitos fundamentais ao respeito da vida privada e à proteção dos dados pessoais das pessoas às quais o acesso diz respeito[66].

Na Estônia, o Ministério Público goza de independência para dirigir o inquérito criminal e promover a ação penal pública, devendo zelar pela legalidade dos atos de investigação. Todavia, tal atributo (independência) e tal dever (zelar pela legalidade da instrução preliminar) não bastam para

65. UNIÃO EUROPEIA. Tribunal de Justiça da União Europeia (TJ/UE). **Processo C-746/18 - Prokuratuur** (condições de acesso a dados relativos a comunicações electrônicas). Disponível em: https://curia.europa.eu/juris/liste.jsf?num=C-746/18&language=PT. Acesso em 18 set. 2023; parágrafo 25.

66. UNIÃO EUROPEIA. Tribunal de Justiça da União Europeia (TJ/UE). **Processo C-746/18 - Prokuratuur** (condições de acesso a dados relativos a comunicações electrônicas). Disponível em: https://curia.europa.eu/juris/liste.jsf?num=C-746/18&language=PT. Acesso em 18 set. 2023; parágrafos 51 e 52.

lhe conferir o estatuto de *terceiro independente* em relação aos interesses em causa numa investigação criminal que exija o acesso a determinados dados pessoais, como os relativos a suas comunicações eletrônicas[67].

Em seu dispositivo para o Processo C-746/18, o TJ/UE declarou que o arcabouço normativo da União Europeia em tema de proteção de dados pessoais deve ser interpretado no sentido de ser *vedado* ao Ministério Público – cuja missão é dirigir a investigação e, quando for o caso, promover a ação pública –, autorizar, diretamente, o acesso de uma autoridade pública (inclusive seus próprios membros) aos dados de tráfego e aos dados de localização para fins de instrução penal.

A vedação a que autoridades de persecução penal (como o Ministério Público) tenham acesso a *determinados* dados pessoais diretamente (*i.e.*, sem intervenção judicial) não implica dizer que essas autoridades estejam proibidas de realizar *qualquer* tratamento de dados pessoais diretamente. No processo penal e na investigação criminal, o conceito de tratamento de dados pessoais abrange atos dos mais singelos – desde a qualificação de uma testemunha ou de uma vítima – até os mais complexos e graves no que toca à intervenção sobre a esfera de direitos fundamentais de um indivíduo, como o acesso ao conteúdo de suas comunicações telefônicas (expressamente dependentes, de acordo com a legislação brasileira, de prévia autorização judicial) ou aos seus dados de tráfego ou de localização (aos quais se refere o Processo C-746/18 do TJ/UE).

### 3.5.2 Autorização judicial para preservação dos dados, sem acesso aos dados

De acordo com Código de Processo Penal, a autoridade policial deverá, logo que tiver conhecimento da prática da infração penal, "*dirigir-se ao local, providenciando para que não se alterem o estado e conservação das coisas, até a chegada dos peritos criminais*" (art. 6º, I). É essa a primeira das medidas investigativas previstas no CPP, elementar em investigações sobre crimes que deixam vestígios. Preservar a cena de um crime não é só uma providência necessária: é uma providência urgente e que não exige, de acordo com o CPP, prévia autorização judicial.

67. UNIÃO EUROPEIA. Tribunal de Justiça da União Europeia (TJ/UE). **Processo C-746/18 – Prokuratuur** (condições de acesso a dados relativos a comunicações electrônicas). Disponível em: https://curia.europa.eu/juris/liste.jsf?num=C-746/18&language=PT. Acesso em 18 set. 2023; parágrafos 55, 56 e 57.

Dados eletrônicos são as "coisas" que compõem a cena de um crime praticado no ambiente digital. O ambiente digital é o "local" onde estão essas "coisas" cujos estado e conservação não podem ser alterados, à semelhança do que ocorre no ambiente físico a que se reporta o art. 6º, I, do CPP. Assim como ocorre com a preservação das coisas do local de um crime, a preservação de dados eletrônicos é urgente e não deve exigir autorização judicial.

Dados eletrônicos, pessoais ou não, quando interessem a uma investigação criminal, precisam ser preservados assim como precisa ser preservada a cena de um crime até que realizada a perícia. Considerando a volatilidade desses registros, sua conservação deve ser expedita, ainda que se exija – e é relevante que se exija – posterior autorização judicial para o efetivo acesso aos dados a serem periciados, como medida de proteção dos direitos fundamentais dos titulares desses dados e de terceiros. A autorização judicial para o acesso ao conteúdo dos dados conservados, além de ser imposta por lei (como se verá) como requisito de validade para tal tratamento, justifica-se pelo grau de invasividade da medida sobre a intimidade e a privacidade e por sua afetação à autodeterminação informativa. Observe-se que, mesmo sendo relativamente fácil e rápido para o criminoso eliminar determinados dados que lhe comprometam, para um cenário digital a lei prevê uma camada adicional de proteção, que é a obrigatoriedade de autorização judicial para o acesso aos vestígios que se tenha, antes, conseguido preservar.

Numa decisão monocrática proferida em 1º de dezembro de 2022 no *Habeas Corpus* 222.141/PR, o min. Ricardo Lewandowski declarou ilegal a requisição de "congelamento" de dados feita pelo Ministério Público a provedores de internet sem intermediação judicial. No referido HC, tratou-se de requisições do Ministério Público do Estado do Paraná, que expediu ofícios aos provedores Apple e Google para a preservação dos dados e IMEIs coletados nas contas vinculadas aos sócios de determinada empresa INFOSOLO, incluindo "informações cadastrais, histórico de localização e pesquisas, conteúdo de e-mails e *iMessages/hangouts*, fotos e nomes de contatos", no interesse de uma investigação criminal instaurada e conduzida diretamente pelo MP. Segundo destacado na decisão, o "pedido formulado pelo Parquet não teve lastro em qualquer decisão judicial de quebra de sigilo telemático" (sic). O ponto nodal da decisão consistia "em saber se o 'congelamento' – e consequente perda da disponibilidade – de todo o conteúdo de e-mails, mensagens, contatos e históricos de localização da paciente encontra-se albergado pela reserva de jurisdição". Em sua fundamentação, afirmou-se que o art. 10, § 1º, do MCI é claro quanto ao fornecimento de informações de acesso (registro de conexão e registro de acesso a aplicações de internet), "desde que sejam requisitados por ordem de um juiz". Além disso, sublinhou-se que o art. 13 do MCI reporta-se aos *registros de conexão*, que abrangem tão somente o conjunto de informações referentes "à data e hora de início e término de uma conexão à internet, sua duração e o endereço IP utilizado pelo terminal para o envio e recebimento de pacotes de dados", e "não se confundem com o material telemático, como, por exemplo, o conteúdo de e-mail, *iMessages/hangouts*, fotos e contatos".

Do ponto de vista estritamente legal, a decisão proferida em dezembro de 2022 no HC 222.141/PR estava correta ao asseverar que não existe, no Marco Civil da Internet, previsão expressa de medidas para a preservação de dados atinentes ao *conteúdo* de comunicações telemáticas. Tampouco existia um diploma legal em vigor no âmbito interno disciplinando providências atinentes ao congelamento de conteúdo dessas comunicações[68].

Esse cenário, contudo, mudou a partir da adesão do Brasil à Convenção de Budapeste, internalizada pelo Decreto nº 11.491, de 12 de abril de 2023.

Antes, de fato, não estava clara a possibilidade de preservação de dados de conteúdo armazenados por provedores de aplicação, eis que esse tipo de providência não estava explícito no MCI. Com a adoção à Convenção de Budapeste, o Brasil obrigou-se a adotar

> medidas legislativas e outras providências necessárias para permitir que a autoridade competente ordene ou obtenha a expedita preservação de dados de computador especificados, incluindo dados de tráfego, que tenham sido armazenados por meio de um sistema de computador, especialmente quando haja razões para admitir que os dados de computador estão particularmente sujeitos a perda ou modificação. (art. 16, 1)

Observe-se que a Convenção de Budapeste menciona mas não limita a conservação a "dados de tráfego". A obrigação de preservar e manter a integridade desses dados de computador pode ser estendida até o máximo de 90 (noventa) dias, renováveis (por ordem fundamentada), até que a autoridade responsável possa promover o acesso ao seu conteúdo (art. 16, 2). São previsões convencionais salutares, por equilibrar o direito fundamental à autodeterminação informativa com o poder-dever do Estado de promover

68. Em 06.02.2024, a Segunda Turma do STF, por maioria, rejeitou os agravos regimentais interpostos pelo Ministério Público Federal e pelo Ministério Público do Paraná contra a decisão monocrática do min. Ricardo Lewandowski. Contra esse acórdão MPF e MP/PR opuseram embargos de declaração, que, em julho de 2025, ainda não haviam sido julgados.

investigações criminais com eficiência – tanto do ponto de vista da proteção de direitos de investigados quanto do resultado útil da investigação.

Não há que se confundir a preservação dos dados de conteúdo com a impossibilidade absoluta de disposição do titular sobre esses dados. O titular dos dados poderá copiar, divulgar publicamente e enviar para terceiros, se quiser, o conteúdo armazenado (à exceção da circulação de dados que seja já em si ilícita, como o envio de imagens de pornografia infantil, ou quando houver determinação judicial nesse sentido). Pode até solicitar a retificação e o apagamento dos dados: os direitos do titular não são suprimidos, embora o atendimento a tais solicitações possa ser retardado enquanto persistir o interesse para a investigação ou para o processo. O provedor tem a obrigação de preservar o registro daqueles dados, tal qual uma "fotografia" tirada no momento em que emitida a ordem de conservação – daí ser impertinente qualquer comparação com o "congelamento de ativos" de uma pessoa investigada[69].

Naturalmente, trata-se de uma providência que precisa ser tomada do modo mais expedito possível, sob pena de ineficácia: afinal, sem a preservação, o titular poderá apagar em definitivo os dados armazenados, impedindo seu acesso pelo Poder Judiciário e por qualquer agente público. Por esse motivo, e por não se estar franqueando ainda nenhum acesso a seu conteúdo, a preservação não pode depender de ordem judicial – diversamente do que ocorre com o acesso ao conteúdo dos dados preservados.

De fato, a preservação dos dados impedirá o titular de dispor sobre seus dados de forma absoluta, apagando-os em definitivo. Há, portanto, inegável interferência sobre o direito fundamental à autodeterminação informativa, ao se reduzir o poder do titular sobre os seus dados. Todavia, na ponderação

69. "De qualquer modo, no congelamento de registros de conexão (art. 13 do MCI) e de registros de acesso a aplicações de Internet (art. 15), ou de dados de conteúdo (art. 16 da Convenção de Budapeste) o titular dos dados não perde o controle sobre eles. Não há analogia entre dados e coisas corpóreas, como se o mero congelamento interferisse no direito de propriedade tal como se dá quando da apreensão física de um bem. O titular dos dados continua a ter a oportunidade de exercer os seus direitos de informação, acesso, oposição, retificação e apagamento, quando for o caso, ainda que de forma diferida, nos termos da Súmula Vinculante 14 do STF. No período de preservação (*quickfreeze*), o titular poderá acessá-los (pois não ficam bloqueados para este fim), solicitar retificações, pedir seu apagamento ou exercer o direito de portabilidade. A preservação cautelar ou pré-cautelar desses mesmos dados não impede o exercício desses direitos pelo seu titular. O direito à autodeterminação informacional está salvaguardado."

ARAS, Vladimir. O congelamento de dados informáticos para fins de prova no processo penal. **Delictae**: Revista de Estudos Interdisciplinares sobre o Delito, [S. l.], v. 8, n. 15, 2024. Disponível em: https://www.delictae.com.br/index.php/revista/article/view/225. Acesso em 16 mai. 2024.

entre essa faceta específica da autodeterminação informativa – ou seja, a do direito de "interromper o tratamento de seus dados pessoais", pelo seu simples e imediato apagamento – e o poder-dever do Estado de investigar a prática de crimes (uma obrigação processual positiva, de natureza fundamental e transindividual), deve-se pender para a possibilidade de conservação dos dados, visto ser a solução que representa um mínimo de sacrifício aos interesses (a que correspondem direitos fundamentais) em aparente conflito. A preservação dos dados, sem acesso a seu conteúdo (senão e apenas posteriormente, mediante prévia e fundamentada ordem judicial) é evidentemente a solução que melhor equilibra os princípios em colisão.

Na Europa, o tema era antes regulado pela Diretiva nº 2006/24/CE, "relativa à conservação de dados gerados ou tratados no contexto da oferta de serviços de comunicações electrónicas publicamente disponíveis ou de redes públicas de comunicações", e que alterou a Diretiva 2002/58/CE. A Diretiva nº 2006/24/CE declarava que seu escopo era o de

> harmonizar as disposições dos Estados-Membros relativas às obrigações dos fornecedores de serviços de comunicações electrónicas publicamente disponíveis ou de uma rede pública de comunicações em matéria de conservação de determinados dados por eles gerados ou tratados, tendo em vista garantir a disponibilidade desses dados para efeitos de investigação, de detecção e de repressão de crimes graves. (art. 1º)

De acordo com o art. 6º da Diretiva nº 2006/24/CE, os Estados-Membros deveriam "assegurar que as categorias de dados referidos no artigo 5º sejam conservadas por períodos não inferiores a seis meses e não superior a dois anos, no máximo, a contar da data da comunicação".

Em Portugal, a Diretiva nº 2006/24/CE foi transposta para a ordem jurídica interna pela Lei nº 32/2008. Por anos, persistiram dúvidas sobre sua plena compatibilidade com o direito da União Europeia[70], notadamente após o julgamento, pelo TJ/UE, em 8 de abril de 2014, dos Processos C-293/12 e C-594/12, caso conhecido como *Digital Rights Ireland*. Nesse julgamento, o TJ/UE declarou inválida a Diretiva nº 2006/24/CE, por considerá-la violadora ao princípio da proporcionalidade, por não estabelecer "critérios objetivos que permitam delimitar o acesso das autoridades nacionais competentes aos dados" nem para sua utilização "para prevenir,

---

70. PINHO, Carlos. Lei de retenção de dados de comunicações eletrônicas: aposentar ou reformar? **Revista do Ministério Público**. nº 154, abr/jun 2018. Coimbra: Ministério Público de Portugal, pp. 167-192.

detectar ou agir penalmente contra infrações suscetíveis de ser consideradas suficientemente graves, à luz da amplitude e da gravidade da ingerência nos direitos fundamentais" consagrados na Carta de Direitos Fundamentais da União Europeia, por não fixar "critérios objetivos que permitam limitar o número de pessoas com autorização de acesso e de utilização posterior dos dados conservados ao estritamente necessário à luz do objetivo prosseguido", e por não sujeitar o acesso aos dados conservados pelas autoridades nacionais a um controle prévio "efetuado por um órgão jurisdicional ou por uma entidade administrativa independente" (parágrafos 60 e 62 do Acórdão *Digital Rights Ireland*[71]).

Em 03.06.2022, o Tribunal Constitucional de Portugal, à luz do julgamento do caso *Digital Rights Ireland*, proferiu o acórdão 268/2022, declarando inconstitucionais as normas da Lei nº 32/2008 no que dizia respeito à irrestrita conservação de dados por um ano e quanto à obrigação indiferenciada e generalizada de armazenamento de todos os dados de tráfego e localização (metadados). Entendeu-se que essa possibilidade ampla de conservação e de acesso a dados pessoais poderia revelar aspectos da vida privada e familiar dos cidadãos, "permitindo rastrear a localização do indivíduo todos os dias e ao longo do dia e identificar com quem contacta, a duração e a regularidade dessas comunicações", restringindo desproporcionalmente seus direitos à intimidade e à autodeterminação informativa[72]. Mencione-se que a lei portuguesa impunha prévia autorização judicial para a transmissão dos metadados às autoridades públicas – e nessa parte era até mais restritiva (do ponto de vista dos requisitos para o tratamento de dados pelo Estado) do que a Diretiva nº 2006/24/CE. Por outro lado, a lei portuguesa, espelhando a referida Diretiva, "não só permitia como prescrevia a recolha indiscriminada de metadados de localização e de tráfego"[73].

Visando a atender o comando do Tribunal Constitucional constante no acórdão 268/2022, Assembleia da República de Portugal aprovou o Decreto nº 91/XV, publicado em 26 de outubro de 2023, para alterar trechos da Lei

71. EUROPA. Tribunal de Justiça da União Europeia. **Processos apensos C-293/12 e C-594/12 (caso Digital Rights Ireland)**. Disponível em: https://eur-lex.europa.eu/legal-content/PT/TXT/HTML/?uri=-CELEX:62012CJ0293. Acesso em 19 set. 2023.

72. CERQUEIRA, Magna; LOUREIRO, Carlos Gabriel da Silva. Retenção e Utilização de Metadados de Comunicações Electrónicas: reflexões a propósito do acórdão do Tribunal Constitucional nº 268/2022. de 3 de junho. **Revista Jurídica Unicuritiba**. v.1, nº 73. Curitiba: Unicuritiba, 2023, p. 154.

73. CERQUEIRA, Magna; LOUREIRO, Carlos Gabriel da Silva. Retenção e Utilização de Metadados de Comunicações Electrónicas: reflexões a propósito do acórdão do Tribunal Constitucional nº 268/2022. de 3 de junho. **Revista Jurídica Unicuritiba**. v.1, n.73. Curitiba: Unicuritiba, 2023, p. 156.

nº 32/2008. Dentre as mudanças aprovadas pelo legislador português estava a redução dos prazos de conservação dos dados (um ano para os dados de tráfego e três meses para os dados de localização, prorrogáveis por períodos de três meses, por decisão judicial, até o limite de um ano) e a limitação de incidência das regras a dados coletados dentro do território de Portugal ou dos demais países da União Europeia. Diante disso, o Tribunal Constitucional de Portugal proferiu um novo acórdão, publicado em 20 de dezembro de 2023[74], declarando inconstitucional o Decreto nº 91/XV. No acórdão nº 800/2023, o Tribunal entendeu terem sido insuficientes as mudanças promovidas, considerando que "a conservação destes dados continua a abranger as comunicações eletrônicas da quase totalidade da população, sem que haja uma diferenciação (ou exceção) quanto ao objetivo perseguido". Concluiu-se que a norma se mantinha geral, indiferenciada e não seletiva, atingindo "sujeitos relativamente aos quais não há qualquer suspeita de atividade criminosa"[75]. O acórdão, não unânime, foi recebido com preocupação por membros do Ministério Público português[76].

Com a invalidação da Diretiva 2006/24, o tema recebeu nova normatização própria e minudenciada em 12 de julho de 2023, com o Regulamento 2023/1543, "relativo às ordens europeias de produção e às ordens europeias de conservação para efeitos de prova eletrônica em processos penais e para efeitos de execução de penas privativas de liberdade na sequência de processos penais".

A distinção entre produção e conservação de prova eletrônica é definida no art. 6º, 2, do apontado regulamento, que estabelece que a ordem europeia de *conservação* servirá "para impedir a remoção, o apagamento ou a alteração dos dados", e deverá estar relacionada à subsequente emissão de um pedido para a *produção* desses dados através de auxílio judiciário

---

74. PORTUGAL. **Acórdão do Tribunal Constitucional nº 800/2023**, de 20 de dezembro de 2023. Disponível em: https://diariodarepublica.pt/dr/detalhe/acordao-tribunal-constitucional/800-2023-808125341. Acesso em 21 dez. 2023.

75. PORTUGAL. **Acórdão do Tribunal Constitucional nº 800/2023**, de 20 de dezembro de 2023. Disponível em: https://diariodarepublica.pt/dr/detalhe/acordao-tribunal-constitucional/800-2023-808125341. Acesso em 21 dez. 2023, nº 144 do acórdão.

76. Após discorrer sobre os argumentos dos votos vencidos, Adão Carvalho, presidente do Sindicato dos Magistrados do Ministério Público de Portugal, afirmou ver "com algumas reservas que o parlamento consiga encontrar uma solução legislativa capaz de superar o juízo de inconstitucionalidade". (PORTAL DE NOTÍCIAS VISÃO. **Mais um chumbo do Tribunal Constitucional aos metadados**. 11 dez. 2023. Disponível em: https://visao.pt/opiniao/bolsa-de-especialistas/2023-12-11-mais-um-chumbo-do-tribunal-constitucional-aos-metadados/. Acesso em 21 dez. 2023).

mútuo, de uma decisão europeia de investigação (DEI) ou de uma ordem europeia de produção.

Prevê-se no regulamento europeu que é possível a uma autoridade competente de um Estado-Membro da UE ordenar a um prestador de serviços que ofereça serviços na União e que esteja estabelecido noutro Estado-Membro que produza ou que conserve provas eletrônicas, independentemente da localização dos dados, "sem prejuízo das competências das autoridades nacionais para se dirigirem aos prestadores de serviços estabelecidos ou representados no seu território a fim de garantir o cumprimento de medidas nacionais" (art. 1º, 1). As ordens europeias de produção e as ordens europeias de conservação só podem ser emitidas no interesse de processos penais e para execução de uma pena ou medida de segurança privativas de liberdade "com uma duração mínima de quatro meses", como consequência de processos penais (art. 2º, 2).

Observe-se que a norma europeia não limita a ordem de produção ou conservação de provas digitais a crimes graves: ela pode ser tomada (a) no curso de qualquer processo penal (sem limitação quanto a penas máximas aplicáveis) e (b) para a execução de penas privativas de liberdade já aplicadas, desde que iguais ou superiores a 4 meses (e desde que imposta por uma decisão que não tenha sido proferida na ausência da pessoa condenada, nos casos em que essa pessoa condenada tenha fugido à justiça; além disso, também podem ser emitidas no âmbito de processos relacionados com infrações penais pelas quais uma pessoa coletiva possa ser responsabilizada ou punida). Essa disposição é reforçada no art. 6º, 3, do regulamento, que consigna que ordem de conservação de provas digitais pode ser emitida para todas as *infrações penais, se pudesse ter sido emitida nas mesmas condições num processo nacional semelhante.*

Quanto à legitimidade ou competência para expedir a ordem de conservação, o Regulamento 2023/1543 reconhece como autoridades:

> a) um juiz, um tribunal, um juiz de instrução ou um magistrado do Ministério Público competente no processo em causa; ou b) qualquer outra autoridade competente, tal como definida pelo Estado de emissão, e que, no processo em causa, intervenha enquanto autoridade de investigação num processo penal com competência para ordenar a recolha de elementos de prova de acordo com a lei nacional; num tal caso, a ordem deve ser validada, após a análise da sua conformidade com as condições de emissão de uma ordem europeia de conservação ao abrigo do presente regulamento, por um juiz, um tribunal, um juiz de instrução ou um magistrado do Ministério Público do Estado de emissão (art. 4º, 3, a e b).

Note-se que essas regras se aplicam a ordens de conservação de dados "pertencentes a qualquer categoria" (art. 4º, 3, *caput*).

Entretanto, há regras distintas caso se trate de uma ordem para a *produção* de provas digitais (não ordem de conservação) correspondentes a "dados de assinantes ou dados solicitados com o único objetivo de identificar o utilizador" (art. 4º, 1) ou para obter "dados de tráfego ou de conteúdo" (art. 4º, 2). Na primeira hipótese (dados de identificação), também é possível ao Ministério Público ordenar a produção das provas; na segunda hipótese (dados de conteúdo e dados de tráfego, excetuados os dados solicitados com o único objetivo de identificar o utilizador), somente autoridades judiciais podem fazê-lo (estando a princípio excluído, portanto, o Ministério Público). Mesmo nesses casos, o regulamento confere validade à ordem de produção de provas digitais também quando emanadas "de outra autoridade competente, tal como definida pelo Estado de emissão, e que, no processo em causa, intervenha enquanto autoridade de investigação num processo penal com competência para ordenar a recolha de elementos de prova de acordo com a lei nacional" (art. 4º, 1, b, e art. 4º, 2, b).

Seguindo a lógica do direito da União, respeita-se o direito interno de cada Estado-membro no que toca a reconhecer quais autoridades têm poderes para determinar a produção e para conservação de provas digitais. Como regra, refere-se o regulamento a *juiz, tribunal, juiz de instrução ou magistrado do Ministério Público* – valendo mencionar que em alguns países, como em Portugal, o MP integra a magistratura ou goza de poderes semelhantes a esta. Mas o regulamento reconhece tal legitimidade a *qualquer outra autoridade*, de acordo com o direito interno de cada Estado-membro, que atue como autoridade responsável para uma investigação ou para um processo penal e que tenha competência para ordenar a coleta de elementos de prova (repita-se, de acordo com a lei nacional). Nesse caso – isto é, de emissão da ordem de conservação ou produção por autoridade que não um juízo ou o Ministério Público –, a determinação deve ser posteriormente validada por um juiz, um tribunal, um juiz de instrução ou um magistrado do Ministério Público do Estado de emissão.

A leitura do novel diploma europeu permite concluir que, no plano supranacional, *não há reserva de jurisdição* para a determinação de preservação (conservação) dos dados, sem acesso ao conteúdo dos dados. De qualquer sorte, quando não determinada por autoridade judicial, exige-se a submissão da ordem (de conservação ou produção de provas digitais) ao controle de legalidade, a ser exercido prontamente por autoridade dotada de poderes tipicamente jurisdicionais (juízes, Tribunais ou Ministério Público - este último, a depender de seu desenho institucional e de acordo com a legislação nacional).

Mencione-se, por fim, que a emissão de uma ordem europeia de produção ou de conservação pode também ser requerida pelo investigado, pelo réu ou por seu advogado (art. 1º, 2).

### 3.5.3 Comunicação: dados apreendidos e dados interceptados; dados de conexão e dados de aplicação de internet

Em 1993, Tércio Sampaio Ferraz Júnior escreveu que:

> [...] o direito à inviolabilidade do sigilo (faculdade) exige o sopesamento dos interesses do indivíduo, da sociedade e do Estado (objeto). Há casos em que a própria Constituição, com o vimos, faz o sopesamento. Mas há outros em que o sopesamento aponta para outras relações possíveis, nomeadamente, entre o direito ao sigilo e o dever de sigilo.
>
> [...] o objeto protegido no direito à inviolabilidade do sigilo não são os dados em si, mas a sua comunicação restringida (liberdade de negação). A troca de informações (comunicação) privativa é que não pode ser violada por sujeito estranho à comunicação.
>
> [...] a comunicação telefônica só é enquanto ocorre. Encerrada, não deixa vestígios no que se refere ao relato das mensagens e aos sujeitos comunicadores. É apenas possível, a posteriori, verificar qual unidade telefônica ligou para outra.
>
> [...] Por isso, no interesse público (investigação criminal ou instrução processual penal), é o único meio de comunicação que exigiu, do constituinte, u m a ressalva expressa. Os outros três não sofreram semelhante ressalva porque, no interesse público, é possível realizar investigações e obter provas com base em vestígios que a comunicação deixa: a carta guardada, o testemunho de quem leu o nome do endereçado e do remetente, ou de quem viu a destruição do documento, o que vale também para o telegrama, para o telex, para o telefax, para a recepção da mensagem de um computador para outro, etc.
>
> [...] Esta proibição, porém, não significa que, no interesse público, não se possa ter acesso a posteriori à identificação dos sujeitos e ao relato das mensagens comunicadas. Por exemplo, o que se veda é um a autorização judicial para interceptar correspondência, mas não para requerer busca e apreensão de documentos. Esta observação nos coloca, pois, claramente, que a questão de saber quais elementos de uma mensagem podem ser fiscalizados não se confunde com a questão de saber se e quando um a autoridade pode entrar no processo comunicativo entre

> dois sujeitos. São coisas distintas que devem ser examinadas distintamente. Assim, por exemplo, solicitar ao juiz que permita à autoridade acesso à movimentação bancária de alguém não significa pedir para interceptar suas ordens ao banco (sigilo da comunicação) mas acesso a dados armazenados (sigilo da informação)[77].

A distinção entre dados estáticos e dados em comunicação feita por Tércio Sampaio é a mesma traçada pelo min. Sepúlveda Pertence no julgamento do MS 21.729/DF[78], em 2001, ao destacar que a proteção dada pelo inciso XII da CF/88, quando prevê a necessidade de decisão judicial para a interceptação de comunicações telefônicas, recai sobre a *comunicação* de dados, e não sobre os dados em si. Se todos os dados fossem sigilosos e não pudessem ser acessados nem mediante autorização judicial, qualquer investigação que dependesse disso seria insuperavelmente frustrada.

Em 2017, refletindo sobre seu artigo a respeito da proteção da intimidade escrito mais de duas décadas antes, Tércio Sampaio Ferraz Júnior ponderou que o conceito de dados havia evoluído enormemente:

> [...] nesse novo mundo, aquilo que nós chamamos privacidade extrapola a ideia do mundo físico antiga – que vem praticamente da revolução francesa, mas até anteriormente – de que liberdade é uma questão de delimitação de espaços. [...] Nesse novo mundo não dá mais para fazer isso: 'a senha é minha, mas o sistema é do banco'. Se eu começar a jogar com propriedades definindo o direito de liberdades em termos de espaços, eu vou cair nesse problema complicado do chamado ciberespaço [...]. Nesse 'espaço', que tem outro sentido, eu não consigo mais traçar uma linha clara para definir o que é o meu e o que é seu. Por quê? Porque eu lido com esse objeto que não é coisa.
>
> [...] Quando a gente pensava nas comunicações telefônicas, ou em quebrar um segredo de justiça, dava para gente imaginar com razoável precisão o que é que significava essa interceptação. Nesse nosso novo mundo, onde o acesso é que conta, isso obviamente é, do ponto de vista jurídico, muito mais complicado de nós imaginarmos e de nós trabalharmos, por assim dizer. Nessa situação, nós imaginarmos que a interceptação de comunicações telefônicas, para investigação criminal ou para instrução processual, terá que, como diz o §único do art. 1º dessa própria lei, 'o disposto nessa lei aplica-se à interceptação do fluxo de

77. FERRAZ JR., Tercio Sampaio. Sigilo de dados: o direito à privacidade e os limites à função fiscalizadora do Estado. **Revista da Faculdade de Direito da Universidade de São Paulo**, v. 88, p. 439-459, 1993. Disponível em: https://www.revistas.usp.br/rfdusp/article/view/67231. Acesso em 19 ago. 2023.

78. BRASIL. Supremo Tribunal Federal. **MS nº 21729/DF**, rel. min. Marco Aurélio, rel. p/acórdão min. Néri da Silveira. Tribunal Pleno, julgado em 05.10.1995, DJ de 19.10.2001.

> comunicações em sistemas de informática e telemática'. Confesso que o *caput* do artigo 'interceptação de comunicações telefônicas de qualquer natureza para prova, investigação criminal, ou instrução processual penal' é para mim razoavelmente claro. Mas o §único é extremamente complicado; nós estamos falando de coisas completamente diferentes. Em outras palavras, lidar com a lei, ou com os dispositivos legais, nesse novo mundo é muito mais difícil do que eu possa imaginar[79].

Não há a menor dúvida de que o conceito de dados avançou. Hoje, mais que intimidade e privacidade, dados são vinculados a atributos próprios da personalidade individual. Dados devem ser protegidos não somente para a preservação de sua indevassabilidade pelo escrutínio público, por outros indivíduos ou pelo Estado. Manter dados sob sigilo não é a única forma de proteger dados: há uma série de outros direitos, decorrentes do direito fundamental à autodeterminação informativa, que servem à proteção de dados pessoais.

Se o conceito de dados evoluiu, ganhando um novo e mais abrangente sentido ao longo tempo, o mesmo não se pode dizer em relação aos vocábulos "interceptação" e "interceptar".

O sentido do substantivo "interceptação" é o de captar algo durante seu fluxo. Somente se intercepta aquilo que se envia ou transmite, aquilo que vai do ponto A ao ponto B – seja uma comunicação telemática, seja um passe de um jogador de futebol ao seu colega de time. Aquilo que não está em movimento, aquilo que está em posição estática, pode ser apreendido, extraído, copiado, apagado, mas não interceptado.

Sim: comunicação não deixa de ser comunicação porque está armazenada (embora não haja, nesse momento subsequente à comunicação, nenhum fluxo a ser interrompido: são registros de uma comunicação pretérita, portanto). Sim: ambas as comunicações, seja aquela em fluxo, ou seja, aquela já concluída e armazenada, encerram espécies de dados protegidos. Entretanto, o nível de proteção dispensado pela Constituição pode ser distinto. Não há que se confundir interceptação de comunicações telefônicas ou telemáticas com a apreensão de dados de comunicações telefônicas ou telemáticas já realizadas e armazenados em dispositivos eletrônicos (muito menos com os

---

79. FERRRAZ JR, Tercio Sampaio. Sigilo de dados, o direito à privacidade e os limites do poder do estado: 25 anos depois. *In*.: ABREU, Jacqueline de Souza; ANTONIALLI, Dennys (eds.). **Direitos fundamentais e processo penal na era digital**: doutrina e prática em debate. São Paulo: InternetLab, 2018, Vol. I, pp. 37-41.

metadados dessas comunicações). Não existe reserva jurisdicional para o tratamento de qualquer dado pessoal apenas porque comunicacional: a reserva jurisdicional que protege a inviolabilidade prevista no art. 5º, XII, da CF/88, e que se aplica a comunicações *telegráficas, de dados e telefônicas*, é superada pelo instrumento da *interceptação* de comunicações – que, ainda segundo art. 5º, XII, da CF/88, pode ser utilizado apenas "nas hipóteses e na forma que a lei estabelecer" (no caso, a Lei nº 9296/96) e exclusivamente "para fins de investigação criminal ou instrução processual penal". Isso não impede que uma lei, em sentido material e formal, preveja a necessidade de autorização judicial para acesso ao conteúdo de determinados documentos ou objetos, excepcionando a regra geral do art. 6º, II e III, do CPP[80]. Do contrário, poder-se-ia defender a necessidade de autorização judicial para a leitura de qualquer papel encontrado em poder de um investigado, tenha sido ele um preso em flagrante ou não: afinal, um documento pode conter tantos ou mais dados pessoais, e tantos ou mais dados concernentes a sua intimidade, quanto arquivos armazenados num computador, num aparelho celular, numa caixa de e-mails ou mesmo serviços de armazenamento remoto, em nuvem.

Hoje, existe lei em sentido material e formal prevendo uma reserva jurisdicional também para o sigilo de comunicações armazenadas: o Marco Civil da Internet (Lei nº 12.965/14). O art. 7º do Marco Civil da Internet não somente assegura a "inviolabilidade e sigilo do *fluxo* de suas comunicações pela internet, salvo por ordem judicial, na forma da lei" (art. 7º, II), mas também a "inviolabilidade e sigilo de suas *comunicações privadas armazenadas*, salvo por ordem judicial" (art. 7º, III). A necessidade de autorização judicial para o acesso ao conteúdo das comunicações privadas é reiterada no art. 10, §2º, do MCI. Não há dúvida hoje, pois, de que há maior restrição ao acesso de comunicações privadas armazenadas, que só podem ser acessadas por autoridades incumbidas da persecução penal mediante prévia autorização judicial.

Veja-se: a garantia fundamental da reserva jurisdicional prevista expressamente na CF/88 protege um grupo bem específico de direitos. Para outros, como dados pessoais, há também proteção, mas não necessariamente em nível tão elevado – exceto quando o tratamento de dados pessoais se

80. "Art. 6º Logo que tiver conhecimento da prática da infração penal, a autoridade policial deverá:

[...]

II – apreender os objetos que tiverem relação com o fato, após liberados pelos peritos criminais;

III – colher todas as provas que servirem para o esclarecimento do fato e suas circunstâncias;

confunda ou seja decorrente de medidas que a própria Constituição ou a lei já submetem à reserva jurisdicional. Na Constituição Federal, as medidas abrangidas pela reserva jurisdicional são a interceptação de comunicações telefônicas, a entrada em domicílio e as prisões (com as exceções que a própria CF prevê para essas duas últimas medidas). Mas essas hipóteses de reserva jurisdicional podem ser ampliadas por lei – e, no caso das comunicações privadas armazenadas, a ampliação do rol de medidas dependentes de autorização judicial prévia consta precisamente no art. 7º do Marco Civil da Internet.

Há que se distinguir, pois, o que é do que não é *interceptação* de comunicações telefônicas e telemáticas. Só a interceptação "do fluxo de comunicações em sistemas de informática e telemática", nos termos do art. 1º, parágrafo único, da Lei nº 9296/96, é que goza de proteção qualificada pela reserva jurisdicional estatuída no art. 5º, XII, da CF/88 e no art. 7º do MCI.

Em tese, os dados armazenados num celular que não sejam fruto de uma comunicação telefônica ou telemática poderiam ser acessados sem a necessidade de autorização judicial anterior. Explica-se: se não se tratar propriamente de uma comunicação, o dado armazenado continuará sendo protegido, inclusive contra ações do Estado, que só pode acessá-lo de modo fundamentado e com base em autorização legal própria; entretanto, não se cuidará de uma medida dependente de prévia autorização judicial. Um exemplo seriam fotografias tiradas pelo próprio usuário e armazenadas no seu celular, mas não transmitidas a outrem, nem recebidas de outrem: nesse caso, não se estaria tratando especificamente de comunicação e, portanto, os dados armazenados não se amoldariam à hipótese do art. 7º, III, do Marco Civil da Internet.

A respeito disso, e discorrendo sobre as disposições do Marco Civil da Internet, Gilmar Ferreira Mendes e Jurandi Borges Pinheiro ressalvam

> a insuficiente proteção da nova lei por não especificar os requisitos a serem observados na autorização judicial de acessos aos dados armazenados, que podem abranger [...] não apenas os dados obtidos pela internet, como também arquivos gerados e mantidos em pastas locais sem conexão com aplicativos online[81].

81. MENDES, Gilmar Ferreira; PINHEIRO, Jurandi Borges. Interceptações e Privacidade: novas tecnologias e a Constituição. *In*: MENDES, Laura Schertel; ALVES, Sérgio Garcia, DONEDA, Danilo. **Internet & regulação**. São Paulo: Saraiva Educação, 2021, p. 366.

O acesso, sem decisão judicial, a dados gravados em celulares regularmente apreendidos por autoridades policiais foi inicialmente decidido pelo STF no julgamento do HC nº 91.867/PA (Segunda Turma, rel. Min. Gilmar Mendes, julgado em 24.04.2012, DJe de 20.09.2012). No caso, a defesa arguia a ilegalidade decorrente do fato de os policiais, após a prisão em flagrante de um corréu, terem realizado a análise dos últimos registros telefônicos de dois aparelhos celulares apreendidos. Contrariando a pretensão dos defendentes, o STF decidiu, na oportunidade, que

> não se confundem comunicação telefônica e registros telefônicos, que recebem, inclusive, proteção jurídica distinta. Não se pode interpretar a cláusula do artigo 5º, XII, da CF, no sentido de proteção aos dados enquanto registro, depósito registral. A proteção constitucional é da comunicação de dados e não dos dados.

Em 20.10.2020, no julgamento do HC nº 168.052/SP, o STF expressamente superou o entendimento firmado no HC nº 91.867/PA, sem, contudo, fazer nenhuma distinção entre dados comunicacionais e outros dados. Entendeu o STF ter havido verdadeira mutação constitucional, dada a evolução da tecnologia e o "incrível desenvolvimento dos mecanismos de comunicação e armazenamento de dados pessoais em smartphones e telefones celulares na última década [...], capazes de registrar as mais variadas informações sobre seus usuários" (fl. 5 do acórdão), pelo que deveria ser exigida autorização judicial para acesso aos dados – quaisquer dados – armazenados em aparelhos celulares[82]. É um argumento muito relevante: de fato, aparelhos celulares do início dos anos 2000 serviam essencialmente para realizar chamadas telefônicas e trocar mensagens de texto simples. Hoje, inúmeros aplicativos – que geralmente funcionam a partir da coleta de dados pessoais – elevaram as possibilidades de utilização da ferramenta a um patamar

---

82. Extrai-se do voto condutor do acórdão (fls. 08-09):

"Portanto, **entendo ser possível o acesso aos dados contidos em aparelhos celulare**s, uma vez que não há uma norma absoluta de proibição da visualização do seu conteúdo, conforme se poderia extrair a partir de uma interpretação literal da norma contida no art. 5º, XII, da Constituição da República.

Não obstante, a proteção à intimidade e à vida privada contida no art. 5º, X, da CF/88, e a exigência da observância ao princípio da proporcionalidade nas intervenções estatais nesses direitos, impõem a revisão de meu posicionamento anterior, **para que o acesso seja condicionado à prévia decisão judicial**.

As normas do art. 3º, II, III; 7º, I, II, III, VII; 10 e 11 da Lei 12.965/2014 e as significativas alterações no contexto fático subjacente evidenciam se tratar de verdadeiro caso de mutação constitucional na interpretação do âmbito de proteção dos direitos estabelecidos no art. 5º, X e XII, da CF." (grifos no original).

inimaginável poucos anos atrás, com todos os riscos à intimidade, à vida privada e ao tratamento indevido ou abusivo de dados a isso inerentes.

O acórdão do HC nº 168.052/SP foi assim ementado:

> Habeas corpus. 2. Acesso a aparelho celular por policiais sem autorização judicial. Verificação de conversas em aplicativo WhatsApp. Sigilo das comunicações e da proteção de dados. Direito fundamental à intimidade e à vida privada. Superação da jurisprudência firmada no HC 91.867/PA. Relevante modificação das circunstâncias fáticas e jurídicas. Mutação constitucional. Necessidade de autorização judicial. 3. Violação ao domicílio do réu após apreensão ilegal do celular. 4. Alegação de fornecimento voluntário do acesso ao aparelho telefônico. 5. Necessidade de se estabelecer garantias para a efetivação do direito à não autoincriminação. 6. Ordem concedida para declarar a ilicitude das provas ilícitas e de todas dela derivadas[83].

Finalmente, no julgamento do ARE nº 1.042.075/RJ, apreciando o Tema 977 de repercussão geral, foram proclamadas pelo STF as seguintes teses:

> 1. A mera apreensão do aparelho celular, nos termos do art. 6º do CPP ou em flagrante delito, não está sujeita à reserva de jurisdição. Contudo, o acesso aos dados nele contidos deve observar as seguintes condicionantes: 1.1 Nas hipóteses de encontro fortuito de aparelho celular, o acesso aos respectivos dados para o fim exclusivo de esclarecer a autoria do fato supostamente criminoso, ou de quem seja o seu proprietário, não depende de consentimento ou de prévia decisão judicial, desde que justificada posteriormente a adoção da medida. 1.2. Em se tratando de aparelho celular apreendido na forma do art. 6º do CPP ou por ocasião da prisão em flagrante, o acesso aos respectivos dados será condicionado ao consentimento expresso e livre do titular dos dados ou de prévia decisão judicial (cf. art. 7º, inciso III, e art. 10, § 2º, da Lei nº 12.965/2014) que justifique, com base em elementos concretos, a proporcionalidade da medida e delimite sua abrangência à luz de direitos fundamentais à intimidade, à privacidade, à proteção dos dados pessoais e à autodeterminação informacional, inclusive nos meios digitais (art. 5º, X e LXXIX, CRFB/88). Nesses casos, a celeridade se impõe, devendo a Autoridade Policial atuar com a maior rapidez e eficiência possíveis e o Poder Judiciário conferir tramitação e apreciação prioritárias aos pedidos dessa natureza, inclusive em regime de plantão. 2. A autoridade policial poderá adotar as providências necessárias para a preservação dos dados e metadados contidos no aparelho celular apreendido, antes da autorização

83. BRASIL. Supremo Tribunal Federal. **HC 168.052/SP**, Segunda Turma, rel. min. Gilmar Mendes, julgado em 20.10.2020, DJe de 02.12.2020.

> judicial, justificando, posteriormente, as razões de referido acesso. 3. As teses acima enunciadas só produzirão efeitos prospectivos, ressalvados os pedidos eventualmente formulados por defesas até a data do encerramento do presente julgamento[84].

Diversas outras situações persistem controversas e calha reforçar: embora ordinariamente previstas na CF, a lei pode ampliar as hipóteses de reserva jurisdicional e, assim, restringir as possibilidades de atuação lícita do Estado.

Um outro exemplo de reserva *legal* de jurisdição consta no art. 13, §2º, do Marco Civil da Internet.

Como regra, um provedor de conexão de internet tem o dever de manter os registros de conexão, sob sigilo, em ambiente controlado e de segurança, pelo prazo de 1 ano (art. 13, *caput*); de modo semelhante, um provedor de aplicações de internet tem o dever de manter os registros de acesso pelo prazo de 6 meses (art. 15, *caput*). Esse prazo de guarda, contudo, pode ser ampliado, a requerimento de autoridade *policial, de autoridade administrativa ou do Ministério Público* (art. 13, §2º, e art. 15, §2º), que têm o prazo de 60 dias para ajuizar uma ação judicial para preservação e acesso a esses dados, contados a partir da comunicação ao provedor de aplicações ou de conexão (art. 13, §3º, e art. 15, §2º). Foi exatamente essa a interpretação dada pelo Superior Tribunal de Justiça no HC nº 626.983/PR, julgado em 02.02.2022[85]. A lei (o MCI) criou uma hipótese de reserva jurisdicional para

---

84. BRASIL. Supremo Tribunal Federal. **ARE ARE 1.042.075/RJ**, Plenário, rel. min. Dias Toffoli, julgado em 25.06.2025, DJe de 30.06.2025.

85. "HABEAS CORPUS. MARCO CIVIL DA INTERNET. LEI 12.965/2014. MINISTÉRIO PÚBLICO. PROVEDORES E PLATAFORMAS DOS REGISTROS DE CONEXÃO E REGISTROS DE ACESSO A APLICAÇÕES DE INTERNET. REQUERIMENTO CAUTELAR DE GUARDA DOS DADOS E CONTEÚDOS POR PERÍODO DETERMINADO ALÉM DO PRAZO LEGAL. LEGALIDADE. EFETIVO ACESSO DEPENDENTE DE ORDEM JUDICIAL. AUSÊNCIA DE NULIDADE. ADPF 403/SE E ADI 5527/DF. INEXISTÊNCIA DE PERTINÊNCIA TEMÁTICA. HABEAS CORPUS DENEGADO. [...] 9. Disso se infere que o pedido de 'congelamento' do Ministério Público, contra o qual se rebelam os impetrantes, e diversamente do que advogam, não precisa necessariamente de prévia decisão judicial para ser atendido pelo provedor, mesmo porque — e esse é o ponto nodal da discussão, visto em face do direito à preservação da intimidade, da vida privada, da honra e da imagem das partes (CF- art. 5º, X, e Lei 12.965/2014 – art. 10) — não equivale a que o requerente tenha acesso aos dados 'congelados' sem ordem judicial." (STJ, 6ª Turma, HC nº 626.983/PR; julgado em m 02.02.2022). Essa decisão do STJ, todavia, foi cassada em decisão monocrática do min. Ricardo Lewandowski proferida em 1º de dezembro de 2022, no HC 222.141/PR. Afirmou o ministro que, "na hipótese sob exame, o Ministério Público do Estado do Paraná não observou a necessária reserva de jurisdição no que toca à ordem de indisponibilidade do conteúdo telemático por parte da sua legítima titular, contrariando, na forma acima delineada, a Constituição Federal e o Marco Civil da Internet, pois decretou verdadeira medida cautelar ao ordenar, sponte propia, o 'congelamento' de todo o conteúdo de comunicações telemáticas da paciente. Em suma, retirou do seu legítimo proprietário o direito de dispor do conteúdo dos seus dados para quaisquer fins, sem

preservação e acesso a dados de conexão, mas que se aplica apenas a dados que precisem ser armazenados por prazos superiores a 6 meses (dados de aplicação) ou 1 ano (dados de conexão).

O art. 13, §5º, do MCI, que disciplina a guarda de registros de conexão, estabelece que, "Em qualquer hipótese, a disponibilização ao requerente dos registros de que trata este artigo deverá ser precedida de autorização judicial". O art. 15, §3º, do MCI, aplicável a registros de acesso a aplicações de internet, tem regra semelhante. Com base nesses dispositivos, poder-se-ia argumentar que todo e qualquer dado de conexão ou aplicação está submetido a reserva jurisdicional; entretanto, tal interpretação, quanto ao Ministério Público, esbarraria no art. 8º, §2º, da Lei Complementar nº 75/93, que prevê que "nenhuma autoridade poderá opor ao Ministério Público, sob qualquer pretexto, a exceção de sigilo, sem prejuízo da subsistência do caráter sigiloso da informação, do registro, do dado ou do documento que lhe seja fornecido". Quanto às autoridades policiais, as disposições do MCI hão de ser interpretadas em conjunto com diversos outros dispositivos legais, como o art. 6º do CPP e o art. 3º, IV, da Lei nº 12.850/2013, que prevê, dentre os meios de obtenção de prova para a persecução penal em crimes praticados por organizações criminosas, o "acesso a registros de ligações telefônicas e telemáticas, a dados cadastrais constantes de bancos de dados públicos ou privados e a informações eleitorais ou comerciais".

Toda atuação do Estado somente será legal se amparada numa lei: isso é consequência elementar do princípio da legalidade administrativa. Tanto a autorização para a prática de uma medida de investigação qualquer quanto as condições, limites e exceções a tal autorização devem estar baseadas em lei. Da gama de atos que a lei autoriza agentes responsáveis pela persecução penal a praticar, somente uma lei, de posterior e de igual ou superior hierarquia, pode excluí-los ou limitá-los a condições específicas. Uma decisão judicial que restrinja a prática de tais atos (ou declare sua invalidade) sem declarar sua inconstitucionalidade e sem que exista uma lei amparando a restrição poderá até ser fruto das convicções pessoais do julgador quanto ao que seria "melhor ou pior" segundo sua visão pessoal de mundo; todavia,

---

que houvesse autorização judicial para tanto". A fundamentação não convence: a autodeterminação informativa não confere ao titular do dado pessoal o direito dispor do conteúdo dos seus dados para quaisquer fins, nem impõe autorização judicial para qualquer espécie de tratamento. Além disso, a decisão contraria o texto expresso do MCI, que exige autorização judicial apenas para o acesso aos dados armazenados mas não para sua preservação, que é uma espécie de pré-cautela.

tornaria o órgão Judiciário verdadeiro legislador positivo, em franco descompasso com a Constituição.

Por fim, há que se distinguir dados de comunicação de simples dados cadastrais armazenados por provedores, para cuja obtenção não há reserva de jurisdição. Conforme vem sendo reiteradamente decidido pelo STJ[86], dados cadastrais armazenados em bancos de dados de provedores de telefonia ou internet (*Internet Service Providers*, ou ISPs) possuem caráter objetivo; assim, o acesso direto pelos órgãos de investigação, sem prévia autorização judicial, não viola a garantia constitucional de proteção à intimidade, à vida privada, à honra e à imagem[87].

### 3.5.4 Compartilhamento de bancos de dados entre entes públicos

Desde a década de 1970 Alan Westin alertava em suas pesquisas para o dilema da então incipiente "*electronic age*", fruto do crescimento do poder de processamento de dados dos computadores e que as décadas vindouras apenas acentuariam[88]. Com a criação de bancos de dados computadorizados para uso por órgãos governamentais e o emprego de técnicas para o tratamento desses dados, as informações sobre a realidade social poderiam ser mais ricas e detalhadas, as políticas públicas poderiam ser definidas com mais clareza, os resultados prováveis de medidas poderiam ser previstos com precisão e os mecanismos de *feedback* da sociedade da sociedade seriam eficazes. Por outro lado, um outro tema, tão antigo quanto a civilização ocidental, sempre esteve associado a essas conquistas: "*the fear that man might seize more knowledge than he was meant to have, or than he is able*

86. EDcl no RHC 176286/SP, Rel. Ministro Reynaldo Soares da Finseca, 5ª Turma, j. em 18.04.2023, DJe de 24.04.2023; AgRg no RHC 176010/SC, Rel. Ministra Laurita Vaz, 6ª Turma, j. em 20.03.2023, DJe de 29.03.2023; REsp 1561191/SP, Rel. Ministro Herman Benjamin, 2ª Turma, j. em 19.04.2018, DJe de 26.11.2018; HC 247331/RS, Rel. Ministra Maria Thereza de Assis Moura, 6ª Turma, j. em 21.08.2014, DJe de 03.09.2014; RHC 173709/SC, Rel. Ministro Joel Ilan Paciornik, 5ª Turma, j. em 06.09.2023, DJe de 08.09.2023; RMS 70248/SP, Rel. Ministro Messod Azulay Neto, 5ª Turma, j. em 06.02.2023, DJe de 09.02.2023.

87. BRASIL. Superior Tribunal de Justiça. **Jurisprudência em teses**. nº 223. Disponível em: https://scon.stj.jus.br/SCON/jt/doc.jsp?&b=TEMA&p=true&thesaurus=JURIDICO&l=20&i=223. Acesso em 08 nov. 2023.

88. "*Computers are here to stay. So are large organizations and the need for data. So is the American commitment to civil liberty. Equally real are the social cleavages and cultural reassessments that mark our era. Our task is to see that appropriate safeguards for the individual's rights to privacy, confidentiality, and due process are embedded in every major record system in the nation, particularly the computerizing systems that promise to be the setting for most important organizational uses of information affecting individuals in the coming decades.*" BAKER, Michael A., WESTIN, Allan F. **Databanks in a Free Society**. ACM SIGCAS Computers and Society. Vol. 4, Issue 1, May 1973, p. 29. Disponível em: https://dl.acm.org/doi/10.1145/958616.958619. Acesso em 13 nov. 2023.

*to control*"[89]. O dilema, pois, é o de como impedir que os bancos de dados sejam instrumentos de restrição a liberdades fundamentais e como impedir que apetrechos tecnológicos operem como verdadeiras teletelas do famoso romance de George Orwell.

De fato, sempre foi difícil o equilíbrio entre o que deve o Estado ter em seu poder, como insumo para a consecução de políticas públicas – inclusive para decisões dirigidas à concretização de sua política criminal –, e aquilo que não lhe deve estar livremente franqueado, sob pena intrusão na esfera pessoal do indivíduo – sejam seus dados pessoais, sejam sua intimidade ou privacidade. Não sendo tais contornos aprioristicamente definidos, a Constituição e as leis são as referências normativas legítimas quanto ao que poderá o Estado fazer em matéria de controle e compartilhamento de bancos de dados que contenham dados pessoais. Num Estado de Direito, portanto, cabe ao direito traçar esses limites: mais precisamente, e irradiada de sua base Constitucional (notadamente do art. 5º, LXXIX, da CF/88), à legislação infraconstitucional que fixa as hipóteses e os procedimentos a serem seguidos para o tratamento de dados pessoais.

O art. 5º, IV, da LGPD conceitua banco de dados como um "conjunto estruturado de dados pessoais, estabelecido em um ou em vários locais, em suporte eletrônico ou físico".

Diversos órgãos da administração pública brasileira acessam bancos de dados administrados por outros órgãos para desenvolver suas atividades e implementar políticas públicas. Isso é corriqueiro.

Tome-se o exemplo do Serpro, ou Serviço Federal de Processamento de Dados. Trata-se uma empresa pública federal, vinculada ao Ministério da Fazenda, criada pela Lei nº 4.516, de 1º de dezembro de 1964, regida pelas Leis nº 5.615, de 13 de outubro de 1970, 6.404, de 15 de dezembro de 1976, 13.303 de 30 de junho de 2016, e Decreto nº 8.945, de 27 de dezembro de 2016[90]. Segundo informações divulgadas pela própria empresa pública em 2021, eram 50 as bases de dados produzidos ou geridos pela empresa, a

89. WESTIN, Alan F. **Information Technology in a Democracy**. Cambridge, Massachusetts: Harvard University Press, 1971, pp. 01-02.

90. BRASIL. **Estatuto Social do Serviço Federal de Processamento de Dados (Serpro)**. Disponível em: https://www.transparencia.serpro.gov.br/acesso-a-informacao/institucional/base-juridica/estatuto-do-serpro. Acesso em 19 ago. 2023.

maioria das quais incluindo dados sigilosos[91]. O serviço de acesso às bases de dados gerenciadas pelo Serpro pode ser adquirido (comprado) por entes "das três esferas do poder (Governo Federal, Estadual ou Municipal)", já havendo inclusive bases de dados com acesso pré-autorizado. Embora boa parte dos dados das bases administradas pelo Serpro sejam não pessoais – como registros de compras e transferências de recursos de um ente a outro –, uma incontável quantidade de dados que constam nessas bases se classifica como dado pessoal. O mesmo sucede com o Cadastro Compartilhado da Receita Federal (b-Cadastros), da Receita Federal do Brasil (RFB) em parceria com o Serpro, uma plataforma de compartilhamento de bases de dados entre órgãos públicos e que contemplava, ao menos até agosto de 2023, as seguintes bases de dados: CPF (Cadastro de Pessoas Físicas); CNPJ (Cadastro de Pessoas Jurídicas); CNO (Cadastro Nacional de Obras); CAEPF (Cadastro de Atividade Econômica da Pessoas Físicas); SN (Simples Nacional); e DAU (Dívida Ativa da União). Essas bases de dados podem ser compartilhadas com

> órgãos e entidades da Administração Pública Federal Direta, Autárquica e Fundacional e os demais Poderes da União, que não precisam celebrar convênio com a RFB, assim como por órgãos e entidades estaduais e municipais, que devem celebrar convênio com a RFB antes de solicitar autorização para contratar o produto[92].

Um simples registro de que o secretário municipal de uma cidade qualquer do interior assinou um determinado convênio conterá dados pessoais desse secretário, como seu nome e seu número de inscrição no CPF, mas possivelmente também outros dados pessoais seus, como seu e-mail e sua assinatura. O registro de uma compra feita por um servidor de um órgão qualquer também conterá dados pessoais desse servidor, como seu nome e número de matrícula. Considerando que dado pessoal é qualquer "informação relacionada a pessoa natural identificada ou identificável" (art. 5º, I, da LGPD), as informações constantes em qualquer banco de dados que possam ser associadas a uma pessoa são também dados pessoais, ainda que o propósito daquele banco de dados seja prioritariamente catalogar outros dados, relacionados a ações de interesse público. Em suma, é inevitável que

91. BRASIL. SERPRO. **Inventário de Bases de Dados (2021)**. Disponível em: https://www.transparencia.serpro.gov.br/acesso-a-informacao/dados-abertos. Acesso em 19 ago. 2023.

92. BRASIL. Receita Federal. **Cadastro compartilhado da Receita Federal – b-Cadastros**. Disponível em: https://bcadastros.serpro.gov.br/documentacao/. Acesso em 19 ago. 2023.

bancos de dados operados por entes públicos contenham dados pessoais. E é ao mesmo tempo indispensável que entes públicos compartilhem entre si esses bancos de dados para que possam desempenhar suas atividades – desde que esse compartilhamento, no que disser respeito a algum dado pessoal, esteja conforme os direitos do titular previstos na LGPD (especialmente, mas não exclusivamente, em seus arts. 17 a 22) e obedeçam às regras para o tratamento de dados pessoais pelo Poder Público previstas nos arts. 23 a 30 da LGPD, necessariamente "para o atendimento de sua finalidade pública, na persecução do interesse público, com o objetivo de executar as competências legais ou cumprir as atribuições legais do serviço público" (art. 23).

As mesmas considerações valem para entes encarregados da persecução penal, como órgãos do Poder Judiciário, Ministério Público e polícias, que precisam ter acesso a diversas bases de dados para o exercício de suas funções.

Toda denúncia deve conter, além da exposição do fato criminoso, a "qualificação do acusado ou esclarecimentos pelos quais se possa identificá-lo". Seria inconcebível, por exemplo, que o Ministério Público não pudesse ter acesso à base de dados de CPF e fosse obrigado, para redigir uma denúncia, a expedir ofícios à Receita Federal (ou ao Serpro) sempre que precisasse obter o número de inscrição nesse cadastro de uma pessoa a ser acusada – ou mesmo para confirmar a qualificação de um investigado, uma vítima, uma testemunha ou um terceiro qualquer, no curso de uma investigação criminal. Por ser um órgão de Estado, e por ter um legítimo interesse (público) a tutelar (promover a investigação e o processo penal, se for o caso, pela prática de um crime), o seu acesso a essa base de dados e a diversas outras, necessárias ao exercício responsável de suas funções, deve lhe ser franqueado.

Especificamente quanto ao acesso ao banco de dados do Cadastro de Pessoas Físicas, nem se diga que o quadro foi abrandado pela lei nº 14.534/2023, e que órgãos públicos teriam passado a ter acesso irrestrito a esse banco de dados apenas por ser cuidar de *dados de identificação nacional*. De fato, a referida lei passou a adotar o CPF como número *suficiente para identificação do cidadão nos bancos de dados de serviços públicos*; entretanto, no banco de dados do CPF não constam apenas um nome e um número, mas diversos outros dados, indispensáveis para a inscrição no banco de dados (além de serem necessários para evitar fraudes e até para evitar homônimos), como situação cadastral perante a Receita Federal, data de nascimento, sexo, naturalidade, número do título de eleitor, nome da mãe e endereço[93]. Esses dados não estão ordinariamente disponíveis a qualquer pessoa e nem mesmo a agentes públicos, senão quando autorizado o acesso ao banco de dados.

Outro caso interessante é o da ferramenta Sniper, ou Sistema Nacional de Investigação Patrimonial e Recuperação de Ativos, administrada pelo CNJ e disponibilizada a servidores e magistrados de todos os tribunais brasileiros integrados à Plataforma Digital do Poder Judiciário (PDPJ). Antes dessa ferramenta, segundo descrição feita pelo próprio CNJ, "a investigação patrimonial era um procedimento de alta complexidade que mobilizava uma equipe especializada no pedido e na análise de documentos e no acesso individualizado a bases de dados". Com o uso do Sniper, "a partir do cruzamento de dados e informações de diferentes bases de dados", consegue-se "identificar relações de interesse para processos judiciais de forma mais ágil e eficiente". Ainda segundo a apresentação da ferramenta na página do CNJ, o Sniper "fortalece a estratégia de atuação da Justiça na prevenção e no combate à corrupção e à lavagem de dinheiro e na recuperação de ativos" e "inibe a ocultação de patrimônio". Os bancos de dados que, em agosto de 2023, estavam integralmente disponíveis na ferramenta eram os seguintes e provindos dos seguintes entes públicos: Receita Federal – Cadastro de Pessoas Físicas (CPF) e Cadastro Nacional da Pessoa Jurídica (CNPJ); Tribunal Superior Eleitoral (TSE) – base de candidatos, com informações sobre candidaturas e bens declarados; Controladoria-Geral da União (CGU) – informações sobre sanções administrativas (caso já tenha ocupado cargo público), empresas inidôneas e suspensas, entidades sem fins lucrativos impedidas, empresas punidas e acordos de leniência; Agência Nacional de Aviação Civil (Anac) – Registro Aeronáutico Brasileiro; Tribunal Marítimo – embarcações listadas no Registro Especial Brasileiro; CNJ – informações sobre processos judiciais, número de processos, valor da causa, partes, classe e assunto dos processos[94].

O premiado[95] sistema Macros, da Controladoria Geral da União – CGU, funciona de modo semelhante, para produzir "relatórios de pessoas físicas,

93. BRASIL. Receita Federal do Brasil. **Regularização de CPF**. Disponível em: https://servicos.receita.fazenda.gov.br/Servicos/cpf/Regularizar/default.asp. Acesso em 19 ago. 2023.

94. BRASIL. Conselho Nacional de Justiça. **Sistema Nacional de Investigação Patrimonial e Recuperação de Ativos (Sniper)**. Disponível em: https://www.cnj.jus.br/tecnologia-da-informacao-e-comunicacao/justica-4-0/sniper/. Acesso em 19 ago. 2023.

95. BRASIL. Controladoria-Geral da União. **Sistema da CGU de auxílio a ações de controle é um dos vencedores de concurso de inovação**. Disponível em: https://www.gov.br/cgu/pt-br/assuntos/

jurídicas, unidades gestoras e municípios a partir de 85 fontes de dados distintas"[96].

Em 23 de agosto de 2023, o Banco Central do Brasil publicou a Resolução BCB nº 338, disciplinando os procedimentos para acesso de entes públicos aos dados vinculados às chaves Pix armazenadas no Diretório de Identificadores de Contas Transacionais (DICT). De acordo com a resolução, trata-se de acesso que somente pode ser concedido a entes públicos com atribuições legais "de persecução penal, de controle ou de apuração de irregularidades em que o titular dos dados estiver envolvido" (art. 2º)[97]. Trata-se de mais um banco de dados de grande relevância para investigações e processos criminais, notadamente pela adesão massiva de brasileiros ao Pix para transações bancárias. De qualquer sorte, as autoridades que tenham acesso ao banco de dados são obrigadas "a assegurar o devido tratamento às informações obtidas, preservando o sigilo eventualmente incidente" (art. 5º da Resolução BCB nº 338).

O tema versado no presente tópico é o do compartilhamento de bancos de dados – ou, mais precisamente, do acesso a bancos de dados – administrados (controlados) por entes do Estado. Esse tema não se confunde com o do compartilhamento espontâneo (leia-se, por iniciativa do próprio controlador) de dados sobre fatos específicos – ou, mais precisamente, a comunicação de dados relevantes – entre entes do Estado. O "Sistema Nacional de Gestão de Informações Territoriais" (SINTER[98]), por exemplo, prevê aos cartórios brasileiros uma série de obrigações concernentes ao compartilhamento de dados diretamente com a Receita, sem intervenção judicial. De posse desses dados, a Receita pode encetar procedimentos que não se

noticias/2015/12/sistema-da-cgu-de-auxilio-a-acoes-de-controle-e-um-dos-vencedores-de-concurso-de-inovacao. Acesso em 19 ago. 2023.

96 BRASIL. Controladoria Geral da União. **Sistema Macros**. Disponível em: https://repositorio.enap.gov.br/bitstream/1/2567/1/Sistema%20Macros.pdf. Acesso em 19 ago. 2023.

97. BRASIL. Banco Central do Brasil. **Resolução BCB nº 338, de 23 de agosto de 2023**. Disponível em: htps://www.bcb.gov.br/estabilidadefinanceira/exibenormativo?tipo=Resolu%C3%A7%C3%A3o%20BCB&numero=338. Acesso em 23 ago. 2023.

98. O SINTER foi instituído pelo Decreto nº 8.764, de 10 de maio de 2016, e foi regulamentado pela portaria da Receita Federal nº 1091, de 20 de julho de 2018. Em linha com esse sistema, o Conselho Nacional de Justiça editou o provimento nº 88, de 1º de outubro de 2019, para dispor sobre a política, os procedimentos e os controles a serem adotados pelos notários e registradores visando à prevenção dos crimes de lavagem de dinheiro, e previu expressamente em seu art. 6º que "os notários e registradores comunicarão à Unidade de Inteligência Financeira – UIF, por intermédio do Sistema de Controle de Atividades Financeiras – Siscoaf, quaisquer operações que, por seus elementos objetivos e subjetivos, possam ser consideradas suspeitas de lavagem de dinheiro ou financiamento do terrorismo".

restringem a questões tributárias: é seu dever, dentre diversas providências, participar a autoridades de inteligência financeira ou incumbidas da persecução penal indícios da prática de ilícitos penais ou administrativos. Trata-se de uma decorrência da Lei nº 9.613/98 (Lei de Lavagem de Dinheiro), que inclui, dentre as diversas atividades sujeitas a mecanismos de controle, os registros públicos (art. 9º, XIII) e as pessoas físicas que prestem serviços de assessoria, consultoria, aconselhamento ou assistência em operações de compra e venda de imóveis (art. 9º, XIV, "a").

Embora não esteja explícito, é possível extrair da Constituição e do sistema legal brasileiro um princípio que impõe ao Estado a *compartimentação* dos dados de que cuida, de modo a que o responsável pelo tratamento dos dados seja identificável, seus atos sejam controláveis e os riscos de um tratamento indevido, excessivo ou ilegal, reduzidos ao máximo. Trata-se do *princípio da separação informacional*, dessumido do direito fundamental à autodeterminação informativa (em sua fórmula constante no art. 5º, LXXIX, da CF/88) e dos princípios da finalidade, da adequação, da necessidade (ou da minimização do tratamento de dados), da prevenção, da segurança e da prestação de contas (explícitos no art. 6º da LGPD).

De acordo com Ingo Wolfgang Sarlet e Gabrielle Bezerra Sales Sarlet[99],

> Para que o Brasil possa ascender à condição de um Estado democrático Digital de Direito, necessário criar e implementar providências relativas à edificação de barreiras eficazes contra a formação de uma unidade (e centralização sem limites e controle) informacional, principalmente no que se refere ao compartilhamento irrestrito de dados pessoais, ao arrepio das exigências do direito fundamental à proteção de dados e da LGPD, assim como em desconsideração às recomendações da ANPD, mais especificamente de seu guia orientativo [4] para o tratamento de dados pessoais pelo poder público. Necessita-se de uma atenção para o emprego de relatórios de impacto de risco, sobretudo de risco algorítmico.
>
> Na condição — aqui advogada — de princípio fundamental estruturante, implicitamente positivado pela CF, a separação/divisão informacional de poderes vincula toda a atuação do Estado brasileiro, devendo ser concretizada pelo legislador, ademais de exigir a motivação das decisões que envolvam todas as formas de tratamento de dados, sobretudo

99. SARLET, Ingo Wolfgang; SARLET, Gabrielle Bezerra Sales. **Separação informacional de poderes e devido processo informacional**. 13 maio 2022. Disponível em: https://www.conjur.com.br/2022-mai-13/direitos-fundamentais-separacao-informacional-poderes-devido-processo-informacional-ordem-juridico-constitucional-brasileira. Acesso em 19 set. 2023.

> dados pessoais, o que guarda sinergia com o que se extrai das recentes decisões em sede de controle de constitucionalidade exaradas pelo STF.

De fato, o STF vem reconhecendo a aplicabilidade de tais princípios ao tratamento de dados pessoais pelo Estado e, especialmente, no que toca ao compartilhamento de bancos de dados entre seus entes. São exemplos disso as decisões tomadas nas já referidas ADI nº 6649 e ADPF nº 695/DF, em que se questionava o decreto que regulava o Cadastro Base do Cidadão e o compartilhamento de dados pessoais pelo Serviço Federal de processamento de Dados com a Agência Brasileira de Inteligência. A ADI nº 6649 e a ADPF nº 695/DF foram julgadas em 15.09.2022, tendo o STF decidido por maioria, dentre outros temas, que

> 2. O compartilhamento de dados pessoais entre órgãos públicos pressupõe rigorosa observância do art. 23, inciso I, da Lei 13.709/2018, que determina seja dada a devida publicidade às hipóteses em que cada entidade governamental compartilha ou tem acesso a banco de dados pessoais, "fornecendo informações claras e atualizadas sobre a previsão legal, a finalidade, os procedimentos e as práticas utilizadas para a execução dessas atividades, em veículos de fácil acesso, preferencialmente em seus sítios eletrônicos".

Tenha-se em conta, por outro lado, que nem a lei nem o STF sugere(m) impedir em absoluto o compartilhamento de dados entre entes públicos. Pelo contrário: essa forma de tratamento de dados é possível e legal, desde que realizada em sintonia com os referidos princípios e que sejam adotadas medidas para preservar os direitos do titular dos dados. Essa moldura normativa se aplica tanto ao tratamento de dados por entes públicos realizados para fins "gerais", expressamente regidos pela LGPD (arts. 23 e ss.), quanto para os temas (a princípio) excluídos de seu âmbito de incidência, como a persecução penal (art. 4º da LGPD). Uns e outros propósitos – de proteção de direitos fundamentais e, paralelamente, de desempenho, com eficiência, dos deveres do Estado – são (e precisam ser) plenamente conciliáveis.

Na Europa, não é demais lembrar, a Diretiva UE 2016/680, que regula o tratamento de dados pessoais "para efeitos de prevenção, investigação, deteção ou repressão de infrações penais ou execução de sanções penais", é expressa ao afirmar que seu propósito é também disciplinar "a livre circulação" de dados pessoais, quando necessária ao desempenho das aludidas atividades pelo Estado[100].

Não se pode, como um argumento para impedir o acesso a tais bases de dados, presumir que o uso indevido dessas bases por órgãos de persecução penal – assim como por qualquer outro órgão do Estado – seja uma regra. O tratamento de dados pessoais deve se dar sempre, repita-se, sob as cautelas previstas na LGPD (arts. 46 a 51, referentes a segurança, sigilo de dados, boas práticas e governança) ou na lei que venha a disciplinar especificamente o tratamento de dados para fins de persecução penal, de modo a que quaisquer abusos praticados por autoridades do Estado possam ser identificados e sancionados, mas sobretudo evitados. Negar o acesso a bases de dados públicas, ainda mais quando diversos órgãos públicos já as têm – inclusive para o desempenho de atividades não necessariamente tão graves e urgentes quanto determinadas investigações criminais –, seria um rematado contrassenso.

Não se previne, não se detecta nem se investiga com eficiência a criminalidade organizada sem inteligência (no sentido técnico da expressão). E não se realiza a atividade de inteligência sem tratamento de dados. No contexto da segurança pública e da investigação criminal, é até curioso que se cogite impedir em absoluto o compartilhamento de bancos de dados entre entes públicos num momento em que mais e mais se exige, especialmente das polícias e do Ministério Público, que trabalhem com eficiência e inteligência. Não é por outra razão que a Lei Orgânica Nacional das Polícias Civis – Lei nº 14.735, de 23 de novembro de 2023 –, em seu art. 6º, inciso IX, estabelece que compete à polícia civil "estimular o processo de integração dos bancos de dados existentes no âmbito do poder público e dele participar, preservando as informações sujeitas a sigilo legal, classificadas na forma do art. 23 da Lei nº 12.527, de 18 de novembro de 2011 (Lei de Acesso à Informação), ou que interessarem à apuração criminal". De modo semelhante, a Lei Orgânica Nacional das Polícias Militares e dos Corpos de Bombeiros Militares – Lei nº 14.751, de 12 de dezembro de 2023 – estabelece que são diretrizes a serem observadas pelas polícias militares e pelos corpos de bombeiros militares dos Estados, do Distrito Federal e dos Territórios a criação de uma "base de dados on-line e unificada por Estado da Federação", com

100. UNIÃO EUROPEIA. **Diretiva (UE) 2016/680 do Parlamento Europeu e do Conselho**. 27 abr. 2016. Disponível em: https://eur-lex.europa.eu/legal-content/PT/TXT/?uri=uriserv:OJ.L_.2016.119.01.0089.01.POR&toc=OJ:L:2016:119:FULL. Acesso em 19 set. 2023.

"compartilhamento recíproco dos dados entre os órgãos e instituições integrantes do Susp, por meio de cadastro prévio de servidor de cargo efetivo" (art. 4º, XII), assim como a "gestão da proteção e compartilhamento de seus bancos de dados e demais sistemas de informação" (art. 4º, XVII).

O princípio da separação informacional tem como corolário a compartimentação dos bancos de dados administrados por órgãos públicos. Isso significa que cada órgão será responsável pela custódia e o tratamento dos dados que coleta e administra, não podendo simplesmente transferir essa responsabilidade mediante a cessão da integralidade desse banco de dados a outros entes. O princípio da separação informacional não implica que dados pessoais armazenados em seus bancos de dados não possam ser entregues a outros órgãos públicos. Ao revés: havendo razões de fato e direito, que hão de ser declaradas em ato devidamente registrado e auditável, o acesso a dados armazenados em bancos controlados por outros entes públicos deve ser facilitado.

Quanto a informações sigilosas que eventualmente constem nos bancos de dados controlados por entes públicos, não há que se falar em violação (ou "quebra") de sigilo quando existe um compartilhamento (lícito) do (acesso ao) banco de dados: o dado continua a ser sigiloso, qualquer autoridade que lide com aquele dado tem o dever de preservação desse sigilo e quem der divulgação a esse dado (senão para os fins específicos para os quais o dado for utilizado – como para o lançamento de tributo, pela Receita, ou para a localização de uma testemunha, no caso de juízes e membros do MP) continuará a praticar uma violação de sigilo e pode ser sancionado penalmente por isso (art. 325 do CP).

O entendimento aqui defendido é o oposto ao que consta na Nota Técnica nº 43/2023/CGN, da ANPD, produzida em resposta a uma solicitação feita pelo Ministério do Turismo (MTur) e que ensejou a instauração, no âmbito daquela autarquia especial, do Processo nº 00261.000500/2022-94. A ANPD foi instada pelo MTur a avaliar a legalidade do compartilhamento de dados entre aquela pasta e a Secretaria de Perícia, Pesquisa e Análise (SPPEA/PGR) do Ministério Público Federal (MPF). A SPPEA/PGR, como uma unidade "de direção e coordenação nacional das atividades de perícia, pesquisa e análise no âmbito do Ministério Público Federal"[101], solicitou o compartilhamento.

O compartilhamento solicitado[102] pelo MPF, por intermédio de sua unidade de pesquisa e análise, dirigia-se à obtenção de cópia das bases de dados do Sistema Nacional de Registro de Hóspedes (SNRHos) e CADASTUR, com os dados dos prestadores de serviço em todo o território nacional, além de orientações para que pudesse realizar consultas ao Sistema Nacional de Registro de Hóspedes (SNRHos) por meio de *web services*.

Ofício expedido pelo MPF ao MTur amparou-se, a seu turno, na Nota Técnica SPPEA/PGR nº 07/2021, produzida por um grupo de trabalho instituído para esse propósito, que apresenta, dentre outras, as seguintes conclusões:

> 2. O Ministério Público Federal, por meio da Secretaria de Perícia, Pesquisa e Análise – SPPEA ou das Unidades Descentralizadas de Pesquisa e Análise – ASSPADs/SEPADs, pode requisitar, por meio de procedimento administrativo instaurado, bases de dados pessoais, ainda que sigilosas ou reservadas, em procedimentos administrativos com fundamento no art. 129, inciso VI, da Constituição Federal e no art. 8º, incisos II e VIII, da Lei Complementar n. 75/93, devendo a disponibilização de tais dados ocorrer a título gratuito, conforme disposto em lei (art. 26, § 3º da Lei n. 8.625/93);
>
> 3. O controlador ou operador de dados ou banco de dados de pessoas naturais que possuam interesse para o Ministério Público Federal devem, no cumprimento de obrigação legal inscrita no art. 8º da LC 75 (poder de requisição e prerrogativa de acesso incondicional a bancos de dados públicos ou de utilidade pública), efetuar o tratamento na modalidade "transmissão" dos referidos dados, repassando-os ao MPF para o desempenho de suas funções, independentemente do consentimento do titular dos dados, considerando que essa forma de tratamento tem amparo no art. 7º, incisos II, III, VI, VII e IX, e no art. 11, inciso II, ambos combinados com art. 23, *caput*, da LGPD;

101. O Sistema Nacional de Pesquisa e Análise "é composto pela Sppea, que o coordena, e por 32 Unidades de Pesquisa e Análise Descentralizadas, que compreendem as Assessorias de Pesquisa e Análise (Asspads) e as Seções de Pesquisa e Análise (Sepads). Tais unidades são vinculadas tecnicamente à Sppea e subordinadas administrativamente aos procuradores-chefes das respectivas unidades do MPF". (BRASIL. Ministério Público Federal. **Sobre a SPPEA**. Disponível em: https://www.mpf.mp.br/atuacao-tematica/sppea/sobre-a-sppea. Acesso em 23 ago. 2023).

102. Embora invoque como fundamentos o art. 8°, incisos II, VIII e § 2°, da Lei Complementar n° 75/93, além do Decreto n° 10.046, de 9 de outubro de 2019, o ofício da SPPEA ao MTur (Ofício n° 12/2022/SPPEA/PGR) usa o verbo "solicitar" (podendo-se argumentar, portanto, não se tratava propriamente de uma "requisição").

> 4. Quando se vale do poder de requisição e da prerrogativa de acesso incondicional a bancos de dados públicos ou de utilidade pública (art. 8º da LC 75), o MPF não está solicitando o uso compartilhado dos dados, nem propondo a celebração de convênio para a obtenção desses dados (art. 26, LGPD), mas sim requisitando, coativamente, os dados pessoais ou bancos de dados pessoais, na forma do art. 7º, incisos II, III, VI, VII e IX, e no art. 11, inciso II, ambos combinados com art. 23, *caput*, da LGPD.

A ANPD, em resposta à consulta feita pelo MTur, opôs-se frontalmente ao entendimento esposado na Nota Técnica da SPPEA/PGR e ofereceu, em suma, a seguinte resposta:

> 78. Nesse sentido, entende-se que a LGPD não impede que o MPF requisite acesso a dados pessoais, armazenados em uma base de dados, desde que delimitado ao conjunto de dados estritamente necessários para a finalidade específica de determinado procedimento investigatório ou repressivo, limitando o tratamento ao mínimo necessário para a realização dessa finalidade. Não cabe, neste caso, transmissão de todos os dados pessoais constantes da base de dados de maneira indiscriminada, com finalidades genéricas, e possível risco de tratamento posterior de forma incompatível.
>
> 79. Ainda, em consonância com os princípios e ditames da LGPD, não cabe a cessão, à guisa de espelhamento ou de integral reprodução, de inteira base de dados de seu órgão custodiante para o MP, para que se torne, igualmente ao cedente, órgão custodiante e Controlador da base integral de dados pessoais, no caso em análise. Não se confunde, portanto, acesso a parcela de dados pessoais com requisição de toda a base desses, de maneira indiscriminada e sem finalidade específica, uma vez que tal, como já mencionado, feriria princípios dispostos na LGPD, como os da finalidade, da adequação e da necessidade.

As conclusões da Nota Técnica nº 43/2023/CGN, da ANPD, indicam que o problema central no compartilhamento requisitado pela SPPEA (e que justificaria sua recusa) diz respeito não à cessão em si, mas sim ao *espelhamento* (ou cópia integral) base de dados, de seu órgão custodiante (o MTur, no caso) para o MP. É um ponto importante: de fato, é inconcebível hoje que o compartilhamento da base de dados seja feito mediante a cessão de uma cópia integral de seus arquivos. Isso duplica as vulnerabilidades dessa base de dados – afinal, serão a partir de então, na prática, duas bases idênticas e desconexas, ou dois alvos potenciais. Assim, o compartilhamento de acesso mediante simples cópia dos bancos de dados viola, a um só tempo, os princípios da necessidade e da minimização do tratamento de dados pessoais.

Esse problema pode ser contornado com o uso de APIs[103] que permitam o acesso remoto à integralidade da base de dados e, ao mesmo tempo, preserve as responsabilidades do controlador sobre os dados que custodie, impedindo o acesso por terceiros não autorizados e ofereça mecanismos para sua sindicabilidade. Deste modo, seriam possíveis a identificação e o sancionamento em casos de tratamento de dados fora dos limites legais[104].

Importa ter em conta, por outro lado, que não é de todo descabida a defesa da remessa de cópia integral de banco de dados: (1) o acesso via API exige muito poder de processamento nas duas pontas, o que custa mais caro e pode não estar disponível a ambas; (2) em tese, o acesso via API permite que o controlador dos dados, ou operadores seus, saiba(m) quando um agente público realizou determinado tratamento (pela identificação da consulta feita via API); em investigações sigilosas envolvendo pessoas poderosas e a criminalidade organizada, tal fragilidade representará um grave risco.

Contudo, há outro grave problema nas conclusões da ANPD, quando afirma que o compartilhamento só será possível se "delimitado ao conjunto de dados estritamente necessários para a finalidade específica de determinado procedimento investigatório ou repressivo". O trecho sugere que devem ser indicados antecedentemente quais serão os dados a serem compartilhados[105] e que nunca será possível o compartilhamento via acesso à integrali-

103. Uma API, do inglês *Application Programming Interface* (ou interface de programação de aplicações), é um conjunto de funções que permitem que aplicativos ou programas diversos possam ser utilizados diretamente de forma simplificada. No caso de um banco de dados, uma API pode permitir o acesso remoto a dados específicos ou mesmo integralidade da base de dados sem a necessidade de cópia integral da base de dados e sua entrega a outro controlador, conforme seja programada para isso. A API também poderá integrar mecanismos para assegurar que o controlador mantenha os registros sobre o acesso aos dados mas preserve seu sigilo, impedindo-o de cientificar pessoas investigadas, deliberada ou inadvertidamente, quando essa ciência puder causar prejuízos à persecução penal. Tanto da parte da autoridade que busca os dados quanto do controlador do banco de dados, deve haver registros que permitam aferir precisamente, quando questionadas, a legalidade (que inclui a avaliação da necessidade) do acesso.

104. A consulta a bancos de dados custodiados ou acessíveis por convênios firmados pelo MPF (SPPEA) dá-se pelo sistema RADAR. Em 11.09.2023, esse sistema registrava a possibilidade de acesso a 344 bases de dados variadas, incluindo dados publicamente acessíveis e dados de pessoas jurídicas. A maioria dessas bases é custodiada por outros entes públicos, como tribunais, Receita Federal e órgãos de fazenda estaduais, Tribunais de Contas, agências reguladoras e bancos públicos, e limitam-se a informações relacionadas às suas respectivas áreas de atribuição ou competência, não raramente contendo, no que diz respeito a pessoas, apenas dados cadastrais básicos. A despeito de suas limitações, o cruzamento dessas informações é útil a muitas atividades relacionadas à persecução penal, que vai da simples confirmação do endereço atualizado de uma testemunha até o levantamento patrimonial e a identificação de vínculos entre pessoas investigadas.

105. Se a interpretação da ANPD fosse no sentido de que deveriam ser descartados (ou seja, não compartilhados) dados que nada digam respeito a investigações conduzidas pelo MP, não haveria problema. Por exemplo: uma base de dados que contenha, além de informações sobre endereço e

dade da base de dados. A questão é que o acesso pontual e individualizado – isto é, apenas a dados de pessoas anteriormente especificadas – não atenderia a grande número de investigações e processos (nem, para propósito semelhante, apurações conduzidas por diversos outros órgãos da administração), que eventualmente dependem de relatórios de cruzamento de dados de investigados com os dados de diversas outras pessoas que se consiga identificar previamente (e o cruzamento de dados pode servir exatamente para identificá-las).

Embora se reconheça a polêmica que o tema inspira e que é possível defender, com bons argumentos, o acerto (ou o desacerto) de suas conclusões, os seguintes pontos da Nota Técnica da ANPD merecem reflexão: na prática, orienta um órgão da administração pública a descumprir uma ordem *não manifestamente ilegal* (até porque relacionada a tema que comporta interpretações distintas e ainda não consolidadas no STF e noutros tribunais) emanada por autoridade competente, sem que se busque no Judiciário, previamente, um remédio juridicamente adequado para a situação específica[106]; nada dispõe sobre o corriqueiro compartilhamento de bases de dados *por* e *entre* diversos outros entes públicos, nada sugerindo que orientará o MTur (ou controladores de outras bases de dados) a que não compartilhem suas bases com órgãos como TCU, TCEs, TSE, CNJ e Receita Federal, nem destes entre si; foi produzida sem a oitiva prévia da SPPEA nem de nenhum órgão do MP; suplanta, sem nada dispor a esse respeito, atribuições que são próprias do Conselho Nacional do Ministério Público (CNMP), órgão de controle externo do Ministério Público[107].

patrimônio, dados sensíveis (como orientação sexual e religiosa), dificilmente será, nessa parte, de interesse para uma investigação criminal. Assim, pode ser dispensado o compartilhamento desses dados sensíveis específicos, mas a base de dados (em relação a todas as pessoas que a integram) poderia ser compartilhada.

106. A perplexidade dessa situação foi antevista na Nota Técnica da SPEEA/PGR: "5. Tratando a requisição de ordem estatal amparada na Constituição da República e em Lei Complementar Federal, não é dado a seu destinatário recusar cumprimento *manu militari*, ao seu alvedrio. Caso o destinatário da requisição possua outra interpretação das normas do ordenamento jurídico e pretenda vê-la prevalecer diante da ordem que lhe é dirigida pelo Ministério Público Federal, deverá buscar ordem judicial específica que inverter a presunção de legitimidade da requisição."

107. Os primeiros processos sancionatórios instaurados pela ANPD foram divulgados em março de 2023. De um total de oito processos instaurados, sete tiveram como sujeito passivo entes da administração pública e apenas um foi contra uma empresa privada. Algumas hipóteses podem ser vislumbradas a partir desse dado. Uma destas é que o poder público violaria com mais frequência direitos dos titulares dados pessoais, ou ao menos tem sido menos colaborativo com a ANPD para prevenir e corrigir supostas violações. Há, todavia, outras hipóteses. Pode-se cogitar, por exemplo, se a ANPD teria ou não força, hoje e de fato, para impor sanções e coibir as recorrentes violações praticadas por milhares de empresas todos os dias no Brasil, e concentrar

Em situações como a analisada pela ANPD, parece ser mais acertada a conclusão de que o acesso a bases de dados, pelo Ministério Público ou por quaisquer outros órgãos do Estado, não pode ser simplesmente objeto de requisição: deve, sim, ser precedido de um instrumento contratual – como um convênio ou termo de cooperação técnica – que esclareça os limites e as finalidades para esse compartilhamento. Outrossim, o acesso à base de dados, uma vez compartilhada (não integralmente cedida), só poderá se dar *dentro* e *no interesse de* um procedimento de apuração específico, por ato fundamentado da autoridade responsável e sujeito a variadas espécies de verificação, controle, correção e sanção. Dessa forma, estar-se-ão prestigiando tanto o princípio da separação informacional quanto o conteúdo procedimental da autodeterminação informativa.

Não há que se confundir, entretanto, a possibilidade, sempre presente, da requisição, pela polícia e pelo Ministério Público, de dados específicos constantes em bancos de dados cujo acesso não tenha sido cedido: essa requisição será, em si, uma forma de tratamento de dados pessoais. A validade desse tratamento será aferida conforme seja compatível com a base legal que o tenha fundamentado, seja preservada sua cadeia de custódia e obedecido o procedimento próprio previsto para esse tratamento (se for o caso) – ademais, de acordo com as particularidades do caso concreto, de sua compatibilidade com princípios que regem o tratamento de dados pessoais hoje positivados na LGPD.

É digno de nota que, ao menos numa outra oportunidade, a ANPD exerceu o controle sobre atividades que estão fora de seu escopo.

esforços no poder público teria sido apenas uma opção pragmática do órgão. Somente uma pesquisa empírica qualitativa sobre todos os fatos noticiados e formalmente analisados pela ANPD (que escapa do objeto do presente estudo) permitiria confirmar essas hipóteses. (BRASIL. Autoridade Nacional de Proteção de Dados. **ANPD divulga lista de processos sancionatórios.** Assessoria de Comunicação da ANPD, 23.03.2023. Disponível em: https://www.gov.br/anpd/pt-br/assuntos/noticias/anpd-divulga-lista-de-processos-sancionatorios. Acesso em 28 nov. 2023). Também merece menção o fato de que a não consta dentre estas a SERASA, empresa já condenada pela comercialização indevida de dados pessoais (BRASIL Tribunal de Justiça do Distrito Federal e Territórios. **LGPD:** Justiça confirma liminar e determina que Serasa deixe de comercializar dados pessoais. Disponível em: https://www.tjdft.jus.br/institucional/imprensa/noticias/2021/julho/lgpd-justica-determina-que-serasa-deixe-de-comercializar-dados-pessoais. Acesso em 06 dez. 2023) e que aparentemente continua a fazê-lo (BRASIL. Procuradoria da República em São Paulo. **MPF requer da Serasa o pagamento de multa superior a R$ 200 milhões por vazamento de dados pessoais**. Disponível em: https://www.mpf.mp.br/sp/sala-de-imprensa/noticias-sp/mpf-requer-da-serasa-o-pagamento-de-multa-superior-a-r-200-milhoes-por-vazamento-de-dados-pessoais. Acesso em 06 dez. 2023).

Na Nota Técnica nº 175/2023, a ANPD avaliou um acordo de cooperação feito entre o Ministério da Justiça e Segurança Pública (MJSP) e a Confederação Brasileira de Futebol (CBF) para o compartilhamento de dados pessoais visando ao aprimoramento do Projeto Estádio Seguro, que "prevê ações de combate ao racismo e à violência nos estádios brasileiros, com a aplicação do uso de tecnologias que permitam identificar torcedores que tenham se envolvido em ilícitos e possam, porventura, causar problemas nas praças esportivas"[108].

Conforme consta no §5.8 da Nota Técnica nº 175/2023:

> 5.8. A partir da análise dos documentos encaminhados, foi possível identificar as finalidades principais da operação de compartilhamento de dados no âmbito do Projeto Estádio Seguro: (i) recapturar indivíduos com mandado de prisão ou medidas penais restritivas; (ii) auxiliar na recuperação de veículos roubados ou furtados; e (iii) evitar a venda de ingressos utilizando dados de pessoas falecidas, combatendo o cambismo.

No caso, a ANPD entendeu que os princípios gerais e os direitos do titular dos dados previstos na LGPD se aplicam no contexto de segurança pública – no que está correta (embora caibam temperamentos, como estudado). O problema é que a ANPD, ao assim fazê-lo, também afirma ter atribuição legal para *decidir* sobre o assunto – no que está equivocada.

A referida Nota Técnica da ANPD tende a não ser questionada, precisamente por "autorizar" o tratamento entre os entes celebrantes do acordo de cooperação. O problema é que a nota constitui um precedente para que se declare existir atribuição da ANPD sobre a proteção de dados na segurança pública – e, a rigor, também para quaisquer dos demais temas expressamente excluídos do âmbito de incidência da LGPD. A ANPD não tem essa atribuição. A persistir nesse entendimento, haverá verdadeira superposição das atribuições da ANPD com as de outras agências de fiscalização e controle, como o são, para o MP e para o Poder Judiciário, o Conselho Nacional de Justiça e o Conselho Nacional do Ministério Público.

Registre-se que o CNMP disciplinou o tema da proteção de dados pelo MP brasileiro em sua Resolução nº 281, de 12 de dezembro de 2023, que

108. BRASIL. Autoridade Nacional de Proteção de Dados. **Nota Técnica nº 175/2023.** Disponível em: https://www.gov.br/anpd/pt-br/documentos-e-publicacoes/documentos-de-publicacoes/nota-tecnica-no-175-2023-cgf-anpd-acordo-de-cooperacao-mjsp-e-cbf.pdf. Acesso em 17 mai. 2024.

"Institui a Política Nacional de Proteção de Dados Pessoais e o Sistema Nacional de Proteção de Dados Pessoais no Ministério Público e dá outras providências"[109]. Contudo, a Resolução nº 281 é expressa ao afirmar que as regras ali declinadas não se aplicam "ao tratamento de dados pessoais realizado para fins exclusivos de atividades de investigação e repressão de infrações penais" (art. 1º, §2º). A ressalva é correta: não bastasse o tema carecer de consolidação jurisprudencial em diversos aspectos, o tratamento de dados pessoais para atividades de persecução penal precisa ser regido "por legislação específica, conforme previsto no §1º do art. 4º da Lei nº 13.709, de 14 de agosto de 2018 (Lei Geral de Proteção de Dados Pessoais – LGPD)" (art. 4º, §3º da Resolução nº 281/2023 do CNMP).

Ainda sobre o tema, importa mencionar a decisão do STF no julgamento da ADI nº 6.529/DF (rel. Min. Cármen Lúcia, Tribunal Pleno, julgada em 11.10.2021, DJe de 22.10.2021), estudada no capítulo 2. Como visto, ao apreciar a constitucionalidade de dispositivos da Lei nº 9.883/99, que criou a ABIN e o Sistema Brasileiro de Inteligência, o STF decidiu que a motivação dos atos administrativos é imprescindível mesmo quando relativos a atividades de inteligência; outrossim, para que seja válido, não basta a alegação de que um determinado ato é motivado no interesse público se esse ato invade a competência constitucional do Poder Judiciário (no caso julgado, cuidou-se da competência para autorizar a "quebra" do sigilo telefônico ou de dados). Ao final, o STF proclamou o seguinte:

> a) os órgãos componentes do Sistema Brasileiro de Inteligência somente podem fornecer dados e conhecimentos específicos à ABIN quando comprovado o interesse público da medida, afastada qualquer possibilidade de o fornecimento desses dados atender a interesses pessoais ou privados; b) toda e qualquer decisão de fornecimento desses dados deverá ser devida e formalmente motivada para eventual controle de legalidade pelo Poder Judiciário; c) mesmo quando presente o interesse público, os dados referentes às comunicações telefônicas ou dados sujeitos à reserva de jurisdição não podem ser compartilhados na forma do dispositivo, em razão daquela limitação, decorrente do respeito aos direitos fundamentais; d) nas hipóteses cabíveis de fornecimento de informações e dados à ABIN, são imprescindíveis procedimento formalmente instaurado e a existência de sistemas eletrônicos de segurança e

109. BRASIL. Conselho Nacional do Ministério Público. **Resolução nº 281, de 12 de dezembro de 2023.** Institui a Política Nacional de Proteção de Dados Pessoais e o Sistema Nacional de Proteção de Dados Pessoais no Ministério Público e dá outras providências. Disponível em: https://www.cnmp.mp.br/portal/images/CALJ/resolucoes/Resoluo-281-de-2023.pdf. Acesso em 15 dez. 2023.

registro de acesso, inclusive para efeito de responsabilização em caso de eventual omissão, desvio ou abuso.

O referido julgado reforça a compreensão de que qualquer tratamento de dados realizado pelo Estado, com o uso de bases próprias ou compartilhadas entre entes públicos, deve atender a uma finalidade específica e declarada (*i.e.*: deve ser sempre motivado), dentro de um procedimento formal e que permita a verificação de sua conformidade, de modo a coibir ilegalidades e permitir o sancionamento a quem porventura as tenha praticado.

Outra questão que se erige é o do compartilhamento *intrainstitucional* de dados e que é particularmente importante em grandes investigações criminais – ou as chamadas "operações". Cuida-se de investigações complexas, envolvendo múltiplos fatos e pessoas, que têm potencial para reunir uma grande quantidade de dados e que, nessa qualidade, podem ser também caracterizados como verdadeiros *bancos de dados*. Em alguns casos, esses dados são agregados na forma de um *data lake*, de modo não estruturado ou apenas semiestruturado, mas ainda assim útil para as investigações. Se, dentro dessa massa de dados coletados para investigações específicas, há dados que são albergados por sigilo que foi judicialmente "quebrado", não é lícito seu compartilhamento com outras autoridades, mesmo que dentro de uma mesma instituição (como MP ou polícia), sem que haja decisão judicial autorizando esse compartilhamento. Não é porque o acesso a um dado sigiloso foi franqueado a uma determinada autoridade que será lícito *a toda e qualquer autoridade que integre esse órgão* ter acesso a esses dados. Mesmo dados não sigilosos só poderão ser acessados por outras autoridades *dentro de uma mesma instituição* quando puder ser fundamentado o acesso em uma finalidade clara e específica relacionada a essa uma outra investigação ou atividade (não necessariamente criminal[110]). Em qualquer caso, e como alerta Yuri Luz, é necessário que haja mecanismos eficientes de controle do acesso a esses dados, externa e internamente[111].

Se há um problema grave no que diz respeito aos bancos de dados compartilhados com e entre os entes públicos brasileiros é seu baixo grau de

110. Dados de uma investigação criminal podem interessar a apurações (inquéritos civis e outros procedimentos preparatórios) e ações em searas distintas, como cível, administrativa, de improbidade administrativa, eleitoral e ambiental.

111. LUZ, Yuri Corrêa da. Bancos de Dados Públicos e o Compartilhamento com Agências Penais. *In:* ABREU, Jacqueline de Souza; ANTONIALLI, Dennys (eds.). **Direitos fundamentais e processo penal na era digital**: doutrina e prática em debate. São Paulo: InternetLab. vol. 4, 2021, p. 181.

transparência. O princípio da publicidade ou da transparência impõe que a tão só existência de um banco de dados com dados pessoais seja de conhecimento público[112], que se concretiza pela exigência de autorização para funcionar ou, ao menos, da notificação a uma autoridade sobre sua existência e na divulgação de relatórios periódicos e outras informações relevantes ao público. Hoje, cidadãos pouco sabem sobre as características e o funcionamento de muitos bancos de dados rotineiramente utilizados por entes públicos, sejam estes bancos de dados geridos por entes públicos ou privados. Não se sabe exatamente para quais finalidades nem em que extensão os bancos de dados são utilizados, como é feita a coleta dos dados que os integram nem quais são as providências de proteção física e lógica empregadas. Nos sites brasileiros, alguns dos quais aqui referidos, ou não há menção nenhuma a quais bancos de dados são compartilhados, ou há informações apenas superficiais, ou as informações são de difícil localização e apresentadas sem nenhuma preocupação com sua inteligibilidade pelo usuário leigo.

Mesmo que, ao menos no cenário normativo atual, não tenha a ANPD atribuição para o controle sobre atividades de persecução penal, não é por eventualmente serem utilizados para subsidiar processos e investigações criminais que bancos de dados compartilhados entre entes públicos devem passar ao largo do controle social, exercido por cidadãos e pela imprensa, nem do controle pelas vias formais, pelo Poder Judiciário, pelo Ministério Público, pelo CNMP e pelo CNJ. O interesse público subjacente à persecução penal não pode transmutar suas atividades em verdadeiras caixas pretas. É um interesse público de idêntica estatura que a atuação dos agentes estatais seja pautada pela legalidade e pelo respeito aos direitos fundamentais dos titulares dos dados pessoais.

As bases ou bancos de dados públicos foram centrais para o desenvolvimento da proteção de dados pessoais. As primeiras leis europeias sobre o tema, ainda na década 1970, tinham os bancos de dados como seu foco principal e buscavam precisamente a harmonização das regras jurídicas às então ainda incipientes tecnologias computacionais de processamento de dados em grande escala. O conceito de bancos de dados foi ao longo do tempo perdendo sua centralidade nos debates sobre a definição das balizas para o tratamento de dados pessoais. Afinal, "as diversas modalidades de tratamento de dados pessoais não podem ser mais compreendidas a partir de grandes

112. DONEDA, Danilo. **Da privacidade à proteção de dados pessoais**: fundamentos da lei geral de proteção de dados. 3. ed. São Paulo: Revista dos Tribunais, 2021, pp. 186-187.

repositórios de informação, mas, sim, pelas técnicas utilizadas para sua coleta, agregação e utilização"[113]. Impedir, aprioristicamente, o compartilhamento do acesso a bancos de dados entre entes públicos não atende os diversos interesses públicos em jogo por limitar extremamente as possibilidades de atuação inteligente e eficiente em políticas públicas, e não exclusivamente na persecução penal. Não se faz política pública eficiente sem dados pessoais, assim como não é possível, sem o tratamento de dados pessoais, promover uma persecução penal eficiente, especialmente em face da criminalidade organizada. Os limites ao Estado devem existir preponderantemente como regras claras e rígidas para a realização desse tratamento – como direitos procedimentais, portanto –, e não como vedações absolutas e apriorísticas a uma determinada forma de tratamento de dados pessoais. Tais limites também pressupõem sua sindicabilidade e a existência de vias formais de controle, a ser exercido pela ANPD, quando for o caso, e por outras agências.

### 3.5.5 Compartilhamento de bancos de dados de entes privados a entes públicos

De acordo com o art. 43, §4º, do CDC, os "bancos de dados e cadastros relativos a consumidores, os serviços de proteção ao crédito e congêneres são considerados entidades de caráter público". Desta forma, pode-se afirmar que se aplicam, em relação a bancos de dados mantidos por empresas privadas de consumidores, as mesmas possibilidades, regras e limites existentes para o compartilhamento de dados entre entes públicos. A princípio, contudo, não há sentido em que entes públicos tenham acesso intermitente a bancos de dados de entes privados que versem sobre assuntos, por assim dizer, "internos" seus, como dados pessoais de funcionários, de fornecedores ou de visitantes de seus prédios. Isso não quer dizer que não possam ser compartilhados determinados bancos de dados no interesse de investigações específicas e para uso limitado a essas investigações.

Imagine-se ter sido possível delimitar, com base em imagens, exames feitos com elementos colhidos na cena do crime (digitais, fios de cabelo) ou qualquer outra prova, um determinado perfil de um criminoso (homem, branco, altura entre 1,80 e 1,85m etc.), que usava uma bota usualmente utilizada por empregados de determinada empresa no momento do crime. O cruzamento dessas informações com o banco de dados de empregados e

113. DONEDA, Danilo. **Da privacidade à proteção de dados pessoais**: fundamentos da lei geral de proteção de dados. 3. ed. São Paulo: Revista dos Tribunais, 2021, pp. 144-145.

ex-empregados dessa empresa pode ser útil para identificar o autor do crime. Entretanto, como se trata de um crime específico e que tais dados não interessam nem interessarão a outras investigações, o compartilhamento deve ser singular, para essa apuração, e deve ser encerrado tão logo atingido seu propósito. Esse tratamento de dados, portanto, não pode ser replicado em outras investigações, senão após nova requisição da autoridade competente ou determinação judicial, individualizadamente, dentro de cada nova investigação.

Empresas de telefonia, que são concessionárias de um serviço público, merecem considerações à parte. Hoje, essas empresas são controladoras de um imenso volume de dados pessoais. Há que se distinguir, contudo, os bancos de dados dessas empresas que digam respeito apenas à identificação de seus consumidores, como cadastros de clientes, dos dados que digam respeito ao serviço propriamente dito, prestado pela operadora de telefonia. Os dados de comunicação – sejam metadados ou dados concernentes ao conteúdo das comunicações entabuladas, sejam dados de conexão ao serviço prestado, como dados de conexão à internet ou ao serviço de voz, dados de identificação do usuário (no serviço de conexão), de contato com Estações Rádio-Base (ERBs) e dados de localização – não podem ser integral e irrestritamente compartilhados com autoridades encarregadas da segurança pública, porquanto desnecessários e excessivos. O compartilhamento completo e perene de um banco de dados dessa natureza – ou seja, de um banco de dados não limitado a informações cadastrais de operadoras de telefonia – violaria o disposto no art. 6º, inciso III, da LGPD[114], que se aplica também a atividades de persecução penal e de segurança pública, à falta de uma lei específica, por força do art. 4º, §1º, do mesmo diploma[115].

Quanto ao Ministério Público, a possibilidade de acesso a bancos de dados de entes privados, como concessionárias de telefonia, é reforçada pelo art. 8º, inciso VIII, da Lei Complementar nº 75/95 (aplicável aos órgãos do

114. "Art. 6º As atividades de tratamento de dados pessoais deverão observar a boa-fé e os seguintes princípios:
[...]
III – necessidade: limitação do tratamento ao mínimo necessário para a realização de suas finalidades, com abrangência dos dados pertinentes, proporcionais e não excessivos em relação às finalidades do tratamento de dados;"

115. "§1º O tratamento de dados pessoais previsto no inciso III será regido por legislação específica, que deverá prever medidas proporcionais e estritamente necessárias ao atendimento do interesse público, observados o devido processo legal, os princípios gerais de proteção e os direitos do titular previstos nesta Lei."

MP da União e dos Estados por for do art. 80 da Lei nº 8.625/93), cuja inconstitucionalidade jamais foi afirmada. Segundo o mencionado dispositivo legal, o Ministério Público pode, nos procedimentos de sua competência, "ter acesso incondicional a qualquer banco de dados de caráter público ou relativo a serviço de relevância pública". Esse acesso não depende de prévia ordem judicial, eis que ausente exigência legal nesse sentido[116], mas não dispensa o controle judicial sobre a legalidade do tratamento (dentre outras formas de controle). Esse controle há de ser feito a qualquer momento, mas sobretudo quando da submissão da prova produzida a partir do tratamento de dados à análise do juízo competente para a persecução penal relacionada a determinado fato especificamente investigado.

Há que se considerar, ainda, o importante precedente firmado com o julgamento da medida cautelar na ADI nº 6387, sobre a qual já se discorreu em tópico próprio. Em síntese, ao referendar a decisão liminar da ministra Rosa Weber, relatora para o caso, o plenário do STF, em 07.05.2020, suspendeu a eficácia da Medida Provisória nº 954/2020, que dispunha sobre

> o compartilhamento de dados por empresas de telecomunicações prestadoras de Serviço Telefônico Fixo Comutado e de Serviço Móvel Pessoal com a Fundação Instituto Brasileiro de Geografia e Estatística, para fins de suporte à produção estatística oficial durante a situação de emergência de saúde pública de importância internacional decorrente do coronavírus.

Daquele julgamento e no que pertine ao tema ora em análise, o STF entendeu que a MP nº 954/2020, tal qual redigida, não permitia identificar um "interesse público legítimo no compartilhamento dos dados pessoais dos usuários dos serviços de telefonia". Ademais, ao não definir apropriadamente como e para que seriam utilizados os dados coletados, a MP desatendia a garantia do devido processo legal substancial (art. 5º, LIV, da CF/88), por não oferecer condições de avaliação quanto à sua adequação e necessidade, "assim entendidas como a compatibilidade do tratamento com as finalidades informadas e sua limitação ao mínimo necessário para alcançar suas finalidades". Desse julgamento é possível extrair que, para que haja o compartilhamento de bancos de dados controlados por entes privados com autoridades e entes encarregados da persecução penal, é necessário que os

116. LC 75/93, art. 8º, §2º: "Nenhuma autoridade poderá opor ao Ministério Público, sob qualquer pretexto, a exceção de sigilo, sem prejuízo da subsistência do caráter sigiloso da informação, do registro, do dado ou do documento que lhe seja fornecido."

dados pessoais constantes desse banco de dados sejam de interesse público. Isso ocorrerá quando tais dados interessem rotineiramente a atividades de persecução penal e não apenas a um crime específico, que excepcionalmente pode legitimar o acesso ao banco de dados mediante requisição ou determinação judicial dentro de uma investigação ou processo específico. Noutras palavras, o atendimento do interesse público para fins de compartilhamento de bancos de dados privados ocorrerá apenas quando seus dados forem potencialmente relevantes para a apuração e o eventual processamento de um considerável número de crimes. Mesmo nessa hipótese, não poderá haver livre compartilhamento quando se tratar de dados cujo acesso esteja limitado pela lei ou pela Constituição (como é o caso de dados com conteúdo comunicacional). Além disso, e ainda com base na decisão cautelar do plenário do STF na ADI nº 6387, tem-se que, no tratamento de dados pessoais realizado sobre bancos de dados privados, os entes e autoridades públicas responsáveis devem "apresentar mecanismo técnico ou administrativo apto a proteger, de acessos não autorizados, vazamentos acidentais ou utilização indevida, seja na transmissão, seja no tratamento, o sigilo, a higidez e, quando o caso, o anonimato dos dados pessoais compartilhados" – atendendo, dessa forma, aos princípios da segurança e da prevenção, inscritos no art. 6º, incisos VII e VIII, da LGPD.

Além dos bancos de dados administrados por concessionárias de telefonia, os principais exemplos de bancos de dados controlados por entes privados comumente compartilhados com autoridades públicas (inclusive com autoridades que desempenham atividades de persecução penal, mas não somente) são os de empresas que operam com avaliação de histórico de crédito, como SPC e SERASA[117], que são disciplinadas pela Lei nº 12.414/2011. Algumas destas empresas inclusive vendem a entes públicos o acesso a suas bases, como é o caso da empresa Credilink[118].

117. O SPC, ou Serviço de Proteção ao Crédito, é uma empresa de tecnologia vinculada à Confederação Nacional de Dirigentes Lojistas (CNDL). O SPC centraliza o tratamento de dados relacionados a operações comerciais realizadas por pessoas jurídicas associadas às federações estaduais de lojistas e a centenas de Câmaras de Dirigentes Lojistas (CDLs) de todo o Brasil, que provém esses dados. A Serasa Experian é uma outra empresa de tecnologia, cujo foco é o tratamento de dados referentes a operações financeiras alimentados por bancos e outras instituições congêneres.

118. A Credilink, que se apresenta como o "maior banco de dados do Brasil" contendo "informações de crédito com restritivo bancário, validação de CPF, data de nascimento, filiação e comportamento de pagamento do consumidor", oferece a órgãos públicos o serviço de "validação de informações cadastrais". CREDILINK. **Informações de Crédito**. Disponível em: https://www.credilink.com.br/. Acesso em 11 set. 2023.

É inegável que o compartilhamento de bancos de dados de entes privados com entes públicos envolve consideráveis riscos, pelo que exigem extrema cautela e responsabilidade. Os perigos dessa atividade, contudo, não devem impedi-la – até porque, calha lembrar, é corriqueiro o compartilhamento de bancos de dados para fins bem menos relevantes que a persecução de crimes, a exemplo do compartilhamento realizado ordinariamente por empresas de avaliação de crédito de acordo com a Lei nº 12.414/2011, que constitui a base legal para esse tipo de tratamento.

Importa, em qualquer hipótese, que o tratamento de dados pessoais seja realizado de forma técnica, fundamentada e em ambiente auditável, de modo a prevenir o tratamento abusivo ou ilegal e a punir seus responsáveis. É imprescindível também que o acesso para fins criminais seja feito sem a entrega da cópia do banco de dados à autoridade investigadora, mantendo-se o controle sobre o banco de dados por quem (de regra) os tenha coletado – ou seja, o acesso a esse banco de dados deve se dar via API, por conexão remota, e com registros facilmente sindicáveis sobre esse acesso, a fim de que sejam detectadas situações de tratamento ilegal por agentes públicos. Por fim, é necessário que o tratamento dos dados pessoais constantes nesses bancos de dados (privados ou mesmo públicos) seja feito conforme a necessidade que exsurja de um caso concreto especificamente investigado, que há de ser expressamente referido na fundamentação do ato proferido dentro daquela investigação e com base no qual será determinada a realização do tratamento. Esse deve ser o modelo para bancos de dados dinâmicos e cuja necessidade de acesso por órgãos de persecução penal seja corriqueira.

Sem embargo, se técnica ou economicamente inviável o uso de APIs (que, lembre-se, depende de soluções tecnológicas implementadas em ambas as pontas), deve-se admitir o compartilhamento via espelhamento integral quando se tratar de um banco de dados estático – ou seja, banco de dados consolidados, não mais alimentados com dados novos –, ou quando se tratar de um banco de dados de interesse apenas para um caso específico e não recorrente[119], desde que respeitadas todas as demais cautelas para o tratamento desses dados, incluindo sua sindicabilidade.

119. Tomem-se como exemplo investigações em que seja necessário o acesso aos registros de entradas de pessoas numa repartição pública em certo período ou ao cadastro de funcionários de determinada empresa.

# 4

# "STANDARDS" PARA O TRATAMENTO DE DADOS PESSOAIS NO PROCESSO PENAL

A gestão informacional do processo penal, que se dá pelo tratamento de dados, deve contemplar, de um lado, a autodeterminação informativa, um direito fundamental (embora não absoluto) de seu titular, e, de outro lado, o interesse público à segurança pública e à aplicação da lei penal, que são direitos fundamentais (embora não absolutos) de toda a sociedade e deveres do Estado.

Como toda atividade desempenhada pelo Estado, o tratamento de dados pessoais por órgãos e agentes públicos no interesse de um processo ou de uma investigação criminal é e deve ser uma atividade limitada. Por outro lado, impedir ou criar obstáculos desproporcionais para essa atividade caracterizaria uma violação à obrigação processual positiva de tratar dados pessoais com eficiência no processo penal. Exigir autorização judicial para um determinado tratamento de dados quando nem a lei nem a Constituição Federal o impõem é um exemplo desse tipo de violação.

A autodeterminação informativa, que é o poder de dispor, de ter ciência e de eventualmente controlar o uso que se faz de seus próprios dados, obstando ou promovendo a correção de ilegalidades ou abusos, é um direito fundamental positivado no art. 5º da CF/88 e, como em qualquer outra seara, deve balizar o tratamento de dados no processo penal. A autodeterminação informativa é, para o processo penal, um direito instrumental, ou uma garantia, que limita a atividade do Estado, no sentido de que este só pode realizar um tratamento se atender a determinados requisitos legais – obediência à cadeia de custódia, ao procedimento previsto em lei e, quando excepcionalmente exigida, prévia autorização judicial –, além dos decorrentes dos princípios gerais que regem o tratamento de dados pessoais no Brasil e que, como vetores axiológicos, hão de ser sopesados conforme a situação concreta verificada: finalidade, adequação, necessidade, minimização, qualidade dos dados, segurança, prevenção, não discriminação, responsabilização, prestação de contas, livre acesso e transparência (estes últimos, temperados pelas peculiaridades de uma investigação criminal).

É sobre o que se discorrerá nos próximos tópicos.

## 4.1 TRATAMENTO DE DADOS PESSOAIS, PROVA E PROCESSO PENAL

De acordo com o art. 155 do Código de Processo Penal, "o juiz formará sua convicção pela livre apreciação da prova produzida em contraditório judicial".

Conceituar *prova* a partir do propósito previsto na referida dicção legal - de *formar o convencimento do juiz* - seria uma simplificação indevida, a começar pelo fato de que excluiria os demais sujeitos do processo.

De acordo com Gustavo Badaró,

> Aquilo que existe na realidade não pode ser verdadeiro ou falso; simplesmente existe. Verdadeiros ou falsos só podem ser nossos conhecimentos, nossas percepções, nossas opiniões, nossos conceitos ou nossos juízos a respeito de um objeto. Os 'fatos' debatidos no processo são enunciados sobre os fatos do mundo real, isto e, aquilo que se diz em torno de um fato: e a enunciação de um fato e não o próprio fato. Em consequência, o objeto da prova não é o próprio fato, mas a alegação de um fato e não o fato em si mesmo. Os fatos não são verdadeiros ou falsos, eles simplesmente existiram ou não. O que se prova são as alegações dos fatos feitas pelas partes como fundamentos da acusação e da defesa. O que pode ser verdadeiro ou falso, verídico ou inverídico, ou 'probo', são as alegações sobre o fato, sustentadas por provas[1].

A partir de provas poderá ser afirmado, no processo, quais fatos serão considerados *verdadeiros*, eis que provados, *falsos*, se demonstrada sua não ocorrência, ou *não verdadeiros*, porquanto não provados. A verdade sobre o fato, contudo, será, no processo penal, sempre aproximativa, no sentido

1. BADARÓ, Gustavo Henrique. **Epistemologia judiciária e prova penal**. São Paulo: Revista dos Tribunais, 2019, p. 71.

de que, ainda que seja um paradigma (um ideal) a ser buscado, está inevitavelmente condicionada à falibilidade dos meios de reconstrução histórica[2].

As definições sobre prova e suas consequências para o direito abarcam diversas polêmicas e certamente escapam do objeto do presente estudo. Assim, para o propósito introdutório específico deste capítulo, será suficiente tomar de empréstimo o conceito de prova em seu sentido garantista: um meio para a *verificação ou para a refutação* de um fato penalmente relevante e que dependerá, sempre, da obediência a um complexo de garantias processuais[3] (como o contraditório, a ampla defesa e a vedação a provas ilícitas) para que sejam admitidas como válidas e suficientes para um juízo acerca desse fato.

E quando um tratamento de dados pessoais será considerado *prova* no processo penal? A resposta é: sempre que uma informação extraída de uma prova qualquer puder ser associada a uma pessoa. A definição é muito abrangente, assim como é muito abrangente a definição de dado pessoal constante no art. 5º da LGPD: toda "informação relacionada a pessoa natural identificada ou identificável". Se há num testemunho, num documento, num arquivo de computador, num material genético, numa perícia ou em qualquer outra prova produzida no interesse de uma investigação ou num processo penal uma informação que possa ser relacionada *a pessoa natural identificada ou identificável*, haverá, nesse elemento informativo e assim que juntado aos autos de uma investigação ou de um processo, um tratamento de dados pessoais.

Calha observar que, além das provas, haverá, no processo penal ou na investigação criminal, diversos outros tipos de tratamento de dados pessoais. Ainda de acordo com a LGPD, tratamento é

> toda operação realizada com dados pessoais, como as que se referem a coleta, produção, recepção, classificação, utilização, acesso, reprodução, transmissão, distribuição, processamento, arquivamento, armazenamento, eliminação, avaliação ou controle da informação, modificação, comunicação, transferência, difusão ou extração (art. 5º, X, da Lei nº 13.709/28).

2. BADARÓ, Gustavo Henrique. **Epistemologia judiciária e prova penal**. São Paulo: Revista dos Tribunais, 2019, p. 67.
3. FERRAJOLI, Luigi. **Direito e razão**: teoria do garantismo penal. Trad. Luis Flávio Gomes *et al*. São Paulo: RT, 2002, p. 124.

Tal definição é perfeitamente adequada também para o processo penal. Assim, da inserção do endereço de uma testemunha num mandado de intimação à expedição de um ofício a uma instituição financeira para que encaminhe extratos bancários de um acusado, ou do registro do nome do investigado no sistema eletrônico do tribunal até o lançamento do nome do réu condenado no rol de culpados, estar-se-á diante de variadas formas de tratamento de dados pessoais no processo penal – que serão tão legítimas quanto respeitados os princípios e regras do processo penal e os direitos do titular previstos nas diversas leis que regem a matéria e que não se resumem à LGPD.

### 4.1.1 Provas digitais

Não há disposição legal expressa no Brasil sobre o que se deve entender por prova digital. A atenção do legislador, nesse tema, tem se voltado mais ao emprego de meios eletrônicos para juntada de peças, para a tramitação de processos e para a comunicação de atos processuais[4], a exemplo da Lei nº 11.419/06. Todavia, como destaca Geraldo Prado, o foco do referido diploma "não aponta para as questões relativas à prova, salvo no tocante ao método de documentação digital dos atos processuais, incluindo os de conteúdo probatório"[5]. Outro exemplo é a Lei nº 12.682/12, que prevê regras para a digitalização de documentos e autoriza "o armazenamento, em meio eletrônico, óptico ou equivalente, de documentos públicos ou privados, compostos por dados ou por imagens" (art. 2º-A), não cuidando, especificamente, do que se tem identificado como prova digital para fins processuais. Mesmo a disciplina da cadeia de custódia introduzida no CPP pela Lei nº 13.964/19 (arts. 158-A a 158-F) nada alude a provas digitais, ainda que se possa considerá-la aplicável também a estas.

A despeito de ausência de uma referência legal específica, sua importância hoje é indiscutível para os mais variados ramos do direito, do direito civil ao direito eleitoral, do direito do consumidor ao trabalhista. Da mesma sorte, é difícil imaginar uma prova digital que não envolva, em alguma medida, o tratamento de dados pessoais – especialmente no processo penal, instrumento pelo qual são julgados atos definidos em lei como crimes

4. MENDES, Carlos Hélder Carvalho Furtado. **Tecnoinvestigação criminal**: entre a proteção de dados e a infiltração por sofware. Salvador: Juspodivm, 2020, p. 115.

5. PRADO, Geraldo. **A produção da prova penal:** o caso brasileiro. 2015. Disponível em: https://www.emporiododireito.com.br/leitura/a-producao-da-prova-penal-e-as-novas-tecnologias-o-caso-brasileiro. Acesso em 29 ago. 2023.

e imputados a pessoas (às quais serão associados os dados constantes numa prova digital).

Eogan Casey define a prova digital – e-evidence ou digital evidence, nas expressões correntes em países de língua inglesa –, como "*any data stored or transmitted using a computer that support or refute a theory of how an offense occurred or that address critical elements of the offense such as intent or alibi*"[6]. Compreender a expressão "*computer*" como qualquer dispositivo capaz de armazenar ou transmitir dados em sistema computacional binário permite incluir não só aparelhos tradicionalmente classificados como computadores, como *mainframes*, computadores de mesa e notebooks, mas qualquer outro dispositivo capaz de guardar e processar arquivos em formato digital, como celulares, reprodutores de áudio, cartões de memória, pendrives, câmeras fotográficas, drones e robôs domésticos, dentre incontáveis outros tipos de equipamentos com funcionalidades semelhantes. Eogan Casey[7] também distingue prova digital de prova eletrônica, sendo esta última relacionada ao suporte físico – ou seja, aos dispositivos eletrônicos – em que os arquivos digitais são armazenados.

Espelhando essas definições, Denise Provasi Vaz conceitua prova digital como "dados em forma digital (no sistema binário) constantes de um suporte eletrônico ou transmitidos em rede de comunicação, os quais contém a representação de fatos ou ideias"[8], e de igual forma classifica à parte o que chama de provas eletrônicas[9].

Dario José Kist[10], diversamente, entende que provas eletrônicas e provas digitais têm relação de gênero e espécie. Na sua classificação, provas eletrônicas são uma categoria mais abrangente, que, além das provas digitais – ou seja, dados "produzidos e processados por uma lógica binária" – abarcaria

6. CASEY, Eogan. **Digital evidence and computer crime**: forensic science, computers and the Internet. San Diego: Elsevier Academic Press, 2004, p. 12.

7. "*The terms digital evidence and electronic evidence are sometimes used interchangeably. However, an effort should be made to distinguish between electronic devices such as mobile telephones and the digital data that they contain.*" CASEY, Eogan. **Digital evidence and computer crime**: forensic science, computers and the Internet. San Diego: Elsevier Academic Press, 2004, p. 12.

8. VAZ, Denise Provasi. **Provas digitais no processo penal**: formulação do conceito, definição das características e sistematização do procedimento probatório. Tese (doutorado). Faculdade de Direito da Universidade de São Paulo. 2012, p. 63. Disponível em: https://www.teses.usp.br/teses/disponiveis/2/2137/tde-28052013-153123/pt-br.php. Acesso em 29 ago. 2013.

9. VAZ, Denise Provasi. **Provas digitais no processo penal**: formulação do conceito, definição das características e sistematização do procedimento probatório. Tese (doutorado). Faculdade de Direito da Universidade de São Paulo. 2012, p. 65. Disponível em: https://www.teses.usp.br/teses/disponiveis/2/2137/tde-28052013-153123/pt-br.php. Acesso em 29 ago. 2013.

10. KIST, Dario José. **Prova digital no processo penal**. Leme: Mizuno, 2019, pp. 108-109.

também dados registrados em formato analógico, como gravações de áudio e vídeo em fitas-rolo ou os tradicionais filmes fotográficos. É uma distinção também feita por David Silva Ramalho, que, todavia, prefere o termo provas eletrônico-digitais a provas digitais, precisamente para sublinhar essa relação de gênero e espécie[11].

Numa perspectiva processual-instrumental, prova digital também pode ser conceituada como um meio "para demonstrar a ocorrência ou não de determinado fato, tendo ele ocorrido total ou parcialmente em meios digitais ou, se fora deles, esses sirvam como instrumento para sua demonstração"[12].

Em que pese as divergências na sua definição, há determinados atributos específicos da prova digital que tornam particularmente útil sua compreensão dentro de uma categoria própria.

A prova digital tem como características a imaterialidade (existe independentemente de seu suporte físico), a indivisibilidade (sendo um código em formato de bits, sua divisão acarreta a completa alteração de suas propriedades – *i.e.*, afeta sua integridade), a fragilidade (pode facilmente ter sua integridade comprometida), a volatilidade (pode facilmente ser perdida, por apagamento dos dados ou por destruição do suporte eletrônico em que está armazenada) e a dispersão (pode ser facilmente copiada dentro de um mesmo sistema informático ou mesmo transmitida e replicada em múltiplos suportes, em locais geográficos distintos)[13]. A estas características também pode ser acrescida a *necessidade de intermediação*: como não é possível a compreensão direta dos dados em formato digital – eis que imateriais e codificados em linguagem computacional binária –, são necessários equipamentos para sua decodificação e sua leitura num formato cognoscível aos sentidos humanos[14].

Tais características da prova digital representam dificuldades a peritos, investigadores, advogados e agentes públicos, exigindo estratégias e técnicas

11. RAMALHO, David Silva. **Métodos ocultos de investigação criminal em ambiente digital.** Coimbra: Almedina. 2017, pp. 99-101.

12. THAMAY, Rennan; TAMER, Maurício. **Provas no direito digital**: conceito de prova digital, procedimentos e provas digitais em espécie. São Paulo: Revista dos Tribunais, 2020, p. 33.

13. MINTO, Andressa Olmedo. **A prova digital no processo penal**. São Paulo: LiberArs. 2021, pp. 34-37; KIST, Dario José. **Prova digital no processo penal**. Leme: Mizuno, 2019, pp. 115-120.

14. VAZ, Denise Provasi. **Provas digitais no processo penal**: formulação do conceito, definição das características e sistematização do procedimento probatório. Tese (doutorado). Faculdade de Direito da Universidade de São Paulo. 2012, pp. 69-70. Disponível em: https://www.teses.usp.br/teses/disponiveis/2/2137/tde-28052013-153123/pt-br.php. Acesso em 29 ago. 2013.

de manipulação adequadas: (a) provas digitais podem ser duplicadas com exatidão e uma cópia pode ser examinada como se fosse o original; por isso, é uma prática comum, quando se lida com provas digitais, examinar uma cópia, evitando o risco de danificar o original; (b) com as ferramentas certas, é fácil determinar se uma prova digital foi modificada ou adulterada, comparando-a com uma cópia original; (c) as provas digitais são difíceis de destruir inteiramente e mesmo quando um arquivo é apagado ou um disco rígido é formatado, as provas digitais geralmente podem ser recuperadas; (d) quando criminosos tentam destruir provas digitais, as cópias e os vestígios associados podem permanecer em outros locais incialmente desconhecidos[15].

A quem trabalhe com provas digitais é importante o domínio de alguns conceitos técnicos que não são próprios do direito, mas sim da tecnologia da informação. Assim, a ciência da computação, a informática, a engenharia de redes e a engenharia eletrônica são áreas do conhecimento que podem fornecer definições úteis ao processo penal e à investigação criminal, para todos os seus operadores (e não só a peritos forenses), mas que escapam do objeto da presente análise[16]. Consigne-se, contudo, que alguns conceitos foram incorporados à própria disciplina legal, como os que constam no artigo 5º do Marco Civil da Internet.

Além de conceitos técnicos incorporados à lei, há definições jurídicas concebidas exatamente para que seja possível proteger direitos e, notadamente, atribuir responsabilidades. É o caso de algumas das definições constantes no art. 5º da LGPD (dado pessoal, dado pessoal sensível, dado anonimizado, titular, controlador, operador, encarregado, agentes de tratamento etc.). Do Marco Civil da Internet, de modo semelhante, constam os conceitos como *registro de conexão* e *registro de acesso a aplicação* (art. 5º, VI e VIII), dos quais se pode extrair o sentido das expressões *provedores de aplicação* e *provedores de conexão à internet*. A lei estabelece responsabilidades diversas a um e outro para a guarda de registros de conexão e de registros acesso ao aplicativo (1 ano para provedores de conexão, 6 meses para provedores de aplicação – arts. 13 e 15 do MCI, respectivamente). A convenção de Budapeste sobre o cibercrime apresenta uma definição distinta para *provedor de serviços*, que

15. CASEY, Eogan. **Digital evidence and computer crime**: forensic science, computers and the Internet. San Diego: Elsevier Academic Press, 2004, pp. 25-27.

16. Para uma apresentação sintética de alguns conceitos importantes relacionados à prova digital, ver: TAVARES, João Paulo Lordelo Guimarães. O regime jurídico das provas digitais no Direito brasileiro. **Civil Procedure Review**, v. 12. nº 3, set-dez. 2020. Disponível em: https://civilprocedurereview.com/revista/article/view/217. Acesso em 29 ago. 2023.

abrange tanto (i) "qualquer entidade pública ou privada que permite aos seus usuários se comunicarem por meio de um sistema de computador", quanto (ii) "qualquer outra entidade que realiza o processamento ou armazenamento de dados de computador em nome desses serviços de comunicação ou de seus usuários" (artigo 1, c). No mesmo artigo da convenção (artigo 1), são apresentadas definições para *sistema de computador* ("qualquer aparelho ou um conjunto de aparelhos interconectados ou relacionados entre si que asseguram, isoladamente ou em conjunto, pela execução de um programa, o processamento eletrônico de dados"), *dado de computador* ("qualquer representação de fatos, informações ou conceitos numa forma adequada para o processamento num sistema de computador que inclua um programa capaz de fazer o sistema realizar uma tarefa") e *dados de tráfego* ("quaisquer dados de computador referentes a uma comunicação por meio de um sistema informatizado, gerados por um computador que seja parte na cadeia de comunicação, e que indicam sua origem, destino, caminho, hora, data, extensão, duração ou tipo de serviço subordinado"). Compreender o sentido técnico e legal dessas e outras expressões é de imensa relevância para que se possa trabalhar com provas digitais no processo penal. A ausência de domínio sobre determinados conceitos poderá ensejar desde decisões equivocadas até problemas na escolha da metodologia adequada[17] para a produção de uma prova digital válida, íntegra e autêntica.

Atualmente, tramita no Congresso Nacional o Projeto de Lei (PL) nº 4939/2020, que pretende dispor sobre diretrizes do direito da Tecnologia da Informação e sobre normas de obtenção e admissibilidade de provas digitais na investigação e no processo[18].

### 4.1.2 Tratamento de dados e *nemo tenetur se detegere*

O princípio da não autoincriminação, ou *nemo tenetur se detegere*, pode ser exprimido como a vedação a que alguém seja obrigado a produzir provas contra si mesmo. É o direito de não ser compelido colaborar, com o Estado, na colheita ou produção de elementos informativos que possam ser

17. As características da prova digital e notadamente sua fragilidade e volatilidade exigem, para seu acesso e recolha, "uma metodologia apta a impedir que as evidências sejam alteradas ou mesmo destruídas no momento em que acessadas para serem recolhidas, e isso pelo próprio investigador" (KIST, Dario José. **Prova digital no processo penal**. Leme: Mizuno, 2019, p. 121).

18. BRASIL. Câmara dos Deputados. **Projeto de Lei nº 4939/2020**. Disponível em: https://www.camara.leg.br/proposicoesWeb/fichadetramitacao?idProposicao=2264367#:~:text=PL%204939%2F2020%20Inteiro%20teor,Projeto%20de%20Lei&text=Disp%C3%B5e%20sobre%20as%20diretrizes%20do,7%20de%20dezembro%20de%201940. Acesso em 20 set. 2023.

usados em seu desfavor, e dessa conduta – seja pelo silêncio, seja pela inação – tampouco poderá advir-lhe um prejuízo.

No plano positivo-normativo, esse princípio é extraído do art. 5º, LXIII, da Constituição Federal[19] e do art. 186 do CPP[20]. É também previsto no art. 8º, II, g, da Convenção Americana sobre Direitos Humanos (Pacto de São José da Costa Rica), de 22 de novembro de 1969, internalizado no direito brasileiro pelo Decreto nº 678/92[21].

A indagação que pode surgir a partir desse princípio é: sendo os dados titularizados por uma pessoa, estes dados podem ser utilizados em seu desfavor, subsidiando uma acusação criminal? Dito de outro modo: pode-se dizer que *ao produzir* esses dados pessoais, o titular está *sendo obrigado* a colaborar com a atividade do Estado?

A dúvida parte de uma premissa equivocada: a de que o titular está *produzindo* alguma prova pelo simples fato de *ser titular dos dados*.

Como corretamente observado por Víctor Quintiere, antes de concordar em compartilhar seus dados com a polícia, as pessoas devem entender quais informações exatamente estão compartilhando. Por esse motivo, é preciso que fabricantes de dispositivos esclareçam em suas políticas de privacidade quais informações estão sendo coletadas[22]. A advertência é pertinente. O titular dos dados deve ser informado, por exemplo, quanto a eventual coleta de seus dados por particulares e sobre seu compartilhamento em atividades de segurança pública, como para o policiamento ostensivo. Sem embargo, quando a coleta e o subsequente tratamento de dados são feitos por autoridades dotadas de atribuição legal para fazê-lo, não se estará cuidando exatamente de uma *autoincriminação*, porquanto

19. "LXIII – o preso será informado de seus direitos, entre os quais o de permanecer calado, sendo-lhe assegurada a assistência da família e de advogado;"

20. "Art. 186. Depois de devidamente qualificado e cientificado do inteiro teor da acusação, o acusado será informado pelo juiz, antes de iniciar o interrogatório, do seu direito de permanecer calado e de não responder perguntas que lhe forem formuladas.

    Parágrafo único. O silêncio, que não importará em confissão, não poderá ser interpretado em prejuízo da defesa."

21. "2. Toda pessoa acusada de delito tem direito a que se presuma sua inocência enquanto não se comprove legalmente sua culpa. Durante o processo, toda pessoa tem direito, em plena igualdade, às seguintes garantias mínimas:

    [...]

    g) direito de não ser obrigado a depor contra si mesma, nem a declarar-se culpada;"

22. QUINTIERE, Víctor Menervino. **O direito penal nas sociedades digitais**: da expansão às perspectivas à luz do *Criminal Dataveillance*, da criminologia e do direito à não auto-incriminação. Belo Horizonte/São Paulo: D'Plácido, 2022, p. 199.

*o titular dos dados* não é a pessoa que está *produzindo* a prova. Ainda que possam existir vícios na produção dessa prova (como falta de autorização judicial ou quebra da cadeia de custódia), esses vícios não decorrerão nem terão relação com um suposto desrespeito ao *nemo tenetur se detegere*.

A prova é produzida pelo Estado a partir do tratamento dos dados que, geralmente, não são fornecidos pelo titular dos dados, mas por terceiros, ou são deste obtidos a partir de uma autorização legal ou judicial (quando a lei o exija). Na esmagadora maioria dos casos, o dado pessoal é coletado sem o consentimento do titular, porquanto desnecessário. O consentimento, como visto, é apenas uma das bases legais de tratamento da LGPD, e não é mais nem menos mais importante que as demais bases legais. Quando armazenados em um dispositivo eletrônico ou analógico qualquer e apreendido legalmente pelo Estado, os dados devem ser em seguida tratados por um agente público dotado de atribuição para tal. Nesse caso, o titular dos dados não está se autoincriminando, porque nem mesmo está participando da produção da prova: a prova é feita *sobre* seus dados, por um particular ou por um agente do Estado (que a produz ou coleta), e poderá ser validamente utilizada, em benefício ou em prejuízo de quem quer que seja, após sua juntada aos autos de um processo ou investigação formal, independentemente da concordância ou de qualquer outra participação do titular dos dados a que se refere aquela prova.

Num crime de homicídio que é gravado em áudio e vídeo por uma câmera de segurança instalada num espaço público, o criminoso não está *produzindo uma prova* por ter sido gravado. Os dados pessoais (biométricos) do agente terão sido captados pela câmera quando ele estiver sendo filmado, iniciando-se com isso o tratamento de seus dados, que possivelmente ficarão guardados por determinado tempo num dispositivo de armazenamento qualquer. Quando essas gravações são copiadas e inseridas numa investigação criminal formalmente instaurada, os dados pessoais correspondentes passam a poder ser utilizados como elementos informativos para subsidiar providências voltadas à persecução penal de um crime. Nesse caso, quem *produziu* a prova foi (1) quem captou os dados pessoais – ou seja, o responsável pela instalação e funcionamento da câmera que gravou as imagens e os sons – e (2) o agente público que, a partir ou não de uma autorização judicial (caso se a entenda necessária ou não), extraiu e trouxe ao procedimento criminal aqueles dados pessoais na qualidade de elementos de convicção de interesse para uma investigação[23].

23. Uma discussão paralela à referente à autodeterminação informativa e à legalidade do tratamento de dados por câmeras de segurança está relacionada à potencial invasão de privacidade. A questão,

É importante observar que, sob o aspecto da vedação à obrigação de autoincriminação, a legalidade de determinada prova deve ser aferida não com base no momento em que seu valor probatório é analisado, mas com base nos requisitos da diligência realizada para sua coleta (*i.e.*, sua apreensão), que antecedem essa diligência. O atendimento dos requisitos legais para sua coleta tornará válido ou inválido o tratamento feito a partir dessa coleta. Assim é que o tratamento de dados pessoais armazenados em um celular pode ser legal ou ilegal a depender da existência de autorização judicial ou de previsão legal que legitime a apreensão desse aparelho. A partir da apreensão, e havendo autorização judicial para a análise do seu conteúdo (caso se a entenda imprescindível), quem tratará os dados pessoais contidos no aparelho são agentes do Estado, não o titular dos dados. Não é o titular dos dados quem produzirá a prova: é o Estado, ainda que a partir de dados pessoais contidos no aparelho.

Do mesmo modo, o encaminhamento de informações bancárias de um réu a um juiz criminal, em cumprimento a uma decisão fundamentada por este proferida no exercício regular de sua competência, será um tratamento de dados pessoais (compartilhamento) plenamente válido *independentemente da concordância do titular dos dados*. Mais uma vez, quem terá produzido a prova será (1) a instituição financeira, que elaborou e encaminhou ao juízo competente documentos físicos ou eletrônicos contendo as informações bancárias requisitadas, e (2) o Estado(-juiz), ao proferir a decisão dirigida ao banco e ao juntar aos autos a documentação que lhe for encaminhada. Nenhuma relação, portando, com *autoincriminação*.

É certo que pode haver outros problemas relacionados ao cumprimento da medida investigativa, notadamente quando não estiver claramente delimitada sua extensão (na lei ou na decisão judicial que a autorize). Por exemplo: a partir de uma análise de celular autorizada judicialmente, é possível à autoridade policial extrair dados também da nuvem, a partir desse mesmo aparelho já conectado ao aplicativo correspondente, sem que a autorização para essa medida específica tenha constado expressamente na

nesse aspecto, exige que se distingam espaços públicos e privados; para espaços públicos, não há verdadeira expectativa de privacidade que possa ser tutelada a ponto de invalidar provas. É um debate interessante, calhando observar que o STJ vem reconhecendo a legalidade para fins penais de gravações feitas em vias públicas e até mesmo em áreas comuns de condomínios: "[...] As imagens das câmeras de segurança do condomínio guardam relação com as vias internas de circulação do empreendimento, não havendo que se falar em violação da garantia prevista no art. 5°, XI, da CF/88." (BRASIL. Superior Tribunal de Justiça. **AgRg na Pet nº 15.798/DF**, relatora Ministra Nancy Andrighi, Corte Especial, julgado em 19.04.2023, DJe de 26.04.2023).

decisão? O problema, nessa hipótese, tem relação não com a vedação à autoincriminação (princípio do *nemo tenetur se detegere*) – eis que o titular dos dados não está nem sequer participando da produção da prova, que será documentada possivelmente numa análise pericial sobre os dados armazenados na nuvem. O vício que motivará a declaração da nulidade da prova, se houver, terá relação com a legalidade ou validade da medida ou diligência, *em si*, que ensejou a coleta dos dados pessoais (princípio da legalidade), considere-se esta dependente ou não de prévia autorização judicial.

### 4.1.3 Autodeterminação informativa e sigilo

A autodeterminação informativa é um limite ao tratamento de dados pessoais na persecução penal. A autodeterminação informativa confere ao réu ou investigado o direito de ser cientificado do tratamento de seus dados realizado no interesse de uma investigação ou de um processo penal. Isso deve ocorrer, ordinariamente, por sua intimação para ser interrogado num inquérito ou com sua citação para responder a uma denúncia ou uma queixa. Caso mesmo antes de ser interrogado o investigado tenha ciência, por qualquer meio, da instauração de um inquérito não sigiloso, ele terá direito a ser informado de todo e qualquer tratamento de seus dados pessoais que já estejam documentados nos autos, na forma da Súmula Vinculante nº 14 do STF.

Questão tormentosa exsurge quando se tratar de investigações[24] ou processos sigilosos.

Quanto à investigação, como mencionado, aplica-se o enunciado nº 14 da Súmula Vinculante do STF: "É direito do defensor, no interesse do representado, ter acesso amplo aos elementos de prova que, já documentados em procedimento investigatório realizado por órgão com competência de polícia judiciária, digam respeito ao exercício do direito de defesa". Isso não

24. O sigilo do inquérito envolve outros temas, como a indevida exposição midiática do sujeito investigado: "Uma regra que nasceu praticamente morta com o Código de Processo Penal foi a do sigilo do inquérito, estipulada no art. 20 do mencionado diploma legal, ao dispor que a autoridade assegurará no inquérito o sigilo necessário à elucidação do fato ou exigido pelo interesse da sociedade. O cotidiano da preparação da ação penal de há muito sepultou a regra acima, tendo transformado a investigação criminal em verdadeiro palco para o estrelato de agentes públicos e alimentando toda uma indústria jornalística que vive em torno do tema. Falar de sigilo da investigação nesse quadro é cair no abismo entre a realidade dos fatos e o direito positivo. Mas não por essa insuperável situação deve a investigação ser aberta ao conhecimento público. Sobretudo porque dentro de um Estado democrático não há sentido em se falar de 'investigações secretas', até porque, na construção do quadro garantidor e na nova ordem processual acusatória, deve o investigado ser alertado sobre o procedimento instaurado". (CHOUKR, Fauzi Hassan. **Garantias constitucionais na investigação criminal.** 2. ed. rev. Atual. e ampl. Rio de Janeiro: Lumen Juris, 2001, pp. 35-34.)

quer dizer que seu acesso seja irrestrito: o acesso que deve ser franqueado ao defensor diz respeito a medidas já documentadas nos autos. Quando se tratar de uma investigação sigilosa, com medidas de investigação ainda em execução, o investigado pode não ter direito a ser cientificado imediatamente do tratamento de seus dados pessoais. Esse direito à ciência, contudo, não é suprimido: ele é apenas diferido para um momento no qual não haja mais risco para a efetividade das investigações ou para a proteção de ordem pública (como para proteger a integridade física de uma testemunha ameaçada). Essas considerações aplicam-se a investigações integralmente sigilosas ou a medidas investigativas sigilosas específicas, realizadas de forma apartada no interesse de uma investigação, a princípio, não sigilosa – como a quebra de sigilo de dados bancários e fiscais, cujo sigilo pode limitar-se somente a estas medidas e não necessariamente aos autos principais da investigação. A mesma *ratio* se aplica a procedimentos investigatórios criminais do Ministério Público, cujo acesso pelo investigado é disciplinado nos artigos 15 e 16 da Resolução nº 181/2017 do CNMP[25].

Por outro lado, se decretada, no curso da investigação, alguma medida constritiva em face do investigado – como sua prisão ou a indisponibilidade de seus bens –, ele deve ter imediatamente acesso a todos os atos que fundamentaram sua decretação, inclusive quaisquer atos de tratamento de dados pessoais. Tal se dá não só como materialização de direito fundamental à autodeterminação informativa, mas também para que possa exercer, a partir desse momento, sua defesa em face de tais medidas constritivas, instruindo seus pedidos e recursos com todos os elementos informativos relacionados às decisões que as ampararam.

No desenrolar do processo penal acusatório (isto é, no processo em que lhe for expressamente imputada uma conduta criminosa, pelo oferecimento de uma denúncia ou de uma queixa[26]), terá o acusado, por seu defensor, de igual sorte, amplo acesso a quaisquer atos de tratamento de dados já documentados nos autos. Mas se houver medida ainda em execução e cujo sigilo

25. "Art. 16. O presidente do procedimento investigatório criminal poderá decretar o sigilo das investigações, no todo ou em parte, por decisão fundamentada, quando a elucidação do fato ou interesse público exigir, garantido o acesso aos autos ao investigado e ao seu defensor, desde que munido de procuração ou de meios que comprovem atuar na defesa do investigado, cabendo a ambos preservar o sigilo sob pena de responsabilização."

26. Utiliza-se aqui a expressão *processo penal acusatório* para contrastá-lo do processo penal em que sejam veiculadas pretensões distintas, como o processo do *habeas corpus*, do mandado de segurança criminal, a execução penal, a revisão criminal, medidas cautelares processuais penais e incidentes como a restituição de coisas apreendidas.

seja imprescindível para seu resultado, valem as mesmas considerações e o tratamento de dados somente poderá ser informado após seu cumprimento. Um exemplo disso é a informação de que o réu planeja sua fuga para o exterior, obtida pela polícia ou pelo Ministério Público após o tratamento de suas informações patrimoniais – como dados relativos à transferência de recursos para o exterior, à abertura de novas contas em países sem tratado de extradição com o Brasil, à venda de imóveis e à compra de outros bens no estrangeiro ou outros indicativos de que o réu, diante da possibilidade de uma condenação que se avizinhe, planeja evadir-se. Se for informado de que o tratamento de seus dados está sendo realizado e houver relação com medidas investigativas nesse sentido, é possível que o réu resolva fugir antes, frustrando a ação do Estado.

Como Paul de Hert e Vangelis Papakonstantinou ponderaram a propósito da Diretiva 2016/680/CE, "*the right to information and access, if exercised to their fullest extent possible, would practically render any suspect surveillance operation obsolete*"[27].

Nesse sentido, a Diretiva 2016/680/CE[28] estabelece que os Estados-membros da União Europeia devem prever regras para o acesso, pelo titular, de informações sobre o tratamento de seus dados (artigos 13.1 e 13.2) pelas autoridades competentes para efeitos de prevenção, investigação, deteção ou repressão de infrações penais ou execução de sanções penais. Entretanto, os Estados-Membros podem prever o adiamento, a limitação ou a não prestação de informações aos titulares dos dados se e enquanto isso for necessário e proporcional, a fim de:

> a) Evitar prejudicar os inquéritos, as investigações ou os procedimentos oficiais ou judiciais; b) Evitar prejudicar a prevenção, deteção, investigação ou repressão de infrações penais ou a execução de sanções penais; c) Proteger a segurança pública; d) Proteger a segurança nacional; e) Proteger os direitos e as liberdades de terceiros (art. 13.3).

O ponto nodal a compreender é que a autodeterminação informativa confere ao titular dos dados pessoais o direito de ser cientificado do tratamento realizado; todavia, em matéria de persecução penal, a autodeterminação

27. DE HERT, Paul; PAPAKONSTANTINOU, Vagelis. The New Police and Criminal Justice Data Protection Directive: A First Analysis. **New Journal of European Criminal Law**, v. 7, nº 1, p. 7-19, 2016, p. 9.

28. UNIÃO EUROPEIA. **Diretiva (UE) 2016/680 do Parlamento Europeu e do Conselho**. 27 abr. 2016. Disponível em: https://eur-lex.europa.eu/legal-content/PT/TXT/?uri=uriserv:OJ.L_.2016.119.01.0089.01.POR&toc=OJ:L:2016:119:FULL. Acesso em 27 dez. 2023.

informativa não confere ao titular dos dados pessoais o direito de ser cientificado prévia ou concomitantemente ao tratamento, considerando que essa ciência pode ser postergada por ato arrazoado pela proteção de um interesse público, como a preservação da utilidade da investigação ou da ordem pública.

Um bom exemplo para ilustrar essa assertiva é o que prevê o MCI, a respeito dos pedidos (requisições) de preservação de dados (para posterior entrega, se relevantes) formulados por autoridades encarregadas da persecução penal. Haveria um dever dos provedores de internet de notificar o usuário sobre tais pedidos ou requisições? A resposta deve ser negativa.

Como não existe nenhuma previsão legal de notificação do usuário nessas situações, poder-se-ia argumentar que o direito de ser cientificado seria decorrência de seu direito à autodeterminação informativa, ou do princípio da transparência (art. 6º, VI, da LGPD), ou do direito ao "acesso facilitado às informações sobre o tratamento de seus dados, que deverão ser disponibilizadas de forma clara, adequada e ostensiva" (art. 9º da LGPD).

Seria um raciocínio equivocado, por desconsiderar as peculiaridades do processo penal: a comunicação de que está sendo feita a preservação desses dados pode prejudicar o resultado útil de uma medida cautelar ou investigatória que venha a ser executada e que dependa de seu sigilo. Ciente de que o Estado tem interesse nesses dados, um réu ou investigado pode malograr algumas medidas, como prisões e buscas, que poderiam ser realizadas a partir dos dados conservados e obtidos dos provedores de conexão e de aplicação de internet. Tais especificidades são precisamente o que justifica terem sido excetuadas do âmbito de incidência da LGPD as atividades de investigação e repressão penais (art. 4º, III, d).

Não bastassem essas razões, o que há é uma proibição expressa a respeito da aludida cientificação.

O art. 13, §4º, do Marco Civil da Internet é categórico ao dispor que o provedor responsável deverá manter sigilo em relação ao requerimento (leia-se requisição) para que os registros de conexão sejam guardados por prazo superior ao previsto no *caput* do art. 13 do MCI – ou seja, por prazo superior a 1 ano. Desta forma, o provedor é proibido, por lei, de informar ao usuário da internet que houve tal requisição para guarda. O mesmo se aplica em relação a registros de acesso a aplicações de internet, quando necessária a guarda por período superior a 6 meses: havendo requerimento (requisição) de guarda, o usuário não pode ser informado (art. 15, *caput* e parágrafo 2º, c/c o §4º do art. 13 do MCI). Em ambos os casos, trata-se apenas da preservação dos registros: o acesso a esses registros, pela polícia ou pelo Ministério Público, dependerá de autorização judicial, conforme exigido pelo art. 13, §5º, e pelo art. 15, §3º, do MCI.

Observe-se que o dever de preservação de sigilo opera *ex lege* e independe de determinação da autoridade requisitante ou de decisão judicial nesse sentido.

Isso não significa que será desrespeitado o direito fundamental do titular do dado à autodeterminação informativa: ele deve ser cientificado quando concluídas as medidas dependentes desse tratamento de dados e tão logo não haja mais risco para as investigações nem para o processo. Caso se cuide de dados de interesse para uma investigação, o titular do dado deve ser cientificado assim que concluída a diligência (na forma da Sumula Vinculante nº 14 do STF) ou, no máximo, quando do oferecimento da denúncia, assim que chamado para defender-se da imputação na qual a prova correspondente se baseia. Seu direito a ser informado sobre o tratamento, portanto, pode ser diferido; jamais suprimido.

A LGPD, de fato, prevê o direito do titular de ser cientificado sobre o tratamento de seus dados pessoais. Não há problema a que esse direito seja reconhecido também para o processo penal, desde que harmonizado com as demais normas que o regem. Entender que o direito de ser cientificado corresponde a uma ciência plena, prévia ou concomitante ao tratamento, é algo incompatível com medidas sigilosas de persecução penal. O titular do dado deve ser cientificado sempre, repise-se, mas apenas quando essa ciência não mais representar risco à persecução. No extremo, atribuir ao direito fundamental tal sentido absoluto levaria à obrigação de cientificar imediatamente toda pessoa que seja alvo de uma interceptação telefônica (que é uma forma de tratamento de dados pessoais) judicialmente autorizada, quando ainda não encerrada ou mesmo quando nem sequer iniciada – um rematado absurdo.

No direito brasileiro, o investigado que for denunciado terá acesso a tudo que tiver sido produzido de prova pelo Estado, seja esta prova contra ou a seu favor. Uma outra questão interessante é saber se o investigado terá direito de ser informado sobre o tratamento mesmo se, ao final da investigação, ele não for denunciado. A resposta a essa indagação é trazida por uma recente alteração legislativa: se a investigação for arquivada, o Ministério Público comunica-lo-á ao investigado. É o que impõe o art. 28, *caput*, do CPP, na redação dada pela Lei nº 13.964/19 e cuja constitucionalidade foi afirmada pelo STF no julgamento das ADIs nº 6.298, 6.299, 6.300 e 6.305 (nas quais se decidiu, dentre outros pontos, sobre o *juiz de garantias*, que será analisado em outro tópico). Com a ciência sobre o arquivamento e mesmo que até então desconhecesse a investigação, o investigado deve ter acesso irrestrito a tudo o que lhe disser respeito e que conste nos autos, o que inclui qualquer medida pela qual tenha sido realizado o tratamento de seus dados pessoais.

### 4.1.4 Algoritmos e processo penal

Algoritmo é uma sequência de ações claras e específicas para a solução de um determinado problema[29]. A palavra não é nova[30] mas somente nos últimos anos tornou-se de uso corriqueiro, ao menos desde quando computadores passaram a ser parte do dia a dia das pessoas. Algoritmos são, para a informática, sequências de instruções que informam o dispositivo computacional - de um *mainframe* de uma grande instituição bancária a um celular pessoal - o que ele deve fazer. São, hoje, nada mais que o cotidiano, a ponto de se poder dizer que vivemos a *era dos algoritmos*: se todos eles parassem de funcionar, o mundo, tal como o conhecemos, chegaria ao fim[31].

Os insumos dos algoritmos, ou seus *inputs*, são os comandos e os dados que lhe são fornecidos, a partir dos quais apresentarão suas respostas, ou *outputs*. Quando seus insumos são dados pessoais, os resultados das operações realizadas pelo algoritmo serão o produto de um tratamento de dados pessoais.

No processo penal e, especialmente, na investigação criminal, o uso de algoritmos para o tratamento de dados pessoais pode ser de grande utilidade. Algoritmos são excelentes ferramentas para, a partir de uma massa de dados, identificar padrões e relações que o ser humano somente com muito esforço conseguiria descortinar. Com o processamento pelos algoritmos de um programa de computador, podem ser combinados dados sobre

29. CALABRICH, Bruno Freire de Carvalho. Discriminação Algorítmica e Transparência na Lei Geral de Proteção de Dados Pessoais. *In*: ARAS, Vladimir Barros; MENDONÇA, Andrey Borges de; CAPANEMA, Walter Aranha; SILVA, Carlos Bruno Ferreira da; COSTA, Marcos Antônio da Silva. **Proteção de dados pessoais e investigação criminal.** Brasília: ANPR, 2020, p. 69.

30. Define-se algoritmo no dicionário como um "conjunto de regras e procedimentos lógicos perfeitamente definidos que levam à solução de um problema em um número finito de etapas"; para a matemática, é "uma sequência finita de regras, raciocínios ou operações que, aplicada a um número finito de dados, permite solucionar classes semelhantes de problemas". (HOUAISS, Antônio. **Dicionário Houaiss da Língua Portuguesa**. Rio de Janeiro: Objetiva, 2001, p. 155).

31. DOMINGOS, Pedro. **O algoritmo mestre**. São Paulo: Novatec, 2017, p. 24.

movimentações financeiras com dados sobre relações societárias, contatos telefônicos, localizações geográficas, participações em licitações ou com qualquer outro conjunto de dados agregados. Desse cruzamento – ou tratamento – de dados, não raramente surgem vínculos até então desconhecidos e que podem subsidiar hipóteses investigativas relevantes.

Não há óbice a que sejam empregados programas de computador para o tratamento de dados no processo penal. Entretanto, deve-se ter particular cuidado em se fundamentar o tratamento para um propósito específico – ou seja, em registar, em ato próprio, a finalidade do tratamento (princípio da finalidade) para a investigação ou para o processo – e não em utilizar o tratamento de dados pelo algoritmo como fundamento exclusivo para nenhuma tomada de decisão.

Algoritmos podem auxiliar, mas não podem determinar, a tomada de uma decisão no processo penal. Se o tratamento automatizado de dados pessoais é admissível em outras searas, desde que respeitados os direitos do titular e os demais parâmetros fixados pela LGPD (notadamente pelo art. 20), no processo penal algoritmos jamais podem *decidir*.

Caso o cruzamento de massas de dados sugira a existência de padrões ou vínculos que constituam uma hipótese investigativa relevante – por exemplo, que houve movimentações financeiras atípicas para um a conta de um agente público a partir da conta bancária da esposa de um sócio da empresa vencedora de uma licitação da qual participou esse agente público – essas correlações não podem jamais embasar, por si sós, decisões que acarretem restrições a direitos fundamentais das pessoas investigadas. Assim, deve-se verificar, antes, se os dados processados pelo algoritmo são fidedignos (ou seja: se as contas bancárias realmente pertencem àquelas pessoas; se as pessoas envolvidas nas operações financeiras são realmente o agente público que participou da licitação e a esposa de um sócio; se a empresa e que foi a beneficiada de licitação potencialmente fraudulenta sob investigação etc.) e se há alguma explicação plausível para a suspeita levantada. Se o tratamento automatizado de dados produzir resultados que não possam ser, um a um, verificados e confirmados, esse tratamento será imprestável.

O maior problema do tratamento automatizado de dados no processo penal ocorrerá quando não for possível esclarecer como, exatamente, o algoritmo apresentou como resultado uma possível correlação. Algoritmos podem auxiliar, mas não podem substituir o juiz, as partes, os investigadores nem os investigados. O algoritmo pode embutir vieses e preconceitos de seus programadores, intencionais ou não, que podem levar a erros de diagnóstico ou a discriminações. Além disso, é possível que correlações encontradas no processamento sejam consideradas causalidades, reforçando discriminações não justificadas racionalmente[32]. Por isso, seu uso deve se dar como uma ferramenta de apoio, para *sugerir* correlações que sempre exigirão verificação humana. Por si só, o *output* de um algoritmo nunca pode servir como motivação para um ato no processo penal.

Um dos exemplos mais notórios dos graves riscos do uso de algoritmos para o tratamento de dados no processo penal é o caso COMPAS, sigla para *Correctional Offender Management Profiling for Alternative Sanctions*, programa utilizado por juízes norte-americanos na avaliação da probabilidade de reincidência a partir de *scores* de risco que pessoas que respondem a uma acusação criminal. Seus prognósticos foram empregados nos últimos 10 anos em mais de um milhão de audiências judiciais, da Califórnia a Nova York[33]. Em resumo, o *software* dispõe-se a prever se uma pessoa cometerá outro crime se for solta sob fiança ou em liberdade condicional, subsidiando juízes para a concessão ou não desses benefícios. O uso do programa por cortes norte-americanas tem sido muito criticado, especialmente após a publicação, em 2016, de uma pesquisa[34] pela qual se concluiu que o COMPAS (i) errou quase duas vezes mais prognósticos de reincidência ao identificar réus negros como futuros criminosos quando comparados aos brancos, e (ii) errou com muito mais frequência prognósticos de não reincidência ao rotular réus brancos como de baixo risco quando comparados a réus negros[35].

32. FRAZÃO, Ana. Fundamentos da Proteção de Dados Pessoais – Noções introdutórias para a compreensão da importância da Lei Geral de Proteção de Dados. *In*: FRAZÃO, Ana; TEPEDINO, Gustavo; OLIVA, Milena Donato (Coord.). **Lei geral de proteção de dados pessoais e suas repercussões no direito brasileiro**. São Paulo: Thomson Reuters Brasil, 2019, p. 39.

33. GOOLEY, John. **Predicting recidivism – the questionable role of algorithms in the criminal justice system.** 02 Fev. 2023. Disponível em: https://stacklaw.com.au/news/personal/criminal-law/predicting-recidivism-the-questionable-role-of-algorithms-in-the-criminal-justice-system/. Acesso em 08 out. 2023.

34. ANGWIN, Julia; LARSON, Jeff; MATTU, Surya; KIRCHNER, Lauren. **Machine Bias. There is software that is used across the county to predict future criminals. And it is biased against blacks**. Nova Iorque: ProPublica, 23 mai. 2016. Disponível em: https://www.propublica.org/article/machine-bias-risk-assessments-in-criminal-sentencing. Acesso em 08 out. 2023.

35. É digno de nota que o programa COMPAS continua a ser empregado e que a própria pesquisa de Julia Angwin, Jeff Larson, Surya Mattu and Lauren Kirchner foi objeto de críticas por supostas falhas de metodologia (cf.: FLORES, Anthony W.; BECHTEL, Kristin; LOWENKAMP, Christopher T.. *False Positives, False Negatives, and False Analyses: A Rejoinder to "Machine Bias: There's Software Used Across the Country to Predict Future Criminals. And It's Biased Against Blacks."* *In*: THE ADMINISTRATIVE OFFICE OF THE U.S. COURTS. **Federal Probation Journal:** a journal of correctional philosophy and practice – September 2016. Washington: The Administrative Office of the U.S. Courts. Disponível em: https://www.uscourts.gov/sites/default/files/usct10024-fedprobation-sept2016_0.pdf. Acesso

Um software como o COMPAS não poderia ser admitido no processo penal brasileiro por violar, dentre outros direitos, a autodeterminação informativa: como seus algoritmos não são auditáveis nem seus prognósticos objetivamente aferíveis sob a perspectiva individual, não há transparência nem possibilidade de controle, pelo titular, sobre como seus dados são utilizados. Não há como recorrer de uma decisão desconhecendo as razões dessa decisão. Não há como explicar que tal ou qual motivo não procede se são desconhecidos esses motivos. Softwares como o COMPAS funcionam a partir de respostas a um questionário que permitem traçar um perfil individual. Os defensores do uso de algoritmos para perfilamento de indivíduos (que hoje, diga-se, é feito largamente para os mais variados propósitos, da contratação de empregados à concessão de financiamentos bancários) argumentam que não há necessidade de explicar como as respostas em um determinado questionário *correspondem* a um determinado perfil, desde que saibamos que o algoritmo *faz essas correspondências*. Entretanto, como alerta Frank Pasquale, não basta que o algoritmo dê respostas: é importante saber *como* o algoritmo chegou a essas respostas[36].

O tratamento automatizado de dados no processo penal, repita-se, deve ser admitido como mera ferramenta auxiliar, sempre sujeita a confirmação humana e sempre dependente da demonstração racionalmente explicável das correlações sugeridas[37]. Algoritmos jamais podem servir como uma mo-

---

em 08 out. 2023). Independentemente da controvérsia suscitada a respeito da pesquisa empírica e de suas razões pragmáticas (que a justificariam), o uso desse tipo de tecnologia seria inadmissível no processo penal brasileiro, antes, por razões dogmáticas, como explicitado.

36. PASQUALE, Frank. **The black box society**: The secret algorithms that control money and information. Cambridge: Harvard University Press, 2015, pp. 35-42.

37. Um dos maiores desafios para as tecnologias de inteligência artificial são hoje exatamente a construção de modelos de inteligência artificial *explicáveis* ou *interpretáveis – XAI, Explainable AI ou Interpretable AI*:

"*While some AI systems have already been deployed, what remains a truly limiting factor for a broader adoption of AI technology is the inherent and undoubtable risks that come with giving up human control and oversight to 'intelligent' machines. Clearly, for sensitive tasks involving critical infrastructures and affecting human well-being or health, it is crucial to limit the possibility of improper, non-robust, and unsafe decisions and actions. Before deploying an AI system, we see a strong need to validate its behavior, and thus establish guarantees that it will continue to perform as expected when deployed in a real-world environment.*

*In pursuit of that objective, ways for humans to verify the agreement between the AI decision structure and their own ground-truth knowledge have been explored. Simple models such as shallow decision trees or response curves are readily interpretable, but their predicting capability is limited. More recent deep learning based neural networks provide far superior predictive power, but at the price of behaving as a 'black-box' where the underlying reasoning is much more difficult to extract. Explainable AI (XAI) has developed as a subfield of AI, focused on exposing complex AI models to humans in a systematic and interpretable manner.*" (SAMEK, Wojciech; MONTAVON, Grégoire; VEDALDI, Andrea; HANSEN, Lars Kai; MÜLLER, Klaus-Robert (Eds.). **Explainable AI:** Interpreting, Explaining and Visualizing Deep Learning. Lecture Notes in Artificial Intelligence. Switzerland: Springer Nature. 2019, p. v – prefácio).

tivação isolada para a deflagração de uma investigação e nem mesmo para a prática de diligências ou atos processuais específicos, senão quando seus produtos (*outputs*), tomados inicialmente apenas como *hipóteses*, puderem ser de plano atestados por elementos de convicção independentes. Nenhum ato no processo penal pode basear-se exclusivamente no tratamento de dados pessoais realizado por algoritmos.

No processo penal, se a "suspeita" levantada por um algoritmo não puder ser racionalmente explicada, compreendida e demonstrada pelo ser humano, essa suspeita deverá ser descartada: primeiro, por violação aos princípios da transparência e do juiz natural; não fossem essas razões bastantes, pelo simples fato de que, isoladamente considerado, o *output* de um algoritmo não constitui, em si, nem *prova*, nem *fundamento* para uma decisão.

É direito fundamental de qualquer pessoa que responde a uma imputação criminal ser investigado, processado e julgado por humanos, não por máquinas[38]. O princípio do juiz natural, que hoje é extraído dos incisos XXXVII e LIII do art. 5º da Constituição Federal[39], precisa ser atualizado e compatibilizado com o direito à autodeterminação informativa previsto no inciso LXXIX. É direito fundamental de qualquer jurisdicionado ser julgado por uma autoridade judiciária cuja competência seja fixada de acordo com regras pré-estabelecidas, vedados juízos casuísticos e tribunais de exceção. Esse é o sentido consagrado do juiz natural. Todavia, numa acepção conforme os novos tempos, o princípio do juiz natural também pode significar o direito de ser julgado por *pessoas*, por juízes e juízas *de carne e osso*, e não por algoritmos.

## 4.2 *STANDARDS* PROBATÓRIOS VS *STANDARDS* DE VALIDADE PARA O TRATAMENTO DE DADOS NO PROCESSO PENAL

Ao criticar a tendência à privatização do processo, Barbosa Moreira alertava para sua importância como um instrumento de reconstrução histórica dos fatos – com base na qual o acusado da prática de um crime deve ser

38. ARAS, Vladimir. A inteligência artificial e o direito de ser julgado por humanos. *In*: PINTO, Henrique Alves; GUEDES, Jefferson Carús; CÉSAR, Joaquim Portes de Cerqueira (coord.). **Inteligência artificial aplicada ao processo de tomada de decisões**. Belo Horizonte, São Paulo: D'Plácido, 2020, pp. 85-132.
39. CF/88, art. 5º:
"XXXVII – não haverá juízo ou tribunal de exceção; [...]
LIII – ninguém será processado nem sentenciado senão pela autoridade competente;"

julgado. Um dos objetivos do processo, civil ou penal, é reunir provas, dentro de um complexo de relações nas quais serão uma a uma testadas, sob o crivo do contraditório, para permitir um julgamento que espelhe o mais fielmente possível os fatos como efetivamente ocorreram. No processo penal, provas devem servir para absolver ou para condenar alguém. Como afirmava o professor carioca, não há notícia de que exista algum ordenamento em que as decisões judiciais sejam dispensadas de qualquer ligação com fatos e que não pressuponham meios de formar no juiz uma representação, explícita ou implícita, acerca desses fatos[40]. Todos os atos praticados num processo, que terá como fim uma *verdade* talvez inalcançável, mas que não pode deixar de existir enquanto *ideal a* ser perseguido, realizam tal interesse público.

De fato, a busca da verdade é matéria elementar do processo penal. Mas não há que se confundir a busca da verdade com o já superado conceito de *verdade real* e nem mesmo com a distinção entre *verdade real e formal*: "o mais importante é não renunciar à verdade, pois ela é pressuposto da justiça da decisão e fundamental para a legitimação da atividade jurisdicional"[41]. O que o processo penal deve almejar não é a *verdade absoluta*, mas aquela que, dentro de um processo, de acordo com as prescrições constitucionais e legais, for possível demonstrar: uma *verdade processual*, portanto. A doutrina propõe outras expressões com significado semelhante, como "verdade atingível" (Rogério Lauria Tucci), "verdade jurídica objetiva" (Graciela Junyent Bas) e "verdade aproximativa" (Luigi Ferrajoli)[42].

Repudiar a verdade como fundamental à justiça penal, ainda que se a reconheça como um ideal objetivamente inalcançável, corresponde ao que Michelle Taruffo chama de *verifobia*, que ele define como:

> *todas aquellas actitudes que, de modo más o menos abiertas y conscientes, son contrarias a cualquier discurso que reconozca significado y valor a la*

40. "Guardemos, então, a ideia de que, nos julgamentos judiciais, os órgãos incumbidos de decidir não estão simplesmente delirando, ou comprazendo-se num jogo de faz-de-conta, quando supõem que o material probatório colhido lhes dá algum acesso à verdade. A uma verdade, apressemo-nos a ajuntar, certamente imperfeita, limitada, aproximativa, tosca se quiserem, mas verdade em todo o caso - algo, enfim, suscetível de ministrar à decisão base menos assustadora que a mera tentativa de adivinhação ou o ostensivo exercício do arbítrio." MOREIRA, José Carlos Barbosa. Processo civil e processo penal: mão e contramão? **Revista de Processo: RePro**, São Paulo, v. 24, nº 94, p. 13-23, abr./jun. 1999.

41. CAMPOS, Gabriel Silveira de Queiróz. **Princípios do processo penal**: teoria, jurisprudência e direito internacional. Salvador: Juspodivm. 2021, p. 100.

42. ARAÚJO, José Osterno Campos de. **Verdade processual penal**: limitações à prova. Curitiba: Juruá, 2005, p. 87.

> *verdad y, por tanto, niegan sucesivamente la existencia, la posibilidad, la oportunidad de buscarla, la eventualidad de descubrirla en* cualquier *contexto*[43].

Esse grave equívoco foi assim rechaçado pelo professor italiano[44]:

> *La obvia imposibilidad que en el proceso se adquieran verdades absolutas no hace, sin embargo, irrelevante, también en el contexto procesal, el criterio de la verdad alética de la cual se hizo mención precedentemente, es decir, el criterio de la correspondencia de las proposiciones factuales a los hechos que describen. Como se usa decir, esta verdad «es el Norte», es decir, un límite ideal o un ideal regulador que no se logra en la práctica, pero que, sin embargo, es indispensable para orientar en la dirección correcta las elecciones —también cognoscitivas— que se cumplen en las experiencias más diversas. Ello vale también en el proceso: la verdad como correspondencia segura y objetiva de las proposiciones factuales con los eventos concretos de los que se habla en el proceso no puede ser lograda en términos absolutos, pero ella orienta el entero fenómeno de la prueba en el sentido de que la decisión final deberá aproximarse en la mayor medida posible a la verdad alética entendida – justamente – como límite ideal.*

A apuração da verdade é um fim prioritário do processo em matéria de prova, mas não é um fim único: a celeridade processual, a proteção de segredos de Estado ou do sigilo das relações advogado-cliente, por exemplo, costumam ser reconhecidos na maioria dos ordenamentos jurídicos como limites à atividade probatória. Para assegurar a preservação de determinados direitos, a lei pode estabelecer regras "que funcionam como um filtro de admissibilidade da prova, adicional e posterior ao juízo de relevância"[45].

Assimilada, portanto, a importância central da verdade para o processo penal, não há que se confundir *standards* probatórios com *standards* para tratamento de dados no processo penal. Como salienta Gustavo Badaró, "um regime legal de prova que fosse guiado por um ideal puramente epistêmico, ou seja, que tivesse na descoberta da verdade o seu fim primeiro e último, deveria admitir a produção de todo e qualquer meio de prova"[46]. Há

43. TARUFFO, Michele. La Verdad en el Proceso. **Derecho & Sociedad**, (40) 2013. Disponível em: https://revistas.pucp.edu.pe/index.php/derechoysociedad/article/view/12804. Acesso em 21 ago. 2023, p. 240.
44. TARUFFO, Michele. La Verdad en el Proceso. **Derecho & Sociedad**, (40) 2013. Disponível em: https://revistas.pucp.edu.pe/index.php/derechoysociedad/article/view/12804. Acesso em 21 ago. 2023, p. 247.
45. FERRER-BELTRÁN, Jordi. **Valoração racional da prova** (trad. de Vitor de Paula Ramos). Salvador: Juspodivm, 2021, p. 114.
46. BADARÓ, Gustavo Henrique. **Epistemologia judiciária e prova penal**. São Paulo: Revista dos Tribunais, 2019, p. 154.

determinadas provas, contudo, que não podem ser admitidas no processo penal:

> Por mais que a descoberta da verdade seja relevante, como condição necessária para a justiça da decisão, a verdade não é um valor que deve ser perseguido a qualquer custo ou a qualquer preço. A lei, ao disciplinar a atividade de admissão da prova, leva em conta outros valores que, em determinados casos, justificam que a existência de limites de admissão, ou, no caso, regras de inadmissibilidade probatórias[47].

*Standard probatório* é um modelo de constatação "para considerar que um enunciado fático está provado"[48]. *Standards* probatórios dizem respeito à suficiência ou insuficiência de determinada prova para um juízo condenatório ou absolutório[49]. *Standards* para tratamento de dados dizem com a validade legal desse tratamento. É este último que se aborda no presente capítulo, especificamente no que toca às regras que autorizam (ou impedem) o tratamento de dados pessoais e para a utilização da prova (eventualmente produzida em decorrência desse tratamento) no processo penal.

## 4.3 *STANDARDS* PARA O TRATAMENTO DE DADOS PESSOAIS NO PROCESSO PENAL

*Standards* para o tratamento de dados pessoais são parâmetros a partir dos quais será possível atribuir validade ao tratamento de dados pessoais e, consequentemente, ao elemento informativo extraído desse tratamento.

Opta-se pela expressão *standards* em lugar de *requisitos* (de validade) por não se cuidar somente de regras previamente delimitadas, mas também, e sobretudo, de um amálgama destas com os princípios sobre os quais se assenta toda a sistemática para o tratamento de dados pessoais no Brasil. Esse conjunto de princípios, associado a determinadas regras ou requisitos (aplicáveis a casos específicos), são os padrões mínimos de proteção de

47. BADARÓ, Gustavo Henrique. **Epistemologia judiciária e prova penal**. São Paulo: Revista dos Tribunais, 2019, p. 154.
48. BADARÓ, Gustavo Henrique. Editorial dossiê "Prova penal: fundamentos epistemológicos e jurídicos". **Rev. Bras. de Direito Processual Penal**, Porto Alegre, vol. 4, nº 1, p. 43-80, jan.-abr. 2018, p. 70.
49. Standards probatórios permitem *"decir que el grado de confirmación probatoria de una proposición es tal como para justificar la conclusión según la cual puede considerarse probada, y, por tanto, verdadera". In:* TARUFFO, Michele. La Verdad en el Proceso. **Derecho & Sociedad**, (40) 2013. Disponível em: https://revistas.pucp.edu.pe/index.php/derechoysociedad/article/view/12804. Acesso em 21 ago. 2023, p. 247.

dados pessoais para que seu tratamento possa ser validamente realizado no interesse de um processo penal e ou de uma investigação criminal.

Os *standards* de validade para o tratamento de dados pessoais no processo penal consistem na obediência, em suma: (a) aos princípios gerais para o tratamento de dados pessoais, atualmente positivados no art. 6º da LGPD, e, (b) quando for o caso, (b.1) à reserva jurisdicional; (b.2) ao procedimento previsto em lei; (b.3) à cadeia de custódia.

### 4.3.1 Princípios gerais da proteção de dados pessoais e o tratamento de dados pessoais no processo penal

O art. 5º, LXXIX, da Constituição Federal, incluído pela EC nº 115/22, estatui ser assegurado, "nos termos da lei, o direito à proteção dos dados pessoais, inclusive nos meios digitais".

À falta, ainda hoje, de uma LGPD penal, devem ser consideradas as bases legais da LGPD, desde que se atente para as peculiaridades do processo penal.

Conforme já discorrido no tópico 2.2, o art. 1º da LGPD (Lei nº 13.709/2018) consigna que

> Esta Lei dispõe sobre o tratamento de dados pessoais, inclusive nos meios digitais, por pessoa natural ou por pessoa jurídica de direito público ou privado, com o objetivo de proteger os direitos fundamentais de liberdade e de privacidade e o livre desenvolvimento da personalidade da pessoa natural.

A proteção de direitos de liberdade e de privacidade e o livre desenvolvimento da personalidade da pessoa natural são, portanto, objetivos expressos da LGPD. Há que se equilibrar, sem embargo, os direitos fundamentais dos titulares dos dados pessoais ao poder-dever do Estado de promover a persecução penal de modo eficiente, como forma de promover a tutela de direitos fundamentais violados pela prática de um ilícito criminal.

O parágrafo 1º do art. 4º da LGPD estabelece que o tratamento de dados pessoais para fins, dentre outros, de segurança pública e atividades de investigação e repressão a infrações penais será regido por lei própria, "que deverá prever medidas proporcionais e estritamente necessárias ao atendimento do interesse público, observados o devido processo legal, *os princípios gerais de proteção e os direitos do titular previstos nesta Lei*". Trata-se de limites já impostos em lei vigente e que, portanto, já incidem sobre o tratamento de dados pessoais realizado hoje, independentemente da existência de uma LGPD penal, mas que devem ser interpretados e aplicados em harmonia com as normas próprias do processo penal e com a disciplina sobre as atribuições legais das autoridades responsáveis pela persecução penal. A LGPD, como já também analisado no tópico 2.2, não derrogou leis específicas sobre atividades de investigação criminal e de processo penal que também disciplinam o tema da proteção de dados pessoais.

Desta forma, os princípios gerais do art. 6º da LGPD consubstanciam *standards* para o tratamento de dados pessoais na persecução penal, pelo que somente será constitucional e legalmente válido o tratamento de dados pessoais que respeite os princípios da finalidade, da adequação, da necessidade, do livre acesso, da qualidade dos dados, da transparência, da segurança, da prevenção, da não discriminação e da responsabilização e prestação de contas. O tratamento de dados pessoais realizado em desacordo com os referidos princípios deve ser corrigido ou, se insanável o vício, invalidado, tornando imprestável a prova produzida a partir deste tratamento.

Conforme discorrido nos tópicos 2.2 e 4.1.3, deve-se ter especial atenção aos princípios do livre acesso e da transparência: dada a necessidade de preservação do sigilo em muitas investigações, a ciência ao titular dos dados pode ser eventualmente diferida, mas jamais negada.

Para que seja obedecido o princípio da finalidade, o tratamento de dados pessoais deve estar relacionado a um objetivo específico, legítimo e explícito – que assim deve ser declarado em ato ou decisão fundamentada da autoridade administrativa ou judicial competente (ou dotado de atribuição) e informado ao titular (sendo possível, contudo, que o momento da cientificação ao titular seja posterior, para que não haja prejuízo ao resultado útil do processo ou da investigação), vedado o tratamento posterior de forma incompatível com a finalidade expressamente declarada.

À primeira vista, a importância do princípio da finalidade pode parecer singela, mas ela é central para a temática da proteção de dados pessoais no processo penal. Poder-se-ia argumentar que, se o tratamento de dados é feito dentro de um processo penal ou de uma investigação criminal, estará automaticamente atendido o princípio da finalidade. A premissa é equivocada. O abuso pode consistir exatamente em se utilizar do processo ou de uma investigação para realizar um tratamento de dados para outra finalidade, por isso mesmo ilegítima. Exemplifique-se.

Tem sido cada vez mais comum a gravação e a divulgação de imagens de operações policiais, decorrentes ou não de autorização judicial (*i.e.*, em ações de policiamento ostensivo ou em cumprimento de mandados). Ocorre que, para que esteja conforme o princípio da finalidade, a gravação dessas imagens deve ser feita para atender a objetivos relacionados à investigação ou ao processo, como (a) prova do cumprimento das formalidades exigidas para a diligência, para (b) proteger os alvos das buscas – dado o caráter inibitório de condutas abusivas por agentes do Estado, quando gravados – e (c) para proteger os próprios agentes públicos contra acusações de abuso, se não os tiverem praticado. Essas gravações devem ser arquivadas em repositórios de acesso reservado e juntadas aos autos correspondentes, quando necessário, a requerimento das partes ou de ofício, por determinação judicial. A princípio, não há sentido em se divulgar publicamente imagens de pessoas ou de espaços privados que possam ser associados a pessoas (como suas residências) senão em situações excepcionais. Fora dessas hipóteses, haverá exposição indevida de dados pessoais de alvos de operações de buscas e apreensões. Divulgar imagens de operações expondo pessoas ou mesmo suas residências – ou seja, com a publicação de dados de sua intimidade que podem ser associados a essas pessoas – é claramente um abuso e deve ser coibido. O mesmo se aplica à exibição de pessoas presas à imprensa, especialmente a de viés sensacionalista: a prática, apelidada na doutrina norte-americana "*perp walk*", é claramente violadora, a um só tempo, da dignidade da pessoa humana e da autodeterminação informativa. A notícia sobre a realização de prisões ou de outras medidas similares é de claro interesse público, mas pode ser divulgada perfeitamente sem tal espécie de exploração midiática. Nesses casos, não será atendido o princípio da finalidade, que deve corresponder sempre a um interesse público endoprocessual (*i.e.*, atrelado à própria investigação ou ao processo) ou relacionado à preservação de direitos de réus, investigados, agentes públicos ou de toda a coletividade. Dados pessoais jamais podem ser explorados para fins de promoção pessoal de autoridades e muito menos para propaganda institucional.

É possível conceber algumas outras situações em que dados pessoais podem ser legitimamente divulgados pela polícia ou outros agentes públicos, como alertar a população sobre crimes investigados que estão sendo supostamente praticados por uma pessoa com determinadas características físicas e ainda não plenamente identificada (o chamado "retrato falado").

Em suma, há que se ter em conta se há propósitos diretamente relacionados à investigação ou processo, ou, excepcionalmente, se há propósitos exoprocessuais legítimos. Quando realizado dentro de um processo penal ou de uma investigação criminal, o tratamento de dados pessoais, como regra, não pode ter objetivos estranhos a esse processo ou investigação, sob pena de caracterizar um abuso por violação ao princípio da finalidade[50].

Pelo princípio da adequação, há que se verificar a compatibilidade do tratamento com as finalidades expressas no ato ou decisão pelo qual se determinou o tratamento dos dados (a serem imediata ou posteriormente informadas ao titular), conforme o contexto do tratamento – *i.e.*, de acordo com o contexto fático e probatório da investigação ou do processo no interesse do qual será realizado o tratamento.

Para que se respeite o princípio da necessidade, o tratamento de dados pessoais deve ser limitado ao mínimo necessário para a realização de suas finalidades, que serão precisamente os elementos informativos ou probatórios que a autoridade responsável pela investigação ou processo penal busque desvelar. Os dados a serem tratados devem ser pertinentes, proporcionais e não excessivos em relação a essas finalidades.

O livre acesso – ou garantia, aos titulares, de consulta facilitada e gratuita sobre a forma e a duração do tratamento, bem como sobre a integralidade de seus dados pessoais – é um princípio que deve ser aquilatado, consoante exposto, com as especificidades do processo penal. Desse modo, o acesso, pelo titular, às informações sobre o tratamento de dados pessoais pode ser eventualmente diferido, sempre por ato fundamentado, para que se afaste ou diminua o risco de ineficácia da medida probatória ou cautelar em nome da qual tenha sido realizado.

O princípio da qualidade dos dados é uma garantia, aos titulares, sobre a exatidão, a clareza, a relevância e a atualização dos dados tratados no interesse de uma investigação criminal ou um processo penal. Todos esses atributos devem estar em sintonia com a necessidade, assim declarada em ato fundamentado da autoridade responsável, e para o cumprimento da finalidade de seu tratamento, a ser também expressamente informada no ato pelo qual se determina sua realização.

50. O princípio da finalidade não impede o compartilhamento de provas produzidas em decorrência do tratamento de dados pessoais. Assim, um tratamento levado a efeito para determinada finalidade dentro de um processo ou investigação criminal pode ser utilizado para outro propósito, desde que também legítimo. Como decorrência do princípio tributário *pecunia non olet* e do art. da lei nº 4.506/64 (Lei do Imposto sobre a Renda), "Os rendimentos derivados de atividades ou transações ilícitas, ou percebidos com infração à lei, são sujeitos a tributação, sem prejuízo das sanções que couberem." Assim é que, por exemplo, uma investigação sobre crimes de corrupção que tenham resultado em acréscimo patrimonial de um agente público pode resultar validamente no seu compartilhamento com a Receita Federal para o lançamento dos tributos correspondentes ou mesmo com outras autoridades judiciais e do Ministério Público para instruir uma investigação ou processo civil por ato de improbidade administrativa (art. 9º, VII, da lei nº 8.429/92).

A transparência deve ser, à semelhança do princípio do livre acesso, compatibilizada com as características do processo penal. Deste modo, é possível que se postergue a cientificação do titular sobre o tratamento sob a perspectiva da utilidade e da eficiência da persecução penal; todavia, ultrapassado o tempo necessário e cessados os motivos para o retardamento, devem ser asseguradas ao titular dos dados informações claras, precisas e facilmente acessíveis sobre a realização do tratamento e sobre os respectivos agentes de tratamento.

Observe-se que, apesar da coincidência terminológica, o princípio da transparência, no sentido que integra o direito à autodeterminação informativa, não tem idêntico conteúdo ao do princípio da transparência usualmente aplicado aos atos do poder público. Na LGPD, os princípios da transparência, do livre acesso e da qualidade dos dados estão relacionados aos direitos do titular sobre a existência de um tratamento, sobre o acesso aos dados e sobre a correção de dados incompletos, inexatos ou desatualizados. No direito administrativo, transparência, publicidade e acesso à informação estão geralmente relacionados ao direito de toda a coletividade de ser informada sobre os atos do poder público, como forma de exercício da cidadania e de controle social[51].

O princípio da segurança impõe aos agentes responsáveis pelo tratamento de dados a utilização de medidas técnicas e administrativas aptas a proteger os dados pessoais de acessos não autorizados e de situações acidentais ou ilícitas de destruição, perda, alteração, comunicação ou difusão. Trata-se de um princípio particularmente caro ao processo penal, que usualmente versa sobre fatos graves e dados sensíveis, demandando o emprego de cuidados especiais para a preservação dos dados em si próprios e contra acessos indevidos. A desatenção ao princípio da segurança no tratamento de dados pessoais pode pôr em risco não só os direitos do titular dos dados, mas também o interesse público, o interesse das vítimas e impedir o resultado útil de investigações e processos criminais.

O princípio da prevenção, de modo similar, obriga as autoridades encarregadas da persecução penal à adoção de medidas para impedir danos – ao titular, mas também a vítimas e ao interesse público – em virtude do

51. WIMMER, Miriam. A LGPD e o balé dos princípios: tensões e convergências na aplicação dos princípios de proteção de dados pessoais ao setor público. *In*: FRANCOSKI, Denise de Souza; TASSO, Fernando Antonio (coords). **A lei geral de proteção de dados pessoais LGPD**: aspectos práticos e teóricos relevantes no setor público e privado. São Paulo: Thomson Reuters Brasil, 2021, p. 175.

tratamento indevido de dados pessoais. Não se espera, pois, somente a punição do responsável e a correção posterior do ato que caracterize um tratamento de dados indevido: exige-se, antes, que o tratamento indevido seja evitado. Nessa perspectiva, o princípio da prevenção dialoga com os demais, especialmente com os princípios da finalidade, da necessidade, da qualidade dos dados e da segurança.

O princípio da não discriminação proíbe a realização do tratamento para fins discriminatórios ilícitos ou abusivos. Na persecução penal e, em especial, na investigação criminal, o princípio da não discriminação deve nortear a conduta do agente público de modo a identificar e a rechaçar vieses que, no procedimento de tratamento de dados pessoais, possam caracterizar preconceitos de qualquer natureza (sexo, cor, etnia, idade ou qualquer outra razão – art. 5º, *caput*, da CF/88) contra suspeitos, investigados ou réus. Cuida-se de um princípio particularmente importante para as atividades de segurança pública e de policiamento ostensivo, mas não só. A fiscalização e o monitoramento por equipamentos tecnológicos que realizem o tratamento de dados pessoais e que deem ensejo a abordagens policiais (e que eventualmente resultem na prisão de alguém) ou constituam a base para a deflagração de investigações criminais precisam ser submetidos a controle rigoroso, para banir tais vieses. O mesmo deve suceder com a utilização de bancos de dados e o cruzamento de informações. As ferramentas utilizadas e os algoritmos que sirvam de motor para o tratamento desses dados precisam ser sindicáveis e explicáveis aos titulares dos dados, a agentes públicos e a qualquer outro sujeito legitimamente interessado.

De acordo com o princípio da responsabilização e da prestação de contas, é exigido do agente que realiza o tratamento de dados a adoção de medidas voltadas ao cumprimento das normas de proteção de dados pessoais e a eficácia dessas medidas. Observado o princípio da responsabilização, será possível a detecção do vício ou abuso no tratamento de dados pessoais e a correção do problema, além da identificação e do sancionamento, se for o caso, do agente público que promoveu o tratamento indevido ou abusivo.

Os *standards* de base principiológica para o tratamento de dados pessoais na persecução penal foram espelhados em alguns julgamentos do STF sobre o tema. Destes, tem especial relevância o julgamento conjunto da ADI nº 6.649 e da ADPF nº 695 em 15.09.2022, sobre o Decreto nº 10.046/2019, que criou o Cadastro Base do Cidadão e do Comitê Central de Governança de Dados. O STF delimitou nesse julgamento o que se pode considerar como verdadeiros parâmetros mínimos de proteção de dados pessoais e do procedimento a ser respeitado para que tal proteção seja efetiva. Conferindo interpretação conforme ao Decreto nº 10.046/2019, o STF afirmou que o compartilhamento de dados pessoais entre órgãos e entidades da Administração Pública pressupõe:

> a) eleição de propósitos legítimos, específicos e explícitos para o tratamento de dados (art. 6º, inciso I, da Lei 13.709/2018); b) compatibilidade do tratamento com as finalidades informadas (art. 6º, inciso II); c) limitação do compartilhamento ao mínimo necessário para o atendimento da finalidade informada (art. 6º, inciso III); bem como o cumprimento integral dos requisitos, garantias e procedimentos estabelecidos na Lei Geral de Proteção de Dados, no que for compatível com o setor público.

Ainda quanto a *standards* para o tratamento de dados pessoais, outro julgado do STF muito importante – também já estudado no capítulo 2 – foi o da ADI nº 6529, sobre a Lei nº 9.883/1999, que institui o Sistema Brasileiro de Inteligência, e sobre o decreto que a regulamentava (Decreto nº 10.445/2020, hoje revogado pelo Decreto nº 11.327/2023). Ali, decidiu-se, em suma, que:

> a) os órgãos componentes do Sistema Brasileiro de Inteligência somente podem fornecer dados e conhecimentos específicos à ABIN quando comprovado o interesse público da medida, afastada qualquer possibilidade de o fornecimento desses dados atender a interesses pessoais ou privados; b) qualquer solicitação de dados deverá ser devidamente motivada para eventual controle de legalidade pelo Poder Judiciário; c) mesmo presente interesse público, os dados referentes às comunicações telefônicas ou dados sujeitos à reserva de jurisdição não podem ser compartilhados na forma do dispositivo legal, decorrente do imperativo de respeito aos direitos fundamentais; d) nas hipóteses cabíveis de fornecimento de informações e dados à ABIN, são imprescindíveis procedimento formalmente instaurado e existência de sistemas eletrônicos de segurança e registro de acesso, inclusive para efeito de responsabilização em caso de eventual omissão, desvio ou abuso.

Da série de requisitos proclamados nos mencionados precedentes pode-se concluir que o STF caracteriza a proteção de dados pessoais e a autodeterminação informativa como direitos de conteúdo *procedimental*, *i.e.*, direitos que demandam dos agentes de tratamento (os sujeitos obrigados) a obediência a um procedimento próprio para o tratamento de dados pessoais no curso do qual sejam resguardados os direitos dos titulares e corrigidas ilegalidades, além de possibilitar a identificação e a sanção dos responsáveis por eventuais violações. Nada mais pertinente: a autodeterminação informativa, que se traduz no direito de determinar o uso legítimo de seus dados pessoais, pressupõe a existência de instrumentos para sua efetiva defesa, inclusive jurisdicionais[52].

Essa concepção do direito à proteção de dados como um *procedimento*, tal qual se pode extrair das aludidas decisões do STF, não difere, em essência, das recomendações para o tratamento de dados que vinham sendo traçadas nos EUA desde a década de 1970[53] (ou, conforme é da tradição norte-americana, o *due process* para o tratamento de dados na sua relação com o direito à privacidade) nem do conjunto de princípios desenhados nos anos 70 e que passaram a integrar a legislação europeia a partir do início da década de 1980, notadamente com a Convenção nº 108 do Conselho da Europa[54].

Em síntese, pode-se afirmar que, em qualquer caso, com ou sem autorização judicial, o ato judicial ou administrativo – da polícia, MP ou outro ente que realize direta ou indiretamente atividades de persecução penal – deve ser realizado dentro de um procedimento formal e sindicável, no qual se deve atentar, em expressa fundamentação e reportando-se aos elementos de fato sobre os quais versem a investigação ou o processo, para as seguintes providências, correspondentes aos parâmetros ou requisitos mínimos para o tratamento de dados pessoais: (a) declarar, tão precisamente quanto possível, quais dados estão sendo tratados; (b) registrar se estão sendo tratados dados de terceiros que não os do investigado ou acusado e esclarecer a necessidade desse tratamento; (c) informar a duração do tratamento, ou ao menos relacioná-la a marcos processuais ou investigatórios específicos (via de regra, o tratamento de dados perdurará ao menos enquanto estiver em curso a investigação ou processo); (d) informar o objetivo do tratamento; (e) informar o titular sobre o tratamento e assegurar seu acesso integral, mas com atenção à SV 14 do STF – ou seja, depois de documentado o tratamento e assim que não houver risco à persecução ou à ordem pública[55].

---

52. CANOTILHO, J. J. Gomes. **Direito constitucional e teoria da Constituição**. 7. ed. Coimbra: Almedina, 2003, p. 515.

53. ESTADOS UNIDOS. **Records, computers and the rights of citizens.** Report of the Secretary's Advisory Committee on Automated Personal Data Systems. 1973. Disponível em: https://aspe.hhs.gov/reports/records-computers-rights-citizens. Acesso em 20 nov. 2023.

54. DONEDA, Danilo. **Da privacidade à proteção de dados pessoais**: fundamentos da Lei Geral de Proteção de Dados. 3. ed. São Paulo: Revista dos Tribunais, 2021, p. 186.

55. Medidas cautelares, como de praxe, devem ser autuadas em apartado dos autos principais (do processo, inquérito ou PIC) e qualquer tratamento de dados ali realizado deve ser informado ao

### 4.3.2 Reserva jurisdicional

Nem todos os tipos de tratamento de dados pessoais exigem prévia autorização judicial; em verdade, apenas um reduzido espectro de tratamentos de dados deve ser precedido de uma decisão proferida por uma autoridade judiciária competente. Assim, e apenas quando for o caso, a observância das chamadas cláusulas de reserva jurisdicional caracteriza um *standard* para a validade do tratamento de dados pessoais no processo penal.

Dentre os dados pessoais que somente podem ser tratados se houver decisão judicial assentindo-o estão os dados coletados a partir da interceptação de comunicações telefônicas – o que inclui não só o conteúdo das comunicações, mas também os padrões vocais dos interlocutores – e da interceptação de comunicações telemáticas. Além destes, podem ser incluídos dentre os submetidos a reserva jurisdicional os dados (pessoais) bancários, fiscais e de inteligência financeira, embora persista a polêmica quanto à extensão dessa reserva.

As controvérsias envolvendo a reserva jurisdicional para o acesso a tais dados e a outros foram analisadas no capítulo 3.

### 4.3.3 Procedimento legal para o tratamento de dados pessoais

Para determinados tipos de tratamento de dados pessoais a lei exige a obediência a um rito específico. Assim, quando for o caso, a obediência a esse procedimento é um *standard* de validade para o tratamento de dados pessoais.

Como regra geral, não há previsão de obediência a uma tipicidade procedimental para as variadas espécies de tratamento de dados. Como prevê o art. 5º, X, da LGPD, tratamento é

> toda operação realizada com dados pessoais, como as que se referem a coleta, produção, recepção, classificação, utilização, acesso, reprodução, transmissão, distribuição, processamento, arquivamento, armazenamento, eliminação, avaliação ou controle da informação, modificação, comunicação, transferência, difusão ou extração.

---

interessado imediatamente, se não houver risco para a investigação, para o processo ou para a ordem pública, ou, no mais tardar, assim que efetivada a medida, se deferida. Desse modo, os autos formados por um pedido de prisão preventiva ou de busca e apreensão domiciliar devem ser franqueados ao investigado tão logo seja cumprida a decisão que as tenha autorizado.

Dessa imensa gama de possibilidades, a lei prevê apenas excepcionalmente a necessidade de respeito a um procedimento próprio.

Há, contudo, algumas hipóteses de tratamento de dados pessoais no processo penal com formas bastante específicas.

O reconhecimento de pessoas é uma espécie de tratamento de dados pessoais do processo penal que deve seguir o rito estatuído no art. 226 do CPP[56]. Seja o reconhecimento pessoal presencial, seja o reconhecimento pessoal por fotografia, cuidam-se, a rigor, de espécies de tratamento de dados pessoais sensíveis, eis que biométricos (art. 5º, II, da LGPD). O STJ tem decidido pela imprestabilidade do reconhecimento pessoal quando não seguido o procedimento do art. 226 do CPP[57]. No STF, todavia, o tema segue controvertido, havendo atualmente um dissenso entre a 1ª Turma[58], que reconhece a validade do reconhecimento pessoal mesmo que desobedecido

56. "Art. 226. Quando houver necessidade de fazer-se o reconhecimento de pessoa, proceder-se-á pela seguinte forma:

I – a pessoa que tiver de fazer o reconhecimento será convidada a descrever a pessoa que deva ser reconhecida;

II – a pessoa, cujo reconhecimento se pretender, será colocada, se possível, ao lado de outras que com ela tiverem qualquer semelhança, convidando-se quem tiver de fazer o reconhecimento a apontá-la;

III – se houver razão para recear que a pessoa chamada para o reconhecimento, por efeito de intimidação ou outra influência, não diga a verdade em face da pessoa que deve ser reconhecida, a autoridade providenciará para que esta não veja aquela;

IV – do ato de reconhecimento lavrar-se-á auto pormenorizado, subscrito pela autoridade, pela pessoa chamada para proceder ao reconhecimento e por duas testemunhas presenciais. [...]"

57. "[...] 1. O reconhecimento de pessoa, presencialmente ou por fotografia, realizado na fase do inquérito policial, apenas é apto, para identificar o réu e fixar a autoria delitiva, quando observadas as formalidades previstas no art. 226 do Código de Processo Penal e quando corroborado por outras provas colhidas na fase judicial, sob o crivo do contraditório e da ampla defesa. [...] 3. O reconhecimento de pessoas deve, portanto, observar o procedimento previsto no art. 226 do Código de Processo Penal, cujas formalidades constituem garantia mínima para quem se vê na condição de suspeito da prática de um crime, não se tratando, como se tem compreendido, de "mera recomendação" do legislador. Em verdade, a inobservância de tal procedimento enseja a nulidade da prova e, portanto, não pode servir de lastro para sua condenação, ainda que confirmado, em juízo, o ato realizado na fase inquisitorial, a menos que outras provas, por si mesmas, conduzam o magistrado a convencer-se acerca da autoria delitiva. Nada obsta, ressalve-se, que o juiz realize, em juízo, o ato de reconhecimento formal, desde que observado o devido procedimento probatório."

(BRASIL. Superior Tribunal de Justiça. **HC 598.886/SC**, relator min. Rogério Schietti Cruz, Sexta Turma, julgado em 27.10.2020, DJe de 18.12.2020).

58. "[...] 3. O entendimento desta Corte é no sentido de que 'o art. 226 do Código de Processo Penal não exige, mas recomenda a colocação de outras pessoas junto ao acusado, devendo tal procedimento ser observado sempre que possível' (RHC 125.026-AgR, Relª. Minª. Rosa Weber)."

(BRASIL. Supremo Tribunal Federal. **HC 227629 AgR/SP**, Primeira Turma, rel. min. Luís Roberto Barroso, julgado em 26.06.2023, DJe de 28.06.2023).

o rito do art. 226 do CPP, e a 2ª Turma[59], que considera indispensáveis as formalidades do art. 226 do CPP. Não bastasse essa indefinição, falhas em reconhecimentos pessoais[60], geralmente relacionadas a vieses na exibição e na seleção de pessoas ou imagens, têm sido causa recorrente para anulações em processos e investigações criminais[61].

O Código de Processo Penal também prevê procedimentos específicos para a realização de perícias (art. 158 a 184 do CPP), incluindo a preservação da cadeia de custódia (tema que será adiante abordado). Todavia, de acordo com o art. 181 do CPP, o juiz poderá mandar suprir a formalidade que não tenha sido observada. Portanto, eventual falha no tratamento de dados pessoais pela produção de uma prova pericial em desacordo com as formas disciplinadas no CPP caracteriza uma nulidade sanável.

Além de requisitos específicos, como a exigência de que o fato investigado constitua infração penal punida com pena de reclusão, a Lei nº 9.296/96 prevê um procedimento próprio para a realização de interceptações de comunicações telefônicas e telemáticas, que abarca desde a autorização para a implementação da medida (arts. 3º, 4º e 5º da lei) até o descarte das gravações, transcrições e arquivos que não mais interessem à investigação ou processo (art. 9º) – oportunidade em que se dá, no caso, o encerramento do tratamento de tais dados pessoais. A captação ambiental também tem requisitos (como o de ser admitida apenas para a investigação de crimes com penas máximas superiores a quatro anos) e um rito próprios, previstos na mesma lei (art. 8º-A da Lei nº 9.296/96).

---

59. "[...] 1. O reconhecimento de pessoas, presencial ou por fotografia, deve observar o procedimento previsto no art. 226 do Código de Processo Penal, cujas formalidades constituem garantia mínima para quem se encontra na condição de suspeito da prática de um crime e para uma verificação dos fatos mais justa e precisa. 2. A inobservância do procedimento descrito na referida norma processual torna inválido o reconhecimento da pessoa suspeita, de modo que tal elemento não poderá fundamentar eventual condenação ou decretação de prisão cautelar, mesmo se refeito e confirmado o reconhecimento em Juízo. Se declarada a irregularidade do ato, eventual condenação já proferida poderá ser mantida, se fundamentada em provas independentes e não contaminadas." (BRASIL. Supremo Tribunal Federal. **RHC 206846/SP,** Segunda Turma, rel. min. Gilmar Mendes, julgado em 22.02.2022, DJe de 25.05.2022).
60. CORDAZZO, Karine; MENDES, Cintia Rocha. Os riscos e falhas no reconhecimento pessoal do acusado. **Revista Eletrônica da Faculdade de Direito de Franca**. v.15, n.2, dez. 2020, pp. 247-268. Disponível em: https://www.revista.direitofranca.br/index.php/refdf/article/view/1040/pdf. Acesso em 16 nov. 2023.
61. SCHIETTI Cruz, Rogerio. Investigação criminal, reconhecimento de pessoas e erros judiciais: considerações em torno da nova jurisprudência do Superior Tribunal de Justiça. **Revista Brasileira de Direito Processual Penal**, vol. 8, nº 2. 2022, pp. 567-600. Disponível em: https://revista.ibraspp.com.br/RBDPP/article/view/717. Acesso em 16 nov. 2023.

O compartilhamento de dados fiscais e de inteligência financeira também deve respeitar uma forma que, embora não prevista explicitamente em lei – senão a partir da interpretação de diversos dispositivos da legislação tributária e da lei de lavagem de dinheiro (Lei nº 9.613/98) – foi decidida pelo STF no RE 1.055.94/SP (Tema 990 de Repercussão Geral), como estudado nos capítulos antecedentes. Assim, será válido o compartilhamento de relatórios de inteligência financeira da UIF e da íntegra do procedimento fiscalizatório da Receita Federal do Brasil com os órgãos de persecução penal para fins criminais, sem a obrigatoriedade de prévia autorização judicial, desde que o sigilo das informações seja resguardado "em procedimentos formalmente instaurados e sujeitos a posterior controle jurisdicional". Além disso, o compartilhamento desses dados pela UIF e pela RFB "deve ser feito unicamente por meio de comunicações formais, com garantia de sigilo, certificação do destinatário e estabelecimento de instrumentos efetivos de apuração e correção de eventuais desvios." Vê-se que, em ambos os casos, não bastará um simples ofício encaminhando cópia dos dados à polícia ou ao Ministério Público: exige-se um procedimento formal, que pode ser o mesmo no qual era apurada pela Receita a obrigação tributária ou aferida a atipicidade da operação comunicada à UIF, no qual se verificará, em ato fundamentado, a necessidade do compartilhamento dos dados para fins de persecução penal.

Afirmar que o tratamento de dados pessoais não tem, em regra, um procedimento específico não significa dizer que o Estado pode fazê-lo "de qualquer modo". Todo tratamento de dados pessoais deve ter uma base legal e deve ser promovido de forma compatível com os princípios gerais hoje previstos na LGPD e que hão de ser replicados (se não ampliados) numa futura lei especial a versar sobre as atividades de persecução penal. Para a verificação da harmonia entre o tratamento de dados promovido no interesse de um processo penal ou de uma investigação criminal com os princípios e bases legais, a formalização desse tratamento é imprescindível, como verdadeiro mecanismo de auditabilidade e de controle de sua validade. Assim, e ainda que não haja na lei a previsão de um rito peculiar, qualquer tratamento de dados de interesse para um processo penal ou investigação criminal deve ser documentado e trazido aos autos, de maneira a que seja possível às partes e ao Poder Judiciário certificar ou rechaçar sua validade.

### 4.3.4 Cadeia de custódia

No processo penal, a preservação da cadeia de custódia é também um *standard* para o tratamento de dados pessoais, quando aplicável.

Uma prova a que coincida um tratamento de dados pessoais poderá ser utilizada num processo penal desde que produzida de acordo com as balizas previstas na lei e na Constituição Federal.

Nos termos do art. 5º, LVI, da CF/88, "são inadmissíveis, no processo, as provas obtidas por meios ilícitos". O art. 157 do CPP repetiu e estendeu a fórmula, para proclamar que as provas ilícitas, "assim entendidas as obtidas em violação a normas constitucionais ou legais", não podem ser admitidas e devem ser desentranhadas no processo, e que o mesmo se aplica às provas derivadas das ilícitas, "salvo quando não evidenciado o nexo de causalidade entre umas e outras, ou quando as derivadas puderem ser obtidas por uma fonte independente das primeiras" (art. 157, §1º).

Para que se possa afirmar a licitude de uma prova há que se verificar se sua produção ou colheita incorreu na violação de um direito (fundamental) do investigado ou de terceiros. Em matéria de produção probatória, uma irregularidade correspondente a um vício processual que não acarrete prejuízo às partes[62] não ensejará sua nulidade nem impedirá a utilização da prova no processo penal (CPP, art. 563). Entretanto, uma prova produzida ou colhida por meio criminoso, mediante tortura, resultante de uma invasão de domicílio ou como fruto de uma interceptação de comunicações telefônicas sem autorização judicial, apenas para citar exemplos graves, será ilícita e não poderá ser utilizada. A licitude da prova tem a ver, pois, com sua validade, com a possibilidade de que seja admitida no processo como instrumento de convencimento do julgador e das partes. Excepcionalmente, aceita-se a utilização da prova ilícita no processo penal, mas apenas no interesse da defesa.

O valor epistêmico da prova, por outro lado, tem a ver não só com a licitude dos meios para sua produção, mas também com sua autenticidade e sua integridade[63]. Esses atributos são independentes e, a rigor, podem ser

62. Um equívoco bastante comum em matéria de nulidades no processo penal é confundir "prejuízo" com a própria condenação. O prejuízo exigido para que se declare a nulidade de um ato deve consistir na violação concreta de um direito fundamental como decorrência do ato em si (supostamente viciado), que não se confunde com o resultado remoto de um processo.

63. O art. 195 do CPC, que dispõe sobre a prática eletrônica de atos processuais, prevê que "o registro de ato processual eletrônico deverá ser feito em padrões abertos, que atenderão aos requisitos de autenticidade, integridade, temporalidade, não repúdio, conservação e, nos casos que tramitem em segredo de justiça, confidencialidade, observada a infraestrutura de chaves públicas unificada nacionalmente, nos termos da lei." É certo que *prova* não é um *ato processual*; sua produção ou juntada aos autos pode sê-lo. Mesmo assim, é útil compreender os conceitos do referido artigo. Em tese, no estudo da cadeia de custódia poder-se-ia mencionar também o atributo da temporalidade, que corresponde à possibilidade de associar a prova ao momento em que tenha sido concebida, ao momento em que surgiu como elemento cognoscível, apreensível pelos sentidos humanos (não

aferidos antes mesmo de se aquilatar a legalidade da prova. Para utilizá-la num processo, deve-se verificar sua integridade e autenticidade; se a prova não é íntegra nem autêntica, ou não há meio para se verificar tais atributos, será inútil, para os fins a que inicialmente a prova se propunha, discutir sua ilegalidade. Legais ou ilegais, as provas cujas autenticidade e integridade não possam ser confirmadas serão imprestáveis – senão para propósitos específicos, como o de demonstrar a própria ilegalidade na sua produção, caso essa demonstração seja relevante para o processo ou fora dele[64].

Quanto à autenticidade, é dizer: a prova, como apresentada, permite associá-la a sua fonte ou seu autor? Em sendo um documento, por exemplo, é possível afirmar que o autor é realmente aquele que nele assim se apresenta?[65]

Quanto à integridade da prova, é dizer: a prova sofreu alterações ou está sendo trazida ao processo exatamente conforme originariamente se apresentava no mundo fenomênico? No caso de um arquivo de computador apreendido pela polícia na posse de um investigado, por exemplo, há como se certificar de que este foi modificado ou danificado desde o momento em que foi coletado pelo Estado até sua juntada aos autos de um processo ou de uma investigação?

---

confundir com o momento de sua juntada aos autos). É dizer: o atributo da temporalidade corresponde ao momento em que um documento foi redigido e assinado, ao momento em que um testemunho foi prestado e registrado (em juízo ou fora dele) e ao momento em que um arquivo de computador foi criado, por exemplo. Considerando, contudo, que o tempo em que um elemento informativo surgiu pode ser mais ou menos impreciso e ainda assim relevante para um processo, não se nos afigura adequado categorizá-lo, ao lado dos atributos da integridade e da autenticidade, como indispensável para a validade da prova. Quanto ao atributo do *"não repúdio"*, que é a impossibilidade de que um autor recuse sua autoria, trata-se de um conceito de difícil aplicação no processo penal. O princípio acusatório, que faz recair à acusação o ônus de provar sempre todos os fatos constitutivos de sua pretensão, e os princípios do contraditório e da ampla e defesa, que franqueiam ao réu sempre a possibilidade de impugnar as provas e os fatos contra si deduzidos, tornam tormentoso o transplante sem ressalvas do conceito de *"não repúdio"* para o campo do direito probatório no processo penal. Além disso, trata-se de um conceito muito próximo de autenticidade, que já será suficiente para a verificação da preservação cadeia de custódia.

64. Uma prova inautêntica ou não íntegra juntada aos autos dolosamente e com propósito de ludibriar o juiz e os demais sujeitos do processo pode caracterizar um ato de má-fé processual, passível de sancionamento nos termos dos arts. 79, 80 e 81 do CPP c/c o art. 3º do CPP, e crimes como o de uso de documento falso (art. 304 do CP) e fraude processual (art. 397 do CP).

65. Na área da tecnologia da informação, conforme a expressão é empregada para fins de certificação digital, autenticidade é a "qualidade de um documento ser o que diz ser, independente de se tratar de minuta, original ou cópia e que é livre de adulterações ou qualquer outro tipo de corrupção" (BRASIL. Instituto Nacional de Tecnologia da Informação. **Glossário**. Disponível em: https://www.gov.br/iti/pt-br/centrais-de-conteudo/glossario. Acesso em 09 nov. 2023).

Provas que não tenham passado por um tal controle de confiabilidade, que não tenham sido submetidas a um tal filtro que permita afirmar sua autenticidade e sua integridade, não são aptas a provar nada – ou melhor, não provarão nada além do fato de que foram violadas sua autenticidade e sua integridade. A constatação da inautenticidade e da ausência de integridade de uma prova pode interessar à persecução penal, certamente, mas num foco diverso, que é o da ilegalidade eventualmente praticada "sobre" a prova: aquele que adultera ou destrói uma prova física ou eletrônica para incriminar ou exculpar alguém está cometendo um crime (no mínimo, o crime do art. 347 do CP[66]) e deverá ser sujeito à persecução penal por esse fato. Quanto ao fato "primário" a que a prova não autêntica e não íntegra se reportava, esta nada poderá demonstrar, nem mesmo à defesa[67].

Para equacionar essa espécie de problema aqui resumidamente apresentada, o CPP foi alterado em 2019 com a inclusão dos arts. 158-A a 158-F, que passou a prever a necessidade da preservação da cadeia de custódia da prova.

A cadeia de custódia é "o conjunto de todos os procedimentos utilizados para manter e documentar a história cronológica do vestígio coletado em locais ou em vítimas de crimes, para rastrear sua posse e manuseio a partir de seu reconhecimento até o descarte" (art. 158-A do CPP, acrescido pela Lei nº 13.964/19). A expressão "cadeia de custódia" remete a uma corrente, sendo seus elos "os agentes que interagem com determinado vestígio

66. "Fraude processual

Art. 347 – Inovar artificiosamente, na pendência de processo civil ou administrativo, o estado de lugar, de coisa ou de pessoa, com o fim de induzir a erro o juiz ou o perito:

Pena – detenção, de três meses a dois anos, e multa.

Parágrafo único – Se a inovação se destina a produzir efeito em processo penal, ainda que não iniciado, as penas aplicam-se em dobro."

67. Alfredo Falcão Júnior propõe uma abordagem distinta sobre o uso da prova ilícita no processo penal. Para ele, seria eventualmente admissível o uso de uma prova ilícita a depender do direito material sacrificado e da finalidade político-criminal do processo, que hão de ser sopesadas somente no caso concreto: "O caminho é a distinção entre regras de uso e regras de produção da prova. Quando esta é produzida licitamente, pode ter posteriormente seu uso proibido, como uma confissão mais tarde negada pelo réu. Ou o contrário, uma prova cuja produção foi ilícita pode ser usada, contanto que atenda a condicionantes metodológicos aqui desenvolvidos e se adeque a uma previsão legal de exceção à proibição de uso da prova desconforme ao direito." (FALCÃO JÚNIOR, Alfredo Carlos Gonzaga. **O justo título da relativização da prova ilícita**: metodologia de aplicação da regra de calibragem do sistema jurídico. Universidade Federal de Pernambuco. Tese de Doutorado, 2021. Disponível em: https://repositorio.ufpe.br/handle/123456789/44888. Acesso em 12 set. 2023, pp. 14-15).

material, desde o momento da sua localização até o término da sua utilização processual"[68].

A disciplina atualmente prevista para a salvaguarda da cadeia de custódia é minudenciada no art. 158-B do CPP e compreende as seguintes etapas: I – reconhecimento; II – isolamento; III – fixação; IV – coleta; V – acondicionamento; VI – transporte; VII – recebimento; VIII – processamento; IX – armazenamento; e X – descarte.

Embora salutar, o regramento do CPP sobre a cadeia de custódia é relativamente limitado, por dirigir-se, a rigor, apenas à prova pericial[69]. Além disso, é inegável que houve, pelo legislador, certo exagero descritivo, eis que as diversas especificidades que a lei traz a respeito de cada uma das referidas etapas e dos procedimentos a serem empregados (arts. 158-C, 158-D, 158-E e 158-F) talvez coubessem melhor num ato normativo infralegal[70].

Sem embargo, há que se concordar com Geraldo Prado no que toca à imensa relevância da cadeia de custódia para o processo penal. Antes mesmo da modificação do CPP sobre o tema, já afirmava ele que[71]:

> O rastreamento das fontes de prova será uma tarefa impossível se parcela dos elementos probatórios colhidos de forma encadeada vier a ser destruída.
>
> Sem esse rastreamento, a identificação do vínculo eventualmente existente entre uma prova aparentemente lícita e outra, anterior, ilícita, de que a primeira é derivada, dificilmente será revelado.
>
> Os suportes técnicos, pois, têm uma importância para o processo penal que transcende a simples condição de ferramentas de apoio à polícia para a execução de ordens judiciais.
>
> Estes suportes estão para o processo como estão o corpo de delito, documentos e objetos: conjunto de vestígios cuja preservação e exame são indispensáveis para a constatação dos fatos juridicamente relevantes.

68. FONSECA, Manoel Augusto Cardoso da; PASTORE, Alexandro Mariano Pastore. Cadeia de Custódia de Provas Digitais nos Processos do Direito Administrativo Sancionador com a adoção da tecnologia Blockchain. **Revista da CGU**. v. 3 (2022): Coletânea de Artigos Correcionais. Brasília: CGU. Disponível em: https://revista.cgu.gov.br/Cadernos_CGU/article/view/597. Acesso em 30 set. 2023, p. 99.
69. SANTORO, Antônio Eduardo Ramires. A Cadeia de Custódia na Interceptação Telefônica. *In*: CRUZ, Francisco Brito; Fragoso, Nathalie (editores). **Direitos fundamentais e processo penal na era digital**. São Paulo: InternetLab, 2020, vol. 3, p. 307
70. Não à toa, antes da entrada em vigor da Lei n.º 13.964/19, a padronização da cadeia de custódia em âmbito nacional já constava numa portaria da Secretaria Nacional de Segurança Pública, do Ministério da Justiça: a Portaria 82-2014/SENASP, de 16 de julho de 2014, publicada no Diário Oficial da União de 18 de julho de 2014.
71. PRADO, Geraldo. **Prova penal e sistema de controles epistêmicos**: a quebra da cadeia de custódia das provas obtidas por métodos ocultos. São Paulo: Marcial Pons, 2014, p. 79.

> A preservação destes elementos probatórios, portanto, insere-se no âmbito de juridicidade que, observada a inexistência de previsão legal, deve ser suprido pelo juiz para garantir ao processo a sua qualidade de entidade epistêmica.

É importante notar, por outro lado, que os arts. 158-A a 158-F do CPP prescrevem diversas regras para manutenção da higidez da cadeia de custódia, mas nada dispõem sobre a validade[72] da prova em caso de violação dessas regras. Dessa constatação pode-se extrair, em linha com o que se expôs no início deste tópico, que eventual desrespeito à disciplina legal sobre a cadeia de custódia acarretará sua imprestabilidade não por constituir a prova em *ilícita*, mas por impedir que se reconheça à prova o atributo da *confiabilidade*. Se comprovadamente inautêntica ou não íntegra, ou se não tiver sido possível certificar em determinada prova essas qualidades (eis que desrespeitadas as regras legais para a preservação de sua cadeia de custódia), a prova não poderá ser usada no processo por não ser fidedigna, mas não por ser, em si, ilícita.

A despeito dessa distinção, já decidiu o STJ que "a quebra da cadeia de custódia não gera nulidade automática, devendo ser avaliada a confiabilidade da prova e a existência de prejuízo à defesa" (AgRg nos EDcl nos EDcl no AREsp 2.708.653/SP, rel. min. Joel Ilan Paciornik, Quinta Turma, julgado em 27.11.2024, DJe de 3.12.2024). Embora o precedente não aparte *validade* de *confiabilidade*, é relevante por ressaltar a necessidade da verificação da prova concretamente produzida e da demonstração, se for o caso, de um efetivo prejuízo (como, aliás, exige o art. 563 do CPP), sem o que não se pode declarar a nulidade processual.

O art. 158-A, §3º, do CPP define vestígio como "todo objeto ou material bruto, visível ou latente, constatado ou recolhido, que se relaciona à infração penal". A cadeia de custódia é, em suma, o rastreamento do tratamento dos vestígios por agentes públicos, do ciclo que vai de sua coleta até seu eventual descarte. Vestígios, quando possam ser associados a pessoas – e o processo penal se ocupa essencialmente de fatos (potencialmente) atribuíveis a pessoas – conterão dados pessoais, seja esse vestígio uma gota de sangue ou uma impressão digital sobre uma superfície vítrea na cena de um crime, ou ainda arquivos de imagens e *cookies* de um navegador da internet utilizado por um suspeito. Disso exsurge a importância da cadeia de custódia da prova

---

72. SANTORO, Antônio Eduardo Ramires. A Cadeia de Custódia na Interceptação Telefônica. *In*: CRUZ, Francisco Brito; Fragoso, Nathalie (editores). **Direitos fundamentais e processo penal na era digital**. São Paulo: InternetLab, 2020, vol. 3, p. 307

processual penal quanto a dados pessoais. Toda a disciplina procedimental do capítulo do CPP sobre a cadeia de custódia constitui um mecanismo de tutela de dados pessoais e pode inclusive ser correlacionada aos princípios previstos na LGPD, como qualidade dos dados, transparência, segurança e prevenção (art. 6º, incisos V, VI, VII e VIII da Lei nº 13.709/18).

Em 07.02.2023, o Superior Tribunal de Justiça proferiu um importante acórdão em que enfrentou diversos temas sobre a cadeia de custódia e que pode servir de paradigma para futuros julgamentos. Trata-se do AgRg no RHC nº 143.169/RJ, da 5ª Turma do STJ, rel. min. Ribeiro Dantas. Decidiu-se então, dentre outras questões: (1) que a "principal finalidade da cadeia de custódia é garantir que os vestígios deixados no mundo material por uma infração penal" correspondem exatamente àqueles arrecadados pelos órgãos de investigação, examinados e apresentados em juízo; (2) que "mesmo para fatos anteriores a 2019, é necessário avaliar a preservação da cadeia de custódia", ainda que não se possa exigir, para tais casos anteriores, a observância do regramento específico dos arts. 158-A a 158-F do CPP; (3) e que "é ônus do Estado comprovar a integridade e confiabilidade das fontes de prova por ele apresentadas", sendo incabível "simplesmente presumir a veracidade das alegações estatais, quando descumpridos os procedimentos referentes à cadeia de custódia".

O caso dos prints de WhatsApp é particularmente interessante no que diz respeito à (i)licitude da prova decorrente do desrespeito à cadeia de custódia.

No julgamento do AgRg no RHC nº 133.430/PE em 23.02.2021, a Sexta Turma do STJ declarou nulas mensagens obtidas por meio de um *print screen* (gravação ou impressão) da tela do aplicativo de mensagens WhatsApp. Esse julgado invocou como fundamento outro julgado da mesma Sexta Turma do STJ, proferido em 2018, quando afirmou ser inválida a prova obtida pelo WhatsApp Web, pois

> é possível, com total liberdade, o envio de novas mensagens e a exclusão de mensagens antigas (registradas antes do emparelhamento) ou recentes (registradas após), tenham elas sido enviadas pelo usuário, tenham elas sido recebidas de algum contato. Eventual exclusão de mensagem enviada (na opção 'Apagar somente para Mim') ou de mensagem recebida (em qualquer caso) não deixa absolutamente nenhum vestígio, seja no aplicativo, seja no computador emparelhado, e, por conseguinte, não pode jamais ser recuperada para efeitos de prova em processo penal, tendo em vista que a própria empresa disponibilizadora do serviço, em

> razão da tecnologia de encriptação ponta-a-ponta, não armazena em nenhum servidor o conteúdo das conversas dos usuários[73].

De ambos os julgados poder-se-ia retirar a conclusão de que toda e qualquer captura de tela do WhatsApp seria imprestável como prova, porquanto *intrinsecamente* ilícita. Trata-se de uma compreensão equivocada.

Como observa Walter Capanema, "é muito comum se pensar que a validade de uma prova digital está atrelada à menor ou maior probabilidade técnica de adulteração. Tal raciocínio mostra-se errôneo"[74]. Se é certo que um *print* de tela é algo facilmente falsificado ou adulterado com ferramentas de edição simples, essa característica não torna ilícito, *por si* só, qualquer *print* de tela.

Um arquivo de imagem, seja uma fotografia feita por uma câmera digital, seja uma impressão de tela de um computador ou de um celular, nada tem de ilícito *em si*. Um arquivo digital, em qualquer formato, pode servir de prova como qualquer outra. O problema está em se verificar se tal arquivo é produto de uma fraude, uma adulteração ou uma edição, ou se retrata fielmente determinado fato que se pretenda provar. A questão residirá, portanto, em se aferir sua integridade e sua autenticidade, o que, dentre outras possibilidades, dar-se-á pela verificação de sua cadeia de custódia.

Foi exatamente esse o entendimento – pela validade dos *prints* de tela, desde que assegurada sua integridade e sua autenticidade – o sufragado pela Quinta Turma do STJ no AgRg no HC nº 752.444/SC[75], em 4.10.2022, no

73. BRASIL. Superior Tribunal de Justiça. **RHC 99.735/SC**, rel. min. Laurita Vaz, Sexta Turma, julgado em 27.11.2018, DJe de 12.12.2018.
74. CAPANEMA, Walter Aranha. **Manual de Direito Digital**: Teoria e Prática. São Paulo: Editora JusPodivm, 2024, p. 207.
75. "2. No presente caso, não foi verificada a ocorrência de quebra da cadeia de custódia, pois em nenhum momento foi demonstrado qualquer indício de adulteração da prova, ou de alteração da ordem cronológica da conversa de WhatsApp obtida através dos prints da tela do aparelho celular da vítima. [...] 4. O acusado, embora tenha alegado possuir contraprova, quando instado a apresentá-la, furtou-se de entregar o seu aparelho celular ou de exibir os prints que alegava terem sido adulterados, o que só reforça a legitimidade da prova." (BRASIL. Superior Tribunal de Justiça. **AgRg no HC nº 752.444/SC**, rel. min. Ribeiro Dantas, Quinta Turma, julgado em 04.10.2022, DJe de 10.10.2022).

AgRg nos EDcl no HC nº 826.476/MG[76], em 9.10.2023, e no AgRg no HC nº 828.054/RN, em 23.04.2024[77].

Havendo dúvida sobre a autenticidade e a integridade de um arquivo digital, as partes no processo penal podem valer-se, por analogia (art. 3º do CPP), do disposto no art. 422, §1º, do CPC, que prescreve que "as fotografias digitais e as extraídas da rede mundial de computadores fazem prova das imagens que reproduzem, devendo, se impugnadas, ser apresentada a respectiva autenticação eletrônica ou, não sendo possível, realizada perícia". No caso, a prova pericial servirá para examinar, dentre outros aspectos, se houve adulterações e se foi preservada a cadeia de custódia do arquivo apresentado em juízo.

## 4.4 CONTROLE DE CONSTITUCIONALIDADE E DE LEGALIDADE DO TRATAMENTO DE DADOS NO PROCESSO PENAL PELO PODER JUDICIÁRIO

Não somente, mas especialmente no processo penal, o conteúdo procedimental do direito fundamental à autodeterminação informativa é de importância central. Significa dizer que a proteção de dados pessoais pressupõe a existência de mecanismos – ou procedimentos – para a sua proteção. No processo penal, o procedimento será prévio ao tratamento, quando se preveja um rito próprio e antecedente para sua autorização (como ocorre, de modo geral, nas "quebras" de sigilo fiscal e bancário e nas interceptações telefônicas), ou posterior, que se dá no próprio processo. Por parte das autoridades encarregadas da persecução, a sua juntada aos autos dá ensejo a que

76. "De acordo com as instâncias ordinárias, não se verificou no caso a ocorrência de quebra da cadeia de custódia, pois em nenhum momento foi demonstrado qualquer indício de adulteração da prova, ou de alteração da ordem cronológica da conversa de WhatsApp obtida através dos prints da tela do aparelho celular da vítima. Nota-se, ainda, que a própria defesa desistiu da realização da perícia no celular da vítima, diligência que, inclusive, havia sido deferida pelo Magistrado." (BRASIL. Superior Tribunal de Justiça. **AgRg nos EDcl no HC nº 826.476/MG**, relator Ministro Ribeiro Dantas, Quinta Turma, julgado em 09.10.2023, DJe de 16.10.2023).

77. "4. A observação do princípio da mesmidade visa a assegurar a confiabilidade da prova, a fim de que seja possível se verificar a correspondência entre aquilo que foi colhido e o que resultou de todo o processo de extração da prova de seu substrato digital. Uma forma de se garantir a mesmidade dos elementos digitais é a utilização da técnica de algoritmo hash, a qual deve vir acompanhada da utilização de um software confiável, auditável e amplamente certificado, que possibilite o acesso, a interpretação e a extração dos dados do arquivo digital. (...) 6. Neste caso, não houve a adoção de procedimentos que assegurassem a idoneidade e a integridade dos elementos obtidos pela extração dos dados do celular apreendido. Logo, evidentes o prejuízo causado pela quebra da cadeia de custódia e a imprestabilidade da prova digital." (BRASIL. Superior Tribunal de Justiça. **AgRg no HC nº 828.054/RN**, rel. min. Joel Paciornik, Quinta Turma, julgado em 23.040.2022, DJe de 26.04.2024).

o Poder Judiciário verifique se o tratamento de dados respeitou os direitos de seus titulares e, consequentemente, se seu produto pode ser validamente utilizado como prova. Por parte da defesa de réus ou investigados, o procedimento para o controle sobre a legalidade do tratamento de dados são os instrumentos do próprio processo penal: *habeas corpus*, mandados de segurança, recursos e mesmo simples requerimentos endereçados ao juízo competente para o processo (se já houver denúncia) ou para o juiz das garantias (na fase de investigação).

No direito Europeu, a Diretiva 2016/680 (*Law Enforcement Directive* ou *Data Protection Directive on Police Matters*) prevê uma autoridade de controle independente, administrativa, que deve ser criada por cada Estado-Membro da União Europeia (art. 3º, 15), com a finalidade de fiscalizar a atividade dos órgãos e agentes encarregados pela persecução penal, de proteger os direitos e liberdades fundamentais dos titulares dos dados pessoais e de facilitar a livre circulação desses dados (art. 41º, 1, da Diretiva 2016/680). No Brasil, à falta de uma LGPD penal, não há, ainda, essa autoridade específica. Isso não significa que o tratamento de dados pessoais para fins criminais está a salvo de mecanismos para o controle prévio sobre sua legalidade e constitucionalidade, que se dará tanto em sede administrativa quanto em sede judicial.

Assim, e de acordo com a legislação brasileira atualmente em vigor, o controle extrajudicial sobre a validade do tratamento de dados pessoais pode e deve ser exercido tanto no âmbito interno – pelas corregedorias policiais e do Ministério Público – quanto externo – pelo Ministério Público, em relação às polícias (art. 129, VII, da CF/88), e pelo CNMP, em relação ao Ministério Público (art. 130-A, §2º, II e III, e §3º, I), de ofício ou por provocação de qualquer pessoa.

Já o controle judicial de constitucionalidade e de legalidade sobre o tratamento de dados pessoais no processo penal e na investigação criminal pode ser realizado de ofício pelo Poder Judiciário – pelo juiz de garantias, na fase de investigação, ou pelo juiz competente para o processo, quando já oferecida a denúncia – ou por provocação de diversos sujeitos: pelo Ministério Público, pelo acusado ou investigado ou por qualquer terceiro que intervenha nos autos correspondentes, seja ele uma vítima, uma testemunha ou qualquer um que tenha seus dados ali tratados.

Se um titular tiver ciência de que seus dados pessoais foram de algum modo utilizados num processo ou numa investigação criminal, terá ele legitimidade para pleitear, por simples requerimento endereçado ao juízo competente, quaisquer providências em relação a esse tratamento, que pode ir desde a correção até a exclusão completa do tratamento realizado. O acolhimento ou rejeição de seu pedido dependerá da verificação do alegado vício.

Nos tópicos seguintes serão estudados os momentos e formas pelos quais se dará esse controle.

### 4.4.1 Controle judicial prévio

Num sistema que se queira afirmar acusatório, o Poder Judiciário não pode ter nenhuma iniciativa investigatória. Assim, na fase de investigação, não cabe ao juiz determinar a realização de diligências, sob pena de malferimento do princípio acusatório. Cuida-se de uma concepção há muito proclamada pela doutrina e integrada ao CPP em 2019, com a introdução do art. 3º-A pela Lei nº 13.964/19: "O processo penal terá estrutura acusatória, vedadas a iniciativa do juiz na fase de investigação e a substituição da atuação probatória do órgão de acusação".

Não reconhecer ao juiz legitimidade para investigar não o transforma em simples espectador passivo da investigação. Muito diversamente, isso implica reconhecer seu papel de garantidor da legalidade da investigação: "No modelo acusatório, os poderes (deveres) do juiz voltam-se não à produção dos elementos de convicção em si – atividade própria da acusação –, mas à proteção dos direitos e garantias fundamentais do investigado, por meio da avaliação da legalidade de cada ato investigatório"[78].

A avaliação da legalidade de cada ato investigatório pode ser feita por uma decisão proferida posteriormente à prática do ato, como regra, ou previamente a sua prática, quando este ato for dependente de uma autorização judicial.

Embora tenha base constitucional (nos princípios acusatório e da imparcialidade do Poder Judiciário), o papel do juiz na fase de investigação foi mais claramente delimitado pela Lei nº 13.964/2019, que introduziu o art. 3º-B ao CPP e, assim, criou a figura do "juiz das garantias" no processo penal brasileiro, cuja constitucionalidade foi declarada pelo STF, com temperamentos, no julgamento das ADIs nº 6.298, 6.299, 6.300 e 6.305 em 23.08.2023 (conforme será estudado adiante).

78. CALABRICH, Bruno Freire de Carvalho. **Investigação criminal pelo Ministério Público**: fundamentos e limites constitucionais. São Paulo: RT, 2007, p. 159.

Anote-se que, a despeito da dicção expressa do art. 3º-B, XIV, do CPP[79] e como será abordado mais detidamente no tópico 4.4.3, a competência do juiz das garantias vai somente até o oferecimento da denúncia: quem decidirá sobre seu recebimento será o juiz do processo e não o juiz das garantias, segundo decidido pelo STF no julgamento das referidas ADIs.

Em matéria de tratamento de dados pessoais, o controle prévio realizado pelo juiz das garantias ocorrerá quando se cuidar de medidas sujeitas a reserva de jurisdição. Em suma, e conforme analisado no capítulo 3, o controle prévio sobre a legalidade e a constitucionalidade do tratamento de dados pessoais ocorrerá na interceptação de comunicações telefônicas e de dados e na apreensão de comunicações eletrônicas armazenadas. Além dessas hipóteses, e de acordo com o entendimento que se adote, haverá reserva jurisdicional também para "quebras" de sigilo bancário, fiscal e telemático, para o espelhamento de aplicativos de mensagens (como modalidade da técnica especial de investigação da ação controlada) e no acesso a dados de inteligência financeira (art. 3º-B, XI, do CPP).

Realizando o controle prévio, o juiz das garantias avaliará se a medida pleiteada pelo Ministério Público ou pela autoridade policial tem amparo nos elementos informativos que já instruem os autos da investigação, se estão preenchidos os requisitos legais para sua implementação e se o tratamento de dados postulado também está de acordo com os princípios gerais da proteção de dados pessoais. Havendo desconformidade, a medida deve ser indeferida e o tratamento não poderá ser produzido.

Embora seja menos comum, todas essas medidas também podem ser realizadas quando já instaurado o processo. Nessa fase – ou, mais exatamente, a partir do oferecimento da denúncia –, cabe ao juízo competente para o processo, e não mais ao juiz das garantias, realizar o controle prévio, autorizando ou negando a produção de quaisquer das citadas espécies de tratamento de dados pessoais sujeitas a reserva de jurisdição.

### 4.4.2 Controle judicial posterior

Se não estiver abrangido pela reserva jurisdicional, o tratamento de dados pessoais pode ser realizado diretamente pelo Ministério Público, pelo

79. "Art. 3º-B. O juiz das garantias é responsável pelo controle da legalidade da investigação criminal e pela salvaguarda dos direitos individuais cuja franquia tenha sido reservada à autorização prévia do Poder Judiciário, competindo-lhe especialmente: [...]

XIV – decidir sobre o recebimento da denúncia ou queixa, nos termos do art. 399 deste Código;"

querelante, pela autoridade policial, pelo investigado e pelo acusado. Nessa hipótese, a constitucionalidade e a legalidade do tratamento serão necessariamente avaliadas pelo Poder Judiciário em momento posterior à realização do tratamento.

Conforme estudado no capítulo 1, o tema foi objeto de análise, em novembro de 2023, pelo Tribunal de Justiça da União Europeia, no acórdão para o caso *Ligue des droits humains ASBL* e *B.A.* (processo C-333/22). À luz das disposições da Diretiva 2016/680, o TJ/EU, no aludido julgamento, reafirmou a necessidade de que existam mecanismos administrativos de controle do tratamento de dados para fins criminais por uma autoridade independente, ao mesmo tempo em que assegurou ao titular dos dados, sempre, o direito à uma "proteção judicial efetiva", quando o titular dos dados pretenda questionar, em juízo, os próprios resultados do controle exercido por essa autoridade independente.

O controle judicial posterior ocorre quando o juízo competente, seja o juiz das garantias ou o juiz competente para o processo, avalia a validade do tratamento posteriormente à realização do tratamento de dados pessoais.

Na etapa da investigação, o juiz das garantias deverá aferir a constitucionalidade e a legalidade do tratamento a partir do momento em que os registros sobre esse tratamento forem juntados aos autos por qualquer sujeito processual. Essa avaliação será feita de ofício ou por provocação do Ministério Público, da polícia ou do investigado, sempre que os autos forem remetidos ao juiz de garantias para a prorrogação de prazo para a conclusão das investigações[80] ou para qualquer outro propósito.

Quanto ao tratamento de dados realizado no curso de uma investigação, sua validade pode ser analisada tanto pelo juiz das garantias quanto pelo juízo competente para o processo penal acusatório. Encerrada a investigação e oferecida a denúncia, o juiz competente para o processo deverá decidir se há

80. A tramitação direta de inquéritos policiais entre a Polícia Federal e o Ministério Público Federal – ou seja, sem que as solicitações de prorrogação de prazo sejam decididas pelo Judiciário – era regulada pela Resolução nº 63/2009 do Conselho da Justiça Federal, cuja legalidade vinha sendo reconhecida pelo STJ (RMS 46.165/SP, Rel. Ministro Gurgel de Faria, Quinta Turma, julgado em 19.11.2015, DJe 04.12.2015; AgRg no REsp 1543205/SC, Rel. Ministro Jorge Mussi, Quinta Turma, julgado em 04.05.2017, DJe 10.05.2017). A Resolução CJF nº 93/2009, contudo, foi revogada pela Resolução CJF nº 881/2024. A constitucionalidade da tramitação direta foi objeto do RE 660.814/MT (Tema 1034 de repercussão geral); esse RE foi julgado prejudicado pelo STF em 12.02.2025, considerando as competências do juiz das garantias incluídas no CPP pela Lei nº 13.964/2019 – "lei federal posterior, devidamente declarada constitucional". Sobre o tema, ver: CALABRICH, Bruno Freire de Carvalho. Tramitação direta de inquéritos policiais: aspectos práticos e questões controvertidas. In: OLIVEIRA, Eugenio Pacelli de. (Org.). **Direito e processo penal da Justiça Federal**. São Paulo: Atlas, 2011, pp. 39-60.

ou não justa causa para recebê-la (art. 395, III, do CPP), dentre outras condições da ação. Nessa oportunidade, examinará, antes de um juízo sobre a suficiência do conjunto probatório, se as provas produzidas no inquérito são ou não válidas. Caso identifique que determinado tratamento de dados pessoais realizado no interesse das investigações não preencheu seus requisitos constitucionais e legais, o juiz do processo deverá declará-lo, excluindo dos autos o produto decorrente desse tratamento (art. 157 do CPP[81]), ainda que o juiz das garantias não o tenha feito. Afirmada sua invalidade, o elemento informativo não mais poderá embasar a decisão sobre o recebimento ou rejeição da denúncia nem nenhum outro ato subsequente, se houver.

O tratamento de dados feito em desconformidade com o que exigem a lei e a Constituição resultará, se empregado numa investigação ou num processo, numa prova ilícita. Por se tratar de uma garantia fundamental (art. 5º, LVI, da CF/88) e matéria de ordem pública, a ilegalidade ou a inconstitucionalidade de um tratamento de dados pessoais, quando houver prejuízo (art. 563 do CPP[82]), podem e devem ser reconhecidas de ofício a qualquer momento, enquanto não encerrada a instrução e até a sentença ou acórdão (para os processos de competência originária dos tribunais). À parte, cabe impugnar a prova decorrente de um tratamento indevido de dados pessoais na primeira oportunidade ou, no máximo, até as alegações finais[83], sob pena de preclusão (art. 571, I e II, do CPP[84]).

### 4.4.3 Tratamento de dados pessoais e o juiz das garantias

A Lei nº 13.964/2019, que ficou conhecida como "Pacote Anticrime", foi controversa desde seu nascedouro e antes mesmo de sua aprovação. Fruto de uma proposta alinhavada em 2018 pelo então ministro da Justiça, o projeto que a originou foi criticado por profissionais e acadêmicos e foi bastante modificado no Congresso Nacional até a redação que foi levada a sanção.

---

81. "Art. 157. São inadmissíveis, devendo ser desentranhadas do processo, as provas ilícitas, assim entendidas as obtidas em violação a normas constitucionais ou legais."

82. "Art. 563. Nenhum ato será declarado nulo, se da nulidade não resultar prejuízo para a acusação ou para a defesa."

83. BRASIL. Supremo Tribunal Federal. **RHC 218.466/DF**, rel. min. Alexandre de Moraes, julgado em 18.08.2022, Dje de 22.08.2022.

84. "Art. 571. As nulidades deverão ser arguidas:

I – as da instrução criminal dos processos da competência do júri, nos prazos a que se refere o art. 406;

II – as da instrução criminal dos processos de competência do juiz singular e dos processos especiais, salvo os dos Capítulos V e VII do Título II do Livro II, nos prazos a que se refere o art. 500; [...]"

A lei em foco modificou ou acrescentou dispositivos a diversos diplomas: i) o Código Penal (CP); ii) o Código de Processo Penal (CPP); iii) a Lei de Execuções Penais (LEP); iv) a Lei dos Crimes Hediondos (Lei nº 8.072, de 25/7/1990); v) a Lei da Improbidade Administrativa (LIA - Lei nº 8.429, de 2/6/1992); vi) a Lei de Interceptação de Comunicações (Lei nº 9.296, de 24/7/1996); vii) o Estatuto do Desarmamento (Lei nº 10.826, de 22/12/2003); viii) a Lei Antidrogas (Lei nº 11.343, de 23/8/2006); ix) a Lei dos Estabelecimentos Penais Federais (Lei nº 11.671, de 8/5/2008); x) a Lei da Identificação Criminal (Lei nº 12.037, de 1.º/10/2009); xi) a Lei sobre Julgamento de Organizações Criminosas (Lei nº 12.694, de 24/7/2012); xii) a Lei das Organizações Criminosas (Lei nº 12.850, de 2/8/2013); xiii) a Lei do Processo em Tribunais (Lei nº 8.038, de 28/5/1990); e xiv) o Código de Processo Penal Militar (CPPM).

A par de seus diversos temas polêmicos e das alterações feitas no parlamento ao sabor de disputas políticas de momento, o texto final da Lei nº 13.964/2019 refletiu a falta de construção de um consenso que pudesse atribuir solidez a algumas de suas mais importantes inovações. É sintomático desse problema medular o fato de que, pouco após sancionada, a lei tenha sido objeto de quatro ações diretas de inconstitucionalidade (ADIs nº 6.298, 6.299, 6.300 e 6305), nas quais foram proferidas, em questão de dias, decisões liminares suspendendo a eficácia de diversas das disposições aprovadas (decisão do min. Dias Toffoli em 15.01.2020, na qualidade de presidente do STF, então em recesso, e do min. Luiz Fux, em 22.01.2020). Dentre os dispositivos cuja eficácia foi suspensa *sine die* e *ad referendum* do plenário estavam a implantação do juiz de garantias (ou juiz *das* garantias, como preferiu o legislador) e seus consectários (arts. 3º-A, 3º-B, 3º-C, 3º-D, 3ª-E, 3º-F, do Código de Processo Penal).

O plenário do STF só veio a julgar essas ADIs em 23.08.2023, confirmando a constitucionalidade das regras que instituíram o juiz de garantias, mas, aplicando a técnica da interpretação conforme a constituição, alterando substancialmente o sentido do texto aprovado pelo Poder Legislativo.

De acordo com o art. 3º-B do CPP, o juiz de garantias é o responsável pelo "controle da legalidade da investigação criminal e pela salvaguarda dos direitos individuais cuja franquia tenha sido reservada à autorização prévia do Poder Judiciário".

Que o juiz que atua na investigação deve exercer o controle da legalidade sobre os atos praticados não é, a rigor, nenhuma novidade. Que ele é o responsável por autorizar medidas submetidas à reserva de jurisdição tampouco. Desde a Constituição de 1988, qualquer juiz que atue na fase de investigação criminal funciona, ou ao menos deveria funcionar, como um juiz de garantias. A Lei nº 13.964/2019, ao incluir no CPP a figura juiz de garantias, apenas explicitou algo que já era o papel do juiz em qualquer investigação. No que concerne ao tema, a verdadeira novidade trazida pela Lei nº 13.964/2019 foi a expressa separação das funções entre dois juízes distintos (juiz de garantias/juiz do processo), proibindo de atuar no processo o juiz que tenha atuado na fase de investigação praticando qualquer ato incluído nas competências juiz de garantias (art. 3º-D do CPP).

Como já se discorreu[85], num sistema que se queira afirmar *acusatório*, ao juiz não toca nenhuma espécie de *iniciativa* voltada à persecução penal sobre um fato[86]. Essa assertiva tem ao menos duas implicações cruciais: (1) é vedada a deflagração de um processo pelo juiz e (2) ao juiz não pode ser reconhecida nenhuma iniciativa *investigatória*, seja para instaurar uma investigação de ofício, seja para instruí-la (produzir provas) de ofício.

Num sistema inquisitivo, o que há de essencialmente desconforme o Estado de Direito é que o mesmo órgão que produz uma prova será o mesmo responsável por aferir sua *legalidade*, reunindo em si as funções de *execução* e de *controle* sobre os atos praticados pelo Estado. Desde a Lei nº 13.964/2019, as medidas de atribuição de um juiz que oficie na etapa preliminar da persecução penal estão elencadas no art. 3º-B do CPP. Nesse rol, não consta, nem poderia constar, nenhuma medida *probatória* de iniciativa própria. Numa investigação realizada de acordo com o modelo processual penal acusatório – e assim é nosso sistema, desde 1988 (por força do art. 127 da CF) e mais expressamente após a entrada em vigor do art. 3º-A do CPP –, o juiz só pode agir quando provocado ou para corrigir uma ilegalidade que lhe seja possível de imediato constatar, nomine-se-o ou não "juiz de garantias".

Não reconhecer ao juiz atribuição de investigar é uma forma de preservar sua imparcialidade. Na fase de investigação, a inércia do juiz quanto à atividade probatória será um mecanismo de preservação de sua imparcialidade,

85. CALABRICH, Bruno Freire de Carvalho. **Investigação criminal pelo Ministério Público**: fundamentos e limites constitucionais. São Paulo: RT, 2007, pp. 154-162.

86. Se de iniciativa se puder cogitar, será esta limitada à comunicação, à polícia ou ao Ministério Público, acerca de um fato penalmente relevante que tenha chegado ao seu conhecimento. Iniciar de ofício um processo ou uma investigação caracteriza uma patente violação ao princípio acusatório.

com base na qual poderá ele aferir a legalidade de cada elemento informativo introduzido nos autos.

Segundo catalogado no art. 3º-B do CPP, compete ao juiz das garantias: I – receber a comunicação imediata da prisão; II – receber o auto da prisão em flagrante para o controle da legalidade da prisão; III – zelar pela observância dos direitos do preso, podendo determinar que este seja conduzido à sua presença, a qualquer tempo; IV – ser informado sobre a instauração de qualquer investigação criminal; V – decidir sobre o requerimento de prisão provisória ou outra medida cautelar, observado o disposto no § 1º deste artigo; VI – prorrogar a prisão provisória ou outra medida cautelar, bem como substituí-las ou revogá-las; VII – decidir sobre o requerimento de produção antecipada de provas consideradas urgentes e não repetíveis; VIII – prorrogar o prazo de duração do inquérito, estando o investigado preso; IX – determinar o trancamento do inquérito policial quando não houver fundamento razoável para sua instauração ou prosseguimento; X – requisitar documentos, laudos e informações ao delegado de polícia sobre o andamento da investigação; XI – decidir sobre os requerimentos de (a) interceptação telefônica, do fluxo de comunicações em sistemas de informática e telemática ou de outras formas de comunicação, (b) afastamento dos sigilos fiscal, bancário, de dados e telefônico, (c) busca e apreensão domiciliar, (d) acesso a informações sigilosas e (e) outros meios de obtenção da prova que restrinjam direitos fundamentais do investigado; XII – julgar o *habeas corpus* impetrado antes do oferecimento da denúncia; XIII – determinar a instauração de incidente de insanidade mental; XIV – decidir sobre o recebimento da denúncia ou queixa; XV – assegurar prontamente, quando se fizer necessário, o direito outorgado ao investigado e ao seu defensor de acesso a todos os elementos informativos e provas produzidos no âmbito da investigação criminal, salvo no que concerne, estritamente, às diligências em andamento; XVI – deferir pedido de admissão de assistente técnico para acompanhar a produção da perícia; XVII – decidir sobre a homologação de acordo de não persecução penal ou os de colaboração premiada, quando formalizados durante a investigação; XVIII – outras matérias inerentes às atribuições definidas no *caput* do mesmo artigo.

À vista desse extenso rol, calham algumas considerações, no que tange ao presente tópico, sobre o inciso XIV do art. 3-B e do art. 3º-C, *caput*, do CPP.

De acordo com a proclamação do julgamento do STF das ADIs nº 6.298, 6.299, 6.300 e 6305, declarou-se a inconstitucionalidade do inciso XIV do art. 3º-B do CPP, incluído pela Lei nº 13.964/2019, atribuindo-se-lhe interpretação conforme, para assentar que a competência do juiz das garantias *cessa com o oferecimento da denúncia*. A propósito do limite temporal da atuação do juiz de garantias, o art. 3º-C do CPP também dispõe (ou dispunha) categoricamente que a "competência do juiz das garantias abrange todas as infrações penais, exceto as de menor potencial ofensivo, e cessa com o recebimento da denúncia ou queixa na forma do art. 399 deste Código". No julgamento das aludidas ADIs, o STF entendeu por declarar a inconstitucionalidade da expressão "recebimento da denúncia ou queixa na forma do art. 399 deste Código" e atribuir ao dispositivo interpretação conforme a Constituição, assentando que a competência do juiz das garantias finda com o oferecimento da denúncia.

Com a divulgação do acórdão das ADIs nº 6.298, 6.299, 6.300 e 6305 (feita somente em 19.12.2023), ficou claro que uma das premissas adotadas pelo STF foi a de que teria havido também uma falha de legística na redação do art. 3º-B (STF, plenário, rel. min. Luiz Fux, j. em 24.08.2023, DJe de 19.12.2023, fls. 13/14 da ementa do acórdão):

> [...] (h) A competência do juiz das garantias, nos termos do inciso XIV do artigo 3º-B, estender-se-ia até a fase do artigo 399 do Código Penal. O texto do dispositivo prevê competir-lhe 'decidir sobre o recebimento da denúncia ou queixa, nos termos do art. 399 deste Código'. Nada obstante, constata-se manifesto erro legístico, porquanto o artigo 399 do Código de Processo Penal estabelece que 'Recebida a denúncia ou queixa, o juiz designará dia e hora para a audiência, ordenando a intimação do acusado, de seu defensor, do Ministério Público e, se for o caso, do querelante e do assistente'. Trata-se, portanto, de ato de designação da audiência de instrução e julgamento, típica função do juiz da instrução da ação penal.
>
> (i) Reconhecido o erro legístico e submetido o inciso XIV à interpretação sistemática, considerada a principiologia inspiradora do instituto do juiz das garantias, a Corte conferiu-lhe interpretação conforme a Constituição, para assentar que a competência do juiz das garantias cessa com o oferecimento da denúncia.

Uma *norma* legal é o resultado de uma *atribuição de sentido* a um texto legal[87]. Na mesma linha, a *interpretação de uma lei conforme a Constituição*

87. "Não interpretamos para compreender, e, sim, compreendemos para interpretar. Ou seja, a hermenêutica da faticidade inverterá essa relação teleológica entre interpretação e compreensão. O texto será sempre o 'já normado' pelo intérprete. É por isto que um mesmo texto dará azo a várias normas. A norma será sempre, assim, resultado do processo de atribuição de sentido (Sinngebung) a um texto. Mas, atenção: este texto não subsiste como 'um ente disperso' no mundo. O texto só

é a *atribuição de um sentido constitucional a um texto legal.* Não é a criação de uma norma a partir de um texto legal no qual esse sentido não pode ser encontrado, desconexo de sua gramaticalidade e do contexto social e histórico em que se insere. No julgamento das ADIs nº 6.298, 6.299, 6.300 e 6305, quanto ao que fixou o CPP a respeito do limite da atuação do juiz de garantias, o STF agiu como legislador positivo, ao proclamar uma *norma* que, em verdade, substitui o(s) sentido(s) possível(eis) do texto legal por um outro, jamais passível de ser extraído por nenhuma forma de interpretação concebível. Na redação originária, o juiz de garantias decidia sobre o recebimento ou não da denúncia; na interpretação dada pelo STF, o juiz de garantias não pode analisar a denúncia: assim que oferecida, os autos devem ser remetidos a outro juiz[88].

No que tangencia à proteção de dados pessoais, esse ponto é bastante relevante.

Com efeito, o controle sobre a legalidade das provas (ou elementos informativos) produzidos no inquérito deve ser feito previamente à produção da prova, quando esta dependa de autorização judicial, ou posteriormente a sua produção ou coleta. Como regra, a aferição da legalidade da prova, nessa segunda hipótese, dá-se com sua juntada aos autos ou, quando muito, quando da análise da denúncia oferecida na qual está sendo utilizada a prova (ainda que a eventual admissão da prova nesse momento não opere preclusão e sua validade possa ser a qualquer momento reanalisada). Antes do julgamento das ADIs nº 6.298, 6.299, 6.300 e 6305, a análise da denúncia, incluindo a aferição da justa causa (*i.e.*, da validade e da suficiência do conjunto probatório acerca da plausibilidade de uma imputação), era feita pelo juiz das garantias; após o julgamento das mencionadas ADIs, essa análise será feita somente pelo juiz ao qual a denúncia e os autos da investigação forem (re)distribuídos. Na prática, restringiu-se

---

é na sua norma!" (STRECK, Lenio Luiz. Diferença (ontológica) entre texto e norma afastando o fantasma do relativismo. **Revista da Faculdade de Direito da Universidade de Lisboa**, vol. 46, nº. 1, 2005, p. 66).

88. Na mesma linha e sobre a mesma questão, o STF decidiu o seguinte nas ADIs nº 6.298, 6.299, 6.300 e 6305: "12. Por maioria, declarar a inconstitucionalidade do termo "Recebida" contido no § 1º do art. 3º-C do CPP, incluído pela Lei nº 13.964/2019, e atribuir interpretação conforme ao dispositivo para assentar que, oferecida a denúncia ou queixa, as questões pendentes serão decididas pelo juiz da instrução e julgamento, vencido o Ministro Edson Fachin; 13. Por maioria, declarar a inconstitucionalidade do termo "recebimento" contido no § 2º do art. 3º-C do CPP, incluído pela Lei nº 13.964/2019, e atribuir interpretação conforme ao dispositivo para assentar que, após o oferecimento da denúncia ou queixa, o juiz da instrução e julgamento deverá reexaminar a necessidade das medidas cautelares em curso, no prazo máximo de 10 (dez) dias, vencido o Ministro Edson Fachin."

o espectro de controle de legalidade dos atos do inquérito: antes do julgamento das mencionadas ADIs, a legalidade de uma prova poderia ser aferida pelo juiz de garantias (quando de sua decisão sobre o recebimento da denúncia) e, após, também pelo juiz a quem os autos fossem distribuídos (após o recebimento da denúncia). Até essa etapa, havia, pois, dois filtros de legalidade sobre a prova. Retirando-se do juiz de garantias essa possibilidade, restou apenas um.

## 4.5 PERSPECTIVAS PARA O TRATAMENTO DE DADOS PESSOAIS NA PERSECUÇÃO PENAL

Como qualquer atividade desempenhada pelo Estado que pode acarretar limitações a direitos fundamentais, o tratamento de dados pessoais é uma atividade submetida a limites previstos no ordenamento jurídico (Constituição, leis e atos normativos infralegais). Além destes, há restrições de ordem técnica – eventualmente superadas pela evolução da tecnologia – e prática que, concretamente, findam por restringir as possibilidades de tratamento de dados pessoais relacionadas a atividades de persecução penal.

Ao lado dessas questões, o maior dos problemas hoje é a ausência de um diploma próprio estabelecendo regras claras para o tratamento de dados pessoais no processo penal brasileiro. À falta de uma lei específica, continuam aplicáveis – conforme analisado ao longo deste trabalho – todas as leis que versam sobre os limites da atuação das agências de persecução penal, sobre direitos de réus e investigados e, no mínimo como um importante norte interpretativo em sua base principiológica, a LGPD. Diante do comando trazido pela EC nº 115 (art. 5º, LXXIX, da CF/88) e da previsão do art. 4º da lei nº 13.709/2018, não há exatamente, pois, um vácuo legal, mas uma (aguda) omissão legislativa. Essa omissão tem como consequência a imensa dependência de decisões dos tribunais superiores, especialmente do STF, que sejam aptas a conferir a agentes do Estado instrumentos eficazes para desempenhar suas responsabilidades; mais gravemente, tal omissão também tem como consequência a de obstaculizar aos jurisdicionados a plena tutela de seu direito fundamental à autodeterminação informativa.

Desta forma, pela frequente oscilação da jurisprudência, até mesmo como resultado da ausência de balizas legais mais claras, e pela natural morosidade nas decisões dos tribunais superiores, o tratamento de dados pessoais no processo penal não tem sido realizado com a eficiência – em sentido garantista dual – exigido pela Constituição.

Nos tópicos seguintes serão brevemente analisados alguns desafios e perspectivas para o tratamento de dados pessoais no processo penal brasileiro.

### 4.5.1 Cooperação internacional

Não foram somente atos e os agentes criminosos que migraram para o ambiente digital: a prova do crime também migrou[89]. Para validamente trazer essa prova, imantada em dados eletrônicos, para uma investigação ou processo, é necessário lidar com o fato de que: (1) os dados podem estar armazenados fora da esfera territorial de ação da autoridade responsável; (2) os dados podem ser facilmente removidos ou relocalizados; (3) é preciso garantir a preservação (ou não contaminação) desses dados quanto a seu conteúdo, atributos, origem e autenticidade[90].

Dados coletados ou processados pela internet têm por característica peculiar a "aterritorialidade". Significa dizer que os dados e a maneira como são acessados e controlados não funcionam da mesma forma que elementos tangíveis e o local em que estão situados não é claramente determinável. Sua "aterritorialidade" decorre dos seus atributos de mobilidade, divisibilidade, independência de localização, miscibilidade e controle por terceiros[91].

Dados podem ser transferidos ou replicados sem que percam suas propriedades. Sua mobilidade, veloz e imprevisível, desafia nossa compreensão do que efetivamente significa um dado "transitar" de um lugar para outro e o que significa "armazená-los". Dados também podem ser fracionados e suas partes podem ser distribuídas e reconstituídas a partir de diferentes "locais" de armazenamento. A independência de um local refere-se à ideia de que dados não precisam ser armazenados no mesmo local, nem próximo, do local em que está situado aquele que vai tratá-los – muito menos onde está o titular desses dados, no caso de dados pessoais. Por miscibilidade deve-se entender que dados podem ser "misturados", "embaralhados" junto a outros dados nos seus processos de transmissão e armazenamento. Por fim, dados, ainda que titularizados por um indivíduo, são controlados não por seu "proprietário", mas por terceiros – governos, empresas comerciais,

89. VENÂNCIO, Pedro Dias. **Lições de direito do cibercrime e da tutela penal de dados pessoais**. Coimbra: D'Ideias, 2022, p. 168.
90. VENÂNCIO, Pedro Dias. **Lições de direito do cibercrime e da tutela penal de dados pessoais**. Coimbra: D'Ideias, 2022, p. 169.
91. DASKAL, Jennifer. The Un-Territoriality of Data. **The Yale Law Journal**, v. 125, nº 02, 2015, p. 366.

provedores de serviços de internet e qualquer outra pessoa ou ente público ou privado que os colete, armazene e utilize[92].

Considerando tais atributos, as regras para a determinação da uma jurisdição e para o exercício da cooperação internacional não costumam se traduzir a contento quando seu objeto são dados eletrônicos[93].

Exatamente em razão dessa dificuldade, há muito se defende a criação de mecanismos que facilitem o acesso transnacional a dados por parte das autoridades policiais e outros agentes encarregados da persecução penal, ao mesmo tempo em que assegurem a proteção à privacidade e à autodeterminação informativa de seus titulares. Há alguns instrumentos que, hoje, desempenham esse papel, mas seu âmbito de aplicação é restrito e nem sempre eficaz.

Em matéria de cooperação internacional para fins penais, a chamada cooperação judiciária serve a processos criminais já instaurados e tem o formato de disposições sobre extradição, auxílio para instrução, execução de sentenças penais estrangeiras, transferência de procedimentos criminais, congelamento e apreensão de bens derivados de condutas criminosas e intercâmbios de informações entre autoridades judiciárias. A cooperação judiciária pode ter natureza informacional, real ou pessoal, conforme digam respeito à entrega, a uma autoridade de outro país, de informações, coisas ou pessoas. Além da cooperação judiciária há a cooperação em atos investigatórios, relacionados à identificação de criminosos e de atividades ilícitas. É a denominada cooperação policial (embora não se refira a atividades somente desempenhadas pelas polícias), que se concretiza pelo intercâmbio de informações investigativas e de atividades operacionais, como "perseguições transfronteiriças" (*hot pursuits*), "operações encobertas" de policiais (*undercover operations*) e "vigilância eletrônica" (*eletronic surveillance*). A divisão entre cooperação policial e judiciária não significa que haja uma separação prática entre funções desempenhadas por policiais (na cooperação policial) e por membros do Ministério Público e juízes (na cooperação judiciária): tais atividades geralmente envolvem a distribuição de responsabilidades e

92. DASKAL, Jennifer. The Un-Territoriality of Data. **The Yale Law Journal**, v. 125, nº 02, 2015, pp. 366-378.

93. Destacaram-se neste tópico os atributos dos dados que conformam sua "aterritorialidade". Os atributos da prova digital (imaterialidade, indivisibilidade, fragilidade, volatilidade, dispersão e necessidade de intermediação), parcialmente coincidentes com os ora apresentados, foram analisados no capítulo 4.

a atuação coordenada de diversos atores ao longo de toda a persecução penal[94].

Essas espécies de cooperação policial e judiciária podem ser apoiadas por redes formais que fomentam, executam ou auxiliam a execução de pedidos de cooperação. Podem ser citados os seguintes exemplos de estruturas que fogem dos meros canais regulados pelos acordos interestatais[95]: a INTERPOL, organização intergovernamental que congrega redes de polícias nacionais e regionais, a IAP, ou *International Association of Prosecutors*, organização não governamental que reúne membros do Ministério Público de todo o mundo criada pelas Nações Unidas em 1995, e a EUROJUST, agência da União Europeia criada pela Decisão 2002/187/JAI, do Conselho, para "estimular e melhorar a coordenação e a cooperação entre as autoridades judiciárias competentes dos Estados-Membros, nomeadamente em relação a formas graves de criminalidade organizada"[96], cujo funcionamento atualmente se apoia no Regulamento (UE) 2018/1727, do Parlamento Europeu e do Conselho, de 14 de novembro de 2018[97].

No âmbito do reconhecimento mútuo em matéria penal, a União Europeia avançou muito na comunitarização de alguns temas após a entrada em vigor do Tratado de Lisboa. Dentre estes avanços destacam-se as regras para o exercício indireto da jurisdição, pelas vias da cooperação jurídica internacional e do reconhecimento de decisões penais, e para o *enforcement* sobre provedores de serviços[98].

Assim, para a cooperação entre países da Europa, têm-se como documentos legais principais, como visto no capítulo 1, a Diretiva (UE) 2016/680, relativa "à proteção das pessoas singulares no que diz respeito ao tratamento de dados pessoais pelas autoridades competentes para efeitos de prevenção,

94. SILVA, Carlos Bruno Ferreira da. **Cooperação penal e proteção de dados**: a entrada como terceiro país nas agências criminais europeias (Eurojust e Europol). Belo Horizonte: Lumen Juris, 2023, pp. 09-11.

95. SILVA, Carlos Bruno Ferreira da. **Cooperação penal e proteção de dados**: a entrada como terceiro país nas agências criminais europeias (Eurojust e Europol). Belo Horizonte: Lumen Juris, 2023, pp. 12-13.

96. UNIÃO EUROPEIA. **Decisão do Conselho 2002/187/JAI**, de 28 de fevereiro de 2002, relativa à criação da Eurojust a fim de reforçar a luta contra as formas graves de criminalidade. Disponível em: https://eur-lex.europa.eu/legal-content/PT/TXT/?uri=CELEX:32002D0187. Acesso em 28 dez. 2023.

97. UNIÃO EUROPEIA. **Regulamento (UE) 2018/1727**, do Parlamento Europeu e do Conselho, de 14 de novembro de 2018. Disponível em: https://eur-lex.europa.eu/legal-content/PT/TXT/?uri=CELEX%3A32018R1727. Acesso em 28 dez. 2023.

98. SILVA, Anamara Osório. **Jurisdição internacional e internet**. Belo Horizonte: Del Rey, 2022, p. 306.

investigação, detecção ou repressão de infrações penais ou execução de sanções penais, e à livre circulação desses dados"[99], e a Diretiva (UE) 2014/41, que disciplina a decisão europeia de investigação em matéria penal (DEI)[100].

Já a Convenção do Conselho da Europa sobre Cibercrime, ou Convenção de Budapeste[101], que, dentre diversos temas, disciplina a cooperação internacional para "a realização das investigações ou procedimentos acerca de crimes de computador, ou para a coleta de provas eletrônicas desses crimes" (art. 23), é atualmente o mais importante instrumento em vigor no mundo sobre o tema da cibercriminalidade.

Ainda conforme estudado no capítulo 1, a Convenção de Budapeste, promulgada no Brasil pelo Decreto nº 11.491/2023, regula a cooperação em matéria penal do Brasil com países da Europa e destes com outros países (quando forem também signatários). As regras ali trazidas para a assistência mútua (art. 25) e para a informação espontânea (art. 26) são compatíveis com a ordem jurídica brasileira e representam, desde sua adoção, um relevante avanço. De igual sorte, suas disposições a respeito da confidencialidade e da restrição de utilização de informações transmitidas (art. 28), reforçam, no que tange à proteção de dados pessoais, os princípios da segurança e da separação informacional. A medida de conservação de dados armazenados (art. 29) é harmônica com o Marco Civil da Internet, assim como o são o auxílio mútuo para acesso a dados informáticos armazenados (art. 31) e para o acesso transfronteiriço, com consentimento ou quando acessíveis ao público (art. 32)[102]. Também merece atenção o que prevê a convenção a respeito dos procedimentos para pedidos de auxílio mútuo na ausência de acordos internacionais (art. 27), providência que pode subsidiar o Brasil quando provocado ou quando demandar a cooperação de dezenas de países com os quais ainda não firmou acordos específicos.

---

99. UNIÃO EUROPEIA. **Diretiva (UE) 2016/680 do Parlamento Europeu e do Conselho**. 27 abr. 2016. Disponível em: https://eur-lex.europa.eu/legal-content/PT/TXT/?uri=uriserv:OJ.L_.2016.119.01.0089.01.POR&toc=OJ:L:2016:119:FULL. Acesso em 19 set. 2023.

100. UNIÃO EUROPEIA. **Diretiva (UE) 2014/41 do Parlamento Europeu e do Conselho**. 03 abr. 2014. Disponível em: https://eur-lex.europa.eu/legal-content/PT/TXT/?uri=CELEX:32014L0041. Acesso em 28 dez. 2023.

101. BRASIL. **Decreto nº 11.491, de 12 de abril de 2023.** Promulga a Convenção sobre o Crime Cibernético, firmada pela República Federativa do Brasil, em Budapeste, em 23 de novembro de 2001. Disponível em: http://www.planalto.gov.br/ccivil_03/_ato2023-2026/2023/decreto/D11491.htm. Acesso em 16 ago. 2023.

102. MISAEL, Thiago. **Cibercrime**: Convenção de Budapeste e Leis Brasileiras. 14 abr. 2023. Disponível em: https://investigacaofinanceira.com.br/cibercrime-convencao-de-budapeste-e-leis-brasileiras/. Acesso em 28 dez. 2023.

Nos Estados Unidos aposta-se, hoje, na celebração de acordos executivos baseados no *Cloud Act*, ainda sem muitos resultados. Atualmente, a cooperação do Brasil com os EUA se baseia principalmente no MLAT promulgado pelo Decreto Federal nº 3.810/2001, cuja constitucionalidade foi reafirmada pelo STF na ADC nº 51.

Todos esses instrumentos, contudo, continuam sendo insuficientes.

A cooperação em matéria penal e a necessidade de harmonização das regras para a proteção de dados representam apenas alguns dos desafios de uma sociedade digital. É imperioso edificar instrumentos globalmente eficazes, tanto pactos transnacionais quanto

> novos conceitos, acordos e instituições de governança transnacional, que devem ser orientados para a cooperação entre os atores públicos e os interessados envolvidos, como associações e empresas da economia digital, mas também organizações não governamentais (ONGs) e outros representantes dos interesses da sociedade civil[103].

Não é mera coincidência, pois, que a necessidade da construção de novos instrumentos de cooperação internacional tenha sido incluída no dispositivo do acórdão do STF para a ADC nº 51, julgada em 23.02.2023: após proclamar a validade da obtenção direta, por autoridades nacionais, de dados de comunicações eletrônicas tratados por empresas de tecnologia (nas hipóteses do art. 11 do Marco Civil da Internet e do art. 18 da Convenção de Budapeste), os ministros entenderam por comunicar sua decisão ao Poder Legislativo e ao Poder Executivo, "para que adotem as providências necessárias ao aperfeiçoamento do quadro legislativo, com a discussão e a aprovação do projeto da Lei Geral de Proteção de Dados para Fins Penais (a LGPD penal) e de novos acordos bilaterais ou multilaterais para a obtenção de dados e comunicações eletrônicas".

A outra das questões assinaladas na conclusão da ADC nº 51 – a urgência de uma LGPD penal –, é precisamente, e mais uma vez não por coincidência, o tema do próximo tópico.

103. HOFFMANN-RIEM, Wolfgang. **Teoria geral do direito digital**: transformação digital: desafios para o direito. 2. ed. Rio de Janeiro: Forense, 2022, p. 164.

### 4.5.2 O "anteprojeto Nefi" para uma LGPD Penal

Conforme se discorreu ao longo deste texto, não há dúvidas de que o ordenamento jurídico brasileiro se ressente da falta de uma lei de proteção de dados pessoais especificamente aplicável ao processo penal. O principal problema dessa lacuna, hoje suprida por uma legislação esparsa, é a insegurança para titulares dos dados e para agentes públicos que lidam com o tema, dada sua dependência da frequentemente volátil interpretação dos tribunais.

Nesse quadro, em dezembro de 2020 foi apresentado por uma comissão de juristas criada pela presidência da Câmara dos Deputados[104] e liderada pelo então ministro do Superior Tribunal de Justiça Nefi Cordeiro um "Anteprojeto de Lei de Proteção de Dados para segurança pública e persecução penal"[105]. Esse anteprojeto tem méritos e equívocos, que serão abordados no presente tópico[106].

Uma análise estritamente dogmática poderia facilmente tornar-se datada e obsoleta. Assim, não se é intenção, neste tópico, a de esmiuçar o anteprojeto em todos os seus pontos. A análise apresentada pretende apenas indicar perspectivas, com base no texto proposto no anteprojeto e a partir de seu cotejo com o cenário jurisprudencial e da práxis brasileira, que podem

---

104. BRASIL. Câmara dos Deputados. **Maia cria comissão de juristas para propor lei sobre uso de dados pessoais em investigações.** Agência Câmara de Notícias, 27 nov. 2019. Disponível em: https://www.camara.leg.br/noticias/618483-maia-cria-comissao-de-juristas-para-propor-lei-sobre-uso-de-dados-pessoais-em-investigacoes/. Acesso em 18 jul. 2023.

105. CORDEIRO, Nefi *et alli*. **Anteprojeto de Lei de Proteção de Dados para segurança pública e persecução penal**. Disponível em: https://static.poder360.com.br/2020/11/DADOS-Anteprojeto-comissao-protecao-dados-seguranca-persecucao-FINAL.pdf. Acesso em 18 jul. 2023.

106. O Anteprojeto de Lei de Proteção de Dados para segurança pública e persecução penal produzido pela comissão de juristas indicada pela Câmara dos Deputados, até julho de 2025, não havia sido transformado em projeto de lei, para o que dependeria de sua assunção por algum parlamentar para submissão ao processo legislativo regular. Já existe hoje, contudo, um projeto de LGPD penal, que não espelha o anteprojeto proposto pela mencionada comissão de juristas: trata-se do Projeto de Lei nº 1515/2022, de autoria do deputado Coronel Armando (PL-SC). Esse projeto tem recebido menos atenção de estudiosos e associações civis que acompanham o tema. Vale mencionar, entretanto, as críticas feitas em nota técnica produzida pelo Instituto de Referência em Internet e Sociedade (IRIS) e pelo Laboratório em Pesquisa em Políticas Públicas e Internet, para os quais "o PL adota uma estrutura em linhas gerais similar à do APL, porém altera significativamente seu conteúdo de modo a suprimir diversas garantias dos titulares, bem como a ampliar excessivamente o poder discricionário do Estado". (AZEVEDO, Cynthia Picolo Gonzaga de; LIMA, Eliz Marina Bariviera de; SILVA, Felipe Rocha da; RODRIGUES, Gustavo Ramos; DUTRA, Luiza Corrêa de Magalhães; SANTARÉM, Paulo Rená da Silva; VIEIRA, Victor Barbieri Rodrigues. **Nota técnica**: análise comparativa entre o anteprojeto de LGPD penal e o PL 1515/2022. Instituto de Referência em Internet e Sociedade (IRIS) e Laboratório de Políticas Públicas e Internet (LAPIN), novembro de 2022. Disponível em:https://irisbh.com.br/wp-content/uploads/2022/11/Nota-tecnica-Analise-comparativa-entre-o-anteprojeto-de-LGPD-Penal-e-o-PL-1515-2022.pdf. Acesso em 18 jul. 2023).

afirmar acertos, corrigir equívocos e iluminar interpretações e estratégias de atuação para a proteção de direitos fundamentais dos titulares de dados pessoais em equilíbrio com o poder-dever do Estado de promover a persecução de fatos que caracterizem ilícitos penais.

Para a análise do anteprojeto, há que se adotar como premissa que a LGPD penal, assim como a LGPD, não deveriam ser obstáculos à eficiência da persecução penal e da segurança pública, compreendendo-se *eficiência* como o produto do equilíbrio entre a proteção de direitos fundamentais de réus e investigados e o poder-dever do Estado de investigar e processar crimes com vistas à justa punição de seus responsáveis. Processo e investigação que não respeitem direitos fundamentais de réus e investigados não podem ser qualificados como *eficientes*. Eficientes são o processo e a investigação que permitem o conhecimento dos fatos e seu julgamento com estrito respeito a todos os direitos de réus e investigados, e que permite a absolvição de inocentes ou, quando for o caso, a punição de culpados na exata medida de suas responsabilidades.

Por um lado, a LGPD penal deve proteger liberdades individuais: a privacidade, a autodeterminação informativa e os direitos comunicacionais. Por outro, deve também ter em conta que a privacidade pode ser usada como escudo para a prática dos mais variados crimes, contra vítimas determinadas, como *stalking* e pornografia infantil, ou indeterminadas, como o tráfico de drogas ou contra o Estado Democrático de Direito. Na elaboração de uma LGPD criminal, deve imperar o equilíbrio[107].

Assim, e forte no conteúdo procedimental do direito fundamental à autodeterminação informativa, deve-se tomar como pressuposto que a lei deve impor limites e formas de controle para o tratamento de dados pessoais no processo penal e na investigação criminal. A lei não deve ter como propósito simplesmente *impedir* o tratamento de dados para esses fins.

É de se ter em conta, também, que parte dos problemas do anteprojeto de LGPD penal está relacionada a equívocos na interpretação da própria LGPD (Lei nº 13.709/18).

107. DEZEM, Guilherme Madeira. Considerações sobre os Projetos da Lei Geral de Proteção de Dados Criminal. *In*: CRUZ, Rogerio Schietti; BEDÊ Junior, Américo; DEZEM, Guilerme Madeira. **Justiça criminal:** a prova no processo penal na ótica dos juízes brasileiros. São Paulo: Revista dos Tribunais. 2023, vol. 2, p. 18.

Níveis de proteção de dados pessoais não podem ser excessivos a ponto de inviabilizar as atividades do Estado[108]. Quanto às atividades de segurança pública e persecução penal, é importante que seja efetivamente espelhada a Diretiva 680, da mesma forma que o Regulamento 679 inspirou a LGPD.

Na Europa, como já discorrido, a disciplina atual da proteção de dados pessoais é baseada no Regulamento 2016/679, conhecido como Regulamento Geral para a Proteção de Dados (RGPD ou GDPR) e a Diretiva 2016/680, conhecida como *Data Protection Directive on Police Matters* (DPDPM), "relativa à proteção das pessoas singulares no que diz respeito ao tratamento de dados pessoais pelas autoridades competentes para efeitos de prevenção, investigação, deteção ou repressão de infrações penais ou execução de sanções penais, *e à livre circulação desses dados*" – com destaque para *a livre circulação desses dados* entre as autoridades do Estado, na estrita medida do necessário para o desempenho de suas funções.

Na exposição de motivos do anteprojeto de LGPD penal, declara-se que Diretiva 2016/680 da União Europeia foi uma "fonte importante" e destacam-se alguns "pontos de confluência"[109].

Se a intenção, para a LGPD penal, realmente for a de espelhar a Diretiva 2016/680 e as leis dos estados-membros europeus que as transpuseram, deve-se ter em conta que, naquele diploma geral, há dois objetivos ou princípios basilares expressos: (1) a proteção de dados pessoais *e* (2) a livre circulação de dados, assegurados níveis adequados de proteção aos titulares dos dados pessoais. Esses dois princípios ou objetivos devem conviver em equilíbrio, o que significa que não se pode restringir excessivamente a circulação dos dados, especialmente entre autoridades do Estado. Da mesma forma, o *livre acesso* e a *transparência* não podem ser plenos e incondicionais: eventualmente, precisam ser diferidos. Um exemplo disso é como a transparência é abordada na Diretiva 2016/680.

Ocorre que a livre circulação dos dados parece ser o oposto do que sugere o art. 45 do anteprojeto de LGPD penal, que prevê uma série de restrições

108. De acordo com Luciano Rocha de Oliveira, "o Anteprojeto [Nefi 2020] se preocupou bastante ao dispor sobre formas e limites ao tratamento de dados pessoais, além dos obstáculos a eles nessas duas atividades [segurança pública e persecução penal], visando impedir um tratamento abusivo, mas, por outro lado, isso foi feito de forma desproporcional" (OLIVEIRA, Luciano Rocha de. **Proteção de dados pessoais no processo penal e na segurança pública**: problemas atuais e perspectivas. São Paulo: Dialética. 2022, p. 123).

109. CORDEIRO, Nefi *et alli*. **Anteprojeto de Lei de Proteção de Dados para segurança pública e persecução penal**. Disponível em: https://static.poder360.com.br/2020/11/DADOS-Anteprojeto-comissao-protecao-dados-seguranca-persecucao-FINAL.pdf. Acesso em 18 jul. 2023, pp. 02-03.

ao compartilhamento entre autoridades do Estado, dependente, como regra, de "autorização judicial ou no contexto de atuações conjuntas autorizadas legalmente", vedando-se o "compartilhamento direto e contínuo de bancos de dados que contenham dados pessoais estabelecidos no âmbito de atividades de segurança pública com órgãos responsáveis pela persecução penal", excetuados dados acessíveis publicamente ou "para investigação ou processo criminal específico".

Já no considerando 44 da Diretiva 2016/680 expõe-se que (destaque nosso):

> Os Estados-Membros deverão poder adotar medidas legislativas que visem *atrasar, limitar ou recusar a informação prestada a titulares de dados ou restringir, total ou parcialmente, o acesso aos dados pessoais que lhes digam respeito*, desde que tal constitua uma medida necessária e proporcionada numa sociedade democrática, tendo devidamente em conta os direitos fundamentais e os interesses legítimos da pessoa singular em causa, *para não prejudicar os inquéritos, investigações ou procedimentos oficiais ou legais, procurar não prejudicar a prevenção, investigação, deteção ou repressão de infrações penais ou a execução de sanções penais, salvaguardar a segurança pública ou a segurança nacional ou ainda proteger os direitos e as liberdades de terceiros.*

A Diretiva 2016/680, nesse aspecto, não difere muito do art. 20 do CPP, que impõe à autoridade responsável que assegure, no inquérito, "o sigilo necessário à elucidação do fato ou exigido pelo interesse da sociedade". Isso não quer dizer toda investigação será sigilosa, mas sim que uma investigação, ou mesmo determinadas medidas específicas dentro dessa investigação (não toda esta), podem ser submetidas a um regime de sigilo, que é por essência provisório e deve ser levantado, (ao menos) para o investigado, assim que encerrada a investigação ou cumprida a medida correspondente.

Quanto à necessidade de que o tratamento de dados pessoais seja realizado como meio para se conferir eficiência à persecução penal, o considerando 27 da Diretiva 680 é, de igual modo, bastante assertivo:

> Para efeitos de prevenção, investigação ou repressão de infrações penais, é necessário que as autoridades competentes tratem os dados pessoais, recolhidos no contexto da prevenção, investigação, deteção ou repressão de infrações penais específicas para além desse contexto, a fim de obter uma melhor compreensão das atividades criminais e de estabelecer ligações entre as diferentes infrações penais detectadas.

Nesse contexto, o defeito elementar do anteprojeto para a LGPD penal brasileira consta em seu art. 1º, ao se afirmar que (destacou-se):

> Art. 1º Esta Lei dispõe sobre o tratamento de dados pessoais realizado por autoridades competentes para atividades de segurança pública e de persecução penal, *com o objetivo de proteger os direitos fundamentais de liberdade e de privacidade e o livre desenvolvimento da personalidade da pessoa natural.*

Como se nota, nenhuma palavra consta ali sobre a necessidade, como faceta do poder-dever do Estado, de se preservar a eficiência das atividades de prevenção, investigação, deteção ou repressão de infrações penais nem à livre circulação desses dados para esses fins. O objetivo explicitamente declarado no anteprojeto é um só: "proteger os direitos fundamentais de liberdade e de privacidade e o livre desenvolvimento da personalidade da pessoa natural."

O problema elementar da preocupação restrita à proteção dos direitos dos titulares de dados pessoais é verificado também no artigo 2º do anteprojeto de LGPD penal, que indica quais seriam os fundamentos para o tratamento de dados pessoais nessa seara e, mais uma vez, nada dispõe sobre a obrigação do Estado de preservar a eficiência na prevenção, investigação, deteção ou repressão de infrações penais nem à livre circulação desses dados entre autoridades do Estado incumbidas dessas atividades (grifo nosso):

> Art. 2º A disciplina da proteção de dados pessoais em atividades de segurança pública e de persecução penal tem como *fundamentos*:
>
> I – a dignidade, os direitos humanos, o livre desenvolvimento da personalidade, e o exercício da cidadania pelas pessoas naturais;
>
> II – a autodeterminação informativa;
>
> III – o respeito à vida privada e à intimidade;
>
> IV – a liberdade de manifestação do pensamento, de expressão, de informação, de comunicação e de opinião;
>
> V – a presunção de inocência;
>
> VI – confidencialidade e integridade dos sistemas informáticos pessoais; e
>
> VII – garantia do devido processo legal, da ampla defesa, do contraditório, da motivação e da reserva legal.

Não consta do anteprojeto de LGPD penal que o tratamento de dados pessoais em atividades de segurança pública e de persecução penal também deva pautar-se por fundamentos como:

> (a) o dever estatal de eficiência, por meio da previsão de mecanismos que otimizem a prevenção, investigação e repressão de infrações penais,

> sem incorrer em preconceitos de qualquer natureza; (b) a proteção de direitos individuais e difusos, por meio da aplicação de sanções civis ou penais proporcionais à gravidade das violações; (c) a observância do princípio da proibição da proteção deficiente de bens jurídicos de extração constitucional; e (d) o respeito ao direito à segurança[110].

A inclusão desses fundamentos foi sugerida em Nota Técnica da Estratégia Nacional de Combate à Corrupção e à Lavagem de Dinheiro (ENCCLA), em crítica ao anteprojeto de LGPD, como produto de uma ação específica realizada no ano de 2021[111].

O anteprojeto, pois, não se ocupa do direito fundamental transindividual à segurança pública nem de assegurar instrumentos eficientes para o justo sancionamento de quem tenha praticado um ilícito.

Um outro defeito do anteprojeto está em seu art. 10, que prevê ser vedado o tratamento de dados pessoais relacionado a atividades de segurança pública e de persecução penal "por pessoa de direito privado, exceto em procedimentos sob tutela de pessoa jurídica de direito público, que serão objeto de informe específico ao Conselho Nacional de Justiça, sem prejuízo de outras exigências legais". A proibição de que pessoas de direito privado possam realizar o tratamento de dados num contexto da possível prática de um crime pode impedir ou desestimular apurações internas por empresas – nas quais haveria a coleta e o compartilhamento, com autoridades públicas, de dados de clientes ou pessoas a elas relacionadas envolvidas em atividades criminosas; tais apurações seriam obstadas inclusive quando as próprias empresas fossem vítimas de crimes. A previsão do anteprojeto também dará azo à invalidade de toda e qualquer prova que seja derivada do tratamento de dados pessoais realizado por pessoa jurídica de direito privado, sempre que estas provas forem posteriormente utilizadas numa investigação ou num processo criminal. Nessa linha, a vedação constante na proposta de

110. BRASIL. Ministério da Justiça. **Nota Técnica:** Ação 04/2021 da ENCCLA. 2021. Disponível em: http://enccla.camara.leg.br/acoes/arquivos/resultados-enccla-2021/e2021a4-enccla-2021-nota-tecnica-lgpd-penal. Acesso em 10 jan. 2024.

111. A ENCCLA é uma rede de articulação de diversos órgãos e entidades públicas dos Poderes Executivo, Legislativo e Judiciário, além de Ministérios Públicos, para a formulação de políticas públicas e soluções voltadas ao combate aos crimes de corrupção e lavagem de dinheiro. A ENCCLA é secretariada pelo Departamento de Recuperação de Ativos e Cooperação Jurídica Internacional da Secretaria Nacional de Justiça, órgão do Ministério da Justiça e Segurança Pública. (BRASIL. Ministério da Justiça e Segurança Pública. **Estratégia Nacional de Combate à Corrupção e à Lavagem de Dinheiro – ENCCLA**. Disponível em: https://www.gov.br/mj/pt-br/acesso-a-informacao/perguntas-frequentes/ativos_cooperacao/estrategia-nacional-de-combate-a-corrupcao-e-a-lavagem-de-dinheiro-enccla e http://enccla.camara.leg.br/. Acesso em 10 jan. 2024).

LGPD penal é incompatível até mesmo com programas de compliance – *i.e.*, de mecanismos e procedimentos internos de integridade, auditoria e incentivo à denúncia de irregularidades e a aplicação efetiva de códigos de ética e de conduta –, cuja instituição é hoje fomentada pela Lei Anticorrupção (art. 7º da Lei nº 12.846/2013).

Quanto ao tratamento de dados pessoais sigilosos, o anteprojeto de LGPD penal também se equivoca ao prever que (destaque nosso):

> Art. 14, §2º O acesso a dados pessoais sigilosos controlados por pessoas jurídicas de direito privado *será específico a pessoas investigadas* e dependerá de ordem judicial prévia baseada em *indícios de envolvimento dos titulares de dados afetados em infração penal* e na demonstração de necessidade dos dados à investigação, na forma da lei, sem prejuízo da comunicação de operações suspeitas, nos termos do art. 11 da Lei nº 9.613.

Essa proposta é falha por diversos aspectos: (a) ignora a existência e suplanta diversos outros diplomas que já disciplinam o acesso dados sigilosos, a exemplo da Lei Complementar nº 75/93, que regula o poder do Ministério Público da União de requisição; (b) exige ordem judicial sempre, para todo e qualquer acesso a qualquer dado sigiloso, por mais singela que seja a investigação, assoberbando mais ainda os escaninhos judiciários e instituindo um entrave que pode se revelar fatal em investigações que demandem celeridade, como sobre crimes em plena execução; (c) exige alvo específico, o que, em investigações sobre crimes de autoria ainda incerta, será impossível; (d) exige indícios de envolvimento dos titulares de dados afetados em infração penal – ou seja, só pode dirigir-se a pessoas já identificadas e que formalmente figurem como investigadas, impedindo, por exemplo, a utilização de técnicas especiais de investigação como o *geofencing*.

Outro grave problema do anteprojeto consta em seu art. 21, que prevê que "a prestação de informações e a concessão e acesso a dados pode ser adiada, limitada ou recusada", mas ao mesmo tempo obriga o responsável pelo tratamento a "informar o titular dos dados, por escrito e sem demora injustificada, dos motivos da recusa ou da limitação do acesso, bem como indicar quando cessarão os motivos da recusa ou da limitação de acesso". O artigo leva às últimas consequências a "transparência" e desconsidera por completo a necessidade de preservação de sigilo, por prazo limitado, a determinadas investigações ou medidas específicas. Em relação a terceiros, o dispositivo também ignora as regras da Lei de Acesso à Informação (Lei nº 12.527/2011); em relação a investigados, ignora até mesmo os parâmetros já consolidados na Súmula Vinculante nº 14 do STF.

O art. 24 do anteprojeto é desconforme o interesse público ao exigir prévia autorização do Conselho Nacional de Justiça para qualquer espécie de tratamento automatizado de dados que possa ser realizado por autoridades incumbidas da segurança pública e da persecução penal (destaques nossos):

> Art. 24. As decisões tomadas com base no tratamento automatizado de dados que ensejem um elevado risco para os direitos fundamentais do titular *ou que possam acarretar medidas coercitivas ou restritivas de direitos* deverão ser precedidas de_*autorização do Conselho Nacional de Justiça e autorizadas por lei*, que estabeleça as garantias adequadas para os direitos e liberdades do titular, observado o disposto nos artigos 25 e 44.
>
> § 3º O Conselho Nacional de Justiça deverá examinar o relatório de impacto e decidir acerca da possibilidade da decisão automatizada com base no tratamento automatizado de dados, à luz das garantias para os direitos e liberdades do titular frente aos riscos apresentados.

Esse dispositivo criaria sérios obstáculos ao tratamento de dados cadastrais bancários, telefônicos, fiscais e telemáticos, por exemplo. COAF/UIF, Receita, Ministério Público e polícias precisarão sempre de prévia autorização do CNJ para realizar o tratamento automatizado de dados em investigações de crimes graves (eis que estas podem "acarretar medidas coercitivas ou restritivas de direitos"), ou mesmo não tão graves: investigações que possam resultar em medidas como a suspensão do direito de dirigir ou a proibição de contato com outras pessoas são restrições de direitos que, nos termos da proposta, se dependentes de um tratamento de dados (como o necessário para documentar essas restrições), também demandariam autorização do CNJ. Além disso, as autoridades não poderiam nem mesmo solicitar de imediato uma autorização daquele Conselho: deverão aguardar uma lei específica que discipline esse tratamento automatizado. A rigor, todos os cruzamentos de dados realizados por ferramentas como SIMBA (que trata dados bancários[112]) e SITTEL (que trata dados telefônicos[113]) precisarão

112. O SIMBA, ou Sistema de Investigação de Movimentações Bancárias, recebe e processa dados decorrentes do afastamento judicial do sigilo financeiro. A ferramenta possibilita coletar, processar e analisar dados desse tipo relacionados a investigados, de forma padronizada e segura, proporcionando uniformidade, celeridade, transparência e segurança na obtenção, manuseio e análise dos procedimentos investigativos que envolvam o afastamento do sigilo bancário dos investigados decretado por decisão judicial. (BRASIL. Ministério Público Federal. **Simba. O que é e para que serve?** Disponível em: https://www.mpf.mp.br/atuacao-tematica/sppea/sistemas/simba-1. Acesso em 19 jul. 2023).

113. O SITTEL, ou Sistema de Investigação de Registros Telefônicos e Telemáticos, recebe e processa de dados decorrentes do afastamento de sigilo dos registros de telefone autorizado pelo Poder

ser imediatamente suspensos – impedindo a continuidade de milhares de investigações que dependem dessas medidas.

Em caso de violação a suas disposições, o anteprojeto de LGPD penal submete o órgão ou agente responsável pelo tratamento a diversas sanções, que incluem até a "suspensão do exercício da atividade de tratamento dos dados pessoais a que se refere a infração" (art. 63, V e VI). Ao se prever esse tipo de punição, o anteprojeto parece desconsiderar que órgãos e agentes públicos não operam segundo a lógica de empresas privadas e que as atividades relacionadas à persecução penal são voltadas à tutela de um interesse público e indisponível. A consequência da simples suspensão de suas atividades de tratamento pode ser a punição não a estes, mas a vítimas de crimes e a toda a sociedade, real titular dos direitos fundamentais transindividuais que devem ser protegidos pelo sistema de justiça criminal. Essa aparente confusão da natureza pública das atividades de persecução penal com a seara privada pode ser novamente verificada no art. 64, III, que prevê, dentre os critérios para a aplicação de sanções, a "capacidade econômica do infrator".

Um equívoco adicional do anteprojeto é a previsão do CNJ como a "ANPD penal", por meio de uma "Unidade Especial de Proteção de Dados em Matéria Penal (UPDP)". O CNJ é órgão de controle externo do Poder Judiciário, não de outros órgãos e Poderes, e tem suas atribuições claramente delimitadas no art. 103-B, § 4º, da CF/88. É clara a incompatibilidade de seu desenho constitucional, enquanto órgão vocacionado ao controle administrativo, financeiro e correcional do Judiciário, com as atribuições de uma autoridade nacional de proteção de dados pessoais. Talvez o propósito do anteprojeto tenha sido o de contornar uma falha originária da LGPD: a falta de independência da ANPD. Todavia, não se pode corrigir essa falha com outro erro, incumbindo um imenso complexo de responsabilidades a um órgão estranho ao tema considerando apenas este seu atributo (independência).

Tema polêmico também trazido no anteprojeto é o da proibição do uso de ferramentas como câmeras de vigilância associadas a tecnologias de identificação pessoal, salvo por ordem judicial em persecução penal voltada a indivíduo específico:

---

Judiciário. A ferramenta possibilita coletar, processar e analisar dados de forma padronizada e segura. Pelo sistema, é possível transmitir as ordens judiciais diretamente para as operadoras de telefonia e recepcionar, por canal criptografado, os registros telefônicos tais quais enviados. (BRASIL. Ministério Público Federal. **Sittel. O que é e para que serve?** Disponível em: https://www.mpf.mp.br/atuacao-tematica/sppea/sistemas/sittel. Acesso em 19 jul. 2023).

> Art. 43. No âmbito de atividades de segurança pública, é vedada a utilização de tecnologias de vigilância diretamente acrescida de técnicas de identificação de pessoas indeterminadas em tempo real e de forma contínua quando não houver a conexão com a atividade de persecução penal individualizada e autorizada por lei e decisão judicial.

Não se pode ignorar os inúmeros e justificados questionamentos que câmeras com recursos de identificação têm provocado, como seus inegáveis vieses e falhas. Quanto a seu uso na Alemanha, já se escreveu até ser "discutível se as normas existentes que autorizam o uso de câmeras se aplicariam também a essa modalidade sem que as exigências constitucionais de clareza, determinação e proporcionalidade restem respeitadas"[114]. No entanto, advogar seu banimento – ou a restrição de seu uso a hipóteses extremas, como se propõe no anteprojeto – talvez traduza uma aversão irracional à tecnologia. A crítica e a preocupação quanto a potenciais danos causados por novas ferramentas são bem-vindas; entretanto, proibi-las absolutamente pode representar um ludismo, caso sejam desconsiderados seus potenciais benefícios para a proteção de direitos fundamentais. É perfeitamente defensável, pois, a tese de que as tecnologias utilizadas em câmeras de vigilância devem ser controladas e aprimoradas, mas não meramente eliminadas. O anteprojeto de LGPD penal encerraria esse debate, vedando *a priori* o emprego dessas tecnologias e apenas excepcionando seu uso a situações bastante específicas, dependentes de lei e de prévia autorização judicial para casos concretamente delimitados.

Não menos relevante é a defeituosa tipificação penal proposta no art. 66 do anteprojeto, que incluiria no Código Penal (Decreto-Lei nº 2.848/1940) as seguintes disposições (destaque nosso):

> Capítulo V – Dos crimes contra a proteção de dados pessoais (NR)
>
> Transmissão ilegal de dados pessoais (NR)
>
> Art. 154-C. Transmitir, distribuir, usar de forma compartilhada, transferir, comunicar, difundir dados pessoais ou interconectar bancos de dados pessoais *sem autorização legal* para obter vantagem indevida ou prejudicar o titular dos dados ou a terceiro a ele relacionados: (NR)
>
> Pena – reclusão, de 1 (um) a 4 (quatro), anos e multa. (NR)
>
> Parágrafo único. Aumenta-se a pena de um a dois terços se: (NR)
>
> I – os dados pessoais forem sensíveis ou sigilosos; (NR)

114. GLEIZER, Orlandino; MONTENEGRO, Lucas; VIANA, Eduardo. **O direito de proteção de dados no processo penal e na segurança pública**. Rio de Janeiro: Marcial Pons, 2021, pp. 95-96.

> II - o crime for praticado por funcionário público em razão do exercício de suas funções. (NR)

O único tipo penal proposto no anteprojeto tem técnica legislativa precária. Trata-se de um tipo penal aberto – e, portanto, inconstitucional –, pela indeterminação da expressão "sem autorização legal". Especialmente numa matéria tão plena de nuances e dependente da interpretação dos tribunais, dizer, para seu enquadramento como crime, que tal ou qual medida "não tem autorização legal" é temerário. Em tese, qualquer tratamento feito em desconformidade com a LGPD ou com a LGPD penal, por mais banal que seja esse tratamento, poderá ser enquadrado como um crime.

Além de todos esses problemas, o anteprojeto incorre em omissão sobre um aspecto muito relevante e que, à semelhança de outros, não passou despercebido na Diretiva (UE) 2016/680: o tratamento de dados pessoais feito em atividades tipicamente jurisdicionais não deve sofrer restrições legais "gerais", porquanto seu controle de legalidade ou validade se dá por vias próprias, sob o crivo do contraditório e da ampla defesa e pelos meios recursais já previstos em lei, dentro do processo. Atividades não jurisdicionais, como as atividades administrativas exercidas por Tribunais ou pelo Ministério Público, diversamente, podem e devem ser inseridas no escopo de incidência pleno da LGPD penal. Essa distinção é apresentada no considerando 80 da Diretiva 2016/680:

> Embora a presente diretiva se aplique também às atividades dos tribunais nacionais e outras autoridades judiciais, *a competência das autoridades de controlo não deverá abranger o tratamento de dados pessoais efetuado pelos tribunais no exercício da sua função jurisdicional*, a fim de assegurar a independência dos juízes no desempenho das suas funções jurisdicionais. Esta exceção deverá ser estritamente limitada às atividades judiciais relativas a processos judiciais, não se aplicando a outras atividades a que os juízes possam estar associados por força do direito do Estado-Membro. Os Estados-Membros podem também prever a possibilidade de a competência das autoridades de controlo não abranger o tratamento de dados pessoais efetuado por outras autoridades judiciais independentes no exercício da sua função jurisdicional, nomeadamente o Ministério Público. Em todo o caso, o cumprimento das regras da presente diretiva pelos tribunais e outras autoridades judiciais independentes deverá ficar sempre sujeito a uma fiscalização independente nos termos do artigo 8º, nº 3, da Carta.

Decisões judiciais devem ser sempre fundamentadas, inclusive no momento e na parte em que dispuserem sobre qualquer dado pessoal. Se uma decisão carece de fundamentação, ou se não houver nenhuma razão, naquele ato tipicamente jurisdicional, para o tratamento de dados pessoais ali realizado, sua ilegalidade (que é passível de correção pelos meios processuais correspondentes) decorrerá, antes, de seu vício intrínseco, independentemente do que disponha a LGPD ou a LGPD penal sobre isso. Assim, se uma decisão judicial mencionar dados pessoais – ou seja, se fizer qualquer registro sobre alguma informação relacionada a pessoa natural identificada ou identificável, inclusive sobre origem racial ou étnica, convicção religiosa, opinião política, filiação a sindicato ou a organização de caráter religioso, filosófico ou político, dado referente à saúde ou à vida sexual, dado genético ou biométrico (art. 5º, I e II, da LGPD) –, essa decisão será válida *se* e *na exata medida que* a menção a dados pessoais integrar seu relatório, sua fundamentação ou seu dispositivo. O pertencimento a um ato jurisdicional validamente promanado por autoridade competente será sua *base legal.*

Não há, no anteprojeto de LGPD penal brasileira, nenhuma disposição que contemple essa distinção elementar explicitada no considerando 80 da Diretiva (UE) 2016/680.

O anteprojeto é concluído com uma regra geral (art. 67) prevendo a ilicitude de qualquer tratamento que não tiver sido adequado "às normas previstas nesta lei" até a sua entrada em vigor. A opção por mais essa fórmula "genérica" resultará na nulidade de qualquer prova relacionada ao tratamento de dados realizado posteriormente ao início de sua vigência, qualquer que seja a desconformidade e independentemente da demonstração de prejuízo, o que conflita com a disciplina do art. 563 do CPP[115].

A análise apresentada sobre os diversos problemas do anteprojeto de LGPD penal não descura de seus méritos, o primeiro e mais importante dos quais está em se propor à correção de uma grave lacuna normativa, cumprindo um comando constitucional e legal.

O anteprojeto, é importante sublinhar, é bastante avançado na sua parte conceitual e é, em alguns de seus artigos, equilibrado (do ponto e vista dos direitos fundamentais dos titulares em cotejo com as atribuições e deveres do Estado), além de tecnicamente preciso – como em seu capítulo IX (arts.

115. "Art. 563. Nenhum ato será declarado nulo, se da nulidade não resultar prejuízo para a acusação ou para a defesa."

53 a 58), sobre a transferência internacional de dados e a cooperação internacional.

O foco crítico, contudo, é necessário porquanto não atenderá o interesse público *qualquer lei*, mas somente aquela que logre equacionar, de um lado, direitos dos titulares dos dados pessoais e, do outro, direitos de toda a sociedade, legitimamente interessada na persecução e no justo sancionamento de práticas criminosas.

Trata-se, em resumo, de um anteprojeto ruim para uma lei necessária.

# CONCLUSÃO

O direito à proteção de dados pessoais desenvolveu-se em paralelo e de formas distintas na Europa e nos Estados Unidos. No Brasil, a evolução do tema nos âmbitos legislativo, jurisprudencial e doutrinário recebeu e continua a receber influxos de ambos os modelos.

A proteção de dados pessoais é um conceito distinto dos direitos à intimidade e privacidade. Enquanto a privacidade, foco precípuo dos institutos jurídicos estadunidenses, relaciona-se com a indevassabilidade de espaços ou informações pessoais íntimas ou reservadas, a proteção de dados, priorizada hoje no espectro de normatividade jurídica europeia, vai além, não se limitando à simples restrição de acesso a determinados dados.

O direito à proteção de dados pessoais, pois, e principalmente à luz do paradigma europeu, tem evoluído para além dos direitos da personalidade, consolidando-se como um direito autônomo e essencial na era digital. Esta autonomia reflete-se em normativas internacionais e nacionais, que conformam um campo jurídico próprio.

A proteção de dados pessoais é um assunto de relevância global, embora deva-se considerar sempre particularidades sociais e culturais. As abordagens predominantes nos Estados Unidos e na Europa, focadas respectivamente na privacidade e na proteção de dados, serviram, assim, como pontos de partida para o estudo do tema.

No cenário normativo contemporâneo, destacam-se a Diretiva (UE) 2016/680, a Convenção de Budapeste sobre o Cibercrime e o *CLOUD Act*, instrumentos de aplicabilidade internacional que têm moldado as práticas globais de proteção de dados. Ao lado destes e de outros instrumentos legais, acórdãos emblemáticos do Tribunal de Justiça da União Europeia (TJ/

UE) que se relacionam com a proteção de dados e a persecução penal ilustram as complexas interações e os desafios jurídicos atuais.

Dos julgamentos paradigmáticos do TJ/UE, merecem atenção detida os acórdãos para os casos *Lindqvist* (2003), *Google Spain* (2014), *Schrems I* (2015), *Planet49* (2019) e *Schrems II* (2020); especificamente versando sobre a proteção de dados no processo penal, a jurisprudência do TJ/EU produziu decisões especialmente relevantes nos casos *Digital Rights Ireland* (2014), *Tele2 Sverige AB* (2016), *Privacy International* e *La Quadrature du Net* e outros (2020) e caso *Ligue des droits humains ASBL* e *B.A.* (2023). Cada um destes julgamentos agregou componentes de interpretação das leis europeias para delimitar os direitos dos titulares de dados pessoais frente aos deveres dos agentes do Estado de promover investigações e processos criminais.

No Brasil, a construção da dogmática da proteção de dados na jurisprudência, doutrina e legislação nos anos recentes tem espelhado esse fenômeno global.

Além da LGPD, diversas leis brasileiras, muitas das quais anteriores a esta, tratam direta ou indiretamente de temas afetos à autodeterminação informativa. Também foram proferidas ao longo dos anos pelos tribunais superiores, notadamente pelo Supremo Tribunal Federal, diversas decisões que tangenciam questões cruciais relacionadas ao tema da proteção de dados. Faltam, contudo, uma lei própria, uma jurisprudência abrangente e firme e uma doutrina específica. A inexistência de uma LGPD penal, reclamada pela Constituição Federal e pela própria LGPD, não é só o primeiro desses problemas como também agrava os demais.

No processo penal, o Estado pode promover direitos fundamentais de réus e investigados tanto por ações quanto por omissões. Seu "não agir", que é associado aos direitos fundamentais de primeira geração ou dimensão, corresponde a uma prestação negativa, à obrigação de não invadir a esfera de liberdades do indivíduo. Além desta obrigação, todavia, cumprem ao Estado obrigações positivas, que são correlatas a um atuar concreto voltado à proteção de direitos de réus e investigados, da vítima e de toda a sociedade. A esses dois últimos (vítima e sociedade), frequentemente ignorados pela leitura equivocada e fracionária dos postulados garantistas, tocam, no mínimo, o direito à verdade e o direito ao justo sancionamento de quem tenha praticado um crime. A leitura imperfeita do garantismo, bastante corrente na doutrina e na práxis brasileiras, não considera esses direitos. A compreensão da teoria do garantismo em seu sentido integral não descura da proteção de todos os sujeitos aos quais interessam legitimamente o desenrolar e os resultados de um processo penal.

O tratamento de dados pessoais no processo penal é uma obrigação processual positiva.

Por um lado, a obrigação de promover o tratamento de dados pessoais no processo penal exige que essa atividade se realize com total respeito aos direitos fundamentais de seus titulares. Por outro lado, ancorada no princípio da finalidade, essa obrigação se manifesta na necessidade de que o tratamento de dados esteja orientado à elucidação dos fatos com a maior precisão possível, de modo a subsidiar formação de um juízo seguro a respeito da possível prática de um ilícito penal. A eficiência de um processo penal não pode ser medida apenas pela sua capacidade de "fundamentar condenações". A essência do processo penal – assim como a de todas as espécies de tratamento de dados que o integrem – transcende a mera condenação ou absolvição de um indivíduo. O processo penal é sobretudo o espaço no qual são estabelecidas relações que têm o sentido de promover e preservar direitos fundamentais individuais e transindividuais. Sem embargo, a absolvição ou a condenação de alguém, quando amparadas em elementos informativos fidedignos e validamente produzidos, são formas de concretização desses direitos individuais e transindividuais. Tratar dados pessoais é um dos meios pelos quais o Estado se desincumbe de sua obrigação positiva de julgar, com responsabilidade – ou seja, amparado em elementos informativos confiáveis –, fatos hipoteticamente criminosos.

Foi com foco na proteção de todo esse espectro de interesses, individuais e transindividuais, que se erigiu no Brasil, inicialmente na jurisprudência e posteriormente no próprio texto constitucional, o direito fundamental à autodeterminação informativa. Diversas decisões do STF atinentes à proteção de dados pessoais em distintas searas – inclusive no processo penal – caminharam em paralelo à produção legislativa.

A inteira compreensão do direito fundamental à proteção de dados no Brasil exige, pois, o conhecimento sobre diversas decisões do STF que versam diretamente ou indiretamente sobre o tema. Dentre os julgamentos já concluídos pelo Supremo Tribunal Federal, destacam-se: o RE nº 1.055.941/SP (Tema 990 de Repercussão Geral), sobre o compartilhamento de dados pela Receita Federal e pela Unidade de Inteligência Financeira (COAF/UIF); as nº ADIs 2390, 2386, 2397 e 2859, sobre a "quebra" de sigilo bancário por autoridades fiscais; as ADIs nº 6387, 6388, 6389, 6390 e 6393; sobre o compartilhamento de dados por empresas de telefonia com o IBGE no contexto da pandemia do covid-19; a ADC nº 51, sobre cooperação internacional, empresas de tecnologia e proteção de dados pessoais; a ADI nº 6.529, sobre o compartilhamento de dados no Sistema Brasileiro de Inteligência; e a ADI nº 6.649 e a ADPF nº 695, sobre o chamado "Cadastro Base Cidadão". A estas, somam-se as decisões do STF que se debruçaram sobre o tema da reserva jurisdicional para atividades afetas à persecução penal. Esse conjunto de decisões forma um sistema que, notadamente à falta de uma lei específica, revelam, no cenário atual, os reais traços do direito à proteção de dados no processo penal brasileiro.

Das decisões já proferidas pelo STF na série de julgamentos estudada emergem três conclusões importantes: 1) a autodeterminação informativa é um direito fundamental autônomo que antecede a própria Emenda Constitucional nº 115; 2) é característica determinante da autodeterminação informativa seu conteúdo procedimental; 3) no processo penal, o conteúdo procedimental da autodeterminação informativa está relacionado ao controle judicial prévio (em hipóteses específicas) ou posterior sobre a legalidade do tratamento dos dados.

No Brasil, a reserva jurisdicional opera como um mecanismo limitador da ação do Estado. As chamadas cláusulas de reserva de jurisdição formam um obstáculo – que é a exigência de prévia autorização judicial – para determinadas medidas que representam potenciais violações a direitos fundamentais, como a liberdade ambulatorial, a inviolabilidade do domicílio e o sigilo das comunicações.

Apesar de sua extrema relevância ao inscrever o tratamento de dados pessoais como um direto fundamental, a Emenda Constitucional nº 115/2022 não instituiu uma reserva jurisdicional. Para que exista uma reserva de jurisdição é necessário que haja uma disposição expressa na lei ou na Constituição. O artigo 5º, LXXIX, da CF/88, na redação dada pela EC nº 115/2022, aponta apenas para a necessidade de uma lei que defina os limites para o tratamento de dados. Essa lei pode ou não incluir a exigência de um procedimento próprio e de uma decisão judicial prévia que autorize determinado tratamento. Também não se deve confundir "dado sigiloso" com "dado sujeito a reserva jurisdicional": nem todo dado sigiloso depende de autorização judicial para que seja tratado.

Na letra da Constituição, a interceptação de comunicações telefônicas é o único tipo de tratamento de dados pessoais para o qual se exige prévia autorização judicial. As demais cláusulas constitucionais de reserva de jurisdição, referentes à entrada em domicílio e às prisões, correspondem a medidas que não caracterizam, em si, espécies de tratamento, ainda que possam ter relação, a depender do caso concreto, com o tratamento de dados pessoais.

No plano infraconstitucional, também estão submetidos à reserva jurisdicional a captação ambiental de sinais eletromagnéticos, ópticos ou acústicos, quando realizada por autoridades do Estado (art. 8º-A da Lei nº 9.296/96) e a apreensão de dados referentes a comunicações privadas armazenadas em dispositivos eletrônicos (art. 7º, III, do Marco Civil da Internet). Ademais, a jurisprudência do STF, interpretando os incisos X e XII do art. 5º da Constituição Federal, criou ao longo dos anos outras hipóteses de reserva jurisdicional não explicitamente previstas em lei nem na CF/88. Assim é que, segundo decidido pelo STF, dependem de autorização o acesso e o tratamento de dados bancários por autoridades policiais e do Ministério Público, à exceção dos dados bancários de entes públicos. Quanto ao acesso a dados fiscais tratados por autoridades fazendárias, há decisões conflitantes quanto a entregas provocadas e espontâneas e quanto à extensão do compartilhamento. Por ora, o STF entende ser constitucional, ao menos, o envio aos órgãos de persecução penal dos relatórios de inteligência financeira da UIF e da íntegra do procedimento fiscalizatório da Receita Federal, independentemente de autorização judicial. Persistem, ademais, diversas indefinições e nuances a respeito de medidas específicas, diante da ausência de uma disciplina legal clara e da própria oscilação na jurisprudência.

No processo penal, a autodeterminação informativa – que é o poder de dispor, de ter ciência e de eventualmente controlar o uso que se faz de seus próprios dados – opera como uma garantia, restringindo a ação estatal ao exigir o cumprimento de determinados parâmetros. Os *standards* para o tratamento de dados pessoais são esses parâmetros, a partir dos quais será possível atribuir validade ao tratamento de dados pessoais e, consequentemente, ao elemento informativo extraído desse tratamento. Os *standards* para o tratamento de dados têm a ver com a validade legal desse tratamento e não devem ser confundidos com *standards* probatórios, que são modelos ideais ligados à suficiência ou insuficiência de determinadas provas para um juízo afirmativo ou negativo a respeito de uma pretensão qualquer (ou mais especificamente, no processo de conhecimento, para um juízo condenatório ou absolutório).

Os *standards* de validade para o tratamento de dados pessoais no processo penal consistem (a) na sua compatibilidade com os princípios gerais para o tratamento de dados pessoais e (b) na observância, quando aplicável, (b.1) da reserva jurisdicional, (b.2) do procedimento previsto em lei e (b.3) da cadeia de custódia.

Todo tratamento de dados realizado no processo penal e na investigação criminal exige a obediência aos princípios hoje previstos na LGPD e que serão necessariamente replicados numa futura LGPD penal, de acordo com suas peculiaridades. Assim é que princípios como o da transparência e do livre acesso podem ter sua aplicação mitigada, se necessário à preservação de um interesse público.

Criar empecilhos não amparados em lei ou impedir absolutamente o tratamento de dados pessoais por órgãos e agentes públicos no contexto de processos ou investigações criminais pode conduzir ao descumprimento de uma obrigação processual penal positiva. Exigir autorização judicial para o tratamento de dados quando nem a lei nem a Constituição Federal o fazem é um exemplo disso. Declarar a invalidade do tratamento de dados pessoais e sua imprestabilidade como prova sem que a isso corresponda uma forma de preservação de um interesse legítimo dos titulares dos dados é outro modo de o Estado não se desincumbir de suas obrigações processuais positivas relacionadas à prestação jurisdicional eficiente. Todavia, tratar dados pessoais sem que estejam preenchidos os requisitos legais ou em desconformidade com os princípios associados à autodeterminação informativa representará outro tipo de descumprimento de uma obrigação processual positiva: a de defesa de direitos dos titulares dos dados e, na repercussão coletiva para essa potencial violação, a de defesa de direitos de toda a sociedade, interessada que é num provimento jurisdicional hígido – ou seja, juridicamente válido – e qualificado por uma instrução eficiente.

Nem todo interesse de réus e investigados será necessariamente legítimo – isto é, reconhecido como um direito pelo ordenamento. O investigado pode ter interesse a que o crime que praticou não seja esclarecido, mas não tem o direito de impedir o Estado de esclarecê-lo – senão para impugnar atos do Estado que tenham sido praticados em desconformidade com o que prevê o ordenamento (e, portanto, atos práticos com violação a seus direitos). Os *standards* de validade para o tratamento de dados pessoais aqui propostos servem à proteção integral de direitos fundamentais: não somente os direitos fundamentais de réus e investigados (titulares ou não dos dados pessoais tratados), mas também os direitos das vítimas, de toda a sociedade e de terceiros (quando sejam eles titulares de dados eventualmente tratados num processo).

Os *standards* de validade têm a ver com o tratamento de dados pessoais *em si*. Será válido ou inválido o tratamento de dados pessoais conforme sejam ou não obedecidos os *standards* aqui apresentados. Isso não quer dizer que os *standards* encerram todos os direitos dos titulares dos dados pessoais. Há direitos que extrapolam o próprio tratamento, por dizerem respeito a como esse tratamento pode ser controlado pelo titular – e não raramente esse controle é subsequente ao tratamento. O direito de ciência, o direito de explicação e o direito de retificação são formas de controle do tratamento de dados pessoais. A autodeterminação informativa, que corresponde a esse sentido mais amplo do direito à proteção de dados pessoais, abrange todos esses direitos, e não somente os direitos correspondentes aos requisitos para que um tratamento de dados seja lícito.

No processo penal, os *standards* de validade dialogam com o conteúdo procedimental da autodeterminação informativa. É dizer: os *standards* de validade pressupõem a existência de mecanismos processuais, ínsitos ao processo penal, pelos quais há de se verificar, obstar (no caso do controle prévio) e corrigir (no caso do controle posterior) um tratamento ilegal ou abusivo.

O controle sobre a legalidade do tratamento de dados pessoais pode ser feito no âmbito das próprias autoridades de persecução penal, em sede administrativa, interna ou externa, e pela via judicial, previamente (quando dependente de prévia autorização do juízo competente) ou posteriormente ao tratamento de dados, quando de sua juntada aos autos correspondentes e no momento processual adequado. O produto de um tratamento de dados produzido com desrespeito aos direitos dos titulares não pode ser admitido no processo penal, do mesmo modo que nenhum tratamento de dados pessoais será infenso ao controle judicial.

O processo penal brasileiro precisa evoluir para se tornar mais integrado, eficiente e alinhado com as práticas globais relacionadas à proteção de dados pessoais. Para tanto, é imperiosa a elaboração de novos instrumentos de cooperação internacional e a harmonização de sua legislação interna, sendo incontornável a aprovação de uma LGPD penal coerente com esses propósitos.

A ausência de um diploma específico estabelecendo regras claras para o tratamento de dados pessoais no processo penal brasileiro tem como consequência a dependência de decisões dos tribunais superiores que declarem a agentes do Estado quais são os instrumentos e em que limites podem utilizá-los para o exercício de suas atividades. Também tem como consequência igualmente grave a de impedir aos titulares a plena defesa de seus direitos inerentes à autodeterminação informativa.

O chamado "anteprojeto Nefi" para uma LGPD penal tem muitos méritos no que toca à proteção de direitos fundamentais de liberdade e de privacidade e o livre desenvolvimento da personalidade dos titulares dos dados, mas é extremamente falho quanto à necessidade de preservar a eficiência, em sentido dúplice garantista, das atividades de prevenção, investigação, deteção ou repressão de infrações penais e à livre circulação desses dados para tais fins.

Limites ao tratamento de dados pessoais no processo penal somente se justificam quando correspondam à proteção de um interesse legítimo do titular dos dados pessoais. Não é racionalmente justificável nem há amparo constitucional para impedir ou para criar óbices desproporcionais o tratamento de dados pessoais no processo penal. Por estar associado à produção de provas e ao poder-dever do Estado sancionar crimes, o tratamento de dados pessoais é uma obrigação processual penal positiva. Instituir proibições absolutas ou restrições desarrazoadas ao tratamento de dados pessoais – seja pela via legislativa, seja pela via hermenêutica – acarretaria negar ao Estado o cumprimento dessa obrigação, desprotegendo direitos fundamentais.

Enquanto uma nova lei não é aprovada, são plenamente aplicáveis os princípios e regras que balizam as atividades do Estado no tratamento de dados pessoais, tais quais previstos na legislação processual penal e na própria LGPD. Esses princípios e regras hão de ser interpretados sob o prisma do art. 5º, LXXIX, da CF/88 e em amálgama com uma leitura garantista integral do processo penal. Dessa operação serão extraídos os *standards* de validade aqui propostos, que prestigiam o equilíbrio entre, de um lado, os direitos fundamentais dos titulares dos dados pessoais e, de outro, os direitos das vítimas e de toda a sociedade a uma investigação e a um processo eficientes, possibilitando ao Estado promover, quando for o caso, o justo sancionamento de condutas criminosas.

# REFERÊNCIAS

ABREU, Jaqueline. Tratamento de Dados Pessoais para Segurança Pública: contornos do regime jurídico pós-LGPD. *In*: DONEDA, Danilo; MENDES, Laura Schertel; SARLET, Ingo; RODRIGUES Jr., Otávio Luiz. **Tratado de Proteção de Dados Pessoais**. Rio de Janeiro: Forense, 2021.

ABREU, Joana Covelo de. O Mercado Único Digital e o seu desígnio político-constitucional: o impacto da Agenda Eletrônica Europeia nas soluções de interoperabilidade. **UNIO – EU Law Journal**. vol. 3, nº 1, janeiro 2017.

ALEMANHA. **BVerfG, Urteil des Ersten Senats vom 15. dez. 1983** – 1 BvR 209/83 –, Rn. 1-215. Disponível em: https://www.bverfg.de/e/rs19831215_1bvr020983.html. Acesso em 25 dez. 2023.

ANGWIN, Julia; LARSON, Jeff; MATTU, Surya; KIRCHNER, Lauren. **Machine Bias. There is software that is used across the county to predict future criminals. And it is biased against blacks**. Nova Iorque: ProPublica, 23 mai. 2016. Disponível em: https://www.propublica.org/article/machine-bias-risk-assessments-in-criminal-sentencing. Acesso em 08 out. 2023.

ARANHA, Márcio Iorio. **Manual de direito regulatório:** fundamentos de direito regulatório. 4. ed. rev. ampl. – London: Laccademia Publishing, 2018. Edição do Kindle.

ARAS, Vladimir. A inteligência artificial e o direito de ser julgado por humanos. *In*: PINTO, Henrique Alves; GUEDES, Jefferson Carús; CÉSAR, Joaquim Portes de Cerqueira (coord.). **Inteligência artificial aplicada ao processo de tomada de decisões**. Belo Horizonte, São Paulo: D'Plácido, 2020.

ARAS, Vladimir. Cerco Digital ("geofence") e varredura terminológica: balizas constitucionais e legais. *In*: BECHARA, Fábio Ramazzini; SALGADO, Daniel de Resende; GRANDIS, Rodrigo de. **10 anos da Lei de Organizações Criminosas**: aspectos criminológicos, penais e processuais penais. Salvador: Juspodivm, 2023.

ARAS, Vladimir. Direito probatório e cooperação jurídica internacional. *In*: QUEIROZ, Ronaldo Pinheiro; SALGADO, Daniel de Resende. **A prova no enfrentamento à macrocriminalidade**. 2. ed. Salvador: Juspodivm, 2016.

ARAS, Vladimir. **Entrada proibida**: a Portaria Antipedofilia. Disponível em: https://vladimiraras.blog/2014/06/10/entrada-proibida-a-portaria-antipedofilia/. Acesso em 15 mai. 2024.

ARAS, Vladimir. **O COAF de um paraíso tropical**. 19 jul. 2019. Disponível em: https://www.jota.info/opiniao-e-analise/artigos/o-coaf-de-um-paraiso-tropical-19072019. Acesso em 20 set. 2023.

ARAS, Vladimir. O congelamento de dados informáticos para fins de prova no processo penal. **Delictae**: Revista de Estudos Interdisciplinares sobre o Delito, [S. l.], v. 8, n. 15, 2024. Disponível em: https://www.delictae.com.br/index.php/revista/article/view/225. Acesso em 16 mai. 2024.

ARAÚJO, José Osterno Campos de. **Verdade processual penal**: limitações à prova. Curitiba: Juruá, 2005.

AZEVEDO, Cynthia Picolo Gonzaga de; LIMA, Eliz Marina Bariviera de; SILVA, Felipe Rocha da; RODRIGUES, Gustavo Ramos; DUTRA, Luiza Corrêa de Magalhães; SANTARÉM, Paulo Rená da Silva; VIEIRA, Victor Barbieri Rodrigues. **Nota técnica**: análise comparativa entre o anteprojeto de LGPD penal e o PL 1515/2022. Instituto de Referência em Internet e Sociedade (IRIS) e Laboratório de Políticas Públicas e Internet (LAPIN), novembro de 2022. Disponível em: https://irisbh.com.br/wp-content/uploads/2022/11/Nota-tecnica-Analise-comparativa-entre-o-anteprojeto-de-LGPD-Penal-e-o-PL-1515-2022.pdf. Acesso em 18 jul. 2023.

BADARÓ, Gustavo Henrique. Editorial dossiê "Prova penal: fundamentos epistemológicos e jurídicos". **Rev. Bras. de Direito Processual Penal**, Porto Alegre, vol. 4, nº 1, p. 43-80, jan.-abr. 2018.

BADARÓ, Gustavo Henrique. **Epistemologia judiciária e prova penal**. São Paulo: Revista dos Tribunais, 2019.

BAKER, Michael A.; WESTIN, Allan F. (orgs.). **Databanks in a Free Society**: Computers, Record-Keeping and Privacy. New York: Quadrangle Books, 1972.

BAKER, Michael A.; WESTIN, Allan F. **Databanks in a Free Society**. ACM SIGCAS Computers and Society. Vol. 4, Issue 1, May 1973. Disponível em: https://dl.acm.org/doi/10.1145/958616.958619. Acesso em 13 nov. 2023.

BAN FACIAL RECOGNITION. Disponível em: https://www.banfacialrecognition.com/map/. Acesso em 17 jul. 2023.

BARLOW, John Perry. **A Declaration of the Independence of Cyberspace**. 1996. Disponível em: https://www.eff.org/cyberspace-independence. Acesso em 29 jun. 2023.

BARRETO, Alesandro Gonçalves; KUFA, Carina; SILVA, Marcelo Mesquita. **Cibercrimes e seus reflexos no direito brasileiro**. 2. ed. rev. atual. e ampl. São Paulo: Juspodivm, 2021.

BARROSO, Luís Roberto. A viagem redonda: habeas data, direitos constitucionais e provas ilícitas. *In*: WAMBIER, Teresa Arruda Alvim (coord.). **Habeas data.** São Paulo, RT, 1998.

BASTOS, Celso Ribeiro. **Comentários à Constituição do Brasil**. São Paulo: Saraiva, 1989, v. 2.

BAUMAN, Zygmunt. **Tempos líquidos**. Tradução Carlos Alberto Medeiros. Rio de Janeiro: Zahar, 2007.

BAUMAN, Zygmunt. **Vigilância líquida**: diálogos com David Lyon. Tradução de Carlos Alberto Medeiros. Rio de Janeiro: Zahar, 2013.

BECK, Ulrich. **A metamorfose do mundo**: novos conceitos para uma nova realidade. Rio de Janeiro: Zahar, 2018.

BEDÊ JUNIOR, Américo. Contra o Abolicionismo Processual Penal: a esperança de um processo penal justo. *In*: CRUZ, Rogerio Schietti; BEDÊ JUNIOR, Américo; DEZEM, Guilherme Madeira. **Justiça criminal:** a prova no processo penal na ótica dos juízes brasileiros. São Paulo: RT, 2022, vol. 1.

BEDÊ JUNIOR, Américo. Uma Crítica ao Garantismo de Ferrajoli: limites e possibilidades. *In*: CRUZ, Rogerio Schietti; BEDÊ JUNIOR, Américo; DEZEM, Guilherme Madeira. **Justiça criminal:** a prova no processo penal na ótica dos juízes brasileiros. São Paulo: RT, 2023, vol. 2.

BENTHAM, Jeremy; *et al.* **O Panóptico**. (organização de Tomaz Tadeu; traduções de Guacira Lopes Louro, M. D. Magno e Tomaz Tadeu). 2. ed. Belo Horizonte: Autêntica, 2008.

BENTO, Rafael Tedrus. **Evolução da proteção de dados pessoais na União Europeia**: a evolução dos conceitos de proteção de dados pessoais e privacidade na jurisprudência do Tribunal de Justiça da União Europeia. Rio de Janeiro: Lumen Juris, 2022.

BIONI, Bruno Ricardo. **Proteção de dados pessoais:** a função e os limites do consentimento. 3. ed. São Paulo: Forense, 2021.

BORGES, Mariana Godinho; FREDES, Andrei Ferreira. Dados pessoais, privacidade e democracia: uma relação contemporânea necessária. *In*: **Revista Direitos Democráticos & Estado Moderno.** Faculdade de Direito da PUC-SP. nº 02. Jan./Jun. 2021.

BOSSLER, Adam M.; HOLT, Thomas J. **Cybercrime in progress**: theory and prevention of technology-enabled offenses. New York: Routledge, 2016.

BRANDEIS, Louis D.; WARREN, Samuel D. The Right to Privacy. **Harvard Law Review**, Vol. 4, nº 5 (Dec. 15, 1890). Disponível em: https://www.jstor.org/stable/1321160?seq=4. Acesso em 29 jul. 2023.

BRASIL Tribunal de Justiça do Distrito Federal e Territórios. **LGPD:** Justiça confirma liminar e determina que Serasa deixe de comercializar dados pessoais. Disponível em: https://www.tjdft.jus.br/institucional/imprensa/noticias/2021/julho/lgpd-justica-determina-que-serasa-deixe-de-comercializar-dados-pessoais. Acesso em 06 dez. 2023.

BRASIL, Ministério Público Federal. **Sobre a Secretaria de Cooperação Internacional**. Disponível em: https://www.mpf.mp.br/atuacao-tematica/sci/sobre. Acesso em 16 ago. 2023.

BRASIL. Autoridade Nacional de Proteção de Dados. **ANPD divulga lista de processos sancionatórios.** Assessoria de Comunicação da ANPD, 23.03.2023. Disponível em: https://www.gov.br/anpd/pt-br/assuntos/noticias/anpd-divulga-lista-de-processos-sancionatorios. Acesso em 28 nov. 2023.

BRASIL. Autoridade Nacional de Proteção de Dados. **Nota Técnica nº 175/2023.** Disponível em: https://www.gov.br/anpd/pt-br/documentos-e-publicacoes/documentos-de-publicacoes/nota-tecnica-no-175-2023-cgf-anpd-acordo-de-cooperacao-mjsp-e-cbf.pdf. Acesso em 17 mai. 2024.

BRASIL. Banco Central do Brasil. **Resolução BCB nº 338, de 23 de agosto de 2023.** Disponível em: https://www.bcb.gov.br/estabilidadefinanceira/exibenormativo?tipo=Resolu%C3%A7%C3%A3o%20BCB&numero=338. Acesso em 23 ago. 2023.

BRASIL. Câmara dos Deputados. **Maia cria comissão de juristas para propor lei sobre uso de dados pessoais em investigações.** Agência Câmara de Notícias, 27 nov. 2019. Disponível em: https://www.camara.leg.br/noticias/618483-maia-cria-comissao-de-juristas-para-propor-lei-sobre-uso-de-dados-pessoais-em-investigacoes/. Acesso em 18 jul. 2023.

BRASIL. Câmara dos Deputados. **Portal da Constituição Cidadã.** Disponível em: https://www2.camara.leg.br/atividade-legislativa/legislacao/Constituicoes_Brasileiras/constituicao-cidada/o-processo-constituinte. Acesso em 27 nov. 2023.

BRASIL. Câmara dos Deputados. **Projeto de Lei nº 4939/2020.** Disponível em: https://www.camara.leg.br/proposicoesWeb/fichadetramitacao?idProposicao=2264367#:~:text=PL%204939%2F2020%20Inteiro%20teor,Projeto%20de%20Lei&text=Disp%C3%B5e%20sobre%20as%20diretrizes%20do,7%20de%20dezembro%20de%201940. Acesso em 20 set. 2023.

BRASIL. Conselho de Controle de Atividades Financeiras – COAF. **As recomendações do GAFI.** Disponível em: https://www.gov.br/coaf/pt-br/centrais-de-conteudo/publicacoes/publicacoes-do-coaf-1/as-recomendacoes-do-gafi-livro.pdf. Acesso em 20 set. 2023.

BRASIL. Conselho Nacional de Justiça. **Portal do BNMP.** Versão: 2.3.2. Disponível em: https://portalbnmp.cnj.jus.br/#/estatisticas. Acesso em 26 jul. 2023.

BRASIL. Conselho Nacional de Justiça. **Provimento nº 134 de 24 ago. 2022**, Estabelece medidas a serem adotadas pelas serventias extrajudiciais em âmbito nacional para o processo de adequação à Lei Geral de Proteção de Dados Pessoais. Disponível em: https://atos.cnj.jus.br/atos/detalhar/4707. Acesso em 20 jul. 2023.

BRASIL. Conselho Nacional de Justiça. **Sistema Nacional de Investigação Patrimonial e Recuperação de Ativos (Sniper).** Disponível em: https://www.cnj.jus.br/tecnologia-da-informacao-e-comunicacao/justica-4-0/sniper/. Acesso em 19 ago. 2023.

BRASIL. Conselho Nacional do Ministério Público. **Resolução nº 281, de 12 de dezembro de 2023.** Institui a Política Nacional de Proteção de Dados Pessoais e o Sistema Nacional de Proteção de Dados Pessoais no Ministério Público e dá outras providências.

Disponível em: https://www.cnmp.mp.br/portal/images/CALJ/resolucoes/Resolucao-281-de-2023.pdf. Acesso em 29 dez. 2023.

BRASIL. Constituição (1988). **Constituição da República Federativa do Brasil**. Brasília, DF: Senado Federal, 1988. Disponível em: http://www.planalto.gov.br/ccivil_03/constituicao/constituicao.htm.

BRASIL. Controladoria Geral da União. **Sistema Macros**. Disponível em: https://repositorio.enap.gov.br/bitstream/1/2567/1/Sistema%20Macros.pdf. Acesso em 19 ago. 2023.

BRASIL. Controladoria-Geral da União. **Sistema da CGU de auxílio a ações de controle é um dos vencedores de concurso de inovação**. Disponível em: https://www.gov.br/cgu/pt-br/assuntos/noticias/2015/12/sistema-da-cgu-de-auxilio-a-acoes-de-controle-e-um-dos-vencedores-de-concurso-de-inovacao. Acesso em 19 ago. 2023.

BRASIL. **Decreto nº 11.491, de 12 de abril de 2023.** Promulga a Convenção sobre o Crime Cibernético, firmada pela República Federativa do Brasil, em Budapeste, em 23 de novembro de 2001. Disponível em: http://www.planalto.gov.br/ccivil_03/_ato2023-2026/2023/decreto/D11491.htm. Acesso em 16 ago. 2023.

BRASIL. **Decreto nº 3.724, de 10 de janeiro de 2001**. Regulamenta o art. 6º da Lei Complementar nº 105, de 10 de janeiro de 2001, relativamente à requisição, acesso e uso, pela Secretaria da Receita Federal, de informações referentes a operações e serviços das instituições financeiras e das entidades a elas equiparadas.

BRASIL. **Decreto nº 4.489, de 28 de novembro de 2002**. Regulamenta o art. 5º da Lei Complementar nº 105, de 10 de janeiro de 2001, no que concerne à prestação de informações à Secretaria da Receita Federal do Ministério da Fazenda, pelas instituições financeiras e as entidades a elas equiparadas, relativas às operações financeiras efetuadas pelos usuários de seus serviços.

BRASIL. **Estatuto Social do Serviço Federal de Processamento de Dados (Serpro)**. Disponível em: https://www.transparencia.serpro.gov.br/acesso-a-informacao/institucional/base-juridica/estatuto-do-serpro. Acesso em 19 ago. 2023.

BRASIL. Instituto Nacional de Tecnologia da Informação. **Glossário**. Disponível em: https://www.gov.br/iti/pt-br/centrais-de-conteudo/glossario. Acesso em 09 nov. 2023.

BRASIL. **Lei complementar nº 75, de 20 de maio de 1993**. Dispõe sobre a organização, as atribuições e o estatuto do Ministério Público da União.

BRASIL. **Lei nº 9.883, de 7 de dezembro de 1999**. Institui o Sistema Brasileiro de Inteligência, cria a Agência Brasileira de Inteligência – ABIN, e dá outras providências.

BRASIL. Ministério da Justiça e Segurança Pública. **Estratégia Nacional de Combate à Corrupção e à Lavagem de Dinheiro – ENCCLA**. Disponível em: https://www.gov.br/mj/pt-br/acesso-a-informacao/perguntas-frequentes/ativos_cooperacao/estrategia-nacional-de-combate-a-corrupcao-e-a-lavagem-de-dinheiro-enccla. Acesso em 19 jul. 2023.

BRASIL. Ministério da Justiça. **Banco Nacional de Perfis Genéticos completa 10 anos e ultrapassa 175 mil armazenamentos**. Disponível em: https://www.gov.br/mj/pt-br/

assuntos/noticias/banco-nacional-de-perfis-geneticos-completa-10-anos-e-ultrapassa-175-mil-armazenamentos. Acesso em 09 set. 2023.

BRASIL. Ministério da Justiça. **Nota Técnica:** Ação 04/2021 da ENCCLA. 2021. Disponível em: http://enccla.camara.leg.br/acoes/arquivos/resultados-enccla-2021/e2021a4-enccla-2021-nota-tecnica-lgpd-penal. Acesso em 10 jan. 2024.

BRASIL. Ministério dos Direitos Humanos e da Cidadania. **Sentenças da Corte Interamericana.** 20 jun. 2018. Disponível em: https://www.gov.br/mdh/pt-br/navegue-por-temas/cooperacao-internacional/sentencas-da-corte-interamericana. Acesso em 27 jul. 2023.

BRASIL. Ministério Público Federal. 2ª Câmara de Coordenação e Revisão. **Orientação nº 47, de 5 de setembro de 2022.** Disponível em: https://www.mpf.mp.br/atuacao-tematica/ccr2/orientacoes/documentos/orientacao_47-assinada.pdf. Acesso em 08 nov. 2023.

BRASIL. Ministério Público Federal. **Nota Técnica da Secretaria de Perícia, Pesquisa e Análise SPPEA/PGR Nº 07/2021.**

BRASIL. Ministério Público Federal. **Simba. O que é e para que serve?** Disponível em: https://www.mpf.mp.br/atuacao-tematica/sppea/sistemas/simba-1. Acesso em 19 jul. 2023.

BRASIL. Ministério Público Federal. **Sittel. O que é e para que serve?** Disponível em: https://www.mpf.mp.br/atuacao-tematica/sppea/sistemas/sittel. Acesso em 19 jul. 2023.

BRASIL. Ministério Público Federal. **Sobre a SPPEA**. Disponível em: https://www.mpf.mp.br/atuacao-tematica/sppea/sobre-a-sppea. Acesso em 23 ago. 2023.

BRASIL. Procuradoria da República em São Paulo. **MPF requer da Serasa o pagamento de multa superior a R$ 200 milhões por vazamento de dados pessoais**. Disponível em https://www.mpf.mp.br/sp/sala-de-imprensa/noticias-sp/mpf-requer-da-serasa-o-pagamento-de-multa-superior-a-r-200-milhoes-por-vazamento-de-dados-pessoais. Acesso em 06 dez. 2023.

BRASIL. Receita Federal do Brasil. **Regularização de CPF**. Disponível em: https://servicos.receita.fazenda.gov.br/Servicos/cpf/Regularizar/default.asp. Acesso em 19 ago. 2023.

BRASIL. Receita Federal. **Cadastro compartilhado da Receita Federal – b-Cadastros**. Disponível em: https://bcadastros.serpro.gov.br/documentacao/. Acesso em 19 ago. 2023.

BRASIL. Senado. **Projeto de Lei nº 2338, de 2023.** Dispõe sobre o uso da Inteligência Artificial. Iniciativa: Senador Rodrigo Pacheco (PSD/MG). Disponível em: https://www25.senado.leg.br/web/atividade/materias/-/materia/157233. Acesso em 29 jun. 2023.

BRASIL. Senado. **The Federal Senate approves the Budapest Convention on Cybercrime (2021)**. Disponível em: https://www.gov.br/mre/en/contact-us/press-area/press-releases/the-federal-senate-approves-the-budapest-convention-on-cybercrime. Acesso em 16 ago. 2023.

BRASIL. SERPRO. **Inventário de Bases de Dados (2021)**. Disponível em: https://www.transparencia.serpro.gov.br/acesso-a-informacao/dados-abertos. Acesso em 19 ago. 2023.

BRASIL. Superior Tribunal de Justiça, **RHC nº 51.531/RO**, rel. min. Nefi Cordeiro, Sexta Turma, julgado em 19.04.2016, DJe de 09.05.2016.

BRASIL. Superior Tribunal de Justiça. 2ª Turma. **REsp nº 1561191/SP**, rel. min. Herman Benjamin, julgamento em 19.04.2018, DJe de 26.11.2018.

BRASIL. Superior Tribunal de Justiça. 3ª Seção. **RHC 83.233-MG**, rel. min. Sebastião Reis Júnior, julgado em 09.02.2022, DJe de 14.02.2022.

BRASIL. Superior Tribunal de Justiça. **AgRg na Pet nº15.798/DF**, rel. min. Nancy Andrighi, Corte Especial, julgado em 19.04.2023, DJe de 26.4.2023.

BRASIL. Superior Tribunal de Justiça. **AgRg no HC nº 752.444/SC**, rel. min. Ribeiro Dantas, Quinta Turma, julgado em 04.10.2022, DJe de 10.10.2022.

BRASIL. Superior Tribunal de Justiça. **AgRg nos EDcl no HC nº 826.476/MG**, rel. min. Ribeiro Dantas, Quinta Turma, julgado em 09.10.2023, DJe de 16.10.2023.

BRASIL. Superior Tribunal de Justiça. **AgRg no HC nº 828.054/RN**, rel. min. Joel Paciornik, Quinta Turma, julgado em 23.040.2022, DJe de 26.04.2024

BRASIL. Superior Tribunal de Justiça. **AResp nº 2257960/MG**, rel. min. Reynaldo Soares da Fonseca, decisão monocrática, julgado em 16.05.2023, DJe de 19.05.2023.

BRASIL. Superior Tribunal de Justiça. **HC 598.886/SC**, rel. min. Rogério Schietti Cruz, Sexta Turma, julgado em 27.10.2020, DJe de 18.12.2020.

BRASIL. Superior Tribunal de Justiça. **Jurisprudência em teses**. ed. nº 223. Disponível em: https://scon.stj.jus.br/SCON/jt/doc.jsp?&b=TEMA&p=true&thesaurus=JURIDICO&l=20&i=223. Acesso em 08 nov. 2023.

BRASIL. Superior Tribunal de Justiça. Quinta Turma, **HC nº 242.750/DF**, rel. Campos Marques – desembargador convocado do TJ/PR, v.u., julgado em 18.03.2013, DJe de 01.07.2013.

BRASIL. Superior Tribunal de Justiça. **Resp. nº 135.549/RJ**, Sexta Turma, rel. min. Luiz Vicente Cernicchiaro, v.u., julgado em 02.04.1998, DJ de 26.10.1998.

BRASIL. Superior Tribunal de Justiça. **RHC 150.343/GO**, Sexta Turma, rel. min. Rogerio Schietti Cruz, rel. p/acórdão min. Sebastião Reis Júnior, julgado em 15.08.2023, DJe de 30.08.2023.

BRASIL. Superior Tribunal de Justiça. **RHC 99.735/SC**, rel. min. Laurita Vaz, Sexta Turma, julgado em 27.11.2018, DJe de 12.12.2018.

BRASIL. Supremo Tribunal Federal. 1ª Turma, **RE 71.640/BA**, rel. min. Djaci Falcão, julgado em 17.09.1971, DJ de 12.11.1971.

BRASIL. Supremo Tribunal Federal. **Ação Declaratória de Constitucionalidade 51**. Voto do min. Gilmar Mendes, relator. Disponível em: https://www.conjur.com.br/dl/adc-51-voto-ministro-gilmar-versao-lida.pdf. Acesso em 16 ago. 2023.

BRASIL. Supremo Tribunal Federal. **ARE 1042075 RG**, Tribunal Pleno, rel. min. Dias Toffoli, julgado em 23.11.2017, DJe de 12.12.2017.

BRASIL. Supremo Tribunal Federal. **HC 168.052/SP**, Segunda Turma, rel. min. Gilmar Mendes, julgado em 20.10.2020, DJe de 02.12.2020.

BRASIL. Supremo Tribunal Federal. **HC 227629 AgR/SP**, Primeira Turma, rel. min. Luís Roberto Barroso, julgado em 26.06.2023, DJe de 28.06.2023.

BRASIL. Supremo Tribunal Federal. **HC 81.967/PA**, Segunda Turma, rel. min. Gilmar Mendes, julgado em 24.04.2012, DJ de 20.09.2012.

BRASIL. Supremo Tribunal Federal. **HC n.º 70.814/SP**, Primeira Turma, rel. min. Celso de Mello, julgado em 01.03.1994, DJ de 24.06.1994.

BRASIL. Supremo Tribunal Federal. **INQ nº 2.116-QO/RR**, rel. min. Marco Aurélio, red. min. Ayres Britto, Pleno, julgado em 15.09.2011, DJe de 29.02.2012.

BRASIL. Supremo Tribunal Federal. **MS nº 21729/DF**, rel. min. Marco Aurélio, rel. p/acórdão min. Néri da Silveira. Tribunal Pleno, julgado em 05.10.1995, DJ de 19.10.2001.

BRASIL. Supremo Tribunal Federal. **RE 1.040.515/SE,** Pleno, rel. min. Dias Toffoli, julgado em 26.4.2024, DJe de 07.05.2024.

BRASIL. Supremo Tribunal Federal. **RE 1.116.949/PR**, Pleno, rel. min. Marco Aurélio, rel. p/acórdão min. Edson Fachin, julgado em 18.08.2020, DJe de 02.10.2020.

BRASIL. Supremo Tribunal Federal. **RE 215.301/CE**, Segunda Turma, rel. Carlos Velloso, julgado em 13.04.1999, DJ de 28.05.1999.

BRASIL. Supremo Tribunal Federal. **RE 389.808/PR**, rel. min. Marco Aurélio, julgado em 15.12.2010, DJe-086 de 10.05.2011.

BRASIL. Supremo Tribunal Federal. **RE 559.646-AgR**, Segunda Turma, rel. min. Ellen Gracie, julgado em 07.06.2011, DJe de 24.06.2011.

BRASIL. Supremo Tribunal Federal. **RE nº 583.937-QO-RG/RJ**, Pleno, rel. min. Cezar Peluso, julgado em 19.11.2009, DJe de 18.12.2009.

BRASIL. Supremo Tribunal Federal. **RHC 206846/SP**, Segunda Turma, rel. min. Gilmar Mendes, julgado em 22.02.2022, DJe de 25.05.2022.

BRASIL. Supremo Tribunal Federal. **RHC 218.466/DF**, rel. min. Alexandre de Moraes, julgado em 18.08.2022, Dje de 22.08.2022.

BRASIL. Supremo Tribunal Federal. **STF aplica multa de R$ 1,2 milhão à plataforma Telegram por descumprimento de decisão**. 25 jan. 2023 Disponível em: https://portal.stf.jus.br/noticias/verNoticiaDetalhe.asp?idConteudo=501214&ori=1. Acesso em 29 jun. .2023.

BRASIL. Supremo Tribunal Federal. **STF dá 24 horas para que Telegram indique representante legal no Brasil.** 26 maio 2023 Disponível em: https://portal.stf.jus.br/noticias/verNoticiaDetalhe.asp?idConteudo=507949&ori=1. Acesso em 29 jun. 2023.

BRASIL. Supremo Tribunal Federal. **STF determina ao Telegram remoção de mensagens contra a PL das Fake News.** Disponível em: https://portal.stf.jus.br/noticias/verNoticiaDetalhe.asp?idConteudo=507036&ori=1. Acesso em 29 jun. 2023.

BRASIL. Supremo Tribunal Federal. **Tema 977; ARE n.º 1042075-RG**, com repercussão geral admitida em 23.11.2017.

BRASIL. Supremo Tribunal Federal. **MS 21.729/DF**, Pleno, rel. min. Marco Aurélio, rel. p/ acórdão min. Néri da Silveira, julgado em 05.10.1995, DJ de 19.10.2001.

BRASIL. Ministério Público Federal. **Brasil aprova adesão à Convenção de Budapeste, que facilita cooperação internacional para combate ao cibercrime**. Disponível em: https://www.mpf.mp.br/pgr/noticias-pgr/brasil-aprova-adesao-a-convencao-de-budapeste-que-facilita-cooperacao-internacional-para-combate-ao-cibercrime. Acesso em 16 ago. 2023.

BRENNER, Susan W. **Cybercrime:** criminal threats from cyberspace. Oxford: Preager, 2010.

BREWSTER, Thomas. Os federais agora podem (provavelmente) desbloquear todos os modelos de iPhone existentes – ATUALIZADO. **Forbes.** 26 fev. 2018. Disponível em: https://www.forbes.com/sites/thomasbrewster/2018/02/26/government-can-access-any-apple-iphone-cellebrite/. Acesso em 10 jan. 2024.

CABRAL, Flávio Garcia. O princípio da boa administração pública. *In*.: MARTINS, Ricardo Marcondes; DAL POZZO, Augusto Neves (coord.). **LGPD e administração pública** – uma análise ampla dos impactos. São Paulo: Thomson Reuters Brasil, 2020.

CALABRICH, Bruno Freire de Carvalho. Discriminação Algorítmica e Transparência na Lei Geral de Proteção de Dados Pessoais. *In*: ARAS, Vladimir Barros; MENDONÇA, Andrey Borges de; CAPANEMA, Walter Aranha; SILVA, Carlos Bruno Ferreira da; COSTA, Marcos Antônio da Silva. **Proteção de dados pessoais e investigação criminal.** Brasília: ANPR, 2020.

CALABRICH, Bruno Freire de Carvalho. *E-evidences* e cooperação internacional: o desafio de diferentes paradigmas. *In*: SALGADO, Daniel de Resende; KIRCHER, Luís Felipe Schneider; de QUEIROZ, Ronaldo Pinheiro. **Altos estudos sobre a prova no processo penal**. Salvador: JusPodivm, 2020.

CALABRICH, Bruno Freire de Carvalho. **Investigação criminal pelo Ministério Público**: fundamentos e limites constitucionais. São Paulo: RT, 2007.

CALABRICH, Bruno Freire de Carvalho. O conceito de tratamento de dados pessoais e o acórdão Lindqvist, do Tribunal de Justiça da União Europeia. **Revista do Tribunal Regional Federal da 1ª Região**, [S. l.], v. 31, nº 2, p. 1–8, 2019. Disponível em: https://revista.trf1.jus.br/trf1/article/view/103. Acesso em 22 dez. 2023.

CALABRICH, Bruno Freire de Carvalho. Tramitação direta de inquéritos policiais: aspectos práticos e questões controvertidas. *In*: OLIVEIRA, Eugenio Pacelli de. (Org.). **Direito e processo penal da Justiça Federal**. São Paulo: Atlas, 2011.

CALABRICH, Bruno Freire de Carvalho; BARRETO, Pablo Coutinho. O sigilo de dados bancários no brasil, ontem e hoje: entre o direito à intimidade e o dever de compartilhamento. *In*: CALLEGARI, André; Turbay, Marcelo; FONTENELE, Marilia. **Temas atuais de direito penal econômico.** São Paulo: SaraivaJur, 2022.

CALABRICH, Bruno; VERONESE, Alexandre. **Crimes na internet e o Brasil no cenário de cooperação jurídica internacional.** Disponível em: https://www.jota.info/opiniao-e-analise/colunas/judiciario-e-sociedade/crimes-na-internet-e-o-brasil-no-cenario-de-cooperacao-juridica-internacional-24042021. Acesso em 17 mar. 2024.

CALABRICH, Bruno; VERONESE, Alexandre. Cybercrime in Brazil After the Covid-19 Global Crisis: An Assessment of the Policies Concerning International Cooperation for Investigations and Prosecutions. *In.*: LOISEAU, Hugo; VENTRE, Daniel. **Cybercrime During the SARS-CoV-2 Pandemic (2019-2022).** Londres: ISTE/Wiley, 2023.

CAMPOS, Gabriel Silveira de Queiróz. **Princípios do processo penal**: teoria, jurisprudência e direito internacional. Salvador: Juspodivm. 2021.

CAMPOS, Ricardo. **Metamorfoses do direito global**: sobre a interação entre Direito, tempo e tecnologia. São Paulo: Contracorrente. 2022.

CANOTILHO, J. J. Gomes. **Direito constitucional e teoria da Constituição.** 7. ed. Coimbra: Almedina, 2003.

CAPANEMA, Walter Aranha. **Manual de Direito Digital**: Teoria e Prática. São Paulo: Juspodivm, 2024.

CASEY, Bryan; FARHANGI, Ashkon; VOGL, Roland. Rethinking Explainable Machines: The GDPR's 'Right to Explanation' Debate and the Rise of Algorithmic Audits in Enterprise (February 19, 2018). **Berkeley Technology Law Journal**, Vol. 34, 2019.

CASEY, Eogan. **Digital evidence and computer crime**: forensic science, computers and the Internet. San Diego: Elsevier Academic Press, 2004.

CAVALCANTE, Thaianne Barbosa de Moraes; da SILVA, Márcio Niederauer Nunes; de RESENDE, Carlos Renato Xavier. **Autoridades não solicitam e não requisitam relatórios de inteligência financeira.** 21 out. 2023. Disponível em: https://www.conjur.com.br/2023-out-21/opiniao-relatorios-inteligencia-financeira. Acesso em 08 nov. 2023.

CELLEBRITE. **Inteligência digital para um mundo mais seguro**. Disponível em: https://www.cellebrite.com/pt/inicio/. Acesso em 10 jan. 2024.

CERQUEIRA, Magna; LOUREIRO, Carlos Gabriel da Silva. Retenção e Utilização de Metadados de Comunicações Electrónicas: reflexões a propósito do acórdão do Tribunal Constitucional nº 268/2022. de 3 de junho. **Revista Jurídica Unicuritiba**. v.1, n.73. Curitiba: Unicuritiba, 2023.

CHEMIM, Rodrigo. **Processo penal:** fundamentos dos fundamentos. Porto Alegre: Citadel, 2023. Edição do Kindle.

CHOUKR, Fauzi Hassan. **Garantias constitucionais na investigação criminal.** 2. ed. rev. Atual. e ampl. Rio de Janeiro: Lumen Juris, 2001.

CIDH. **Relatório nº 114/23**, Caso 12.673. Solução Amistosa. José Dutra da Costa. Brasil. Disponível em: https://www.oas.org/pt/cidh/decisiones/2023/BRSA%2012.673PT_FINAL%20WEB.pdf. Acesso em 08 set. 2023.

CLOUGH, Jonathan. **Principles of Cybercrime**. Cambridge: Cambridge University Press, 2010.

COLLINGRIDGE, David. **The Social Control of Technology**. London: Frances Pinter (Publishers) Ltd., 1980.

CONGRESS.GOV. **H.R.4943 – CLOUD Act. 115th Congress (2017-2018).** Disponível em: https://www.congress.gov/bill/115th-congress/house-bill/4943/text. Acesso em 14 dez. 2023.

CONGRESS.GOV. **H.R.8152 – American data privacy and protection act**. 117th Congress (2021-2022). Disponível em: https://www.congress.gov/bill/117th-congress/house-bill/8152/text. Acesso em 13 dez. 2023.

CONSELHO DA EUROPA. **Convenção 108+ do Conselho da Europa**. 18 maio 2018. Disponível em: https://rm.coe.int/cm-convention-108-portuguese-version-2756-1476-7367-1/1680aa72a2. Acesso em 15 dez. 2023.

CONSELHO DA EUROPA. **First Additional Protocol to the Convention on Cybercrime, concerning the criminalization of acts of a racist and xenophobic nature committed through computer systems (ETS N. 189)**. Disponível em: https://www.coe.int/en/web/cybercrime/first-additional-protocol. Acesso em 14 ago. 2023.

CONSELHO DA EUROPA. **Parties/Observers to the Budapest Convention and Observer Organisations to the T-CY (2023)**. Disponível em: https://www.coe.int/en/web/cybercrime/parties-observers. Acesso em 16 ago. 2023.

CONSELHO DA EUROPA. **Segundo Protocolo Adicional à Convenção sobre o Cibercrime relativo ao reforço da cooperação e da comunicação de provas eletrónicas**. Disponível em: https://www.coe.int/en/web/cybercrime/second-additional-protocol e https://data.consilium.europa.eu/doc/document/ST-14898-2021-INIT/pt/pdf. Acesso em 14 ago. 2023.

CORDAZZO, Karine; MENDES, Cintia Rocha. Os riscos e falhas no reconhecimento pessoal do acusado. **Revista Eletrônica da Faculdade de Direito de Franca**. v.15, n.2, dez. 2020. Disponível em: https://www.revista.direitofranca.br/index.php/refdf/article/view/1040/pdf. Acesso em 16 nov. 2023.

CORDEIRO, Nefi *et al.* **Anteprojeto de Lei de Proteção de Dados para segurança pública e persecução penal**. Disponível em: https://static.poder360.com.br/2020/11/DADOS-Anteprojeto-comissao-protecao-dados-seguranca-persecucao-FINAL.pdf. Acesso em 18 jul. 2023.

CORTE EUROPEIA DE DIREITOS HUMANOS. **Case of Hurbain v. Belgium**, Application nº 57292/16. 4 julho 2023. Disponível em: https://hudoc.echr.coe.int/#{%22itemid%22:[%22001-225814%22]}. Acesso em 06 set. 2023).

CORTE INTERAMERICANA DE DIREITOS HUMANOS. **Caso Barbosa de Souza vs. Brasil**. Sentença de 07 de setembro de 2021. Disponível em: https://www.gov.br/mdh/pt-br/navegue-por-temas/cooperacao-internacional/ResumodasentenadoCasoBarbosadeSouzaeseusfamiliaresvs.Brasil.pdf. Acesso em 21 ago. 2023.

CORTE INTERAMERICANA DE DIREITOS HUMANOS. **Caso Empregados da Fábrica de Fogos de Artifício de Santo Antônio de Jesus e seus Familiares vs. Brasil.** Sentença de 15 de julho de 2020. Disponível em: https://www.gov.br/mdh/pt-br/navegue-por-temas/cooperacao-internacional/EmpregadosdaFbricadeFogosdeSantoAntniodeJesuse-seusfamiliaresvs.Brasil.pdf. Acesso em 21 ago. 2023.

CORTE INTERAMERICANA DE DIREITOS HUMANOS. **Caso Escher vs. Brasil.** Sentença de 6 de julho de 2009. Disponível em: https://www.gov.br/mdh/pt-br/navegue-por-temas/cooperacao-internacional/seriec_200_por.pdf. Acesso em 21 ago. 2023.

CORTE INTERAMERICANA DE DIREITOS HUMANOS. **Caso Favela Nova Brasília vs. Brasil.** Sentença de 16 de fevereiro de 2017. Disponível em: https://www.gov.br/mdh/pt-br/navegue-por-temas/cooperacao-internacional/editais-2018-1/FavelaNovaBrasiliaResumo.pdf. Acesso em 21 ago. 2023.

CORTE INTERAMERICANA DE DIREITOS HUMANOS. **Caso Garibaldi vs. Brasil.** Sentença de 23 de setembro de 2009. Disponível em: https://www.gov.br/mdh/pt-br/navegue-por-temas/cooperacao-internacional/editais-2018-1/SENTENCAGARIBALDI.pdf. Acesso em 21 ago. 2023.

CORTE INTERAMERICANA DE DIREITOS HUMANOS. **Caso Gomes Lund e outros (Guerrilha do Araguaia) vs. Brasil.** Sentença de 24 de novembro de 2010. Disponível em: https://www.gov.br/mdh/pt-br/navegue-por-temas/cooperacao-internacional/ResumodasentenadoCasoGomesLundeoutrosGuerrilhadoAraguaiavs.Brasil.pdf. Acesso em 21 ago. 2023.

CORTE INTERAMERICANA DE DIREITOS HUMANOS. **Caso Herzog e Outros vs. Brasil.** Sentença de 15 de março de 2018. Disponível em: https://www.gov.br/mdh/pt-br/navegue-por-temas/cooperacao-internacional/editais-2018-1/Resumo_Caso_Herzog.pdf. Acesso em 21 ago. 2023.

CORTE INTERAMERICANA DE DIREITOS HUMANOS. **Caso Honorato e outros vs. Brasil.** Sentença de 14 de março de 2024. Disponível em: https://www.corteidh.or.cr/docs/casos/articulos/seriec_508_esp.pdf. Acesso em 14 mar. 2024.

CORTE INTERAMERICANA DE DIREITOS HUMANOS. **Caso Miembros de la Corporación Colectivo de Abogados "José Alvar Restrepo" vs. Colombia.** Sentença de 18 de outubro de 2023. Disponível em: https://www.corteidh.or.cr/docs/casos/articulos/seriec_506_esp.pdf. Acesso em: 17 mai. 2024.

CORTE INTERAMERICANA DE DIREITOS HUMANOS. **Caso Povo Indígena Xucuru vs. Brasil.** Sentença de 5 de fevereiro de 2018. Disponível em: https://www.gov.br/mdh/pt-br/navegue-por-temas/cooperacao-internacional/editais-2018-1/resumo_xucuru.pdf. Acesso em 21 ago. 2023.

CORTE INTERAMERICANA DE DIREITOS HUMANOS. **Caso Ramírez Escobar y Otros vs. Guatemala.** Sentença de 9 de março de 2018. Disponível em: https://www.corteidh.or.cr/docs/casos/articulos/seriec_351_esp.pdf. Acesso em 14 mai. 2024

CORTE INTERAMERICANA DE DIREITOS HUMANOS. **Caso Sales Pimenta vs. Brasil.** Sentença de 30 de junho de 2022. Disponível em: https://www.gov.br/mdh/pt-br/

navegue-por-temas/cooperacao-internacional/Resumo_Sentenca_Corte_IDH.pdf. Acesso em 21 ago. 2023.

CORTE INTERAMERICANA DE DIREITOS HUMANOS. **Caso Tavares Pereira e outros v. Brasil**. Sentença de 14 de março de 2024. Disponível em: https://www.corteidh.or.cr/docs/casos/articulos/seriec_507_esp.pdf. Acesso em 14 mar. 2024.

CORTE INTERAMERICANA DE DIREITOS HUMANOS. **Caso Trabalhadores da Fazenda Brasil Verde vs. Brasil**. Sentença de 20 de outubro de 2016. Disponível em: https://www.gov.br/mdh/pt-br/navegue-por-temas/cooperacao-internacional/editais-2018-1/Resumen_OficialFazendaBrasilVerde.pdf. Acesso em 21 ago. 2023.

CORTE INTERAMERICANA DE DIREITOS HUMANOS. **Caso Ximenes Lopes vs. Brasil**. Sentença de 4 de julho de 2006. Disponível em: https://www.gov.br/mdh/pt-br/navegue-por-temas/cooperacao-internacional/editais-2018-1/resumo_xucuru.pdf. Acesso em 21 ago. 2023.

COSTA JR., Paulo José da. **O direito de estar só**: tutela penal da intimidade. 2. ed. rev. e atual. São Paulo: Revista dos Tribunais, 1995.

CREDILINK. **Informações de Crédito**. Disponível em: https://www.credilink.com.br/. Acesso em 11 set. 2023.

CZERNIAK, Dominika. Collection of location data in criminal proceedings – European (the EU and Strasbourg) standards. **Revista Brasileira de Direito Processual Penal**, v. 7, nº 1, p. 123-160, jan.-abr. 2021. Disponível em: https://doi.org/10.22197/rbdpp.v7i1.503. Acesso em 22 dez. 2023.

DASKAL, Jennifer. The Un-Territoriality of Data. **The Yale Law Journal**, v. 125, nº 02, 2015.

DE HERT, Paul; PAPAKONSTANTINOU, Vagelis. The New Police and Criminal Justice Data Protection Directive: A First Analysis. **New Journal of European Criminal Law**, v. 7, nº 1, p. 7-19, 2016.

DENARDIS, Laura; MUSIANI, Francesca; COGBURN, Derrik L.; LEVINSON, Nanette S. **The Turn to Infrastructure in Internet Governance**. Palgrave MacMillan, 2016.

DEZEM, Guilherme Madeira. Considerações sobre os Projetos da Lei Geral de Proteção de Dados Criminal. *In*: CRUZ, Rogerio Schietti; BEDÊ Junior, Américo; DEZEM, Guilherme Madeira. **Justiça criminal:** a prova no processo penal na ótica dos juízes brasileiros. São Paulo: Revista dos Tribunais. 2023, vol. 2.

DOMINGOS, Fernanda Teixeira Souza. A obtenção das provas digitais na investigação dos delitos de violência sexual e exploração sexual infantil *online*. *In*: SILVA, Ângelo Roberto Ilha da (org.). **Crimes cibernéticos**. Porto Alegre: Livraria do Advogado, 2018.

DOMINGOS, Pedro. **O algoritmo mestre**. São Paulo: Novatec, 2017.

DONEDA, Danilo. **Da privacidade à proteção de dados pessoais**: fundamentos da lei geral de proteção de dados. 3. ed. São Paulo: Revista dos Tribunais, 2021.

DONEDA, Danilo. Panorama histórico da proteção de dados pessoais. *In*: DONEDA, Danilo; MENDES, Laura Schertel; SARLET, Ingo; RODRIGUES Jr., Otávio Luiz. **Tratado de Proteção de Dados Pessoais**. Rio de Janeiro: Forense, 2021.

DONEDA, Danilo; MENDES, Laura Schertel; SARLET, Ingo; RODRIGUES Jr., Otávio Luiz. **Tratado de Proteção de Dados Pessoais.** Rio de Janeiro: Forense, 2021.

DOTTI, René Ariel. **Proteção da vida privada e liberdade de informação**. São Paulo: Revista dos Tribunais, 1980.

EGMONT GROUP OF FINANCIAL INTELLIGENCE UNITS. **Principles for Information Exchange Between Financial Units**. 2013. Disponível em: https://egmontgroup.org/wp-content/uploads/2022/07/2.-Principles-Information-Exchange-With-Glossary_April2023.pdf. Acesso em 20 set. 2023.

EILBERG, Daniela Dora; ZANATTA, Rafael A. F.; SANTOS; Bruno Martins dos; SALIBA; Pedro; VERGILI; Gabriela; CUNHA, Brenda. **Os cuidados com a Convenção de Budapeste**. Disponível em: https://www.jota.info/opiniao-e-analise/colunas/agenda-da-privacidade-e-da-protecao-de-dados/os-cuidados-com-a-convencao-de-budapeste-08072021. Acesso em 16 ago. 2023.

ESTADÃO. A destruição dos documentos sobre a escravidão. **Estadão Acervo**. 14 dez. 2015. Disponível em: http://m.acervo.estadao.com.br/noticias/acervo,a-destruicao-dos-documentos-sobre-a-escravidao-,11840,0.htm. Acesso em 30 ago. 2023.

ESTADO DA CALIFÓRNIA. **California Consumer Privacy Act (CCPA)**. 28 jun. 2018. Disponível em: https://leginfo.legislature.ca.gov/faces/codes_displayText.xhtml?division=3.&part=4.&lawCode=CIV&title=1.81.5. Acesso em 15 dez. 2023.

ESTADO DA CALIFÓRNIA. **California Privacy Rights Act (CPRA)**. 24 nov. 2020. Disponível em: https://thecpra.org/. Acesso em 15 dez. 2023.

ESTADOS UNIDOS. **Children's Online Privacy Protection Rule (COPPA).** 21 out. 1998. Disponível em: https://www.govinfo.gov/content/pkg/PLAW-105publ277/pdf/PLAW-105publ277.pdf. Acesso em 13 dez. 2023.

ESTADOS UNIDOS. Department of Justice. **Former Minneapolis Police Officer Derek Chauvin Sentenced to More Than 20 Years in Prison for Depriving George Floyd and a Minor Victim of their Constitutional Rights.** 07 jun. 2022. Disponível em: https://www.justice.gov/opa/pr/former-minneapolis-police-officer-derek-chauvin-sentenced-more-20-years-prison-depriving. Acesso em 04 out. 2023.

ESTADOS UNIDOS. Department of Justice. Criminal Division. **CLOUD Act Resources**. Disponível em: https://www.justice.gov/criminal/cloud-act-resources. Acesso em 14 dez. 2023.

ESTADOS UNIDOS. Department of Justice. Office of Justice Programs. National Institute of Justice. **Digital evidence in the courtroom**: a guide for law enforcement and prosecutors. Jan. 07, p. xi. Disponível em: https://www.law.du.edu/images/uploads/library/evert/DigitalEvidenceinTheCourtroom.pdf. Acesso em 29 ago. 2023.

ESTADOS UNIDOS. **Electronic Communications Privacy Act.** 21 out. 1986. Disponível em: https://www.govinfo.gov/content/pkg/STATUTE-100/pdf/STATUTE-100-Pg1848.pdf. Acesso em 14 dez. 2023.

ESTADOS UNIDOS. **Fair Credit Reporting Act (FCRA)**. 26 out. 1970. Disponível em: https://www.govinfo.gov/content/pkg/STATUTE-84/pdf/STATUTE-84-Pg1114-2.pdf. Acesso em 13 dez. 2023.

ESTADOS UNIDOS. **Freedom Act**. 02 jun. 2015. Disponível em: https://www.congress.gov/bill/114th-congress/house-bill/2048. Acesso em 13 dez. 2023.

ESTADOS UNIDOS. **Health Insurance Portability and Accountability Act (HIPAA)**. 21 ago. 1996. Disponível em: https://www.govinfo.gov/content/pkg/PLAW-104publ191/pdf/PLAW-104publ191.pdf. Acesso em 13 dez. 2023.

ESTADOS UNIDOS. **Patriot Act.** 26 out. 2001. Disponível em: https://www.gpo.gov/fdsys/pkg/PLAW-107publ56/pdf/PLAW-107publ56.pdf. Acesso em 13 dez. 2023.

ESTADOS UNIDOS. **Privacy Act.** 31 dez. 1974. Disponível em: https://www.justice.gov/opcl/privacy-act-1974. Acesso em 13 dez. 2023.

ESTADOS UNIDOS. **Records, computers and the rights of citizens.** Report of the Secretary's Advisory Committee on Automated Personal Data Systems. 1973. Disponível em: https://aspe.hhs.gov/reports/records-computers-rights-citizens. Acesso em 20 nov. 2023.

ESTADOS UNIDOS. Supreme Court of the United States. **Carpenter v. United States, 585 U.S. ___ (2018)**. Disponível em: https://supreme.justia.com/cases/federal/us/585/16-402/. Acesso em 15 mar. 2024.

ESTADOS UNIDOS. Supreme Court of the United States. **United States v. Jones, 565 U.S. 400 (2012)**. Disponível em: https://supreme.justia.com/cases/federal/us/565/400/. Acesso em 15 mar. 2024.

ESTADOS UNIDOS. Supreme Court of the United States. **United States, Petitioner v. Microsoft Corporation on Writ of Certiorari to the United States Court of Appeals for the Second Circuit**. April 17, 2018. Disponível em: https://www.supremecourt.gov/opinions/17pdf/17-2_1824.pdf. Acesso em 13 dez. 2023.

ESTADOS UNIDOS. **United States Department of Health, Education and Welfare Fair Information Practice Principles**. 1973. Disponível em: https://www.justice.gov/opcl/docs/rec-com-rights.pdf. Acesso em 13 dez. 2023.

FACCHINI NETO, Eugênio. Limites à proteção de dados: *Dragnet surveillance* e o caso Marielle franco, de acordo com recente julgamento da terceira Seção do STJ. *In*: SARLET, Gabrielle Bezerra Sales; TRINDADE, Manoel Gustavo Neubarth; MELGARÉ, Plínio. **Proteção de dados:** temas controvertidos. São Paulo: Foco, 2021.

FALCÃO JÚNIOR, Alfredo Carlos Gonzaga. **O justo título da relativização da prova ilícita**: metodologia de aplicação da regra de calibragem do sistema jurídico. Universidade Federal de Pernambuco. Tese de Doutorado, 2021. Disponível em: https://repositorio.ufpe.br/handle/123456789/44888. Acesso em 12 set. 2023.

FATF (2012-2023). **International Standards on Combating Money Laundering and the Financing of Terrorism & Proliferation.** Paris: FATF. Disponível em: http://www.fatf-gafi.org/recommendations.html. Acesso em 20 set. 2023.

FERGUSSON, Andrew Guthrie. **The rise of big data policing**: surveillance, race and the future of law enforcement. New York: New York University Press, 2017.

FERNANDES, Antonio Scarance. Reflexões sobre as noções de eficiência e de garantismo no processo penal. *In.*: ALMEIDA, José Raul Gavião de; FERNANDES, Antonio Scarance; MORAES, Maurício Zanoide. **Sigilo no processo penal**: eficiência e garantismo. São Paulo: Revista dos Tribunais, 2008.

FERNANDES, Maíra; HAIKAL, Beatriz; DAVID, Juliana França; CAMPOS, Ludmilla. **Gestão informacional no processo penal e autodeterminação informativa**. 07 out. 2023. Disponível em: https://www.conjur.com.br/2023-out-07/opiniao-gestao-informacional-processo-penal. Acesso em 09 out. 2023.

FERRAJOLI, Luigi. **Direito e razão**: teoria do garantismo penal. Trad. Luis Flávio Gomes *et alii*. São Paulo: RT, 2002.

FERRAJOLI, Luigi; PONTES, José Antonio Siqueira; BRONZO, Pasquale. Entrevista com Luigi Ferrajoli. **DESC – Direito, Economia e Sociedade Contemporânea**. Campinas: FACAMP – Faculdade de Campinas. v. 2, nº 1, pp. 31-50, Jan/Jun. 2019.

FERRAZ JR., Tercio Sampaio. Sigilo de dados: o direito à privacidade e os limites à função fiscalizadora do Estado. **Revista da Faculdade de Direito da Universidade de São Paulo**, v. 88, p. 439-459, 1993. Disponível em: https://www.revistas.usp.br/rfdusp/article/view/67231. Acesso em 19 ago. 2023.

FERRRAZ JR., Tercio Sampaio. Sigilo de dados, o direito à privacidade e os limites do poder do estado: 25 anos depois. *In*: ABREU, Jacqueline de Souza; ANTONIALLI, Dennys (eds.). **Direitos fundamentais e processo penal na era digital**: doutrina e prática em debate. São Paulo: InternetLab, 2018, Vol. I.

FERRER-BELTRÁN, Jordi. **Valoração racional da prova** (trad. de Vitor de Paula Ramos). Salvador: Juspodivm, 2021.

FILIPPI, Primavera. WRIGHT, Aaron. **Blockchain and the law**: the rule of code. Cambridge, Massachusetts: Harvard University Press, 2018.

FISCHER, Douglas; PEREIRA, Frederico Valdez. **As obrigações processuais positivas segundo as Cortes Europeia e Interamericana de Direitos Humanos**. 4. ed. Porto Alegre: Livraria do Advogado, 2023.

FLORES, Anthony W.; BECHTEL, Kristin; LOWENKAMP, Christopher T. False Positives, False Negatives, and False Analyses: A Rejoinder to "Machine Bias: There's Software Used Across the Country to Predict Future Criminals. And It's Biased Against Blacks." *In*: THE ADMINISTRATIVE OFFICE OF THE U.S. COURTS. **Federal Probation Journal:** a journal of correctional philosophy and practice – September 2016. Washington: The Administrative Office of the U.S. Courts. Disponível em: https://www.uscourts.gov/sites/default/files/usct10024-fedprobation-sept2016_0.pdf. Acesso em 08 out. 2023.

FONSECA, Manoel Augusto Cardoso da; PASTORE, Alexandro Mariano Pastore. Cadeia de Custódia de Provas Digitais nos Processos do Direito Administrativo Sancionador com a adoção da tecnologia Blockchain. **Revista da CGU**. v. 3 (2022): Coletânea de Artigos Correcionais. Brasília: CGU. Disponível em: https://revista.cgu.gov.br/Cadernos_CGU/article/view/597. Acesso em 30 set. 2023.

FONTELES, Samuel Sales. A Linguística Computacional a serviço da Interpretação Constitucional e dos Tribunais: o Corpus Fonteles. *In*: MARANHÃO, Clayton de Albuquerque (org.). **Processo, ciência e tecnologia**: intersecções entre direito e inovação na era digital. Londrina: Toth, 2024.

FÓRUM BRASILEIRO DE SEGURANÇA PÚBLICA. **17º Anuário Brasileiro de Segurança Pública.** São Paulo: Fórum Brasileiro de Segurança Pública, 2023. Disponível em: https://forumseguranca.org.br/wp-content/uploads/2023/07/anuario-2023.pdf. Acesso em 15 ago. 2023.

FÓRUM BRASILEIRO DE SEGURANÇA PÚBLICA. **As câmeras corporais na polícia militar do Estado de São Paulo**: processo de implementação e impacto nas mortes de adolescentes. Coordenação Samira Bueno; supervisão Renato Sérgio de Lima. São Paulo: Fórum Brasileiro de Segurança Pública, 2023. 36 p. Disponível em: https://forumseguranca.org.br/wp-content/uploads/2023/05/cameras-corporais-pmesp.pdf. Acesso em 04 out. 2023.

FRANÇA. ASSEMBLÉE NATIONALE. **Analyse du scrutin n° 2141. Première séance du 05/07/2023**. Disponível em: https://www2.assemblee-nationale.fr/scrutins/detail/(legislature)/16/(num)/2141. Acesso em 17 jul. 2023.

FRAZÃO, Ana. **Direito da Concorrência**: pressupostos e perspectivas. São Paulo: Saraiva, 2017.

FRAZÃO, Ana. Fundamentos da Proteção de Dados Pessoais – Noções introdutórias para a compreensão da importância da Lei Geral de Proteção de Dados. *In*: FRAZÃO, Ana; TEPEDINO, Gustavo; OLIVA, Milena Donato (Coord.). **Lei geral de proteção de dados pessoais e suas repercussões no direito brasileiro**. São Paulo: Thomson Reuters Brasil, 2019.

FRAZÃO, Ana. O direito constitucional à proteção de dados: Reflexões sobre as contribuições do voto da Ministra Rosa Weber na ADI 6.387. *In*: ROCHA, Maria Elizabeth Guimarães Teixeira; *et al* (Orgs.) **Ela pede vista**: estudos em homenagem à Ministra Rosa Weber. São Paulo: Toth, 2023.

FRAZÃO, Ana; CARVALHO, Ângelo Prata de; MILANEZ, Giovanna. **Curso de proteção de dados pessoais**. Rio de Janeiro: Forense, 2022.

FREIRE JUNIOR, Américo Bedê; SENNA, Gustavo. A Atuação do Juiz no Processo Penal: por uma hermenêutica constitucional para evitar a degeneração do direito. **Direitos Fundamentais & Justiça.** ano 17, nº 48, jan./jun. 2023. Belo Horizonte: Forum.

FREITAS, Marcio Luiz Coelho de. Entre tecnodeterminismo e interesse público: limites e possibilidades de regulação da internet. **The Law, State and Telecommunications**

**Review / Revista de Direito, Estado e Telecomunicações**, [S.l.], v. 10, nº 1, pp. 125-146, maio 2018.

FREITAS, Vladimir Passos de. **O falso dilema da divisão entre garantistas e punitivistas**. Disponível em: https://www.conjur.com.br/2023-ago-20/segunda-leitura-falso-dilema-divisao-entre-garantistas-punitivistas. Acesso em 21 ago. 2023.

FUTURE OF LIFE INSTITUTE. **Pause Giant AI Experiments**: An Open Letter. Disponível em: https://futureoflife.org/open-letter/pause-giant-ai-experiments/. Acesso em 17 jul. 2023.

GARCIA, Fernando. Apresentação. *In*: PARETO, Vilfredo. **Manual de economia política**. Trad. de João Guilherme Vargas Netto. São Paulo: Nova Cultural, 1996.

GIACOMELLI, Giana Silva; MARIN, Solange Regina; FESITEL, Paulo Ricardo. Da economia tradicional do bem-estar à Abordagem das Capacitações e a importância da equidade em saúde para o desenvolvimento humano. **Nova Economia**. v. 27 (01). Jan-Abr. 2017. Belo Horizonte: FACE-UFMG. Disponível em: https://doi.org/10.1590/0103-6351/2925. Acesso em 30 set. 2023.

GLEIZER, Orlandino; MONTENEGRO, Lucas; VIANA, Eduardo. **O direito de proteção de dados no processo penal e na segurança pública**. Rio de Janeiro: Marcial Pons, 2021.

GODOY, Arnaldo Sampaio de Moraes. **Rui Barbosa e a polêmica queima dos arquivos da escravidão**. Disponível em: https://www.conjur.com.br/2015-set-13/embargos-culturais-rui-barbosa-polemica-queima-arquivos-escravidao. Acesso em 30 ago. 2023.

GOMES, Laurentino. **Escravidão – Volume 3:** Da Independência do Brasil à Lei Áurea (Portuguese Edition). Globo Livros. Edição do Kindle.

GOOLEY, John. **Predicting recidivism – the questionable role of algorithms in the criminal justice system.** 02 Fev. 2023. Disponível em: https://stacklaw.com.au/news/personal/criminal-law/predicting-recidivism-the-questionable-role-of-algorithms-in-the-criminal-justice-system/. Acesso em 08 out. 2023.

GRAU, Eros Roberto. **A ordem econômica na Constituição de 1988**: interpretação e crítica. 8. ed. rev. e atual. São Paulo: Malheiros, 2003.

GRINOVER, Ada Pellegrini. **Novas tendências do direito processual**. Rio de Janeiro: Forense, 1990.

GUILLOUX, Michael. **Après le Sénat, l'Assemblée nationale approuve l'activation des micros et caméras de téléphone à distance.** 6 jul. 2023. Developpez. Disponível em: https://droit.developpez.com/actu/346220/Apres-le-Senat-l-Assemblee-nationale-approuve-l-activation-des-micros-et-cameras-de-telephone-a-distance-dans-le-cadre-d-affaires-de-terrorisme-de-delinquance-ou-de-crime-organise/. Acesso em 17 jul. 2023.

HARARI, Yuval Noah. **Sapiens**. Porto Alegre: L&PM. Edição do Kindle.

HAUB, Carl; KANEDA, Toshiko. **How Many People Have Ever Lived on Earth?** Nov. 15, 2022. Disponível em: https://www.prb.org/articles/how-many-people-have-ever-lived-on-earth/. Acesso em 13 ago. 2023.

HOFFMANN-RIEM, Wolfgang. **Teoria geral do direito digital**: transformação digital: desafios para o direito. 2. ed. Rio de Janeiro: Forense, 2022.

HOUAISS, Antônio. **Dicionário Houaiss da Língua Portuguesa**. Rio de Janeiro: Objetiva, 2001.

IGREJA, Rebecca Lemos; SILVEIRA, Alessandra; VERONESE, Alexandre. Cultura, privacidade e proteção de dados pessoais na América Latina: anotações preliminares em busca de um quadro conceitual. **Revista de Estudos Empíricos em Direito**. Vol. 10, 2023. Disponível em: https://www.researchgate.net/publication/370581028_Cultura_privacidade_e_protecao_de_dados_pessoais_na_America_Latina_anotacoes_preliminares_em_busca_de_um_quadro_conceitual. Acesso em 12 set. 2023.

KIST, Dario José. **Prova digital no processo penal**. Leme: Mizuno, 2019.

KRANZBERG, Melvin. Technology and History: "Kranzberg's Laws". **Technology and Culture**. Vol. 27, nº 3, jul. 1986.

KURTZ, Lahis Pasquali. **Internet e jurisdição entre poderes estatais e corporativos**: o caso do direito ao esquecimento. Universidade Federal de Minas Gerais. Tese de Doutorado, 2022. Disponível em: https://repositorio.ufmg.br/handle/1843/49055. Acesso em 15 mar. 2024.

LACOMBE, Américo Jacobina; SILVA, Eduardo; BARBOSA, Francisco de Assis. **Rui Barbosa e a queima dos arquivos.** Rio de Janeiro: Casa de Rui Barbosa, 1988.

LEITE, Alaor; Teixeira, Adriano. **Gestão do poder informacional no processo penal no RHC 147.707-STJ**. Disponível em: https://www.conjur.com.br/2023-set-14/leite-teixeira-gestao-poder-informacional-processo-penal#_ftn4. Acesso em 20 set. 2023.

LEMOS, Ronaldo; ADAMI, Mateus Piva; SUNDFELD, Philippe. Proteção de dados na Administração Pública. 14 maio 2018. **JOTA**. Disponível em: https://www.jota.info/opiniao-e-analise/artigos/dados-administracao-publica-14052018. Acesso em 16 set. 2023.

LESSIG, Lawrence. **Code and other laws of cyberspace v. 2.0**, New York: Basic Books, 2006. Disponível em: https://lessig.org/product/codev2. Acesso em 29 jun. 2023.

LOPES Junior, Aury. **Fundamentos do processo penal**. São Paulo: Saraiva, 2015.

LORDELO, João Paulo. **Constitucionalismo Digital e Devido Processo Legal**. São Paulo: Editora Juspodivm, 2022.

LUZ, Yuri Corrêa da. Bancos de Dados Públicos e o Compartilhamento com Agências Penais. *In:* ABREU, Jacqueline de Souza; ANTONIALLI, Dennys (eds.). **Direitos fundamentais e processo penal na era digital**: doutrina e prática em debate. São Paulo: InternetLab. vol. 4, 2021.

MACHADO, Santiago Muñoz. **La reserva de jurisdición**. 2. ed. Bogotá: Temis, 2020.

MAHONEY, Michael. S. The histories of computing(s). **Interdisciplinary Science Reviews**, 2005, vol. 30, nº 2.

MAIA, Alexandre da. O garantismo jurídico de Luigi Ferrajoli: notas preliminares. **Revista de Informação Legislativa**, ano 37, nº 145, jan.-mar. 2000.

MANN, Steve; NOLAN, Jason; WELLMAN, Barry. Sousveillance: Inventing and Using Wearable Computing Devices for Data Collection in Surveillance Environments. **Surveillance & Society.** v. 1, nº 3, 2003 (Foucault and Panopticism Revisited). Disponível em: https://ojs.library.queensu.ca/index.php/surveillance-and-society/article/view/3344. Acesso em 03 out. 2023.

MARMELSTEIN, George. Onde os feios não têm vez: viés de atratividade no sistema de justiça. **Revista CEJ**. v.26, nº 84, jul./dez./2022. Disponível em: https://revistacej.cjf.jus.br/cej/index.php/revcej/issue/view/163.

MARQUES, Fernanda Mascarenhas; AQUINO, Theófilo Miguel de. O Regime de Transferência Internacional de Dados da LGPD: delineando as opções regulatórias em jogo. *In*: DONEDA, Danilo; MENDES, Laura Schertel; SARLET, Ingo; RODRIGUES Jr., Otávio Luiz. **Tratado de Proteção de Dados Pessoais.** Rio de Janeiro: Forense, 2021.

MAYER-SCHÖNBERGER, Viktor. Generational Development of Data Protection in Europe. *In*: AGRE, Philip E.; ROTHENBERG, Marc. **Technology and Privacy:** the new landscape. Cambridge: Mit, 2001.

MAZLOUM, Ali. **Reserva de jurisdição**: os limites do juiz na investigação criminal. São Paulo: Matrix, 2016.

MAZZUOLI, Valério de Oliveira; PIEDADE, Antônio Sérgio Cordeiro. Punir como *standard* de Direitos Humanos: centralidade de proteção das vítimas no Direito Internacional dos Direitos Humanos e no Processo Penal brasileiro. **Revista dos Tribunais**, v. 112, nº 1055, set. 2023. São Paulo: RT.

McQUADE III, Samuel C. McQuade (editor). **Encyclopedia of cybercrime**. Westport, Connecticut; London: Greenwood Press. 2009.

MEIRELES, Adriana Veloso. Privacidade no século 21: proteção de dados, democracia e modelos regulatórios. **Revista Brasileira de Ciência Política**. nº 41, julho de 2023. Disponível em: https://www.scielo.br/j/rbcpol/a/my3M8sH3tfpm4WmXhrNcMjK/#. Acesso em 25 ago. 2023.

MELO, Noemy; VERONESE, Alexandre. O Projeto de Lei 5.276/2016 em contraste com o Novo Regulamento Europeu (2016/679 UE). **Revista de Direito Civil Contemporâneo – RDCC** (Journal of Contemporary Private Law), v. 14 (2018). Disponível em: http://ojs.direitocivilcontemporaneo.com/index.php/rdcc/article/view/372. Acesso em 16 jan. 2024.

MENDES, Carlos Hélder Carvalho Furtado. **Tecnoinvestigação criminal**: entre a proteção de dados e a infiltração por sofware. Salvador: Juspodivm, 2020.

MENDES, Gilmar Ferreira; FERNANDES, Victor Oliveira. Constitucionalismo digital e jurisdição constitucional: uma agenda de pesquisa para o caso brasileiro. **Revista Brasileira de Direito**, vol. 16, n. 1, 2020.

MENDES, Gilmar Ferreira; PINHEIRO, Jurandi Borges. Interceptações e Privacidade: novas tecnologias e a Constituição. *In*: MENDES, Laura Schertel; ALVES, Sérgio Garcia, DONEDA, Danilo. **Internet & regulação**. São Paulo: Saraiva Educação, 2021.

MENDES, Laura Schertel Ferreira. Autodeterminação informativa: a história de um conceito. **Pensar Revista de Ciências Jurídicas**. v. 25. nº 4. Fortaleza: Unifor. 2020. Disponível em: https://ojs.unifor.br/rpen/article/view/10828. Acesso em 25 dez. 2023.

MENDES, Laura Schertel Ferreira. **Privacidade, proteção de dados e defesa do consumidor**: linhas gerais de um novo direito fundamental. São Paulo: Saraiva, 2014.

MENDES, Laura Schertel. **Decisão histórica do STF reconhece direito fundamental à proteção de dados pessoais**. 10 maio 2020. Disponível em: https://www.jota.info/opiniao-e-analise/artigos/decisao-historica-do-stf-reconhece-direito-fundamental-a-protecao-de-dados-pessoais-10052020. Acesso em 21 nov. 2023.

MENDES, Laura Schertel. *Habeas Data* e autodeterminação informativa: os dois lados de uma mesma moeda. *In*: MENDES, Laura Shcertel; ALVES, Sérgio Garcia; DONEDA, Danilo (coord.). **Internet & regulação**. São Paulo: Saraiva Educação, 2021.

MENDES, Laura Schertel. **Privacidade, proteção de dados e defesa do consumidor**: linhas gerais de um novo direito fundamental. São Paulo: Saraiva, 2014.

MENKE, Fabiano. As origens alemãs e o significado da autodeterminação informativa. *In*: MENKE, Fabiano; DRESCH, Rafael de Freitas Valle (coords.). **Lei geral de proteção de dados**: aspectos relevantes. São Paulo: Foco Jurídico, 2021.

MINTO, Andressa Olmedo. **A prova digital no processo penal**. São Paulo: LiberArs. 2021.

MISAEL, Thiago. **Cibercrime:** Convenção de Budapeste e Leis Brasileiras. 14 abr. 2023. Disponível em: https://investigacaofinanceira.com.br/cibercrime-convencao-de-budapeste-e-leis-brasileiras/.

MONTEIRO, Joana; FAGUNDES, Eduardo; GUERRA, Julia; PIQUET, Leandro. **Avaliação do impacto do uso de câmeras corporais pela Polícia Militar do Estado de São Paulo**: relatório de pesquisa. São Paulo: FGV CCAS – Centro de Ciência Aplicada à Segurança Pública. 2022. Disponível em: https://bibliotecadigital.fgv.br/dspace/handle/10438/32874. Acesso em 04 out. 2023.

MORAES, Alexandre de. **Direito Constitucional**. 34. ed. São Paulo: Atlas, 2006.

MOREIRA, José Carlos Barbosa. Processo civil e processo penal: mão e contramão? **Revista de Processo: RePro**, São Paulo, v. 24, nº 94, p. 13-23, abr./jun. 1999.

MURRAY, Andrew. Nodes and gravity in virtual space. **Legisprudence**, Volume 5, 2011 – Issue 2.

NAÇÕES UNIDAS. ***Ad Hoc* Committee to Elaborate a Comprehensive International Convention on Countering the Use of Information and Communications Technologies for Criminal Purposes**. Disponível em: https://www.unodc.org/unodc/en/cybercrime/ad_hoc_committee/home. Acesso em 16 ago. 2023.

NAÇÕES UNIDAS. **Resolutions and decisions adopted by the General Assembly during its 74th session. Volume 2, Decisions, 17 September – 27 December 2019.** Disponível em: https://digitallibrary.un.org/record/3856532. Acesso em 16 ago. 2023.

O'NEIL, Cathy. **Algoritmos de destruição em massa**: como o Big Data aumenta a desigualdade e ameaça a democracia. Trad. Rafael Abraham. São Paulo: Rua do Sabão, 2020.

OLIVEIRA, Eugenio Pacelli de. **Curso de processo penal**. 27. ed. Salvador: Juspodivm, 2023.

OLIVEIRA, Luciano Rocha de. **Proteção de dados pessoais no processo penal e na segurança pública**: problemas atuais e perspectivas. São Paulo: Dialética. 2022.

ONU. **Concluding observations on the third periodic report of Brazil, 26 July 2023**. Disponível em: https://tbinternet.ohchr.org/_layouts/15/treatybodyexternal/Download.aspx?symbolno=CCPR%2FC%2FBRA%2F3&Lang=en. Acesso em 26 jul. 2023.

OPEN AI. **March 20 ChatGPT outage:** Here's what happened. Disponível em: https://openai.com/blog/march-20-chatgpt-outage. Acesso em 29 jun. 2023.

ORGANIZAÇÃO DAS NAÇÕES UNIDAS. **The right to privacy in the digital age**: Report of the United Nations High Commissioner for Human Rights. Disponível em: https://www.ohchr.org/sites/default/files/HRBodies/HRC/RegularSessions/Session48/Documents/A_HRC_48_31_AdvanceEditedVersion.docx. Acesso em 17 jul. 2023.

ORWELL, George. **1984 – Edição Exclusiva Amazon. Antofágica**. Edição do Kindle.

OWEN, Taylor. **Disruptive power:** the crisis of the state in the digital age. Oxford: Oxford University Press, 2015.

PASQUALE, Frank. **The black box society**: the secret algorithms that control money and information. Cambridge: Harvard University Press, 2015.

PEREIRA, Caio Mário da Silva. **Instituições de direito civil**. 29. ed. rev. e atual. Rio de Janeiro: Forense, 2016.

PEREIRA, Frederico Valdez. **Fundamentos do justo processo penal convencional**. São Paulo: D'Plácido. 2021.

PERLINGIERI, Pietro. **Perfis do direito civil**. Tradução Maria Cristina de Cicco. 3. ed., rev. e ampl. Rio de Janeiro: Renovar, 2002.

PINHO, Carlos. Lei de retenção de dados de comunicações eletrônicas: aposentar ou reformar? **Revista do Ministério Público**. n. 154, abr/jun 2018. Coimbra: Ministério Público de Portugal.

PORTAL DE NOTÍCIAL UOL. **Como PMs de São Paulo manipulam o sistema de câmeras corporais**. 20 dez. 2023. Disponível em: https://tab.uol.com.br/noticias/redacao/2023/12/20/como-pms-de-sao-paulo-manipulam-o-sistema-de-cameras-corporais.htm. Acesso em 21 dez. 2023.

PORTAL DE NOTÍCIAS G1. **First Mile**: o que se sabe sobre o software espião usado pela Abin. 20 out. 2023. Disponível em: https://g1.globo.com/tecnologia/noticia/2023/10/20/

fist-mile-o-que-se-sabe-sobre-o-software-espiao-usado-pela-abin.ghtml. Acesso em 17 dez. 2023.

PORTAL DE NOTÍCIAS G1. **Funcionárias de hospital desconfiaram de anestesista e trocaram sala de parto para fazer o flagrante de estupro**. 11 jul. 2022. Disponível em: https://g1.globo.com/rj/rio-de-janeiro/noticia/2022/07/11/video-mostra-momento-em-que-anestesista-estupra-gravida-durante-o-parto.ghtml. Acesso em 10 dez. 2023.

PORTAL DE NOTÍCIAS VISÃO. **Mais um chumbo do Tribunal Constitucional aos metadados.** 11 dez. 2023. Disponível em: https://visao.pt/opiniao/bolsa-de-especialistas/2023-12-11-mais-um-chumbo-do-tribunal-constitucional-aos-metadados/. Acesso em 21 dez. 2023.

PORTUGAL. **Acórdão do Tribunal Constitucional nº 800/2023**, de 20 de dezembro de 2023. Disponível em: https://diariodarepublica.pt/dr/detalhe/acordao-tribunal-constitucional/800-2023-808125341. Acesso em 21 dez. 2023.

PRADO, Geraldo. **A produção da prova penal:** o caso brasileiro. 2015. Disponível em: https://www.emporiododireito.com.br/leitura/a-producao-da-prova-penal-e-as-novas-tecnologias-o-caso-brasileiro. Acesso em 29 ago. 2023.

PRADO, Geraldo. **Prova penal e sistema de controles epistêmicos**: a quebra da cadeia de custódia das provas obtidas por métodos ocultos. São Paulo: Marcial Pons, 2014.

PRADO, Geraldo. **Sistema acusatório**: a conformidade constitucional das leis processuais penais. Rio de Janeiro: Lumen Juris, 2006.

QUINTIERE, Víctor Menervino. **O direito penal nas sociedades digitais**: da expansão às perspectivas à luz do Criminal Dataveillance, da criminologia e do direito à não autoincriminação. Belo Horizonte/São Paulo: D'Plácido, 2022.

REVISTA EXAME. **R$ 103 bilhões roubados**: Brasil é o 2º país que mais sofre crimes cibernéticos na América Latina. 11 de junho de 2023. Disponível em: https://exame.com/future-of-money/r-103-bilhoes-roubados-brasil-e-o-2o-pais-que-mais-sofre-crimes-ciberneticos-na-america-latina/. Acesso em 14 mai. 2024.

RAMALHO, David Silva. **Métodos ocultos de investigação criminal em ambiente digital.** Coimbra: Almedina. 2017.

REZENDE, Guilherme Carneiro de. **O direito humano da vítima a um processo penal eficiente.** Curitiba: Juruá, 2021.

RODOTÀ, Stefano. **A vida na sociedade da vigilância:** a privacidade hoje. (organização, seleção e apresentação de MORAES, Maria Celina Bodin de; tradução de DONEDA, Danilo, e DONEDA, Luciana Cabral). Rio de Janeiro: Renovar, 2008.

RODOTÀ, Stefano. **Elaboratori elettronici e controllo sociale**. Bolgna: Il Mulino, 1973.

ROSS, Alec. **The industries of the future**. Nova Iorque: Simon & Schuster, 2016.

SAMEK, Wojciech; MONTAVON, Grégoire; VEDALDI, Andrea; HANSEN, Lars Kai; MÜLLER, Klaus-Robert (Eds.). **Explainable AI:** Interpreting, Explaining and

Visualizing Deep Learning. Lecture Notes in Artificial Intelligence. Switzerland: Springer Nature. 2019.

SANTORO, Antônio Eduardo Ramires. A Cadeia de Custódia na Interceptação Telefônica. *In*: CRUZ, Francisco Brito; Fragoso, Nathalie (editores). **Direitos fundamentais e processo penal na era digital**. São Paulo: InternetLab, 2020, vol. 3.

SANTOS, Paulo Ivan da Silva. **As provas obtidas com violação da intimidade e sua utilização no Processo Penal.** Disponível em: https://egov.ufsc.br/portal/conteudo/provas-obtidas-com-viola%C3%A7%C3%A3o-da-intimidade-e-sua-utiliza%C3%A7%C3%A3o-no-processo-penal. Acesso em 16 dez. 2023.

SARLET, Ingo Wolfgang. **A EC 115/22 e a proteção de dados pessoais como direito fundamental.** 11 mar. 2022. Disponível em: https://www.conjur.com.br/2022-mar-11/direitos-fundamentais-ec-11522-protecao-dados-pessoais-direito-fundamental/. Acesso em 15 dez. 2023.

SARLET, Ingo Wolfgang. Proteção de Dados Pessoais como Direito Fundamental na Constituição Federal Brasileira de 1988: contributo para a construção dogmática constitucionalmente adequada. **Direitos Fundamentais & Justiça.** Belo Horizonte, ano 14, n. 42, pp. 179-218, jan./jun. 2020.

SARLET, Ingo Wolfgang; SARLET, Gabrielle Bezerra Sales. **Separação informacional de poderes e devido processo informacional**. 13 maio 2022. Disponível em: https://www.conjur.com.br/2022-mai-13/direitos-fundamentais-separacao-informacional-poderes-devido-processo-informacional-ordem-juridico-constitucional-brasileira. Acesso em 19 set. 2023.

SCHAWARCZ, Lilia. O som do silêncio: sobre interditos e não ditos nos arquivos quando o tema é escravidão ou escorre para o racismo. **Cadernos AEL**. 2012. 17(29), p. 81. Disponível em: https://www.ifch.unicamp.br/ojs/index.php/ael/article/view/2597. Acesso em 31 ago. 2023.

SCHIETTI Cruz, Rogerio. Investigação criminal, reconhecimento de pessoas e erros judiciais: considerações em torno da nova jurisprudência do Superior Tribunal de Justiça. **Revista Brasileira de Direito Processual Penal**, vol. 8, n. 2. 2022, pp. 567-600. Disponível em: https://revista.ibraspp.com.br/RBDPP/article/view/717. Acesso em 16 nov. 2023.

SELKER, Harry P.; GORMAN, Sheeona; KAITIN, Kenneth I. Efficacy-to-Effectiveness Clinical Trials. **Transactions of the American Clinical and Climatological Association**. v. 129 (2018), pp. 279-300. Disponível em: https://www.ncbi.nlm.nih.gov/pmc/articles/PMC6116609/. Acesso em 06 out. 2023.

SILVA, Anamara Osório. **Jurisdição internacional e internet**. Belo Horizonte: Del Rey, 2022.

SILVA, Carlos Bruno Ferreira da. **Cooperação penal e proteção de dados**: a entrada como terceiro país nas agências criminais europeias (Eurojust e Europol). Belo Horizonte: Lumen Juris, 2023.

SILVA, Rodrigo da Guia; SOUZA, Eduardo Nunes de. Direitos do Titular de Dados Pessoais na Lei 13.709/2018. *In:* FRAZÃO, Ana; TEPEDINO, Gustavo; OLIVA, Milena Donato (coord.). **Lei Geral de Proteção de Dados Pessoais e suas Repercussões no Direito Brasileiro**. São Paulo: Revista dos Tribunais, 2019.

SILVA, Virgílio Afonso da. **Direito Constituconal Brasileiro**. São Paulo: Universidade de São Paulo, 2021.

SILVEIRA, Alessandra. Estado de direito e metamorfose do mundo (a propósito do Pacto Ecológico Europeu). *In:* LEAL, Rogério Gesta; CANO, Carlos I. Aymerich; SILVEIRA, Alessandra A. S. (Orgs.). **E-book do VI Seminário Internacional Hispano-Luso-Brasileiro sobre Direitos Fundamentais e Políticas Públicas.** São Paulo: Dialética. 2022.

SILVEIRA, Alessandra; FREITAS, Pedro Miguel. Implicações da declaração de invalidade da Diretiva 2006/24 na conservação de dados ("metadados") nos Estados-Membros da UE: uma leitura jusfundamental. **Journal of Law and Regulation**, [S. l.], v. 3, n. 1, p. 281-302, 2017. Disponível em: <https://periodicos.unb.br/index.php/rdsr/article/view/19208>. Acesso em 22 dez. 2023.

SINTEF. **Big Data, for better or worse:** 90% of world's data generated over last two years. ScienceDaily, publicado em 22 maio 2013. Disponível em: www.sciencedaily.com/releases/2013/05/130522085217.htm. Acesso em 13 ago. 2023.

STRECK, Lenio Luiz. Da proibição de excesso (übermassverbot) à proibição de proteção deficiente (untermassverbot): de como não há blindagem contra normas penais inconstitucionais. **Revista do Instituto de Hermenêutica Jurídica**: RIHJ, Belo Horizonte, v. 1, n. 2, jan./dez. 2004.

STRECK, Lenio Luiz. Diferença (ontológica) entre texto e norma afastando o fantasma do relativismo. **Revista da Faculdade de Direito da Universidade de Lisboa**, vol. 46, nº. 1, 2005.

SUXBERGER, Antônio; ARAS, Vladimir. The Admissibility of Unilateral Recordings as Evidence: art. 8º-A, §4º, Federal Statute 9.296/1996 as a rule of evidence. (2021). *In*: **SciELO Preprints**. São Paulo: SciELO – Scientific Electronic Library Online. Disponível em: https://doi.org/10.1590/SciELOPreprints.2722. Acesso em 16 nov. 2023.

TABAK, Benjamin Miranda. A Análise Econômica do Direito: proposições legislativas e políticas públicas. **Revista de Informação Legislativa**. Ano 52 Número 205 jan./mar. 2015. Brasília: Senado Federal. Disponível em: https://www12.senado.leg.br/ril/edicoes/52/205/ril_v52_n205_p321.pdf. Acesso em 09 set. 2023.

TARUFFO, Michele. La Verdad en el Proceso. **Derecho & Sociedad**, (40) 2013. Disponível em: https://revistas.pucp.edu.pe/index.php/derechoysociedad/article/view/12804. Acesso em 21 ago. 2023.

TAVARES, João Paulo Lordelo Guimarães. O regime jurídico das provas digitais no Direito brasileiro. **Civil Procedure Review**, v. 12. n. 3, set-dez. 2020. Disponível em: https://civilprocedurereview.com/revista/article/view/217. Acesso em 29 ago. 2023.

THAMAY, Rennan; TAMER, Maurício. **Provas no direito digital**: conceito de prova digital, procedimentos e provas digitais em espécie. São Paulo: Revista dos Tribunais, 2020.

THE NEW YORK TIMES. **How Trump Consultants Exploited the Facebook Data of Millions.** Disponível em: https://www.nytimes.com/2018/03/17/us/politics/cambridge-analytica-trump-campaign.html. Acesso em 16 jul. 2023.

THE WASHINGTON POST. **Private Israeli spyware used to hack cellphones of journalists, activists worldwide**. 18 jul. 2021. Disponível em: https://www.washingtonpost.com/investigations/interactive/2021/nso-spyware-pegasus-cellphones/. Acesso em 17 dez. 2023.

THIBAU, Vinícius Lott. **Garantismo e processualidade democrática**. Belo Horizonte: D'Plácido, 2018.

TULKENS, Françoise. The paradoxical relationship between criminal law and human rights. **Journal of International Criminal Justice.** vol. 9, Issue 3, Jul/2011.

UNIÃO EUROPEIA. 07.06.2016. **Carta dos Direitos Fundamentais da União Europeia**. Disponível em: https://eur-lex.europa.eu/legal-content/PT/TXT/?uri=celex:12016P/TXT. Acesso em 19 set. 2023.

UNIÃO EUROPEIA. Comissão Europeia. **Adequacy decisions**. Disponível em: https://commission.europa.eu/law/law-topic/data-protection/international-dimension-data-protection/adequacy-decisions_en. Acesso em 15 mar. 2024.

UNIÃO EUROPEIA. **Decisão do Conselho 2002/187/JAI**, de 28 de fevereiro de 2002, relativa à criação da Eurojust a fim de reforçar a luta contra as formas graves de criminalidade. Disponível em: https://eur-lex.europa.eu/legal-content/PT/TXT/?uri=CELEX:32002D0187. Acesso em 28 dez. 2023.

UNIÃO EUROPEIA. **Diretiva (UE) 2014/41 do Parlamento Europeu e do Conselho**. 03 abr. 2014. Disponível em: https://eur-lex.europa.eu/legal-content/PT/TXT/?uri=CELEX:32014L0041. Acesso em 28 dez. 2023.

UNIÃO EUROPEIA. **Diretiva (UE) 2016/680 do Parlamento Europeu e do Conselho**. relativa à proteção das pessoas singulares no que diz respeito ao tratamento de dados pessoais pelas autoridades competentes para efeitos de prevenção, investigação, deteção ou repressão de infrações penais ou execução de sanções penais, e à livre circulação desses dados, e que revoga a Decisão-Quadro 2008/977/JAI do Conselho. Disponível em: https://eur-lex.europa.eu/legal-content/PT/TXT/?uri=celex%3A32016L0680. Acesso em 10 jan. 2024.

UNIÃO EUROPEIA. **Diretiva 2002/58/CE**, do Parlamento Europeu e do Conselho da União Europeia, de 12 de julho de 2002. Disponível em: https://edps.europa.eu/sites/edp/files/publication/dir_2002_58_pt.pdf. Acesso em 22 dez. 2023.

UNIÃO EUROPEIA. **Diretiva de Proteção de Dados Pessoais 95/46/CE**. 24 out. 1995. Disponível em: https://eur-lex.europa.eu/legal-content/PT/TXT/?uri=celex%3A31995L0046. Acesso em 15 dez. 2023.

UNIÃO EUROPEIA. **Regulamento (UE) 2016/679**, do Parlamento Europeu e do Conselho, de 27 de abril de 2016, relativo à proteção das pessoas singulares no que diz respeito ao tratamento de dados pessoais e à livre circulação desses dados e que revoga a Diretiva 95/46/CE (Regulamento Geral sobre a Proteção de Dados). Disponível em: https://

eur-lex.europa.eu/legal-content/PT/TXT/?uri=celex%3A32016R0679. Acesso em 10 jan. 2024.

UNIÃO EUROPEIA. **Regulamento (UE) 2018/1727**, do Parlamento Europeu e do Conselho, de 14 de novembro de 2018. Disponível em: https://eur-lex.europa.eu/legal-content/PT/TXT/?uri=CELEX%3A32018R1727. Acesso em 28 dez. 2023.

UNIÃO EUROPEIA. **Regulamento Inteligência Artificial**. Resolução legislativa do Parlamento Europeu, de 13 de março de 2024, sobre a proposta de regulamento do Parlamento Europeu e do Conselho que estabelece regras harmonizadas em matéria de inteligência artificial (Regulamento Inteligência Artificial) e altera determinados atos legislativos da união (COM(2021)0206 – C9-0146/2021 –2021/0106(COD)). Disponível em: https://www.europarl.europa.eu/doceo/document/TA-9-2024-0138_PT.pdf. Acesso em 14 mar. 2024.

UNIÃO EUROPEIA. **Tratado de Lisboa,** de 13 de dezembro de 2007. Disponível em: https://eur-lex.europa.eu/legal-content/PT/TXT/?uri=OJ:C:2007:306:TOC. Acesso em 21 dez. 2023.

UNIÃO EUROPEIA. Tribunal de Justiça. **Processos apensos C-293/12 e C-594/12 (caso Digital Rights Ireland)**. Disponível em: https://eur-lex.europa.eu/legal-content/PT/TXT/HTML/?uri=CELEX:62012CJ0293. Acesso em 19 set. 2023.

UNIÃO EUROPEIA. Tribunal de Justiça. **Acórdão de 01 out. 2019**. Processo C-673/17. Disponível em: https://eur-lex.europa.eu/legal-content/PT/TXT/?uri=CELEX:62017CJ0673. Acesso em 22 dez. 2023.

UNIÃO EUROPEIA. Tribunal de Justiça. **Acórdão de 06 nov. 2003**. Processo C-101/01. Disponível em: https://eur-lex.europa.eu/legal-content/EN/TXT/PDF/?uri=CELEX:62001CJ0101. Acesso em 22 dez. 2023.

UNIÃO EUROPEIA. Tribunal de Justiça. **Acórdão de 06 out. 2015**. Processo C-362/14. Disponível em: https://eur-lex.europa.eu/legal-content/PT/TXT/?uri=CELEX%3A62014CJ0362. Acesso em 22 dez. 2023.

UNIÃO EUROPEIA. Tribunal de Justiça. **Acórdão de 06 out. 2020**. Processo C-623/17. Disponível em: https://eur-lex.europa.eu/legal-content/PT/TXT/HTML/?uri=CELEX:62017CJ0623&qid=1703278713244. Acesso em 22 dez. 2023.

UNIÃO EUROPEIA. Tribunal de Justiça. **Acórdão de 06 out. 2020**. Processos C-511/15, C-512/18 e C-520/18. Disponível em: https://eur-lex.europa.eu/legal-content/PT/TXT/?uri=CELEX:62018CJ0511&qid=1703280832062. Acesso em 22 dez. 2023.

UNIÃO EUROPEIA. Tribunal de Justiça. **Acórdão de 08 abr. 2014**. Processos C-293/12 e C-594/12. Disponível em: https://eur-lex.europa.eu/legal-content/PT/TXT/HTML/?uri=CELEX:62012CJ0293. Acesso em 22 dez. 2023.

UNIÃO EUROPEIA. Tribunal de Justiça. **Acórdão de 13 maio 2014**. Processo C-131/12. Disponível em: https://eur-lex.europa.eu/legal-content/PT/TXT/?uri=CELEX%3A62012CJ0131. Acesso em 22 dez. 2023.

UNIÃO EUROPEIA. Tribunal de Justiça. **Acórdão de 16 jul. 2020**. Processo C-311/18. Disponível em: https://eur-lex.europa.eu/legal-content/PT/TXT/?uri=CELEX%3A-62018CJ0311. Acesso em 22 dez. 2023.

UNIÃO EUROPEIA. Tribunal de Justiça. **Acórdão de 16 nov. 2023**. Processo C-333/22. Disponível em: https://eur-lex.europa.eu/legal-content/PT/TXT/?uri=CELEX:62022C-J0333&qid=1703427839362. Acesso em 24 dez. 2023.

UNIÃO EUROPEIA. Tribunal de Justiça. **Acórdão de 21 dez. 2016**. Processos C-203/15 e C-698/15. Disponível em: https://eur-lex.europa.eu/legal-content/PT/TXT/HT-ML/?uri=CELEX:62015CJ0203&qid=1703280008385. Acesso em 22 dez. 2023.

UNIÃO EUROPEIA. Tribunal de Justiça. **Press Release nº 123/20**: judgments in Case C-623/17, Privacy International, and in Joined Cases C-511/18, La Quadrature du Net and Others, C-512/18, French Data Network and Others, and C-520/18, Ordre des barreaux francophones et germanophone and Others. Luxemburgo, 6 out. 2020. Disponível em: https://curia.europa.eu/jcms/upload/docs/application/pdf/2020-10/cp200123en.pdf. Acesso em 22 dez. 2023.

UNIÃO EUROPEIA. Tribunal de Justiça. **Processo C-207/16 – Ministério Fiscal**. Disponível em: https://curia.europa.eu/juris/liste.jsf?num=C-207/16. Acesso em 18 set. 2023.

UNIÃO EUROPEIA. Tribunal de Justiça. **Processo C-746/18 – Prokuratuur** (condições de acesso a dados relativos a comunicações electrônicas). Disponível em: https://curia.europa.eu/juris/liste.jsf?num=C-746/18&language=PT. Acesso em 18 set. 2023.

UNITED STATES CODE. **Browse the United States Code**. Disponível em: https://uscode.house.gov/. Acesso em 13 dez. 2023.

UNODC – United Nations Office on Drugs and Crime. **Global Study on Homicide 2023**. Disponível em: https://www.unodc.org/unodc/en/data-and-analysis/global-study-on-homicide.html. Acesso em 10 dez. 2023.

VAZ, Denise Provasi. **Provas digitais no processo penal**: formulação do conceito, definição das características e sistematização do procedimento probatório. Tese (doutorado). Faculdade de Direito da Universidade de São Paulo. 2012, p. 63. Disponível em: https://www.teses.usp.br/teses/disponiveis/2/2137/tde-28052013-153123/pt-br.php. Acesso em 29 ago. 2013.

VENÂNCIO, Pedro Dias. **Lições de direito do cibercrime e da tutela penal de dados pessoais.** Coimbra: D'Ideias, 2022.

VERONESE, Alexandre. Transferências Internacionais de Dados Pessoais: o debate transatlântico norte e sua repercussão na América Latina e no Brasil. *In*: DONEDA, Danilo; MENDES, Laura Schertel; SARLET, Ingo; RODRIGUES Jr., Otávio Luiz. **Tratado de Proteção de Dados Pessoais.** Rio de Janeiro: Forense, 2021.

VICENTE, João Paulo; ZANATTA, Rafael. **O militante da intimidade**. 26 abr. 2021. Disponível em: https://www.quatrocincoum.com.br/br/artigos/laut/o-militante-da-intimidade. Acesso em 16 dez. 2023.

VIEIRA, Lucas Pacheco. Fontes do direito da proteção de dados pessoais. **Saber Humano**, ISSN 2446-6298, v. 13, n. 22, pp. 35-72, jan./jun. 2023. Disponível em: https://saberhumano.emnuvens.com.br/sh/article/view/578. Acesso em 26 jul. 2023.

WALD, Arnoldo; FONSECA, Rodrigo Garcia da. O habeas data na Lei nº 9.507/97. **Revista de Informação Legislativa**. a. 35 n. 137 jan./mar. 1998.

WESTIN, Alan F. **Information Technology in a Democracy**. Cambridge, Massachusetts: Harvard University Press, 1971.

WESTIN, Alan. **Privacy and freedom**. New York: Atheneum, 1967.

WIMMER, Miriam. A LGPD e o balé dos princípios: tensões e convergências na aplicação dos princípios de proteção de dados pessoais ao setor público. *In*: FRANCOSKI, Denise de Souza; TASSO, Fernando Antonio (coords). **A lei geral de proteção de dados pessoais LGPD**: aspectos práticos e teóricos relevantes no setor público e privado. São Paulo: Thomson Reuters Brasil, 2021.

WIMMER, Miriam. O Regime Jurídico do Tratamento de Dados Pessoais pelo Poder Público. *In*.: DONEDA, Danilo; MENDES, Laura Schertel; SARLET, Ingo; RODRIGUES Jr., Otávio Luiz. **Tratado de Proteção de Dados Pessoais**. Rio de Janeiro: Forense, 2021.

WIZIACK, Julio. Fundador do WhatsApp diz no STF que fornecer dados à polícia é impossível. **Folha de São Paulo**. 02 jun. 2017. Disponível em: https://www1.folha.uol.com.br/mercado/2017/06/1889702-fundador-do-whatsapp-diz-no-stf-que-nao-e-possivel-interceptar-conversas.shtml. Acesso em 10 jan. 2024.

WOLTER, Jürgen. **O inviolável e o intocável no direito processual penal**: Reflexões sobre a dignidade humana, proibições de prova, proteção de dados (e separação informacional de poderes) diante da persecução penal. São Paulo: Marcial Pons, 2018.

WORLD JUSTICE PROJECT. **WJP Rule of Law Index**. Disponível em: https://worldjusticeproject.org/rule-of-law-index/country/2022/Brazil/Criminal%20Justice. Acesso em 26 jul. 2023.

ZITTRAIN, Jonathan. **The future of the internet and how to stop it**. Yale University Press & Penguin UK, 2008.

ZUBOFF, Shoshana. **The age of surveillance capitalism**. The fight for a human future at the new frontier of power. Edição do Kindle. New York: Public Affairs, 2019.

EDITORA JusPODIVM
www.editorajuspodivm.com.br

RENOVA GRAF
www.renovagraf.com.br

JUS4623